減速する素晴らしき世界

スローダウン

Slowdown

The End of the Great Acceleration—and Why It's Good for the Planet, the Economy, and Our Lives

ダニー・ドーリング〔著〕　遠藤真美〔訳〕　山口周〔解説〕

東洋経済新報社

アクティビストであり、学者であり、友であり、

2003年「No One is Illegal Manifesto」

（不法な人間などいない宣言）の

5人の署名者の1人である

ボブ・ヒューズ（1947～2019年）に

Slowdown:
The End of the Great Acceleration
— and Why It's Good for the Planet, the Economy, and Our Lives
by Danny Dorling

Originally published by Yale University Press
Japanese translation rights arranged with Yale Representation Limited, London
through Tuttle-Mori Agency, Inc., Tokyo

日本語版の解説

山口周

いつの時代にあっても、人々は「その時代の迷信」に絡め取られて生きている、と言ったのは昭和を代表する批評家の小林秀雄でした。後の時代になって振り返ってみれば虚構としか思えないような言説＝迷信を信じ奉って、それに振り回されているのが人間の通史なのだとすれば、現代を生きる私たちを振り回している迷信とは何なのでしょうか？

本書『Slowdown 減速する素晴らしき世界』は、現代を生きる私たちを絡め取っている代表的な迷信の一つを丁寧に解きほぐしてくれます。その迷信とはすなわち

あらゆるものが加速している。
そして加速はとてもよいことである。

というものです。

４００ページ以上にわたって、著者は、さまざまな統計データを用いながら、ごく少数の例外を除いて、世界におけるありとあらゆるものはむしろ減速していることを示しています。しかして、全体として本書が主張しているのは、先述した迷信の真逆、すなわち

あらゆることがスローダウンしている。
そしてスローダウンはとてもよいことである。

というものです。

本書の際立った特徴を一つ挙げるとすれば、本書が「ある領域についてのスローダウン」ではなく「あらゆる領域についてのスローダウン」について述べている、非常に珍しい本だという点です。

個別項目についてのスローダウンを指摘する論者はこれまでもいくつか存在しました。例えば2014年に出版され、世界的なセンセーションを巻き起こした『21世紀の資本』（みすず書房）において、著者のトマ・ピケティは、特に経済領域に関して、これから私たちが迎えるのは「低成長の時代だ」と言い切っています。

重要な点は、世界の技術的な最前線にいる国で、一人当たり産出成長率が長期にわたり年率1・5パーセントを上回った国の歴史的事例はひとつもない、ということだ。過去数十年を見ると、最富裕国の成長率はもっと低くなっている。1990年から2012年にかけて、一人当たり産出は西欧では1・6パーセント、北米では1・4パーセント、日本では0・7パーセントの成長率だった。このさき議論を進めるにあたり、この現実をぜひとも念頭においてほしい。多くの人は、成長というのは最低でも年3～4パーセントであるべきだと思っているからだ。すでに述べた通り、歴史的にも論理的にも、これは幻想にすぎない。

――トマ・ピケティ『21世紀の資本』

ピケティはさまざまなデータを用いながら「経済成長はスローダウンしている」ことを指摘したわけですが、本書は経済だけでなく、人口、情報、テクノロジー、イノベーション、果てはコーヒーの消費量等といった項目についてまで、実証的なデータを用いながら、進歩・成長・拡大がスローダウンしていることを示しています。本書をパラパラとめくっていただければ、本書がいかに多様な領域の膨大なデータの集積によって編まれているかがわかるでしょう。

おそらく多くの読者は、本書を読み進めるうちに、いささか冗長とも思えるほどの「スローダウンの証明のオンパレード」に少し辟易とするかも知れません。しかし、これは重大なポイントだと私には思えるのです。なぜなら、呪いの解除は常に「事実の徹底的な確認」をきっかけに始まるからです。

呪いと聞けば、多くの人は「大昔に行われていたことで科学技術の時代を生きる私たちとは縁がない」と思われることと思います。とんでもない、と思うのですね。むしろ、これほど多くの人が呪いに支配されている時代はかつてなかった、と言ってもいい。

そもそも呪いとは何かを考えてみればよくわかります。呪いとは「人から思考・行動の自由度を奪う言葉」のことです。ある言葉を自分で信じ込むことで、思考や行動の自由を封じられる、そのような言葉を呪いというのです。

呪いが言葉でできている、ということはつまり、言い換えれば、呪いは情報でできている、ということです。そして、人が持つ世界観や人間観といった観念システムもまた情報から成り立っています。人が持つ観念システムに呪いという情報のウイルスが入り込むことでシステムがバグを起こし、人や社会を誤った方向へと導くのです。

このバグを解除するために、まずは何をさておいても必要になるのが「その情報は事実なのか？」という確認です。強迫神経症を寛解するための方法論を提唱した臨床心理学者のアルバート・エリスは、彼が確立した治療法＝論理療法の実践にあたって次の三つの観点から、自分が信じている信条を見なおすことを提唱しました。

1：事実か？
2：論理的に正しいか？
3：自分にとって得か？

筆頭に挙げられているのが「その信条は真実なのか？」という確認です。このように考えてみれば、本書が「すべては加速している」という呪いを解除するために、これでもかというほどの情報を用いて事実確認を繰り返して示しているのは、「呪いの解除」という観点からは大変、真っ当な「正攻法」を採ったと言えるでしょう。

さて「スローダウンしている」という事実を確認したとして、では私たちは、この「スローダウンの時代」をどのように迎えればいいのでしょうか？　私自身が強く共感したのが、本書に通底しているオプティミズムです。

スローダウンは歴史の終わりでも、救いの到来でもない。ユートピアに向かっているわけではないが、ほとんどの人の生活はよくなるだろう。住まいも教育も改善し、過酷な仕事も減る。私たちは安定へと向かっている。（28ページ）

スローダウンをネガティブにとらえるのではなく、ポジティブにとらえている、というのが本書のポイントです。一方で、社会全般的にポジティブにとらえられている「成長」や「創造」について、読み手がちょっと引くほどの厳しい言葉で批判を重ねています。特に舌鋒鋭く批判されているのが「アメリカ」および「アメリカ的なものの考え方」です。

20世紀の経済学者たちは大加速時代の頂点で「創造的破壊」を礼賛したが、そんな愚かなことは二度となくなる。（30ページ）

アメリカは加速の国である。他のどこの国よりも物事を大きくし、よりよくし、速くし、広くし、長くし、高くし、立派にした。いまとなっては愚かだとしか言いようがない。（77ページ）

シリコンバレーに代表される「アメリカ的なるもの」が手厳しく批判される一方で、昨今厳しい文脈で語られがちな日本は、しばしば大変ポジティブな文脈で取り上げられています。

いま、日本やスカンジナビア諸国など、世界で最も平等な国の多くは、これまでに見られた中で最も平等な都市社会である。こうした社会の人々はアメリカやイギリスよりも革新的だが、そこでさえもイノベーションのスピードは落ちている。（４０７ページ）

日本は世界の大国の中で最初にスローダウンした国だった。（４５０ページ）

東京は、より広く言えば日本は、多くの点で、スローダウンの先頭に立っていると言える。（454ページ）

日本の読者からすれば、このような評価は意外に思われるかも知れませんが、日本が、来るべき低成長時代における一つのベンチマークになるのではないかという議論は、ここ数年主にヨーロッパにおいて盛んになされています。例えば私自身がメンバーとなっている世界経済フォーラム（ダボス会議）の Great Narrative Initiative が昨年に出版した書籍においても、日本が、来るべき低成長時代における社会の成功事例として考えられるのではないか？　という問題提起をしています。

これはまさに私が拙著『ビジネスの未来』（プレジデント社）において示した「高原社会」のイメージです。昨今の日本は「低成長」「停滞」「衰退」といったネガティブな形容詞で語られがちですが、これを「成熟」「安定」「平和」といったポジティブな形容詞で語ることも可能です。総じて指摘すれば、日本はかつての「登山の社会」から「高原の社会」へと移りつつある、というのが私の主張でしたが、著者はまさに「高原社会の一つのあり方」が日本において示されていると考えているのです。

もし20世紀という「加速の時代」が、人類の歴史における例外的な異常事態であり、現在やってきつつある「スローダウンの時代」が、むしろ人類にとって当たり前の状況なのだとすれば、多くの企業が高い成長目標を掲げ、その内部において人々が心身を耗弱させるようにして仕事に取り組んでいる現在の状況は、やっと取り戻しつつある「正常な状態」を、あらためて「異常な状態」へと押し戻そうとする不毛な努力なのだということになります。

しかし、そのような不毛な努力の先には不毛な成果しか生まれないでしょう。もし現在、私たちの社会が正常な状態へと軟着陸しつつあるスローダウンの最中にあるのだとすれば、私たちの努力は、それを異常な状態へと再び押し戻すのではなく、より豊かで、愉悦に溢れた、瑞々しい「高原社会」を取り戻すためにこそ払われるべきなのではないでしょうか。

近代から続いている上昇の放物線の慣性のうちにあって、無限の成長が続くということを当たり前の前提として考えている人たちにとって、成長の完了した「高原状態」の社会は、刺激のない、停滞した、魅力のない世界のように感じられるかも知れません。ここに、私たちが向き合わなければならない新しい課題があります。

真に問題なのは「経済成長しない」ということではなく「経済以外の何を成長させれば良いのかわからない」という社会構想力のなさであり、さらに言えば「経済成長しない状態を豊かに生きることができない」という私たちの心の貧しさなのです。

さて、前置きはこれくらいにして、そろそろ本文の方へと進んでいただきましょう。

どうぞ、いってらっしゃい！

Slowdown　減速する素晴らしき世界　目次

付録

第1章

この先に待ち受ける未来

To Worry: Imaginatively

水曜日に発表された最新の政府統計によると、韓国の2018年の合計特殊出生率（1人の女性が一生の間に産む子どもの数）は0・98に低下した。

――ソン・ジョンア、韓国・ソウル、2019年8月28日

過去160年の間に、世界の人口は2倍になり、そしてまた2倍になり、さらにほぼ2倍になっている。人口がわずか数世代のうちにこれほど急増したことは、過去に一度もない。これから先もないだろう。いま、世界人口の増加ペースはスローダウンしている。

1859年にチャールズ・ダーウィンはこう記した。「条件のよい季節がいくつか続いた後で個体数が驚くほど急速に増えた野生の動物の例がたくさん記録されている」［＊1］。ダーウィンは、小さな種子から巨大なゾウまで、多種多様な例を使って、自然界で種の個体数が幾何級数的に増加したきわめてまれなケースを考察している。もしもダーウィンが自分自身の種、つまりヒトを選べていたなら、その最たる例になっていただろう。そのときヒトは、個体数が幾何級数的に世界規模で増加する、過去に例のない加速期に入ったところだった。

スローダウンしているのは人口が増加する速さだけではない。生活のほとんどすべての側面がスローダウンしている（「スローダウン」という言葉が使われだしたのは1890年代で、物事がゆっくり進むようになることを意味している）。いま進んでいるスローダウンは、あらゆることが加速していくという前提に大きな疑問を投げかけるものであり、私たちは未知の領域に足を踏み入れている。

いまのものの見方や考え方は、将来も技術変革は急速に進む、経済成長は永遠に続くということが大前提になっている。経済でも、政治でも、それ以外のことでもそうだ。スローダウンが進んでいる現実と向

き合うには、変革やイノベーション、発見は大きな恩恵をもたらすとする考え方を根本から変える必要がある。技術革命が絶えず生まれると期待するのはやめるべきなのだが、それを受け入れられるようになるのだろうか。そうならない可能性があるとしたら、それ自体が恐ろしいことである。スローダウンなんて起きない、新しい大きな変化がもうすぐやってくると考えていると、どんな間違いをすることになるのだろう。変化の速さがはっきりとスローダウンしているのに、物事が何も変わらなかったら、どうなってしまうのか。

いま、あなたは猛スピードで走る列車の中で暮らしていて、そこに突然ブレーキがかかったような感じがしたと想像してみよう。次に何が起きるのか、きっと心配になるだろう。今度は、あなただけでなく、あなたが知っているすべての人、そしてその親、祖父母、孫、ひ孫まで、思い出せるかぎりの人たちが全員、その同じ高速列車に乗って暮らしていて、列車はほとんどずっと加速し続けていると想像してみてほしい。あなたにとっては、猛スピードで疾走している状態が当たり前で居心地がいいが、これからスローダウンを肌で感じ始めることになる。これまでに経験したことのない、恐怖を覚える感覚だ。ところが、列車はいまも止まることなく走っているので、まわりにいる人たちは、まだ加速は続く、つまり変化のペースは増すと口々に話している。しかし現実には、列車がこれ以上スピードを上げることはもうない。何かが変わっている。車窓から見える景色の流れは緩やかになっている。あらゆることがスローダウンしている。一つの時代が終わろうとしているのだ。

最近の世代で進んだ「大加速化」は、私たちが暮らす文化をつくりだした。そしてそこから、進歩に対する独特の考え方が生まれた。ここでいう「私たち」とは、いま地球上で暮らしている高齢者の大多数のことだ。それは、健康状態や住居、職場の環境が親や祖父母の世代よりもおおむねよくなった人たちであり、教育を受ける機会が広がった人たちであり、生きている間に絶対的貧困も困窮も減少した人たちである。そして、子どもの世代はいまの自分たちよりずっといい暮らしをするようにはならないと考えるようになっている人たち、そう、スローダウンという新しい流れを感じ取っている人たちである。

ここ数世紀はスローダウンが起きた例がほとんどないだけに、戸惑いも大きい。しかし、スローダウンはとてもよいことである。スローダウンが起きなかったらどれほど悪いことになるか、想像もつかない。スローダウンしなければ、迫りくる危機は避けられない。このままでは私たちが暮らす「大切な家」である地球が壊れてしまう。

スローダウンが必要なのは、いまのまま加速し続ければ、破滅に向かって突き進むことになるからだ。ポール・エーリック、アン・エーリックの1968年の著書『人口爆弾』の終わりには世界規模の飢饉が発生する悪夢のシナリオが描かれるが、スローダウンが進むなら、その心配をしなくてすむ。インド国民は飢えに苦しむことになるはずだと、2人は警告した。「(2人が提案する)この選別方式では、インドへの食料援助は止めるべきである」[*2]。近年はこういった懸念や悲観論が世の中にあふれ、人口の増加が加速して制御不能になっているというイメージが広まった。その一例として、数理生物学者のジョエル・E・コーエンは、1992年に次のように書いている。

1970年の時点で、プリンストン大学の人口統計学者、エインズレイ・コールは、アメリカの人口が1940年以降、1・5倍に増えていることに気づいた。コールの計算によると、その速度が続けば、アメリカの人口は2100年になる直前に10億人に達する。6~7世紀のうちに、1平方フィート(約0・09平方メートル)当たりの人口は1人になる。そして、30年ごとに50%増え続ければ、約1500年後には、われわれの子孫の重量は地球の重量を超えてしまう。相対性を無視するなら、数千年もすると半径が光の速さで膨張していく人の塊ができるという計算さえ成り立つ[＊3]。

エインズレイ・コールがこう考察したのは、アメリカの人口の加速が止まってから、わずか1年ほど後のことだった。1990年代初めには、加速化はそれほど心配されなくなり始めた。加速し続けることはもはや不可能だと気づいたのである。

スローダウンする。

そして一歩後ろに下がる。

そうして、自分のまわりで何が起きているかよく見てほしい。

2019年1月1日。早朝のラジオ番組でこんな話をしていた。もしも今年、人類を天王星と海王星に送る計画を立てて、すぐに準備にかかったとすると、2043年までに宇宙船を到達させられるだろうか——。到達どころか、天王星や海王星を間近で見るだけでも、おそらくほぼ四半世紀はかかるだろう。

私たちは時間に縛られている。さらに空間にも縛られている。どこに行くにも時間がかかりすぎる。私たちはこの先ずっと、ここ地球で暮らすしかない（そうできればの話だが）。くしくも、人口の増加は1960年代後半に劇的にスローダウンし始めた（人類が初めて月面を歩いたのと同じ時期だというのは皮肉である）。人口が加速を続けているところは、もうどこにもない。人口の増加率は世界規模で減速しており、それどころかヨーロッパの大部分、極東、さらに南北アメリカの大半では人口が減少している。

人口がスローダウンしてもすぐに安定するとは限らないが、将来的にはそうなる。1世紀後には、1家族当たりの子どもの平均人数は2人を割り込むだろう。1世紀のうちに地球上の総人口はゆっくりと収縮していき、それが新しい世界標準になる。人口の高齢化はこの先何十年も続くことになるが、人間の平均寿命の延びがスローダウンするので、近い将来、高齢化の速さそのものも緩やかになる［＊4］。世界最高齢者の年齢はここ20年の間、上昇していない［＊5］。

もちろん、スローダウンが進めば、危機が発生したり、予想外の事態に何度も見舞われたりするだろう。それがどのようなものであるかは、まったくわからない。しかし、スローダウンはすでに始まっている。それが事実であることを理解するには、いままでとはまったく違うやり方で近年の流れと現状をとらえなおす必要がある。しかしまず、このままスピードが上がり続けるとどうなるのか、考えなければいけない。

大加速時代を考える

変化を示せる方法はたくさんあるが、その変化がどのようなものなのか、そしてその変化の中で何が変わっているのかを本当に知りたいのであれば、時系列で見ていくのがいちばんいい。本書で用いる手法は一般的なものではなく、西欧社会科学に取り入れられることはめったにない［＊6］。しかしその方法なら、変化の全体がどれだけ大きいかを示しながら、それがどれだけ変化しているかも明らかにできる。そのうえ、ごく短い期間をとることも、何より重要なポイントとして、全期間を対象とすることもできるので、非常に効果的である。さらに、本書のやり方で時系列線を描けば、変化の二次導関数、つまり変化の速さの変化もわかる。こうした特殊なグラフの描き方と読み方については、巻末の短い付録で詳しく説明している。

「変化の速さ」を理解していたアイザック・ニュートンとその同時代人たちなら、本書で示される時系列線を引くのに使われる手法が何か、すぐにわかっただろう。それが統計グラフである。統計グラフが初めて使われたのは1623年とされている。ニュートンが生まれるわずか数十年前のことだ［＊7］。この概念はいまでこそ広く理解されているが、昔は一握りの人しか学ぶことができなかった。

統計グラフの概念が広まり始めると、発見が増加するペースも上昇した。新しいグラフ、新しい数学、新しい物理学、まったく新しい学問領域が生まれ、真実を探究する科学が古い神に取って代わった。そうしてすべてが新しくなると、思考のスピードが上がり、ものの見方や考え方は、最近まで、世代を重ねるごとに変化していった。

図1にある時系列線の例は、架空の国であるノーサッチランドの人口を示している。1950年には1億人が暮らしていて、その後、人口は毎年2％の割合で増えていった。日本は1950年に人口がだいたいその規模で、増加する速さもそれくらいだった。1年後、ノーサッチランドの人口は200万人増えて1億200万人になる。2％の増加率というのは一見すると低いが、それでも総人口は急速に増え、35年後には2倍になっている。1985年になるとノーサッチランドには2億人が暮らし、人口の年間増加数は400万人まで大きくなっている（増加率は2％）。わずか21年後の2006年には、人口は3倍になって3億人に達し、1年に600万人も増えている。この時系列線は、人口の規模とその規模の変化の絶対速度を単純にプロットしている。変化の相対速度（％）は常に2％である。これに対し、変化の絶対速度（人数）は上昇し続ける。増加している人口の2％は常に大きくなるからだ。時系列線に描かれている振り子は、右にいくほど変化のスピードが速くなることを表している。

図1の時系列線は、加速度が一定であると直線になり、年の間隔（線上の丸印「○」の間隔）は時間とともにだんだん広くなっていく。変化を示すこの手法が他の手法と決定的に違うのはそこである。時系列線をこ

図1　架空の国の人口、1950 ～ 2020年（年2%で加速）
これは加速度が一定のごく単純な架空の例である。

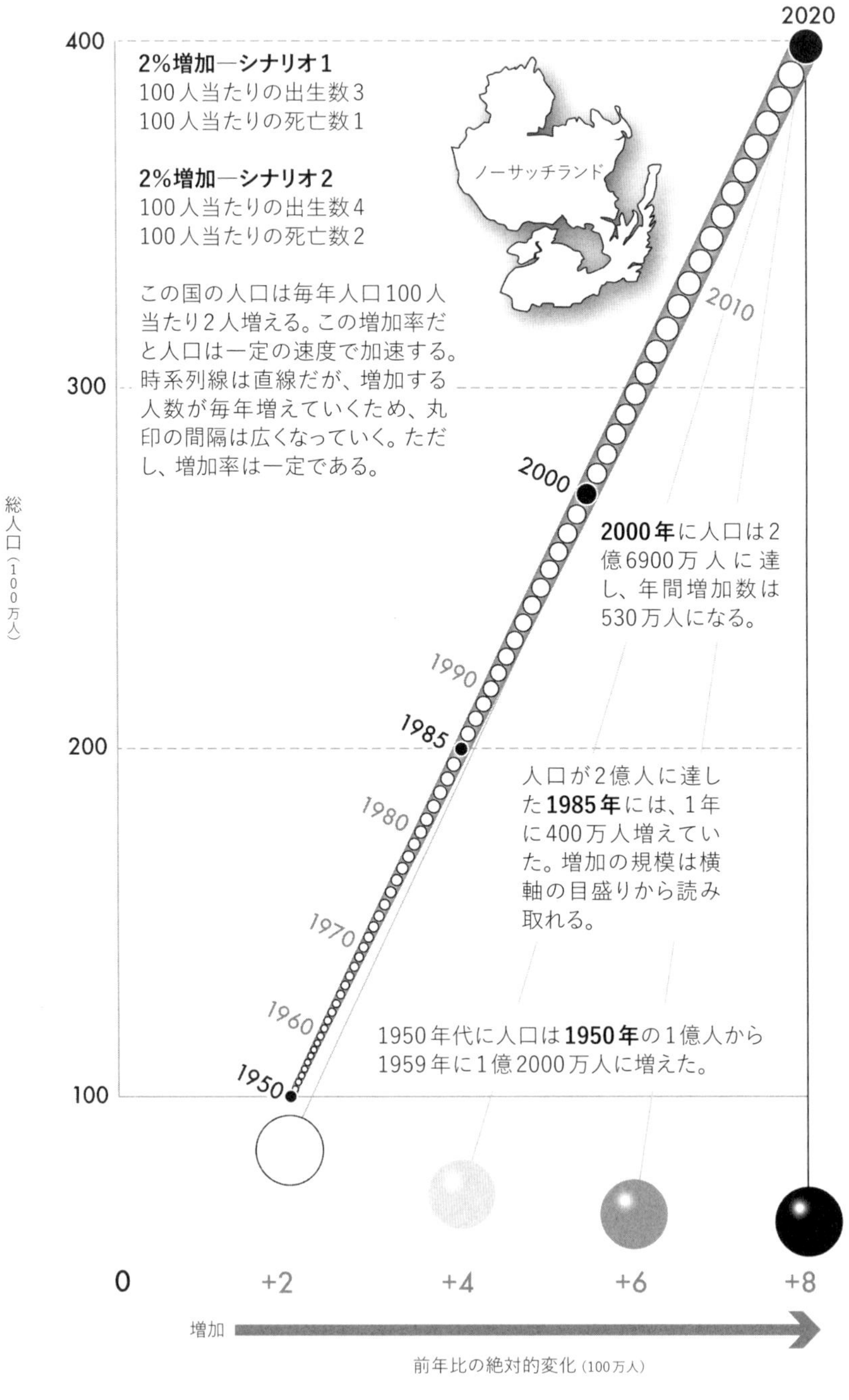
2020
400
300
200
100
2%増加―シナリオ1
100人当たりの出生数3
100人当たりの死亡数1
2%増加―シナリオ2
100人当たりの出生数4
100人当たりの死亡数2
ノーサッチランド
この国の人口は毎年人口100人当たり2人増える。この増加率だと人口は一定の速度で加速する。時系列線は直線だが、増加する人数が毎年増えていくため、丸印の間隔は広くなっていく。ただし、増加率は一定である。
2010
2000
2000年に人口は2億6900万人に達し、年間増加数は530万人になる。
1990
1985
人口が2億人に達した1985年には、1年に400万人増えていた。増加の規模は横軸の目盛りから読み取れる。
1980
1970
1960
1950
1950年代に人口は1950年の1億人から1959年に1億2000万人に増えた。
総人口（100万人）
0
+2
+4
+6
+8
増加
前年比の絶対的変化（100万人）

のように描くと、変化の実際量が大きくなっているときに増加のスピードが文字どおり速くなっていることを表せるようになるので、変化の進むスピードが目に見えるようになる。図のいちばん下にある振り子は主に装飾を目的として使用されている。本書では図のすべてに振り子を描き、時間の始点と終点、そして始点と終点での変化の速さを視覚的に示して、二つの時点の間で変化の速さの変化が一目でわかるようにしている。

図1で示されるパターンは、1970年以前に豊かな国でかつて起きていたものである。しかしいまでは、このような変化が見られることは次第にまれになっており、たいていは戦争などの大惨事の後、あるいは最貧国（改善していることがほとんどなく、公平性が下がり、過酷さが増し、絶望が深まるなど、状況がさらに悪化している）だけである。これに対し、たとえば日本では、実際の年間人口増加率は1950年の2・0％から1958年には1・0％に下がった後、1973年には1・5％に上昇、1977年は1・0％、1986年は0・5％とふたたび下がり、2012年に初めて減少に転じた。

いまでは、図1の時系列線が描くような人口の軌跡をたどっている国はそうそうない。しかし、私が生まれたとき（いまから半世紀以上前）には、ほとんどすべての国の人口は2％前後（上下1％ポイントの幅）増加しており、私はこの世に生まれたことで、集合的悪夢、つまりその当時に非常に多くの人が恐れていたことに、そうとは知らずに加担していた［＊8］。私は1968年に生まれた。そのとき、最新の知識を持っていた一握りの人たちの多くが、この時系列線に示されている架空の国は、自分たちを待ち受ける厳しい未来を映していると考えていた。

1968年にグラフを見ていた人は、1950年から1968年までの区間しか確かめることができず、残りは想像した。1年後、数人の男たちが月に降り立った1969年には、その光景を目の当たりにして、人類が地球を離れる日も本当に近いように思われた。だから、エーリック夫妻は『人口爆弾』の中で、地球から脱出するべきだと訴え、脱出できた数少ない幸運な人たちは、この先訪れる地球規模の飢饉を免れられるだろうと説いていたのだ。しかしわずか50年で、状況は一変している。

今日生まれた子どもは、生きている間に世界人口が収縮していくのをその目で見ることになるだろう。惨事が起こらなくてもそうなる。将来に大惨事が起きて、何百万もの人が命を落とすようなことがあっても、その後に総人口の増加は加速するので、減少は止まる。そんな大惨事を避けることができれば、人類史上初めて、人間の数はまもなく自然に減少すると予想され、その確信はますます深まっている。私たちはスローダウンの時代に入っているのだ。

当たり前だった状態に戻る

スローダウンが進むと、さまざまなことが大加速化の起こる前には当たり前だった状態に戻っていくだろう。一つ例をあげると、物価は世界規模で安定するようになると考えられる。将来、物価がいまよりも安定するのであれば、インフレを起こす必要はない。私たちのひ孫は、60歳になったときのビールの値段が21歳になったばかりのときの値段と同じかもしれない。

そんな世界では、「投資」で簡単に大金を稼ぐことはできなくなっているに違いない。過去に投資で稼げたのは、その後に人口が増えたことが大きい。たとえば、私は将来値上がりすると見込んで、借金して家を建てていたとしよう。だが、その後に人口が減ってしまうと、家が値上がりすることはたぶんない。投資は完全に失敗するだろう。私が将来、投資で大もうけすることはない。しかし、他の人が食い物にされることもない。ここはきわめて重要な点だ。

人口の減速が始まると、深刻な経済格差も続かなくなる。人口が収縮し高齢化していけば、お金を稼ぐのはいまよりずっと難しくなる。さらに、物事が変化しなくなるので、人は賢くもなるだろうし、どんどん複雑になる「最先端」で「最新」の消費財を次々に投入して、消費者をカモにするのも難しくなるかもしれない。技術革新がスローダウンすると、新しく生み出される革新的なモノやサービスが減ることになるのだとしたら、なおさらだ。

社会、経済、政治、人口動態の変化が加速すれば、市場は拡大し続ける。ただそれだけの理由でうまくいった販売戦術は、スローダウンが始まると、以前のような利益を生み出さなくなるだろう。スローダウン後は特にそうだ。ハイテク企業が毎日投入する広告が大幅に増えているのには、そういった理由もある。私たち全員が集団として賢くなるので、それほど必要のない商品――これが必要なんだと思い込まされるかもしれないが、手に入れてもウェルビーイング〔訳注：身体的にも、精神的にも、社会的にも良好な状態にあること〕は高まらない商品を売る会社は、ますます必死になっている。

停滞は悪だと考えるのはやめなければならない。スローダウンが進むということは、学校も、職場も、病院も、公園も、大学も、娯楽も、家庭も停滞するということだ。過去6世代と違って、世代が代わるたびに変容していくことはもうない。モノを長く使うようになって、ゴミが減る。いま私たちが心配している社会問題や環境問題は、将来、問題ではなくなる。もちろん新しい問題は現れる。いまの時点では想像もつかないような問題も出てくるだろう。

スローダウンそのものがまさに新しい問題である。その影響を予測するのは簡単ではない。すでにスローダウンが始まっている一握りの国しかモデルがないからだ。そうした国の経験から手がかりを引き出さなければいけない。いまはっきりと言えるのは、スローダウンは始まっているということだけだ。それもしばらく前に始まっている。そこに気づくと、大きな不安に襲われるはずだ。人はいつも何かしら心配しているし、これからもいつも何かしらに不安を見つけてしまうだろう。

この点は例えを使って説明するとわかりやすいかもしれない。いまから300年前の人々には、心配事がたくさんあった。現世で信仰に励み、徳を積まなければ、地獄の業火に焼かれるという恐怖がその一つだ。いまも地獄を恐れている人は多いが、以前に比べれば多くはないし、ほとんど全員が地獄の存在を信じていた時代ほど恐れられてはいないと言っていい。また、特定の信仰はなくても、地獄に落とされるような行いはしないほうがいいと感じていた人も多かった。西側世界の新興都市には、地獄で（永遠に）焼かれるという恐ろしいリスクを減らすために、教会が数多くつくられた。そして、そうした都市の経済は、奴隷制度や奴隷制度がもたらす間接的な利益の上に成り立っていた。

奴隷制が廃止されたのは、アメリカでは南北戦争終結後の1865年、イギリスとその自治領では1883年、ブラジルでは1888年のことだった。ヨーロッパには莫大な利益が還流していたため、奴隷制度を正式に廃止する機運が高まらなかった。その昔には、大半の奴隷主も奴隷も、奴隷制度がほぼ違法になる日がくるとは、夢にも思っていなかっただろう（ただし、債務労働はいまも存在するし、現代奴隷は世界中にいる）。それに、教会や礼拝堂にほとんど人が集まらなくなって、次々に住宅やナイトクラブに変わる日がくるなど、つい最近まで考えられなかったのではないか。

私たちはいままでに数々の変化を経験してきたが、それでも、これから物事がどう変わっていくのか、想像もつかない。この先訪れる変化が変化のスローダウンであるなら、なおさらだ。

世代間の違いを観察するときには、それぞれの世代で心配事がどう変化するかを考えるといい。いまは完全に理にかなっているように見える不安のうち、将来はまったく心配されなくなりそうなのはどれだろう。気候変動がそうなる可能性がある。それは気候変動が現実のものでも、きわめて深刻なものでもないからではない。過去半世紀あまりにわたる私たちの行動が引き起こした大きな変化が、気候変動の主な原因であるからだ。将来、大気汚染はいまよりも減るだろう。いまわからないのは、その将来にたどりつくまでに、どれくらい時間がかかるかだ。時間がかかればかかるほど、事態は深刻になる。

変わらなければいけないことが明らかになってから、十分に適応できるようになるまでには、数世代、50年ほどはかかりそうだ。しかし、変わる必要に直面したときには、私たちはいつもかならず適応し、行動を変えている。人間はとてもせっかちな動物でもあるので、どれくらい変わることができるのか、すでにどれだけ変わってきたのか、じっくり考えようとしない。変化が訪れるまでには気の遠くなるような時間がかかるように見えるものだし、私たちは堪え性がない。それでも、新しい環境にすぐに適応するので、スローダウンにもきっとうまく適応するだろう。

安定へと向かっている

私たちはいつも何かしら心配している。それが人というものだ。人間は狩る者として進化しただけでなく、狩られる者としても進化した。人間の周辺視野が広いのは、近づいてくるものを察知できた者が生き残ることが多かったからだ。

いまから200年前、石炭を燃やして生まれる目に見えない副産物である二酸化炭素が、大気中に長くとどまってすぐには吸収されず、ここまで有害な影響をもたらすことになるとは、誰にもわからなかった。いま私たちがしている何か他のことも、いまの時点では誰にもわからない恐ろしい影響をきっともたらすだろう。結局のところ、私たちは動物でしかない。ある有名な思想家がかつて言ったように、赤ん坊のときは誰かに食べさせてもらっていた人間がひとりで食べられるようになっただけで奇跡である［＊9］。

私たちはかつて核の冬を恐れていた。そして、自然のサイクルが次の氷河時代に入ることを恐れていた。数年ほど前、私は過去100年間に多くの人に恐れられていたことをたくさん集めたリストをつくった。私のお気に入りは、その昔、カリフォルニア州全土を覆い尽くすと予言された「殺人バチ」の襲来だ。私が子どもだった頃、ハチが人を襲うという話を聞かされたが、それは映画の中の話だった。1974年にエドワード・アルバート、ケイト・ジャクソンが共演した『恐怖の殺人蜜蜂』、1978年には『スウォーム』が公開され、2011年には『1313：巨大殺人バチ！』に恐怖した［＊10］。ハチほど「この世の終わり」と強く結びつけられている種はないのではないか。いまはハチが少なすぎて穀物が受粉できないことが心配されている。


スローダウンは歴史の終わりでも、救いの到来でもない。ユートピアに向かっているわけではないが、ほとんどの人の生活はよくなるだろう。住まいも教育も改善し、過酷な仕事も減る。私たちは安定へと向かっている。変化のない安定した状態は少し退屈かもしれない。ピッツバーグ、ストックホルム、京都、ヘルシンキ、オタワ、オスロのように。刺激やネオン街を求めているならなおさらだ。

それでも、新しい心配事はかならず生まれる。強い不安を感じるのは、危険を回避しようとする防御反応である。不安や恐れは身の安全を守るために必要なものだ。しかし、私たちはしなくていい心配をしがちである。子どもが木から落ちたらどうしようと心配になったりするが、木登りは考えられているよりずっと安全だ［＊11］。私たちは知らず知らずのうちに、過去に危険だったことばかり心配している。高い場所を本能的に怖がるように進化してきたのに、高速で動く大きな金属の塊のことはあまり気にしないのは、自動車が発明されるまで、そんな物体が私たちの安全を脅かしたことがほとんどなかったからだ。

2222年にあなたの子孫がどんなことを心配しているか、想像してみてほしい。2222年には、地球上の総人口が何十年も前から減少して、経済格差が小さくなっている。また、氷期と氷期の間の温暖な時期がゆっくりと終わりを迎え、地球が冷え始めていることだってあるかもしれない。2222年になる前のどこかの時点で、海面の水位はいまより安定するようになるが、水位はずっと高くなっている。動力源は安全で、ほとんど汚染をつくりださない。人工知能(AI)は役に立つようになっているが、まだまだ人工的で、知性はそれほど高くない。この未来では、世界中の人々の栄養状態はよくなっているはずだし、逆に肥満は減っている。だとすると、何が心配になるのだろう。それが何だろうと、大きな心配事はどんなときもかならずある。心配事をつくって思い悩むのが、人間というものだ。いつもユートピアを追い求め、悲劇が起こることを恐れている[*12]。

スローダウンはすでに始まっているし、それはとてもよいことだ。スローダウンが起こらなくて、総人口がどんどん膨れ上がり、社会の経済格差がどんどん広がり、1人当たりの消費量がどんどん増えれば、破滅を迎えるだろう。私たちは資本主義という経済システムにどっぷり浸かっているので、それが終わるなんて想像もできないが、人口が増加せず、物質的な経済成長も止まれば、資本主義は何か別のものに姿を変える。いまよりもずっと安定していて賢明な何かに。その未来で人々がいまよりも幸せになっているかどうかは、誰にもわからない。より多くのものを手に入れて、非日常的な経験を追い求めたところで、幸せにはなれないと感じることが増えているかもしれない。わからないことは山ほどある。しかし、スローダウンはすでに始まっている、そしていままでは驚くほど広範囲にわたっているということは、少なくとも認めるべきである。

未知の未来へと急き立てられることはなくなっているとはいえ、私たちはジェットコースターのような過去に立ちこめていた濃い霧をようやく抜け出したところである。旅がゆっくりと進むようになって、雲も切れ始めた。その先にはよい季節が待っているが、人口も、発明も、経済全体の富も、すべてが急激に増える肥沃な季節ではない。それどころか、世界の総人口はもうすぐまったく増えなくなるだろう。過去数世代には、大きな進歩があったが、大きな苦難もあった。史上最悪の犠牲者を出した戦争があり、ジェノサイドがあり、人類を滅亡させる核戦争の計画・基地建設を含む、卑劣きわまりない蛮行があった。

私たちはいま、発見が減り、新しいデバイスが減り、「ヒーロー」が減る未来に直面している。しかし、それを受け入れるにはかなり時間がかかるだろう。だが、これはそんなに辛いことなのだろうか。独裁者も減るし、破壊も、極度の貧困も減る。20世紀の経済学者たちは大加速時代の頂点で「創造的破壊」を礼賛したが、そんな愚かなことは二度となくなる。創造的破壊とは、古くて非効率的な企業が淘汰されていくことで経済がさらに発展するという考え方だった。環境の変化に適応できる企業だけが生き残るという、奇怪な（しかし当時は主流だった）「適者生存理論」によるなら、この虚無主義的なレトリックは理にかなっていた。

科学者はこれからも大きな発見を続け、そのスピードはどんどん加速していくと、私たちはいまも教え込まれている。それがスローダウンすると聞けば、多くの人が前途は暗いと感じるかもしれず、すんなりとは受け入れられないだろう。しかし、進歩とはどれも相対的なものであり、スローダウンを最も強く推し進めているのは、女性の解放という形の進歩そのものである。安定へと向かう進歩を牽引したのは、ほとんどすべてが男性によるものとされる偉業でも、男性が生み出した素晴らしい発明でもない。働く、投票する、家族の人数を計画するといった、ほんの小さな自由を勝ち取った女性が最初に行った選択である。

人口減少

スローダウンとはどんなものなのだろう。ここでもう一度、先に示した架空の国の例に戻ろう。１９５０年の人口は1億人、人口の増加率は年２％で、出発点は図１とまったく同じである。しかし今度は、人口の増加率を年０・１％ポイントずつ低くしていくことにしよう。したがって、年増加率は2年目には１・９％となり、20年目（１９７０年）には０％になる。

この架空の国で暮らす人の数は、１９５2年には1億2００万人×１・０１９となる。１９７3年は１億２３００万人×０・９９７である。図１の時系列線は直線だったが、今回は曲線になる。架空の国の人口は１９７０年に1億２３００万人でピークとなった後、１９９1年には1億人に戻り、２０１5年には４５００万人へとさらに減少する。本書で示される他の時系列線のほとんどすべてが、幾何級数的に上昇し続けずに、後方に屈折する曲線を描いているのは、スローダウンとはそういうものだからである。図２に最も劇的なスローダウンがたどる軌跡を示している。

時系列線上の各年を表す丸印（丸の中央は1年のちょうど半ばの時点に位置している）は、１９７０年まではすべて等しい間隔にあるが、時間とともにどんどん離れていく。年ごとの変化は、前の年と次の年の変化とほとんど同じように見える。しかし、変化の速さそのものはゆっくりと変化している。１９７０年以降は丸の間隔がどんどん小さくなり始める。この架空のシナリオの計算式だと、人口はゼロに近づいていくが、完全にゼロにはならないので、このような形になる。また、１９７０年以降はこの架空の国の人口が減少するため、丸はだんだん小さくなっていく。

図2　架空の国の人口、1950 ～ 2070年（最初は増加するが、その後減速する）
これは人口が加速から減速に転じる架空の例である。

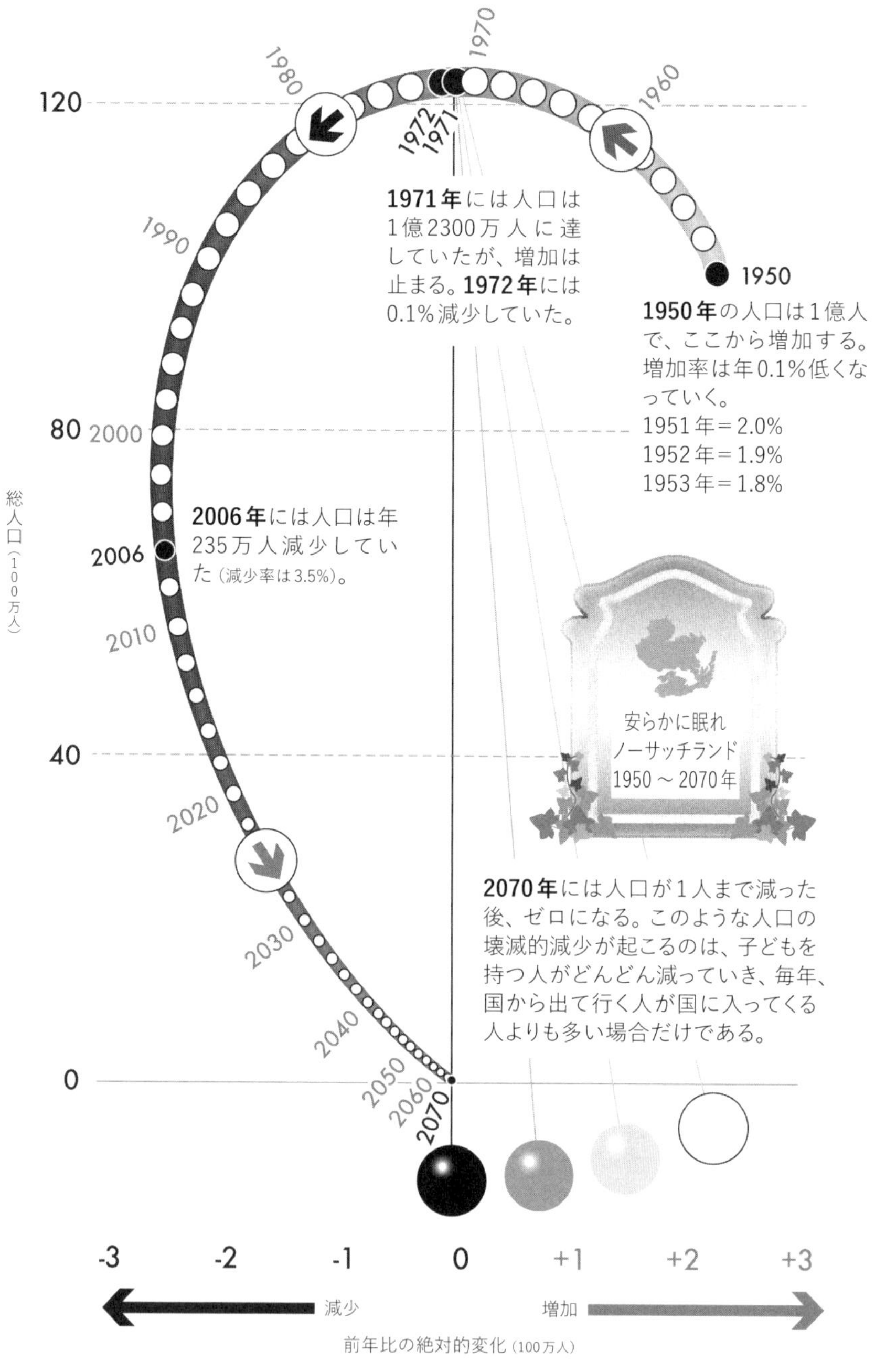
120
80
40
0
総人口（100万人）
1950
1960
1970
1971
1972
1980
1990
2000
2006
2010
2020
2030
2040
2050
2060
2070
1971年には人口は1億2300万人に達していたが、増加は止まる。1972年には0.1%減少していた。
1950年の人口は1億人で、ここから増加する。増加率は年0.1%低くなっていく。
1951年＝2.0%
1952年＝1.9%
1953年＝1.8%
2006年には人口は年235万人減少していた（減少率は3.5%）。
安らかに眠れ
ノーサッチランド
1950 ～ 2070年
2070年には人口が1人まで減った後、ゼロになる。このような人口の壊滅的減少が起こるのは、子どもを持つ人がどんどん減っていき、毎年、国から出て行く人が国に入ってくる人よりも多い場合だけである。
-3
-2
-1
0
+1
+2
+3
減少
増加
前年比の絶対的変化（100万人）

図2に示す時系列線は、図1の時系列線を鏡映しにしたディストピアである。図1では人口増加は加速し続ける。図2の場合は、人口はやがてゼロになる。スローダウンではなく、絶滅だ。これは2021年の近未来のイギリスを舞台にした1992年の小説『人類の子供たち』（2006年に『トゥモロー・ワールド』として映画化）の筋書きである［＊13］。

図2では、人口は絶滅へと突き進んでいる。生まれてくる子どもの数は年々減っていき、ついにはゼロになる。人は死ぬので、人口は置き換わらず、移住でも補い切れない。人の数がまったく足りない。これが「壊滅的減少」である。人口と年変化率を同時にプロットすると、そうした流れがくっきりと浮かび上がる。一つの家族が持つ子どもの数が平均で2人を大きく下回り続けたらこうなるのである。しかも、この架空の国を出ていくことを選ぶ人が、入ってくることを選ぶ人を毎年上回れば、出生率がここまで低くなる必要さえない。このような人口減少が人類の歴史の中で起きたことは以前にもあるが、ローラン（楼蘭）、ニヤ（尼雅）、オトラル（別名ファラブ）、スバシ（現在の新疆ウイグル自治区に位置）といったシルクロード沿いの古代の大都市で起きた例などで、何百万人という規模ではなく、何千人かの規模だった。

いまあげた場所の名前はもちろん、それがかつて存在していた都市国家の名前さえ、この先耳にすることはまずなかっただろう。なぜなら、これらの都市はすべて放棄され、現在は遺跡としてのみ残っているからである。ここ何十年かで考古学的な謎が解明されたため、その名前がふたたび知られるようになった。まだ発見されていない場所が他にもたくさんあるだろう。新しくシルクロードをつくれば、そうした都市がいくつも見つかるはずだが、交通量や交易量がこれまで以上に増えることにはなりそうにない。もうすぐ消費者の数、とりわけ単純な消費者の数が減るからだ。あらゆるものはやがてかならずスローダウンする。図2に描かれる振り子は、ゼロへと向かっている。

振り返ってわかる

地球上にいる人間の大半は、1家族当たりの子どもの数が何年も、たいていは何十年も平均すると2人未満となっている場所で暮らしているのに、人口の減少がここまで懸念されていないというのは不思議である。多くの家族に子どもが2人いて、子どもがいないか1人という家族がほとんどなくても、子どもが3人以上いる家族が少なければ、平均は2人をゆうに下回る。そんな簡単な計算さえわかっていない人も多い。不安がなかなか現実に追いつかないのも、未来を想像して新しい不安を過去の古い不安と置き換えるのに時間がかかるのも、それが理由の一つである。私たちはまだ、古い悪魔を恐れることが多い。私たちの親にはそれを恐れるもっともな理由があったが、いまではかつてのような脅威ではなくなっている。

やがて、最貧国でさえ飢えや発育不全に苦しむとは限らなくなるだろう。世界の最も貧しい地域で暮らす多くの人がいまのように子だくさんなのは、単に乳児死亡率が高いからで、少なくとも何人かは生き残るようにしなければいけない。避妊具が手に入らないということもあるが、そうした地域もいまでは少なくなってきている。近い将来、世界全体で十分な食べ物を確保できるかどうかは心配されなくなって、私たちが食べているものが体にいいかどうかのほうが強く心配されるようになり、肉を食べる量がぐっと減るだろう。

いずれ私たちの子孫（あるいは他の人たちの子孫）が私たちのいまの姿を振り返り、どうして変容が始まっていることに気がつけなかったのかと疑問に思うだろう。しかし、言い訳をさせてもらうなら、猛スピードで走っている列車に乗っていて、急ブレーキがかかると、体が前に投げ出されるように感じることを思い出してほしい。振り返ってはじめて、自分がこれまでのようなスピードで前に進んでいないことがわかる。

本書は後ろを振り返るものになる。

第2章

ほとんどすべてのことがスローダウンする

The Slowing Down: Of Almost Everything

ギリシャ経済は、2009年から2017年の間に年間国内総生産の約25%を失った後……スローダウンしており、この流れは少なくとも（2019年）7月まで続くだろう。

――経済協力開発機構（OECD）、中国で報告、2019年1月25日

ギリシャのヒオス島にある古い村で、その若い男は、同じ世代の大半の人よりもずっと穏やかな顔つきをしていた。男はアテネを離れ、自分の祖父母、曾祖父母をはじめ、一族が代々暮らしてきた場所に移り住んだ。アテネは暑すぎたし、人が多すぎたし、忙しすぎたし、めまぐるしすぎた。ヴァシリスと妻のロウラは2006年、無秩序に膨張していくギリシャの首都に別れを告げ、時間がはるかにゆっくりと流れているところに移住した。この後すぐに金融危機がアテネを呑み込むことになるのだが、その兆しはまだ見えていなかった。

ヴァシリス、ロウラ、そしてその家族は、さまざまな雑誌の記事で取り上げられた。当時、そんな移住はまれだったからだ。どの記事も、「いったいどうして若い男女が、生活をスローダウンさせて、マスティハを（ゆっくり）収穫することが主要な産業であるようなところに移住したくなるのか」と、暗に問いかけていた。2人の友人で、収穫されたマスティハが持ち込まれる現地工場を運営するイリアス・スミルニウディスは、ヴァシリスがそうした理由を、「仕事が楽しくて、毎日海に泳ぎにいける」からだと説明する［＊14］。イリアスは分子生物学の博士号を持っている。スイスアルプスにある医薬品研究所で働くことだってできたはずだ。しかし、イリアスが選択したのは、ヴァシリスやロウラのように、お金がかからず、スローで、環境にやさしい心穏やかな生活である。それはマスティハを中心に回る生活だ。

マスティハの木の下で

世界で商業栽培されているマスティハの木は、大半がヒオス島にある。ヒオス島は、トルコ海岸からわずか数マイルのところに位置する、エーゲ海に浮かぶ島だ。地中海のライフスタイルは穏やかでスローな究極の暮らしとされており、地中海の食生活は健康長寿の秘訣と言われる。しかし実際には、地中海のライフスタイルはスローではない。むしろヨーロッパ、特に北ヨーロッパは、ここ数世紀の間、とんでもなく〝ファスト〟になった。

ホメロスはヒオスで生まれたという伝説がある。ホメロスという1人は実在せず、つくりあげられた人物であるようだ。『イリアス』と『オデュッセイア』は1人の手によるものではなく、幾世代もの語り部や吟遊詩人が語り伝えたものだと、多くの学者が考えている。古代ヒオスには12万6000人が暮らしていたとされる。現在の人口5万2000人よりずっと多い［＊15］。

人口の増加は避けられないことではないのに、私たちは人口が増加し加速することに慣れきっているので、それを忘れてしまいがちだ。地球上のあらゆるところで、そこで暮らす人の数が過去の特定の時点よりも減るときがいつかやってくる。避けることができないのは、加速ではなく、減速なのだ。ヒオスは早くに減速が起きた場所の一つでしかない。スコットランドのハイランド地方もそうだし、アイルランドも、第1章で言及したシルクロードの失われた都市も、ゴールドラッシュにわき、やがてゴーストタウンと化した北アメリカやオーストラリアの町もそうである。

三つの大陸が会うただ一つの場所に近く、古代の主要な海の交易路の一つにあって、世界の交差点に位置するヒオス島は、何度も侵攻され、征服された。しかし、人口が最も減少したのはつい最近のことだ。都市化が進み、特にアテネがめざましく成長したことで、若者たちが刺激と機会を求めて、ギリシャ本島に流出した。若者は大加速化の流れに引き寄せられたのである。

スローダウンはぽつりぽつりと始まった。アテネでは「ロウラとヴァシリスは典型的なワーカホリックで、巨大IT企業で働いていた」[＊16]。海外旅行でアテネよりも静かなところを訪れるうち、スローダウンしたいと強く思うようになる。2人は狭苦しい首都を離れ、ヒオスに渡った。ヴァシリスの祖父が暮らすその島で、マスティハとオリーブの栽培を始める。2007年にはエコツーリズム会社のマスティカルチャーを設立した。それから10年もしないうちに『ロンリープラネットガイド〜ギリシャ〜』が、持続可能な旅行の選択肢「グリーンチョイス」のトップ10にマスティカルチャーを選出する。「そこに暮らす人と出会い、地域の農産物や水産物を味わい、マスティハの収穫を体験し、シーカヤックで海岸を回ろう」。マスティカルチャーのパンフレットはそう呼びかける。そこにこう付け加えるべきだ。「未来を垣間見よう」。その未来は、快適さこそ段違いに高いが、遠い昔の暮らしと大差ないように見えるだろう。ヒオスの立地を考えると、いつかまた、12万6000人がヒオスで持続可能な暮らしをする日がくるのではないか。

退屈な毎日には気分転換が必要だ。エコツーリズムはその一つになるが、遠く離れたところに行くのではなく、比較的近いところでエコツーリズムを楽しむ人が増えるほど、環境にやさしくエコになる。スローダウンが進んでいることから、世界をもっと深く理解できるようになる旅行が、これからも選ばれ続けるはずだ。できれば、もっとスローに旅行するようにもなって、旅先でもいつも時間に追われることなく、のんびり過ごせるようになるといい。いつかあなたがマスティハについて学ぶためにヒオスに行くことになったら、きっとゆったりとした旅を楽しめるようになっているだろう。そのときには時間の流れがいまよりも緩やかになっているはずだからだ。

マスティハの木は、樹齢30年で収穫量のピークを迎えるようだ。7月になると1本ずつ木の根元の土をならし、硬い土の上に炭酸カルシウムがまかれる。次に樹皮に傷をつける。すると木が傷を癒やすために樹液がしみ出てくる。樹液はしずくになって、地面にしたたり落ちる。小さなレンガほどの大きさになることもあるが、たいていのしずくは小さな涙の形をしている。1週間もすると固まって収穫できるようになり、その後、ていねいに洗浄される。こうしてできた天然樹脂「マスティハ」は、飲料から傷の治癒、チューインガムから歯磨きペーストまで、ありとあらゆる用途に使われる。


物事が安定した状態になると、今日が昨日のように見え始めるだろう。危機が次々と報道される日々は終わる。消えることのない恐れや不安に代わって、今度は停滞感が覆うようになる。その昔、成長する都市が魅力的に映ったのは、田舎暮らしが退屈だったからでもある。それに村で平和に暮らせなくなった時代もあった。ヒオスや世界中の多数の村が、侵略者によって破壊されたからだ。その後、侵略者はそれにこびへつらう村人を地主にし、土地の囲い込みを進めた。村はゆっくりと、だが確実に死に向かい、本土の都市は膨れ上がった。しかし、それは昔の話だ。

安定とは、同じ状態がずっと続くことではない。人口は世代ごとに、振り子のように少しずつ増えたり減ったりを繰り返すだろう。人口はピークに達した後、しばらくは徐々に減少していき、人口規模の変化はさらに緩やかになる。ベビーブームの余波は、他の多くのことが落ち着き始めているのに、1世紀をはるかに超えて長く残る。そんなシナリオでは、死亡率でも、出生率でもなく、移住が変化の大きな原動力になる。さまざまなことが落ち着いていると、移住でさえ減少する。いま大勢の人が移住しているのは、「何も知らない」からである。はるか昔と違って、その都市の道が金で舗装されてはいないことを知らない。時代は変化するが、物語の変化はそれよりもゆっくりと進む。大量移住が発生するのは、動乱、戦争、飢饉、疫病など、大きな不安定要因があるときだ。スローダウンが進むと、そうした移住もスローダウンするはずである。数少ない自分の子どもが地球の反対側に行くことを、誰が望むだろう。

もちろん、人々はこの先も移動し続ける。いつも何かに追われるように過ごすことが減り、物事を論理的に考えられるようになると、そうする時間がぐっと増えるはずだ。しかし、仕事があるところへと移り、何も生み出さなくなっているところから離れることにはなりそうにない。そして、もう言い尽くされているが、ほとんど価値のないものを、こんなに大量につくることに、これほど多くの時間を費やす必要はない。この先、自由な時間は増えるが、その時間をすべて持続可能な形で使わなければいけなくなる。だからエコツーリズムがブームになる。将来は、ほとんどの観光旅行がエコツーリズムになるだろう。いままではほとんどの国でほとんどの塗料が無鉛化されているように。

だとすると、人口が安定してくるとどうなるのだろう。標準的なグラフだと、そうした状況下では、バネや振り子の揺れが小さくなっていくように見える。本書の曲線の描き方だと、安定へとゆっくりと少しずつ向かうトレンドは、内向きの渦巻きのようになる［＊17］。図3の例の振れ幅を計算すると、31・4年になる。これはいまのヨーロッパで多くの人が親になる平均年齢だが、アメリカでこの水準に達しているところは（サンフランシスコなど）数カ所しかない。東京ではすでに、初めて親になる平均年齢が31・4歳を大きく上回っている［＊18］。子ども世代が持つ子どもの数が親世代よりも少ない傾向があるが、孫世代が持つ子どもの数が祖父母世代とほぼ同じである場合に、そうしたパターンになる。

図3　架空の国の人口、1950～2650年（驚異のらせん）
これは人口の加速と減速が時間とともにスローダウンすると仮定した例である。絶対的変化の単位は年間100万人。

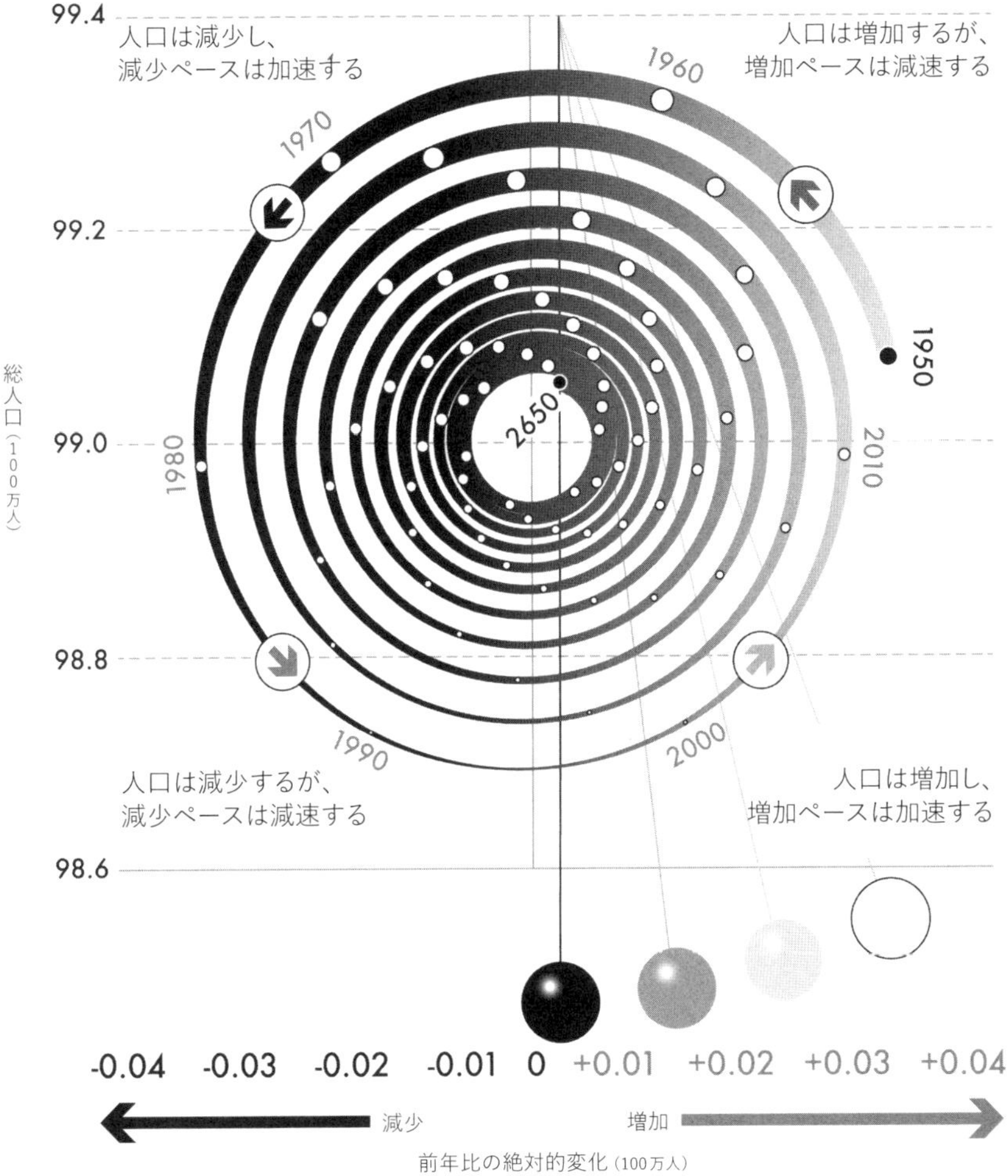

安定化

ここでもう一度、第1章に登場した架空の国に戻ろう。1950年の人口は約9900万人である。しかし今度は、人口が非常に安定していて、ゆっくりとしか変化しない。人々が長生きするようになるので、人口は最初はわずかに増加し、長寿化を背景に9930万人強まで増える。しかし、生まれてくる子どもは減っており、高齢者が寿命を迎える1970年代には人口は減少に転じ、減少ペースは加速して1980年にピークに達する。だがその後（おそらく子どもの数を増やすために政府が何らかの少子化対策をとった結果として）、出生率は少し上がる一方、人口動態には過去のトレンドが反映されるので、死亡率は下がる。80年前には出生数が減っており、高齢者の数が比較的少ないためだ。

図3では、人口は1980年には9898万人に減少しているが、変化の速さも緩やかになっていて、年間（純）減少数は3万2000人にとどまる。これは、死亡数が出生数を上回っているものの、純移住者数が小幅ながらプラスになっているからだ。そのため、2000年の人口はふたたび年1万4000人の純増となり、2010年には9900万人にほぼ戻る。かりにこの架空の国の架空の政治家たちが人気取りに走り、先細る企業利益の大半を政治家のお友だちが吸い上げ続けていることに気づかれないようにしているのだとしたら、恐ろしいことだ。この図の変動は取るに足らないように見えるかもしれない。しかし、いま世界で繰り広げられている人口の現状をめぐる論争で、実際の変化の大きさについて詳しく触れているものはほとんどない。

図3の架空の時系列線で描かれるサイクルは何度も繰り返され、その度に均衡に近づいていく。このサ

イクルが繰り返されるのは、この架空の国では1880年前後にベビーブームがあったからだ。その時期に生まれた人はだいたい1960年代に80代で亡くなるか、1970年代に90代で亡くなる。こうした高齢者が持つ子どもの数は自分たちの世代の人数よりも少なかったが、1950年前後に生まれた孫の数はわずかながら増えている。この世代が20代後半から30代に子どもを持ち始めると、人口の減少がスローダウンするようになり、ひ孫の世代になると人口が増加する。この変動は、すべて移住によって相殺される。20〜30年前に生まれた人の数が少ない時期には、国外から移住してくる人が増える。出生コホート〔訳注：ある一定の期間内に生まれた人口集団〕の規模が大きいと、国内では競争が激しいので、国外に移住する人が増える。

この架空の国では、1家族当たりの子どもの平均人数は世代によって若干変動する〔架空の国を例にするのはこの章が最後になり、第3章からは現実のデータを扱っていく〕。しかし、先に示した理由に加えて、この架空の国は裕福だということもあり、生まれてくる子どもの数が減ると、1世代後には国外に移住する人よりも国外から移住してくる人のほうが多くなる。移住者は実質的に、この国の出生率が低かったときにこの国で生まれなかった子どもを置き換えている。時がたつにつれて年ごと・世代ごとの変動は小さくなり、やがて年間平均人口の増減数は1万人を割り込み、総人口の0・01%前後になる。人口がそのように安定する例はいまはないが、将来はそうなる可能性がとても高い。それでも、そうした完璧ならせんが描かれるようになるには、人数を毎年厳密に設定するという、誇大妄想とも言えるようなレベルで移住を管理することが必要になるだろう。そうならないことを願うばかりだ。移住を「数万人」に減らすと言い出したり、移住を防ぐために壁を建設しようとしたりするなど、愚の骨頂としか言いようがない〔＊19〕。

図3のらせん状の時系列線は、オウムガイと呼ばれる軟体動物の殻や、渦巻き銀河のパターンと同じ形をしている〔＊20〕。ハヤブサはらせんを描きながら上昇し、獲物を捕らえるときは、ほぼ正確にこのパタ

ーンをたどって降下すると言われる。それが最も効率的な飛行経路だからだ［＊21］。とてもうまくコントロールされたスローダウンはこのように見える。しかし、私たちがいま直面しているスローダウンは誰もコントロールしていないので、手元にあるどのデータを見ても、大まかにでもらせん状になっているものは一つもない。図3は確実に安定した状態に向かっていることを示しているのだが、その中のどの時点でも、そのようにはまったく見えない。スローダウンに気づきにくいのはそのためである。

四万十の水田

チカは大阪で店長をしていた。夫のタケシは運転手だった。2人は30代後半で、自分たちの生活に何の疑問も持っていなかったが、静かな時間が流れるオーストラリアのタスマニアに家族旅行で行った後、生活をスローダウンさせたいと思うようになった。タスマニアでまったく違うものを目にして、自分たちが持っているものを好きではないこと、大阪での暮らしのスピードは自分たちに合っていないことに気づいたのだ。日本の都市がどこでもそうであるように、大阪はとても安全な場所だ。私は以前、日中に大阪のドヤ街に1人で行ったことがある。日本人のホストには、まさかガイドが必要だなんて思ってませんよね、と言われた。確かに安全だったが、暮らしは追い立てられるようにせわしなく、騒がしく、混沌としていた。チカとタケシは、もっとゆっくりとした場所で暮らしたいと思った。

大阪は日本で2番目に大きい都市で、大阪都市圏には２０００万人弱が暮らす。日本の中で特に活気にあふれた都市でもあると、チカとタケシの決断を伝える『エコノミスト』誌の記事にある［＊22］。２０１7年5月、2人の幼い子どもとともに、一家は四国の四万十町に移住した。農業で生計を立てようと、南部の海岸沿いに住まいを見つけた。「思い切った選択ですが、いまは幸せです」とチカは言う。

ギリシャは2010年に人口が1130万人でピークに達したが、それと同じように日本の人口も収縮しており、2011年の1億2800万人をピークに減少に転じている。人口の減少速度がとりわけ大きいのが地方なので、若い（日本の基準でだが）夫婦と子どもが四万十に移り住んだことは新聞記事になった。チカとタケシは「クラインガルテン四万十」に入居した。畑のそばに小屋が22軒ある滞在型市民農園だ。このクラインガルテンがある高知県は、人口が1955年にピークに達した。2015年にはほぼ5分の1減少して、わずか72万8000人になっていた。

チカとタケシの例はめずらしい話ではない。2015年には45人が国内の他の地域から四万十に移住し、その後、2016年には73人、2017年には139人が移り住んだ。2017年までに3万3165人の移住希望者から相談があり、わずか4年で3倍に増えた。定年退職後にどこか静かなところでのんびり暮らしたいというシニア層だけでなく、いまとは違う暮らし方をしてみたいと考える若者も増えている。

この地方移住の流れが大きな川になることはけっしてない。それは田舎が都会になるということだからだ。それでも、こうした新しい流れは、新しい安定へと向かうスローダウンが進むために必要なことの一つである。世界の豊かな国の多くで、地方は過疎化している。地方移住のパイオニアがもう少し増えれば、地方の人口は安定に戻る。そうなれば、人がひしめき合う都市部で暮らす世界の大多数の人につかの間の休息を提供する（できれば地元の）エコツーリズム産業で働く人も増えていくはずである。しかし、1家族の平均人数が少しずつ減っているので、都市部でさえ人がどんどん少なくなっていくだろう。

1960年代に始まった潮流

日本では、ワークライフバランスを充実させたい、いつかは家を持ちたい、競争社会から抜け出したいという思いが、地方移住の新しい動機になっているが、スローダウン願望があるのは自分だけではないという安心感が広がっていることも大きい。新しい生活を夢見るのは悪いことではないと考える人が増えつつある。しかも、地方に定住する人が増えると、他のすべての人のワークライフバランスもよくなる。出生率が下がるだけの場合よりも、住宅不足の緩和が少し速く進むと同時に、いまの資本主義を支えるには成長率を高め続けなければならず、それには激しい競争が不可欠だという神話にくさびを打つことになるうえ、休息の場所も提供される。

日本では、政府が若い世代の地方移住を後押ししている。ギリシャはまだそうなっていないが、ヨーロッパの農村部各地でそうした支援がいつ始まってもおかしくない。経済学者たちが主要な学術誌で地方移住を議論しているのはそのためだ。『エコノミスト』誌の記事はこう結ばれている。「3年前に移住してきた31歳のタカセ・ナオフミは、朝食付き宿泊ビジネスの起業を目指している。千葉のホテルでフロントスタッフとして働いていた22歳のカセ・マユは、ケーキ店を開きたいと考えている。『ここが大好きなんです』。ケーキ店が軌道に乗るには、都市部から人がたくさんやってきて、ケーキを食べてくれなければいけない。

視点を逸話からデータに移し、データから逸話に移す――。私たちはこうして物事を学んでいく。スローダウンはデータでしかとらえることができない。スローダウンは何十億もの人に起きていることだが、逸話がなければ自分の問題として理解することはできない。自分のことのように感じられるのは、自分がよく知っている数十人程度の集団がせいぜいである。データがなければ逸話に頼るしかない。私が何人かを選んで話を聞く。そこでは大加速化が進んでいるという物語が示されるかもしれない。しかし、その物語は間違っている。理由はデータが語っている。いま、大加速化が進んでいることを示唆するデータを見つけることは、ほぼ不可能だ。逆に、ほとんどすべてのデータがスローダウンを指し示している。だから、スローダウンした生活とはどのようなものかを説明するために、先の物語を選んだのである。

将来の理想の田舎暮らしは、自給自足の生活ではなく、アーバンツーリズムに支えられたものになるだろう。しかし、まちなか観光が広く浸透したからといって、理想郷が消えてしまうわけではない。それどころか憧れの暮らしに近づくことにさえなるかもしれない［＊23］。スローダウンが進むために必要なのは、若い世代が大量に地方に移住することではない。地方が安定することだ。人口ピラミッドの上がどんどん大きくなり、ますます高齢化していく流れを止めなければいけない。スローダウンは世界の最も豊かな地域の一部で始まった。世界の最も貧しい地域では、農村部の人口はいまも急増しており、都市部への移住が進んで、都市が膨張している。しかし、これもうすぐ変化する兆しが十分に見えており、すでにスローダウンが大きく進んでいるところがよい手本になる。

アメリカとヨーロッパの多くの農村地域では、何十年も前から小さな子どもの数が減っている（日本、韓国、中国、オセアニア諸国だけではない）。地方の学校を卒業すると、将来親になる子どもたちの多くは、よりよい仕事を求めて、町や都市に出ていく。カップルの場合、どちらか1人が農村地域で仕事を見つけて、それなりの収入を得ることができたとしても、もう1人は職を得られそうにない。アメリカやイギリスのように格差がより大きい社会では、この問題はさらに重くのしかかる。所得格差が大きいと、労働年齢の成人の大多数で共働きが不可欠になるからだ。貧しい労働者は賃金が少なすぎて、１人の稼ぎでは家族を養えなくなっている。

　地元を離れたくないという一握りの人を除けば、〝ビレッジライフ〟は若者にはそれほど魅力的なものではない。都市に移住することを選択できるようになると、何百万という人がそうする。それは集落の監視と縛りから自由になるためでもあり、トラクターが農場にやってきて手作業の大部分が取って代わられたせいで、そうするしかなかったためでもあった。豊かな国の多くは、囲い込み（小さな農地を集約して大きな農場にし、一つの家族が独占して所有・運営するようになること）を背景に、農業が機械化されるずっと前から農村部の人口は減少していた。大都市の喧噪からは離れたいが、社会から完全に隔絶されるのはいやだという定年退職者が村の暮らしに魅力を感じることもあるが、住民が全員退職者だと、店も、サービスも、子どもも、活気も、何もない村になってしまう。

　社会と隔絶した理想郷を追い求める若者もいる。俗世界から離れ、小さな自分の畑を耕しながら、「持続可能な」暮らしを送る。しかし、そもそもの問題として、この生活を送ることができるのは、一つの家族かごく小さな集落だけなので、何十億人も死亡するような想像を絶する惨事が起きた後を除けば、社会の大部分にとって選択肢にはなりえない。そんな移住をする人でも、10年以上続けている人はほとんどいない。大半はより大きな村での暮らしへと進んでいく。「オルタナティブな暮らし」を実践する持続可能な小作農園がほとんどないのはそのためである。牧歌的な理想郷を追い求めても、うまくいくことはまずない。それを夢見る人は多いが、数世紀前の生活水準に適応するために必要な選択を貫ける人は限られる。この先、人と人とのつながりは希薄になるのではなく、ますます深まっていくだろう。私たちの大多数にとって、未来は都市にある。

ここで思い描かれる未来は、半世紀前に遡る変化とともに始まった現在の潮流から生まれている。それは1960年代後半に広がり始めた。この時期にはあらゆるものが変化したが、「結論を出すのはまだ早い」状況だった。しかしいまでは、そう言える。1960年代後半には、世界中の若者がこれまでとはまったく違う行動をするようになった。後で述べるように、この頃に世界の人口増加の加速が突然止まったが、それ以外にも、広範囲にわたるスローダウンがまさにこの1960年代後半に始まったことを強く示唆するものがたくさんあり、その証拠は年々積み上がっている。

1960年代には何が起きたのだろう。ある中国の政治家が一つの答えを示している。周恩来は1898年に生まれた。1972年2月、74歳の誕生日を迎える直前、当時、中国国務院総理（首相）を務めていた周は、アメリカのリチャード・ニクソン大統領と会談した。ニクソンは1789年のフランス革命の重要性をどう考えているかと質問した。これに対し、周は「結論を出すのはまだ早い」と答えたとされている。ところが、その場にいた外交官が後年になって説明したように、ニクソンが言っているのは1968年にパリで起こった学生による一斉蜂起のことだと周が勘違いしていたのはほぼ間違いない。そうであれば、周の言葉は正しかったことになる。わずか4年前の出来事について結論を出すのは、どう見てもまだ早かった。いまになって思えば、そのときの学生たちは幕を開けたばかりのはるかに大きな劇の端役の一つにすぎなかった。それはスローダウンの始まりだったが、なぜそのときにそこで始まったのかについては、結論を出すのはいまはまだ早いかもしれない。

ときに動乱のようにも見えるものは、実際には変わっていないものへの反発である。1968年の学生たちの生活は変わっていなかった。少なくとも自分たちの親が親になった年齢になっても、親になっていなかったし、その中には何歳かだけ年上の扇動者もいたが、彼らにも面倒をみなければならない赤ん坊はいなかった。政治の世界が制御不能になっていることは、誰の目にも明らかだった。ベトナム戦争の恐ろしさを目の当たりにし、自分たちの親が第三次世界大戦を引き起こすのではないかという不安にかられた。学生たちの中には理想郷でシンプルな暮らしを送ることを夢見ていた者もいた。しかし、彼らが思い描いていたような形では実現できなかった。

60年代世代は、親世代と比べて持つ子どもの数が少なく、子どもを持つのも遅かったうえ、その子どもたちが持つ子どもの数も減り、たいていゼロか1人、多くても2人となったことから、大きな変化が生まれた。それはこの世代が行進し、抗議の声をあげ、デモをしていたからではない。多くが親と同じ生活を送っていなかったからだ。1968年には、パリをはじめ、アメリカなどの豊かで過剰なまでの都市で抗議する若者たちに世界中の注目が集まっていたが、1968年前後は、実際には、世界の大きな転換点だった。本書でこの後に出てくる一連の時系列線が、それを証明している。

この地球規模の変化とはどういうものか、それがいつ始まったのかを考える前に、最後にもう一つ、架空の時系列線を紹介する必要がある。その時系列線は、より大きな文脈における変化の速さと方向に焦点があてられているからだ。らせんはらせんに見えないことが多い。図4は、横軸に時間、縦軸に人口をとる一般的な手法をとった場合に、図3はどのように見えるかを示している。いま、このグラフは大部分が欠落していると想像してほしい。あなたは2020年に暮らしていて、わかっているのは、人口は1960年代まで急激に増加した後、子どもの数が少なくなって減少し、その後、移民の流入数が流出数を上回ったことで過去四半世紀は増加している、ということだけだ。わかっていることがそれだけだとしたら、まさかそれが安定の構図であるとは思わないだろう。きっと「移住が制御不能になっている」と言うはずだ。移住が制御不能になっているかどうかが絶対数で語られることはなく、きまってレトリックや政治的な視点の問題になる。

移住が制御不能になっていると考えられやすいのは、情報が少なすぎるうえ（「結論を出すのはまだ早い」）、

図4　架空の国の人口、1950 ～ 2020年（標準的な描き方）
これは安定に向かっているのに、大きく変化しているように見える架空の例である。

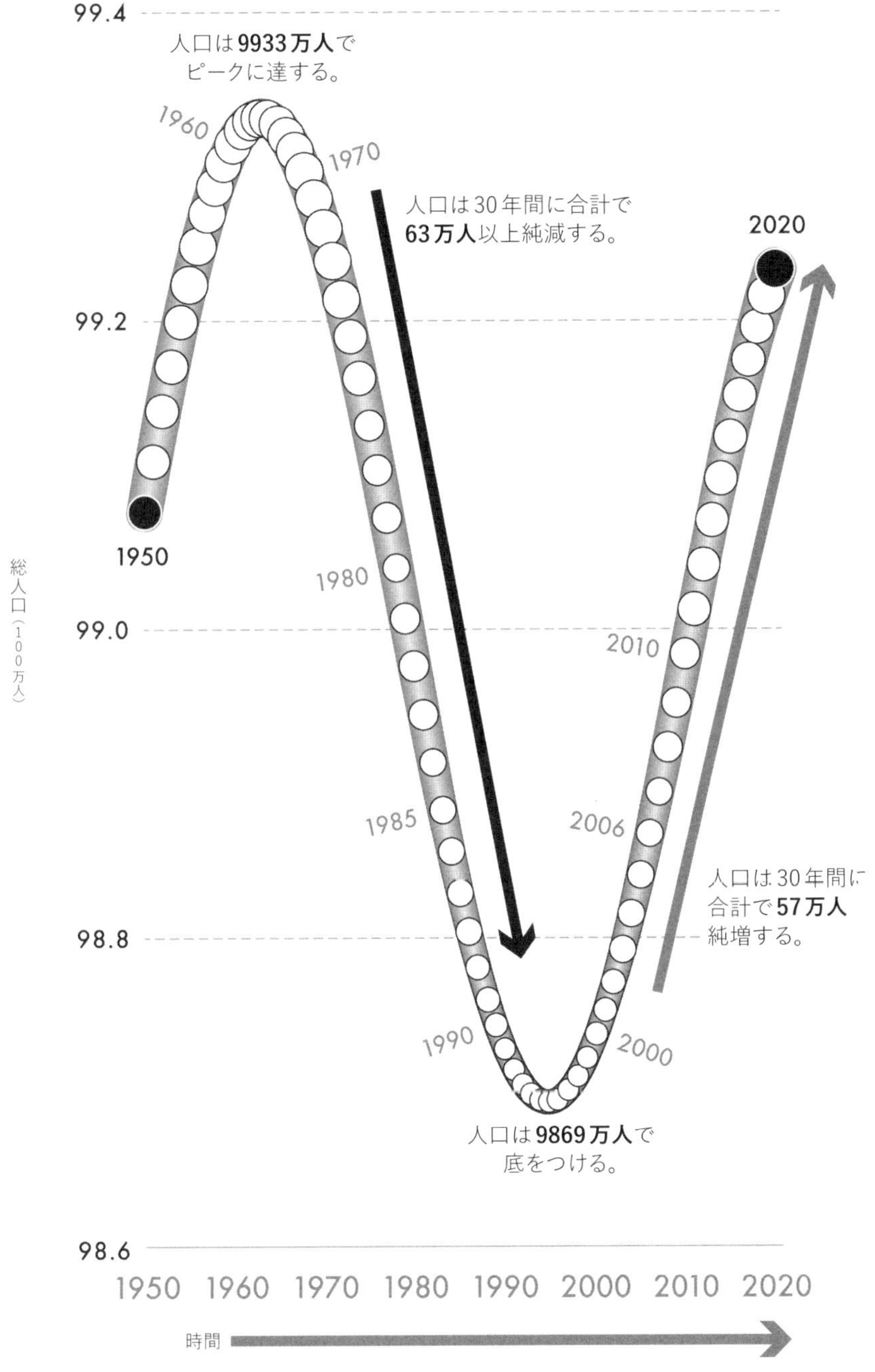
99.4
人口は**9933万人**で
ピークに達する。
1960
1970
人口は30年間に合計で
63万人以上純減する。
2020
99.2
1950
総人口（100万人）
1980
99.0
2010
1985
2006
人口は30年間に
合計で**57万人**
純増する。
98.8
1990
2000
人口は**9869万人**で
底をつける。
98.6
1950 1960 1970 1980 1990 2000 2010 2020
時間

情報がわかりやすい形で示されていないからだ。図4に示した架空のグラフでは、2020年には、国外からの移住を背景とする人口増加のペースがスローダウンしている。しかしもちろん、この架空の国の人口はまだ増えている。マスコミや政治家は、絶対値ばかり見て、変化の速さ（一次導関数）などおよそわかっておらず、（彼らに言わせれば）国外からの移住者が多すぎるせいで人口が多すぎるのだと考えて、この国は危機だと訴える。メディアが二次導関数（いま起きている変化の変化）について語ったためしはないし、評論家もめったにいない。

スローダウンは見えにくい

ここでもう一度、先の架空の国に戻ろう。1950年の人口は9900万人強である。比較できる他のものと比べると、人口は非常に安定していて、ごくゆっくりとしか変化していない。しかし、図4はそのようには見えないだろうし、このパターンがすべてだと思い込んでしまっているに違いない。それよりも長い、もう一つの歴史は、知るよしもない。特に問題なのは、より長い文脈も見えていないことだ。過去に起こったことは、ここには示されていない。この特定の期間を短く切り取ったものを、この特定の形で見ているだけなのだ。過去は左端側で打ち切られ、右端以降の将来は未知である。線で結ばれた71個の丸印の高さを比べるしかない。

あなたは友人と、このような形で描かれたグラフが何を示しているのか、物語を組み立てる。このグラフを見たあなたは、こうは言わない。「最初、人々が長生きするようになったぶん、人口が少しずつ増えて、9930万人強まで増加する」。その代わりにこう言う。「最初は、第二次世界大戦後のベビーブームの影響で、人口が急増した。しかし1960年代半ばには、人口増加が減速しており、避妊手段が広く使われるようになり、第一次世界大戦前後のより大きな出生コホートが亡くなり始めた。初めは初老の年齢にさしかかったごく少数の人だけだったが、1980年代、1990年代にはこうした集団が大量に寿命を迎えた。そして、戦間期に生まれた世代は人口規模が小さくなっていたので、生まれてくる子どもの数は減った。そうして、この国の人口は1970年の9930万人前後から、1980年には9900万人に減り、1990年にはわずか9870万人になった。人口減少は加速し、ほんの10年で30万人減と危険水域に達していた。この速度が続くと、数世紀のうちに人口がゼロになってしまう。減少速度が上がった場合は特にそうだ」

あなたと友人が組み立てる物語は、とてももっともらしく聞こえる。年を織り交ぜて、特定の出来事をグラフのパターンとリンクさせている。さらに、出生数が増減するメカニズムを妊娠や避妊のトレンドと結びつけ、そうしたトレンドを今度はグラフの傾きの変化に見えるものに結びつけている。そしてそれを、図の期間には示されていない、上の世代の物語に差し込んで、その世代の影響も反映させている。しかし問題がある。グラフの傾きは、本質的には変化していない。グラフの描き方でそう見えるだけなのだ。この時系列線のデータは、図3に示されているものとまったく同じである。これもあの「驚異のらせん」である。それはそれとして、この物語をある特定の形で語り始めているので、このまま続けることにしよう。

1990年代には、人口が急速に減少し、生まれてくる子どもの数も大きく減っていたので、いわゆる「非熟練」の低賃金の仕事をする人が足りなくなった。職場を清掃する、農園で果物を収穫する、カフェで接客するといった仕事だ。そして、この国がかつて属していた帝国の貧しい旧植民地から、移民が流入し始めた。移民は、1970年代に生まれることのなかった子どもたちがしていたはずのその仕事を引き受けた。そうして、人口減少はゆっくり止まった。寿命を迎える高齢者が減ったこと、移民が自分たちの子どもを持ち始めたこと、旧植民地以外から、特にごく最近までこの架空の国に入るのを許されていなかった東の新興国からの移民が増え始めたことが理由である。しかし、移民が多すぎた（とされた）ため、自国民が「追いやられた」。移民たちは完全には同化しなかった。古い世代がいまでは友だちだと言う初期の移民たちとは違った。

２０１１年までに人口はふたたび急増し、９９０１万人を超えていた。この架空の国は人がひしめく島に位置しており、人口は過剰になった。２０１５年にはさらに10万人増え、翌年、移住を制限する移住管理案が国民投票にかけられた。２０２０年に人口が「持続不可能な」９９２３万人に達したものの、将来の見通しは以前ほどは厳しくなくなった。それでも将来の人口増加は止まらないという悲観論が支配的だった。

この結論は、もちろんたわごとだ。徐々に小さくなるらせん状の時系列線のある区間を切り取って、より一般的な別の方法で描いたものを見ているのだから。しかし、縦軸の数字を見てほしい。変動はとても小さい。イギリスやアメリカのいまの人口増加率がとても小さいのとまったく同じだ。移民の流入は制御不能になっているというのは、馬鹿げたレトリックだが、データに疎い人はそれをそのまま受け取ってしまいかねない。２０２０年の時点では、時系列線はまだ急上昇しているように見える。

位相ポートレート

振り子は左右に揺れる。中心からの振れ幅が最大になり、一つ目の漸近線にほぼ接するところにきたときに、振り子は最もゆっくり動いているように見える。振り子をある特定の見方で観察している私たちにとっては、振り子は真下の位置を通過するとき最も速く動く。その後、反対側にある二つ目の漸近線に近づくにつれて、スピードはふたたび遅くなり、漸近線にほぼ接するところで、ほんの一瞬だけ静止した後、最初はゆっくりとしたスピードでまた中央に戻り始める。

このように見えるのはそういうものだからなのだが、同じ振り子の揺れを、次のように見ることもできる。振り子のスピードが遅くなると位置エネルギーは大きくなる。あるいは、スピードを振り子の位置に沿ってプロットすると、らせんの軌道をたどる。スピード（位置の「一次導関数」）は変化の速さであり、変化はすべて時間に関係している。

「時間が経過する」というと、反射的に「チクタク」という音が思い浮かぶ。そのチクタク音が生まれたのは、クリスティアーン・ホイヘンスが振り子時計を発明した１６５６年のことである［＊24］。それまでは機械式時計は1日15分程度の誤差があったが、振り子時計が発明されたことで、1日の誤差は最大で15秒に改善したと言われている［＊25］。振り子時計が発明される前は、何と、時計にはたいてい時針しかなかったのだ。ホイヘンスは、現在のオランダの前身で、当時、世界の経済と政治の中心だった国で生まれ育った。オランダは新しい貿易分野を開拓して莫大な富を築き、そのおかげで富裕層の息子たちは時計や数学に慣れ親しんでいた。ホイヘンスの貢献によって時間測定の精度が飛躍的に上がったのは、大加速時代が始まろうとしていたまさにそのときだった。それは思考の加速であり、協調の加速であり、発明の加速であり、富の加速だった。イングランドがオランダに侵攻すると、この流れはハーグやアムステルダムからロンドンへと広がった。イギリス人はオランダ侵攻をいまも「１６８８年名誉革命」と呼んでいる。革命とは変化である。

ホイヘンスの発明から1世紀もたたないうちに、イギリスの大工で時計技師のジョン・ハリソンが、海上で経度を正確に測定するために使うことができる精度を持った航海用クロノメーターを作製していた。それには誤差を年1秒以内にすることが求められた。いまは時間を計測する精度が非常に高く、改善する余地はほとんどない。私はニューキャッスル大学の学生だった1980年代に、黎明期のインターネットがナノ秒単位で正確な時刻を刻むように時間を守る仕事をしている「タイムロード（時の支配者）」に会ったことがある。その人物はハーレーダビッドソンに乗り、クレアモントタワーの半地下で働いていた（恥ずかしながら、私が何よりも感銘を受けたのは、彼が乗っていたハーレーだった）。いまは時間がきわめて正確に測定されているので、時間の遅れによって時間の進み方そのものが遅くなったり速くなったりすることがわかっている。だが、そのほとんど知られていない過程でさえ、アインシュタインが予言しており、1938年にすでに観測されていた［＊26］。

最初に振り子を使って大まかな精度で時間を測定してから、時間そのものが一定ではないことを理解するまで、わずか282年しかかかっていない。どうやってこんなに速く進んでいったのだろう。その道のりは1656年から47年刻みで六つの段階を経ており、驚くことに、各段階で測定の精度は最低でも10倍高まっている。誤差は1日に最大で1分だったものが、1日にほんの数秒になり、1週間に数秒、1カ月に数秒、1年に数秒、1年にわずか1秒程度と小さくなっていき、1938年に水晶が使われるようになると、誤差は1年でわずか3分の1秒になった。現代では、原子時計があまりにも精密なので、地球の自転速度の遅れを補正するために時計を遅らせなければいけなくなっている。

あなたが使っているスマートフォンは、たとえ軽量のコロンバイトタンタライト（略称コルタン、世界の埋蔵量の多くはコンゴにあるとされる）コンデンサー（蓄電器）が補助電源として入っていたとしても、時間を特に正確に測定しているわけではない。その代わり、中央サーバーに一定の間隔で時刻を問い合わせて、自動的に修正している。そのサーバーそのものもネットワーク上にある他のサーバーと絶えず通信して、常に正確な時刻を保っており、すべてのサーバー同士が互いに同期している。この先も、いくつかの大学で何人かのタイムロードが中央サーバーの時刻を確認していくことになるだろう。黎明期のコンピューターサーバーが互いに通信できるようになったのはつい最近で、周恩来とリチャード・ニクソンがフランス革命の重要性について話し合った1970年代のことだった。アメリカ国防省が資金を提供し、高等研究計画局ネットワーク(アーパネット)が運用を開始して間もない頃だ。

あまりにも多くのことが起きているので、自分のまわりのあらゆることが加速しているように感じるときもあるだろう。しかし、こうした最近の出来事は、1656年頃に始まった目に見える加速化のプロセスの一部ととらえることもできる。多くの点で、アーパネットが発明されて以降、イノベーションの速度はスローダウンしている。いままでが起こりすぎだったのだ。1960年代後半以降、時間を測定することについて、そして時間そのものについて、私たちはいったいどれだけ多くのことを学んできただろう。加速するものは、かならずいつか減速する。

時間に対する視点を変えるには、想像を飛躍させることが必要になる。時間そのものの外に出て、時間を見下ろしたり、見上げたりしながら、そこで自分は何を考えるのか。時間とはただ前に進むものであり、自分は常に、まったく同じスピードで前に進み続ける時間のある一点にいるという考えを捨てて、時空そのものを離れたところから観察していると想像するのである[*27]。

想像の飛躍が「飛躍」と呼ばれるのは、それが簡単なことではないからだが、いったんしてしまえば、そうするのが当たり前であり、直感的で何でもないことにさえ思えるようになる。人間が片方の足をもう片方の足の前に出して一歩一歩進むように、時間は一定の速さで前に進むという考え方は想像しやすい。

走り出すと、時間の中を速く移動するようになるというのもわかる（ただし、時間を速く進めているわけではない）。走る速さを永遠に上げ続けることはできないというのも、言うまでもないことであるはずだ。それなのに、イノベーションやテクノロジーはずっと進歩し続けられる、あるいは当面は進歩し続けられると信じて疑わない。私たちがスローダウンしていることに気づくには、想像を飛躍させなければならない。

「位相空間」という言葉は、この問題を同じ時期に考察していた3人の数学者と物理学者の研究から生まれた。オーストリアの時計職人の孫であるルートヴィッヒ・ボルツマンは、位相空間の考え方を用いて有名な公式を導いた［＊28］。フランスの博学者、アンリ・ポアンカレは、わずかに変化する惑星の軌道を調べ、それが時間とともにどのように変化したかを研究するために、数学的写像を作成した。それと前後して、1873年に発表された論文で、アメリカ人科学者、ジョサイア・ウィラード・ギブズが相図という概念を取り入れた。3人が同じことを考えていたのには、3人が生きていた時代と場所が関係している。いまスローダウンが最も進んでいるのは日本であり、相図に関する最新の研究は、今度は日本で進んでいる［＊29］。

位相空間とは、対象となる変数がとりうるすべての値をプロットできる領域である。その空間内にある点は、起こりうるあらゆる状態を表している。図1と図2は、位相空間の写像である。人口が無限に増えることはないと前提すると、人口の値がとりうるすべての水準と変化をその上に描くことができる。これに対し、図4は位相空間を示していない。なぜなら、時間が一方の軸にあるので、限られた期間しか示すことができないからだ。

位相ポートレートは、位相空間内で実際にとりうる軌道をまとめた図である［＊30］。本書の時系列線は、すべて同じ方法で描かれた位相ポートレートであり、それぞれの時系列線のそれぞれの対象を測る最も単純な二つの尺度を縦軸と横軸にとっている。対象の位置（その時点の値）は常に縦軸に示されるので、対象の位置が高ければ高いほど、示される値は大きくなり、位置が低ければ低いほど、示される値は小さくなる。測定される対象は、ある場所のある年に暮らしている人の数かもしれないし、ある月のある政党への支持の量かもしれないし、ある日の金の価格かもしれないが、そこに示されているものが何だろうと、図の中のポイントの位置が高ければ高いほど、測定されているものは多くなる。ポイントの位置が低ければ低いほど、測定されているものは少なくなる。人数は少なくなり、支持は減り、その日の金の価格は下がる、という具合だ。

本書で示されている位相ポートレートや時系列線では、横軸は速度（測定されているものの変化の速さ）をプロットするために使われている。人口は毎年どれくらい速く増減しているか。政党への支持の量が毎月どれくらい増減しているか。金の価値は毎日どれくらい増減しているか。点の位置が右端に近いと、その値は急上昇している。縦軸上のどこかにあるときには、値は上昇も下降もしていない。左端に近いときは、値は急激に下がっている。左端や右端だと、変化は速く、中央に近くなるほど遅くなる。

そして最後に、すべての点は曲線で結ばれている。曲線は隣り合った点同士を時間順に結んでいる。曲線が使われるのは、そうしないと間違った印象が与えられて、変化の速度が、その変化が測定された時点で突然変わっているかのように見えてしまうからだ。ここで使われているベジェ曲線は、滑らかな曲線を描くための方法の一つで、測定点はすべて曲線上にのり、たいていは特別な意味を持たない。最も重要なのは、そこに描かれている曲線全体の形状であり、いまスローダウンしているかどうかについて、それが何を意味することになるかだ。曲線上の点は、丸印で描かれる。丸は縦軸に示される値によって大きさが決まり、日付（年、月、さらには日）が表示されるので、位相ポートレートが時間、変化、変化の速さを同時に示せるようになる。しかし、ここで何よりも大切なのは、曲線の形であり、その形がどう変化しているかであって、特定の一つの事象ではない。そのため、「ここまでどうやってきたのか」「これからどこに向かうのか」といった疑問に答えを出すには、こうした図は非常に役に立つ。

本書の図はどれも、一つの統計系列のポートレートである。どの図も、その系列の特定の時点での値と、その値がどれくらい速く変化しているかの両方を示している。ほとんど変化がないときは時間は自動的に圧縮され、変化が大きいときは時間が拡張されるので、長期的な視点に立って変化を理解しやすくなる。この方法で描くことができる対象は無限にあり、ここではほんの一部だけを示している。完全に新しいものなどほとんどないのと同じで、変化を見るこの方法はまったく新しいものではない。視点を変えているだけである。その視点に関する詳しい説明については、巻末の付録を参照してほしい。こうした図を自分で描こうと考えている人は、特にそうすることをお勧めする。

いま何が起きているのかを理解しようとしても、壁が立ちはだかる。その一つは、これほど多くのことを、これほど短い時間で学ぼうとしなければいけないことだ。私たちが学ばなければいけないことは、前の世代の誰よりもはるかに多い。私たちが経験している情報の大加速化はさまざまな結果をもたらすと予想されるが、これはその一つにすぎない。スローダウンが進めば、興奮は少しばかり薄れるとしても、学びやすくなるだろう。発見が減る時期に入っているのであれば、少なくとも、すでに発見されていることと最近起きたことを、もっとうまくつなぎ合わせられるようになる。

外側から中を見る

いま学校では、子どもたちに振り子を使って減速について教えている。ウィキペディアで「phase portrait」を調べると、いくつもある図の中に、Krishnavedala が作成した振り子の動きの図解がある。それを図5に掲載する。原作者についてわかっているのは、この人物がこの画像を2014年11月29日にアップロードしたことと、この貢献を覚えてくれるように願っているということだけだ。作者名はKrishnavedalaとしか表記されていない（おそらくKrishnatej Vedalaをつなげたものだろう）［＊31］。

図5の一つ目の図は、いつも見ている振り子の動きであり、振り子は左右に揺れている。左端を点1とする。振り子は重力に引っ張られて中央に近づくにつれてだんだん速くなり、点2にきたときに最も速くなる。その後、今度はだんだん遅くなりながら、右端の点3まで上昇し、点3で一瞬静止しているように見えた後、ふたたび落下して、点4に戻る。点4は点2と同じポイントだが、今度は振り子の進む向きが逆になる。そして、またはだんだん遅くなりながら点1に達する。その後、このパターンが何度も繰り返されるが、完全に永久に揺れ続けるわけではない（空気抵抗や支点での摩擦があるため）。巻末の付録の図74に、スローダウンする振り子の位相ポートレートを示している。

図5の上右の図は、同じ変化のパターンを示しているが、今度は時間に対してプロットしている。また、位置だけでなく速度も描かれる。図が示すように、振り子の速度は点1と点3でゼロになり、点2と点4で最も速くなる（ただし、進む向きは逆になる）。速度が上昇しているときは振り子はだんだん速くなり、速度が低下している点2と点3、点4と点1の間では、振り子はだんだん遅くなる。時系列線の終点（右端）は始点（左端）と完全に一致し、このパターンが繰り返されることを示している。さらに、上左の一つ目の図とは対照的に、振り子の位置そのものが変化する速さも変化していることがはっきりとわかる。一つ目の図は、位置しか示していない。

図5の下にある最後の三つ目の図は、どちらの軸にも時間をとっていない。この振り子の位相ポートレートでは、振り子は円周に沿って時計回り、あるいは反時計回りに回転する。振り子は点2と点3の間でスローダウンし、円の最も高い位置（現実の空間では右端、点3）に向かうにつれて減速する。位置はまだ上昇

図5　永久振り子の動きを3つの方法で記述

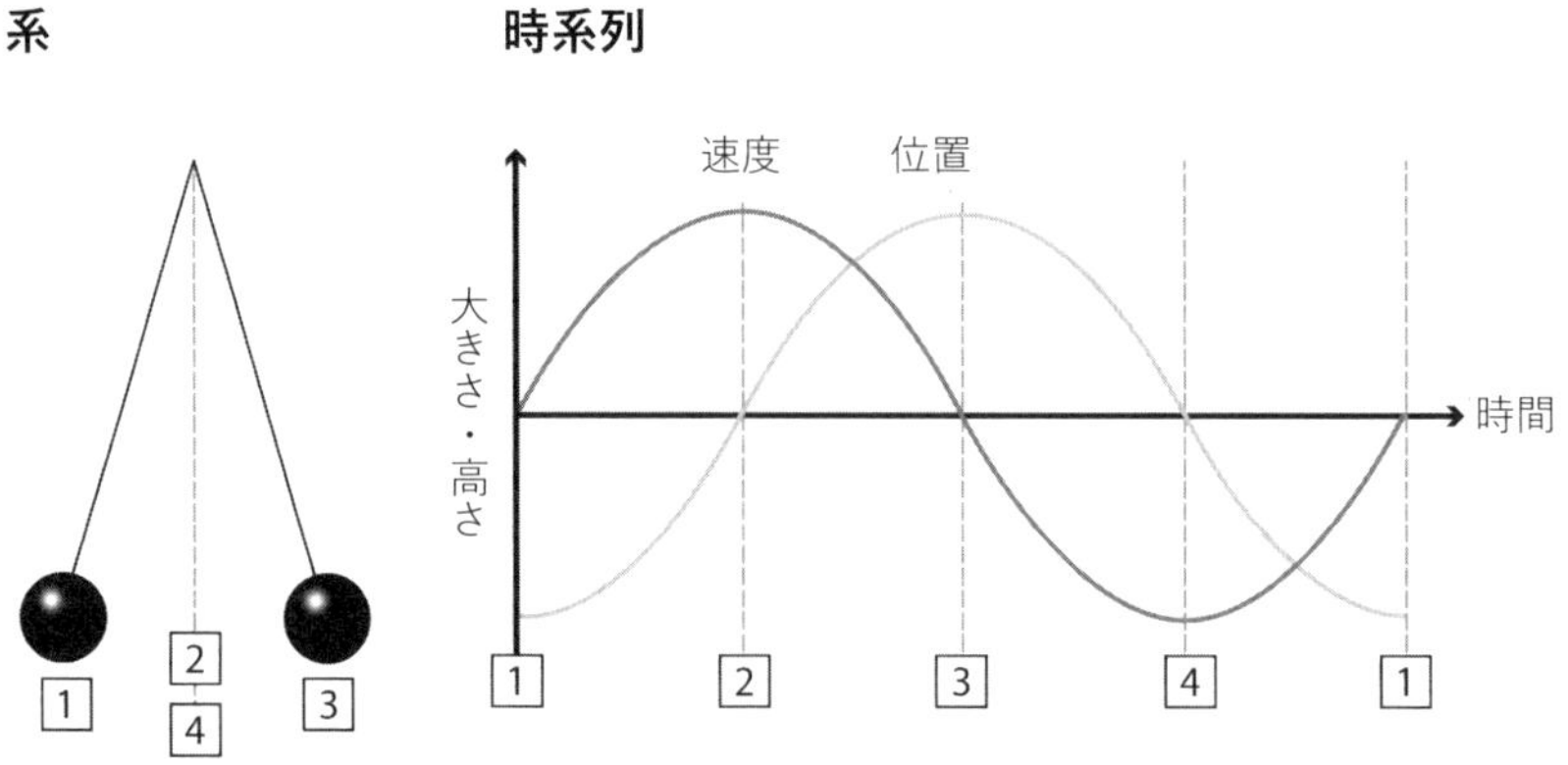
系
時系列
1
2
4
3
速度
位置
大きさ・高さ
時間
1
2
3
4
1

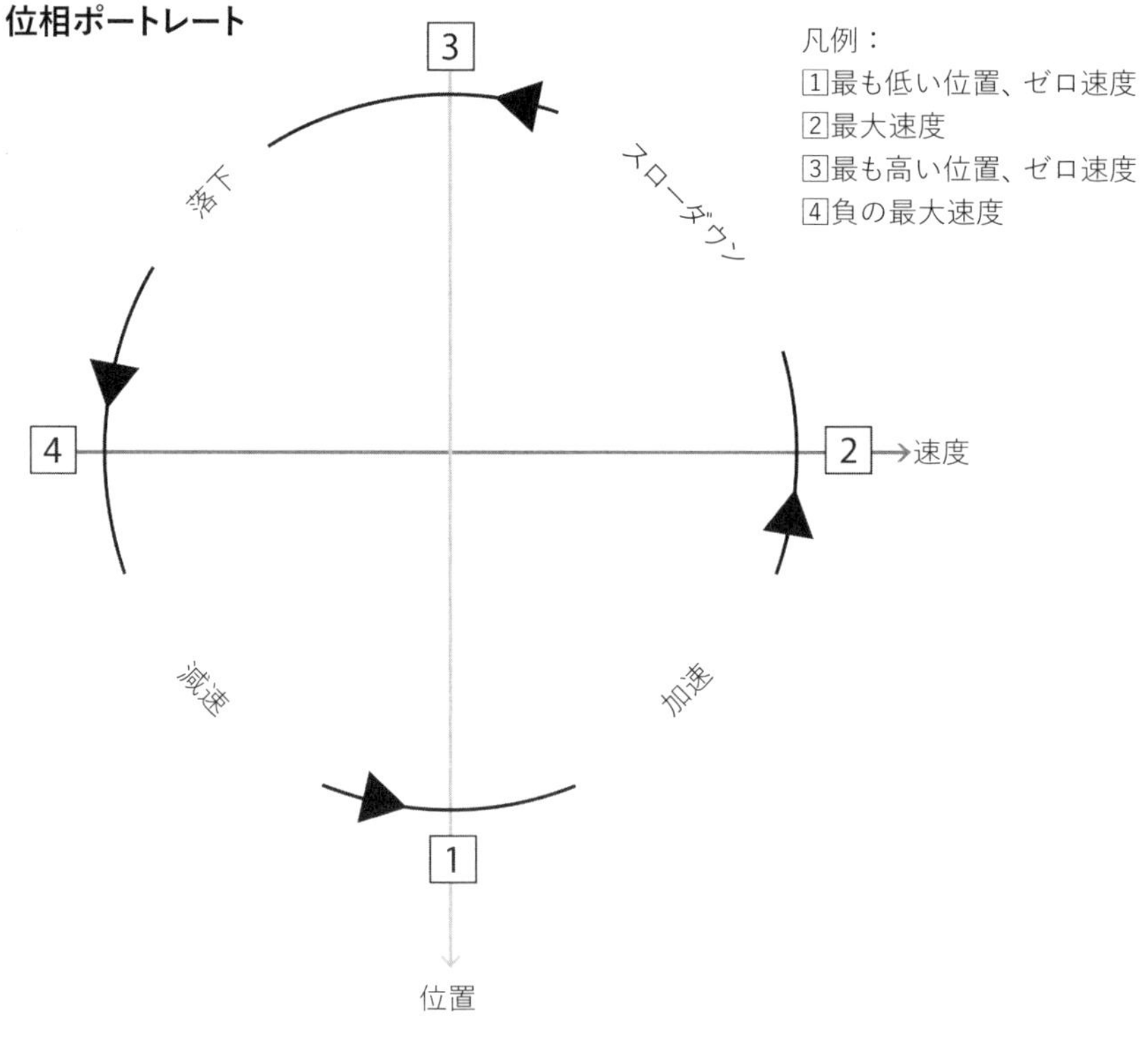
位相ポートレート
3
落下
スローダウン
4
2
速度
減速
加速
1
位置
凡例：
1最も低い位置、ゼロ速度
2最大速度
3最も高い位置、ゼロ速度
4負の最大速度

出所：ウィキペディアの「Phase portrait」の項目にあるKrishnatej Vedalaが作成したと思われる図像より引用、2019年9月7日閲覧、https://en.wikipedia.org/wiki/Phase_portrait#/media/File:Pendulum_phase_portrait_illustration.svg.

しているが、速度はほんの少しずつ下がっていっているため、このような位相ポートレートのパターンは、減速のパターンである。この位相ポートレートで示すと、振り子の状態が四つに分かれることがよりはっきりとする。点1を始点として、加速・上昇している状態、上昇しているが減速している（スローダウン）状態、落下しながら逆向きに加速している状態、減速しているがまだ落下している状態の四つだ。スローダウンは、人類がいまいる状態である。

位相ポートレートの利点は、変化の変化に意識を集中させられることである。振り子がスローダウンするとき、まだ右に上昇しているだろうが、それがどこに向かっているのかを考えるうえで最も重要なのは、それがスローダウンしていると理解することである。やがて落下することは明らかだ。減速しながら上昇しているものを心配するのは馬鹿げている。それが振り子の揺れなのかどうかわからないのは、加速しているときだ。位相ポートレートは、この先に何が起こるかを考える手がかりになる。

位相ポートレートは理論上の軌道を表すこともある。図5のケースでは、振り子は真空中を動き、想像上の完璧な支点には摩擦はない。しかし、現実のデータを使えば、振り子が円周に沿って永遠に回転しないときに、現実には何が起こるかを明らかにすることもできる（巻末の付録の図74がその例である）。ベアリングに摩擦があり、空気には抵抗がある場合には、動力がないと、振り子が揺れるたびに振れ幅は小さくなっていく。振り子の揺れの最高速度は、その一つ前の揺れの速度と比べて摩擦のぶんだけ遅くなる。何千もの要素が相互作用する中で振り子が円運動する位相ポートレートを描くと、円は徐々に小さくなっていき、振り子がもう動かなくなるところで止まる。そう、らせんである。生活のほとんどのことがそうであるように、振り子はスローダウンしている。

第3章

債務──減速の兆し

Debt: A Decelerating Sign of the Slowdown

学生の債務は、以前よりはペースが緩やかになっているものの、増加し続けている。昨年は（アメリカの）大学生の約66%が債務を抱えて卒業した。

——アニー・ノヴァ、CNBC、2018年9月20日

この章とこの後の二つの章に何のひねりもないタイトルをつけると、こうなる。「規則があることを証明する例外——債務、データ、環境の悪化——まだスローダウンしていないと思われる（しかし、すでにスローダウンしているか、この先スローダウンしなければいけないかのいずれかである）人間の生活における三つの領域」。

第3章では初めて現実のデータを扱い、いまもまだ高いペースで増加している、場合によっては幾何級数的に増加していると考えられている数少ない現象のうちの一つに焦点をあてる。そうしたほんの一握りのまれな例外に大きな関心が集まり、たいてい強く懸念されているのは、それが制御不能になっているように見えるからだ。ここまで読んで、この本はスローダウンに関する本だよね、と首をかしげている人もいるに違いない。それで、このトピックを第3章という早い段階に組み込んでいる。ここを飛ばす人が少しでも減るように、最も切迫している問題から始めることにしたというわけだ。

社会の形が変わっていることを見ていくときには、例外から始めるといい。世界の大半の国で所得格差が小さくなり始めており、今度は何がより深刻な問題になっているのかを問う必要がある［＊32］。いまはほとんどのことが落ち着いてきているが、まだ増加し続けていてコントロールできなくなっているものもある。そのほとんどすべてが、過去の出来事や意思決定、あるいは無知のレガシーである。

所得の格差が縮小した後も、富の格差、そしてそれに伴う債務の大きな格差はずっと拡大し続けている。情報を生成・処理する能力がピークに達した後も、情報は吐き出され続けている（だから、スローダウンの時代が始まったのにフェイクニュースは世の中にあふれている）。成長がずっと前からスローダウンしているにもかかわらず、

経済成長が生み出す汚染は、地球の温度の上昇を筆頭に、大きな影響を与え続けている。

債務と富は表裏一体である。富の集中が進まなければ、債務が増え続けることはできない。富豪が巨万の富を築いたのは本人が努力したからであり、その富から不労所得を受け取る（突き詰めれば、お金を貸して利息を受け取る）権利があると考えられていなければ、富がこれほど速く増え続けることはなかっただろう。富が増えれば、私たちの大半は、平均すると貧しくなる。情報量は、いま記録されているかぎりでは、それを生成し保存する能力が増大した後、爆発的に増えているが、人間が情報に呑み込まれてしまっているため、もっと賢くなったり、もっと情報を得られるようになったりするとは限らない。

スローダウンは減速であって、減少ではないので、それが起きていることに気づきにくい。スローダウンはゆっくりと始まり、数世代をかけて進むこともある。私たちはいまはまだ、新しくて、刺激的で、これまでとは違うものを追いかけている。そして、社会は急速に進歩し続けるが、危険と背中合わせであり、予期しない変化が頻繁に起こるとも考えている。季節が変わるまでは、いまから数週間後の天候は今日の天候と同じだろうと予測できる。しかし、季節が変わると、天候は完全に変わる。

いまがまさにそのときだ。人口が増加し、技術革新がますます拡大し、私たちが暮らす場所の地理的再配置が急速に進むのに条件のよい季節は終わりに近づき、スローダウンして、安定した状態へと向かっている。しかし、何も怖がることはない。変化はまだ起こるが、これまでのように劇的なものではない。これまでの条件のよい季節は、万人に恩恵を与えるものとはほど遠く、長く続くことができなかった。だがもちろん、私たちの大半がいま生きているのは、大規模な人口爆発があったからであり、最近になって大加速化が進んだからだというのも事実である。

ある種にとって条件のよい季節とは、個体数が急増する季節である。そんな季節はあまりない。人間の場合、人口が急増したことで、人間のあり方も大きく変わることになった。地球上の大半の人にとって条件のよい季節は、1900年頃になって始まった。私たちは都市部に移り住み、背が高くなって清潔になり、教育の水準も上がったが、しかし強欲にもなったようだ。この新しい人口規模の中でうまく生き残るには、多くのことが急速に変わらなければいけない。まだ完全にはスローダウンしていないことは、特にそうだと言える。

加速している例がまれであることからも、私たちの生活のほとんどすべての側面で、急速な変化が起きていないことがわかる。少なくとも私たちの親や祖父母が経験したような変化は進んでいない。この章では、アメリカなどで近年、膨張してしまっている学生の債務の問題を最初に取り上げる。学生の債務が増加したのは、大学生の数が増加したからである。後者はよいことだ。学生の数が急増しなかったら、本書のような本を理解できる人がほとんどいなくなってしまう。しかし、学生の債務が増加したのは必然的な結果ではなかったし、いまもそうである。

学生の債務の増加

債務については、増加のスピードはスローダウンしていない、むしろ加速していると信じ込ませてしまうような例がある。学生の債務額がいちばん多いのがアメリカで、次がイギリス、その次がおそらくカナダやチリや韓国である。学生ローンが発明され、その後に増加したのは、こうした国の経済のスローダウン、腐敗、無能さが主な理由である。政治的な悪意がこれに拍車をかけ、経済格差を拡大させる政策がとられるようになった。格差が大きい国や、格差が広がっている国では、高額の学生ローンを組むことが受け入れられるだろうが、それもいっときにすぎない。学生ローンは絶対に持続不可能である。

学生ローンが持続不可能であることを理解するには、考え方を変えなければいけないことに気づけるかどうかがカギになる。あらゆることがまだ加速していて、インフレがどんどん進み、将来の給与が大きく上がれば、債務が目減りして、簡単に返済できるようになるだろう。しかし、私たちはもう加速の時代を生きてはいない。非常に多くのことが減速しているのだ。これは突拍子もない憶測ではない。借り入れ総額で見ると、学生債務の増加はすでにスローダウンしている。

アメリカの学生債務の増加ペースは２００９年7月にピークに達したが、債務そのものはいまも増えている。大学で教育を受ける大勢の若者が高額の学費を払っている国は少数であり、その少数派の国を基準にして世界の学生債務の総額を推定できるのであれば、他の形態の債務総額と同様に、学生債務はいまも世界的に増えていると言えるだろう。しかし、興味深い点として、これまで加速してきたアメリカの債務の増加ペースは頭打ちになりつつあり、この変化は世界規模の金融危機が発生したまさにそのときに始まっている。ところが、章の冒頭のエピグラフが物語るように、スローダウンがニュースとして報じられるようになったのは、それから10年後のことである。

アメリカの学生債務の増加率は下がっているが、それは大学に行ける若者が減っているからでも、アメリカの大学の学費が下がっているからでもない。１９６９年から１９７９年の間に、アメリカの大学が授与した学位の数は年間１２７万件から１７３万件と、43％増えた［＊33］。続く１９８９年までの10年間（主にロナルド・レーガン大統領の時代）には１９４万件に増えたが、増加率は12％にとどまった。１９９０年代になると２３８万件に増加し、１９９９年までの10年間の増加率は23％に上がった。21世紀に入ると、授与数の伸びは加速し、２０００～２００９年は41％増加して３３５万件になった後、２０１０年には３５５万件、２０１１年には３７４万件に増えたが、その後、増加は止まった。２０１７年の学位授与数は２０１

6年を下回った。近年、アメリカの大学で学位を取得した若者の数は減っている。アメリカの学生債務が増え続けているのは、債務に利子がつくからでもあり、返済できない学生がどんどん増えているからでもある。大学を卒業しても親世代のように高収入の仕事にはつけなくなっているにもかかわらず、学費は年々上昇している。ところが、アメリカで大学に進学する若者の数が減少する前の時点で、債務の増加が減速し始めた。前に述べたように、この傾向は少なくとも10年間続いている。超富裕層の富が増えて、債務は国レベルでも国際レベルでも増え続けているが、大学を卒業して高収入の職につく計画はすでに崩れている。やがて学生債務も過去のものになるだろう。ヨーロッパ大陸の大半と中国では、学生債務がほとんど存在しない状況がこれからも続くだけでなく、1世代にわたって若者を借金漬けにして投機をさせてきた他の国々でも、学生債務は消滅すると見られる。

図6の時系列線に示すように、アメリカの学生債務はわずか12年間で4810億ドルから1兆5640億ドルに増えた一方、その期間に債務の増加ペースは下がっており、2009年7月が転換点だったことがはっきりわかる。

セントルイス連邦準備銀行は、アメリカ全土を対象に2006年1月以降の学生ローン残高を種類別にまとめた調査報告書を発表している。2007年までに連邦家庭教育ローンの形で約4019億ドルが2260万人の学生に貸し付けられており、ローンを利用した卒業生1人当たりの残高は平均1万7783ドルだった[*34]。これ以外に700万人の学生に貸し付けられた連邦直接ローンの1068億ドル、連邦パーキンスローンなどの小口の貸し付けを合わせると、2007年第1四半期の総額は約5100億ドルとなり、四半期比でおよそ150億ドル、率にして11%増えた。

2006〜2011年のわずか5年間で、連邦ローンを利用する学生の数は2830万人から3830

図6　アメリカの学生債務、2006 ～ 2018年（単位10億ドル）

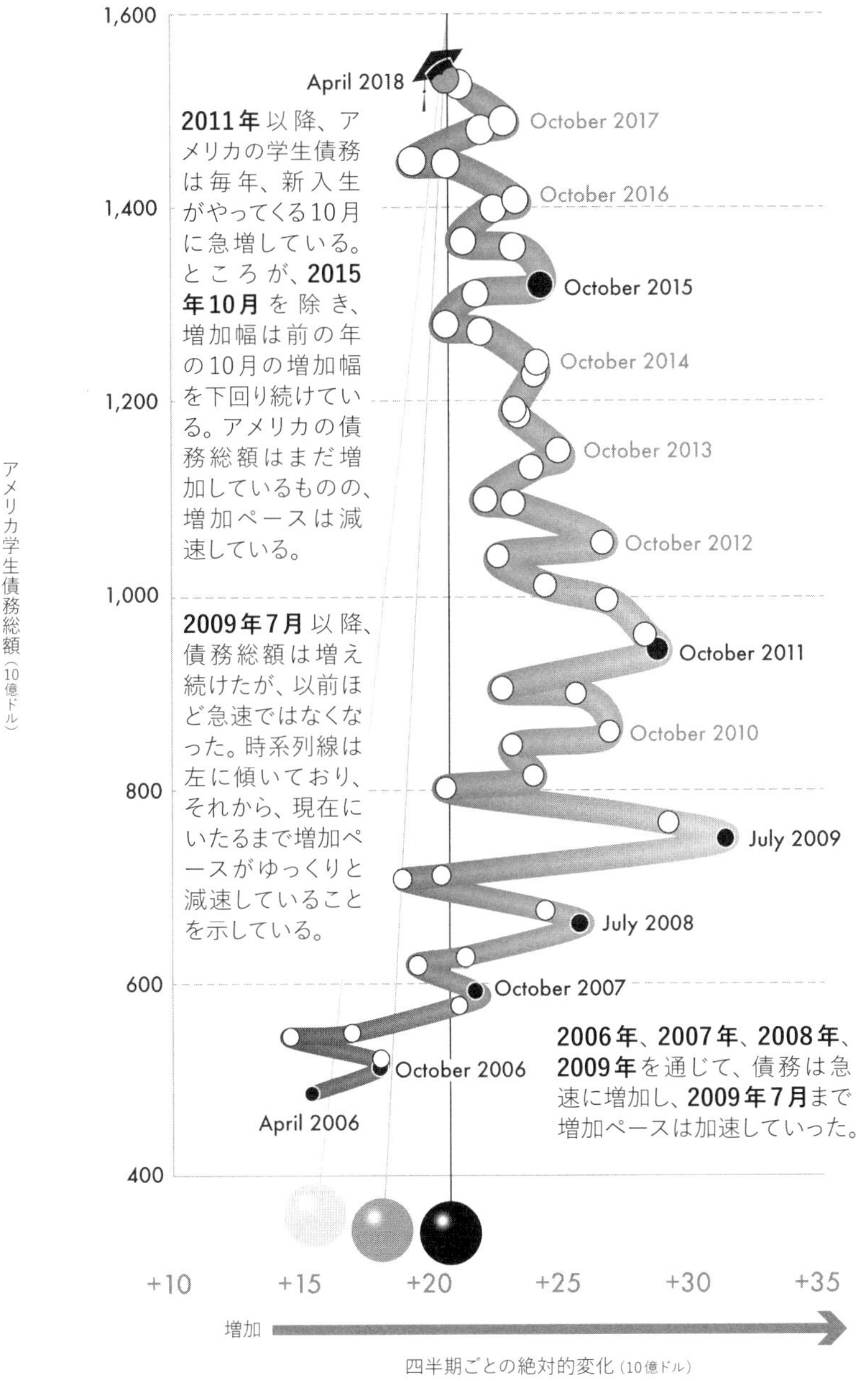

1,600
1,400
1,200
1,000
800
600
400
アメリカ学生債務総額（10億ドル）
April 2018
October 2017
October 2016
October 2015
October 2014
October 2013
October 2012
October 2011
October 2010
July 2009
July 2008
October 2007
October 2006
April 2006
2011年以降、アメリカの学生債務は毎年、新入生がやってくる10月に急増している。ところが、2015年10月を除き、増加幅は前の年の10月の増加幅を下回り続けている。アメリカの債務総額はまだ増加しているものの、増加ペースは減速している。
2009年7月以降、債務総額は増え続けたが、以前ほど急速ではなくなった。時系列線は左に傾いており、それから、現在にいたるまで増加ペースがゆっくりと減速していることを示している。
2006年、2007年、2008年、2009年を通じて、債務は急速に増加し、2009年7月まで増加ペースは加速していった。
+10
+15
+20
+25
+30
+35
増加
四半期ごとの絶対的変化（10億ドル）

データの出所：Board of Governors of the Federal Reserve System [US], "Student Loans Owned and Securitized, Outstanding [SLOAS], 2018Q2," FRED, Federal Reserve Bank of St. Louisより引用、2018年12月28日閲覧、https://fred.stlouisfed.org/series/SLOAS.

万人に増えていた。学生1人当たりの平均債務は1万8233ドルから2万4757ドルに増加し、2011年の連邦当局に対する債務総額は9480億ドルに達した。学生の数は3分の1しか増えていなかったのに、債務総額はほぼ2倍になっていた。どの基準に照らしても、この増加ぶりはまさに「制御不能」と言えた。ところが、図6の時系列線が示すように、加速のピーク（わずか1四半期で300億ドル増加した2009年7月）はすでに過ぎていた。この増加率（ローン実行ベース）が続いていたら、それ以外のアメリカのすべての形態の債務の合計額をたちまち大きく追い越していただろう。学生債務の増加率は持続不可能になっており、まさにその理由から、学生債務がこれまでのペースで際限なく増加し続けられないことはわかりきっていた。

最近の学生が抱える債務は、かつての学生の債務よりはるかに多い。学生ローンが受け入れられるようになったのは、一つには、どの世代の学生も、自分たちの後の世代はもっと借りなければいけなくなると言い聞かされるからである。この後はいまよりもっと厳しくなる。学費はさらに上がり、債務はさらに増え、債務を返済できるだけの収入が得られる仕事につくための競争はますます激しくなる。それでも学生たちは「心配するな」と諭された。おまえも大変かもしれないが、おまえより後に生まれた人はもっと大変になるんだから、まだましなほうだと。もちろん、親が超富裕層だという学生は、アメリカの大学に通うのにローンを組む必要はなかったので、重い返済負担を背負わずにすんだ。奨学金を給付する制度はつくらず、他人の子ども――野心のある子どもにローンを借りることを奨励して、借金漬けにするシステムをつくったのは、その超富裕層の人間だった。

アメリカの学生ローン残高は毎年10月に増加する傾向がある。新入生がやってきて、新しくローンを組むからだ。しかし、2009年は違った。2011年もそうだった。2012年には、学生ローンの借り手の数は差し引きで180万人増え、その年だけで、新規の融資額や未払い利子の増加分が1000億ドルにのぼった。しかし、2012年までに学生数の増加ペースが急速に下がり、ある時点で減少に転じてさえいたため、学生ローン残高の増加率は毎年低下するようになっていた。それでも、債務残高が減ることはなかった。

2018年末には、アメリカ学生債務残高の増加量は四半期ベースで200億ドル、1年に換算すると800億ドルに減速していた。2018年第4四半期の残高は1兆5600億ドルとなり、増加は続いていたが、増加量は年々小さくなっていた。その時点で、25歳未満のアメリカの平均的な学生が抱える連邦学生ローン残高は1万4753ドルに膨らんだ。25～34歳では3万5553ドルになり、学生たちの債務はとうてい返済できないものになっていた。35～49歳の平均債務額はさらに多くなる。学費が安い時期に大学に行っていたため必要な借り入れ額はずっと少なかったのだが、利子が積み重なったことで、1人当たりの債務額は平均で3万8593ドルに達した。50～61歳の層でも平均債務額は3万7828ドルにしか減っておらず、62歳以上になっても3万4316ドルの債務が残っていた。少なくとも、連邦学生ローンは死亡時点で返済義務が消滅する［＊35］。

アメリカの学生ローン債務は、増加のペースこそ以前より遅くなっているが、いまも増え続けている。どう見ても合理的とはほど遠いシステムに合理性があるかのように見せかけるには、そうならなければいけない。アメリカ以外の国、たとえばイギリスでは、学生債務総額の伸びは加速が続いており、減速する兆しはまだ見えていない。しかし、それもスローダウンするだろう。特にイギリスの二大野党である労働党とスコットランド国民党が学生ローンの存続に反対していることが大きい［＊36］。永遠に加速し続けるものはない。

自動車ローン残高の増加

このように、アメリカの学生ローン債務はいまも増加しているが、増加率は減速している。それでは自動車ローンの債務はどうだろう。債務が発生するのは、教育や住宅のように、誰かが何かを持たなければいけなくて、借金しなければそれを手に入れられないときである。国税を財源として、無償で教育を受ける機会が生まれた時点で保障される国では、学校や大学に行きたい人や行く必要がある人が食い物にされる可能性はほとんどない。家族から学費は出せないと言われて、将来、高収入の仕事につけるようにするためには借金するしかないという気持ちになるのは、教育を受ける開かれた公正な機会がないときだけだ。世界のほとんどの国では、大半の人が車を持っていない。豊かな国でさえ、自動車を使うことが減っている。日本がその最たる例だ。2014年の時点で、日本の世帯当たりの自動車保有台数は明らかに減少しており、1世帯当たり1台を割り込もうとしていた［＊37］。これに対して、意外なことに、イギリスの2001年の国勢調査によると、世帯当たりの自動車の保有台数が、世帯の中で車を運転できる年齢に達している人の数を上回っているケースが多かった。

秩序だった豊かな社会がスローダウンしている。輸送の効率が悪く、非常に高額で、渋滞を生み出し、大気汚染を引き起こす自家用車を使わず、公共交通機関や自転車、徒歩で移動する人がどんどん増えている。高速の列車は残るだろうが、頻繁に使わなければいけない人はむしろ少なくなる。多くの場合、自分ひとりで、自分だけのための1トンの金属とガラスの塊を操縦して、こんなに遠くに、こんなに速く移動しなければいけない特段の理由はない（もっとゆっくり移動するとしてもそうだ）。スローダウンが進んでいることに気づいていない人たちは、ロボットが運転する車が街中を走り回るエキサイティングな未来の話をよくする。そんな未来のビジョンに、見るべき点はない。すぐに太れるよい方法がまた一つできるということぐらいだ。それよりも、ライフスタイルを変えて、楽しくない移動ばかりしなくてすむようにしたほうがいいのではないか。

アメリカは加速の国である。他のどこの国よりも物事を大きくし、よりよくし、速くし、広くし、長くし、高くし、立派にした。いまとなっては愚かだとしか言いようがない。しかし、あの国は行きすぎるところがあるからと面白がってばかりもいられない。1950年代、60年代の大加速期に、世界でいちばん豊かな国がどこであったとしても、世界最大のバーベキューグリルを発明し、どこの国よりも料理をグロテスクなまでに大量に盛り、ボディマス指数が世界一の肥満大国になり、いちばん大きくていちばん燃料を消費する自動車をつくっていただろう。アメリカは自国の偉大さを誇示し、ソ連の宇宙開発計画の成功で傷ついた国の威信を回復させるために、莫大な資金を投じて数人の白人男性を猛スピードで月に送り込んでまでいる［*38］。

いまのアメリカでは車がないと生活するのがとても難しい。仕事や学校、買い物に行くのにもたいてい車が必要になる。ホームレスにとっては、自分の車や放置されている車が寝る場所になる。アメリカの自動車産業は何年も前にローン産業になった。自動車は夢のように売られ、ボディは夢のような曲線を描き、自由を標榜するアメリカンドリームを公道で体現した。

2003年には、アメリカの自動車ローン債務が6220億ドルに達し、1世帯当たり約5600ドルとなった。2018年には1兆2700億ドルとほぼ倍増し、1世帯当たりでは約1万4000ドルに膨らんだ。しかし、自動車ローン債務はいまも増え続けているが、学生ローン債務と同様に、これまでのような速いペースでは増加していない。日本では近年、道を走る車の数が年々少なくなっているが、アメリカがそのレベルに達するにはまだほど遠い。公共交通機関を増やす施策がとられなければ、日本のようになることはないだろうが、アメリカの自動車ローン債務の増加ペースが減速していることを見ても、潮目は変わっていると思われる。

20世紀のほぼすべての期間を通じて、豊かな国で個人の債務が増えたが、その主な原因の一つは、新車を買う必要があっただけでなく、新車を買いたいという欲求も強かったことだ。古い車でも所有者の多くがいま乗っている期間よりも長く乗ることができるが、自動車業界は顧客に新しい車を買って乗ってもらう必要があった。新車を買うだけのお金がないという人のために、自動車業界は新しいローンを発明した。そうして、購入する自動車そのものを担保にすることで、お金が貯まるのを待たずに車に乗れるようになった。

債務と欲求はセットだと考えられることが多いが、債務が生まれるのはお金を貸す人がいるからであり、十分に強欲で余っている富があるから、お金を貸せるのである。富が少数の人に集中しなければ、債務が急増することはない。ほんの一握りの人が保有する富が増えれば増えるほど、他人に貸し出せるお金も増える。経済格差が大きくて人口が増えている状況下では、民間銀行は新しい債務を発行してお金をつくりだすことができる。その恩恵を最も受けているのが、民間銀行の所有者と、巨額の報酬をもらっているバンカーである。それ以外のすべての人にとっては、物価は上がるし、債務は増える。

高額の自動車ローンを組まなければ、新車なんて買えないと思うかもしれない。しかも借り入れる金額は増えている。ところが、自動車ローン債務の状況は、学生ローン債務のそれと同じである。アメリカ以外の国では、何百万人もの学生が大きな借金を背負うことなく大学に通っている。ローンを組んで車を買わなければ生活に困る人がほとんどだと考えているかもしれないが、この点ではアメリカはむしろ例外だ。

多数の人が抱える債務は、他の人の資産である。その人の収入源だ。たいていはすでに莫大な富、ほとんどが死後も長く残るような富を築いているが、いつももっと欲しがっているように見える。人間の欲望には中毒性があり、それが人生のすべてになってしまうこともある。超富裕層は、他の人に車を買うためのお金を貸し付けて、そこから利息をとることで、何もしなくても資産が増えていく。他の人たちは借金して買った車に乗って働きにいって、他のすべてのローンを返すために必要なお金を稼がなければいけない。まとまったお金を貯めることなどできない人がほとんどだ。そうした人たちがお金を貯めることができて、借金しなくても車を買えるようになれば、このシステムは回らなくなるだろう。

裕福な個人は、間接的にお金を貸すこともできる。たとえば、アメリカの国債を買って、連邦政府にお金を貸せば、そのお金の一部が連邦ローンとして大学生に貸し付けられる。理屈としては、ローンを組んだ学生が利子をつけて返済すれば、他の学生の延滞分を相殺してあまりあるはずなので、連邦政府は裕福な個人に利子をつけてお金を返せるようになる。しかし、こんな巨大なポンジスキームは、やがてかならず行き詰まる。このような生活様式が続くかぎり、ほんのわずかな人しかお金持ちになれないからだ。

学費を払えない人に教育を受けるためのお金を貸すのは、長い目で見れば愚かなことなのだが、お金持ちはそれをわかっていないだろう。教育を受ければお金持ちよりも世の中の仕組みを深く理解できるようになるというのに、お金持ちは目先の利益を最大化することばかり考えている。

年金基金を成長させるには、借金して消費を増やし、経済を成長させなければいけないという意見もあるが、これは相当な額の私的年金を積み立てている少数の人の視点に立つものであり、債務によって支えられている経済には、すべての人に適正な年金を供給するメカニズムがない。豊かだが、格差の大きい社会では、大半の人が中程度から深刻な貧困の状態で高齢になり、退職後はそれ以上に貧しくなる。多数派が支配するとされている国で、どうしたらこんなシステムができあがるのだろう。自由の国で、なぜこれほど多くの人がこれほど多くの借金を背負っているのか。「この社会はこれからも加速すると信じられている」――それが答えの一つになりそうだ。しかしその前提は、いまでは崩れてしまっている。

緩やかになる増加ペース

アメリカ経済は債務によって支えられており、1950年代、1960年代にはそれがうまくいっているように見えた。海外からお金が入っていたからだ。当時、アメリカの産業界は覇権と成功の頂点にあった。その背後には強大な力を持つアメリカ軍がいた。冷戦は地球規模に拡大した。数多くの貧しい国、特にアメリカの国益にかなうと見られていた国にとっては、冷戦（コールドウォー）などではなく、武力による戦争（ホットウォー）だった。アメリカが他の国から財やサービスを買う以上に、他の国がアメリカの財やサービスを買っていた。こうした状況が終わり始めると、アメリカ人の多数派が厳しい状況に追いやられている現実があらわになっていった。

1930年代以降、アメリカで購入された自動車の大部分はローンを組んで買わされていた。借り入れ額と自動車の販売台数は、毎年のように増加していき、1978年に1500万台弱でピークをつけた[＊39]。1980年代初めの景気後退で販売台数は落ち込んだが、1986年には1600万台を売り、1990年代後半にもう一度落ち込んだ後、2000年には1700万台に達した。その後、大不況期に入ったため、年間販売台数は激減し、2009年は1000万台強にとどまった。

大不況期が終わるとアメリカの自動車販売台数は回復に転じたが、ペースは鈍く、2016年になってようやく1700万台に戻ったものの、いまはまた縮小している［＊40］。2003年から2013年までの10年間は、アメリカ自動車ローン業界にとって激動の時代の一つだった。しかし、一歩後ろに下がると、かつてはアメリカの自動車と自動車ローンの大加速時代とされていたものも、明らかにスローダウンしており、しかもそれがしばらく前から続いていることが見えてくる。

アメリカの自動車ローン残高はいまも増え続けているが、増加のペースは以前よりも緩やかになっている。アメリカではまだまだ乗れる車が大量に解体に出されている。いま進んでいるスローダウンが続く余地は大きい。しかし、スローダウンが続くには、アメリカが自動車愛から離れ始めなければいけない。2003年から2018年までのわずか15年間で、アメリカの自動車ローン残高は6220億ドルから1兆2380億ドルに増えたが、その間に世界規模の金融危機が起きた。連邦準備制度理事会（FRB）は、四半期ごとにアメリカ国民の自動車ローン残高を発表している。ほとんどの年で（少なくとも1970年代後半以降）、自動車ローン残高は増加しており、2003年以前は、アメリカ人の自動車購入台数が増えて、自動車の販売価格が上昇したため、増加ペースは毎年加速していた。同時に、自動車を運転できる年齢にあるアメリカ人の数も増えていたが、ローンを組まずに自動車を買う能力は高まらず、アメリカの自動車ローン債務額はただ増えるだけでなく、どんどん加速していき、2003年には6220億ドルと、目もくらむような金額に達した。

2000年代初めには、アメリカの自動車ローン債務は平均すると四半期ごとに250億ドル、年間で1000億ドル増加していた。自動車ローン債務の山に3日ごとに10億ドル（純額）が積まれていく計算である。古い債務が返済されるか償却されていたため、新規の債務や返済期間が延長された債務はそれ以上に多かった。しかしその後、2004年末にこのシステムが大きく揺らぐ。ガソリン価格は2003年を通じて上昇し続けていた。世界のガソリン需要がピークに達したのは2003~2004年で、このときには1年で3・4％増加した［*41］。2004年末には新車を買う人が減った。2005年初めになると貸し出し額はふたたび減少し、その後、数カ月間回復したが、2005年末にまた減少した。図7の時系列線はぐるぐると回っており、2005年に回復した後、2006年末、さらに2007年末に減少に転じ、2008年半ばから2010年半ばまでのすべての四半期で減り続けた。この時点で、銀行自体が危機に陥っており、自動車メーカーがローンを提供したくても、銀行が引き受けられなくなった。

2011年初めには、ローン残高の総額が2003年末の水準を下回った。2013年半ばになってようやく、アメリカの自動車ローンの増加量が10年前の水準に戻った。しかしそのときには、何か他のことが根本から変わっていた。

2015年以降、各第2四半期の増加量は前の年の第2四半期より減少し、すべてその前の加速期のピークだった2005年第2四半期を大きく下回った。図7の時系列線は左に傾斜している。自動車ローンがピークに達する年まで、時系列線はジグザグに推移していくだろう。それがいつになるかはわからないが、トレンドをとらえることはできる。その間にも新たなオイルショックが発生する可能性は高いが、中期的には、アメリカの自動車ローンは減速する方向に進んでいる。ローン残高はいまも増加しているものの、以前のような勢いはない。

2018年第2四半期には、アメリカの自動車ローン残高の増加量はわずか180億ドルとなったが、それ以前の2四半期はもっと少なく、それぞれ80億ドル、90億ドルにとどまっていた。大半のアメリカ人が相対的貧困状態のままで、一握りの人が莫大な富を手にしているかぎり（中間層は縮小）、自動車ローンはこの先もアメリカ人が車を買える主要な手段になると思われる。アメリカで富の格差が小さくなり始めなければ、自動車ローンはなくならないだろう。

図7　アメリカの自動車ローン債務、2003～2018年（単位10億ドル）

2019年第1四半期は0.5％増、2018年第1四半期は0.7％増、2017年第1四半期は0.9％増であることに注意。

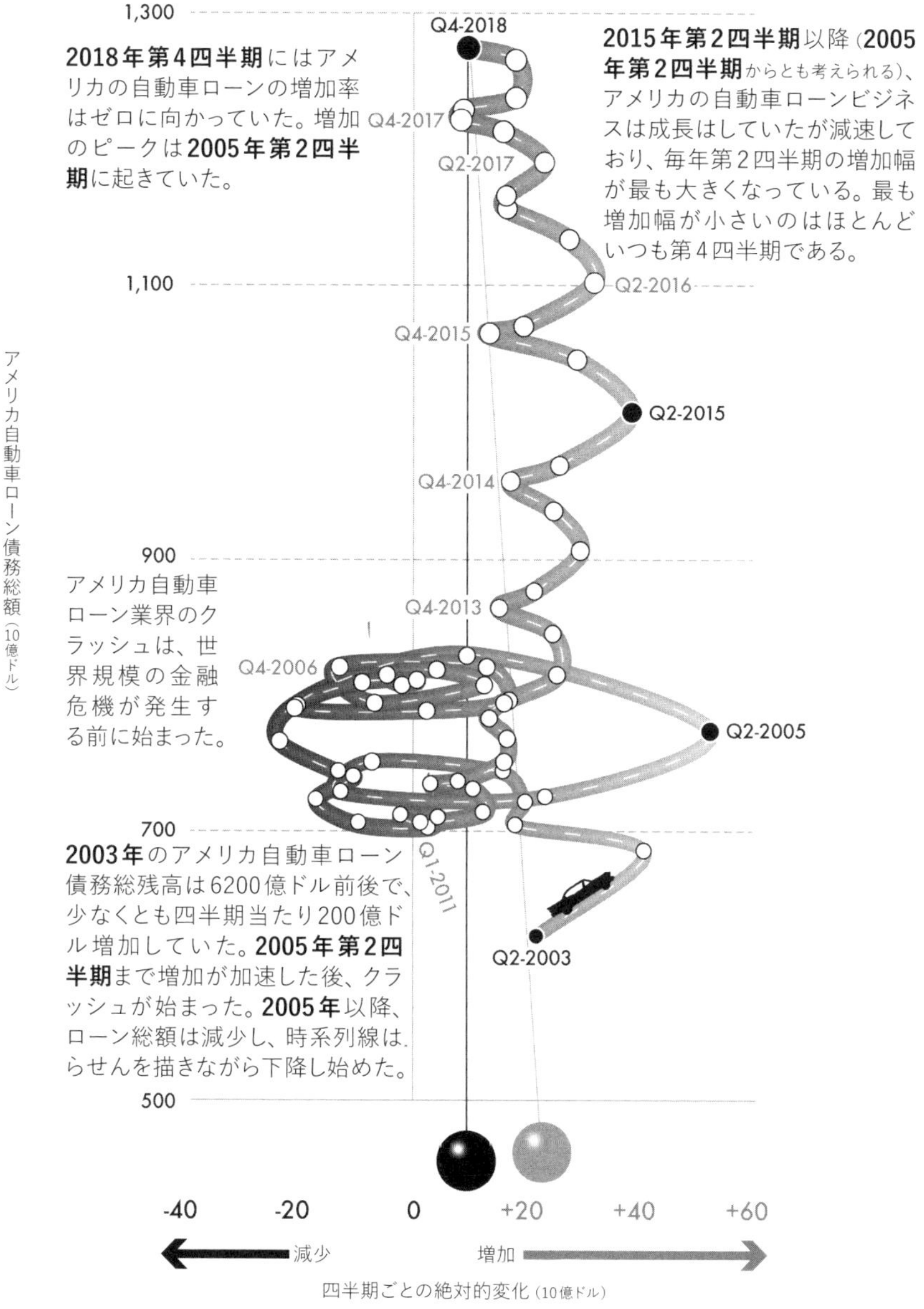
1,300
1,100
900
700
500
Q4-2018
Q4-2017
Q2-2017
Q2-2016
Q4-2015
Q2-2015
Q4-2014
Q4-2013
Q4-2006
Q2-2005
Q1-2011
Q2-2003
2018年第4四半期にはアメリカの自動車ローンの増加率はゼロに向かっていた。増加のピークは**2005年第2四半期**に起きていた。
2015年第2四半期以降（**2005年第2四半期**からとも考えられる）、アメリカの自動車ローンビジネスは成長はしていたが減速しており、毎年第2四半期の増加幅が最も大きくなっている。最も増加幅が小さいのはほとんどいつも第4四半期である。
アメリカ自動車ローン業界のクラッシュは、世界規模の金融危機が発生する前に始まった。
2003年のアメリカ自動車ローン債務総残高は6200億ドル前後で、少なくとも四半期当たり200億ドル増加していた。**2005年第2四半期**まで増加が加速した後、クラッシュが始まった。**2005年**以降、ローン総額は減少し、時系列線はらせんを描きながら下降し始めた。
アメリカ自動車ローン債務総額（10億ドル）
-40
-20
0
+20
+40
+60
減少
増加
四半期ごとの絶対的変化（10億ドル）

データの出所：Federal Reserve Bank of New York [US], “Quarterly Report on House hold Debt and Credit [HHD_C_Report_2018Q3],” the Center for Microeconomic Dataより引用、2018年12月28日閲覧、https://www.newyorkfed.org/microeconomics/databank.html.

いまから1世紀前には、アメリカ人はフォードのモデルTを買ってもすぐに運転できなかった。フォードのディーラーに手付金を入れて、残りの金額を分割で毎週支払っていき、購入価格に達したら、新車に乗って帰るのだ。借金は残らない。

人々があちこちに移動できるようにするためにローンを使う必要はない。自転車はローンを組まなくても買えるし、通勤に車を使わなくてすむように都市計画をつくることもできる。よく計画された都市で暮らし始める人が世界中で増えれば増えるほど、車は必要なくなる。公共交通機関を手頃な料金で使えるようにすることも、生活するのに車が必要な地方に住む高齢の人たちが貯金で車を買えるようにすることもできる。いまの日本がまさにそうだ。やがてアメリカの自動車ローン債務も、ほとんど過去のものになるだろう。

いま現在、1兆2000億ドルを超える債務に対して支払われている利子は、債務残高がその半分強だった2003年に支払われていた利子よりも少ないと思われる。これは金利が大きく低下しているからだが、アメリカの金利はわずかとはいえまた上昇している。長い目で見ると、価値が減少していく資産を借金して買うのは理屈に合わない。他の移動手段を見つけられるのであれば、金利が上昇するとローンを組むことを思いとどまる人も増えるはずだ。

アメリカの住宅ローン債務

世界中のどこの国を見ても、ローンは存在するが、アメリカのローン残高は他のどの国よりも多い。アメリカの若者が抱える学生ローン債務はいまも増え続けているものの、増加のスピードはスローダウンしている。とはいえ、総額がどんどん大きくなっているので、減速のペースはゆっくりでしかない。アメリカの自動車ローンもまだ増えているが、こちらも増加のスピードはスローダウンしており、減速のペースは学生ローンより少しだけ速い。

次に見ていくのは、アメリカ人が借りている金額の大きさからいって、人々の生活に最も欠かせないローンである。いまのアメリカでどこかに安心して居住できるようにするために組む必要があるローン、つまり、家を買うときに必要になる住宅ローンだ。アメリカでは、安心して暮らせる場所がほしければ、そこを買うしかない。賃貸物件だと、たとえ家賃を払うだけの十分なお金を持っていたとしても、退去させられるおそれがある。

多くの国では、家を借りるか、買うか、どちらかを選択することになる。家賃は国が、ふつうは地方政府が規定しており、家賃を一気に値上げしたり、賃貸物件の質や大きさに照らして高すぎる家賃を設定したりすることは認められない。家賃を払っているかぎり、借り手はそこに住み続ける権利がある。規定が整備されている豊かな国では、家主が賃貸している物件を取り戻したければ、借り手に補償金を支払わなければならず、その額が十分ではなかったら、借り手は賃借契約を継続してそこに住み続けることができる。まがりなりにも、そこは「わが家」である。わが家は単なる不動産ではない。

住宅やアパートを安心して貸せないときには、家賃は跳ね上がる。いま、アメリカのほとんどの州では、借り手に認められている権利はほとんどない。家賃は家主の気まぐれで値上げできるので、家賃を上げるだけで借り手を簡単に立ち退かせることができる。賃貸物件の質がひどく悪いこともあるし、家賃のほうが同じような住宅のローン返済額よりずっと高いこともある。家を買える人は買おうとする。ところが、ほとんどの人にとって、家を買えるということは、家を買うお金を借りられるということを意味し、お金を借りられるかどうかは信用情報によって決まる。しかも、アメリカの住宅ローンは変動金利であるため、金利は時間とともに変わることがあり、借り手がどんな人で、どこに住んでいるかによっても変わる。ただし、レッドライニング〔訳注：特定の地域に住んでいる人には融資しないなどの差別〕はいまでは違法とされている［＊42］。アメリカでは個人の信用力が数値で格付けされている。

アメリカで家を買うというのは、ヨーロッパの大部分の国で家を買うのとは違う。ヨーロッパでは住宅ローンの金利は20年以上にわたって固定されるのがふつうだ。家を買うほうが借りるよりもよいが、リスクがないわけではない。住宅ローンの返済が滞れば、住宅が差し押さえられて、家を出て行かなければいけなくなる。アメリカの富裕層は、現金で家を買って、このリスクを避ける。そのお金はたいてい、貧しい人たちに貸し付けて、そこから直接的あるいは間接的に受け取った利息である。経済格差が大きいときには、お金持ちにならなければいけない、お金持ちであり続けなければいけないととかく考えがちである。しかし、お金持ちになれるのは、ほんの一握りの人たちだけだ。

住宅やアパートを建てるのはそれほど難しくない。人類はとても長い間、そうしている。しかし、投機やインフレをコントロールするのは難しい。第二次世界大戦直後の１９４９年には、アメリカの住宅ローン残高は、家主の借り入れ額と家計の借り入れ額を含めても、わずか５４０億ドルだった［＊43］。それが１９５３年には、2倍以上増えて１１２０億ドルになった。１９６０年にはさらに2倍になって２２７０億ドルとなり、１９６９年にはまた2倍になって４５００億ドルに増えた。１９９７年には1兆ドル、１９８４年には2兆ドル、１９９２年には4兆ドル、そして２００２年には8兆ドルになった。１９４９年以降、すべての四半期で例外なく増加したが、２００８年第2四半期を境に、２０１３年第３四半期まで20四半期連続で減少した。根本の部分で何かが変わり始めていた。過去60年間にわたって機能しているように見えていた住宅金融のシステムが崩れていたのだ。

だが実際には、アメリカの住宅供給システムがうまく機能していたのは、アメリカのごく少数の人たちの間だけ、特に複数の住宅を買える富裕層の間だけだった。アメリカには、低所得者向けの公営住宅や、地方政府や慈善団体が管理し安い家賃で貸す住宅がほとんどない。家を買うことができないほとんどすべての人は、自分で借りるしかない。家を買える人も、毎月の住宅ローンの返済に追われるようになる。失業したり、病気になったり、パートナーと別れたりすれば、返済を続けるのはことさら難しくなる。何年も住宅ローンを返済し続けているのに、まだ自分の所有物にはなっていないという人が非常に多い。返済能力が低いと判断されて、元本の返済は行わずに利子だけを支払うローンを組まざるをえなかった人もいる。20世紀後半から21世紀初めにかけて住宅価格が高騰すると、アメリカ人の大多数、特に若い世代と貧困層は家を買えなくなった。

私たちが住宅を買うときに支払うお金は、住宅を建てるコストとはほとんど関係がない。需要と供給の法則もほとんど当てはまらない。２００８年に住宅に対する需要が突然崩れたわけではなかった。そのときに崩れたのは、住宅を買うために借りることができるマネーの供給である。住宅の価値は主にそれが建っている土地の価値を反映するとよく言われるが、それも幻想だ。アメリカの土地の価値は２００８年に突然下がってはいない。土地には何か神秘的な価値が内在していて、それが住宅の価格を支えていたのではない。住宅市場は、住む場所を必要としている非常に多くの人に少数の人がお金を貸し込むゲームの場と化していた。そう、住宅価格は、住宅ローンに供給されるマネーの量を反映していた。貸し手が価格を押し上げていたのである。貸し手は自分たちの行為が略奪的に見えないようにするため、借り手が税優遇措置を受けられるように政府に働きかけた。お金を借りなければ家を持てない人たちの不安と弱みに、貸し手たちはつけ込んだのだ。スローダウンの到来は、そうしたシステムが終わりを迎えるサインとなる。

さまざまな債務の問題は、別々に扱われることが多いが、深いところでつながっている。いま、自動車をつくるのに必要なコストは、自動車を購入するコストには反映されていない。購入コストの大半は、車を買うために組んだローンの返済分である。その次に、自動車メーカーの利益分と、消費者を「よし、またローンを組んで新しい車を買うぞ」という気にさせる広告・マーケティングのコスト分を支払っている。これは事実上の入札合戦であり、その中でステータスも買っている。その次に、自動車がアメリカで製造されているのであれば、自動車労働者の賃金を支払っているが、その賃金の大半は、高い住居費、労働者本人の車のコスト、労働者が自分の子どもに教育を受けさせようとする場合にはそれを支援するコストを支払っている。アメリカは住居費などの生活費がとても高いぶん、賃金も高くなる。このように加速化はすべてつながっていた。加速が加速を呼ぶ循環が生まれ、強化されていった時期もある。

大学の学位の大半では、学生に教えるために求められるサービスを提供するのにかかるコストは、実際には微々たるものだ。まず、椅子や机、そして図書館（ただし、最近の学生は本よりもインターネットを使う）が必要になる。教授の給与には、主に住居手当、そしてもちろん通勤手当が反映される。車で通勤しなければいけないなら、通勤手当を少し増やす必要がある。ところが、アメリカの学生が大学に通うために毎年支払う高額の学費の大半は、教員の給与や大学図書館の運営費には回らない。その代わりに、（ごく最近まで）高騰していた大学幹部の給与や、格調ある建物をつくる巨額の建設費、さらには高い学費を払うだけの価値があるように見せかけるための一連の広告宣伝費に使われる。

アメリカ人の多くは、自動車などのモノをつくらないし、教鞭もとらないし、住宅を建設することもない。その代わりに、あらゆる活動の資金調達とアレンジを仲介している。私たちはかつては介入にそれほど頼らずに、いろいろなことを自力でやっていた。それがいまではあらゆる組織に弁護士がいるし、会計士、投資家、コンサルタントがいる。言ってみれば官僚制である。そのぶん彼らがかかわるあらゆるもののコストが上昇する。しかし、どこかの時点でバブルははじける。

価格を永遠につり上げて、どんどん貸し込むことはできない。住宅が値上がりしている間は、多くのバンカーが誰彼かまわず貸し付けた。そしてそこから利息を受け取るか、そうでなければ住宅を差し押さえた。住宅の資産価値はかならずと言っていいほど融資額を大きく上回っていた。しかしついに、それまでであれば住宅ローンの不履行がポツポツと出てくる程度だったのが、２００５年を過ぎた頃から、ローンを返済できなくなる家計が急増し始めた［＊44］。

２００６年、２００７年には、銀行は融資に慎重になり、実質的な借り入れコストが上がり、お金を借りられる人が少なくなり、住宅が値下がりし、銀行は価値が下がっている資産に融資することにますます慎重になった。そうして下降スパイラルが形づくられていった。モノの値段が安くなることは通常ならよいニュースだとされるが、住宅の値下がりは、住宅価格の上昇に依存していた国の経済を直撃し、そうした経済システムの構造には欠陥があることがあぶり出された。

すべての債務はつながっている。大学の学位も、自動車も、住宅も、それを手に入れるために人々の残りの人生の大部分を借金漬けにしていいはずがない。世界のほとんどの国はそうなっていないし、アメリカとイギリスでも、いま生きている人が思い出せるかぎりでは、そうではなかった。債務が膨れ上がってしまうと、まず個人が、その後に家計全体が返済不能になる。彼らが買っている資産は、他の人がそれを買うお金を借りられなくなると、価値が下がる。大学の学位は、みんながそれを持つようになると、価値が薄れる。新車を頻繁に買い換える人が減ったのは、新しい車に乗っても箔がつかなくなったからだ。そして、高騰した住宅価格はやがて下がる。

アメリカの住宅ローンのうち（大家ではなく）住宅所有者が組んだローンの占める割合は近年、大きくなっている。大家が価値の下がっている不動産を売却して、債務を減らしたからだ。その大多数のケースで、

図8　アメリカの住宅ローン債務、2003 ～ 2018年（単位10億ドル）

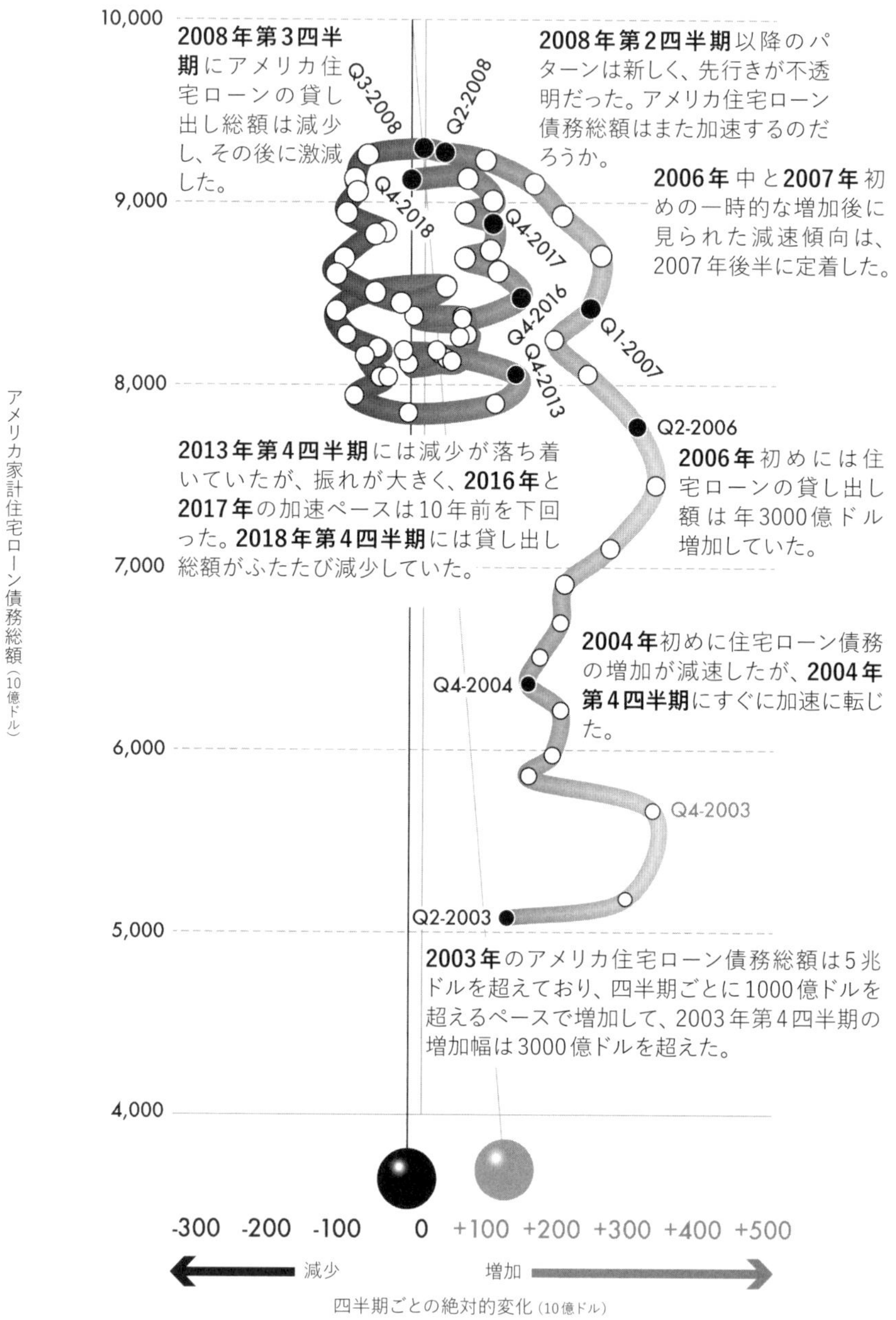

10,000
9,000
8,000
7,000
6,000
5,000
4,000
アメリカ家計住宅ローン債務総額（10億ドル）
2008年第3四半期にアメリカ住宅ローンの貸し出し総額は減少し、その後に激減した。
Q3-2008
Q2-2008
2008年第2四半期以降のパターンは新しく、先行きが不透明だった。アメリカ住宅ローン債務総額はまた加速するのだろうか。
Q4-2018
Q4-2017
2006年中と**2007年**初めの一時的な増加後に見られた減速傾向は、2007年後半に定着した。
Q4-2016
Q1-2007
Q4-2013
Q2-2006
2013年第4四半期には減少が落ち着いていたが、振れが大きく、**2016年**と**2017年**の加速ペースは10年前を下回った。**2018年第4四半期**には貸し出し総額がふたたび減少していた。
2006年初めには住宅ローンの貸し出し額は年3000億ドル増加していた。
2004年初めに住宅ローン債務の増加が減速したが、**2004年第4四半期**にすぐに加速に転じた。
Q4-2004
Q4-2003
Q2-2003
2003年のアメリカ住宅ローン債務総額は5兆ドルを超えており、四半期ごとに1000億ドルを超えるペースで増加して、2003年第4四半期の増加幅は3000億ドルを超えた。
-300 -200 -100 0 +100 +200 +300 +400 +500
減少
増加
四半期ごとの絶対的変化（10億ドル）

データの出所：The Federal Reserve Bank of New York [US], “Quarterly Report on Household Debt and Credit [HHD_C_Report_2018Q3],” the Center for Microeconomic Dataより引用、2018年12月28日閲覧、https://www.newyorkfed.org/microeconomics/databank.html.

売却を〝容易〟にするために借り手は退去させられた。船が沈んでいるときには、状況をいちばんよくわかっている人が最初に海に飛び込むものだ。安全に融資する相手も場所もどんどん減っており、融資先を見つけるのがますます難しくなっている。経済が永遠に成長することを前提としているシステムが大きく減速したら、そうなることは避けられない。

アメリカの住宅ローン総額は、2003年から2018年までのわずか15年間で、4兆9420億ドルから9兆1400億ドルに増加した。しかしここでも、増加のペースはスローダウンしている（図8参照）。2008年の大規模な景気後退にまず目が向くだろうが、重要なのはその前後だ。2006年、2007年、2017年、2018年の時系列線の傾きを見てほしい。2008年の経済危機のかなり前も、かなり後も、時系列線は左に移動している。

すべての債務はつながっている

ニューヨーク連邦準備銀行は住宅ローンの四半期統計を発表している。最新の系列が開始された2003年は、アメリカの家計が抱える住宅ローン債務の総額が約5兆ドルだった。住宅とアパートの価格がともに上昇し、新築物件をローンを組んで購入する人が増えたうえ、アメリカの人口が増え続けていたため、住宅ローン債務はどんどん増加し、当初は加速度的に膨らんでいった。

2004年初めに加速は少し止まったが、その年の秋にはアメリカの家計の住宅ローン債務残高が6兆ドルの大台を超えていた。既存のローンよりもはるかに大きいローンを組む家計が増えていたため、四半期ごとに純額で2000億ドル前後という膨大な額がアメリカの住宅ローン債務に追加されていた。20

05年を通じてアメリカの住宅ローン債務の増加量が大きくなり、加速化が進んで、その年の秋に7兆ドルの大台を超えた。2006年春には四半期ごとに3000億ドルを超える債務が新しく発生し、秋に8兆ドルの大台を突破した。その後、新規ローンの増加は少し落ち着いたが、ふたたび加速し、2007年春に最後の急増が起きた。2007年秋に9兆ドルの大台に達したが、そのときには根本的な変化が始まっていた。

2007年後半には、全体的な増加ペースがすでにはっきりと下がり始めていた。下位集団レベルではそれより早く下がっていた。全体的な増加率は2010年秋まで9四半期連続で下がった。その最初の四半期の時点で、危機が始まっていたことが明らかになった。振り返ってみると、その危機は広く報じられていた時期よりも早く、2008年に大規模な金融危機が起きるかなり前に始まっていたと考えられる。ところが、貸し出し額の増加がスローダウンしているように見えたそれまでの動きは、すべて覆されていた。2003年第4四半期以降、2004年第3四半期以降、そして2006年第2四半期以降の減速もそうである。過去の動きは、その次に何が起こるのかを推定できるような確かなモデルにはなっていなかった。それまでは融資を抑制していた貸し手の多くは、債務が増加に転じると収益機会を求めるようになった。こうして「スマートマネー」は流入し続けた。そして大規模なクラッシュが始まる。そのときになってようやく、お金を貸しすぎるのはあまりスマートではないことに誰もが気づいたのである。

金利が下がらなければ返済できないローンを抱え込んだ家計をこれ以上増やさないように、金利が引き下げられた。融資総額は、2009年第3四半期に9兆ドルを下回り、2013年第1四半期に8兆ドルを割り込んだ。これはスローダウンではない。クラッシュだった。住宅価格は急落し、借り入れをする家計の数は減り、住宅ローンの返済期間を延長する件数の増加ペースが下がり、アメリカ全土で返済額が新規借り入れ額を上回り始めた。ごく一握りの超富裕層が、お金がなくて困っている何百万もの人に高い金利でどんどん貸し付けて、ますます金持ちになる余地は小さくなっていった。

2010年末になって住宅市場が持ち直す兆しが初めて出たが、2011年中に崩れた。2012年初めの2回目も続かなかった。3回目の2013年は持続するかに見えたが、2014年にやはり崩れた。2015年の4回目の復調は少し力強く感じられ、貸し出し額は徐々に増えて、2018年第3四半期にふたたび9兆ドルに達した。しかしそのときには、四半期の平均増加量は500億ドルから1000億ドルの間で推移し、以前の標準的な水準に比べればとても少なく、また崩れる可能性が絶えずつきまとっていた。

2019年になると、アメリカの住宅ローン仲介業者の間で、先行きを問う声が上がり始めた。業界全体がこのまま半永久的に衰退していくのか、それともここからV字回復し、貸し出し額は上昇軌道に戻るのか。その答えは誰にもわからなかった。確かに言えるのは、大規模なスローダウンが起きているということだけだ。軌跡が本当に根本的な変化をしているかどうか見きわめるのは、それよりもはるかに難しい。そうした変化が起きて、それが定着するには、政治が変化するか、場合によってはさらに大きな危機が起きて政治が変化せざるをえなくなる状況になることが必要になる。

アメリカ政府は、お金を貸し込んで大金を得ることができなくなるようにする必要がある。富裕層からこんなにお金を借りなくてもすむように、住宅問題を集合的に解決していく必要もある。それには政治が広範囲にわたって変化しなければいけない。公営住宅を建設して、可処分所得から返済する能力ではなく必要度を基準にそれを割り当てる。民間に効果的な家賃規制を導入する。銀行などの住宅ローンの貸し手の規制を厳格にする。住宅を確保するためには「いくらでも」お金をかける覚悟をしなければならず、その覚悟に貸し手がいいようにつけ込む状況から抜け出さなければいけない。こうした変化が一つも起きなければ、新たな債務バブルが発生し、少なくとも数年間は膨れ上がることになる。

アメリカの国家債務

債務は増え続けているだけでなく、増加のスピードも加速していると誤解されていることがあまりにも多い。この見方は、本当にそうだった時代の遺物である。第一次世界大戦前、世界の富裕層の大半で富が何十年にもわたって急増した。裏返せば、それ以外の人にとっては債務が増加した時期でもあった。18世紀、19世紀のヨーロッパでは債務者監獄がどこにでもあった。これに対し、アメリカでは19世紀半ばにほぼなくなった。19世紀半ばはアメリカの経済格差が最も小さかった時期であり、連邦債務者監獄は１８３３年に廃止された。

国内の債務の規模は、多くの場合、その国の所得や富の集中度と密接な関係がある。大多数の人の所得や富がとても少なく、特に貯蓄がとても少ないと、借金に頼らざるをえなくなる可能性ははるかに高い。同時に、一握りの人が莫大な富を持っているときには、それを投資しなければ価値を失う。誰かが投資すると、ほぼかならず他の人の債務を生み出す。格差がない時代と場所では、人にお金を貸している他人からお金を借りなくても、自分の持ち家や事業に投資できる。しかし、19世紀後半にヨーロッパで、次にアメリカで格差がどんどん広がると、債務が増加した。それ以前は、大勢の人が極度の貧困下にあったものの、債務はなかった。お金を借りることができるのは一握りの豊かな人だけだったが、それが次第に、債務を抱えていることが当たり前になっていった。戦時には政府の債務も増加した。政府は税金だけでは十分な戦費を短期間で調達することができない。戦争が長期化したときは特にそうだ。第一次世界大戦後には工業生産が悪化して大恐慌が起こり、個人の債務も増えた。

北アメリカやヨーロッパ全体、そしてそれ以外の地域、特に日本では、第二次世界大戦後に経済的平等が大幅に高まった。終戦後の最初の20年間は、富裕層からお金を借りるのではなく、富裕層に課税することで復興をとげた。社会が平等になるほど効率性は上がるし、経済格差がとても大きい社会と違って、借金に強く依存しない傾向がある。ところが、数十年間にわたって平等が高まると、多くの人がそれに慣れていき、不平等を望む人たちの手から平等を守ろうとしなかった。イギリスとアメリカでは、１９７０年代以降、所得格差が拡大して債務が増加し、富の格差が急激に広がりだした。政府債務も大幅に増えた。

債務が加速度的に増えることができるのは、お金を持っている人がお金を貸すか、貸すふりをするともっと儲かると考えているときだけだ。お金はありとあらゆる方法でつくりだすことができる。たとえば、民間銀行はそうすることが政府から許されていれば、何もないところから合法的にお金を生み出せる。

ある国の人口が増えて、世界で暮らす人の数が増えると、デフレーションに陥るのを避けるために、もっと多くのお金をつくりださなければいけない。しかし多くの国で、ここ何十年も、新しくつくられたお金の大半は、すでにお金をいちばん持っている少数の人のところにいっている。そうしてそのお金が他人に貸し出される。借りたお金を投資して、債務の返済額を上回る利益を得られれば、彼らもまた、お金持ちになれる。ところがその利益は、たいていは何かを買うために借金をする人たちの犠牲の上に成り立っている。この循環がいつまでも続くことはないし、どこかの時点でかならず崩れる。巨額の債務はずっとそこにあったように見えるかもしれないが、努力して莫大な富を築いた者が報われるのは当たり前だとされるのは、物事が加速している時代か、裕福な教会や国王に動産を納めるのは宗教的義務や市民としての義務だと国民が信じ込まされているときだけである。

主権を有する政府は、みずからお金をつくりたければ、そうできる。それには紙幣を新しく刷ることから、中央銀行に預けるお金を増やすことまで、さまざまな方法がある。政府は債務を発行することもできる。世界で最も知名度が高く、最も規模が大きいのが、アメリカ政府の債務である。アメリカの政府債務は何十年間も増加していただけでなく、増加のペースも加速していた。その中にあって、アメリカの政府債務の増加ペースが減速した時期がある。1991～2000年がそうだし、原稿を執筆している時点でまたそうなっている。アメリカの政府債務総額は、2000年、2013年、2015年、2017年に一時的に減少に転じている。しかし、大半の期間を通じてアメリカ政府債務が急増していたからといって、それは避けられないことだと考えるのは間違っている。政府債務は常に加速しているわけではなく、減少することもある。過去10年間で減少した回数は、最近の他のどの時期よりも多い。

1835年にはアメリカに債務はなかった。その年に全額返済していたのだ。南北戦争期と両大戦期に債務は増加したが、その後に完済されることが多かった。ところが、1970年代初め以降、アメリカ政府は徴税による資金調達を減らし、借り入れを増やすことを選択した。特に高額所得者の最高税率は1970年代には70%近くあったが、1980年代には50%に引き下げられ、1990年代初めには25%まで下がり、近年では約35%で推移している［＊45］。富裕層に課税するのではなく、富裕層からお金を借りることで、アメリカ政府そのものが巨額の債務を抱えることになった。アメリカ政府は海外からも多額の借り入れをした。中国の製品を買う余裕がなくなって、中国の製品を買うお金を中国から借り始めたのである。このからくりはしばらくの間はうまくいくが、そう長くは続かない。スローダウンが進んでいることを受け入れて、それに対応しなければいけない。

アメリカ政府が債務に対して支払うことで合意した金利は、1980年代初めに年10%を超えた。これは富裕層に対する税率が最も低かった時期でもある［＊46］。それ以降、金融危機時には0・5%まで下がっていたが、ここ最近はふたたび上昇し、2019年初頭には2・25%になった。したがって、アメリカは巨額の資金を借り続けているが、金利が大幅に引き上げられることがなければ、この先に返済額が大きく増えることはないだろう。アメリカ政府が徴税するか借り入れるかをめぐる闘争は、政治闘争である。債務そのものが政治闘争であり、これまでずっとそうだった[*47]。

いま、債務は永遠になくならないと考えられている。国の公的債務もそうだ。しかし、わずか過去2世紀に公的債務がゼロから増えたように、ゼロに戻すことも可能である。債務は何かの自然現象ではない。人間がつくりだしたものであり、それを生み出すのは政治の決定である。過去10年間に債務が減少した回数は、それ以前の50年間に比べてはるかに多い。これは将来、債務が減少に向かう可能性があることを示す最初の徴候ではないかと思われる。現時点で加速度的に増えている債務はない。大部分の債務はいまも増えているが、増加のスピードは以前よりも遅くなっている。それでも、債務が着実に減少するには、私たちが集団として政治に対する考え方を変えること、そして「健全な経済」に対するイメージを書き換えることが必要になる。

近年では、いまの債務の状態を続けることはできない、「ローン／債務を発行して貨幣を創造するときに、利子を支払うために必要な貨幣は生み出されないため、返済能力を超える債務が常にシステムの中に存在することになる」と説く学術論文が次々に発表されている[*48]。破産などによる債務不履行が起きないかぎり、世界の債務総額を減らすことはできない。

アメリカの政府債務の増加ペースが緩やかになるときには、そのスローダウンの裏で、他の機関や個人の他の形態の債務が増加していることが多い。たとえば、豊かな国の多くの年金制度は債務で資金を調達しようとしている。年金運用会社は「投資」をする。その投資はたいていは単なる融資だ。将来の若い世代の人口が減少してもどうにかして元利金を返済すると思い込んでそうするが、それが可能だったのは、

図9　アメリカの公的債務、1966 ～ 2018年（単位10億ドル）

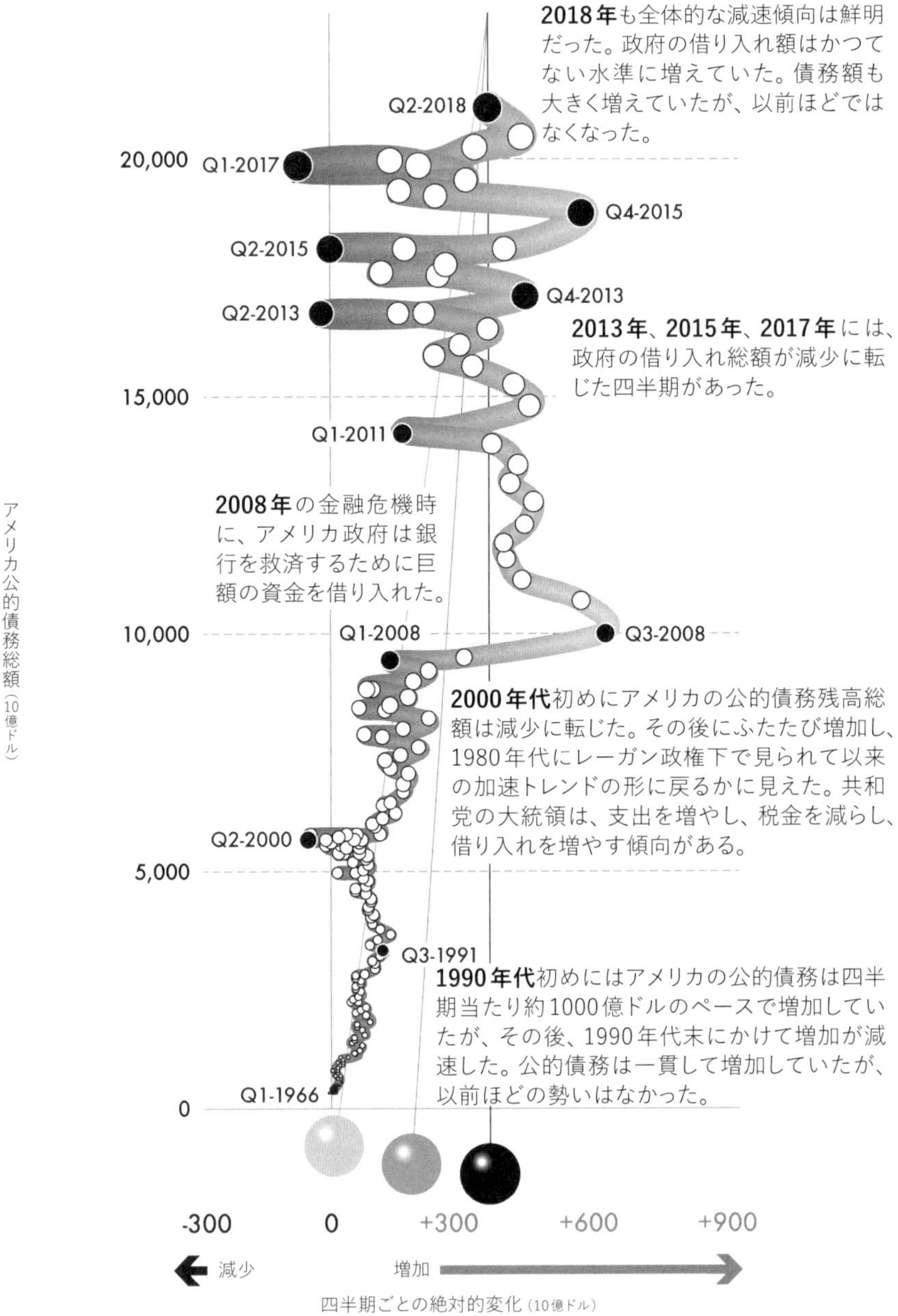
2018年も全体的な減速傾向は鮮明だった。政府の借り入れ額はかつてない水準に増えていた。債務額も大きく増えていたが、以前ほどではなくなった。
Q2-2018
20,000
Q1-2017
Q4-2015
Q2-2015
Q4-2013
Q2-2013
2013年、2015年、2017年には、政府の借り入れ総額が減少に転じた四半期があった。
15,000
Q1-2011
2008年の金融危機時に、アメリカ政府は銀行を救済するために巨額の資金を借り入れた。
アメリカ公的債務総額（10億ドル）
10,000
Q1-2008
Q3-2008
2000年代初めにアメリカの公的債務残高総額は減少に転じた。その後にふたたび増加し、1980年代にレーガン政権下で見られて以来の加速トレンドの形に戻るかに見えた。共和党の大統領は、支出を増やし、税金を減らし、借り入れを増やす傾向がある。
Q2-2000
5,000
Q3-1991
1990年代初めにはアメリカの公的債務は四半期当たり約1000億ドルのペースで増加していたが、その後、1990年代末にかけて増加が減速した。公的債務は一貫して増加していたが、以前ほどの勢いはなかった。
Q1-1966
0
-300
0
+300
+600
+900
減少
増加
四半期ごとの絶対的変化（10億ドル）

データの出所：The U.S. Department of the Treasury, “Fiscal Service, Federal Debt: Total Public Debt [GFDEBTN],” FRED, Federal Reserve Bank of St. Louisより引用、2018年12月29日閲覧、https://fred.stlouisfed.org/series/GFDEBTN.

世界人口が増えていたときだけである。最終的には債務は縮小しなければいけない。生まれてくる子どもの数が減っているので、地球上にいる人の数が縮小していくのと同じことである。いま私たちが直面している経済問題の多くは、1960年代後半に始まった人口のスローダウンへの適応が進んでいないために引き起こされている。

債務は、人口の大加速化、特に1960年代後半以前に生まれた成人の急増が生み落とした遺物である。アメリカの政府債務はわずか52年間（1966～2018年）に3210億ドルから21兆5160億ドルに増加したが、これも増加のスピードは遅くなってきている。それでも、最近まで債務が急速に増えていくさまを目の当たりにしてきているだけに、そこに目を向けようとはしない。しかし、債務はいつも増え続けるわけではないし、将来も増え続けるとは考えにくい。

なぜ、アメリカの政府債務はなだらかに増加しなかったのだろう。1960年代後半には、政府債務は100万ドル当たり約50ドル増えていた。1968年にはそれが20ドルに減った。1971年には債務額は4000億ドルになった。連邦政府は1年に約400億ドルを新たに借り入れており、1四半期当たりではわずか100億ドルだった。図9のグラフの目盛りだと、ほとんどと言っていいほど変化は見られない。

巨大ポンジスキームの結末

1970年代にアメリカの政府債務は急激に増加し、増加の速さは1960年代の水準の約2倍に達した。加速が最も大きかったのが1974年で、わずか数四半期の間に債務が激増した。四半期当たりの借り入れ額は1974年末に140億ドル、1975年末には230億ドル（残高100万ドル当たり150ドル）になった。1976年には政府債務は6000億ドルに達した。その後、加速ペースは少し下がったが、1977年に7000億ドルの大台を突破、1979年には8000億ドルに増加した。そして1980年を通じてふたたび加速度が上がり、四半期ごとに300億ドルが新たに借り入れられた。この速さだと、1980年に9000億ドル、1981年に1兆ドルを超えたと聞いても驚かないはずだ。ロナルド・レーガン政権下で、アメリカの政府債務は過去最高のスピードで加速していった。レーガンは課税を嫌ったが、支出は好きで、特に国防にお金をかけた。その状況では、債務の規模を大きくする以外に選択肢はない。そしてその選択は、政府に貸すお金を持っていた富裕層をより豊かにすることにもなった。

1980年代は、アメリカの政府債務の10年間だった。債務の規模は1984年に1・5兆ドルに急増し、1986年に2兆ドルを突破した。アメリカ政府債務の増加の相対速度が最大になったのが1982年後半で、債務残高100万ドル当たり185ドルが毎年新たに借り入れられた。それ以降、四半期の新規借り入れ額はどんどん増えていくが、債務残高比の増加率は1982年の水準に戻ることはなかった。債務残高は1990年に3兆ドルを突破し、1992年には4兆ドルを超えた。その後、増加ペースが頭打ちになり、ビル・クリントン政権の2期目に減速した。5兆ドルに達したのは1996年、6兆ドルは2002年、7兆ドルは2004年、8兆ドルは2005年、9兆ドルは2007年だった。2008年第3四半期には過去最大の増加量を記録し、債務残高は10兆ドルに跳ね上がった。

2008年には未曾有の金融危機が世界を襲い、銀行を救済せざるをえなくなった。富裕層に課税しないことを選択するのであれば、政府債務をさらに増やす、それも大幅に増やすよりほかに道はない。新規借り入れ額は2008年第1四半期は〝わずか〟1310億ドルだったが、第2四半期は2940億ドル、第3四半期は6040億ドル、第4四半期は5510億ドルに膨らんだ。2008年後半の数カ月間は、レーガン政権時とほぼ同じ相対速度で増加し、年に債務残高100万ドル当たり170ドル前後が新たに借り入れられた。ところが、債務残高がすでに膨れ上がっていたので、増加量ははるかに大きくなった。2007年以降、政府債務は年間1兆ドル増加していった。2005年の8兆ドルから2018年の21兆ドルへと、13年間で13兆ドルと急速に増加したが、いまは以前ほど急速には増えておらず、猛烈な拡大は止まっている。

図9に示した時系列線のトレンドは左に強く傾いており、政府債務でさえ、以前ほど急速には増えていなかった。繰り返しになるが、これは10年以上前のことであり、絶対値ベースでの最大の加速は2008年第3四半期で、政府債務はわずか3カ月間で6040億ドル増加した。同じ3カ月という短い期間で5570億ドル増えた2015年第4四半期の山よりも高かった。しかし、それは政府債務総額が減少した四半期があった時期でもある。前に述べたように、1年で均すと、1980年代の増加の相対速度は、2008年や2015年の相対速度よりもさらに大きかった。アメリカの政府債務は1980年代のロナルド・レーガン政権下や2001〜2009年のジョージ・W・ブッシュ政権下の時代ほどは増加していない。共和党の大統領たちは、アメリカの債務を膨れ上がらせることに力を注いでいたようだ。

債務の急増は、大加速化が進んだ一因だった。いまから400年以上前にイギリス、フランス、オランダで東インド会社が設立されてから、アメリカの銀行が地球規模で事業を展開する現代にいたるまで、債務は貿易、権力、特権を拡大するために使われてきた。このからくりは、将来の債務者の数がどんどん増えているときには、ますますうまくいく。他人に債務を負わせてきた人はたいてい、自分は投資をしている、投資対象は自分の財産であって自分が権利を持っていると主張するが、その財産は別の人の自宅かもしれないし、移動手段かもしれない。教育ということだってあるかもしれない。

債務全体の規模は長年にわたり、紆余曲折を経ながら、ときにほぼ一貫して増加してきたが、この章の四つの図に示すように、アメリカの主要な債務の時系列線は中央の軸に近づいており、増加が終わろうとしていることを示唆している。もちろん、これは世界最大の債務国の中だけの話だが、あの加速の国がいまではスローダウンしているのである。世界にはこれほど多くの国があるのに、この国だけ債務の増加ペースが減速している理由を理解するには、アメリカだけでなく、他のトレンドを世界規模で見ていく必要がある。

カルロ・ピエトロ・ジョヴァンニ・グリェルモ・テバルド・ポンツィは、1903年にイタリアからアメリカに渡った。ポンジスキームとは何か、そんな空想のような話がどんな結末を迎えるのか知りたいと思ったら、調べてみてほしい。めまぐるしく変化する世界で、ポンツィの手法の多くは最初はうまくいったが、長く続いたものは一つもなかった。スローダウンが進む世界では、そんなギャンブルまがいの企みが成功する可能性は小さくなっているはずである。ポンツィの名前が知られている唯一の理由は、ポンツィが生涯にわたって編み出し続けた数々の手口が失敗したことだ。それもたいてい壮大に失敗している。ポンツィと同じくらい怪しげな手法で財をなし、ポンツィと違って破綻しなかった他の人たちの名前は、まだそれほどの悪名にはなっていない。将来、稀代の詐欺師として名を残すことになっても、誰も驚かないだろう。すべては、若者が抱えている返済不能な債務をどう解消するかにかかっている。

第4章

データ――新しいものがどんどん減っていく

Data: The Deluge of Less and Less That Is New

考えてみてほしい。変化のペースがこれほど速い時代は過去になかったが、これほど遅い時代も二度とないだろう。

――ジャスティン・トルドー、ダボス会議での演説、2018年1月23日

変化のペースについては、馬鹿げた一般化が繰り返されている。現代はかつてないほど大量のデータが生み出されていると言われる。情報の量が、知識の量が、とてつもない速さで膨張しているというのだ。もちろん、この主張にも一理ある。だが実際には、過去数十年間に発見された情報の量は、これまでの人類の歴史の中でも突出して多いわけではない。近代の歴史で他に類を見ない方法で情報を複製し保存する手段を人類は手に入れたが、この現象は、過去に複製の新しい形態が導入されたことを反映したものだ。今回は量こそはるかに多いものの、ストックが以前よりも大きくなっているとは限らない。

複製の最初の形態は口承だった。言語が発展してから口承の伝統が始まるまでに、どれくらい時間がかかったのかは誰にもわからないが、私たちはいまも、主に物語を通じて、情報を学び、伝えている。あなたがいま読んでいるのも物語だ。「人間の世界がどれほど速く変化しているか」という（多くの点でよく知られている）話を書き換えるために、私が他の物語を聞いて、見て、読んで、組み立てたものである。物語はデータの最初の形態だった。たくさんの人が物語を聞き、一部の人がそれを脚色していく中で、非効率に伝達され、常に変化しながら広まっていく形で、データは複製され拡大していった。太古の昔に限らず、ごく最近まで、物語を聞いた1人がそれを記憶して語り伝えないかぎり、多くの場所で物語は失われた。

口承が文字で書き残されるようになると、物語はより確実に残るようになった。私たちが知っていることは、口承の歴史よりも、書き記した文字による歴史に関することのほうがはるかに多い。私たちが遠い

昔の物語をいまも知っているのは、現存する希少な古代の文字史料のおかげだ。紀元前21世紀を牛きたメソポタミアの王をめぐる神話と歴史の物語『ギルガメシュ叙事詩』は、主に紀元前1800年の昔につくられた多数の粘土板の断片をつなぎあわせたものである。物語の中には旧約聖書に登場するエデンの園とノアの箱船の話にとてもよく似た話が出てくる。文字言語が生まれたことで、事実と神話の両方を保存できるようになった。

筆記が行われるようになると、より多くの情報をより確実に保存・伝達できるようになって、原データが改変されることがぐっと減った。測定の対象として思い浮かべることができるほとんどすべてのことがそうであるように、文字が発展してからしばらくの間、文字の使用が加速した。字を読む人が増え、本を書き写す人が増えて、文書の量が爆発的に増えた。しかし、写本は膨大な数の書記官が1文字ずつ手書きで写していく大変な作業であり、労働集約型の生産方式だったため、当然ながら、書き写される量には限界があり、後世に残る量も限られていた。

当時もいまと同じように、権力を持つ少数が多数を支配する傾向があり、情報の生成、アクセス、拡散は統制された。もし自分が支配者だったら、読み書きできる臣民はできるだけ少ないほうがいいと、誰もが思う。ところが、文字を機械的に複製できるようになると、文書に触れることが格段に増えた。すると、読み書きを覚える機会が広がり、読み書きができるようになりたいという欲求が高まった。

圧力をかけて活字を紙に押しつける印刷術は、1440年頃にヨハネス・グーテンベルクが活版印刷機を開発するずっと前に始まった。太古に最も効率的に筆記を行っていたのが中国人だ。一つの言葉を一つの文字で表記するので、速く書くことができた。9世紀には中国の僧侶が木版にインクを塗って、大量の書物を複製していた。1377年には韓国の僧侶が金属でつくった活字を使って、仏教の経典を印刷している［*49］。こうしたケースでは、新しいテクノロジーが最初に使われたのは、太古の物語を共有するためだった。経典が大量に複製された最初期の事例には、『金剛般若経』（868年に作製された中国版は現存する世界最古の完全な印刷書）、1377年の『白雲和尚抄録仏祖直指心体要節』（韓国の仏教書）、その後のヨーロッパでのキリスト教の聖書などがある。

データ量が急増し、限界に達し、大きく落ち込むという軌跡は、債務のそれと同じであり、この二つの現象は複雑に絡み合っている。文字による記録がなければ、債務の記録をつけるのは難しい。印刷機がなければ、「私は（額面）の金額を要求がありしだい持参人に支払うことを約束する」と書かれた紙幣を大量につくって、債務が簡単に忘れられないようにすることはできない。11世紀に中国で初めて広く使われるようになった銀行券は、債務証書である。電信線やその後のコンピューターが生まれる前の世界では、国際金融は、金の延べ棒を世界中に輸送し、台帳を細心の注意を払って管理し、「私の言葉が私の証文だ」という古風な約束を信じることで成り立っていた。

世界の情報量

コンピューターは、本質が似ているイノベーションの系譜に連なるものと見ることができる。言語から物語、筆記、印刷へと続くイノベーションである。発展の各段階の間にはそれぞれ何十億人が暮らしていたか考えてみるのも面白そうだ。各段階の間に暮らしていた人の数に大きな差はないかもしれない。高い視点から見ると、一連のイノベーションの間隔は次第に詰まっているように感じられるが、それは年単位で測定したときだけだ。人口を基準に測定するなら、人口1人当たりのイノベーション率はたぶん変わっていないだろう。しかし、イノベーションの数や重要度を把握するのは困難なため、定量化するのは難しい。

いまは情報量が増加（データが幾何級数的に増加）したのはコンピューターが出現したからだと考えられているが、そうではなく、知識の増加と情報の共有という、もっと長いプロセスの一部だととらえるべきである。コンピューターはもう新しいものではない。私の学生時代には、高齢の教授たちがデータを保存するために使っていた紙のパンチカードについてくどくど説明するので、うんざりしたものだ。大学院時代には、イギリスの株式登記簿が100本あまりの大きな磁気テープリールにすべて収まっていて驚いたことを覚えているが、株式登記簿をすべて読み込んで、株式資産の高額保有者の住所をまとめたリストをつくり、さらにイギリス全土の全市民の地域別（郵便番号別）の株式資産保有額の平均と中央値を算出するプログラムを書くことを認められたときは、もっと驚いた。

私は「データの増加が制御不能になっている」とは考えていない。それは、どう使えばいいのかわからないほど大量のデータに長年囲まれていて、ずいぶん前に自分のデータをどう保存するか、思い悩むのを止めたからだ。大学院の博士課程にいたときは、博士論文を書くために使ったデータが入っている400枚のフロッピーディスクを用心深く管理していた。それ以外にバックアップはなかった。私は昔気質の人間なので、いまもとても小さなデータスティックに私がこれまでに分析したすべてのデータ、私がこれまでに書いたありとあらゆる文書を保存し、それを財布に入れて持ち歩いている。新しいものをどんどん取り入れる性格だったらクラウドを使うのだろうが、私はクラウドをあまり信頼していない。データスティックはもちろん、どんなものも自分のコンピューター一台一台にそれぞれバックアップしている。いまのハードディスクはめったなことでは壊れないようだ。

フロッピーディスクが初めて生産されたのは、私が3歳のときだった。コンピューターディスクは古いテクノロジーである。いまではフロッピーディスクは時代遅れで、ハードディスクもその仲間に入りつつある。私たちがデータの保存容量やデータの保有量がうなぎ登りに増えていると言うときには、自分の若い頃を思い出していると思っていい。世界のデータ量はどれだけあるのかと質問されたら、ジャーナリストはほぼ間違いなくこう書くだろう。「データ量が急速に増加しているので、本当のところは誰にもわからない。世界のデータ総量の約90％は過去数年間に生成されているという説もある。世界の携帯電話の普及率は、２０１３年の約61％から２０１７年には70％近くに上昇すると予測されており、世界のデータ量は増加の一途をたどるだろう」［＊50］

データ生成は「増加の一途をたどる」と考える理由はないし、そうならないと考える理由はたくさんある。何よりもまず、世界人口の増加そのものがスローダウンしている。データの90％がわずか数年で古くなってしまうような速さでデータを生成し続けるのであれば、人類の数は将来に幾何級数的に増え続けなければいけない。そうでなければ、収集したばかりのデータをどんどん消去して、大多数のデータを常に新しいものにしておく必要がある。携帯電話を持つ人の割合が１００％を超えることはありえないし、１人が生成できる自撮り画像や動画の数にも限りがある。

地球上の人口は80億人に満たないのに、すでに１人当たり80億バイト相当のデータがコンピューター上に保存されている。企業は当面、そんな非効率的な方法で情報を収集・保存するだろう。この情報の大半は人に関するものではないかもしれないが、遠隔探査画像から古代の美術品をスキャナーで読み取った写真まで、あらゆるものが含まれる。すべて、人々が人々のために収集したものだ。いまは複製されるデータの量も非常に多い。２０２０年には、地球上で１人が１秒ごとに１・７メガバイトのデータを生成するようになると推定されている。

『フォーブス』誌によると、２０１８年には「１日に２・５クィンティリオンバイトのデータが生成されていたが、ＩｏＴ（モノのインターネット）が拡大して、そのペースは加速し続けている」［＊51］。クィンティリオンは10の18乗（100京）であり、バイトはとても小さな情報の単位で、1バイトで256通りの情報を表現できる。1バイトは単語の中の1文字に相当し、本書の英語版であなたが読む一つひとつの文字は、私がそれを入力しているコンピューター上に1バイトとして保存される。

世の中に出回っている推定を考え合わせると、地球上で暮らす全員が、それぞれ毎月80億文字の超長編を書いていることになる。もちろん、情報の中身については、こうしたデータの大半は人類の知識を前進させるどころか、陳腐化するか無駄になっている。他のさまざまな場所で何回も記録されたもののコピーがほとんどだ。

世界の情報量が幾何級数的に増えているかどうかを明らかにするには、まず、役に立つデータ、あまり役に立たないデータ、まったく役に立たないデータを区別しなければいけない。大半のデータはほぼ役に立たず、残りのデータはほとんど使えない。世界中の大半の人が活用しているデータ、たとえばウィキペディアの無償のボランティア軍団が手間暇かけて収集した情報を見ても、頻繁に利用されるのはほんの一握りであり、多くの記事はほとんど誰にも読まれない。

ウィキペディアの記事はすべて役に立つものではないのだが、それは置いておくとして、拡大し続けるこのオンライン百科事典を使って、役に立つ情報が時間とともにどう増加してきたかを推測できる。ウィキペディアを情報の海の中の一滴と考えてみよう（ほとんどのものよりは価値があるが）。次に、毎日生成される2・5クインティリオンバイトのデータのうち、有用性の高いサブセットの一定の割合をウィキペディアが占めているとする。言い換えると、大量のデータの一定部分が、ウィキペディアに追加するために生成されていると仮定するのである。その場合には、ウィキペディアそのものの規模が急速に拡大していくはずである。さらに、スマートフォンやコンピューターを初めて手に入れて、世界でいちばん広く利用されているデータベースに何らかの貢献をすることになるかもしれない人が1人増えるごとに、増加のペースは上がらなければいけない。ところが、ウィキペディアの拡大は加速していない。逆に、1年間に追加される項目の数も、項目のサイズも、スローダウンしている。

データ量が幾何級数的に増加しているという主張が正しいとすると、ウィキペディアの規模拡大がスローダウンしているということは、世界中のコンピューターに保存されている残りのデータが、ウィキペディアなどの明らかに有用なデータ以上のスピードで増加しているだけでなく、いま保存されているものの中でゴミ同然のデータが占める割合、言い換えれば、紙で保存されていたら捨てられていたであろう情報が占める割合も大きくなっていくことになる。ウィキペディアに載っているものに大きな価値はないと考えているなら、地球のデジタル埋め立て地にシャベルで投げ込んでいる他のすべてのものを見て見ぬふりしているのだろう。

ウィキペディアの成長率

検証する対象に他の多くのデータセットを選ぶこともできただろうが、みなさんがよく使っていて、慣れ親しんでいるだろうと思われるものは、他になかなか思いつかない。ウィキペディアはいいアイデアだった。とてもいいアイデアだ。本当によかったので、開設されて数カ月もたたないうちに何千もの人が「これは役に立つ」とほぼ直感した（図10参照）。わずか19年間で、ウィキペディアの記事数は1万9700件から577万3600件に増えた。

ウィキペディアは2001年1月15日に生まれた。記事の内容や成長をコントロールする中央管理者は

図10　ウィキペディアの記事数、2001年1月15日～2019年1月1日

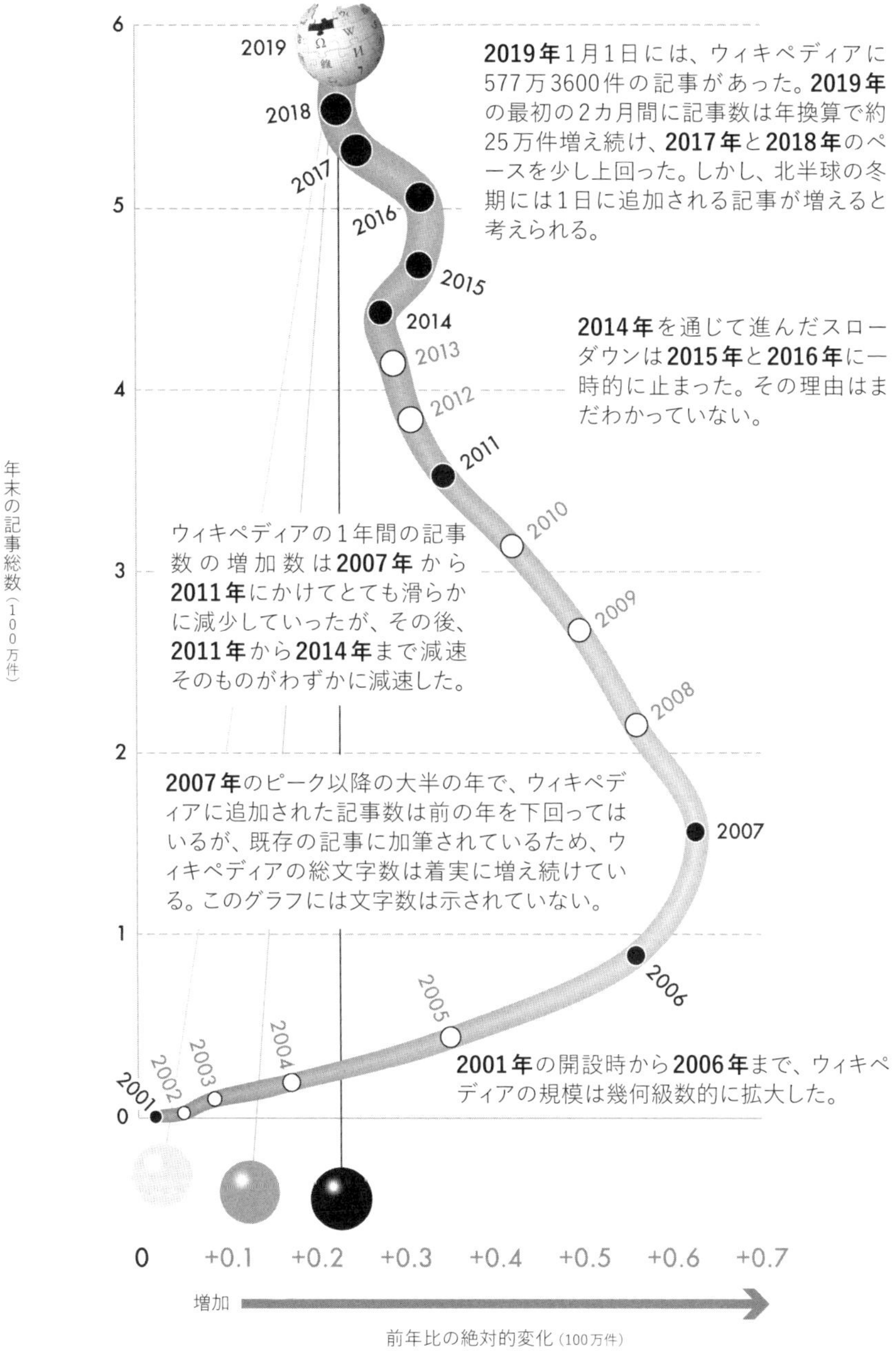
2019年1月1日には、ウィキペディアに577万3600件の記事があった。2019年の最初の2カ月間に記事数は年換算で約25万件増え続け、2017年と2018年のペースを少し上回った。しかし、北半球の冬期には1日に追加される記事が増えると考えられる。
2014年を通じて進んだスローダウンは2015年と2016年に一時的に止まった。その理由はまだわかっていない。
ウィキペディアの1年間の記事数の増加数は2007年から2011年にかけてとても滑らかに減少していったが、その後、2011年から2014年まで減速そのものがわずかに減速した。
2007年のピーク以降の大半の年で、ウィキペディアに追加された記事数は前の年を下回ってはいるが、既存の記事に加筆されているため、ウィキペディアの総文字数は着実に増え続けている。このグラフには文字数は示されていない。
2001年の開設時から2006年まで、ウィキペディアの規模は幾何級数的に拡大した。
2019
2018
2017
2016
2015
2014
2013
2012
2011
2010
2009
2008
2007
2006
2005
2004
2003
2002
2001
6
5
4
3
2
1
0
年末の記事総数（100万件）
0
+0.1
+0.2
+0.3
+0.4
+0.5
+0.6
+0.7
増加
前年比の絶対的変化（100万件）

データの出所："Wikipedia: Size of Wikipedia," *Wikipedia*, 2019年2月24日閲覧、https://en.wikipedia.org/wiki/Wikipedia:Size_of_Wikipedia.

いない。開始から1カ月足らずの2001年2月12日には、1000件の記事が追加されていた。わずか6カ月あまりで1万件の記事が公開され、2003年には10万件の大台を突破、2006年3月には100万件を超えた［＊52］。この時点では成長は幾何級数的だったが、1年もせずに成長ペースは減速していた。なぜなのだろう。

ウィキペディア自身の説明によると、「英語版ウィキペディアで活発に活動している編集者の数は2007年に5万1000人あまりでピークを打ち、それ以降は減少している」。2013年に公開された記事はこう指摘する。「問題の主な原因がわからないわけではない。現在のサイトを運営する緩やかなコミュニティ（男性が9割を占めると推定される）が、ギスギスした雰囲気を持つ、厳格で官僚的な仕組みを運用しており、ウィキペディアに積極的に参加し、コンテンツを拡充してくれるかもしれない新規の編集者が加わる妨げになっている」［＊53］。しかし、たとえそうだとしても、ウィキペディアのスローダウンがなぜ、2006年でも2008年でもなく、2007年に始まったのかは説明がつかない。

ウィキペディアの成長がスローダウンしている理由については、他にもさまざまな説明がされている。その中でいちばんもっともらしい説明は、かなり高い確率でありうる説明でもある。「2007年には、百科事典として持つべき重要な項目のほとんどがすでに書かれていて、瑣末な項目の割合が増えていたのではないか」。ウィキペディアは開設後に驚異的に急成長し、記事数は順調に伸び続けたものの、その後に減速したことが、その説明の裏付けになると言える。世界中の多くの人が強い関心を持っている事柄は100万〜200万の間で、項目数がその水準に達すると、新しい項目が100万件追加されるごとに、その前の100万件よりも関心度が下がっていくことは確かだろう。過去の百科事典に収録されていた項目数は100万件を大きく下回っている。

トレンドの二つ目の変化は、2015年に起きている。ウィキペディアの成長ペースが一時的にまた加速したのだ。その背景として、重要であるか人々が関心を持っていると思われるありとあらゆる項目がそろったと考えられるようになり始めていたため、ウィキペディアを編集できる人（当時、コンピューターリテラシーが急速に高まっていた）が「スタブ」をつけて、記述が不足していることを知らせ、そのスタブを見つけた他の人とノートページで意見を交わせるようにしていたものと思われる。ウィキペディアのスローダウンが2015年に一時的に止まった理由については、考えられる説明がたくさんあり、これはその中の一つにすぎない。

いつかウィキペディアの歴史が書かれるようになったときに、すべての可能性がもっと詳しく考察されるだろう。そうした説明の中でいちばん興味深いのは、次に何が起きるのかに関するものである。ウィキペディアは、聖典が石に刻まれたように、更新・編集を禁じられ、化石化するのか。この先、フォーマットが標準化されていき、将来の「編集」は、過去20年間に書き上げられた内容を少し修正するだけになるのか。あるいは、将来、編集者になるかもしれない人たちの関心が、他のもっと魅力的なプラットフォームやプロジェクトに引き寄せられなければ、ウィキペディアは進化し続けるのか。

世界のインターネット利用者数は、ウィキペディアの成長がピークをつけた頃には、毎年2倍に増えていた。ワールドワイドウェブ（WWW）は新しく、何しろ刺激的だった。ウィキペディアはその中でも特に刺激的なウェブサイトの一つであり、当時「情報スーパーハイウェイ」と呼ばれていた高速道路沿いにある名所だった。

近年はインターネット上で入手できる情報の増加ペースが緩やかになっており、コンテンツの成長率は年10％前後にとどまっている。インターネット全体の拡大も時間とともに減速することが避けられない。自動車が発明されたときも、運転しやすい滑らかな道路の建設が幾何級数的に増加し、自動車の黎明期のわずか数十年間に道路の総延長は倍々になった。ウィキペディアはいまやインターネットの名所の一つでもあり、インターネットという新しい道路の一部でもある。幾何級数的に成長する黎明期は、もう終わっている。

活字の趨勢

ウィキペディアに見られることは、どの新しいイノベーションにも見られることにすぎないのだろうか。イノベーションは最初は急成長するが、その後、かならずスローダウンする。しかし、進歩をこのように測定していては、どのイノベーションも同じパターンをたどるのかどうかはわからない。幸運なことに、その疑問に対する答えはノーだ。イノベーションが始まって、つまずき、そこから立ち上がり、大成功しているかのように見えたが、その後に失敗し、そしてまた立ち上がる——。それが私たちのよく目にするパターンである。ところが、イノベーションの大多数はこのパターンをたどることすらない。多くのイノベーションはかなり早い段階で失敗するので、ほとんどの人はまったく知らないまま終わる。

そこで、コンピューターの時代から印刷機の時代まで、時間を遡ってみよう。1500年には、活字を使って本を印刷できた時代には、出版された新刊の数はどのように増えたのだろう。1600年には、印刷機が登場してからわずか数十年間で、本の小売価格は2分の1になっていた。1600年には、平均賃金を調整した実質ベースで10分の1になり、1680年には20分の1になった。興味深いことに、それ以降は実質ベースであまり下がっていない。少なくとも1870年代まではそうだった（私がここで使っている過去の実績値のデータソースが1870年代で終わっている［*54］）。一貫性のある長期のベータベースがめったにないのは、記録されているもの自体が変化するからだ。現時点では、一貫性のあるデータベースの大半は数十年しか遡れず、データに信頼性があるのは特定の国のものに限られる。

本の数を把握するのは簡単なことではない。ユネスコ（国際連合教育科学文化機関）によると、「図書とは、国内で出版され、かつ、公衆の利用に供される少なくとも49ページ（表紙を除く）以上の印刷された非定期刊行物をいう。……表題とは、1冊で出版されると数冊で出版されるとを問わず、完結した体裁を備えている印刷された出版物を示すために用いる用語である」[＊55]。

ユネスコはかつて、各国で1年間に新刊が人口1人当たり何点出版されているかを示す時系列の統計を作成していたが、近年は、収集できるデータの有効性にユネスコ統計局が強い懸念を抱くようになっている。インターネットが普及したため、何十億もの人が本をつくろうと思えばそうすることができ、それを公共に供する何らかの方法も見つけられるようになる。たとえデジタル版だけの本だとしてもだ。ところが、インターネットが台頭し、本の買い方や所有のしかたが変化したことで、紙の本に対する需要が減っている。印刷技術が生まれて、手書きで複製された写本に対する需要がなくなったのと同じである。50年前には、教育を受ける人が世界で増えているため、新刊の発行部数はほぼ無限に増える必要があるとされており、そのことに疑問を持つ人はほとんどいなかった。その予想は早くも覆されている。

データと情報の利用可能性が一気に高まったことは、これまでに何度もあったし、私たちの時代に限ったことではない。一つ例をあげると、「たとえば１５５０年だけをとっても、西欧では約３００万冊が生産されており、14世紀全体を通じて作成された写本の総数を上回る」[＊56]。実際の発行部数ではなく（ヨーロッパの発行部数の大半は当初は聖書が占めた）、新刊の点数だけを考えると、変化のスピードはそれほど速くない。本を大量生産するには、１人あるいは複数の人が構想して執筆しなければいけないからだ。新刊の人気が高まって出版点数が急増するには、本はすべて事実に基づくものである必要はなく、創作であってもかまわないという考え方も広まらなければいけなかった。

　ヨーロッパで、17世紀、18世紀に本の生産と消費が最も増加したのが、いまはオランダと呼ばれている国である。ここで考察の対象となるのは、ネーデルラント連邦共和国と呼ばれていた地域であり、現地で生産された本の国内市場には、低地諸国と現在のベルギー（ルーヴェンとアントワープ）が含まれた。１６００年には、1年に生産される新刊の数は人口６０００人当たり1点だったが、１６５０年には2点に倍増し、１７４０年代には4点になった。そこで、オランダの本の生産を詳しく見ていく前に、印刷機が登場してから、１６８８年にオレンジ公ウィリアムがイングランドに渡るまでに、物語がどう成長していったのか、その地理的な変化について考えてみたい。１６８８年には、イギリスの人口１人当たりの本の生産量はオランダに次いで2番目に多く、ドイツが3番目に多かった。

　人類の言語は最初にアフリカで発達した。記録として残っている古代の物語の多くは、最初にアジアで語られ、アメリカ大陸をはじめとする世界各地に広まった。文字の歴史は大陸が出会う場所に遡る。５０００年前のメソポタミアとエジプト（アジアとアフリカの合流点）と、２０００年以上前のメソアメリカ（二つのアメリカ大陸が出会う場所）である。まったく異なる種類の文字も、そこから遠く離れた場所で別個に使われ始めていたと考えられる。４０００年以上前の中国では、大勢の人たちが定住社会を形成していた。文字が最も必要とされていたのは大きな交易地であり、文字が進化し存続するには、社会の安定が必要だった。

　印刷出版はヨーロッパで爆発的に増加した。ヨーロッパ大陸は古代の物語の生産が最も少なかったにもかかわらずである。木版印刷が始まったのは中国のほうがはるかに早かったのだが、中国ではその後に印刷が急拡大するきっかけが生まれなかった。これに対し、ヨーロッパでは、印刷の黎明期に富が蓄積され、債務が増加し、宗教的混乱が起き、さらに、新世界の侵略・征服が１４９２年に始まって、ヨーロッパが突然、旧世界の地理的中心になった。

地理の観点から言えば、インターネットはアメリカで生まれたとするのは、ある意味では正しいだろう。オーストラシアで始まったと考えられる小さな物語が繰り返し語られて、長く大きな物語になる中で、どの大陸もそれぞれが重要な役割を果たしている。そして、インターネットはアメリカ国防省で始まったというのも正しいと言っていい。情報の増加は、債務の監視だけでなく、戦争の計画・実行とも強く結びついている。情報が公開され、統制され、生成される速度は、考えられている以上に戦争とかかわりがある。オランダでの図書出版の盛衰の物語は、戦争によって中断された物語である。

オランダの図書出版の軌跡

１５００年から１６８８年までの2世紀足らずのうちに、オランダで1年間に出版された新刊の点数は、人口１００万人当たり41点から３９５点に増えた。ここで示される数値は、ごく短期の変動が全体のパターンに大きく影響しないように、10年間の平均としている。

人口１００万人当たりの新刊の出版点数は最初に急速に増加し、１５００年代には41点だったが、１５１０年代には49点になった。しかしその後、１５２０年にルーヴェンで新規に発行された書籍の焚書が行われた。アントワープでもさらに４００点が焼却された。その中にはマルティン・ルターの著作が含まれており、書店で没収され、販売されることなく火を放たれた。１５２１年にはユトレヒトで大量の書籍が焼き払われ、１５２６年にはアムステルダムで初めて焚書が行われたと記録されている［＊57］。焚書の伝統はそれから何十年間も続き、他の数多くの要因と相まって、オランダの図書出版は１５７０年代、１５８０年代まで停滞した。

1570年代末にネーデルラント連邦共和国が成立すると、本の生産はまた加速したが、1620年代に落ち込んだ。本の生産速度が下がったのは、人口の増加が新刊印刷の増加を上回ったからでもあり、長く休戦していたスペインとの戦争が1621年に再開したからでもあった。人口比で見た新刊の出版は、オランダがブラジルを征服し、さらにオランダ東インド会社の富と権力が増大したことで、ふたたび加速した。その後、1660年代にイングランドとの戦争が始まると、本の生産は減速し、年間の新刊出版点数は10年間にわたって落ち込んだ。その後、1670年代になると新刊出版のペースはまた上がった。図11に、3回のスローダウン期と3回の加速期を示している。

図11の時系列線が興味深いのは、新しいテクノロジーの台頭が特定の出来事によっていかに中断させられるかを、とてもわかりやすい形で表しているからだ。この手法は、ある地点での変化の速さを、その地点で達成された水準と同様に重要なものとして明らかにするものであり、これによってスローダウンが起きたことがくっきりと浮かび上がる。標準的なグラフでは「わずかな上下動」として描かれていたであろう変化が、大きな事象であることが明確になる。

図11で目を引くのは、時系列線が3回にわたって縦軸と交差して左側に移動していることだ。これは一時期、特定の10年間、あるいは何十年間かに印刷された新刊が、その直前の10年間より少なかったことを表している。ここ何十年かは、このようなトレンドは一般に「最良適合」直線としてグラフに描かれている。それがうまくいかなかったら、2本の直線を引いて「傾向変化点」を推定する手法に変えることもある。ところが、トレンドはふつうは直線にはならない。ここで重要なのは、トレンドが加速からスローダウンに変化するポイントだ。こうしたシフトは、位相空間上の時系列線グラフを使うと、はっきりと目に見えるようになる。これは右端か左端のポイントが明らかになるためで、そこがトレンドが実際に変化した地点である。標準的なグラフは時間を一方の軸とするので、こうしたポイントはなかなか検出できない。

図11　オランダで出版された新刊の点数、1500 〜 1680年

オランダ共和国の黄金時代に出版が急増したが、イングランドとの戦争が始まって、一時的に増加が止まった。1637年にチューリップの価格が暴落すると、増加規模はさらに小さくなった。しかし、**1680年代**にふたたび増加した後、出版のペースがさらに加速し、周期的に増減を繰り返しながら、1700年代に年間446点、そして1790年代に571点でそれぞれピークに達した（この時系列線には示されていない）。

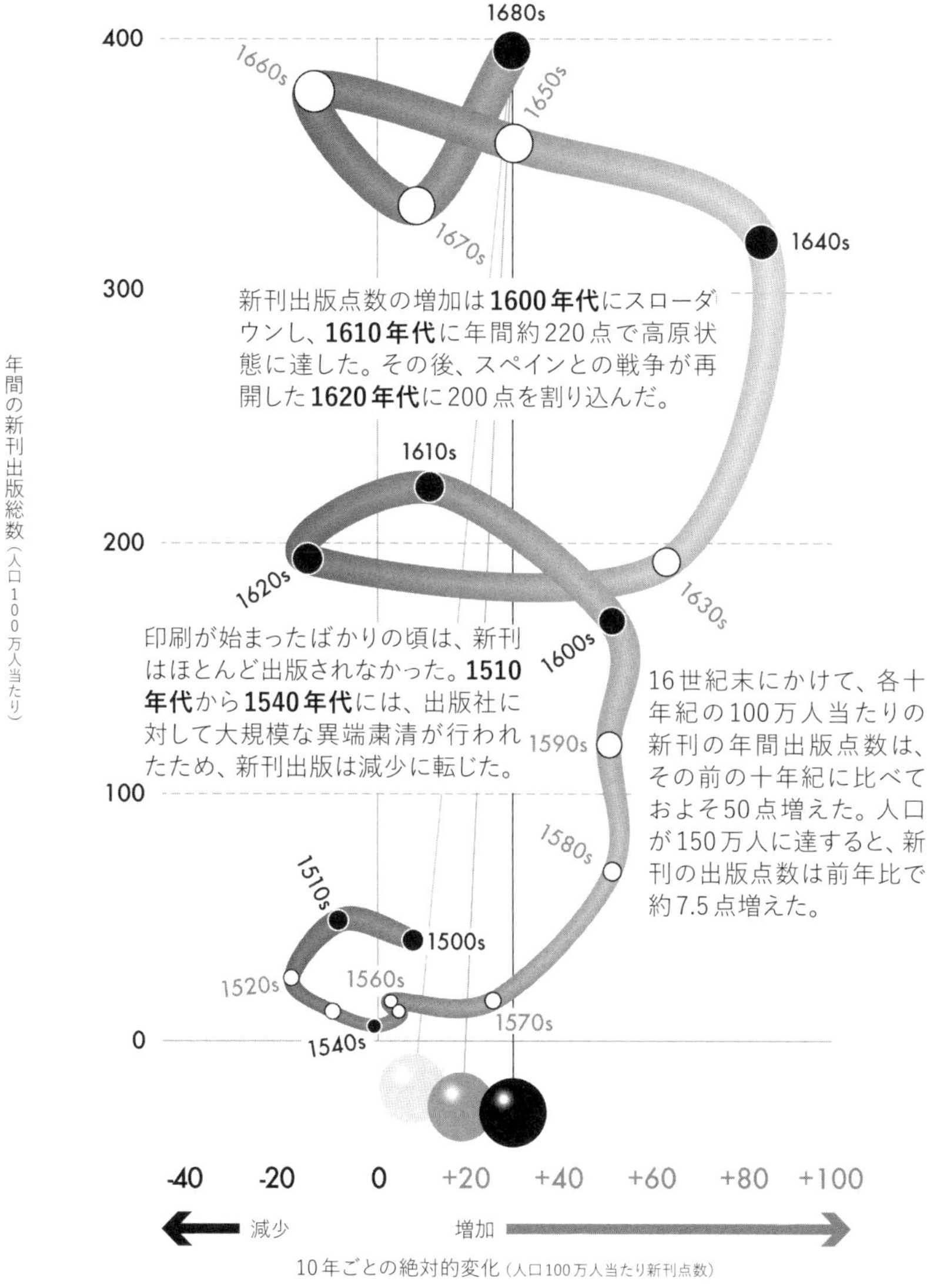

年間の新刊出版総数（人口100万人当たり）
400
300
200
100
0
1680s
1660s
1650s
1640s
1670s
新刊出版点数の増加は**1600年代**にスローダウンし、**1610年代**に年間約220点で高原状態に達した。その後、スペインとの戦争が再開した**1620年代**に200点を割り込んだ。
1610s
1620s
1630s
1600s
印刷が始まったばかりの頃は、新刊はほとんど出版されなかった。**1510年代**から**1540年代**には、出版社に対して大規模な異端粛清が行われたため、新刊出版は減少に転じた。
16世紀末にかけて、各十年紀の100万人当たりの新刊の年間出版点数は、その前の十年紀に比べておよそ50点増えた。人口が150万人に達すると、新刊の出版点数は前年比で約7.5点増えた。
1590s
1580s
1510s
1500s
1520s
1560s
1570s
1540s
-40
-20
0
+20
+40
+60
+80
+100
減少
増加
10年ごとの絶対的変化（人口100万人当たり新刊点数）

データの出所：*Our World in Data*, https://ourworldindata.org/books, Fink-Jensen's "Book Titles per Capita," 13 December 2015 data set, http://hdl.handle.net/10622/AOQMAZを使用、IISH Dataverse V1へのアクセス権を付与。

図11の時系列線からは、180年間のオランダの図書出版の軌跡で、増加期はすべて非常に力強かったこともわかる。1570年代以降の30年間には、年間で100万人当たり50点の新刊が発行された。前に述べたように、この時系列線は短期の変動を均すために10年間の平均を使っている。10年間平均で見ると、1年間に印刷された新刊の総数はわずか30年間で100万人当たり50点から200点に増加している。その30年間が始まったときは、1人の人物がオランダで過去に印刷されたすべての本を読んでいたかもしれない。しかし、30年の期間が終わる頃には、もうできなくなっただろう。

ここで注目されるのは、17世紀初めに出版の増加が止まったときにも、年間200点の新刊が印刷され続けていたことだ。拡大が止まっているウィキペディアの現在の状況とよく似ている。新刊の発行点数は以前ほどは増えていなかったが、毎年、大量の新刊が印刷されていることに変わりはなく、ほぼ毎日、1日1点読めなければ、過去に出版されたすべての本を読むことはもちろん、すべての新刊を読むこともできなかったのではないか。しかし、重要な本はきっとすべて読めただろう。ただし、あなたが字を読めて、本を買うだけのお金があって、それだけの本を読みとおす時間とエネルギーがあったらの話だが。

本の生産がどんどん増加して、利益を出し続けるには、識字率が高まる必要があった。ヨーロッパで印刷が最初に加速したときには、聖書を読めるようにならなければいけないという宗教的信念が大きな原動力になったが、当初はすべての魂は平等であるとは見られていなかった。社会の中で字を読む必要があるとみなされる層がどんどん広がると、識字率は世代を追うごとに上昇する傾向がある。最初に上流階級、次に中産階級の男性が、その後数人の女性が、精神的啓発のためだけでも、仕事のためでもなく、楽しみとして、日常的に字の読み方を、折にふれて書き方を教わるようになる。すると、自分が読んだものに精通するようにもなる。レオナルド・ダ・ヴィンチ（1452～1519年）が博学者になれたのは、一つには、ダ・ヴィンチが若い頃には、印刷されたばかりのものや、手書きの写本で読めるようになったものの情報が、ありえないほど膨大な量ではなかったからだ。

17世紀には出版の専門化が進んだ。数々の新しい発見がこの時代に生まれただけでなく、こうした発見の知識をより広く伝えられるようにもなり始めた。それは普及の手段である印刷のコストが下がり、広く浸透するようになったことによる。その普及そのものがイノベーションを後押しした。1650年頃には、オランダでは人口100万人当たり毎日1点の新刊が印刷されていた。当時世界で最も豊かな国だったとはいえ、その一つの国の中だけでの数字である。

本のピーク期

ウィキペディアで見てきたことは、どの成功した新しいイノベーションでも見られることだ。まずイノベーションが軌道に乗り、利用者が増え、売上高やヒット数が増える。その後、いったんはスローダウンするが、一時的な落ち込みを何度も繰り返しながら、険しい道をのぼっていく。図書出版の初期の成長も、その後の発展も、この現象を物語っている。しかし最後には、新しいテクノロジーはどれも古くなるか廃れる。あっという間にそうなることさえある。ほとんどすべてのものはいつか廃れるのである。

あなたがキンドルを使っているか、運転したり歩いたりしながらこれを聴いているのでなければ、あなたがいま手に持っているものは、いまではとても古いテクノロジーである。まだ廃れていないのは、あなたが(できればあと何人かが)まだそれを使っているからだ。印刷が始まってから今日までの図書生産の時系列の記録を見ることで、本は陳腐化に向かっているのか、それともまた一時的に落ち込んでいるだけなのかが見えてくるはずだ。この後で出てくる図12の時系列線を見れば、考えがまとまってくるだろう。しかし、時系列線が確実に示しているのは、少なくとも一時的な「本のピーク」期に達しているということである。もっとも、オランダの記録をもっと広く適用できればの話だが。

新しいテクノロジーが生まれるたびに、この奇跡のテクノロジーは世界を永遠に変えるのだという話を聞かされる。その約束を果たさなかった古いテクノロジーのことなど、いちいち覚えていられない。私と同世代のイギリス人なら、シンクレアC5をギリギリ覚えているかもしれない。自動車運転の世界を変えることなく終わった、小型でバッテリー駆動で着席型で1人乗りの路上走行車だ。失敗した原因の一つは、運転席が非常に低いことである。標準的な大きさの車やトラックに挟まれると、生きた心地がしない。それでも、道路の安全性を高めて、自転車や電動バギー車、あるいは高性能車イスとレーンを分けることにしたら、シンクレアC5の時代がついに訪れるかもしれない。

新しいテクノロジーを売り出すときには、マーケティング部門、PR会社、広告コングロマリットを総動員する。大学は教員の「スタートアップ」企業や「スピンオフ」企業に出資することが奨励される。イノベーションハブが構築される。ビジネスインキュベーターがインキュベートされる。私はオックスフォード大学で数年間働いていたときに、自分は起業家として成功すると確信している裕福な若い修士課程の学生に出会った。その人数は、私が大人になってからそれ以外のところで出会ったそうした人を合わせた数よりも多い。お察しのように、私は少しばかり疑り深い人間だ。こうした若者たちに特に創造性があるとは思わない。オックスフォード大学の大学院生は、子どもに夢を立ち上げさせるだけの十分なお金を持っている家庭の出身者が占める割合がとんでもなく高いので、失敗することがまず避けられないような計画に大金をつぎ込むことになるのではないか。うまくいったアイデアの裏では、何百万というアイデアが試され、失敗していることに、私たちはほとんど気づかない。そして、言語のように、複雑な協働によって生まれた驚異の発明が次々に消滅していることに気づかないことも多い。

いま生活の中で使われている古代のテクノロジーのリストをつくってみてほしい。最初にあがるのは、車輪や綿織物、羊毛あたりだろうか。その中に1000年以上前に発明されたものはどれくらいあるだろう。いまあなたが読んでいる文字がそうだ。私が子どもの頃、父がクライヴ・キングの『22の文字』を読んでくれた。はるか昔の発見を大人が発見していった児童書である。父がその本を読んでくれていたとき、無数の言語が世界中で消滅していた。その言語を話す最後の1人が亡くなって途絶えたのである。それと同時に、膨大な数の言語で筆記が行われていたものが、わずか数十種の言語へと縮小していた。いまでは文章を書くほとんどすべての人がその少数の言語を使っており、それ以外の言語で書かれた新刊は、翻訳書だけになりつつある。

あなたは古いテクノロジーをいくつ使っているだろう。いま住んでいる家を建てるのにどんなテクノロジーを使ったか。エレベーターつきのアパートに住んでいるとしたら、エレベーターを古いテクノロジーだと考えるだろうか。エレベーターが生まれて、空まで届くような高いところに住めるようになった。蒸気式エレベーターは1850年頃に、電動式エレベーターは1880年頃につくられた。それ以降で、住まいのあり方を大きく変える最大のイノベーションは何だっただろう。テレビだと言う人もいるかもしれないが、テレビはエレベーターが発明されてしばらくしてから発明されている。現代のエレベーターは、以前のものよりもスムーズに動き、安全で、薄型で、広く使われるようになっている。しかし、エレベーターはまだ、建物の上の階に人を運んで、階段を使わなくてもすむようにするだけだし、テレビもまだ、画面に映像が表示されるようにするだけだ。

あなたがいま頼っている比較的新しいテクノロジーはいくつあるだろう。あなたの親がいまのあなたの年齢だったときに新しかったテクノロジーだ。私にとって、携帯電話を持たずに家を出るのは難しいが、それはここ30年（私が携帯電話を持つようになって以来）のことだ。次にくる大きな波だと考えていた発明、もう使っていない必須のアイテムを思い出すのは、もっと難しい。そんな発明は無数にある。毎年、何十万件もの特許が取得されている。それでも、過去に発明されたがもう処方されていない医薬品、後になって副作用が見つかり、とても有害であることがわかった医薬品がどれだけあるか、考えてみてほしい［＊58］。

そして、とても新しいテクノロジーをいくつ使っているだろう。スマートウォッチのフィットビットをつけている人もいるのではないか。10年後もまだつけているだろうか。それともリストバンドと同じ道をたどることになるのか。あなたが新しいモノ好き、専門用語でいう「アーリーアダプター（新しい商品サービスを早い段階で購入・利用する人）」なら、後で役に立たないことがわかったものに大金を投じてきたのではないか。古いファイロファックスを若かりし日の思い出の品としていまも持っていないか。あるいは、あなたはもっと若くて、私が言っているものがわからなかったりするのか。アレクサに今日の天気を尋ねたり、曲をかけるようにお願いしたり、「スローダウンって何？」と質問して古い辞書の項目を読み上げるように頼んだりしているだろうか。それとも、アレクサが誰だかわからないだろうか。この本を中国で読んでいるなら、たぶんアレクサのことはまったく知らないはずだ。アレクサは、巨大企業のアマゾンが２０１４年後半から販売しているバーチャル電子アシスタントである。１９６０年代のサイエンスフィクションがベースになっており、そこで描かれた光景が現実になるまでに半世紀かかっている。

発見はずっと生まれているが、スピードや量、質は以前と同じではないだろう。イノベーションのピーク年は１９３０年代だったとする人もいる。最近では、人間のゲノムの解析は素晴らしいものだが、すぐにでも実現すると謳った約束はどれも果たされずに終わったことは誰もが知っている。いま考えれば、喧伝されていた一部のアイデアは明らかに無邪気すぎた。特定の能力に秀でている遺伝子は見つかっていない。そして、状況は前進しているとはいえ、飢饉、戦争、疫病、災害が起こらないようにする方法もまだ見つかっていない。数々の新しい発見があったにもかかわらず、とても古い問題はほとんど解決されないままだ。

あらゆることがどんどんよくなっていると人々に信じ込ませることを目的としている巨大産業はいくつもある。私が働いている産業（研究産業）は、新しい医薬品、新しい機械、新しいソフトウエア、そして何と言っても新しい発見を生み出す学術界の独創性はかつてなく高まっているという話を聞いてくれる人を見つけて、それをとうとうと説くことに膨大な時間を費やしている。その大部分が大風呂敷であるのは、人間の創造性がなくなっているからでもなければ、大学がかつてのような高い研究能力を失っているからでもない。発見に黄金時代などなかったのだ。それでも、電気を使って何ができるかを問う研究が本格的に始まった１９３０年代をしのぐような非常に有用な発明は確かにあった［＊59］。私たちがいま直面している問題は、容易に収穫できる果実の大多数がすでに収穫されてしまっていることだ。いまは１９３０年代よりもはるかに多くの人たちが次にくる大きな波を探し求めているが、最近ではそうしたものはまれになっており、新たな発見の余地が少なくなってきていることを暗に物語っている。

本を活字で印刷できるようになる前は、学ぶことができる範囲は本当に限られていた。印刷されたページを通じてアイデアが普及し、読み方を学ぶことが許される人がどんどん増え、さらに、自分の意見を持つことが許容され始めて、古い正統教義の縛りが緩くなると、発見が次々に生まれた。印刷は電気、トランジスタ、ジッパー、ペーパークリップ、面ファスナー、洗濯機、ペニシリンの発見につながった。生活は以前よりも明るくなり、楽になり、シンプルになり、時短になり、清潔になり、安全になった。どの発見も、本が普及して、知識が広まったからこそ生まれたものだ。

本が印刷されるようになって、人間に対する見方が変わると同時に、娯楽の形も変わった。古い物語だけでなく、小説が発明され、大きく花開いた（英語のnovelという言葉はnew story〔新しい物語〕を意味するラテン語が語源である）。「異端」の禁圧が緩められると、視点が異なるさまざまな主張を示した本を出版できるようになった。そうした本は地球が宇宙の中心ではない可能性があるとしていたものの、全知全能の存在を否定してはいなかった。チャールズ・ダーウィンが『種の起源』で書いているように、いま進化と呼ばれているものは「神の御業を単なる模倣や欺きにしてしまう」［*60］。ダーウィンは最高神の存在を疑っていたのではない。神によるものとされる「奇妙なやり方」を疑っていただけだ。

本は私たちのイマジネーションを豊かにする重要な働きを持っているため、新刊の執筆と出版が増加するペースがスローダウンしていることを知って、イノベーションは減速していると考える人もいるかもしれない。しかしそれ以上に、もっともっと本が読みたいと思っている人の数が伸び悩んでおり、特に若い世代は上の世代に比べて本に関心を持たなくなっている可能性のほうが高い。本が情報を伝達する唯一の手段だった時代には、本は何よりも重要だった。

私の父が『22の文字』を私に読んでくれたのは、父が本が好きで、子どもたちに読み聞かせることが特に好きで（いまもそうだ）、私にも本を楽しんでほしいと思っていたからだ。ところが、父の家は情報がもう時代遅れになって、ほとんど使われていない本であふれている。私の子どもたちが、私が本を読み聞かせてもらっていたときの年齢だった頃は、『22の文字』のような長い物語だと飽きてしまっていた。魔法使いが出てこない物語は特にそうだった。子どもたちの世代には、情報にアクセスする手段が他にいっぱいある。何と言っても、テレビとコンピューターと電話が、かつて使われていた石の握り斧とほぼ同じ大きさのデバイスに入っているのだから。手のひらやポケットにすっぽり収まって、ほとんどすべてのものとつながることができる。

新刊の出版点数

私の子どもは、自分の幼い子どもに何を読んで聞かせるのだろう。私たちが本当にスローダウンしているのなら、私と同じように、そして私よりもずっと熱心だった母親のように、本を読み聞かせるようになる。そして、未来の子どもたちも、寝る前には、親のふりをした機械ではなく、親に本を読み聞かせてもらっている。なぜなら、子どもに本を読み聞かせるということは、ただ情報を伝えるだけではなく、もっと大きな意味を持っているからだ。もしかしたら、未来の子どもの物語には、1600年から2000年までの400年間に、オランダで1年間に出版された新刊の点数が人口100万人当たり168点から3219点と、ほぼ20倍になったというエピソードが差し挟まれているかもしれない。いまでは新刊点数の増加が減速しているだけでなく、1年間の新刊の出版総数も減っている。2020年にはその未来の物語が明らかになるだろうが、新しい物語は減少しているかのように見えた。新しい物語は尽きようとしているのだろうか。

ここまでオランダの本の物語を語ってきたが、その話の序章は、1680年に終わった。そのときまではトレンドは比較的単純だったからだ。ときおりスローダウンが起きたものの、木の生産は増加していた。1680年代以降、オランダの新刊の出版点数は、人口100万人当たり400~600点前後で推移し、本の生産は安定しているように見えた。加速することも、急増することもない、定常状態に達していた。

出版が安定していた時期には、オランダはヨーロッパの貿易を支配しており、繁栄の頂点にあった。1670年には、約56万8000トンの財がオランダの港から船で運ばれた。貿易記録の分析によると、この量は当時のフランス、イングランド、スコットランド、神聖ローマ帝国、スペイン、ポルトガルのすべての商人の取引を合計した量よりも多かった。オランダは覇権国家となっていた。アムステルダムは交易路の交差点に位置し、当時の海上貿易の最も重要なハブとして、穀物生産国である北部のバルト三国（およびポーランド）と、食料需要が最も大きいヨーロッパを結んでいた。ヨーロッパ南部や遠隔地からは、食料の対価として香辛料、砂糖、絹、ワイン、銀がオランダに持ち帰られた［＊61］。

本が国際貿易に占める割合は微々たるものだった。本の大多数はオランダの国内市場向けに生産されたと思われる。貿易から莫大な利益を得ることができた者に多大な富がもたらされたことで、地球上で最も豊かな場所で本の出版が加速し、その後も成長し続けた。富が蓄積され、安定した状態に達するまで、それは続いた。

浮沈はあった。最初の180年間の物語の先に目を向けると、1720年代には、近隣のイギリスが台頭して、国の経済がスローダウンしたことで、オランダの出版は低迷した。それとは対照的に、1860年代は、オランダの都市の成長が加速し、識字率も高まったため、活況だった。しかし、図12の時系列線が示すように、新しいはっきりとしたパターンは現れておらず、高原現象のような状態になっていた。しかしその後、1900年代に入ってしばらくすると、またゆっくりと増加し始めた。

1900年には、オランダでは1年間に人口100万人当たり700点以上の新刊が印刷されており、その後、1910年代、1920年代には800点以上になった。だが、1930年代になると新刊の発行点数は落ち込み、その後も第二次世界大戦の影響で1940年代まで低迷が続いた。しかし、戦後期にはめざましく加速した。1945年以降、オランダは出版社にとって夢の市場となり、この状況は1980年代初めまで続いた。20世紀には、人口1人当たりの新刊の発行点数が、それまでの世紀にオランダで刊行された新刊の総数を上回った。

図12　オランダで出版された新刊の点数、1580～2009年

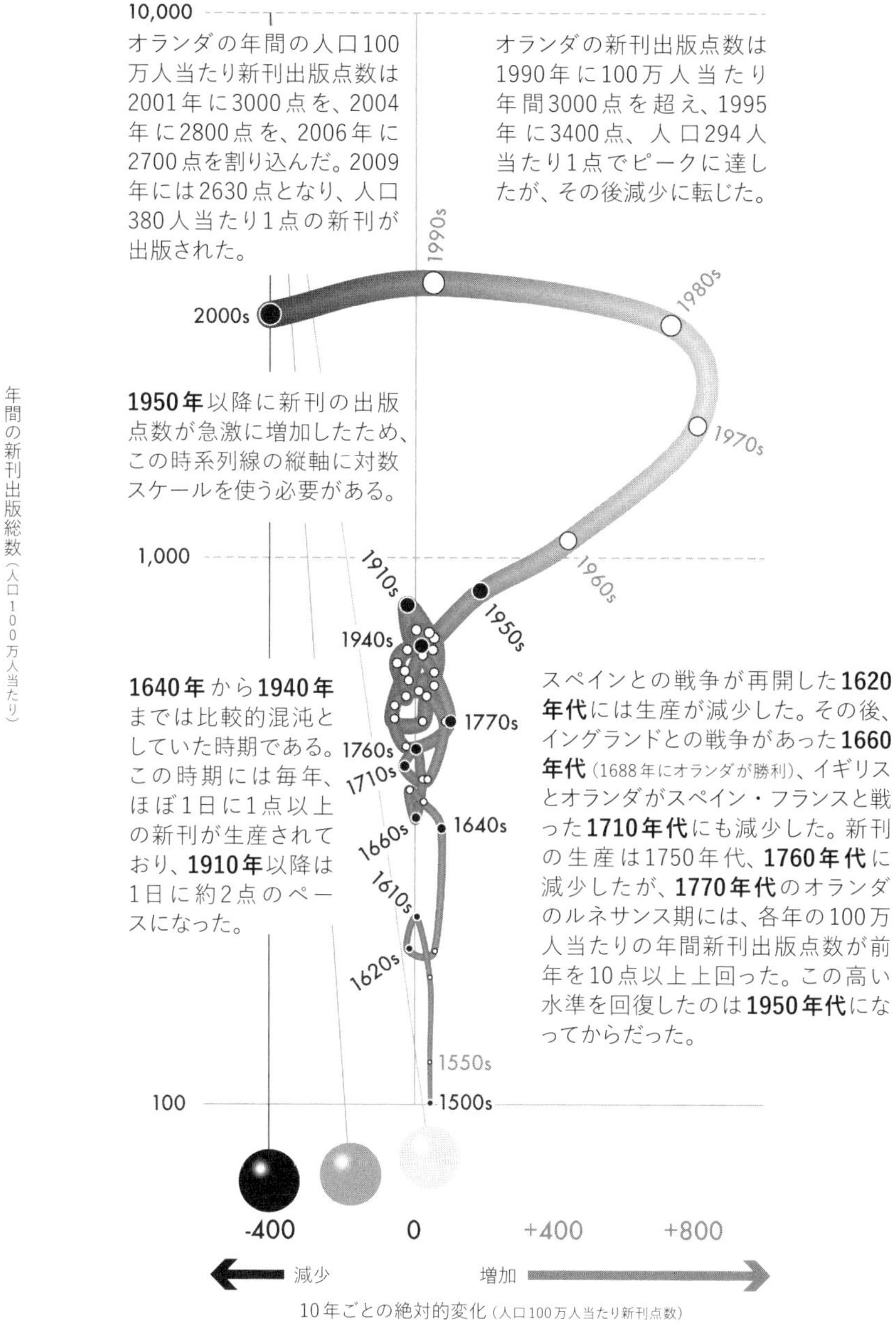
10,000
1,000
100
年間の新刊出版総数（人口100万人当たり）
オランダの年間の人口100万人当たり新刊出版点数は2001年に3000点を、2004年に2800点を、2006年に2700点を割り込んだ。2009年には2630点となり、人口380人当たり1点の新刊が出版された。
オランダの新刊出版点数は1990年に100万人当たり年間3000点を超え、1995年に3400点、人口294人当たり1点でピークに達したが、その後減少に転じた。
1950年以降に新刊の出版点数が急激に増加したため、この時系列線の縦軸に対数スケールを使う必要がある。
1640年から1940年までは比較的混沌としていた時期である。この時期には毎年、ほぼ1日に1点以上の新刊が生産されており、1910年以降は1日に約2点のペースになった。
スペインとの戦争が再開した1620年代には生産が減少した。その後、イングランドとの戦争があった1660年代（1688年にオランダが勝利）、イギリスとオランダがスペイン・フランスと戦った1710年代にも減少した。新刊の生産は1750年代、1760年代に減少したが、1770年代のオランダのルネサンス期には、各年の100万人当たりの年間新刊出版点数が前年を10点以上上回った。この高い水準を回復したのは1950年代になってからだった。
2000s
1990s
1980s
1970s
1960s
1950s
1910s
1940s
1770s
1760s
1710s
1640s
1660s
1610s
1620s
1550s
1500s
-400
0
+400
+800
減少
増加
10年ごとの絶対的変化（人口100万人当たり新刊点数）

データの出所：*Our World in Data*, https://ourworldindata.org/books.Fink-Jensen's "Book Titles per Capita," 13 December 2015 data set, http://hdl.handle.net/10622/AOQMAZを使用、IISH Dataverse V1へのアクセス権を付与。

図12の時系列線は、これまでのものと少し違う。縦軸に対数スケールが使われているのは、1950年代から1990年代までの増加ペースも、最近の減少ペースも、とても速かったからである。この時系列線は片対数グラフで、垂直軸（縦座標）が対数スケールになっているが、水平軸（横座標）はそうではない。このようなグラフが描かれるようになったのはここ1世紀半のことで、最初はほとんど使われなかった。私たちの理解も、数え方も、滑らかなグラフの描き方も、あまりにも急激に加速してきたので、私たちはスローダウンしているのだということを受け入れるのがとても難しい。スローダウンにはまだ慣れない。

グーテンベルク後の世界では、活字での印刷から、画像の印刷、自分たちを取り巻く世界に関するデータをプロットする新しい方法の設計へと、人類は急速に進歩した。1970年代には、オランダはほぼ完全な文字社会になっており、その10年後には、大半のオランダ人の暮らし向きがよくなって、本を日常的に買えるようになり、大量に買い込むこともあった。本を購入するのは中産階級だけではなくなり、最後まで読まれることのない本が次々に購入され、コーヒーテーブルの上に飾りのように置かれるようになった。

ところが、1990年代にはオランダで出版される新刊の数がまったく増えなくなっており、2000年代になると出版総数が目に見えて減っていった。出版点数が減少したからといって、新刊を読むオランダ人が少なくなっているわけではない。オランダでは大半の人がオランダ語以外に最低でも一つの言語を読むこともできるので、ドイツ語や英語で印刷された本を読む人が増えているのかもしれない。ほとんどすべての人がオンラインで読めることも、紙の本の購入が減る一因になっている。

オランダの本の生産は1981年にわずかに減少したが、その後、回復した。1986年と1989年にも減ったが、減少率はわずか1％で、どちらも1年だけだった。しかしその後、1996年に3％、1997年に6％減少した。こうした1年ごとの変化は本書の時系列線では均されるが、もしもあなたがこのときに出版業界で働いていたら、従業員がレイオフされ、市場が収縮して、この先どうなってしまうのかと思い悩んでいただろう。２００３年には６％減少し、２００４年は５％増加したが、その後、２００５年は７％減、２００９年は４％減となった。図12の時系列線は１年ごとではなく、10年ごとの変化を表しているため、こうした短期の変化の詳細は図12の時系列線には示されない。さらに、長期のトレンドを見ると、１９７０年代の動きは全体として減速する方向に向かっているので、こうした変化が起きることは見込まれていた。２０００年代は減少した年は少し不規則だったように思われるが、後から考えれば、その兆しはかなり前からあった。

もちろん、絶対なんてことはない。オランダの新刊の出版がふたたび増加する可能性はある。しかし、インターネットが出現したことを考えれば、オランダの人口１００万人当たりの新刊の発行数は１９９５年の３４０２点がピークとなり、この先、この水準を超えることがなかったとしても、驚くことはないだろう。たとえそうだとしても、毎年、人口２９６人当たり１点の新刊が出版されている。新刊の多くは、少しだけ変更された改訂版かもしれないし、翻訳書かもしれないし、輸出向けにつくられたものかもしれないが、それにしたって、１人が１年に本を何点読めるというのか。意気揚々と買ったのに、第１章の途中で挫折した本がどれだけあることか。どんなこともいつかピークがくる。人口１００万人当たりの新刊の年間発行点数だってそうである。

テクノロジーの減速

新しいデータ、新しいアイデアは、私たちの生活に洪水のように押し寄せてきていたが、それもいまではスローダウンしている。2010年代に私がこの本を書き始めたときには、この十年紀は加速化がまだ続くだろうと考えていた。ところが、ウィキペディアの項目数からオランダの本、そしてページ数の関係で取り上げることができなかった他の数多くの事柄まで、何をどう測定しても、いまも幾何級数的に増加している時系列データは見つかっていない（www.dannydorling.org を参照）。あらゆることが減速しているように見える。以前よりも速く進んでいることがまだ多いとしても、緩やかにスピードアップしているにすぎない。

古いものではマイクロプロセッサーの性能がその例であり、ムーアが1965年に唱えた法則（「集積回路に搭載可能な部品数は2年ごとに2倍になる」）がついに終わりを迎えたかどうかが延々と議論されている。2018年には「ムーアの法則の終焉に備えた計画を立て始めるときがきている。それがいつ終わるかだけではなく、どう終わるかを考えなければいけない」とも言われていた［＊62］。私が2019年に機械学習の有効性を調べていたなら、「ある系統的レビューによると、臨床予測モデルでは機械学習はロジスティック回帰より性能が優れているわけではない」［＊63］と指摘していただろう。機械学習と人工知能を予測分析の未来と見るのであれば、疫学者によるこの系統的レビューによるなら、問題がある。人工知能の新時代がくると喧伝されているが、もうすぐ実現するとされていることについては全体として考え違いをしているのではないかと、少なくとも疑い始めるべきだ。

テクノロジーはかつてのような速さで向上していないと言うと、激しい抵抗にあう。私の主張には納得できない、この本で示されるエビデンスではとうてい足りないと言う人は、あなただけではない。テクノロジーが減速していると感じるのは、人間は新しいものを受け入れるようにはできていないからだと言う人もいる。物事はいまも急速に変化しているが、私たちにはそれがわからない。高原状態の安定した未来へとまっすぐ進むものと思い込んでいるというのだ。上昇曲線を描いて進歩する未来が見えるとは限らないのは、そのような進歩を想像する力がないからだと。なるほど、過去の大安定期だったら、そうかもしれない。大安定期には世代間で大きな変化はなかった。しかし、最近の世代は大加速期であり、それに慣れてしまっているのではないか。

私たちは、長い目で見れば、変化がどんどん少なくなる世界に十分に対処できるだろう。すでに始まっている安定化にうまく適応できるはずである。しかし、物事はもうスピードアップしていないことを認めるまでは、テクノロジーの小さな発見があるたびに、多くの人がそれを大きな前進だと言い張るだろう。いつかQWERTY配列のキーボードを使って文章を入力しなくてすむようになってほしいと私は願っているが、その日はもうきているのかもしれない。かのキーボードはスローダウンするためにつくられた。タイピストのスピードを文字どおり遅くさせて、旧式のタイプライターのバーが絡まないようにしたものだ。

私と同じ年代の友人の何人かは、タイプのしすぎで手もボロボロになってしまって、いまでは音声認識を使って文章を作成している。その昔に事業家が口述したものを秘書に書き取らせていたようなものである。しかし、口述筆記よりもっと速いものがかつてあった。私が若かった頃、独創的な5ボタンのマウスが発明された。右手の5本の指を五つのキーに置くと、32通りの組み合わせができるので、アルファベット26文字、スペース、ピリオド、カンマなどを表現するには十分だった。2本の指でキーを軽く押し下げるだけでいいし、最初に正しい位置に指を置く必要もないので、ほとんど練習しなくても素晴らしいスピードで文字を入力できた。左手でもう一つ別のマウスを使えば、32の「シフトキー」が操作できて、太字、斜体、下線、大文字・小文字の切り替え、下付き文字、アクセントなどが使えた。しかし、このアイデアが軌道に乗ることはなく、「クィンキー」を買うことはもうできない。

慣習の力は過小評価されがちだ。イノベーションが常にそうであるわけではないのに、幾何級数的に改善していると思い込んでしまいやすい。それと同じで、将来、テクノロジーが前進すれば、私たちの行動の一部が気候に与える甚大な影響を減らすことが期待できるのに、それになかなか気づかない［＊64］。技術のブレイクスルーが起きれば、近い将来に必要となる対策がとれるようになるかもしれないが、そうしたブレイクスルーは電池などの古いテクノロジーの改良になる可能性が最も高く、テレポーテーションのような新しいテクノロジーの発明ではないだろう。

スローダウンの数々の事例はもちろん、イノベーションを意図的に避けた事例さえあるにもかかわらず、テクノロジーは加速し続けると主張する人は多い。ムーアの法則は終焉したかもしれない。だが、並列計算を行えば、それも問題ではなくなり、組み込むプロセッサーの数をどんどん増やすことで、コンピューターの処理速度はさらにアップしていくだろう。ウィキペディアの記述によるなら、2025年にはムーアの法則が崩れていることがはっきりするとの見方もあれば、法則はすでに崩れており、プロセッサーの進歩のスピードは1975〜1984年がピークだったとの見方もある［＊65］。しかし、増加した処理能力が何に使われているかは、ほとんど指摘されていない。明らかに収穫逓減が起きている。夢想家たちは（いつものように）本当に賢い人工知能がもうすぐやってくると言う。いまのところ最大の成功例としてあげられるのは、画像認識と音声認識くらいのものである。どちらもパターン認識の高度な形態にすぎない。

通信の軌跡

もう一つ指摘しておきたいことがある。古典的なムーアの法則のダイアグラム（ネットで検索すればすぐに見つかる）では、プロセッサーの処理速度は1970年代以降、加速し続けているが、そのプロセッサーは1

980年代には主にマス市場向けの汎用品だった［＊66］。その後につくられたものはカスタム化された処理チップであることが多い。さらに、プロセッサーの大半は、初期には処理速度の幾何級数的な上昇曲線より上に位置し、1990年以降は下に位置する。曲線は下方に曲がっている。ムーアの法則は、実際には、何十年も前から法則ではなかった。テクノロジーの真の進化を見たいなら、最近の通信の軌跡に目を向けるべきだ。手紙、電報、電話、電子メール、スカイプ、ソーシャルメディアネットワーク——。とても革新的なものとそうでないものを見きわめて、いまも急速に前進しているかどうか問うのである。手紙を送れるということは、かつては革命だった。いまの子どもたちは、友だちの電話にメッセージを表示させることができる（大人はできない人が多い）。

いまでは洗濯機同士が会話できるまでになっている。しかし、いったいなぜそうするのだろう。5Gテクノロジーを使って洗濯機間でデータを転送するのか。あるいは1台の洗濯機から中央制御ハブのようなところに常にデータが送られるのか。まったく新しいIoT（モノのインターネット）で洗濯機同士がつながったら、洗濯機が反乱を起こしてしまわないのか［＊67］。洗濯機そのものは、大きな飛躍だった。洗濯機同士が会話できるようにすることはそうではない。しかしもちろん、飛躍をとげる余地は残っている。

宇宙望遠鏡が収集するデータの総量はまだ加速しているのだろうが、解像度がかつてなく高まっているといっても、月面の詳細を観測できるようにした最初のレンズを生産したことや、初めて電波望遠鏡を使って初めて信号音を聞いたこととは、わけが違うのではないか。もうすぐ愛する人たちの小さなホログラムを見ながら天空を越えて会話するようになる日がくるのだろうが、魔法のような技術だと言われても、太平洋を越えて初めて声が聞けるようになったとき以上のものではないし、実際に魔法のようには見えないだろう。

世界の知識はもう、ほこりっぽい、エリートだけが入ることを許される図書館に閉じ込められてはいない。新しいアイデアは絶えず生み出されているが、概して、私たちの親、祖父母、曾祖父母の大半が経験したものほど新しくはないし、重大なものも多くはない。

情報とテクノロジーについては、私の子どもたちがアクセスしているものの中に、私が子どものときにアクセスしていたものと大きく違うものはほとんどない。私の世代は、久々にそう言えるようになった初めての世代だ。私の子どもたちにとっては、すべてがはるかに便利になって、はるかにスムーズに動くようになっているものの、電子メールを送れるようになった最初の世代ではないし、野外で電話できるようになった最初の世代でもない。私がそうだ。スポティファイで聴くトラックを選択したり、オンデマンドで観る映画を選択したりできるようにはなったが、1970年代、1980年代のテクノロジーの変化から受けたような衝撃はない。子どもたちにとって、それは当たり前のことにすぎない。それがいまの日常だからだ。子どもたちは他の何十億という人が使っているものを使っている。共通のテクノロジーだ。私の子どもはもう、加速の先にある新しい未知の世界を楽しみにはしていない。

第 **5** 章

気候 ——
産業活動、戦争、炭素、カオス

Climate: Industry, War, Carbon, and Chaos

長い間、政治家や権力を持つ人たちは、気候の危機、生態系の危機に立ち向かうようなことを何ひとつしないで逃げてきた。しかし私たちが、もうこれ以上彼らが逃げ続けないようにしていくのだ。

――グレタ・トゥーンベリ、2019年4月22日

2018年8月のある日、スウェーデンの学校に通う女子生徒が、授業をボイコットする学校ストライキを起こした。最初はストライキとはとても言えなかった。参加者はたった1人だったからだ。両親は止めようとしたが、それを押し切った。金曜日、ストックホルムにある議会に行き、議会の外で1人でプラカードを掲げ、「気候変動のための学校のストライキ」を開始した。次の金曜日も議会の前に立ち、それから毎週金曜日にストライキを続けた。当初、クラスメートは関心を示さなかった。「当時は無名だった15歳の子どもが、手書きのプラカードを手に石畳の上に座り込んでいる姿を目にした通行人は、哀れみと困惑とが入り混じった視線を向けた」[＊68]。2019年3月13日、グレタ・トゥーンベリはノーベル平和賞に推薦された[＊69]。

2019年4月、気候変動対策を求める抗議集会で演説するため、列車でロンドンに向かった。イギリスの首都では、復活祭の週末の間に道路と橋を占拠して通行を妨害したとして、1000人近くが逮捕されていた。2019年夏、4月にロンドンで地球温暖化の現状をとてもシンプルな言葉で訴えたときにはまだ16歳だった少女は、大西洋を渡った。「マリッツィア2世号で、イギリスのプリマスを出発して、北大西洋を渡り、アゾレス諸島を通過し、ニューヨークシティに到着するまで、13日と18時間かかった」[＊70]。私がこの原稿を書いていたとき、グレタ・トゥーンベリのメッセージは、アメリカ大陸まで運ばれようとしていた。

では、この物語はどうやって始まったのだろう。

最初期の人間の活動による炭素の排出

すべてはつながっている。債務を燃料とする資本主義が成長し、生産と消費がどんどん拡大すると、知識が普及し、加速していく。データと新しい情報が増加し普及したことで、想像力が刺激されて、イノベーションが生まれ、それがかつてない速さで広まるようになった。主な動力源は、風、水、カーボンニュートラルな木から、石炭とコークスへ、その後、石油とガスへと変化した。紙の生産が機械化されると、紙のコストが下がった。本を買いたいと思い、そうできる人がどんどん増えて、紙をつくる木が十分にありさえすれば、本の印刷を増やすことができた。

しかしここで、読み書きできる人がとても少なく、誰もが欲しがるものをどんどんつくる方法を学び始めたばかりの時代に時間を巻き戻してみよう。その昔、大半の家庭にまだ本が1冊もなかった頃には、鉄でできた道具に大きな需要があった。大加速化が始まったのは、遠い昔に遡る。大加速化に火をつけたのは、スウェーデンの少女よりもずっと早い、1492年の大西洋横断だったと思われるが、火は当初、ゆっくり燃えていた。旧世界と新世界が出会って、世界の地政学と経済が一変してから3世紀が過ぎた時点でさえ、別の惑星からやってきた観察者が地球の大気中の化学物質を測定していても、何かが変わっていたことにほとんど気づかなかっただろう。

1750年には、地球全体で行われていた産業活動はまだ規模が小さく、その結果として1年間に大気中に放出される二酸化炭素の総量は、わずか1000万メトリックトンだったと推定される［＊71］。その活動の大部分は、金属、主に鉄の精錬だった。人間の活動に由来する炭素排出総量は、1791年には2000万トン、1802年には3000万トン、1810年には4000万トン、1816年には5000万トンに増加した。産業の近代化は始まったばかりだった。フィリップ・ジェームズ・ド・ラウザーバーグが1801年に描いた絵画「夜のコールブルックデール」をいま見ると、歴史の趣を感じる。溶鉱炉と工場が何マイルも立ち並ぶ、その後の工業都市の景色と比べると、特にそう思う。ところが、産業時代の幕開けを垣間見させるその光景でさえ、地獄と結びつけられていた。コールブルックデールは、イギリス・シュロップシャーにある小さな村で、ヨーロッパで初めてコークスを燃料とする高炉がつくられ、長年にわたって鉄が生産された場所だった。

1816年には、ヨーロッパで1世紀強にわたってコークス炉で鉄が大量に生産されていたが、最初はコークス炉の数はとても少なく、鉄鉱石と石炭の鉱山に近い、隔絶された場所にあることが多かった。高炉を燃焼させるために必要な石炭の量は比較的少なかった。それなのに、1790年代には炭素の年間排出量は40年前と変わっていなかった。これは、新興工業による石炭などの化石燃料の使用が急増したことが原因で排出量が加速する徴候が、初めて測定可能な形で表面化したものである。このとき、ヨーロッパの産業、主にイギリスの産業が急成長していた。1810年までの8年間と1816年までの6年間に、1790年代を通じて産業活動によって世界中に排出されたものと同じ量の汚染が排出されていたほどである。60年間で世界の年間炭素排出量は6倍以上に増えており、加速化が進んでいた。

かりに宇宙人が地球にやってきて、とても精度の高い科学的機器を使って地球を監視していたとしても、2世紀前の時点では、地球を取り巻く大気中の成分が変化していることに気づけるかどうか、ギリギリのところだっただろう。ここで重要なのは、大気中の二酸化炭素が初めて大幅に増えた理由は一つの大きな火山が噴火して排出されたことであるのかどうかを見きわめるのは、宇宙人でも無理だったのではないかという点だ。宇宙人たちが汚染の大部分の発生源を特定できていたら、主にイギリスを中心とするヨーロッパの活動によるものであることがわかったかもしれない。しかし、炭素排出量がなぜ急増していたのか、その原因を特定することはもちろん、オランダ（１７９５年までその大半はネーデルラント連邦共和国だった）が貿易の支配権を失い、イギリスに覇権が移っていたなど、いまもとても重要な意味を持つ政治的な機微を理解することさえできなかっただろう。

その数十年前、ヨーロッパから遠く離れた地で、北アメリカの13州の農業植民地が、イギリスからの独立を求めて闘っていた。植民地の独立はイギリスにとっては痛手だったが、歩みを速めていたヨーロッパの工業化も、炭素排出の大加速化の進行も、ほとんど止まることはなかった。やがてアメリカが史上最大の二酸化炭素排出国になるなど、当時は誰も予測できなかった。

19世紀に工業製品（化石燃料からつくられたエネルギーを使って生産された製品）の需要が爆発的に増加したが、その規模を把握するのは容易ではない。人口は増加していた。人口が特に増えており、増加のスピードが最も速かったのがヨーロッパで、有効需要（支払い能力に裏付けられた需要）はすでにどこよりも大きかった。その支払い能力そのものを裏付けていたのは、急速に拡大する海外の領土から搾取し始めるようになったばかりの利益だった。

ヨーロッパ全域で、より深い層からさらに多くの石炭を掘り出し、鉱山からよりすばやく水をくみ出し、鉄をさらに効率よく取り出し、力がはるかに劣る水車ではなく、石炭を燃やしてつくった蒸気を動力とする工場で羊毛と綿を紡ぐ新しい手法が発明されるか、外国から導入された。イギリスの教科書だとイギリスだけで行われたかのように書かれているが、そんなことはない。１８２５年になると、蒸気機関を使った世界初の公共鉄道がイギリスで操業を開始し、燃料として石炭が使われた。同じ時期には、蒸気船がアメリカの主要な河川で貨物の運搬を始めている。

石炭は王になった。鉱山は急増した。個体数爆発の最中にある動物さながらに、工場、高炉、蒸気機関が広まった。石炭が大量に生産されて、どんどん使えるようになった。石炭が安くなって、住宅の暖房に使われるようになった場所もある。工業地帯でつくられた品物を輸出する船が急増し、石炭を運ぶ船も現れた。大量の石炭が燃やされて、石炭の中にある炭素が二酸化炭素になり、煙突から大気へと排出された。排出量はどんどん増えていき、ほとんどすべての年で前年を上回るまでになった。

固体炭素が1メトリックトン燃やされるたびに（石炭の炭素含有量は50〜80％）、3・664メトリックトンの二酸化炭素が生まれている。炭素原子1個の重さは、酸素原子1個の重さの4分の3しかない。燃焼中に酸素原子2個と炭素原子1個が結びつくと、最初に地中から取り出したものの炭素含有量より3・664倍重いものがつくられる。ところが、二酸化炭素の密度はとても低いので、固定量は元の炭素のおよそ400倍になる。当初は、この汚染量はどちらかといえば少なかったので、地球全体で見るとほとんど問題にならなかった。それがいまでは、他の燃料の浪費や温室効果ガスの他の発生源とともに、炭素汚染はいま最も懸念されている国際問題になっている。

あの架空の宇宙人なら、炭素原子と酸素原子がどんな性質を持っていて、それがどう結びつくか、よく知っていただろう。それでも、いまから2世紀前に宇宙船から地球を見下ろしていた宇宙人は、人類の存在には気づいていなかったのではないか。私たちはまだ、取るに足らない種でしかなく、地球全体に散らばっていた数多くある種の一つだった。人類がつくった壁、運河、十数個のピラミッド、そして木を伐採していた土地のいくつかは、人間よりも目につきやすかったに違いない。人間はほとんど意味もなく曲がりくねっているように見えていたであろうもののまわりで動き回っていたからだ。この当時の人類の大多数は、耕地や水田、そして草むらに囲まれた村に集まって暮らしていた。荒れ地で狩猟採集をしていた者もまだ多かった。

何世紀もの間、自分たちが生み出していた大気汚染のほとんどすべてはいずれ消えるのだろうと誰もが思っていた。そう考えるのもよくわかるし、無理もない。想像力に富んだ一握りの人が、その考えは間違っているのではないかと疑い始めたが、大気汚染が生み出していた巨大な問題の徴候がはっきりと表れるのは、いま話している工業化時代の黎明期から何十年もたってからになる。いずれにしても、原子はどんな働きをするのか、どのくらい重いのかが明らかになり始めたのは１９００年頃のことだ。炭素原子1個と酸素原子2個が結びつくと温室効果ガスが生まれ、それがやがて地球全体を覆うようになって気候変動へとつながり、甚大な影響をもたらすようになるということは、もちろんわかっていなかった。それが明らかになる前は、私たちにとって、原子はとてつもなく小さく、私たちが暮らす地球はとてつもなく大きかった。超微視的な粒子と二酸化炭素の分子を、地球温暖化のような非常に大きな巨視的現象と結びつけるには、膨大な想像力が必要になる。

人間の活動にともなって世界で1年間に排出される二酸化炭素の量は、１８３６年には1億メトリックトンだった。その後、１８５２年に2億トン、１８５９年に3億トン、１８６４年に4億トン、１８６８年に5億トン、１８７２年に6億トン、１８７７年に7億トン、１８８０年に8億トン、１８８２年に9億トンに増えた。1億トン増えるまでの間隔は、16年から7年、5年、4年と短くなった後、１８７０年代に5年に延びたが、その後、3年になり、１８８２年にはわずか2年になった。振り返ってみると、１８７３〜１８７９年の長期にわたる不況期は、地球の汚染量の増加が停滞したことが数値で初めて確認できた時期と一致することがわかる。アメリカの場合は、投機の対象となっていた（石炭を燃料として使う）鉄道会社の債務が膨れ上がっていたことに対して不安が広がり、鉄道への投資熱がさめたことが、不況期に突入する引き金となった。

蒸気列車は煙を吐き出した。トラックとエンジンの材料となる金属がつくられる製鋼所もそうだった。目に見える煙は確かに不快だったが、煙ではなく、目に見えない恒久的な汚染のほうが、いまでははるかに大きな問題になっている。その頃、ヨーロッパでは1873年にウィーン証券取引所が暴落した。このときも、石炭を動力源とする新しい産業への過剰な貸し付け（あるいは「投資」）に対する不安が広まったことがきっかけだった。債務／投資が減ると、汚染の水準は下がったが、汚染が蓄積されていくことはまだ誰もわからなかったし、わかるはずもなかった。汚染は大気圏外に出ていくか、海に吸収される。彼らはそう考えていたのかもしれない。しかし、何も考えていなかった可能性がいちばん高い。「彼ら」とは私の曾祖父母であり、これはそれほど昔の話ではない。

1870年代の長い不況期は、ゆっくりと収まった。その不況期でさえ、燃料として燃やされる石炭は、年を追うごとに世界中で増えていき、毎年、前年を上回った。生産と汚染の加速ペースが鈍くなっていたにすぎない。1878年、イギリス・ノーサンバーランド州ロスベリーにあるウィリアム・アームストロング卿の邸宅「クラッグサイド」の画廊に、アーク灯が設置された。1880年には、室内用白熱灯もとりつけられた［＊72］。アームストロングは当時、世界屈指の富豪だった。そのときには、いまから1世紀のうちに、イギリスの大半の人にとって、どれもアームストロングの白熱灯よりも明るい、何百個もの電灯に照らされた家、それも持ち家で暮らすことが当たり前になると想像していた人はほとんどいなかっただろう。

工業化が進み、その後に住宅を所有する人が増えたが、その両方がこれほど速く広がることを可能にしたのが債務だった。債務に支えられた生産と消費の急増と、大気汚染の総量が増加するスピードは、明らかにリンクしていた。1884年には、人間の活動から生み出される二酸化炭素が1年間に世界全体で10

億メトリックトンを超えていた。工業などの燃料の使用と人類の土地利用の変化が合わさって、このような大きな変化が引き起こされた。これは人類の歴史で初めてのことである［＊73］。その後、1884年以降、あらゆること、それこそ人間が行うほとんどすべてのことがスピードアップする。にもかかわらず、それが問題になると考えていた人はほとんどいなかった。なぜそうだったのだろう。

世界の二酸化炭素の年間排出量が10億メトリックトンから20億メトリックトンに増えるのに、1884年から1901年までの17年しかかからなかった。排出量が倍増したのは、主に輸送と産業の活動が原因だった。この17年間は大きな出来事がたくさんあり、それ以前のように一貫して増加したわけではない。しかし、何よりも重要なのは、人間の工業生産から1年間に排出される二酸化炭素が1884年に10億トンになるまでに、何年も、何十年も、何世紀もかかっていたことである。その後、1901年から1910年までのわずか9年間に、産業活動と燃料使用による排出量の増加ペースはさらに速まり、毎年30億メトリックトンの二酸化炭素が地球を取り巻く大気の中に放出されていた。私の祖父母のうち年上の2人がその頃に生まれた。これは最近の話なのである。静かに私たちを観察し、大気を測定していた宇宙人にとっては、ここからがぜん面白くなり始める。

20世紀に見られた炭素排出の軌跡は、大加速化とはどのようなものであるかを示す一つの例である。地球から垂直に打ち上げられたロケットに乗っていたら感じるような加速度だ（打ち上げ自体にも大量の燃料を使うことになる）。だが、二酸化炭素の排出が増加し始めた初期の段階でさえ、12カ月程度、総排出量が前の年あるいはそれまでの数年間をわずかに下回った時期があった。人間の活動は、二酸化炭素の排出水準を左右する重要な要因になっていた。火山はもう大きな要因ではなくなっていた。世界全体の人間の経済活動が激しく変動するようになっていたため、世界の汚染水準は上昇の一途をたどっていたわけではない。景気のサイクルや山・谷が、排出量の増加が速くなるか、ゆっくりになるかを決める非常に重要な要因であり、その景気のトレンドは、債務や貿易、新しいテクノロジーが増加するペースによって決まった。

人工知能の進歩のスピードは遅い

本書の第3章では、もっと最近の債務――住宅ローン債務、自動車ローン債務、学生ローン債務について考えた。しかし、揺籃期の産業が急成長できたのは、債務を通じてつくりだされたお金が、投資を通じて産業に供給されたからだった。そのお金は、植民地主義の時代に急拡大した世界貿易で得た利益からきていた。高額の住宅ローンを借りることが選択肢の一つとして考えられるようになり、消費と汚染を押し上げるようになったのは、1910年よりもっと後のことだった。それ以前は、都市に住む人はたいてい家を借りていたし、私たちと違って、借りた家をモノであふれさせるようなことはあまりなかった。どれも機械を使って大規模に製造しなければならなかっただろうし、商用電源につなぐと炭素ベースの燃料をさらに使うことになるものも多かった。私の祖父はその昔、はしけの船頭をしていた自分の祖父が操り、ヨークシャーの運河（鉄道ができる前の時代だ）を進む石炭はしけに座っていたという話をしてくれたことがある。私の祖父の父は、地元の鉱山から水をくみ出す蒸気ポンプを操作していた。黒い金（石炭）の抽出にかかわる生活をしていたにもかかわらず、2人とも持ち物は少なかった。

1910年以前は、一般大衆が消費財を買う余地はとても限られていた。なにしろ大多数の人には消費財を置いておくスペースがほとんどなかった。食品は必要なぶんしか買わないし、服はすり切れるまで着るし、贅沢品は数えるほどしかなかった。大半の人は電気が引かれていない家に住んでいた。いまの債務は、当時とはまったく違う種類のものであることが多い。クレジットカードが生まれたのは1950年代で、コンピューターの普及にともなって広く使われるようになった。同じように、第二次世界大戦終結後の10年間には、大勢の若者が高校を卒業して大学に進学するなど、夢物語と見られていた。政府が提供する連邦学生ローンは、経済学者のミルトン・フリードマンの助言を受けて、１９５８年にアメリカで発明された。マーガレット・サッチャーは１９８９年にイギリスに学生ローンを導入した。しかしそれ以外の国では、ローンを組まなくても大学に行けることが当たり前だった。債務に支えられた生産がいちばん拡大し、汚染がどこよりも早く深刻化しているのは、莫大な債務を抱えている国である。

多くのことが私の祖父や、祖父の祖父が生きていたときとは違うが、よく言われているほど大きく違うわけでも、急速に変化しているわけでもない。私たちはいま、テクノロジーは急速に大きく変化し続けるという幻想の中で生きている。テクノロジーが変化する速さは緩やかになっている。ウィキペディアの成長率がいまは下がり続けているのと同じことだ。それをすんなりと受け入れられないのは、正反対の物語をずっと信じてきて、繰り返し語ってきたからである。

１９６８年、ボーイング７４７旅客機の1号機が、滑走路まで地上走行した。７４７型機はいまも世界で最も広く使われている旅客機だ。燃料をたっぷり積んで離陸し、航路の最初の3分の1の段階で燃料の大部分を消費し、ほとんど燃料が残っていない状態で着陸することで、燃料重量効率を最大化する。こうした旅客機は、汚染を発生させる迅速かつ効率的な方法だ。オーヴィル、ウィルバー・ライト兄弟が飛行機の研究を始めたのは１８９０年代末のことで、１９１０年に兄弟での同乗飛行に成功した。そのときには、わずか数十年のうちに何百万という人が空を旅するようになるなど、ほとんど想像できなかったはずだ。最近の世代は、そんな加速の時代を生きてきたのである。だから、１９６８年以降の50年間には、それ以前の50年間と比べて、飛行のイノベーションがとても少なくなるなんて、想像もできなくなったのだろう。想像力をうまく働かせられないのは、いまの私たちも同じだ。スローダウンと向き合う準備はまだできていない。

　イノベーションがスローダウンしているという物語は、まだほとんど語られていない。いま、人工知能（ＡＩ）が私たちの未来だと言われている。コンピューターが十分に速くなって、十分にうまくプログラムされるか、十分にうまく自分自身をプログラムするようになりさえすれば、たちまち人間のように、人間と同じくらい賢く、人間のようなやり方で考えられるようになり、究極的には人間よりも賢くなれると喧伝されていた。私が子どもだった１９７０年代にそう言われていたことをはっきり覚えている。私が初めてコンピューターをプログラムした頃だ。それ以降、人工知能が進歩するスピードはおそろしく遅い。私が１９８０年代に書いた博士論文では、ちょっとしたいたずら心で、ＡＩの進歩の遅さをウミウシに例えた。当時、コンピューターを使って部分的に模倣することに成功していた唯一の生き物がウミウシだったからだ。人工人間はおろか、動物さながらに振る舞う人工ロボットペットさえ、まだ誰も生み出せていない。１９７０年代以前のテクノロジーの進歩は、目を見張るほど速かった。しかしそれ以降は、驚くほど遅くなっている。

　人間を模倣するのがこれほど難しいのは、人間の思考が特別に優れているからではない。私たちは機械ではなく、動物なので、人工の心をつくるのがとても難しいからだ。私たちの思考はとても奇妙である。優れているわけでも、速いわけでも、賢いわけでもなく、ただ奇妙なのだ。そのため、ナンバープレートを認識し、その後にテキストを、そして単語を認識するようにコンピューターをプログラムすることはできる。「機械学習」させて言語間の翻訳をすることもできる。ヨーロッパ連合（ＥＵ）各国の専門家が注意深く翻訳したソーステキストが十分に与えられている場合は特にそうだ（だからグーグル翻訳の精度はヨーロッパの言語が特に高い）。しかし、他人を飢えさせることがどうしていけないのかを深く理解させたり、そうした行為が長い目で見てどんな結果を生むか、よく考えさせたりすることはできない。コンピューターは、15歳のスウェーデンの少女のようには気候変動を心配できない。ロスベリーの教会の墓地にあるウィリアム・アームストロングの墓碑には、故人をたたえるこんな言葉が刻まれている。「科学的功績により世界的な名声を得て、偉大な慈善活動により貧しい人々に感謝された」[*74]。アームストロングがどのようにして財をなしたかは触れられていない。それは武器を製造・販売して手にしたものだった。そしていまの人工知能は、そういった不道徳な行為を懸念する人間の心を模倣するには遠くおよばない。それは発明されたときから変わっていない。

私は今朝、キッチンにいるロボットのアレクサにこう質問した。「人々を飢えさせるのはどうしていけないのかな」。アレクサは答えた。「すみません、よくわかりません」。ネットで調べれば、人々を飢えさせることが経済学的に妥当かどうか、経済学者が教えてくれるかもしれない(悲しいが、その計算をしている人がきっといるだろう)。あることが道徳的に間違っているかどうかは、機械が直感的に判断できることではない。自分がしていることが道徳的に間違っているかどうかを気にしないのは、他の人を自分より劣った人間として扱っているときだ。驚くことに、それができる人間もいる。そのすべてを人工知能エンジンに説明して、そのままオウム返しするだけにさせないようにするのは、かなり難しいだろう。

第一次世界大戦前の産業活動による炭素の排出

20世紀の初め、燃料の使用と産業活動から生み出される二酸化炭素の排出は地球規模で急速に増加しており、1910年には年間30億トンに達していた。わずか半世紀前、1859年の年間排出量の10倍以上である。もしもその時代に生きていたら、一生涯に目もくらむほどの変化を目の当たりにしていたのではないか。このような増加はいまではありえないだろう。もう一度10倍になるまでには96年間、ほぼ1世紀かかっているのだが、さすがにそれは話を急ぎすぎだろう。そこで、大加速化が始まった時点に立ち戻り、それがなぜもっと早く始まらなかったのか、考えてみたい。

新しいテクノロジーの成長は、最初期にはかならずと言っていいほど加速する。化石燃料を使用するようになったときは、最初は石炭が燃やされ、ときどきコークスの形態で炭素が燃やされたが、何世紀も前にはとてもまれだった。石炭を掘り出すより、木を切って燃やすほうがずっと簡単だった。木材は化石燃料ではない。新しい木を育てると、古い木を燃やして発生する量と同じくらいの炭素を大気から吸収する。木を燃やさないときは、木に含まれる炭素の大半は朽ちていく幹に蓄えられ、その一部は、何十億年もの時をへて、やがて石炭や石油になると考えられている。

産業用途でのコークスの使用は、1000年以上前に中国で始まった。規模こそ小さいが、重要な意味を持っていた。11世紀の中国での鉄鋼の生産と、コークス（木炭ではなく石炭からできたコークス）を燃料とした高炉の温度を高くするためのふいごの使用について書かれた文献の中で、歴史学者のウィリアム・マクニールは次のように考察している。「たとえ個々の技術は古かったとしても、組み合わせが新しかった。そして、精錬にコークスが使われるようになると、鉄鋼生産の規模がまさに一気に急拡大していったように見える」［＊75］。表1は、マクニールが言及した中国の主要な拠点での鉄生産の拡大ペースを示している。ほぼ1000年前に始まっていてもおかしくなかったのである。この表が物語るように、現在の汚染の加速が最近になって始まらなければいけない必然性はなかった。

このように、化石燃料を動力源とする世界規模の産業革命が、11世紀の中国の宋王朝で始まっていたかもしれないが、12世紀になると、鉄鋼生産は減少した。運河貿易が戦争によって中断したため、鉄鋼を輸送するコストが上がっていたうえ、政治が混乱して首都からの需要が落ち込んだ。満州から侵略されて生産が混乱し、1世紀後にはチンギス・ハンの軍隊が、最大の鉄の生産地域を占領した。生産はその後、主に「モンゴル軍に甲冑と武器を供給する」仕事に制限された（それから何世紀も後、ウィリアム・アームストロングの主な鉄の用途が兵器の製造だったのとよく似ている）［＊76］。

戦争の武器は、鉄生産の盛衰でカギをにぎることが多い。1194年には黄河が大氾濫を起こした（1034年、1048年にも大規模な洪水が起きた）。このときに堤防が決壊して黄河の流路が変わったことで、それまでの小加速期が終わっている。人類の歴史の中で大惨事は何度も起きている。なのに私たちはそれをすぐ忘れてしまう。それがはるか遠い場所で、はるか遠い昔に起きたとなればなおさらだ。

17世紀、18世紀のどこかで、同じような政治や環境の悲劇が起きていたら、ヨーロッパで始まったばかりの産業革命が破壊されてもおかしくなかったが、そうはならなかった。図13の時系列線は、1750年から1910年までの各年に1年間に大気中に排

表1　中国の製鉄業の生産量

年	トン
806	13,500
998	32,500
1064	90,400
1078	125,000

出所：William H. McNeil, *The Pursuit of Power* (Chicago: University of Chicago Press, 1982).

図13　燃料の使用と産業活動による世界全体の二酸化炭素排出量、1750〜1910年

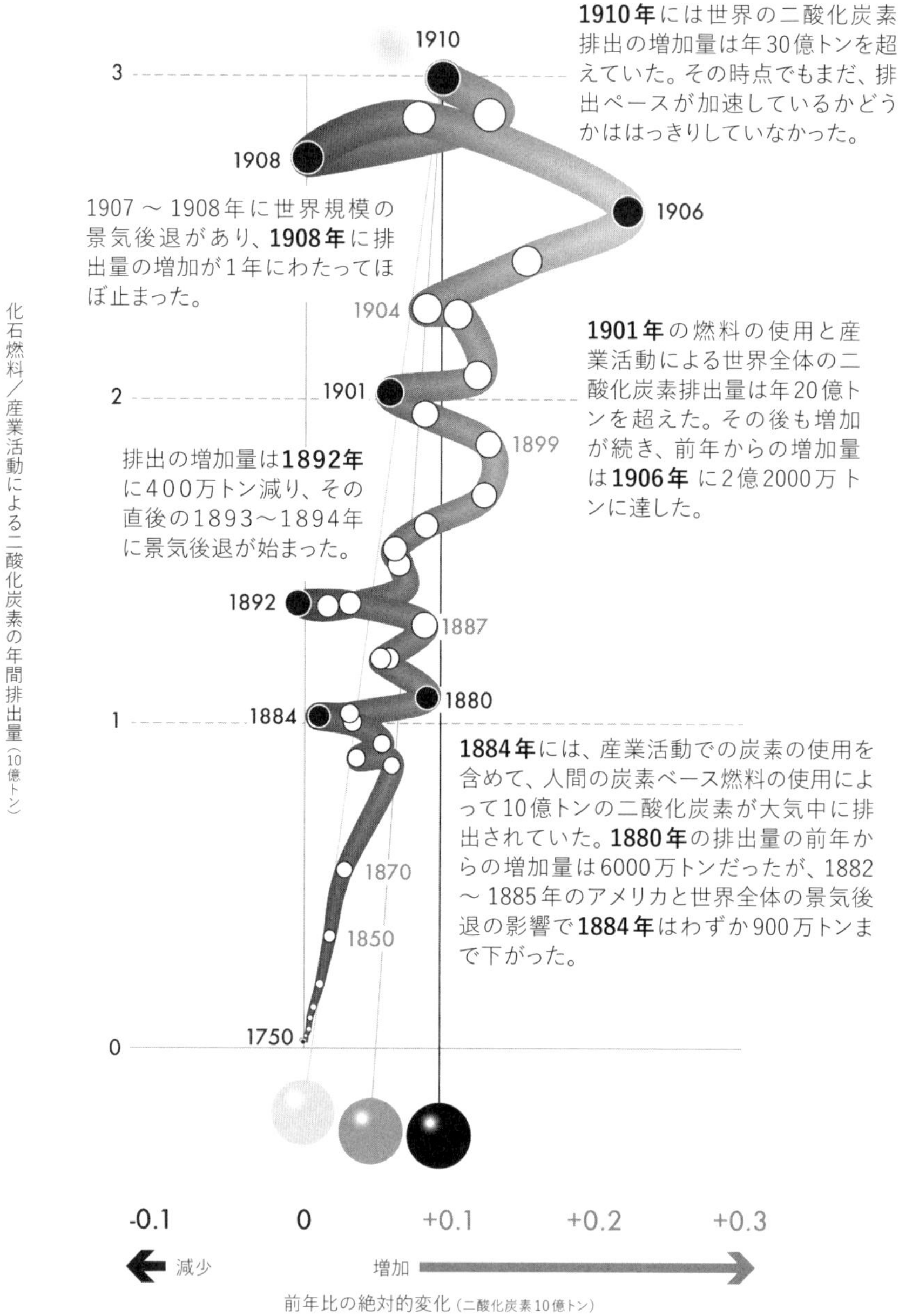
1910年には世界の二酸化炭素排出の増加量は年30億トンを超えていた。その時点でもまだ、排出ペースが加速しているかどうかははっきりしていなかった。
1907〜1908年に世界規模の景気後退があり、1908年に排出量の増加が1年にわたってほぼ止まった。
1901年の燃料の使用と産業活動による世界全体の二酸化炭素排出量は年20億トンを超えた。その後も増加が続き、前年からの増加量は1906年に2億2000万トンに達した。
排出の増加量は1892年に400万トン減り、その直後の1893〜1894年に景気後退が始まった。
1884年には、産業活動での炭素の使用を含めて、人間の炭素ベース燃料の使用によって10億トンの二酸化炭素が大気中に排出されていた。1880年の排出量の前年からの増加量は6000万トンだったが、1882〜1885年のアメリカと世界全体の景気後退の影響で1884年はわずか900万トンまで下がった。
1910
1908
1906
1904
1901
1899
1892
1887
1884
1880
1870
1850
1750
3
2
1
0
化石燃料／産業活動による二酸化炭素の年間排出量（10億トン）
-0.1
0
+0.1
+0.2
+0.3
減少
増加
前年比の絶対的変化（二酸化炭素10億トン）

出所：The Global Carbon Project, “Supplemental Data of Global Carbon Budget 2018” [version 1.0], Global Carbon Project, https://doi.org/10.18160/gcp-2018より引用したデータをもとに作成。

出された二酸化炭素の量を示している。だが、地球温暖化にとっていちばん重要だったのは新規の排出量ではなく、累積の総排出量だった。炭素は、植物に取り込まれるか、海洋植物に吸収されるまで、大気中にずっととどまる傾向がある。人為的な排出源として考慮すべき要因は他にもあるが、現時点では炭素が最も重要である。しかも、森の伐採が進めば進むほど、大気から吸収される二酸化炭素は少なくなる。

１８０７年には、人間が化石燃料を使用して発生した大気中の二酸化炭素は10億メトリックトンだったと推定されている。それが１８２７年には20億トン、１８４７年には40億トン、１８６２年には80億トン、１８７７年には１６０億トン、１８９２年には３２０億トン、１９０８年には６４０億トンと、倍々に増えていった。２倍になるまでの間隔は、20年から15年に減った後、少しだけ延びて16年になっている。その16年の間には、アメリカで大規模な景気後退が二度起きていた（表２参照）。しかしそれでも、産業汚染の総量はスローダウンしなかった。景気後

表２　1929年以前のアメリカの大規模な景気後退

後退期	月数	経済活動量
1873～1879	65	-33.6%
1882～1885	38	-32.8%
1893～1894	17	-37.3%
1907～1908	13	-29.2%
1921～1922	18	-38.1%

出所：Victor Zarnowitz, *Business Cycles: Theory, History, Indicators, and Forecasting* (Chicago: University of Chicago Press, 1996).

退が起きなかった場合ほど速くは増加しなかったというだけだ。

１８７０年代に景気が落ち込んだが、図13の時系列線は少しへこんでいるだけである。それよりも１８８２〜１８８５年の不況の影響のほうがはるかに大きい（現在のインドネシアに位置するクラカタウの１８８３年の噴火も、数億トンの炭素を大気中に放出していると思われる）。同じように、１９０７年の金融危機を受けた１９０７〜１９０８年の恐慌の影響もはっきり見て取れる。しかし、それを除けば、第一次世界大戦が勃発する数年前まで、汚染の増加は加速の一途をたどった。

戦争と疫病ですべてが変わる

１９１０年から１９６０年までの間、産業活動と化石燃料の使用による二酸化炭素排出量のトレンドは、最初は不規則だったが、１９４６年以降は驚くほど安定し、戦争期以外は増加し続けた。その原因を探る前に、まず、この時期に電気が大衆化しただけでなく、自動車製造も加速したことを指摘しておくべきだろう。

自動車の大量生産は１９０１年に始まり、その後、１９１３年にフォードが初の自動車工場を立ち上げると、生産が急速に増加した。世界の自動車生産は、最初からアメリカの独壇場だった。１９６１年には年間５５０万台を生産しており、世界の新車のほぼ半数を占めた。ドイツは１８０万台、イギリスとフランスがそれぞれ１００万台、イタリア70万台、カナダ30万台、日本25万台、オーストラリア18万台、ロシア15万台、スウェーデン11万台だった［＊77］。

世界の人口が増えれば、炭素の大気汚染もそれにともなって増えると、ごく当たり前に考えられているが、それは間違っている。子どもの数が減れば、何らかの形で汚染の総量が減ると考えている人さえいる。しかし、子どもがいない場合よりも子どもを1人育てる場合のほうが、汚染を減らす効果はぐっと大きくなる。実際には、世界の人口のほんの一握りの人が、特定の時代に特定の場所で、汚染を急に増やすようになったのである。さらに詳しく見ていくと、ごく一部の国の中では、汚染の増加分の大半が、はじめは最富裕層しか手に入れることができなかった少数の特定の財の消費から生じていたことがわかる。自動車がその例だ。自動車は生産するのに大量の化石燃料が必要だっただけでなく、走るときも化石燃料を使った。初期の自動車以上に二酸化炭素の排出を最大化するようにつくられている消費財は、なかなか思いつかない。

最初は自動車の数はとても少なく、トラックの数はそれ以上に少なかった。世界の人口は1900年から1913年の間に、15億6000万人から17億9000万人へと、15%増えた［*78］。同じ期間に、産業活動と化石燃料の使用による1年間の炭素排出量は、19億6000万メトリックトンから34億6000万メトリックトンへと、77%増えた。1913年には、世界の若い成人の大半は、親の世代とほとんど変わらない暮らしをしていた。村の近くにある田畑で働き、運がよければ馬か牛がひく犂《すき》を使って穀物の種をまいた。米やトウモロコシの苗は、何世紀も前と同じように、手で植えた。とても運がよければ、村に自転車が普及した。化石燃料をどんどん消費することも、鉄鋼の使用量がものすごく増えることもなかった。ガスを動力源とする自分専用の乗り物を使って、搭載されている自分専用の内燃エンジンを動かしていなかったことは確かだ。それどころか照明すらなかった。家にも村にも、電気がきていなかったからだ。

1913年から1920年の間に、世界の人口は4%増えて18億6000万人になった。第一次世界大戦はおぞましい出来事ではあったが、世界人口に与える影響の大きさを考えるなら、取るに足らない事象だった。主戦場はヨーロッパに限られ、死者数は約４０００万人だった。その大半が負傷後数週間か数カ月で衰弱して死亡した兵士だった。１９１８～１９１９年にはインフルエンザのパンデミックが発生し、さらに５０００万人が死亡した。この二つの大惨事が起こらなかったら、１９２０年の総人口は19億５０００万人になっていたと思われ、そのシナリオだと、この7年間に人口は９％増加していたことになる。とはいえ、１９１９年の戦後のベビーブームがなかったら、その後の人口の増加量はきっと小さくなっていただろう。それはともかく、世界の人口はこの7年間に７０００万人増えた。では、汚染はどれだけ増えたのだろう。答えはこうだ。「汚染は減った」。人口が増えても汚染が減ることもあるし、人口が減っても汚染が増えることもある。

１９１３年から１９２０年の間に、世界の年間二酸化炭素排出量は１％減少した。減少率が最も大きかったのが１９１９年だった。この年は史上最悪の死者を出したインフルエンザの大流行期と収束直後にあたり、生産活動に従事できる若い成人の数が激減した。これは死亡による減少よりも病気による減少によるところが大きかった。健康状態が悪く、稼げていないときは、ものを買うことがぐっと減るため、需要は下がった。インフルエンザのパンデミックでは特に若者の感染が深刻だった。１９１８～１９１９年に世界の炭素排出量が14％減少したが、その後、患者の大半が回復すると、翌年には16％増加したことも、これで説明がつくかもしれない。インフルエンザが産業、生産、消費に与えた影響は、第一次世界大戦よりもずっと大きかった。

１９２０年から１９４０年の間に、世界の人口は18億６０００万人から23億人へと、23％増えた。同じ時期に、産業活動と燃料の使用による世界の年間炭素排出量は34億２０００万トンから47億６０００万トンに増えた。増加率は39％となり、人口の増加率を大きく上回った。ここでも、この二つの系列は関連が非常に弱い。汚染が最も増加していたのは、人口が最も増加していない地域、つまり先進工業国だった。

人口1人当たりで見れば、最貧国の一部では汚染が減少していた可能性は十分にある。大多数の人がまだ電気も自動車もなく、親世代とよく似た生活を送っており、多くは数十年前に生まれたばかりの国で暮らしていた。まだとても未熟だった国という制度を押しつけられ、村はその一部に組み込まれたが、その最大の受益者となることはまずなかった。

植民地主義が崩壊すると、世界の大半の地域で、それまで比較的安定していた人口に変化が訪れた。最貧国の人口が急増しようとしていたのだ。最貧国の人口が急増したときには、人口の中の少数派である最も豊かな人々（しかもさらに豊かになっていた人々）の間で、すでに産業活動と化石燃料の使用による汚染が爆発的に増加していた。これはとても重要なポイントなので、ぜひ覚えておいてほしい。ここでカギとなるのは、人口が増加したから汚染が増加したわけではなく、ほんの一握りの人が行った選択の結果として、汚染が増加したことだ。権力と権限を持つ、さらに限られた人が行った選択は、世界戦争ももたらすことになる。

大気中への炭素の排出に関するかぎり、第二次世界大戦は1914〜1918年の戦争とはまったく違っていた。1939〜1945年の第二次大戦は工業戦争であり、弾丸、爆弾、戦車、戦艦、潜水艦、航空機の物量が勝敗を決めた。そしてそれは正真正銘の世界戦争でもあり、地球の大部分が影響を受けた。世界の炭素排出量は、1929年に42億メトリックトンでピークをつけていたが、その年に世界的な恐慌が始まると、減少に転じた。1929年の水準に戻ったのは1937年のことだ。この時期には世界の人口は年々増加していたが、汚染は総人口とほとんど関係がなく、富や最富裕層の行動と大きく関係しているため、世界の人口が増え続けても、1920年代、1930年代の世界の汚染水準には何の影響も与えなかった。

1930年代の恐慌のあおりを受けて、自動車を購入できる人が減ったので、生産台数が減り、自動車を運転するのに使われる燃料も減った。1929年に金融危機が起きたことで、銀行からの貸し付けが枯渇し、債務が発生しなくなっていた。自動車の生産に使う鋼材の需要は減り、生産ラインを動かすために必要な燃料も減った。高級な日用品の生産と購入が減った。大恐慌後、とても豊かな国で工業生産全般が減少した。保護主義が台頭して、国際貿易が減少し、それにともなって汚染が減った。財の生産が減り、財を輸送する古い蒸気船や、それに取って代わり始めていたディーゼル機関で推進する新しい外洋航路船を動かすために必要な燃料が減った。

第二次世界大戦とそれに先立つ再軍備を背景に、世界の軍事生産と軍事消費は活況にわいた。汚染は1939年だけで4％増加し、翌年には9％増と2倍以上になった。ところがその後、戦時下で日用品の消費が減少し、特に自動車などの贅沢品の消費が富裕国で落ち込み、汚染はまたスローダウンした。地球規模の戦争があったにもかかわらず、世界の炭素排出量は1941年は3％増、1942年は1％増、1943年は4％増にとどまり、その後、1944年に1％減少し、1945年に軍の戦争努力がほとんど停止すると、16％と大幅に下がった。それ以降、炭素汚染率がこれほど大きく下がったことは一度もない。史上最大の世界的なベビーブームが始まった年（1945年）に、産業活動と化石燃料の使用による炭素汚染は最も減少した。いくら強調しても、何回繰り返しても、十分ではない。人口が増えると汚染が増えるのではなく、一握りの人がどんな選択をするかによって、汚染が増えるかどうかが決まるのである。

それでは、1945〜1946年以降には、何が起きたのだろう。戦後世界では平等化が急速に進んだ。少なくとも富裕国の間ではそうだった。アメリカの労働者は賃金が上がり、自動車を買えるようになり始めた。ヨーロッパの労働者も、自動車を買うことを夢見るようになった。自動車の生産が増えたのは確かであり、裕福な世帯が自動車を1台、2台、3台と持つようになったうえ、労働組合が賃上げを勝ち取り、自動車を買える家庭が増えたことで、自動車の生産は拡大し続けた。

この時代には、豊かな国でさえ、自動車はまだ贅沢品だった。車を持つ必要はほとんどなかった。大多数の人は歩くか、自転車に乗るか、公共交通機関を使って仕事に行っていた。町や都市が拡大したので、家は職場の近くにあったし、公共交通機関はこの頃が最も広範囲にわたっていた。イギリスの鉄道網はこの時期に総延長が最大になる（その後、自動車の使用が増えて多くの鉄道路線が非効率になったため、1960年代に大部分が廃止されるのだが、それは先を急ぎすぎというものだ）。この時期を境に、物語は急展開し、刻々と複雑に変化して、直線的には進まなくなる。

第二次世界大戦後、豊かな国では平等化が進んだにもかかわらず、豊かな国と貧しい国の間で消費の格差が急速に拡大していた。豊かな国では、1945〜1946年のベビーブーム後に人口の伸びが急激に減速したが、1家族当たりの財の消費は大幅に増えた。当時もいまも、世界の国の中で多数派である貧しい国では、消費はまったくと言っていいほど増えなかったが、人口は急増し始めた。政治が混乱し、大規模な変化が引き起こされたことで、抑制と均衡のシステムが崩れ、比較的安定していた人口が増加に転じた。植民地主義の弊害は、ずっと後の時代まで影を落とす。植民地化とともに始まった変化は、1980年代、1990年代まで続き、世界銀行と国際通貨基金（IMF）が構造調整政策を進めると、アフリカの人口はさらに増えた（第7章の図25でさらに詳しく説明している）。

冷戦は世界中に波及し始め、アメリカとソ連は、他のほぼすべての国の人々の政治的な選択を支配しようとした（程度には差があり、アメリカはより積極的で、ソ連はより消極的だった）。その支配には、貧しい人をさらに貧しくさせることもいとわないラテンアメリカ各国の独裁者への支援も含まれた。貧困と不安定以上に、人口を増加させるものはない。子どもをたくさん産む人は、そのうち何人かは死んでしまうとわかっているから、そうするのである。

冷戦期には、中国が封建制度から共産主義に移行した。古いやり方が捨て去られ、新しいやり方を強いられたことで、中国の人口は当初、急増した。この先どうなるかわからず、混乱をきわめているときに、貧しい人がかけられる唯一の保険は、子どもをたくさん産んで自分たちの面倒をみてもらうようにすることだ。ところが、共産主義はすぐにはるかに大きな安定をもたらし、1人の女性が持つ子どもの数は1世代で6人から2人に減っていた。共産主義政府はこのような大きな成果をあげていたにもかかわらず、おそらくそれを半ば知らずに一人っ子政策を打ち出し、人口をさらに劇的かつ大胆にスローダウンさせることを選択した。人口増加の問題については、中国を中心に第7章、第8章で取り上げる。

活気あふれる60年代へ

燃料の使用と産業活動による世界の二酸化炭素排出量が最も急速に増加したのは1950年代で、1960年には94億メトリックトンまで増えた。私の両親が生まれた1942年から、2人が18歳になるまでの間に、1230億メトリックトンの二酸化炭素が大気中に排出された。これは、18世紀初めにヨーロッパで工業化が始まってから1930年までの全期間に人間が排出した総量より多い。

1940年から1960年にかけて、世界の人口は23億人から30億人へと、32%増えた（1951〜1960年については表3を参照）。産業活動と燃料の使用による世界の年間炭素排出量は、この期間に48億メトリックトンから94億メトリックトンへと増えた。増加率は98%で、人口の増加率の3倍にあたる。図14の時系列線は1910〜1960年の排出量を示している。これを見ればわかるように、たとえ世界の人口が安

図14　燃料の使用と産業活動による世界全体の二酸化炭素排出量、1910～1960年

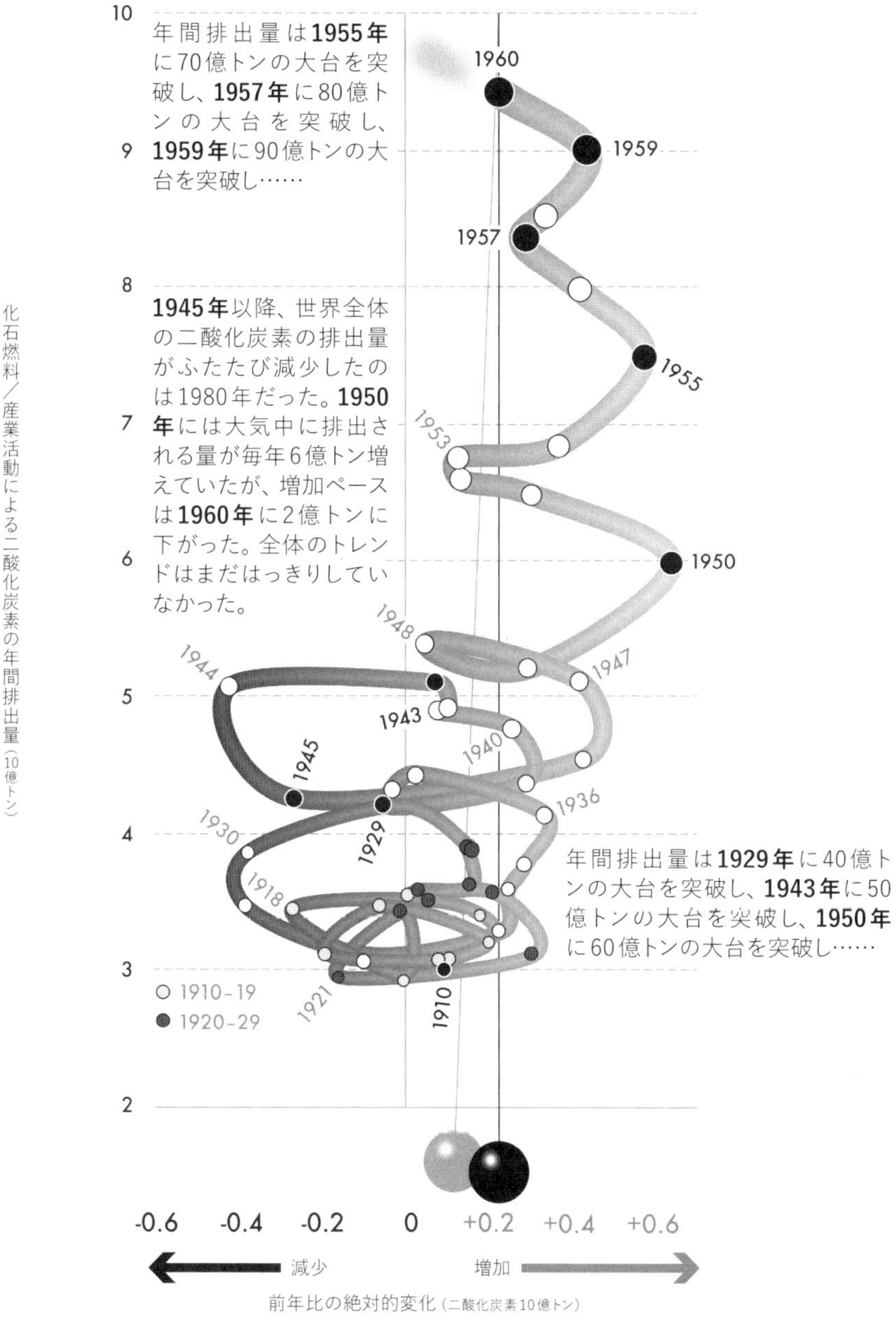
年間排出量は**1955年**に70億トンの大台を突破し、**1957年**に80億トンの大台を突破し、**1959年**に90億トンの大台を突破し……
1945年以降、世界全体の二酸化炭素の排出量がふたたび減少したのは1980年だった。1950年には大気中に排出される量が毎年6億トン増えていたが、増加ペースは1960年に2億トン下がった。全体のトレンドはまだはっきりしていなかった。
年間排出量は**1929年**に40億トンの大台を突破し、**1943年**に50億トンの大台を突破し、**1950年**に60億トンの大台を突破し……
1960
1959
1957
1955
1953
1950
1948
1947
1944
1943
1940
1945
1936
1930
1929
1918
1921
1910
1910-19
1920-29
10
9
8
7
6
5
4
3
2
化石燃料／産業活動による二酸化炭素の年間排出量（10億トン）
-0.6
-0.4
-0.2
0
+0.2
+0.4
+0.6
減少
増加
前年比の絶対的変化（二酸化炭素10億トン）

出所：The Global Carbon Project, "Supplemental Data of Global Carbon Budget 2018" [version 1.0], Global Carbon Project, https://doi.org/10.18160/gcp-2018より引用したデータをもとに作成。

定して増加していても、排出量は安定と倍増を周期的に繰り返す可能性がある。さらに、1945年以降、何かが根本的に変わったこともわかる。

1945年には、年間排出量は減少しており、40億メトリックトン強にとどまっていた。不穏当な言い方をするなら、いまなら誰かを殺してでも手に入れたい水準だ。その後、1946年、1947年と、排出量はほぼ5億メトリックトンずつ増えた。すべての先進工業国の戦争経済は、平時の生産機械へと組み替えられていた。アメリカの軍産複合体はいまの形態になり始めたところで、アメリカの軍事製造と排出量はどちらも高い水準を保ちながら、だんだん豊かになり、平等化が進む自国の消費者市場と、最大の軍事大国として君臨する世界への輸出を支える巨大な産業基盤が築かれていった。生産は1948年に一時的に落ち込んだ。アメリカの景気が1949年10月の底に近づく前年にあたる［＊79］。その後、アメリカ経済はふたたび成長に転じた。アメリカは当時、世界の排出量を大きく左右していた。問題は世界の慣行ではない。アメリカのビジネス慣行

表3　世界人口の年増加率、1951～1960年（およびアメリカの占める割合）

年	世界人口（10億人）	年増加率（%）	アメリカ居住者1人当たりの世界人口（人）
1951	2.6	1.7	16.6
1952	2.6	1.8	16.6
1953	2.7	1.8	16.6
1954	2.7	1.9	16.7
1955	2.8	1.9	16.7
1956	2.8	1.9	16.7
1957	2.9	2.0	16.7
1958	2.9	2.1	16.8
1959	3.0	1.9	16.8
1960	3.0	1.5	16.8

出所：Angus Maddison Estimates: http://www.ggdc.net/maddison/oriindex.htm. Angus Maddison, *Contours of the World Economy, 1–2030 AD: Essays in Macro-Economic History* (Oxford: Oxford University Press, 2007) も参照。

だった。

生産はふたたび急増し、年間排出量は1950年に60億メトリックトン弱と過去最高を記録、前年から6億4000万メトリックトン増えて、加速率は過去に例のない高い水準に達した。その後、生産は一時的にスローダウンしたが、1954年5月に景気が底入れすると、また増加した。アメリカ経済の小さな振れが、世界の汚染率に大きな変化をもたらしていた。この点では、世界人口の水準はまったく重要ではなかった。何よりも重要だったのは、地球上の人口のほんの一部でしかない最富裕層が何を求め、何を消費したかである。

1950年代には、世界の富豪の大半がアメリカで暮らしていた。1950年の時点で、世界全体で16・6人に1人がアメリカに住んでいたが、世界の炭素排出量に占める割合ははるかに大きかった。その原因は、世界最大の超大国であるアメリカで経済の大半を支配した最富裕層の行動にほかならない。世界人口は1950年代に25億人から30億人に増えた（表3参照）。

世界人口の年間増加率は1958年に2・1%で一時的にピークをつけた。その後、もう1度このピークに達することになるが、そのときは1968年から1971年までの4年間続いた。しかし、この世界人口の増加は、炭素汚染に関するかぎりは、ささいなことでしかない。重要だったのは、アメリカで何が起きていたか、そして、アメリカほどではないにしても、産業の復興や工業化が進んでいたヨーロッパと日本がどうなっていたかである。

1950年代末になってもまだ、世界の新車の半数がアメリカで生産されていた。1950年代の初めには、ある一つの国が、世界の16分の1足らずの人口で、自動車の大半をつくり、世界の鉄の大半を生み出していた。石油が見つかれば、次々に油井が掘られていた。石油の前に世界の汚染の主要な原因だった石炭は、以前ほど重要ではなくなっていた。ガソリン、ディーゼル、その後にジェットエンジンが普及し、さらに多くの炭素を少しばかり「よりクリーンに」大気中に排出する方法が見つかっていた。その一方で、アメリカ本土から遠く離れたハワイ島で、大気観測の時系列データの測定・収集が始まろうとしていた。このデータは後に、人間の活動に由来する排出量と世界の大気中の二酸化炭素濃度との重要な結びつきを証明するために使われることになる。

1950年代に時計を巻き戻すと、いま生きている非常に多くの人が思い出せるかぎりでは、その後すぐに何が起きるのか、ほとんど誰もわかっていなかった。図14の時系列線は1960年で終わっているが、これを見たら、さすがにこの後にはスローダウンが起きたと思うだろう。1950年から1960年の間だけを見れば、特にそう言える。ところが、スローダウンは起きなかった。この汚染がどのような被害を引き起こすことになるかその時点でわかっていたら、事態はここまで悪化していなかったかもしれない。残念ながら、工業化は進歩であり、生産が拡大すれば生活水準が上昇すると考えられていた。自動車は自由の象徴であり、飛行機は冒険の手段だった。より速く、より遠くに行くことが何よりも称賛された。1959年9月、ソ連の無人宇宙船、ルナ2号が月面に到達し、そのニュースに人々は畏敬の念を抱いた。

自動車、加速、排出源

大気中に排出される二酸化炭素は増加の一途をたどり、気候変動、さらには地球温暖化が進んでいる。そのスピードはさらに加速しているが、人間が種としてよく生き残るのであれば（理屈の上では、たとえ繁栄しないとしても）、無限にそうし続けることはできない。人間の生活のほとんどの側面でスローダウンが進んでいる中で、これは唯一の大きな例外である。炭素の排出量はおろか、排出の増加率でさえ、まだスローダウンしていない。しかし、増加そのものの勢いは弱まり始めている。この不吉な物語に初めて訪れた変化かもしれないその動きは、図15の時系列線で確認することができる。それが示すものは、明らかになり始めたばかりの流れである。

ここで使用されている推計に基づくと、産業活動などの化石燃料をベースとした活動の結果として地球の大気中に排出された二酸化炭素の累積総量は、1928年に1280億メトリックトン、1955年に2560億メトリックトン、1976年に5120億メトリックトン、2000年に1兆メトリックトンへと増えていた［*80］。その後、2015年の間に1・5兆メトリックトンを超えた。こうした数字はショッキングだが、2倍になるまでの間隔を見ていくと、それ以上に大きな意味を持つことが明らかになる。

産業活動と燃料の使用によって世界全体で1年間に排出される二酸化炭素の量は、1928年から1955年までの27年間で2倍になった。1976年までの21年間でまた2倍になり、2000年までの23年間でさらにまた2倍になった。2倍になる速さはようやく遅くなり始めているが、そう聞いて心から安心する人はいないだろう。それでも、排出量が「2倍になる時間」がやっと長くなり始めて、23年に延びていなかったら、いまの状況はもっと悪くなっていたはずである。2倍になる時間が長くなり始めたのは1976年で、石油の価格が短期間で4倍以上になった時期だった。その結果、排出量の幾何級数的な増加がわずかながらスローダウンした。スローダウンしたのは排出の増加が加速するペースであり、世界の排出量そのものの増加が緩やかになったわけではない。

多くの人が、もう手遅れだと考えている。私たちが大気中に排出する二酸化炭素は年々増え続けており、前の年の排出量を大幅に上回るときもある。植物や森林、海洋が吸収する自然の営みによって影響を和らげることができる量をはるかに超えている。地球が温暖化するスピードはどんどん速くなるという確信は深まるばかりだ。大気中の炭素の量と地球の温暖化は直線的な関係にある、つまり、一方の量が増えると、

図15　燃料の使用と産業活動による世界全体の二酸化炭素排出量、1960～2018年（標準的なグラフ）

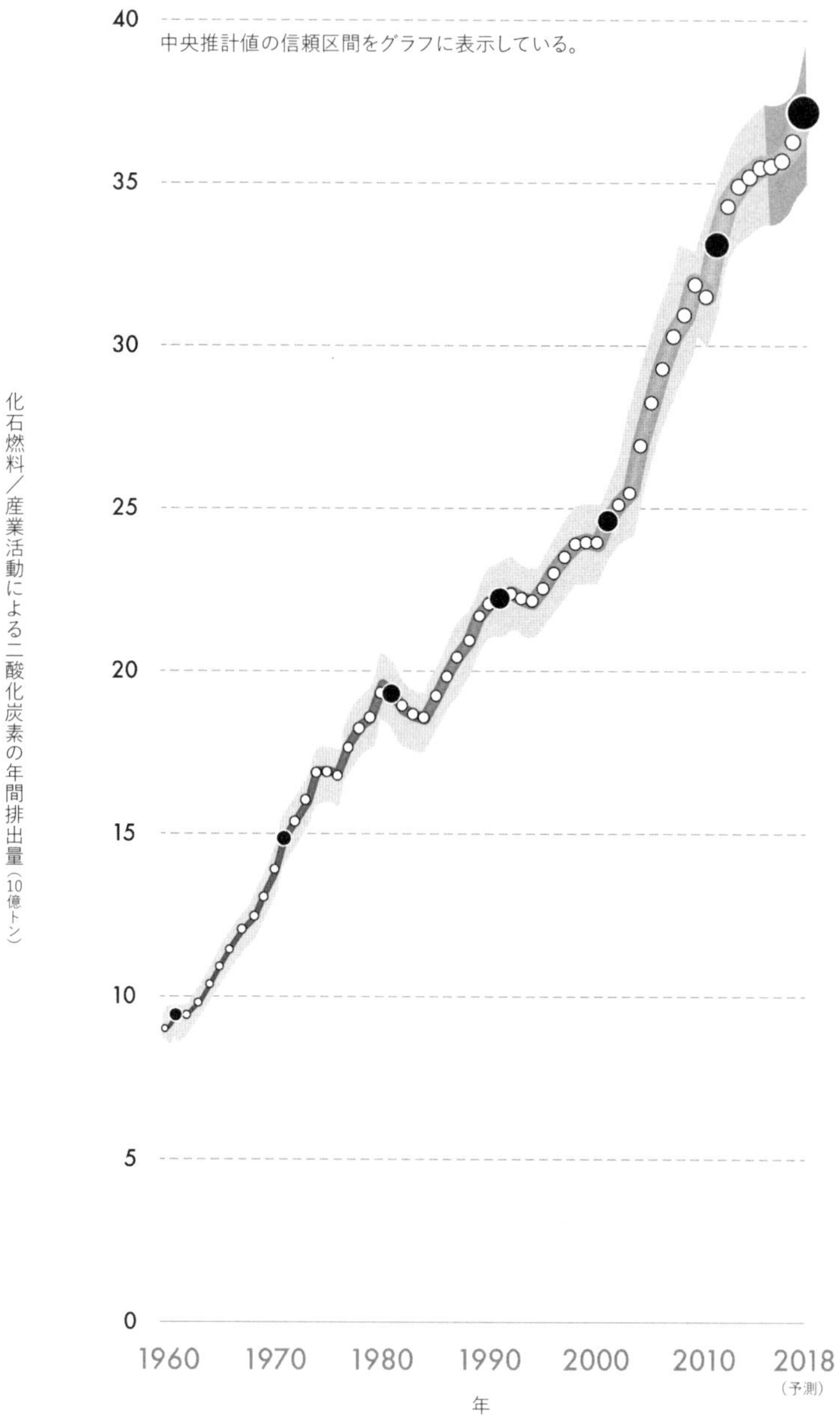

40
35
30
25
20
15
10
5
0
中央推計値の信頼区間をグラフに表示している。
化石燃料／産業活動による二酸化炭素の年間排出量（10億トン）
1960
1970
1980
1990
2000
2010
2018
（予測）
年

出所：Corinne Le Quéré et al., "Global Carbon Budget 2018," *Earth System Science Data*, 5 December 2018, 2141–94, https://www.earth-syst-sci-data.net/10/2141/2018/ のデータをもとに再作成。

もう一方の量も同じ割合で増える正比例の関係にあるが、いつもそうであるかどうかは、まだわかっていない。この先、フィードバックループが働いて、線が上か下に曲がって、曲線になるだろう。しかし、私が生まれてからずっと、直線的な関係が続いている。

私たちがいま経験している気温の変化が表れるまでに、炭素の排出量を2倍にし、それをまた2倍にし、そしてさらに2倍にしなければならなかったのかどうかはわからない。炭素の排出量を2倍にするのは並大抵のことではない。そうするには、財の生産を何が何でもどんどん増やさなければいけなかった。少なくとも一握りの人がそうしたいと思う必要があった。何キロも渋滞が続く中を座りっぱなしでいることもいとわず、さらに、少数の人が何度も飛行機で遠くに行きたいと思って、全方向に飛ぶ飛行機で空をいっぱいにしなければいけなかった。そして、ローンを組み、お金を借り入れて投資し、割賦で車を買い、クレジットカード払いで休暇にでかけることで、それを後押しした。そのすべての背景にある原動力を突き詰めれば、人間の欲に行き着く。とりわけ、自分の富を投資して、誰よりも早く、誰よりも金持ちになろうとした者たちの欲だ。その強欲さゆえに、他人にお金を貸したのであり、海外に行ったり、車を買ったりする手段と資金を供給したのであり、そしてその後、公共交通機関がつくられないようにし、国内で休暇を過ごすことが奨励されないようにするために、巨額の資金を投じてロビー活動をしたのである。

そうだとしたら、地球の大気中に人為的に排出される二酸化炭素の量をどうやって2倍にしたのだろう。これほど多くの石炭と石油を燃やすことが必要とされた生産をどうやって増やしたのだろう。1955年から1976年の間に、莫大な二酸化炭素が排出されている。それまでの人類の歴史の中で記録された排出量と推定されている排出量を合わせたものと同じ量のガスが、そのわずか21年間に生み出された。その問いに答えを出すには、生産ラインと油井の発展だけでなく、自由市場のイデオロギーにも目を向けなければいけない。利益を追求するのであればどのような振る舞いでも正当化するために使われたのが、自由市場のイデオロギーだった。

膨大な石油が埋蔵されていると考えられたものが発見されて、さらに多くの発電所、産業、輸送に、より大量の燃料を迅速に供給できるようになった。石炭採掘が機械化されて、長い年月をかけて圧縮された炭素が貯留されている地層を、以前ならとても考えられなかったような速さで掘り尽くせるようになった。ガスタンクが建設され、長距離のパイプラインが敷設されて、石炭ガス、その後、天然ガスを、経済的に見合ったコストで輸送・貯蔵することが技術的に可能になった。ガスが十分に供給されるかぎりは、断熱されていない何百万もの住宅やオフィスをガスで暖房することができた。

このように大気中に送り込まれる炭素の量は劇的に増えたが、そのほとんどすべてが、最富裕国に住む人たちの活動から生み出された。最初にとても暖かくなったのは、私たちの家だ。最初は1台、その後2台の自動車がいつも並んでいることがふつうになったのは、私たちの家の車庫である。新しいものを次々に手に入れては、まだ使える古いものを捨てることが当たり前になったのは、私たちの世代だ。大勢の人が飛行機でリゾート地に行って休暇を過ごすようになったのも、私たちの世代である。これだけ膨大な量の炭素が燃やされたのは、世界で貧しい人の数が増えたからではなかった。

１９６１年には、世界で生産された自動車１１４０万台のほぼ半分がアメリカでつくられた。アメリカの生産は１９６０年代に55％増えたが、アメリカ以外の国の生産はそれ以上のスピードで増え始めた。１９７１年には世界で年間２６５０万台の自動車が製造されていたうえ、１９６１年に生産ラインから出てきた自動車のほぼすべてが10年後にもどこかの道路でまだ走っており、自動車を継続的に使用することで生産時をはるかに上回る二酸化炭素を生み出していた。

１９７１年になると、世界の自動車生産に占めるアメリカのシェアは3分の1強まで下がっていた。それでも、年間の生産台数は860万台と、10年前より200万台多かった。1971年の各国の生産台数を見ると、ドイツが380万台と、1961年の2倍になった。日本は370万台で、1961年の15倍に増えた。フランスは270万台、イギリスとイタリアはそれぞれ170万台、カナダは110万台で、それに続くロシアは〝わずか〟50万台だった。世界の人口が多すぎるから、大気中の炭素が2倍になったのだと言う人がいたら、その汚染に大きく加担した国のリストを見せて、それがどれだけ少ないか教えてあげるといい。

豊かな国が生産し消費する

もちろん、二酸化炭素の排出が急増した原因は、自動車だけではない。高速道路の建設がそうだった。トラックの台数と貨物量の増加がそうだし、肉の生産の増加もそうだ（肉の生産は他の温室効果ガスも生み出した）。コンクリートの使用がかつてないほど増えたことがそうだ。1トンのセメントをつくると1トンの二酸化炭素がつくられる。航空機がそうだし、船がそうだ。かつてはもっぱら贅沢品だったものが大量生産されるようになったことがそうだ。ファッション、音楽、ビニール（化石燃料からできている）の成長がそうだ。休暇用のパッケージ旅行も、自動コーヒーメーカーもそうだし、みんな自分用のズボンプレッサーがほしいんじゃないかというアイデアもそうだった［＊81］。こうしたモノのほとんどすべてが新しくて優れているとされていて、「絶対に買うべきです」と広告が繰り返し訴えていた。それは新しいタイプの金融家の一攫千金術だった。他の人にお金を貸し付けることに変わりはなかったが、お金を定義する新しい方法が見つかり、銀行券を発行するときにその裏付けとして実物の金を用意する必要がなくなったことで、債務は膨れ上がった。

金本位制は１９７３年にアメリカで正式に廃止され、その年の10月に完全な変動相場制に移り、債務が爆発的に増加することになった。教科書には何の警告も書かれていなかった。なぜなら、過去に前例がなかったからだ。少なくともこれと同じような出来事は起きていなかった。しかし、この時代を最も象徴するものは、自動車にほかならない。イギリスでは、マーガレット・サッチャー首相が１９８６年に、26歳になってもまだバスに乗っている男は、自分は人生の落伍者だと自覚したほうがいいと語った。大人の男は自動車を運転するべきだというのである。

１９８１年には世界の自動車生産は増加に転じていたが、増加量はわずかで、世界中の生産ラインから年間２７４０万台が送り出されていた。自動車の消費とまではいかないにしても、自動車生産に対するアメリカの寄与がついに下がり始めていた。１９８０年代初めのアメリカの自動車生産は、相対ベースだけでなく、絶対ベースでも縮小し、年間の生産台数は６３０万台と、日本の７００万台を大きく下回った。ドイツの生産は若干減少していたが、それでも1年間にほぼ３８０万台を生産していた。フランスの生産も２６０万台と、微減にとどまった。これに対し、ロシアの生産は１３０万台と、ほぼ3倍になった。イタリアも１３０万台だったが、26%減少していた。それ以上に落ち込みが大きかったのがイギリスで、45%減少して１００万台弱まで下がり、スペインの年間生産台数を10万台上回るにとどまった。スペインの生産は10年間に89%増加していた。しかし、各国の詳細は問題ではない。ここで重要なのは、これらがどれも豊かな国であることだ。こうした国が１９８０年代になっても世界の新車の大部分を生産し消費しており、大量の炭素を排出して、大気汚染をさらに進行させていた。

ここ何世紀かに人為的に大気中に排出されている炭素のほとんどすべてが、アメリカ、ヨーロッパ、日本の活動から生み出されている。炭素は中東の油田地帯からも放出されているだろうし、アフリカで運転されている自動車も少し増えたかもしれない。だが、そうした自動車はほとんどすべてが豊かな国の人たちによってつくられ、その人たちは自動車をつくるだけでなく、世界の自動車の大多数を運転してもいた。世界の汚染は加速しており、それを左右していたのは依然として購買力であり、人の数ではなかった。豊かな国に住む人たちが世界人口に占める割合は急速に下がっていたが、自動車を運転する人がどんどん増えていたので、汚染に占める割合は上昇し続けていた。多くの家族が自動車を2台持つようになっていた。

1991年、世界の年間自動車生産台数はふたたび増加し、3530万台に達した。生産が海外に移転するようになったため、アメリカのシェアは4分の1未満まで下がっていた。生産台数トップは依然として日本で、2位はアメリカ、3位はドイツ、4位はフランスだったが、スペインがイギリスを大きく上回り、5位に上がった。新興の韓国が9位に食い込んだほか、ここまでほとんど完全に無視されていた中国は、1991年の生産台数はわずか8万1000台だったが、新規参入国として世界ランキングで26位に入った。

時計の針をさらに10年進めて、2001年を見てみよう。当時は毎年、年間約4010万台が生産されており、1位は日本、2位はドイツで、アメリカのシェアはわずか12%で3位だった。4位はフランス、5位は韓国で、ブラジルは8位に順位を上げ、メキシコは13位、中国は14位、インドが15位だった。そして、汚染の増加率が過去最大に達してからかなり後になって、世界の中でも人口が特に多い国の一部が、工業生産と汚染排出量の順位で最下位圏に落ち始めていた。

時計の針をまた10年進めよう。2011年には年間5200万台の新車が生産されていた。その5分の1が中国製だった。生産台数トップは中国で、これに日本、ドイツが続き、アメリカは4位まで落ちていた。韓国は5位を守り、インドが6位、ブラジルが7位となった。その5年後の2016年は新車の生産台数は5660万台で、そのほぼ4分の1が中国でつくられ、アメリカのシェアは7%、イギリスは3%

図16　燃料の使用と産業活動による世界全体の二酸化炭素排出量、1960～2018年（時系列線）

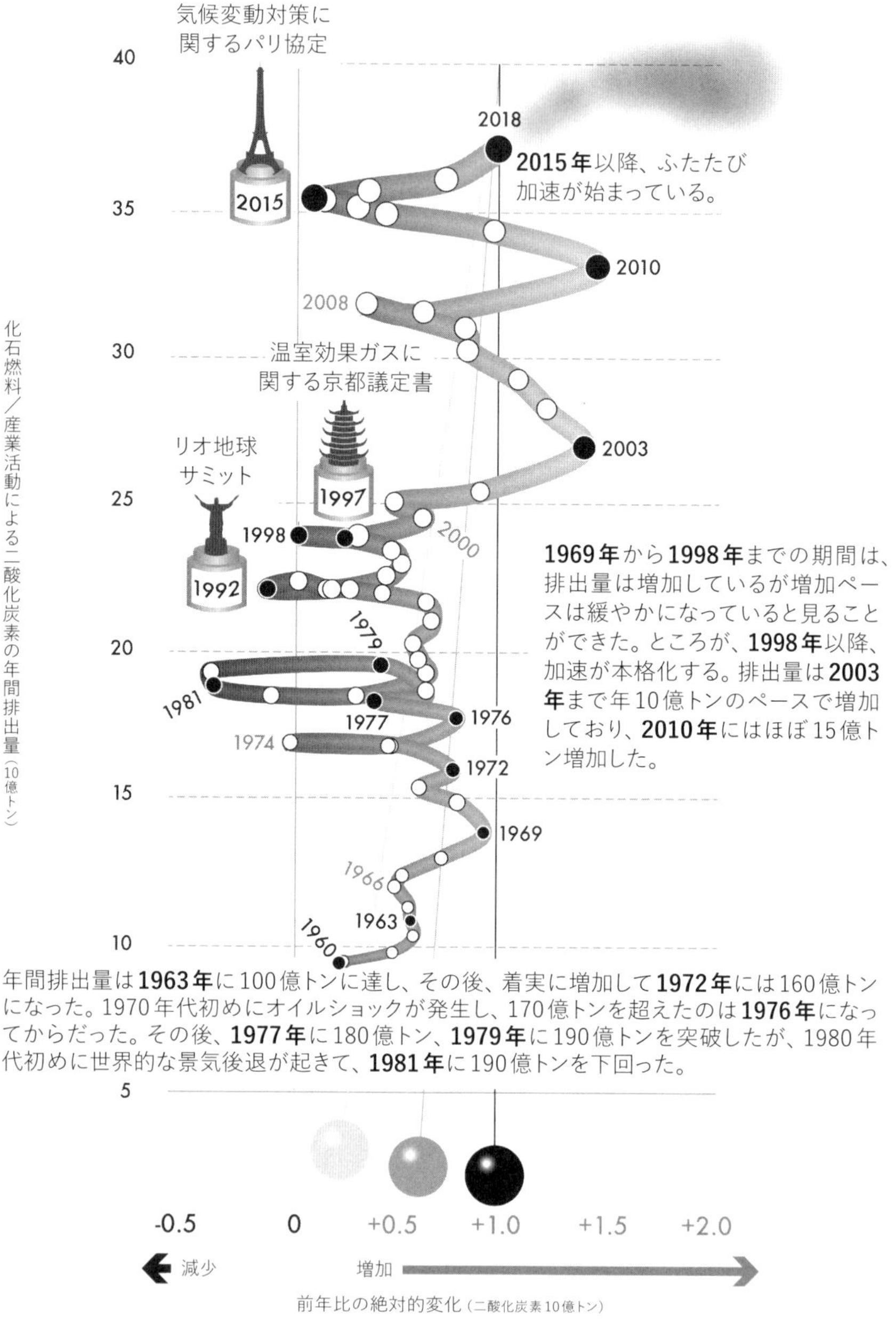

気候変動対策に
関するパリ協定
2015
温室効果ガスに
関する京都議定書
1997
リオ地球
サミット
1992
40
35
30
25
20
15
10
5
化石燃料／産業活動による二酸化炭素の年間排出量（10億トン）
2018
2015年以降、ふたたび
加速が始まっている。
2010
2008
2003
2000
1998
1969年から1998年までの期間は、
排出量は増加しているが増加ペー
スは緩やかになっていると見ること
ができた。ところが、1998年以降、
加速が本格化する。排出量は2003
年まで年10億トンのペースで増加
しており、2010年にはほぼ15億ト
ン増加した。
1979
1981
1977
1976
1974
1972
1969
1966
1963
1960
年間排出量は1963年に100億トンに達し、その後、着実に増加して1972年には160億トン
になった。1970年代初めにオイルショックが発生し、170億トンを超えたのは1976年になっ
てからだった。その後、1977年に180億トン、1979年に190億トンを突破したが、1980年
代初めに世界的な景気後退が起きて、1981年に190億トンを下回った。
-0.5
0
+0.5
+1.0
+1.5
+2.0
減少
増加
前年比の絶対的変化（二酸化炭素10億トン）

出所：The Global Carbon Project, “Supplemental Data of Global Carbon Budget 2018” [version 1.0], Global Carbon Project, https://doi.org/10.18160/gcp-2018より引用したデータをもとに作成。

にとどまった。人口の多い国の自動車生産が世界の二酸化炭素汚染に加担するようになったのは、このとても長い期間の終わり、それも最後の数年のことだが、ここにいたってなお、こうした国でつくられた自動車の大部分は、豊かで人口が少ない国に輸出されている。

化石燃料から生み出された世界全体の排出量に関する図15の数値（産業、輸送、発電、暖房・調理などの国内使用によるもの）は、これを推計した科学者グループによって、誤差帯域を付加した標準的なグラフの形で2018年12月5日に世界に向けて発信された［＊82］。数値が上昇した2018年は赤で表示されていたので特に劇的に見えたが、最終年のデータは暫定値だったことは指摘しておくべきだろう。このグラフが発表された時点では、2018年は終わってさえいなかった。

時間傾向が図15のような形で示されているときは特にそうだが、トレンドの上昇が頭打ちになるか、場合によっては下降に転じる転換点に特定のパターンがあるかどうかを判断するのは、とても難しい［＊83］。この標準的なグラフの引用元である論文の全文と関連するデータセットは、すべてインターネット上で広く無償で公開されている［＊84］。この章のこの部分でこれまでに示したトレンドを抽出するのに使ったのが、このデータソースである。すべてまったく同じデータであり、データの見方が違っているだけだ。図15と図16は同じデータを示しているが、図16は本書で時系列線を作成するときに用いられている方法で描かれたものであり、主要な気候変動世界会議の開催年も表示している。

景気後退、不況、産業活動、炭素

世界全体の二酸化炭素の汚染が年間371億トンに増加したのは、私たちの時代である。この本を読んでいる人の一生涯を通じてとまではいかないまでも、ほとんどを占めている。生産と汚染がどのようにして増加したのかがわかったところで、次の問いに進みたい。「どうすればふたたび減らすことができるか」だ。その問いに答えを出す大きな手がかりの一つが、世界の炭素汚染に起きた直近の変動の中にある。

図16は、1960年から2018年の産業活動とその他の化石燃料の使用による二酸化炭素排出量の時系列線を示している。時系列線は混沌とした状態にあるが、これに対して一貫した説明が少しでもあるとしたら、それはどんなものだろう。1960年代に排出量は毎年増加した。そのうち半分の年では前年の増加量をさらに上回った。1970年には、年間二酸化炭素排出量は150億メトリックトンと、目がくらむほど高い水準に達していたが、わずか10年前には100億メトリックトンだった。その後、スローダウンが始まり、1974年の年間排出量は前年を下回った。これはとても長い期間で初めてのことである。1976年には景気は通常の状態に戻っていたように見えたが、1980年代初めに景気後退が起きて、産業活動とその他の化石燃料からの世界の排出量は減少した。1980年だけでなく、1981年、1982年もそうだった。

当時、炭素排出の増加は大きな問題をはらんでいるかもしれないと、うすうす感じていた人たちもいた。そのときにこうした推定値を入手できていたら、1969年頃に減速が始まり、1980年には減速傾向がかなりはっきりしているように見えて、少し気が楽になった人もいたかもしれない。しかし、1980年代後半の統計に、そんな楽観は打ち砕かれることになっただろう。1992年に排出量が減少して、また楽観論に火がついていたかもしれないが、それは1990年代初めの世界的な景気後退に関連した一時的なものにすぎず、すぐに終わった。最後に増加が止まった1998年も、前の年に原油価格が1バレル当たり40ドル強に値上がりしたことに関連したもので、翌1999年には、第二次世界大戦直後以来の最低水準まで下がった。

原油価格が上がると、自動車メーカーは生産を減らすので、1998年に世界全体でつくられた新車は3730万台にとどまり、前の年の3850万台を下回った。その後、自動車の生産台数は回復し、1999年には3880万台、2000年には4070万台に増加した。2001年にドットコムバブルが崩壊し、それに関連して小規模な信用収縮が起こると、生産台数は一時的に減り、排出量も一時的に横ばいになった。しかし、その後は勢いを取り戻して、2002年には4120万台、2003年には4170万台に増加した。その後またスローダウンしたが、それも一時的で、世界的な金融危機が発生したことを受けて、2008年には急激に、2009年には劇的に減少した。最近はふたたび回復傾向にあり、2015年は減少したものの、また増加に転じた。自動車生産は、産業活動やその他の化石燃料に関連する排出量のほんの一部を占めるにすぎないが、興味深いことに、排出量全体のトレンドに沿って増減する傾向がある。

それにしても、これほど短い期間にこれほどの変

表4　世界の自動車製造台数（100万台）と国別シェア、1961 ～ 2016年

	1961	1971	1981	1991	2001	2011	2016
世界全体	11.4	26.5	27.4	35.3	40.1	52.0	56.6
中国	0%	0%	0%	0%	2%	19%	23%
日本	2%	14%	25%	28%	20%	14%	14%
ドイツ	16%	14%	14%	13%	13%	11%	10%
アメリカ	48%	32%	23%	15%	12%	6%	7%
インド	0%	0%	0%	1%	1%	5%	5%
スペイン	0%	2%	3%	6%	6%	4%	4%
韓国	0%	0%	0%	3%	6%	6%	4%
メキシコ	0%	1%	1%	2%	2%	3%	4%
ブラジル	1%	1%	1%	2%	4%	4%	3%
イギリス	9%	7%	3%	4%	4%	3%	3%
その他	23%	29%	28%	27%	30%	26%	23%

出所：Bureau of Transportation Statistics, *World Motor Vehicle Production, Selected Countries* (Washington, DC: U.S. Department of Transportation, 2017), 2019年9月9日閲覧、https://www.bts.gov/content/world-motor-vehicle-production-selected-countries.

化が起きるものなのか。表4に示すように、中国の自動車生産は、わずか15年間でほぼゼロから世界全体の生産量の4分の1を占めるまでになった。アメリカの生産は、戦後から2011年までに市場シェアを大きく失ったが、その後は安定していると思われる。イギリスの自動車産業の世界シェアは9％から3％に下がり、1961年にはドイツの2分の1の水準をゆうに上回っていたが、3分の1を下回った。さらに、新車全体の生産の増加率がスローダウンしているかもしれない。1960年代に記録した増加率と増加数はまだ超えられていないが、世界が急速に温暖化している中では、何の慰めにもならない。

2018年10月8日、気候変動に関する政府間パネル（IPCC）は、地球温暖化に関する特別報告書を発表した［*85］。それによると、大気中への二酸化炭素の排出を420ギガトン未満に抑えることができれば、66％の確率で地球の気温上昇を摂氏1・5度未満にとどめられるという。いまの排出ペースだと、その総量を2030年までに超えてしまう。2015年以降がそうだったように、これから排出ペースが上がり続けると、もっと早く上限を突破する。これに対し、いま行動を起こせば、上限を超える日を遅らせることができるだろう。上限を超えないシナリオは考えにくいが、2018年の報告書が発表されてから、最初は1人、その後何百人、何千人、何十万人という生徒が世界中で抗議の声を繰り返し上げるようになり、行動を起こすことを求め続けている。初めてこれだけの数の若者が街中を行進したときには私たちは驚いたが、それは驚くことではなかったのではないか。失うものが最も大きいのが、その若者たちなのだから。

私が原稿を執筆している2019年秋の時点で、スローダウンしていない数少ないものの一つは地球の表面温度の上昇であり、そしてもう一つは、気候変動と環境保護への対策を訴える抗議デモである。

第6章

気温——
破滅へと続く例外

Temperature: The Catastrophic Exception

世界が温室効果ガスの排出量を削減できたとしても、北極圏の気温が3〜5度も上昇することは避けられず、この地域に破壊的な影響がおよぶおそれがある。

――国連環境計画、ナイロビ、2019年3月13日

ほとんどすべてのことがスローダウンしているが、一つ例外がある。気温の上昇だ。二酸化炭素の排出量でさえ、大半の人が思い出せるかぎりの時期と場所では、総量そのものとまではいかなくても、増加率が緩やかになっている。いまも加速していると思われていることの大半は、まだ減少・低下に転じてはいないものの、少なくともスローダウンしている。これまでの章で示したように、私たちが収集してきた役に立つ情報の量は減っているし、私たちが抱えている債務の規模は減っているし、私たちが買う本の数は減っているし（本に限らず、私たちが買っているほとんどすべてのものの量は、重量ベースで見ると数年前よりもたいてい減っている）、何より重要な点として、私たちが持つ子どもの数は減っている。しかし、気温は上がり続けている。

地球の気温は、私たちを取り巻く大気中に放出されるものの量とほぼ正比例して上昇しているように見える。気温の上昇を止めたいなら、放出される量を自然に吸収される量にまで減らす以外に道はなく、しかもすぐにそうする必要があるのだが、現状はほど遠い。しかし、それ以外の問題は関係ない、人間の生活の他の領域で起きているスローダウンはたいしたことではないと断じる前に、気温と気候について、私たちがいかに短い期間でいかに多くを学んできたか、考えてみたい。最も重要な物語であるとわかったことについて、私たちはつい最近までほとんど知らなかった。この章では、その気温の物語、そして人間が学び、考え、適応していく物語を見ていく。

物事を学ぶには、それも本当の意味で学ぶには、1世代かかる。学校で教わったことは、だいたい一生涯にわたって信じるものだ。そうした知識はすべて、人生のしかるべきときに頭に入っていき、そこに刻

まれる。もちろん、知識をアップデートすることはできる。それには本書のような本を読めばいい。しかし、この本で言われていることの大半を受け入れるか拒絶するかは、一連のページに書かれていることにどれくらい説得力があるかと同じくらい、若いときに教え込まれたことに左右されるだろう。それは他のどの本でも変わらない。私たちはそのようにできているのだ。

私たちの脳の回路は、主に子ども時代につくられる。人類の歴史の大半で、子どもはまわりを見て、教わって、物事を学んできており、そのやり方はとても効率がよかった。最近の世代は生きている間にとても大きな変化を目の当たりにしてきた。それ以前は1回の人生の間に何かが大きく変わることはなかった。戦争などの惨事は起きたが、進歩はほとんどなかった。大加速化が始まる前は、ほとんどの子どもは学校に通っていなかったが、子どものときにまわりの大人から学んだことは、その後の人生でたいてい役に立ったし、正しかった。

大衆教育の導入は、大加速化を支えた一端だった。それでも変化の速さには追いつけず、学校が子どもに教えたことが、後になって間違いだったとわかることもよくあった（私が1980年代にイギリスで学校に通っていたときには、いつ氷河期がきてもおかしくないと教わった）。大人は何でも知っているという考え方は、わかっていることが根底から変わるときには、残念ながら役に立たない。物事を根本から変えるのは、いまの子どもたちだろう。興味深いのは、それがどれだけ速く達成されるかだ。

第5章では、排出量だけを考えて、その影響は取り上げなかった。はるか昔のヨーロッパの工業化の初期から過剰な排出が行われており、その影響は累積されるが、初期の産業活動によって放出された少量の二酸化炭素の大部分は、海に再吸収されるか、植物による再循環を通じて吸収されることになるだろう。人間に由来する二酸化炭素の排出が劇的に増加したのは、ここ何十年かのことだが、もちろん、人間はそれよりずっと前から大気を汚染してきた。その影響が最も大きくなるのは、これからだろう。だからいま、気候変動がこれほど大きな国民の関心事になり、これほど広く政治の場で議論されているのである。私たちはすでに膨大な量の炭素を大気中に放出してしまっているが、それが長期間にわたってとても深刻な影響をもたらす可能性があること、与えてしまったダメージをすぐに回復させる簡単な方法はないことに気づいたのは、ここ何十年かのことでしかない。

気候変動には政治を変えた歴史がある。その昔には、短期の気候変動によって、何年か不作になることがあった。大凶作の年は、1883年にクラカタウで起きたような大噴火のほか、小惑星が地球に衝突して森林火災が広がるといった、ごくまれな自然現象によって引き起こされたものが多かった。短期の気候変動が社会を大きく変えた政変の重要な引き金になったという指摘もある。その最たる例がフランス革命だ[＊86]。人間が引き起こした気候変動も、近い将来、同じような影響をもたらすのだろうか。

忠誠が変化したのは、信頼が崩れたときである。パンと米の価格が上がったとき、食料供給の信頼性が揺らいだとき、将来は安定するという約束が破られたように見えたときがそうだった。世界が急速に温暖化して、天候がいま以上に予測不可能になることを現在の政府が恐れているのは、一つには、この規模で現状が脅かされると、みずからの将来が危うくなりかねないからだ（けっして全員が全員そうでないにしても、本気で心配している政治家はたくさんいる）。ところが、この変化はほんの数年間に集中して起きるわけではないため、より切迫した問題に比べると、政治家の関心は低い。しかも、大半の政治家は、学校で地球温暖化について教わらなかった世代である。生まれてからずっと意識してきたことではない。

昔は、雨が降らなかったら、神の怒りによるものだと言い聞かされた。干ばつが続くと、新しい神を求めた。その後、不作になったときには、神から授けられた権利によって支配すると宣言した国王と女王、皇帝などの独裁者の支配が覆された。最近では、選挙で選ばれたリーダーやお抱えの経済学者たちは「問題ない」と言っているが、新しい神の司祭たる科学者たちは「そうではない」と訴えているため、リーダーの言葉が疑われるようになっている。ありがたいことに、それ以外のほとんどすべてのことがスローダウンしているので、気候変動の問題に集中できるようになるはずだ。

気温の発明

かつて気温は、幸福感のように主観的なものと考えられていた。その後、温度計が発明された。実際の気温の記録は、精度の高い温度計が初めてつくられた後の期間しかないが、気温測定の代わりになる代替指標方式を使えば、過去2000年間の妥当な記録を推定できる。二酸化炭素の水準と気温を正確に関連づけられるようになったのは、ごく最近のことだ［＊87］。2007年に発表された気候変動に関する政府間パネル（IPCC）第4次評価報告書は、こう結論づけている。「20世紀後半の北半球の平均気温は過去500年間のうちのどの50年間よりも高かった可能性が非常に高く、少なくとも過去1300年間のうちで最も高かった可能性が高い」（傍点は筆者）［＊88］。古気候学の研究者らが5億年前に遡る世界の気温のグラフを作成してくれているので、私たちの時代がどれだけ異例であるか、いまはわかる。しかし、ほんの数世代前には、気温とは何かさえわからなかったのだ。

ガブリエル・ファーレンハイトは1736年に、アンデルス・セルシウスは1744年に死去した。温度を高い精度で知ることができるようになったのはここ250年のことにすぎず、入院患者の体温を確実に測定できるようになったのも1868年になってからだ。人間の体内の温度が測定され始めたのと前後して、地球上のさまざまな地点で大気の温度が測定され始めた。（187ページの）図17はその頃から始まっている［＊89］。この図は、アメリカ航空宇宙局（ＮＡＳＡ）が発表した年平均地表面気温の変化に関するデータ系列を示したもので、５年間の移動平均で平滑化して、測定エラーや不規則な変動の影響を小さくしている［＊90］。

世界の平均気温を推定するにはさまざまな方法がある。二酸化炭素の排出量と違って、世界の気温を決定的に測定できる単一の方法がない。将来は衛星測定値と地表面測定値を組み合わせることで、よりよいデータを生み出せるようになるだろうが、現時点での地球平均温度の推定値はまだ推定にすぎず、何千もの温度計を使って測定した結果を加重平均したものである。それでも、いまあるさまざまな手法のすべてが、よく似たパターンを示している。平滑化されなければ、グラフ上の線はもっと不規則に見える［＊91］。

温度計を使って体温（37度前後）と地球の温度（当時の平均は15度前後）を測り始めたのは、人間の体は別の種の動物の体にすぎないことを私たちが初めて理解した頃だった。私たちはごく短い期間に、とても多くのことを受け入れなければいけなかった。世界各国の経済は切り離しがたく結びついており、それぞれが目に見えない経済の網の目の一部になって、一つの国・地域の混乱が世界全体に波及していくことも、最近になって知った。人体の四肢と同じで、地球の極地は気温が少し低く、結びつきが弱い傾向があるが、それでも互いに依存し合っている。

人類の歴史を振り返ると、変化そのもののスピードが上がったときはあった。植物が環境に適応したときも、新しい宗教が亜大陸を席巻したときも、古代に疫病が流行して秩序が根本から変わったときもあった。それは何度も繰り返されてきたことだ。しかし、私たちがいま経験しているようなことは、過去に一度も起きていない（最近でこそ、新しい理解が生まれ、新しい市場が開けるスピードは遅くなっているが）。温度計が世界中に急速に普及したことも、そのごく小さな例の一つだ。そうして気温は頻繁に測定されるようになり、私たちを取り巻く環境を理解したい、変化をコントロールするとまではいかなくても、変化を予言したいという欲求は高まった。

世界中でよろい戸がついた白い箱がたいてい1日に数回開けられて、中にある温度計の温度が読み取られ、記録されている。こうしたいわゆるスティーヴンソン・スクリーン（百葉箱）は、1860年代にトマス・スティーヴンソンが発明した（スティーヴンソンは『宝島』の著者、ロバート・ルイス・スティーヴンソンの父である）。当初、気温は長年にわたってほとんど変化しなかった。しかしその後、何かが変わった。加速化が静かに始まっていたのである。

過去5世代

地球の気温が目に見えて上昇しているのは、ここ5世代の間だけである。イギリスの出生記録を使って1世代の長さを定義するなら（母親の平均出産年齢）、過去5世代の最初の世代を、1901年から1928年の間に生まれた人と定義するのが適当である［＊92］。この第1世代が生まれたのは、地表面の平均気温が第2世代の赤ん坊が生まれたときの平均気温よりも1000分の4度だけ低いときだ。気づかないくらいのわずかな差である。地球は冷えつつあり、氷期がごくゆっくり近づいているとさえ考えられた。1世代後には多くの人がそう信じるようになった。

第2世代（1929〜1955年生まれ）が生まれたときの平均気温は、第3世代の平均気温より1000分の5度だけ低かった。この第3グループを、世間一般で言われているように、X世代と呼ぶことにしよう。これは1956〜1981年に生まれた世代である［＊93］。私はX世代のちょうど真ん中に生まれた。私の世代コホートでは、世界は親の世代よりも暖かくなったが、それでもほんのわずかだった。

氷期と間氷期は交互にやってくるという考え方が定着し始めたのは、X世代が生まれた頃だ。当時、地球の公転軌道とゆっくりと変化する自転の傾きの変化がどう関係して一連の間氷期がもたらされていたのか、計算が始まったところだった［＊94］。そのときは間氷期にあり、他のすべての条件が同じなら、地球は氷期に向かっていた。しかしその後、この知識が地球中に広まった直後に、何かが変わった。他のすべての条件はどう見ても同じではなくなったのである。

第4世代であるY世代（1982〜2011年生まれ）は、気温がそれまでの三つの世代の3倍上昇し、1000分の15度上がった（それでもほとんど気づくことはない）。その後、第5世代であるZ世代の気温上昇も、最初の5年間だけで第4世代の3倍になった。第5世代の最後の層が生まれる2042年前後には、気温の上昇幅ははるかに大きくなっていると予想される。しかも、本書の企画を提案されてから原稿を書き上げる間に新しいデータポイントが図17のグラフに追加され、ほんのわずかながら、加速化がふたたび進んでいる。

変化を正しく評価するには、一歩下がって、時間に対する視点を変えなければいけない。図17を見るとわかるように、ごく最近まで、上昇トレンドを見きわめるのは非常に難しかった。しかし、いちばんの心配はこの先どうなるかであって、これまでに何があったかではない。心配は将来に対するものだ。近い過去については、それをいまどう解釈するべきかという点を除けば、あまり気にしないし、遠い過去にいたっては、もう歴史でしかない。だが、その遠い過去の人々がどのような生き方を選択し、どのような秩序をつくりだし、お互いにどう接したかということからは、いまも多くを学ぶことができる。

近年では、豊かな国に財の消費を減らすよう求める声が広がっているが、つつましく暮らすことを心がけ、物質的な豊かさを追い求めることは慎むべきだという教えは1000年前からある。イギリスの経済学者で気候変動に関する顧問を務めたニコラス・スターンが発表した研究結果の一つの解釈として、深刻な気候変動を回避するには、２０１５年以降、豊かな国の生産と消費の両方を年６％減少させる必要があると考えられる。この目標を達成するための対策として、広告の掲載を禁止することが提言されている［＊95］。しかし、私たちはどこまで適応する必要があるのだろう。よい方向への変化がすでにどれだけ始まっているのだろう。迫りくる地球の危機をほとんど無自覚に招いたのは、ここ最近の世代である。私たちはその事実と向き合わなければいけない。だが、いま何が起きているのか、私たちはどこまで理解しているのだろう。

温室効果ガスの1メトリックギガトンは、10億メトリックトンである。これは2億１１００万台の自動車が1年間に放出する量に匹敵する。1ギガトンはアメリカの1億の家庭が燃料や動力源として化石燃料を使用して毎年放出する総量であり、想像もつかないくらい膨大な量のガスだ。こうした統計の出所である小売りの巨大企業、ウォルマートのプレス

表5　世界売上高上位10社、2018年

会社名	業	売上高（100万米ドル）	国
ウォルマート	小売	514,430	アメリカ
国家電網	電力	363,125	中国
中国石油化工集団	石油・ガス	326,953	中国
中国石油天然気集団	石油・ガス	326,008	中国
ロイヤル・ダッチ・シェル	石油・ガス	311,870	オランダ／イギリス
トヨタ自動車	自動車	265,172	日本
フォルクスワーゲン	自動車	260,028	ドイツ
BP（旧ブリティッシュ・ペトロリアム）	石油・ガス	244,582	イギリス
エクソンモービル	石油・ガス	244,363	アメリカ
バークシャー・ハサウェイ	金融	242,137	アメリカ

出所：“List of Largest Companies by Revenue,” *Wikipedia*, 2019年4月22日閲覧、https://en.wikipedia.org/wiki/List_of_largest_companies_by_revenue.

リリースによると、同社は取引先に対し、2030年までに温室効果ガスの排出を1ギガトン減らすことを義務づけた。これはカリフォルニア州の年間排出量の3倍にあたる［＊96］。ウォルマートがこの約束を掲げたポスターによれば、温室効果ガス1ギガトンは、シロナガスクジラ600万頭、あるいは雄のアフリカゾウ1億頭が吸収する量に匹敵する。

二酸化炭素だけを考えると、平均的なアメリカ人は消費・移動行動から1年に約17メトリックトンを排出する。2017年のアメリカの人口は約3億2300万人なので、全体では約5・5ギガトンになる。もう少し計算すると、シロナガスクジラ3300万頭（5・5×6）が吸収する量になり、自動車を運転する、飛行機に乗る、過剰な消費をする、エアコンを使うといった行動から、アメリカ人1人当たりシロナガスクジラ約10分の1頭が吸収する量の炭素汚染が1年間に排出されている。アフリカゾウだとほぼ2頭分だ。ウォルマートのポスターには、取引先だけでなく自社がいま何ギガトン排出しているかは書かれていない。

表5は、直近のデータである2018年の売上高をもとにした世界の大企業ランキングである。いずれも、石油・ガスの生産、石油で走る自動車の生産、その石油を使って自家用車を運転していく超大型駐車場を備えた巨大なスーパーマーケットの建設と運営（ウォルマートの場合）に直接かかわっているか、ほかでもない「ユナイテッド航空とデルタ航空の筆頭株主、かつ、サウスウエスト航空とアメリカン航空の上位3位以内の株主」（ウォーレン・バフェットが経営するバークシャー・ハサウェイの場合）である［＊97］。

2018年には長期平均を1度上回る水準に近づく

図17の時系列線が示しているものは、地球全体で増加の一途をたどっている二酸化炭素汚染の影響によ

図17　世界の陸域・海域年間平均気温、1881 ～ 2018年

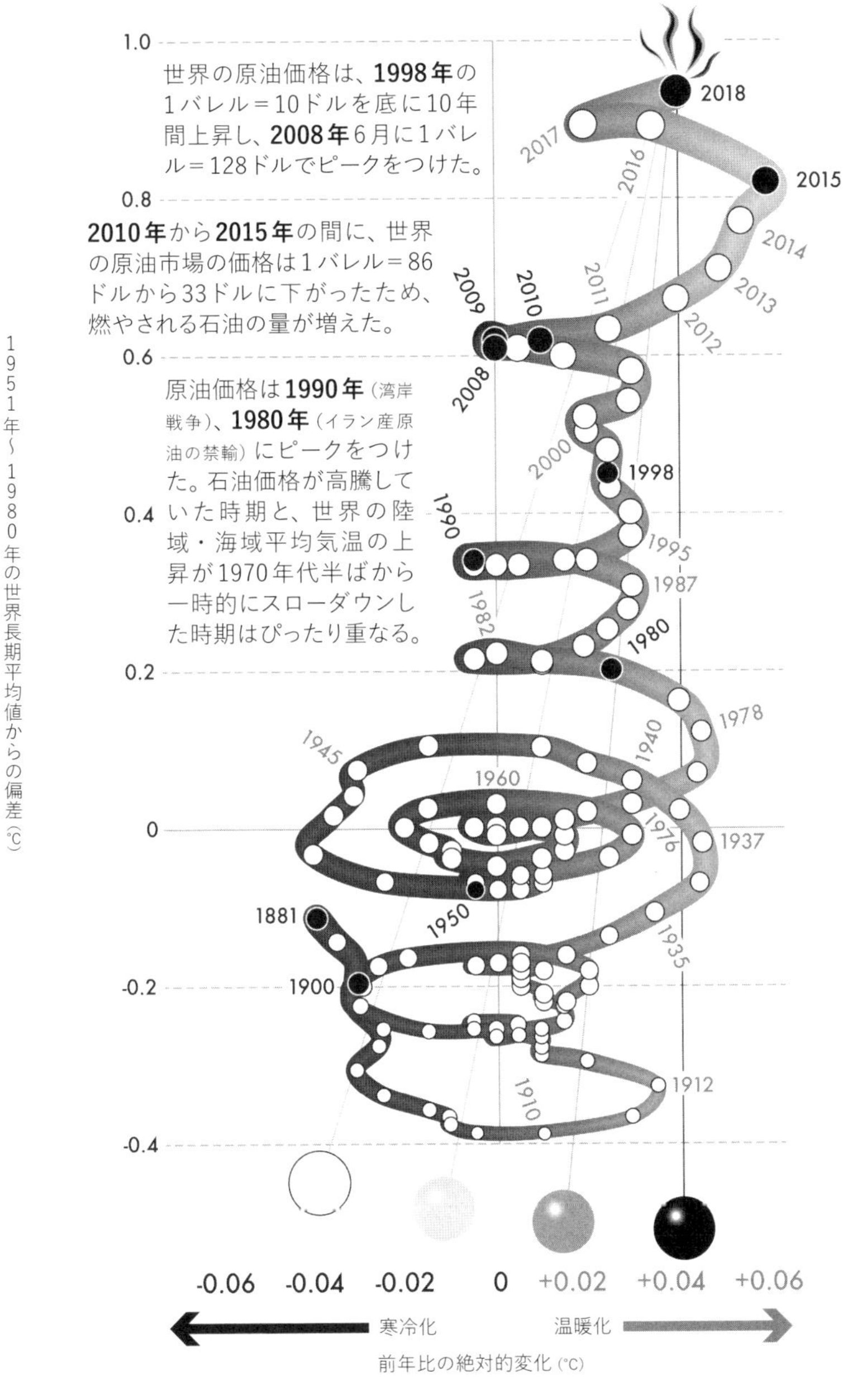

世界の原油価格は、**1998年**の1バレル＝10ドルを底に10年間上昇し、**2008年**6月に1バレル＝128ドルでピークをつけた。
2010年から**2015年**の間に、世界の原油市場の価格は1バレル＝86ドルから33ドルに下がったため、燃やされる石油の量が増えた。
原油価格は**1990年**（湾岸戦争）、**1980年**（イラン産原油の禁輸）にピークをつけた。石油価格が高騰していた時期と、世界の陸域・海域平均気温の上昇が1970年代半ばから一時的にスローダウンした時期はぴったり重なる。
1951年～1980年の世界長期平均値からの偏差（℃）
1.0
0.8
0.6
0.4
0.2
0
-0.2
-0.4
2018
2017
2016
2015
2014
2013
2012
2011
2010
2009
2008
2000
1998
1995
1990
1987
1982
1980
1978
1945
1940
1960
1976
1937
1881
1950
1935
1900
1912
1910
-0.06
-0.04
-0.02
0
+0.02
+0.04
+0.06
寒冷化
温暖化
前年比の絶対的変化（℃）

出所：NASA Goddard Institute for Space Studies, GISTEMP v4 2019, “Global Mean Estimates Based on Land and Ocean Data,” 2019年9月19日閲覧、https://data.giss.nasa.gov/gistemp/graphs/graph_data/Global_Mean_Estimates_based_on_Land_and_Ocean_Data/graph.csv.

るものと広く信じられている。その汚染は、毎年6月に太平洋上に位置するハワイ島の山で測定されている。気温はガスと違って均等に分布していないため、地球全体の平均気温とその変化を推定するのははるかに難しい。気温は昼と夜で大きく変わるだけでなく、天候や季節、場所によっても、地上と上空でも変わる。近年でも、何十年という期間でも、平均気温がどう変わっているかを推定するには、さまざまな手法がある。どの手法も推定値をベースライン平均と比較して評価するが、そのベースラインは手法によって異なるし、時間の経過によっても変わる。すでに混乱している人もいるかもしれないが、それはあなただけではない。

図17〜19と、もう一つの標準的なグラフ（図20）は、地球の気温の変化に関する3種類の推定を示している。それぞれ別の科学者グループによるものだが、どれも同じことを示唆している。「地球はいま急速に温暖化している」。推定されている温暖化量も、気温が上昇・下降した厳密な時点も、それぞれ違っている。これは一つには、全体像を明確にするためにデータの元の作成者か私が使っている平滑化技術がそれぞれ違っているということもある。また、本書の文脈では、他の図とは大きく異なっている。なぜなら、どれも最近は加速化していることを示しているからだ。

図17では、１９９０年以降、ほとんどすべてのポイントが右側にあり、年々増加し続けている。増加そのもののペースも増加（加速）している。そのため、時系列線はどんどん右に向かっており、いまは気候変動が私たちの最大の不安要因になっている。前に述べたように、こうしたグラフを作成するには、質の高いデータが必要になる。図17、図18のデータは質が高いが、外気と隔離されている地上の温度計を使って得られたものに限られ、比較的豊かな国に集中している。

海上に気象観測所があることはかなり少なく、寒冷地となるとさらに少ない。図17の時系列線が不規則に変動しているのは、気温が測定された場所の局所的・短期的な要因によるものか、火山の噴火によるものと考えられる。エルニーニョ現象が大西洋上の風のパターンに与える影響や、不況の影響、過去の世界戦争の影響によって、汚染の発生が一時的に弱まることがある。利用可能な測定値を最大限に活用するには、個々の結果を重み付けして、地球全体の平均気温に関する最善の推定値を得られるようにしなければいけない。

図17に示すように、地球の平均気温を算出すると、原油価格の時間変化と世界の気温の上昇ペースの変動は相関している可能性があるように見えてくる［＊98］。図17を作成するのに使ったデータは、NASAゴダード宇宙科学研究所（GISS）のものである。ここで使われているデータは、GISSが作成する陸域・海域年間気温指数のLOWESS（局所的に重み付けされた散布図平滑化）による5年の平滑化推定値だ。GISSのサイトを見れば、もっと詳しいことがわかり、これが外洋（1年を通して海氷が存在しない海域）だけを含めた平均であることもわかる。ここで重要なのは、これが世界で広く使用されている主要な時系列データであるということだ。この時系列線は標準的なグラフとは表示のしかたが違うだけである。

本書を第1章から読まずに飛ばしてしまった人がいるかもしれないので、ここで改めて説明すると、図17のグラフ（本書では時系列線と呼んでいる）は、社会科学ではほとんど使われていない手法をとっている。経時の変化と変化の速さをまとめて同時にグラフ化するというものだ。気温が上昇するペースが下がっているときには、時系列線は左に振れて、上がっているときには、右に振れる。振れ幅は変化の速さによって決まる。時系列線のポイントの高さは、その時点の平均気温を示している。変化の全体像をより明確にするために、データは平滑化されている。そうだとしても、この手法が機能するには、時系列データの質は高くなければいけない。そうでなければ誤った結果が得られてしまう。また、各ポイントの実際のデータを使うのではなく、その前後のポイントとの平均を常に使うことで、さらに平滑化している。これによって多数の不規則な変動が取り除かれる。

図17が示すように、地球の陸上と外洋の平均気温は、１９５０〜１９８０年の平均を1度上回る水準に近づいている。実際には、本書が印刷されるかなり前にその水準を超えていたはずだ。しかし、二つの世界戦争などの大きな出来事によって、人間が引き起こした気候変動が和らげられている可能性もある。１９７０年代には石油の価格が急騰し、燃やされる石油が少なくなって、新規の排出が減り（この点については、前掲の排出量のグラフに関連して説明している）、一時期、気温の上昇が緩やかになった。１９９０年代初めと２００８年の景気後退のおかげで、その時期には気温が上がらなかったとも考えられる。どれか一つのグラフを見ただけですぐに推測してしまいがちだが、特定の物語を語ろうとする前に、次の二つのグラフ（図18と図19）を見てほしい。

１９８０年代以前にゆっくりとではあっても地球の気温は上昇していたことを考えるなら、それにまったく気づかなかったというのは驚きである。それがいまは急速に上昇していることを考えれば、もっと懸念されていないのは驚きである。カエルを熱湯に入れたらすぐに逃げ出すが、ポットに入れてじわじわ茹でていくと、それに気づかずに逃げ出すタイミングを失って、最後には死んでしまうとする「ゆでガエル理論」にどこか似ていて、世界は少し暖かくなっているという話を聞き慣れてしまっているため、いよいよ危険な領域に近づき始めても、それほど驚かなくなっているのだろう。変化というものはいつもそうであるように、私たちはそれが起きた直後に慣れてしまう。ＮＡＳＡのデータ系列によると、地球の気温が明らかに下がった最後の年は、１９６９年だった。その後、１９８１年と１９９０年にも下がったが、そうとはわからないくらいわずかなものだった。

特に注目されるのは、２０１１年以降の動きだ。これには驚くしかない。この期間に入ってしばらくすると、気候変動の否定派は、口を閉ざし始めた。２００８年の金融危機後、１９３０年代以降最大の不況に沈んでおり、その規模は有名な大恐慌すらしのぐものだったにもかかわらず、気温の上昇に影響を与えていないように見えた。それこそ何の変化もないのである。２００８年になっても大量の二酸化炭素が排出され続けており、大気中の温室効果ガスの水準がここまで高くなったために、景気後退によって排出量がわずかに変化しても、年間の気温上昇に大きな影響を与えなくなってしまったのだろうか。

２０１６年初めの時点で、地球の気温はすぐに完全に制御不能になるかのように見えた。現在の海面の高さは、２万年前よりも約１３０メートル上がっている。１８８０年以降、23センチ上昇しており、いまも過去10年間に3センチ以上高くなっている。異常気象が増えて、海面上昇の危険性が高まっている。氷冠と氷河がすべて溶けると、海面が何十メートルも上がるおそれがある。１メートル上がっただけで、人類の大部分に壊滅的な被害がもたらされる。すでに起きている変化をさらに強めるような作用が働く、非常に危険な「正のフィードバック」が進む期間に入っているのだろうか。少なくとも、その可能性は考えておくべきだ。

そしてその後、一筋の希望がついに見えた。２０１６年の気温の上昇ペースは２０１５年ほど速くなかったのだ。人類はまだ、死のスパイラルには入っていなかったのだろう。ところが、地球の気温に影響する要因は、人間が引き起こした二酸化炭素の排出と温室効果ガスの総量以外にもたくさんある。森林破壊、永久凍土の融解、地球規模の畜産（約10億頭のウシとさらに10億頭のヒツジを含む）がそうだ。それに、海にガスが吸収されて、（程度はまだわかっていないが）深海に熱が蓄積される。さらに、氷冠の全体的な規模が小さくなって、氷冠が太陽の光を反射する効果（アルベド効果）が働きにくくなっている。そう考えると、また希望から絶望に傾き始めるかもしれない。こうした要因が将来、どれだけの比重を占めるようになるかは、まだわからない。膨大な書籍や科学論文が書かれ、世界中でかつてない規模の科学研究が行われている（ただし、増加ペースはもう加速していない）にもかかわらずである。

図18　世界の陸域・海域年間平均気温、1850 〜 2018年

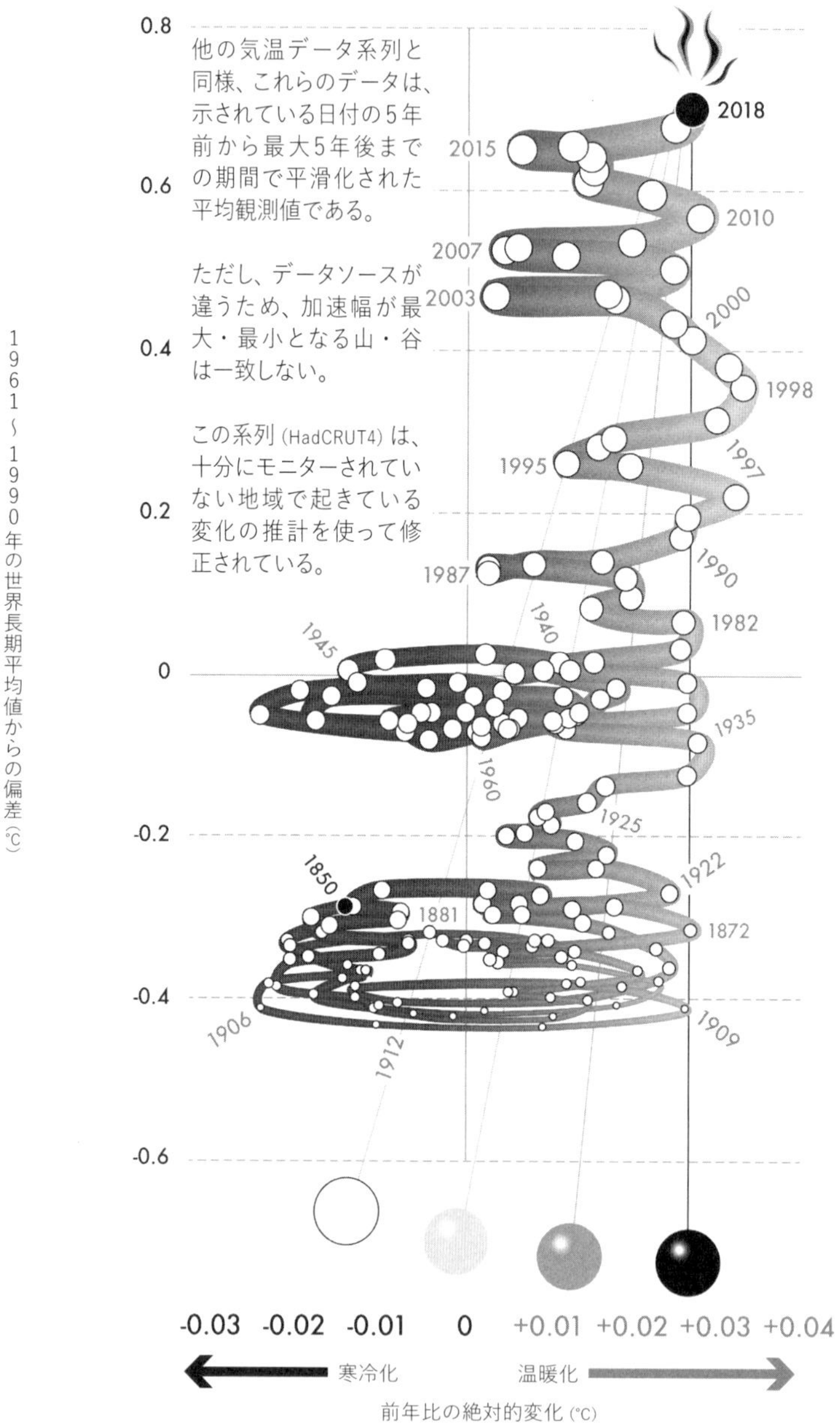

データの出所：Kevin Cowtan and Robert Way, Version 2.0 気温系列、長期推計の再構築 [1850–現在], 2019年6月21日更新、HadCRUT4 data set, U.K. Met Officeによるバイアスを修正、http://www-users.york.ac.uk/~kdc3/papers/coverage2013/series.html.

もちろん、まだ多くの論争がある。右の時系列線（図18）は、別のデータ系列を使っている。イギリス・ヨーク大学のケヴィン・コウタンとロバート・ウェイが作成したものだ。HadCRUT4（イギリス気象庁のハドレーセンターとイースト・アングリア大学の気候研究ユニットによる気温）に特定の修正を加えており、期間は1850年から2018年である［＊99］。気象庁の気温記録は、北極と南極を除いたデータに基づいていて、地球の6分の5しかカバーしていない。そのため地球全体をカバーするように調整しており、調整後の記録は図18の時系列線とよく似ている。ところが、2016年と2017年に減速した徴候が見当たらない。これで一縷の望みも絶たれている。

図18の時系列線は、図17より少し早く始まっている。1850年から1922年の期間は、体系的な変化はほとんどなく、第一次世界大戦も、1918～1919年のインフルエンザのパンデミックによって鉱工業生産が一時的に世界大戦以上に減少したことも、全体像にはまったく影響を与えなかったようだ。何かが大きく変化したのは、1922年になってからである。しかし、図17の時系列線だけを見ていたら、そう結論づけることはできなかっただろう。

図18の作成者は次のように指摘している。「気候科学者は伝統的に長期の気候、30年以上の気候を考える。ところが、メディアや大衆の関心はもっと短期のトレンドにあり、過去15～16年の動きだけを見ている。短期のトレンドは、長期的には打ち消し合う数多くの要因の影響を受けることがあるため、はるかに複雑になる。16年間のトレンドを読み解くには、火山、太陽活動周期、極東地域からの微粒子の排出、海流の変化をはじめとする、あらゆる要因を考慮しなければならない。この論文で取り上げたバイアスはそのパズルの1ピースにすぎないが、大きめのピースだ」［＊100］

図17と図18は、次のような問いを投げかけている。1978年以降に何が起きたのか。気温はそのときからまったく制御できなくなっているように見えるが、それはなぜなのか。図16の排出記録を見ると、1

978年までの蓄積量が並外れて多かったことがわかる。その後、1980年代初めの景気後退期に、気温の上昇は一時的に止まったが、それから上昇の一途をたどっている。ここ何十年かは巨大な火山噴火は起きていない。太陽（黒点）活動の周期に特に変わったようすはない。東南アジアでときおり大規模な森林火災が発生していて、特定の影響を与えている可能性はあるが、すでによく知られている周期的なもの以外に、これといった大きな変化は見られない。

一つ確かに言えるのは、大勢の人の行動が1970年代後半から大きく変わっているということだ。拡大し続ける消費主義（ほとんどすべての企業の夢だ）と膨張し続ける債務（多くの貸し手は「投資」という言い方を好む）の上に、国際社会・経済が成り立っているとしたら、そして、巨万の富を築き上げることが人として最も称賛されるべきことだとされているとしたら、どんなことが起きるのだろう。富を増やす確実な方法は、化石燃料を燃やし、より多くのエネルギーを使って、もっと多くのもの、特に自動車のように、それ自体がさらに多くの二酸化炭素を排出するものをつくり、大気中の温室効果ガスの量を最大限のスピードで増やすことだ。それが地球温暖化につながることはわかっているし、タイムラグがとても長いわけではないことははっきりしている。

どこかの時点で、二つの時系列線は縦軸の左側に移動するだろう。若い人なら、生きている間にそうなるかもしれない。そうなる前に時系列線が上昇しすぎていないことを願うばかりだ。時系列線がどこまで上昇するかは、主に私たちにかかっているので、最後の大加速ができるだけ早く終わるようにできるかどうかも、私たちにかかっている。

気候変動懐疑派

われわれは、自分たちの地球を自分たちが破壊していると知った最初の世代であり、それについて何かができる最後の世代である。

——ターニャ・スティール、世界自然保護基金（WWF）最高経営責任者［＊101］

私たちは自分たちを支える生態系を破壊しているという主張に非常に懐疑的な人もいる。懐疑派は、そのような制御不能な温暖化を示していないとする別のデータ系列を使うよう訴える。本書で使用した三つ目で最後の気温推定値データセットは、アラバマ大学ハンツビル校（UAH）気温データセットのバージョン6・0で、図19に示すとおり、これまでに使った二つのデータ系列より変動がはるかに大きい。このデータ系列は、衛星画像から得られた地球全体の月間気温の推定値に基づいている（ただし、衛星が適切なデータを送り始めた1978年以降に限られる）。

この3番目のデータ系列は、他の二つとはかなり異なって見える。そして、この系列を作成するために使用された情報源もかなり異なっている。NOAA（アメリカ海洋大気庁）衛星には、放射輝度（具体的には、大気中の酸素からのマイクロ波熱放射）を測定する機器が搭載されているため、歴代のNOAA衛星からの情報が使われている。アラバマ大学のジョン・クリスティとロイ・スペンサーは、計算結果を何度も修正して、現在のデータ系列を作成した。ここで示されている計算結果は、世界の年間平均下部対流圏気温である（ただし、図17、図18と違って、数年間で平滑化されていない）。衛星はゆっくり地球に近づいており、地球の観測範囲がわずか

図19　対流圏気温の不規則な変化、1978 ～ 2019年

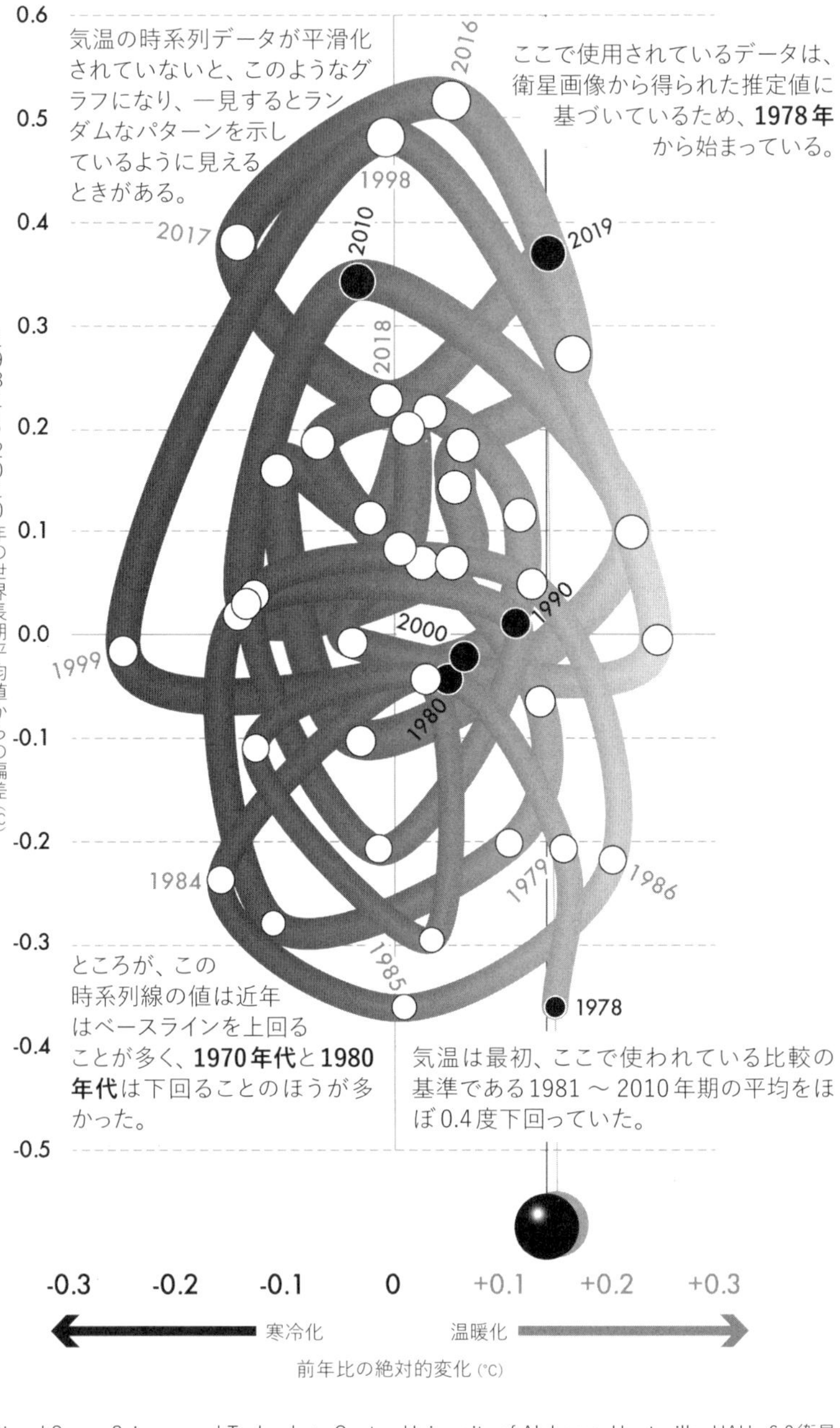
0.6
0.5
0.4
0.3
0.2
0.1
0.0
-0.1
-0.2
-0.3
-0.4
-0.5
1981～2010年の世界長期平均値からの偏差（℃）
気温の時系列データが平滑化されていないと、このようなグラフになり、一見するとランダムなパターンを示しているように見えるときがある。
ここで使用されているデータは、衛星画像から得られた推定値に基づいているため、**1978年**から始まっている。
2016
1998
2017
2010
2019
2018
1990
2000
1999
1980
1984
1979
1986
1985
1978
ところが、この時系列線の値は近年はベースラインを上回ることが多く、**1970年代**と**1980年代**は下回ることのほうが多かった。
気温は最初、ここで使われている比較の基準である1981 ～ 2010年期の平均をほぼ0.4度下回っていた。
-0.3
-0.2
-0.1
0
+0.1
+0.2
+0.3
寒冷化
温暖化
前年比の絶対的変化（℃）

出所：National Space Science and Technology Center, University of Alabama, Huntsville, UAH v6.0衛星気温データセット、世界気温に関するレポート、バージョン6、下部対流圏データ、2018年12月更新、https://www.nsstc.uah.edu/data/msu/v6.0/tlt/uahncdc_lt_6.0.txt.

に狭くなるほか、新しい衛星は使っている機器が違う。この二つの複雑な問題の他にもさまざまな理由があって、修正を加える必要があった。衛星データは広い地理的範囲をカバーしているため、温度計を使って収集したデータよりも正確だと考えられており、一定の期間で平滑化されなかった。

長期の重要なトレンドがなく、数年間で平滑化されておらず、データの質が悪いと、時系列線は図19にあるようなめちゃくちゃな状態になる。章末にある図20は、まったく同じデータをより標準的な手法を使って示したものであり、これを見ると、この3番目のデータ系列が意味しているものは、図17、図18と比べて大きくは変わらないと感じるかもしれない。データの揺らぎははるかに大きいが、世界は本当に暖かくなっており、温暖化の大半は最近起きたもので、温暖化がスローダウンする兆しは現時点ではまったく見えていないという、いまでは広く浸透している結論を否定するものではない。

図19の中のもつれ合った塊の下のほうの年は、1970年代か1980年代が多く、最近の年は頂点にある。この時系列線で最も気温が高い時期だ。また、比較の基準が直近の1981〜2010年期に変わっている。基準年は衛星データがある年でなければいけないからだ。その結果、1981〜2010年に平均気温がベースラインを上回った年は、定義上はゼロになる。さらに、地球の気温の激しい上下動は、1997年から1999年の間に起きたと推定される。これは現実に起きたことなのか、それともエラーだったのか。地球全体の気温が本当にわずか1年でほぼ摂氏0・5度上昇し、その後の12カ月間でまたほぼ0・5度下がったのか。生の衛星データを使って平均大気温度を推定するのは、代替評価を行う複雑なプロセスであり、別の研究チーム（リモート・センシング・システムズ）がまったく同じデータを使って計算したところ、気温の上昇幅はぐっと大きくなり、本書のこれまでの時系列線で使った地表面気温記録との一致性ははるかに高かった。それでも、ここでアラバマ大学の数値を使用しているのは、アラバマ大学のデータのほうが精度が高いと考えているからではなく、気候変動懐疑派が頻繁に引用したデータセットだから

だ。

過去10年間に気温が上昇したことで、論争には終止符が打たれている。2019年初めの時点で、たった一つの地球で暮らす私たちが1・5度の気温上昇を避けられるとしたら、あと12年間で人間に由来する二酸化炭素の排出を50％削減しなければならないことを、世界中のほとんどの人が理解していた。IPCCはあのときに他の削減目標を示すこともできた。もしもそうしていたら、人々の意識は12年後ではなく、別の期限に向くようになっていただろうが、それでもメッセージが変わることはない。私たちが排出する炭素の量と気温の上昇との関係は、いまは直線的になっている。このことを理解し、その意味をよく考えることが、何よりも重要になる。

そのメッセージはこうだ。「いま、2019〜2020年に行動を起こさなければ、将来、排出量を集団的にもっと速く抑えるか、場合によっては排出量を何らかの方法でマイナスにしなければいけなくなる」。この先、二酸化炭素を大気中に排出する以上に大気中から取り除く方法を見つける必要が出てくるだろう。木を植えるだけでは、容易に実現できない。木は育つのに長い時間がかかるし、炭素の排出量が多すぎる。しかし、2030年頃までに排出量を半減させるという目標が達成されなかったとしても、破滅が待っているわけではない。

地球の平均気温が1・5度を超えて上昇しても、私たちが知っている世界は終わらないが、気温がさらに上昇すれば、地球と私たちにもたらされる悪影響が非直線的に増大するのはほぼ間違いない。気温がそこまで上昇するのを、手をこまねいて見ているわけにはいかない。エビデンスはすでに十分にある。2018年後半に示された12年目標は、2030年という区切りがよくて覚えやすいスローガンになっているが、恣意的なものだ。その期限を過ぎたらすべてが失われることになるとか、それまではあまり心配しな

図20　対流圏気温の不規則な変化、1978～2019年

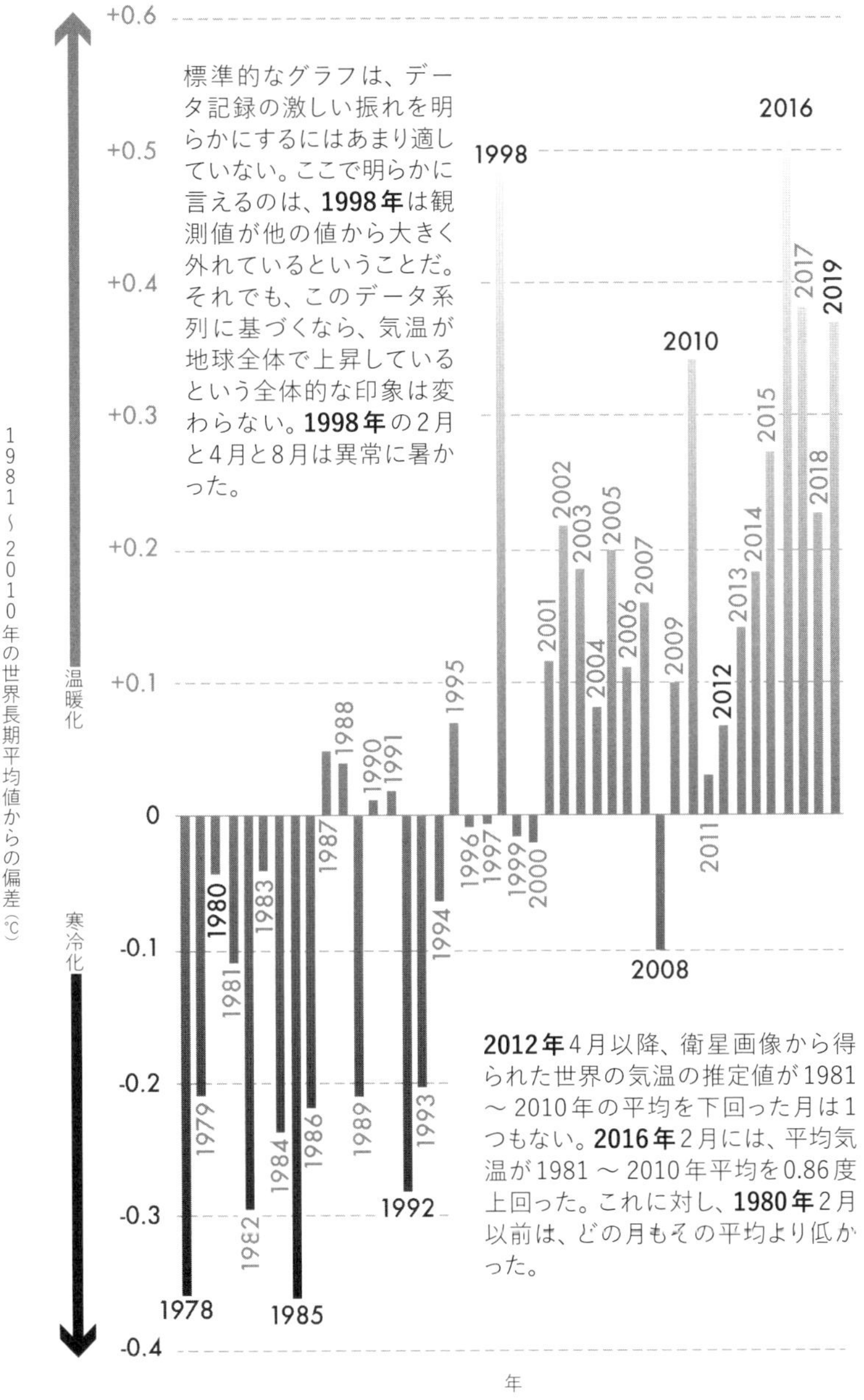

+0.6
+0.5
+0.4
+0.3
+0.2
+0.1
0
-0.1
-0.2
-0.3
-0.4
1981～2010年の世界長期平均値からの偏差（℃）
温暖化
寒冷化
年
標準的なグラフは、データ記録の激しい振れを明らかにするにはあまり適していない。ここで明らかに言えるのは、**1998年**は観測値が他の値から大きく外れているということだ。それでも、このデータ系列に基づくなら、気温が地球全体で上昇しているという全体的な印象は変わらない。**1998年**の2月と4月と8月は異常に暑かった。
2012年4月以降、衛星画像から得られた世界の気温の推定値が1981～2010年の平均を下回った月は1つもない。**2016年**2月には、平均気温が1981～2010年平均を0.86度上回った。これに対し、**1980年**2月以前は、どの月もその平均より低かった。
1978
1979
1980
1981
1982
1983
1984
1985
1986
1987
1988
1989
1990
1991
1992
1993
1994
1995
1996
1997
1998
1999
2000
2001
2002
2003
2004
2005
2006
2007
2008
2009
2010
2011
2012
2013
2014
2015
2016
2017
2018
2019

注1：図19とまったく同じデータを使用しているが、標準的なグラフ上に示している。
注2：**2019年**のデータは、2019年1月だけの値である。それ以降の月の気温も、1981～2010年に比べて異常に高かった。

くてもいいというように受け止めてはいけない。

いまわかっていることを踏まえて、物事は変化するものだということを考えれば、地球の平均海面は2100年までに1〜2メートル上昇すると予想するべきだ。そんなに大きくないように聞こえるかもしれないが、これだけ上昇すれば沿岸の多数の都市が壊滅的な打撃を受けることになる。人間が引き起こした温暖化によって気温は上昇し続けており、水は温度が高くなると膨張するうえ、極地の氷が融解していることから、海面は中長期的に上昇すると、確信を持って予言できる。いまでは、気温の上昇を2度までに抑えられず、それ以上に気温が高くなって、氷冠の大部分が融解することを避けられなければ、海面が(世界全体の平均で)10メートル上昇する可能性があると考えられている。

熱波や干ばつを含む極端な気象現象は、発生する頻度がすでに高くなっている。強力なハリケーンや竜巻が増えると予想されているが、弱いハリケーンは減るかもしれない。ジェット気流がさらに大きく蛇行するようになるかもしれず、そうなれば、いまよりはるかに激しい冬の嵐が当たり前のように発生することになるし、熱波や夏の洪水も増える。しかし、この先数年間に科学的な分析が発表されて、もっと多くの情報が得られるだろう。いまはっきり言えるのは、1850年から2020年の間に、世界は約1・1度暖かくなっており、変則的な火山噴火による影響を除けば、その上昇分はすべて、私たちが引き起こしたものであるということだ。

加速化というと、制御不能な状態を連想するが、それは正しい。矢とか岩が突然、加速しながら飛んでくるようなことがあったら、それを予測することは不可能で、とても危険である。しかし、危険を察知する過去のメンタルモデルと結びつけられる範囲を外れた、まったく新しい現象を前にすると、本能的に危機を感じなくなってしまう。新しい種類の災害がどのようなものになるのか、想像するのはとても難しい。

気候変動懐疑派が最も好んで使うデータでさえ、地球が温暖化していることをはっきり示している。図

20は、図19を描くために使ったものとまったく同じデータを使っている。ここでも、ゼロ線は単に1981〜2010年の平均を示している。明らかにするべきものがはっきりとしているときは特にそうだが、標準的な手法のほうがばらつきが大きいデータをうまく示せることもある。図20の標準的なグラフを見ると、1998年の結果は見せかけだと片づけやすくなる。実際、1996〜2000年の平均は1995年より少しだけ高く、2001年より少し低いが、それもただの偶然かもしれない。図20の年次データの一部が急な山形になっている理由はわからない。わかっているのは、全体として気候の温暖化が進む中期のトレンドは変わらないということだ。

本書の物語も半分まできた。そこで次は、近い将来、気温の上昇からどれだけの人が影響を受けるのか、そして、国連が予想する今後80年間の人口増加と、過去2020年間の世界全体と特定の場所における人口増加を比較すると、どのようなことが言えるのかを考えてみたい。世界の人口は近い将来、どうなるのか。一部の人たちの行きすぎた行動が気候変動を加速させ、大きな被害を引き起こしているが、この先、人口の増加がスローダウンすることで、私たちがこれまでに犯した失敗をどこまで埋め合わせられるのだろうか。

第7章

人口動態――人口に急ブレーキがかかる

Demographics: Hitting the Population Brakes

国連は間違っているという声が高まっている。2100年までに人口が110億人に達することはない。今世紀の中頃に80億人から90億人の間のどこかで頭打ちになり、その後、減少に転じるだろう。

——ダリル・ブリッカー、ジョン・イビットソン、2019年1月27日

2019年初め、人口の増加が止まるという見方が広まり始めた。市場調査会社イプソス・パブリック・アフェアーズの最高執行責任者であるダリル・ブリッカーと、同僚のジョン・イビットソンは、『2050年　世界人口大減少』を出版し、高い評価を受けた。あるジャーナリストはこう評している。「刺激的な思索が詰まっており、ごくたまに過剰なときもあるほどの熱量で書かれている」［*102］

国連の将来予測は大きく外れるというのがブリッカーとイビットソンの中心的な主張であり、2人はそれを裏付ける大量のエビデンスを集めていた。その一つとしてノルウェー人学者のヨルゲン・ランダースの見解が引用されている。ランダースは1972年に世界の人口は2030年に150億人と持続不可能な水準に達すると予言していたが、その後、出生率が急速に下がっていたことから、評価を変えていた。「世界人口が90億人に達することはない……。2040年に80億人でピークになり、その後減少していく」

ランダースはオスロ在住の気候戦略教授で、出生率は国連人口部の現時点での予測を上回る速さで低下するとしている。ランダースは夢想家ではない。80年後には人口は国連人口部の予測より30億人程度少なくなると考えてはいるが、「世界がこのまま進めば、21世紀後半に気候は破滅的な状況に陥り」、二酸化炭素の排出は2040年にピークに達して、気温は2050年までにいまの標準的な水準を2度以上上回ると見ている［*103］。ごく近い将来に人口増加はさらにスローダウンするという見通しが示されても、すべてがすぐにうまくいくようになるわけではない。なぜなら、人口の問題は人口だけの問題ではけっしてなかったからだ。

ブリッカーとイビットソンは人口増加の減速に焦点をあてていて、全体像は見ておらず、そのために非常に楽観的である。人口統計学の世界的権威で、ウィーンにある国際応用システム分析研究所（IIASA）のチームを率いているウォルフガング・ルッツは、人類のスローダウンはすでに加速しているため、世界人口は2050年までに安定し、その後減少し始めると予測している。2018年、ルッツらのチームは、世界人口は2070年になってすぐにピークに達するとの見通しを示した。ルッツらの予測では、2100年の人口は国連の推計値を20億〜30億人下回ることになる［＊104］。

人口統計学者の一部の間では、人口のスローダウンが何十年も前に始まったことは以前からわかっていたが、そのスローダウンが急速に進んでいることが明らかになったのは、つい最近のことである。これは地球全体の人口を考えたときの話であり、一部の国や、その中でも出生率がとても低い一部の都市では、スローダウンはさらに早く始まっている。世界人口の大きな変化点（転換点）は、1968年前後に訪れた。スローダウンが猛烈な勢いで進んでいることを示すエビデンスはとても強力になっている。ドイツ銀行のサンジーヴ・サンヤルが地球上の人口は2055年にわずか87億人でピークに達し、2100年には80億人に減るだろうとする調査報告を発表し、ブリッカーとイビットソンがそれを引用できたのも、そのためである。

もっと劇的な人口スローダウンのシナリオもあるが、その多くには強い批判が向けられている［＊105］。批判されているのは、多くの場合、何もしなくてもスローダウンは自動的に進むとする前提である。質の高い無償の中等教育を拡充することが果たす役割やその効果などは考慮されていない。私はこれに高等教育の無償化も付け加えたい。人口増加を抑制するのは都市化だとよく言われるが、避妊実行率を引き上げる最も効果的な方法はこちらであるようだ。人口の増加が止まるという予測に対する最も強力な批判は、「この先数十年間に世界大戦は起こらず、大飢饉も、パンデミックも、確立された社会秩序を乱す惨事もないと想定されている」というものだろう。こうしたことが起きれば、長期的には人口は増えることになる。２０２０年代、２０３０年代、２０４０年代、２０５０年代、２０６０年代になれば、何らかの形でそうした惨事を避けられるようになるという考えは、かなり甘いのではないか。私はそのときにはもうこの世にいない。私の子どもたちが結果を見届けることになる。しかし、人間は過去の過ちから学ぶことができる、教育水準がかつてないほど高くなって大きな力をもたらしている、女性の地位はどんどん上がっていくと、少しでも信じているのであれば、いくらか希望がある。

世界人口の増加の安定

これはとても重要なポイントなので繰り返すが、世界人口がスローダウンしていることはしばらく前から明らかになっており、21世紀になってからは人口統計学者の間でよく知られていた。私がそれに気づくのは少し遅かった。

２０１３年に私は『人口１００億人』というタイトルの本を書いた。出版社はそれにこんなドラマチックなサブタイトルをつけている。『迫りくる人口危機を生き残る方法』。ところがこのサブタイトルは本の主題から大きく逸れていた。人口危機にはないし、世界の人口が１００億人に達することはまずないだろうというのが、この本の主張だったのだ。その時点では、人口は２０６０年頃に93億人でピークをつけ、２１００年までに74億人に減る可能性が最も高いと考えていた。そのきわめて重要な情報を３５０ページに載せたのがいけなかった。あのような本を３５０ページまで読む人なんていない。

しかし、正直に言うと、危ない橋を渡ったのではないかと少し心配していたことがあった。２０１１年にこの推定を無名の統計学の学術誌に発表していたのだ［＊106］。統計学術誌は、確信が持てないことを隠しておくにはうってつけの場所だ。たとえ間違っていることがわかったとしても、それを読む人はほとんど誰もいない。このように、私の推定は、世界人口はドイツ銀行のサンジーヴ・サンヤルの推定より少し高い水準でピークに達するが、多くの人が考えているよりも速いペースで減少するというものだった。

この予測を隠しておいたのは正解だった。『人口100億人』が出版されたまさにその週に、国連が2100年の世界人口の将来推計値を100億人から110億人に引き上げたのだ。もしも本の表紙に「74億人——心配はいらない」という惹句をつけていたら、「なんだこいつ」と思われていただろうが、国連の方法論は頑健だと言うよりはよかったのではないか。2015年になって、世界人口は2100年に112億人に達するとする改訂版が発表され、その後の2017年版でも、これと同じ推計が示された。国連はこの数字当てゲームがだんだんうまくなっているかのように見えたが、そうではなかった。

国連人口部は予測に対する自信を深めていたものの、ある問題が解消されていなかった。その問題は、私も、他の大勢の人も、何年も前に指摘していた。国連の人口統計学者たちはベビーブームを無視していたのである。2011～2019年の出生率が高かったのは、第二次世界大戦直後に世界中で出生数が急増したときに生まれた人たちのひ孫だったからなのだが、その背景が国連のモデルには考慮されていなかった。最初のピークの余波が何世代にもわたって続いていただけだったのだ。さらに、アフリカ諸国の出生率が近年にとても高くなっていた理由（これについては後で詳しく説明する）も、女性の権利と尊厳をめぐる非常に大きな文化的変化が広がり続けていたことも、国連は見落としていた。

人口統計学者だったら（文化的変化とまではいかないまでも）ベビーブームのことはよくわかっていたはずだろうと思うかもしれないが、国連の国際モデルにはベビーブームは反映されていない。国連の人口統計学者の名誉のために言えば、重要なベビーブームは、世界のほとんどの地域で十分に観察されていなかった。

インドの分離独立（1947年）、中国共産革命（1949年）では膨大な人命が失われたが、平時より多くの子どもが生まれてもいる。物事が悪い方向に進みそうなときや、混乱に陥っているときは、生まれてくる子どもの数は増える。物事がうまくいっているときは、生まれてくる子どもの数はぐっと減る。心から安全だと感じるときは、さらに少なくなる。社会が自分の面倒をみてくれると信じられるときは、子どもを持たないか、1人だけにすることを進んで選択できるようになる。将来の保険として、自分の面倒をみてくれる子どもを産んでおく、それも子どもが育つ可能性が低ければたくさん産んでおく必要がない。そして、子どもを持つかどうか、持つとしたら何人にするかを女性が自分で選択できるようになると、すべてが変わる。

誰が正しくて、誰が間違っていたかは、もうすぐ明らかになるだろう。しかし、国連の人口統計学者がすでに報告しているスローダウン（2100年に人口は112億人になるとする国連の現在の予測へのスローダウン）は、それだけで十分に劇的である。この章の時系列線は、いまから80年後に人口が112億人に増えるとする国連の予測を使っているが、私はこの予測は過大だと考えている。それでもこの予測を使うのは、急速なスローダウンを示しているからであり、これは保守的な推計、つまり、将来見込まれる人口増加の最大値だと考えているからだ。1940年代、1950年代、1960年代初めに人口は世界規模で大幅に増えた。増加率そのものが増加していたのだ。だがその後、本当に突然、しかし驚くほど滑らかに、増加ペースが鈍くなり始めた。それはまるで、誰かが巨大なブレーキペダルを踏んでいるかのようだった。

1980年以降、世界人口の増加ペースは、年間8000万人前後で安定するようになった。人口の増加が安定したのは、出生数が減ると同時に、とても重要なポイントとして、死亡数が減ったからである。その当時に生きていた人たちが長生きするようになったことが、人口が増加する主因になっていた。また、平均寿命が延びるといっても限界があるため、2020年以降は世界人口の増加ペースそのものが下がると予測される。国連によれば、人口の増加ペースは着実に下がっていき、年間の増加量は2030年が7000万人、2040年が6000万人、2050年が5000万人、2060年が4000万人、2070年は3000万人強となるが、その後、スローダウンのペースそのものが少しスローダウンする見通しである。

なぜそうなるかというと、国連の人口統計学者が世界全体で子どもの数は2人というのが標準になると考えているからだ。しかし、その非常に重要な前提には、歴史的根拠も、科学的根拠もない。近い将来に人類の種としての数はピークに達し、112億人が人口の最大値になるという予測を信じるべきだとは限らない最大の理由がこれだ。あらゆることが大きく変化しているため、子どもを持たないか、1人だけにするという選択は、世界中の女性の大多数にとって、子どもを2人持つという選択よりも簡単になっているとはいかないまでも、それと同じくらい簡単になっている。

卓見はときに思いもよらないところで見つかる。2019年2月、イギリスの『デイリーメール』紙に「世界から人間は消えるのか」というセンセーショナルな見出しがつけられた記事が掲載された。この記事に対して「ポール」がコメントを投稿し、これが事実であることに疑問はない、人口チャートと数学の基礎知識がある人にとっては、ずっと前からわかっていたことだと指摘した。「二次導関数が負である（つまり、増加量が減っている）ことは一目瞭然で、やがて一次導関数も負になる（人口そのものが減少する）はず」であり、「それ以外のことでは頭がいい人（たとえばスティーブン・ホーキング）にそれがわからない（わからなかった）なんて驚きだ」[＊107]。

その1年前、スティーヴン・ホーキングはこう警告していた。「人類が生き残るためには、今後200

年以内に地球を脱出するしかない」[*108]。もちろん、人類はとんでもなく賢い人ととんでもなく愚かな人にきれいに分かれるわけではない。私たちの大半はごく平均的な人間であり、誰でもとんでもなく愚かになってしまうことがある。しかし、何かの拍子に、考える時間と空間がある人が、たまたましかるべき場所にしかるべきときにいて、素晴らしい洞察を示したと後から称えられるときがある。私たちがもっと賢かったら、そんなことは繰り返さないだろう。一握りの頭のいい人たちの言葉をうのみにし、それ以外の人間には物事の本質を見抜くことなどとうていできないなんて言わないはずだ。

この『デイリーメール』紙の記事にコメントを投稿している読者は、読解力と学歴水準が世界人口の上位10％に入る人たちの中から集まったことになる。記事のコメント欄には、こんな投稿が続いていた。「全人類がいなくなったら、世界はもっとよいところになる」「人口過多が問題になりつつあるが、神の介入によって地球は救われる。神は、その無限の慈悲と智恵をもって、いつも飢饉、戦争、悪疫を与えてこの問題に対応される。神を信じよ！」「チンギス・ハンは大勢の人を殺して、地球を冷やした（と考えられる）。その考えは正しかったのではないか」「全部オバマのせいだ。われわれはやがて姿を消す運命にある」。特にひどかったのがこれだ。「部分的にしか正しくない。世界から白人だけが消えるのだ」

気を落とすことはない。ビッグバンとブラックホールの研究に人生を捧げた人たちや、オンラインの新聞記事の下にあるコメント欄に、まるで落書きのように速攻で書き込むごく少数の男性（ごくまれに女性）たちに、人口問題への卓見を期待してはだめだ。どちらの集団も、人口問題には長く向き合ってきていない。ただし、先のポールのように、他の人たちよりも少し注意深く考えている人もいないわけではない。

図21をよく見ると、ここ170年間の動きがグラフの大半を占め、それまでの軌跡はグラフの下11分の1にぎゅっと押し込められていることがわかる。この下11分の1の地点から人口はずっと増え続けている。人口が増加し始めたのは、1850年頃である。これは大英帝国が全盛期を迎えようとしていた時期だ。

図21　世界：総人口、1～2100年

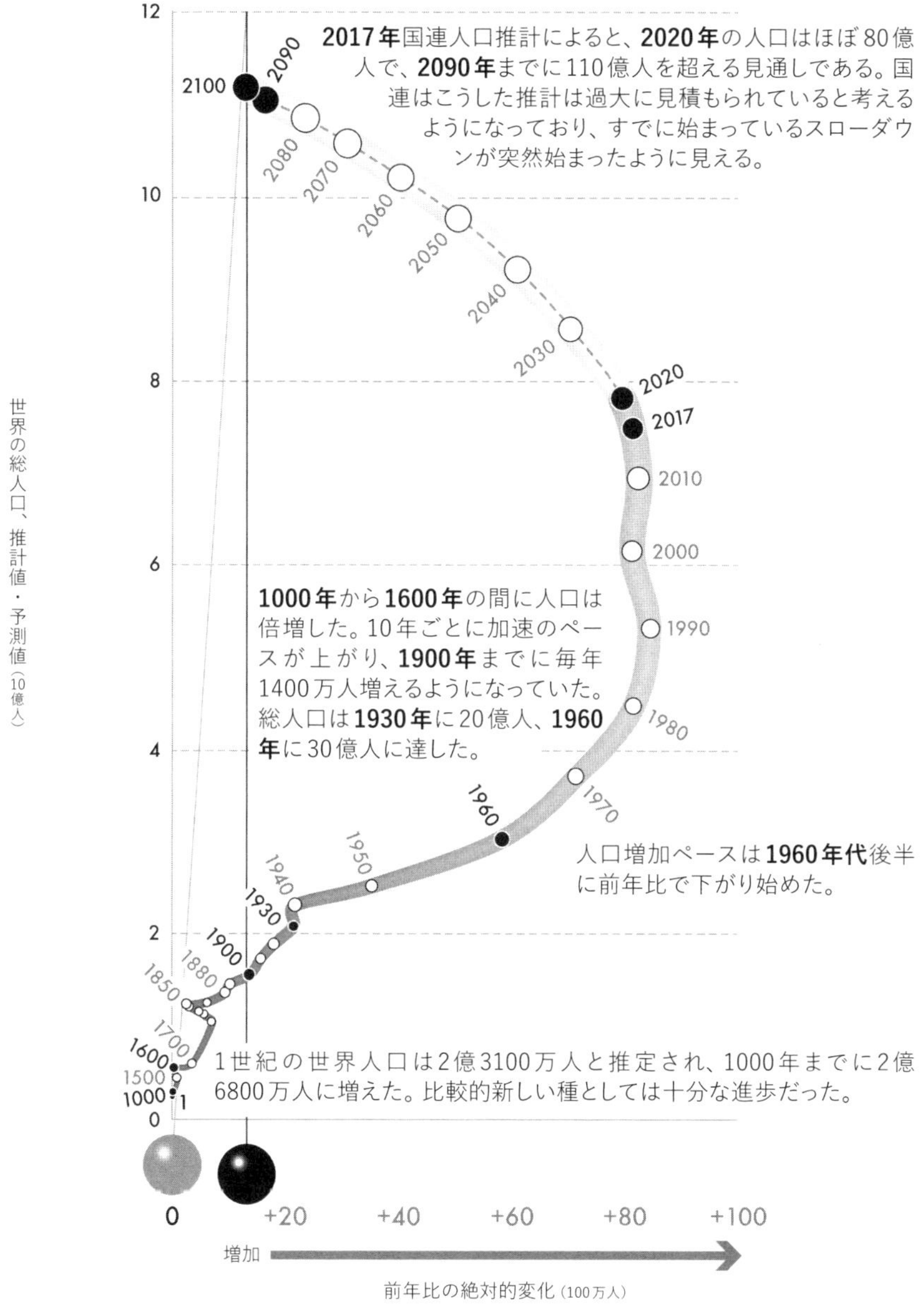

2017年国連人口推計によると、2020年の人口はほぼ80億人で、2090年までに110億人を超える見通しである。国連はこうした推計は過大に見積もられていると考えるようになっており、すでに始まっているスローダウンが突然始まったように見える。
1000年から1600年の間に人口は倍増した。10年ごとに加速のペースが上がり、1900年までに毎年1400万人増えるようになっていた。総人口は1930年に20億人、1960年に30億人に達した。
人口増加ペースは1960年代後半に前年比で下がり始めた。
1世紀の世界人口は2億3100万人と推定され、1000年までに2億6800万人に増えた。比較的新しい種としては十分な進歩だった。
世界の総人口、推計値・予測値（10億人）
12
10
8
6
4
2
0
2100
2090
2080
2070
2060
2050
2040
2030
2020
2017
2010
2000
1990
1980
1970
1960
1950
1940
1930
1900
1880
1850
1700
1600
1500
1000
1
0
+20
+40
+60
+80
+100
増加
前年比の絶対的変化（100万人）

出所：図21～31のデータは、フローニンゲン大学が提供するAngus Maddison Project Database 2018, https://www.rug.nl/ggdc/historicaldevelopment/maddison/releases/maddison-project-database-2018による。UN Department of Economic and Social Affairs, *UN World Population Prospects: The 2017 Revision*, https://www.un.org/development/desa/publications/world-population-prospects-the-2017-revision.htmlのデータを使用して更新。

この時点でイギリスはすでに、現在の国連加盟国193カ国のうち171カ国を侵略していた（大半はまだ国ではなかったが）［＊109］。イギリスの侵略による影響は甚大だった。このような行為をしたのはイギリスだけではないし、イギリスが初めてでもないが、イギリスが最も成果を挙げたことは間違いない。

オーストラリアやアメリカ大陸のように、それまでほとんど、あるいは完全に隔絶されていた大陸に侵略すれば、社会全体が根本から大きく揺らぐ。地球外からやってきた異星人に侵略されて、信じられないような武器が使われて想像を絶する殺戮が繰り返され、人類が遭遇したことのない致死性が非常に高い病原菌がばらまかれたようなものだ。最初、侵略された領土の人口は急速に減る。人口が著しく減少するので、世界全体の人口がスローダウンする。1850年までの10年間をよく見ると、その証拠が見つかる。ヨーロッパで奴隷貿易が始まってしばらくすると、「アフリカ分割」が起きた。奴隷貿易はアメリカ大陸に無償労働力を送り込むために確立された。大西洋をまたいだ奴隷貿易によって、アフリカは荒廃した。侵略の衝撃と破壊はすさまじく、アフリカ大陸で何世紀にもわたって築かれてきた社会構造と規範が崩れ、それまでは比較的安定していた人口が加速に転じる。そうして1850年代から1930年代にかけて、世界人口は急増した。

世界全体の人口については、図21に示すように、スローダウンの大半はまだ訪れていない。しかし、出生率がすでに下がっているため、スローダウンがすでに始まっていることは明らかであり、人口が増え続けているのは、人が長生きするようになったからである。図22を見ると、アメリカ大陸の侵略、アフリカの植民地化など、壊滅的な出来事が起きた後に人口が増加していることがわかる。

図22　世界：総人口、1～2100年（対数スケール）

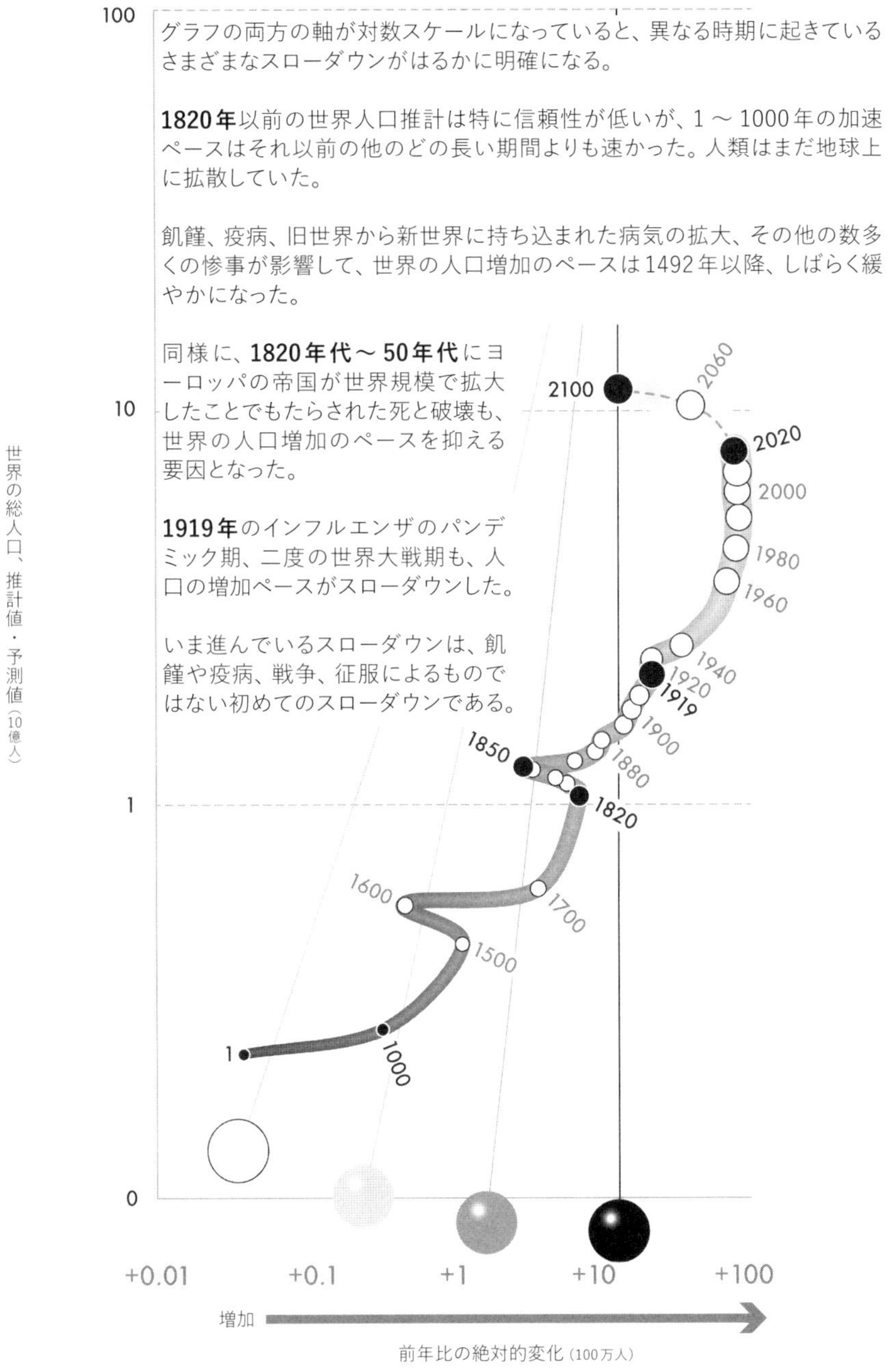
グラフの両方の軸が対数スケールになっていると、異なる時期に起きているさまざまなスローダウンがはるかに明確になる。
1820年以前の世界人口推計は特に信頼性が低いが、1～1000年の加速ペースはそれ以前の他のどの長い期間よりも速かった。人類はまだ地球上に拡散していた。
飢饉、疫病、旧世界から新世界に持ち込まれた病気の拡大、その他の数多くの惨事が影響して、世界の人口増加のペースは1492年以降、しばらく緩やかになった。
同様に、**1820年代～50年代**にヨーロッパの帝国が世界規模で拡大したことでもたらされた死と破壊も、世界の人口増加のペースを抑える要因となった。
1919年のインフルエンザのパンデミック期、二度の世界大戦期も、人口の増加ペースがスローダウンした。
いま進んでいるスローダウンは、飢饉や疫病、戦争、征服によるものではない初めてのスローダウンである。
100
10
1
0
世界の総人口、推計値・予測値（10億人）
1
1000
1500
1600
1700
1820
1850
1880
1900
1919
1920
1940
1960
1980
2000
2020
2060
2100
+0.01
+0.1
+1
+10
+100
増加
前年比の絶対的変化（100万人）

出所：The Angus Maddison Project および *UN World Population Prospects 2017* のデータ。

3回目の世界人口の大スローダウン

1939年に第二次世界大戦が始まったことで、人口増加の加速はいったん止まった。多数の死者が出ただけでなく、多くの人が子どもを持つことを避けるか、離ればなれになって子どもを持つことができなかった。ヨーロッパと北アメリカでは、出生率は1930年代に急速に下がっていた。そして、その直後の戦時下に急落する。しかし、戦争が終わると、家族を持つことを先延ばしにしていた大勢のカップルがすぐに子どもを持ち始めた。このベビーブームは戦後の豊かな国々に広がっただけでなく、中国（革命の混乱後）とインド（膨大な死者を出した1947年の分離独立直後）でも起きた。規模はそれより小さいものの、1960年代にもベビーブームがあって、加速の時期が長くなったが、1960年代後半に増加のペースが下がり始めた（グラフの丸印の間隔が小さくなり始める）。その戦後の第一次ベビーブーム世代の孫が1980年代に生まれ、ひいてはひ孫が現れるようになり、加速のラストスパートも消滅した。図21を対数スケールを使って描き直すと、それがさらにはっきりする（図22の時系列線を参照）。

図22は実際には両対数スケールを使っている。総人口だけでなく、変化も対数で表示される。図を見ると、世界人口の増加が長く止まった中断期間が3回あることがわかる。1500年から1600年、1820年から1850年、そして2020年以降のスローダウンだ。最初の2回は、当時の社会情勢の大きな混乱が一因で人口爆発につながっている。

もっと間隔の短い推計値が使われていたら、増加が中断した期間がもっと明らかになっていただろう。西暦165年のアントニヌス帝のペスト、541年に始まったユスティニアヌスのペスト（世界人口のおよそ

6分の1が死亡した）、1347年にヨーロッパに到達し、人口の約半数が命を落とした黒死病によるものなどがその例である。しかし、何よりも目を引くのは、ヨーロッパ人がアメリカ大陸に持ち込んだ感染症の影響の大きさだ。その結果、世界人口の増加傾向が初めて長期にわたってスローダウンすることになり、中断期間は1500年から1600年まで続いた。図22を見ると、それがはっきりわかる。2回目の中断は、19世紀初めにヨーロッパ人が世界の大部分を植民地化したことで起きている。3回目の世界人口の大スローダウンは、まさにいま進んでいる。はっきりした徴候はないものの、1968年に始まったと言っていいだろうが、最大の減速が始まるのは2020年以降になる。

図22を見たら、歴史は繰り返すと思うだろう。いまの世界的なスローダウンは、2100年以降にまたリバウンドすることも考えられる。スティーヴン・ホーキングが結局正しいかもしれず、そうなったらこの先200年以内に人類は地球を脱出して、人口がふたたび急速に増え始めるだろう。しかし、この3回目の大スローダウンは、私たちの選択の結果としてそうなったものであり、余儀なくされたものでも、理由もわからずに起きたものでもない。そして、その選択をしている人の大多数は女性である。

宇宙旅行は、主に現代の男の子の典型的な夢である。子どもを持たない、あるいは子どもの数を1人にするか2人にするかという選択は、主に女性の特権だが、女性がその選択を実行できるようになるには、しかるべき環境が整っていなければいけない。いまはそうできる環境は整っているが、場所によって状況は違う。この章の残りの部分では、世界各地を回って、いくつかの国、さらにいくつかの大陸を対象に、同じ時系列グラフを描いていく。

アメリカのスローダウン

アメリカと中国は、世界の二大経済大国である。購買力平価を考慮すると、中国の生産性はアメリカより高いと推定される。これは世界銀行、国際通貨基金（IMF）、アメリカ中央情報局（CIA）が作成した統計による。しかしもちろん、その生産性と、そこから得られる所得は、アメリカよりもはるかに多い人々の間で分配され、（興味深いことに）アメリカにおける分配とほぼ同じくらい不平等である［＊110］。

ここで使用されている人口推計は、二つの時系列データを組み合わせている。一つ目は、経済史研究の世界的権威であるアンガス・マディソン（1926〜2010年）が作成したものだ。マディソンの系列は、1950年以前は限られた年しか含まれていないため、この後の時系列線では系列に含まれている年だけ示している。現在の地理的境界に基づいた過去の人口に関するマディソンの推計は、最も広く使用されている。膨大なデータに基づく結果は精度が高く、マディソンが亡くなってから10年がたったいまでも、入手可能な最良の推計値である。ここではマディソンの推計値に若干の調整を加えて、二つ目のデータセットである国連の2017年改訂版世界人口予測（1950〜2100年）に適切な形で流し込めるようにしている。

この章で示す時系列線を作成するために、マディソンのデータは地理的地域ごとに定数で単純にスケーリングして、1950年のマディソンの推計値と国連がいま作成している推計値が等しくなるように調整している。効果は非常に小さいが、その年に突然、見せかけの変化が生じることはなくなる。国連のデータは原稿の執筆時点で入手可能な最新のデータであり、今後80年間に起こると予想される人口の変動を小さく見積もりすぎていると広く考えられるようになっている。言い換えると、本書の時系列線が示すスローダウンより、実際に起きるスローダウンのほうが劇的なものになる可能性が高い。

いまアメリカ合衆国と呼ばれている地域の人口は、1500年に200万人に達したと推定される。当時の人口のほとんどすべてが、おそらく2万年以上前に、現在はベーリング海峡の下に沈んでいる陸橋を渡って到着したと考えられる移住者の子孫だった［＊111］。それ以外の人はその後に他のところから渡ってきたのだろうが、両者が混血して拡散した。現在の合衆国の最初期の住人がつくりだした起源譚には、自分たちの祖先にあたる存在がどこか他のところからやってきたという話が出てこない（そのような起源譚は世界にほとんどない）。

現在の合衆国の人口は、ほとんどすべての期間を通じて、温暖な南方の地域の人口よりもはるかに少なかった。しかし、リオグランデ川以北のアメリカ先住民の数は非常にゆっくりとしたペースで増えていき、200万人に達した。これは当時の人類全体の0・5％に満たない。この時点で、コロンブスが大西洋を渡って、現在のアメリカ合衆国の南方に上陸した。マディソンをはじめとする当時のすべての資料が、虐殺が繰り返されたと報告している。人口は1600年までに150万人に減り、1700年にはわずか100万人となった。1620年にメイフラワー号がケープコッドに到着したが、そのかなり前から疫病がはるか南方から広まってきていた。疫病はヨーロッパ人が持ち込んだものだった。ペルー文明を征服したスペイン人を含む、ヨーロッパの侵略者が到達した土地から広がり、侵略されたことのない地域にまで拡大した。図23に示す時系列線の最初の数ポイントを見ても、こうした事象の影響はほとんどわからない。

1700年頃から、後にアメリカ合衆国として知られるようになる地域の人口はどんどん増えていった。旧世界から船が次々に到着するようになり、ヨーロッパから入植者が、アフリカから奴隷が送られてきて、入植者と奴隷が子どもを持ち始めたのである。1790年に初めてアメリカ合衆国国勢調査が行われ、そ

図23　アメリカ：総人口、1～2100年

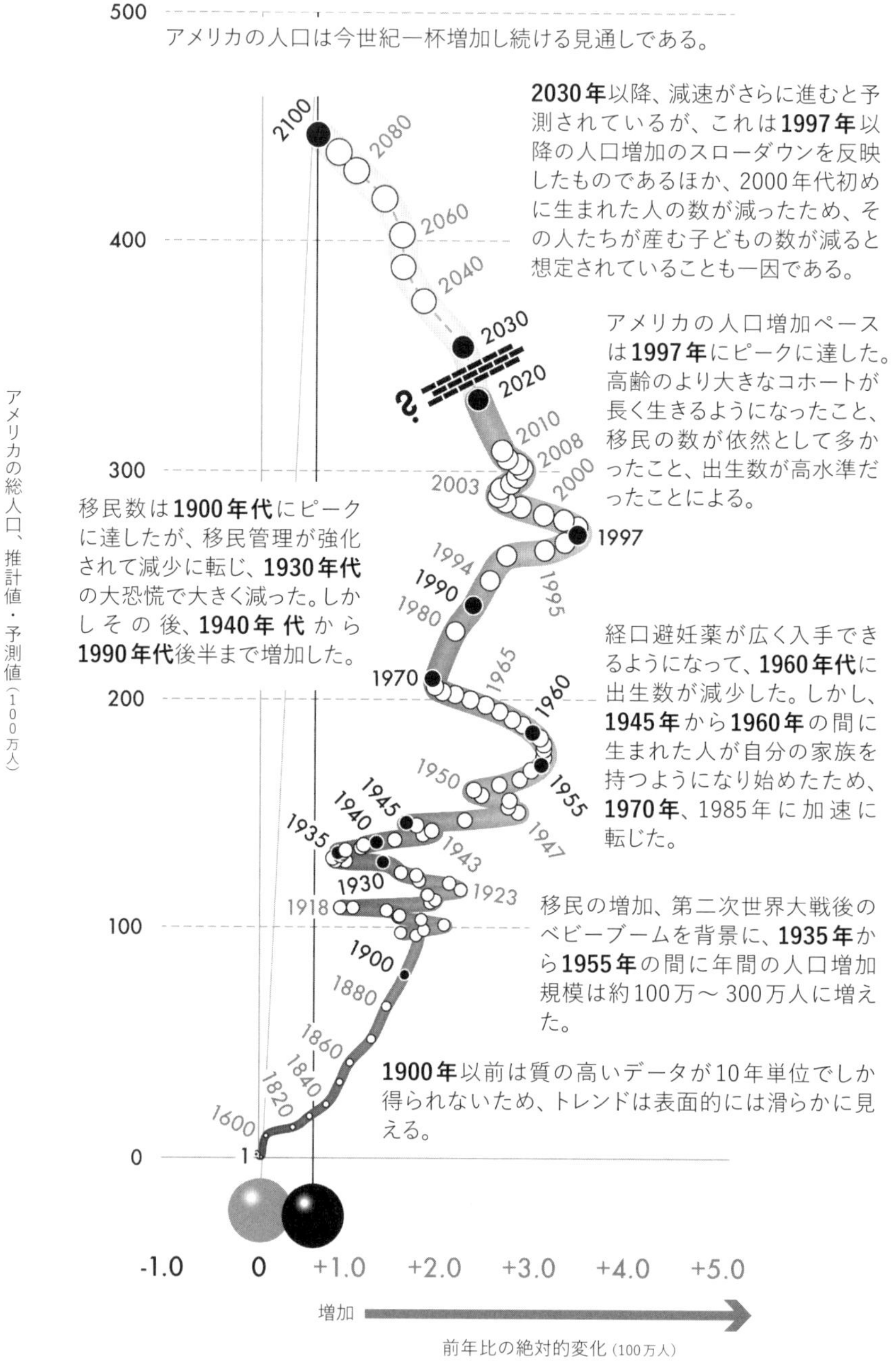
500
アメリカの人口は今世紀一杯増加し続ける見通しである。
2030年以降、減速がさらに進むと予測されているが、これは1997年以降の人口増加のスローダウンを反映したものであるほか、2000年代初めに生まれた人の数が減ったため、その人たちが産む子どもの数が減ると想定されていることも一因である。
2100
2080
2060
2040
2030
2020
400
アメリカの人口増加ペースは1997年にピークに達した。高齢のより大きなコホートが長く生きるようになったこと、移民の数が依然として多かったこと、出生数が高水準だったことによる。
2010
2008
2003
2000
300
1997
移民数は1900年代にピークに達したが、移民管理が強化されて減少に転じ、1930年代の大恐慌で大きく減った。しかしその後、1940年代から1990年代後半まで増加した。
1994
1990
1980
1995
1965
1970
1960
200
経口避妊薬が広く入手できるようになって、1960年代に出生数が減少した。しかし、1945年から1960年の間に生まれた人が自分の家族を持つようになり始めたため、1970年、1985年に加速に転じた。
1950
1955
1945
1940
1935
1947
1943
1930
1923
1918
100
移民の増加、第二次世界大戦後のベビーブームを背景に、1935年から1955年の間に年間の人口増加規模は約100万～300万人に増えた。
1900
1880
1860
1840
1820
1600
1
0
1900年以前は質の高いデータが10年単位でしか得られないため、トレンドは表面的には滑らかに見える。
アメリカの総人口、推計値・予測値（100万人）
-1.0
0
+1.0
+2.0
+3.0
+4.0
+5.0
増加
前年比の絶対的変化（100万人）

出所：The Angus Maddison Project および *UN World Population Prospects 2017* のデータ。

れ以降、人口推計の信頼性が大きく高まったが、先住民人口が国勢調査に含まれたのは、実に1870年になってからだった。

1790年以降の各10年間には、南北戦争があったにもかかわらず、アメリカの人口はその前の10年間以上に増えた。1902年になって減速の兆しが初めて見えたが、その後また、1905年まで加速し続けた。こうした変動を引き起こした主な原因は、はるか遠くの他の大陸の出来事だった。ヨーロッパの第一次世界大戦期には、ほぼ300万人のアメリカ軍兵士が海外に派遣される一方、アメリカに到着する移民は減った。インフルエンザのパンデミックが影響して減速が進んだが、その後、兵士が戻り、移民も増えて、人口の増加量は1923年にピークに達する。1924年に特定の国からの移民を優遇する人種差別的な割当制が導入されたことで、人口の増加は一時的に止まった。

1930年代には、大恐慌と偏見の両方が影響して、スローダウンが起きた。移民に対する偏見は根強く、移入できる人が限定されただけでなく、アメリカを故郷と呼ぶようになっていた数多くの人たち（特にメキシコ人）を対象とした大規模な国外追放も行われた。しかし、移民管理で、移民の受け入れ総数が規制されたことは一度もない。特定の出身国を優遇して、移民コホートの内訳を変えるだけだ（その当時でさえ、最初だけだった）。アメリカに在住する移民の数は、アメリカで仕事が得られるかどうか、アメリカ以外の場所で生活できるかどうかに左右される。アメリカでは、第二次世界大戦によって大量の雇用が生まれ、第一次世界大戦時ほど人口は減らなかった。ベビーブームは1946年に始まって、1947年にかけて加速し、その後はペースが少し落ちたが、またリバウンドした。1950年から1957年にかけて移民がさらに増加したこともあり、人口の増加ペースはふたたび上向いた。しかし、それまで大きく加速していた人口の増加ペースに変化が訪れる。

アメリカでは1957年から1970年にかけて人口がスローダウンしたが、これはヨーロッパと中国の復興を反映していた。大変な思いをして自国から逃れ、大西洋・太平洋を渡ってアメリカ大陸に向かおうとする人が減ったのだ。ラテンアメリカも比較的安定しており、北に移住する人が減った。これは一つには、合衆国の出生率が下がっていたためでもある。この時期には、合衆国の経済的平等が大きく進展し、移民など「人口にカウントされない人々」が埋めるはずの所得階層の底辺にある仕事がぐっと減った。経済格差が大きい国で、低賃金の仕事が大量に創出されると、その国が数字の上で豊かである（GDPが高い）なら、かならずと言っていいほど移入が増える。

アメリカの格差は1970年代半ば以降、どんどん拡大した。所得上位1％の人が税引き前所得に占める割合は、1976年には10・4％と低かったが、2012年には倍増して20・8％になっていた。上位1％の富裕層が国の富に占める割合も、1978年には21・7％と低かったが、2012年には40・1％に広がった（その後は富の格差も小さくなった）［＊112］。格差が広がって移民が増えたが、出生率は低下の一途をたどり、アメリカの人口が加速するペースが抑えられた。貧富の差が大きい国ほど、出生率は高くなる。経済不安が大きくなると、子どもを産む数は増える。これは老後に面倒をみてもらうための保険だろう。しかし、アメリカでは格差が著しく拡大していたにもかかわらず、家族の人数が減り、人口がスローダウンする流れは止められなかった。さらに、南アメリカからアメリカ合衆国への移住の大部分は、合衆国よりも出生率が低い状態がすでに定着していた場所からのものだった（その背景については、第8章の図46の注を参照）。

アメリカの人口のスローダウンが鮮明になる前の最後のピークは、1990年代に訪れた。2006年に世界の人の移動に関する質の高いデータが初めて入手できるようになり、私は同僚とともに、後にワールドマッパー・プロジェクトと呼ばれるようになる取り組みの一環として、国同士の違いや時間変化を表す何百枚もの世界地図を作成した。すると、1990年から2017年に起きたアメリカへの移住の大半は、隣接するメキシコからの移住（1270万人）だったことが明らかになった。その期間のアメリカへの移住全体の47％強（2240万人）を中央アメリカとカリブ海諸国が占めていた。メキシコの次に重要だったのが中国、インド、フィリピンで、それぞれ200万人以上がアメリカに移住した。それ以外に移住者が100万人を上回ったのは6カ国（プエルトリコ、ベトナム、エルサルバドル、キューバ、韓国、ドミニカ共和国）である［＊113］。アメリカの経済格差は大きく、しかも拡大していたため、近隣諸国（特にメキシコ）から移民が流れ込んだ。

アメリカの政治家はこの加速に制裁で対応した。1996年9月、不法移民改革および移民責任法（IIRIRA）が制定される。「こうした一連の法律がどのような結果をもたらしていたのか、完全に理解されていたとは思えない」。ニューヨーク大学のナンシー・モラウェッツはIIRIRAなどの移民関連法についてこう語る。しかし、はっきりしていることが一つある。IIRIRA施行後、それまではまれだったアメリカからの国外追放が、比較的よく見られるようになったのだ。社会学者のダグラス・マッセイとカレン・プレンによると、「それまでは移民法の執行で国内執行活動はそれほど大きな役割を果たしていなかった。それが1996年以降は、国内執行が大恐慌期の強制送還措置以来の水準に達した」。移民の問題に詳しいジャーナリストのダラ・リンドは、2016年に問題の背景を次のように説明している。「移民法執行が増えたことが、いまアメリカにこれほど多くの不法移民がいる一つの大きな理由である」［＊114］。移民法執行が増えているのにアメリカに残ろうとする人が増えたのは、出身国と行き来するのが難しくなったからであり、法的な地位を得る手続きが非常に煩雑になったからである。

IIRIRAが成立すると、アメリカの人口増加は加速から減速に転じた。IIRIRAは本当にひどい法律ではあったが、タイミングが重なったのは偶然である。どちらにしても、アメリカでは以前からひどい移民法が制定されている。IIRIRA成立後に減速が続いたのは、出生数がどんどん減っていたからだった。

アメリカ大陸の残りの国々と違って、アメリカ合衆国は2100年になっても人口規模が増え続けていると予測されている。ところが、人口動態記録を検証するとアメリカは自由の国とはほど遠く、トランプ時代のレガシーが色濃く残っていることから、近い将来に移民が移住を試みる場所としては人気が下がるかもしれない。私は国連の予測はアメリカに関しては特に楽観すぎるのではないかと感じており、今世紀のどこかで人口が減少に転じると見ている。

中国のスローダウン

中国はアメリカとは大きく違っているが、この二つの国は多くの人が考えているよりも結びつきが強い。特に長年にわたって多くの移民が中国からアメリカに渡っている。中国は1700年代に出生数が増えたことで人口が増加したが、増加ペースはアメリカよりもはるかに緩やかだった。ところが1839年にイギリスが自国のアヘンの「自由貿易」市場を求めて香港に小型砲艦を送り込むと、状況は変わる。しかし、そのときから一歩後戻りする必要がある。その一歩で2000年前まで遡ることになる。アメリカ大陸と違って、中国は2000年前の時点ですでに人口がとても多かったからだ。

中国前漢の平帝は、西暦の紀元後2年に国勢調査を行うように命じた［＊115］。これと同じ時期に、ローマ人はローマの全市民・臣民を対象とする国勢調査を20年ごとに行っていた。ローマ帝国の全人口は5700万人弱だった。中国の人口は1千年紀初めには6000万人だったが、100年後に5000万人前後に減った。隋王朝時代の606年に行われた推計では、中国の人口は4600万人とされている。それからちょうど100年後、唐王朝になってからほぼ1世紀が過ぎた705年に行われた調査では、人口は3700万人まで減っていた（705年は悪名高き女帝の武則天が死去した年である。厳密に言えば、武則天は実際には短命に終わった周王朝の皇帝だった）［＊116］。

1290年には、元王朝の支配の下、中国の人口は5900万人まで戻り、明王朝時代の1393年には6000万人に達した。図24の時系列線が示すように、明王朝の衰退とともに1600～1650年に人口が減少した。その後、ふたたび増加に転じる。清王朝時代の1749年は1億7700万人となり、1791年には3億4000万人、1811年には3億5900万人に増えた。しかし、1850年から1864年の間に人口は減少した。これは第一次アヘン戦争の余波で太平天国の乱が起きた時期であり、この時期に死者の数が1億人に達したと考えられる。死亡数は長い期間にわたって広く分散していた［＊117］。これだけ減少したにもかかわらず、人口はふたたび増加し、中華人民共和国が成立して4年後の1953年には5億9300万人に達した。香港が含まれていたらちょうど200万人増えていたのだが、本書ではそうしていない。

アンガス・マディソンが作成した系列では、中国本土の人口は1960年の6億6700万人から1961年に6億6000万人に減少したと推計されているが、国連の推計では、その年に1000万人増えたとされる。この章の一貫性を保つために、ここでは国連の推計値を使うが、1958～1961年に起きた中国の大飢饉の影響による膨大な死者数が反映されない。それが国連のデータから脱落しているのはとても奇妙であり、ここで検証する価値がある。中国で入手可能になったデータとアンガス・マディソンの推計によると、出生率が1953～1957年期と同じだったら、1958年、1959年、1960年、1961年には合わせて9200万人の子どもが生まれていただろう。ところが、1958～1961年の実際の出生総数は6100万人にとどまった。死亡率が同じだったとすると、2900万人が死亡

図24　中国：総人口、1～2100年

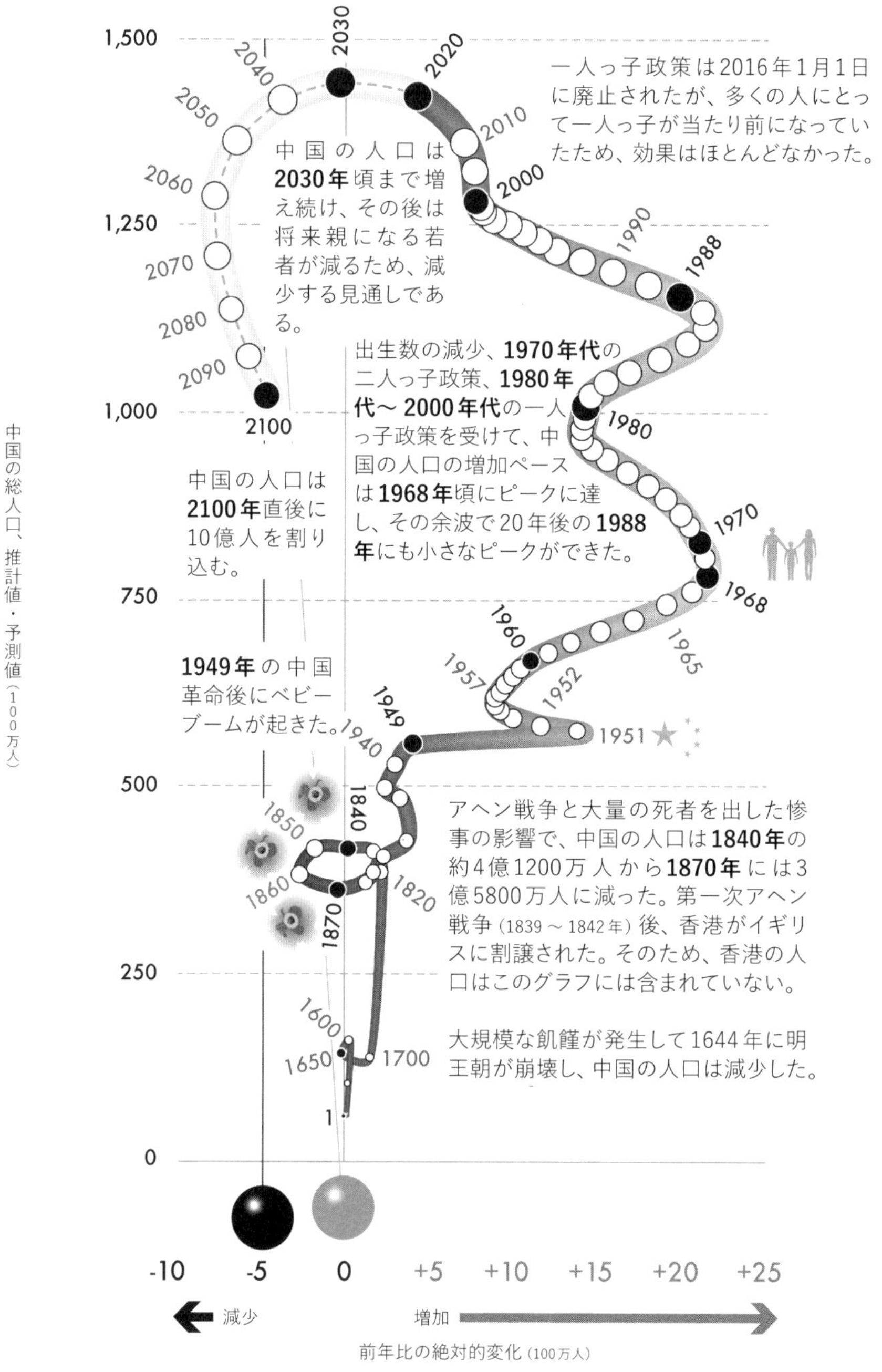

一人っ子政策は2016年1月1日に廃止されたが、多くの人にとって一人っ子が当たり前になっていたため、効果はほとんどなかった。
中国の人口は**2030年**頃まで増え続け、その後は将来親になる若者が減るため、減少する見通しである。
出生数の減少、**1970年代**の二人っ子政策、**1980年代**～**2000年代**の一人っ子政策を受けて、中国の人口の増加ペースは**1968年**頃にピークに達し、その余波で20年後の**1988年**にも小さなピークができた。
中国の人口は**2100年**直後に10億人を割り込む。
1949年の中国革命後にベビーブームが起きた。
アヘン戦争と大量の死者を出した惨事の影響で、中国の人口は**1840年**の約4億1200万人から**1870年**には3億5800万人に減った。第一次アヘン戦争（1839～1842年）後、香港がイギリスに割譲された。そのため、香港の人口はこのグラフには含まれていない。
大規模な飢饉が発生して1644年に明王朝が崩壊し、中国の人口は減少した。
1,500
1,250
1,000
750
500
250
0
2030
2020
2040
2010
2050
2000
2060
1990
1988
2070
2080
2090
2100
1980
1970
1968
1960
1965
1957
1952
1949
1951
1940
1840
1850
1820
1860
1870
1600
1650
1700
1
中国の総人口、推計値・予測値（100万人）
-10
-5
0
+5
+10
+15
+20
+25
減少
増加
前年比の絶対的変化（100万人）

出所：The Angus Maddison Project および *UN World Population Prospects 2017* のデータ。

していた計算になるが、実際には飢饉下で４４００万人が死亡した。栄養失調で出産できなかった女性があまりにも多かったため出生数は３０００万人減少した一方、死亡数は１５００万人増えた。その結果、１９５８〜１９６１年の事象が起きていなかった場合に想定される水準を４５００万人下回ることになった。

中国の大飢饉は、異常気象と甚大なヒューマンエラーによって引き起こされた。しかし国連のデータでは、この壊滅的な事象が起きなかったかのようだ。当時、中国の医師は死亡原因を飢えとすることを禁じられた。先にあげた数字はいまでは中国で広く知られているのだから、国連は統計を改訂したほうがよいのではないか。

飢饉から回復すると、中国の人口は１９６４年に7億人に、１９６９年に8億人に、１９７４年に9億人に、１９８１年に10億人に達した。その後は、一人っ子政策が取り入れられたこともあって、すでにかなり進んでいた出生率のスローダウンが加速した。そのため、人口が11億人になったのは、１９８７年になってからだった。12億人になったのは１９９２年で、これは主に人々が長生きするようになったからであり、出生数が増えたためではない。２００３年には13億人に、２０１６年には14億人になった。中国の人口は２０３０年に14億４０００万人でピークをつけた後、２０４４年には14億人を、２０６０年には13億人を、２０７０年直後に12億人を、２０８６年に11億人を、２１０４年頃に10億人を割り込むと予想されている。ただし、これはあくまでも現在の予測が正確であればの話である。一人っ子政策が緩和されても出生数が大幅に増加していないため、もっと速く減少する可能性がある。家族の規模に対する文化的態度は大きく変わっている。それをいまから覆すのは難しいだろう。

中国の人口増加は１９６８年以降、スローダウンしており、この先10年ほどで絶対数が減少するだろう。アメリカとは対照的に、中国はいまも急速な経済成長が続いているが、この後の章で触れるように、経済成長も、当然のことながらスローダウンしている。さらに、中国の出生率は国連の予測や中国の公式見通しをはるかに上回るペースで下がっている。

2018年の中国の出生数は1520万人で、2017年より200万人減った。これを受けて、中国の人口増加率はわずか1年で0・53%から0・38%に下がっている。スローダウンするペースがいちばん速いのは、人の流入が続いている都市である。国内移住が進んでいるため、中国の農村部のスローダウンも加速している。人口の多い中国東部にある山東省の小さな都市（人口〝わずか〟900万人）である青島市では、2018年1～11月に記録された出生数が、2017年の同じ時期に比べて21%減少した［＊118］。青島市は同省で最も経済的に成功している都市であり、現政府が進める現代版シルクロード経済圏構想「一帯一路」における東部の重要な拠点である。進歩するということは、生まれてくる子どもの数が減るということだ。

アフリカ大陸のスローダウン

今度はアフリカ大陸とブリテン諸島について考えていこう。この二つの地域をまとめるのは、近代の歴史の中で両者は密接に結びついているからである。

人口統計学的な観点からは、中国と著しく対照的なのがアフリカ大陸全土だ。2020年にはアフリカの人口は13億5000万人に増えている見通しである。それでも中国の14億2000万人よりは少ない。しかし、中国がスローダウンしているうえ、大半のアフリカ諸国の人口が加速し続けると予想されることから、2020年の直後には、アフリカ大陸全土の人口が中国を大きく上回ると見られる。アフリカで暮らす人の数が中国で暮らす人の数を上回るのは、何千年もの間で初めてになる。かなり昔のことなので、前回、この二つの地域の人口が同じ水準にあったのはいつだったのかは、推測するしかない。図25の時系列線にある最近のデータは質が悪い。アフリカ諸国に関する国連のデータは信頼性が低いからだ。この時系列線が大陸全体のものである理由の一つがそれである。

アフリカ諸国の人口が将来増加すると予測されているのは、ある人口統計モデルが根拠になっているが、そのモデルはかなり疑問視されるようになっている。いま世界で出生率が特に高い国の多くがアフリカ大陸にあることは紛れもない事実である。しかし、アフリカ全体の出生率が将来にスローダウンするとしても、ペースは速くないという推論は疑わしい。世界で起きていることがアフリカ大陸にはほとんど影響しないという前提に立っている。

世界の他の地域の大部分は、人口不足に近づいており、アフリカ以外の地域で若者に対する需要が増えて、アフリカからの移出は増えるだろう。そうなれば、アフリカ全体で人口増加の加速ペースがさらに抑えられ、国連がいま予測している水準を下回ると見られる。アフリカから移出する成人が増えれば、アフリカで生まれる子どもの数は減ることになる。しかも、出生率の高い国からの移民が一生涯に持つ子どもの数は、その国にとどまる人よりも少なくなる傾向がある。もちろん、母集団の一部が（移住によって）除外されても、残りの母集団の出生率の低下ペースには影響を与えないとも前提している。しかし、残っている人たちの状況も改善し、中等・高等教育を受ける機会が拡大して、これほど多くの人が移住した理由が減ると、どうなるのだろう。

子どもを何人持つかということに関して、アフリカの女性たちがする選択、そしてできる選択は、21世紀の文脈の中で変わっていくだろう。過去の加速の形が図25が示している形と同じだったからといって、その時系列線が示唆するとおりの歴史が繰り返されるわけではない（この場合は２０１７年の国連推計に基づいてい

図25　アフリカ：総人口、1 ～ 2100年

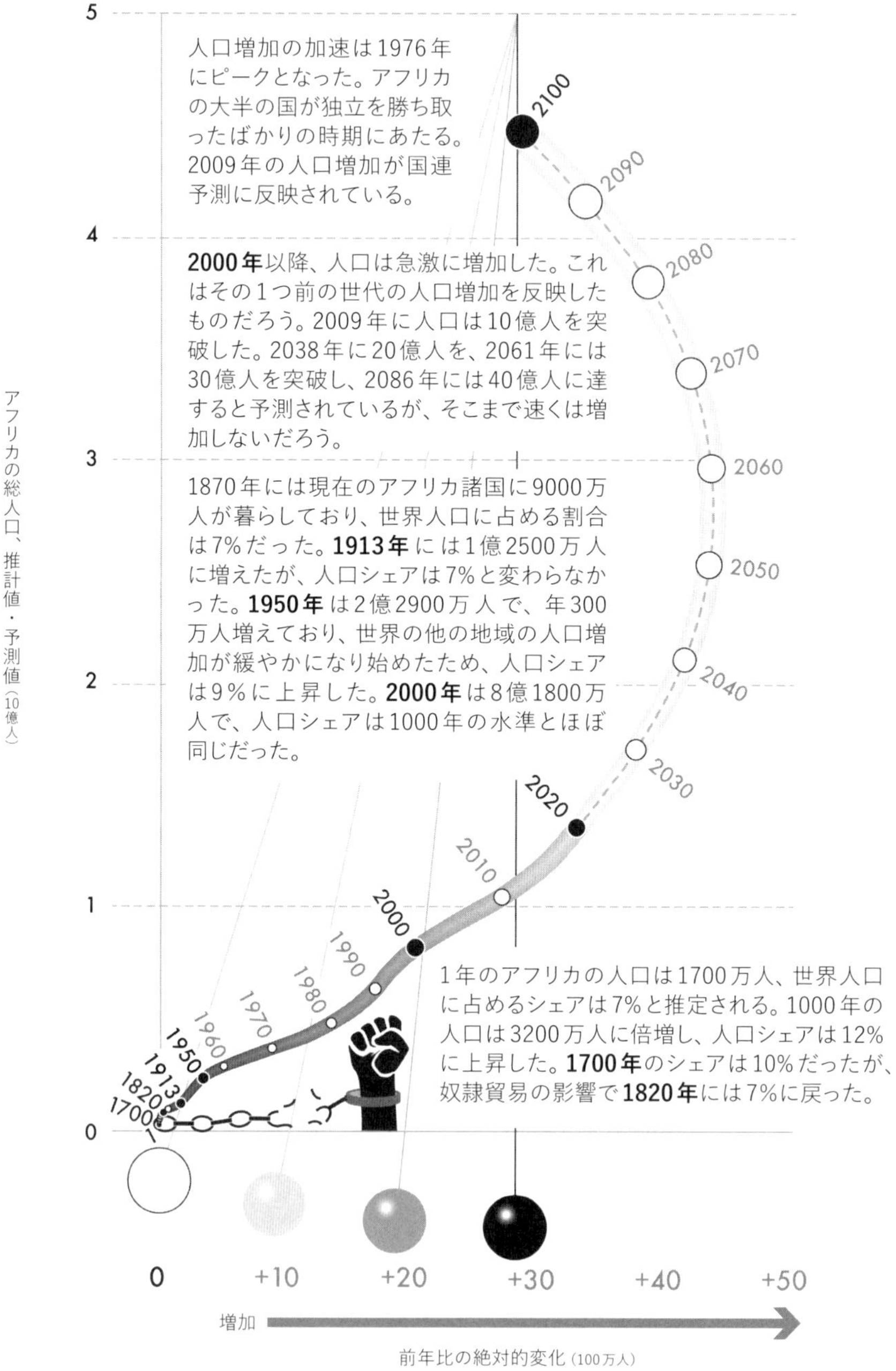
人口増加の加速は1976年にピークとなった。アフリカの大半の国が独立を勝ち取ったばかりの時期にあたる。2009年の人口増加が国連予測に反映されている。
2000年以降、人口は急激に増加した。これはその1つ前の世代の人口増加を反映したものだろう。2009年に人口は10億人を突破した。2038年に20億人を、2061年には30億人を突破し、2086年には40億人に達すると予測されているが、そこまで速くは増加しないだろう。
1870年には現在のアフリカ諸国に9000万人が暮らしており、世界人口に占める割合は7%だった。1913年には1億2500万人に増えたが、人口シェアは7%と変わらなかった。1950年は2億2900万人で、年300万人増えており、世界の他の地域の人口増加が緩やかになり始めたため、人口シェアは9%に上昇した。2000年は8億1800万人で、人口シェアは1000年の水準とほぼ同じだった。
1年のアフリカの人口は1700万人、世界人口に占めるシェアは7%と推定される。1000年の人口は3200万人に倍増し、人口シェアは12%に上昇した。1700年のシェアは10%だったが、奴隷貿易の影響で1820年には7%に戻った。
2100
2090
2080
2070
2060
2050
2040
2030
2020
2010
2000
1990
1980
1970
1960
1950
1913
1820
1700
1
5
4
3
2
1
0
アフリカの総人口、推計値・予測値（10億人）
0
+10
+20
+30
+40
+50
増加
前年比の絶対的変化（100万人）

出所：The Angus Maddison Project および *UN World Population Prospects 2017* のデータ。

る）。時系列線をよく見ると、近年（２０００〜２０１５年）はアフリカ全体の人口増加が突出して高くなっていることがわかる。２０１７年に発表された国連の予測モデルでは、その突出して高かった直近の増加率がそのまま予測に反映されていた。

アフリカの近年の増加率は例外的なものであることを示すエビデンスが積み上がっている。２０１９年２月、米国科学アカデミー紀要で発表された調査結果が世界中で広く報じられた。研究チームは「アフリカのいくつかの国で２０００年代初めに出生率の低下が止まったことに気づき、調査を開始した。その理由を明らかにするために、対象国で数年ごとに調査を実施してデータを得た。具体的には、１９５０年から１９９５年までのデータを調べた」［＊119］。その結果、１９８０年代に多くのアフリカ諸国で、特に少女たちが適切な教育を受ける機会が途絶えたことで、若い女性が産む子どもの数が増えたために、それまでは人口がスローダウンするペースが速まっていたにもかかわらず、近年になってこの例外的な（そしておそらくは一過性のものと考えられる）事象が発生した可能性が高いことがわかった。人口がスローダウンするペースが速まる動きは、時系列線では１９８０年から１９９５年の時期に見られる。よく見ると、スローダウンはごくわずかながら加速し始めていたのに、それが止まっている。スローダウンはさらに加速していたかもしれなかったが、そうはならなかった。

過去20年間、アフリカで少女たちが教育を受ける機会はめざましく広がっている。国連のモデルにはこのことはいっさい考慮されない。１９８０年代に教育を受ける機会が失われたのは、アフリカ諸国全体が最悪の景気低迷を記録した時期であり、その景気低迷はＩＭＦや世界銀行が導入した構造調整政策下で起きた。国際金融機関の破壊的な行動を抑えることができたら、どれだけ世界のためになることか。世の中のことを何も知らず、それこそおめでたいとしか言いようのない者もいる経済学者の行動を止めることができず、自分たちの研究に基づいた政策を立案させることを許したために、わずか数十年後に人口の増加は加速することになる。1980年代、1990年代初めに構造調整の影響で学校に通えなかった少女たちの世代は、平均すると出産年齢が低くなり、子どもの数も多くなった。貧困、絶望、無知が広がると、出生数は増加する。構造調整計画がアフリカ大陸に与えたダメージはあまりにも大きかった。1980年代初めから1990年代後半にかけて、アフリカの大半の国で個人と政府の総所得は減少した［＊120］。

アフリカは、有害な国際干渉にさらされてきた長い歴史がある。1500年から1600年の間にアフリカ大陸の総人口は4700万人から5600万人に増えた。その次の100年間で6100万人に増加したが、当時の中国の人口の半分に満たなかった。1870年にはアフリカの総人口は9100万人になったが、同じ年の中国の人口のわずか4分の1だった。この点については、アフリカに起きていたことと中国の状況を比べると、よい参考になる。中国はそれまで30年間にわたってアヘンの輸入を強制され、人口は減少していた。その紛争を、後のイギリス首相、ウィリアム・グラッドストンはこう言い表した。「これほど不義で、これほど恥知らずな戦争を私は知らないし、歴史書で読んだこともない」［＊121］。アフリカ大陸の面積は3000万平方キロメートルで、中国の現在の面積の3倍以上ある。しかし、中国と比べると、人口密度は低い。国連の現時点での見通しでは、アフリカの人口は2020年から2080年までの60年間で3倍に増え、都市化が進む現在の中国の人口密度と変わらなくなるとされるが、そうなる可能性はとても低い。アフリカの肥沃な土地の量は中国と同じであることを考えれば、なおさらだ［＊122］。

ヨーロッパの北地中海沿岸では、いまではスペイン、ギリシャ、イタリアの過半数の人が、移住制限をするべきだと考えている。言い換えると、自国内にとどまる若者の不足が深刻になっているので、若い市民が長期間にわたってこの3カ国から離れることを許可する人数に上限をもうけたいと思っているということだ。現時点では、そうした意見が過半数を占めるのは、ヨーロッパ全域でこの三つのヨーロッパ大陸諸国だけである。いずれもアフリカに最も近い国だ［＊123］。アフリカ諸国から地中海を渡って移住することが容易になれば、地中海の南沿岸は若者が多すぎて、北沿岸は少なすぎるという不均衡が是正され始めると指摘する人がそのうち現れるだろう。

ブリテン諸島のスローダウン

しかし、移住に最も強く反対しているのは南ヨーロッパの国々ではない。ヨーロッパで最も移住に反対している国について考えるなら、イングランドと、ブリテン諸島全体に影響を与える移住政策でのイングランドの支配力に目を向けなければいけない。原稿を執筆している時点では、ブリテン諸島はすべて、国境検査なしで自由に移動できるシェンゲン協定の域外である。EU加盟国の中で、恒久的にシェンゲン協定に参加しないことを選択しているのはアイルランドとイギリスだけだ。シェンゲン圏には四つのEU非加盟国も参加している（ただし欧州自由貿易連合には加盟している）。

アフリカ諸国と違って、ブリテン諸島（主にイングランド、アイルランド、ウェールズ、スコットランド）は1500年から1600年の間に人口爆発を経験し、その世紀に総人口は3分の1以上増えた。1700年までの次の100年間には、総人口は4分の1以上増加した。1665〜1666年に大飢饉が発生し、ロンドンの人口の4分の1が死亡したにもかかわらずだ。しかしその後、1700年から1800年の間に、人口は85%増加し、トマス・ロバート・マルサスは、後に何度も改訂されることになる小冊子の第1版を発表して、野放しの人口増加に警鐘を鳴らした。マルサスが別の場所、別の時代に生きていたか、道徳を重んじる厳格な人間でなかったら、マルサスの見方はずいぶんと違っていただろう。それでも、その後の1900年までの100年間で、ブリテン諸島の人口が増加するペースはさらに上がり、160%に達した。

1840年代にはアイルランドで大飢饉が発生し、人口が増加すると大量の死者が発生するというマルサスの警告は正しかったことが証明されたかのように見えた。

アイルランドの飢饉は、14世紀の黒死病以来、ブリテン諸島の歴史の中で人口に最も大きな影響を与えた出来事だった。アイルランド飢饉では、黒死病をはるかに上回る死者が出た。1845年には人口が大きく増えていたからだ。飢饉によって人口が急減したうえ、大勢の人が飢えから逃れるために移住していった。アイルランドからアメリカへの移住が急増して、ブリテン諸島全体の人口は1年にわたって減少に転じた。人口が制御不能に陥った地域を見たいのであれば、19世紀のイギリスとアイルランドに目を向けるといい。どちらも野放しの人口増加と大きな悲劇の両方を経験している。

1840年代以降、ブリテン諸島では大きな飢饉は発生しなかった。飢饉は自然事象として始まったが、大量の死者と大量の移住者を生んだのは、アイルランドに食料を送らないとするイングランドの政治家たちの決定だった。イングランドの政治家階級の特徴は、権力欲が強く、自分たちは生まれながらにして道徳的に優れていると考えていることだった。そうした優越意識は世界中に影響をおよぼし、アヘンを中国に売りつけることを「自由貿易」として正当化し、大西洋での奴隷貿易を当初は支持しただけでなく、「自国」においても、アイルランド人が苦しみながらゆっくり死んでいくことを一種の「自然淘汰」だとして容認した。

別の問題もあった。その問題は当時、「ドロモマニア（制御不能な放浪の衝動）」と呼ばれており、もっとよい人生を見つけるためにできることなら何でもしたいという制御不能な衝動と言うことができるだろう。その一方で、強制的に移住させられた人もいた。イングランドの裁判所は1776年まではアメリカ植民地に、1868年までオーストラリア流刑地に罪人を移送した。ブリテン諸島全域からの移住は幾何級数的に増加していたが、それにもかかわらず、人口の増加ペースは1852年から1990年の間はまだゆっくりと加速していた。この時期の前半には、人口は毎年、純数で15万人増加していた。現在のオックスフォード市の人口規模である。ヴィクトリア女王が死去した1901年の時点で、年間の増加ペースはピークに達し、純数で38万人になった。

1901年は狂乱の時代だった。20世紀初めの世界は、あまりにも多くの人にとってあまりに多くのことがあまりにも速く変化していた。ブリテン諸島のようなところで始まった流れは、すぐにあらゆるところに広がった。ライターのエミリー・ブキャナンは、E・M・フォースターとヒューマニズムの起源に関する記事の中で、この時代に対して次のような秀逸な洞察を示している。

この世紀の変わり目は、激しい進歩と急速な農村開発の時代だった。ヴィクトリア女王が死去したばかりで、進歩志向に弾みがつき、機械が産業と文化を支配し始めていた。フォースターは『ハワーズ・エンド』にこう記している。「月を追うごとに、道路は石油の匂いがきつくなるし、横断するのが難しくなるし、お互いの声が聞こえにくいので人と話をするのも大変になるし、息はしにくくなるし、空も狭くなっていった」。「絶え間ない変化」が続くなか、社会には古いものと新しいものが混在しており、このはりつめた空気を、フォースターと同時代のミッチェル・アンド・ケニオンが製作した社会ルポタージュ映画が鮮やかに切り取っている。特に1902年のブラッドフォードの映像では、路面電車が馬や荷馬車と一緒に道を走っている。よく見ると、おなじみのブランドの広告があって、21世紀の資本主義の鳴動が感じられるが、人々はおずおずとしていて堅苦しく、ヴィクトリア時代そのものである。それが何よりもよく表れているのが、カメラに対するあからさまで、しばしば滑稽な反応である。当時、手動式のカメラは信じられないような進んだ見た目をしていて、子どもたちの一団は通りで撮影している映画製作者を大はしゃぎで追いかけ回し、大人たちは恐れと、ラッダイト運動家さながらの好奇のまなざしを向けている。催眠術にかかったかのようなそのうつろな表情に、こちらまで催眠術にかかってしまいそうになる［＊124］。

ミッチェル・アンド・ケニオンがその催眠術にかかったようなうつろな表情をフィルムに焼き付けてから数年後、機械化された戦争が訪れる。しかし、第一次世界大戦が始まる前でさえ、スローダウンが2回起きていた。１８８０～１８８５年の小さなスローダウンと、１９１０～１９１３年のとても大きなスローダウンだ。１８７７年に社会改良主義者で避妊運動家のアニー・ベサントとチャールズ・ブラッドローに対する裁判が起きて、これをきっかけにコンドームが広く知られるようになっていたため、出生率は下がり、それ以降、非常に高い水準に戻ることはなかった。さらに、１９１０年から１９１３年の間に、アイルランドの人口の減少ペースが以前よりも少し速くなった。アメリカへの移住の増加ペースはさらに上がり、第一次世界大戦が始まる直前まで続いた。前掲の図23の時系列線が示すように、１９１０～１９１３年にアメリカの人口は増えている。

もっと最近の出来事になると私たちもよく知っているので、イメージしやすくなる。ブリテン諸島に関しては、第二次世界大戦の打撃は第一次世界大戦ほど大きくはなかった。このときにはブリテン諸島はイギリスとアイルランド共和国の二つの国に分かれていた。１９４５年に戦争が終わるとベビーブームが起きたが、１９４５年以前の出生数があまりにも少なかったため、１９６０年代には若い成人がほとんどおらず、イギリス政府はカリブ海諸国やインド亜大陸からの移住を積極的に奨励した。しかし、イギリス人は（自分勝手な政治家や新聞にたきつけられて）大英帝国時代の旧植民地からの移民の到着に不満を持った。１９６５年に移民管理法が成立すると、移民関連法が次々に生まれる。皮肉にも、１９６５年法ができたことで移民人口は増えることになった。すでに入国していた移民があえて帰国しないことを選択し、多くの人が

図26　ブリテン諸島：総人口、1～2100年

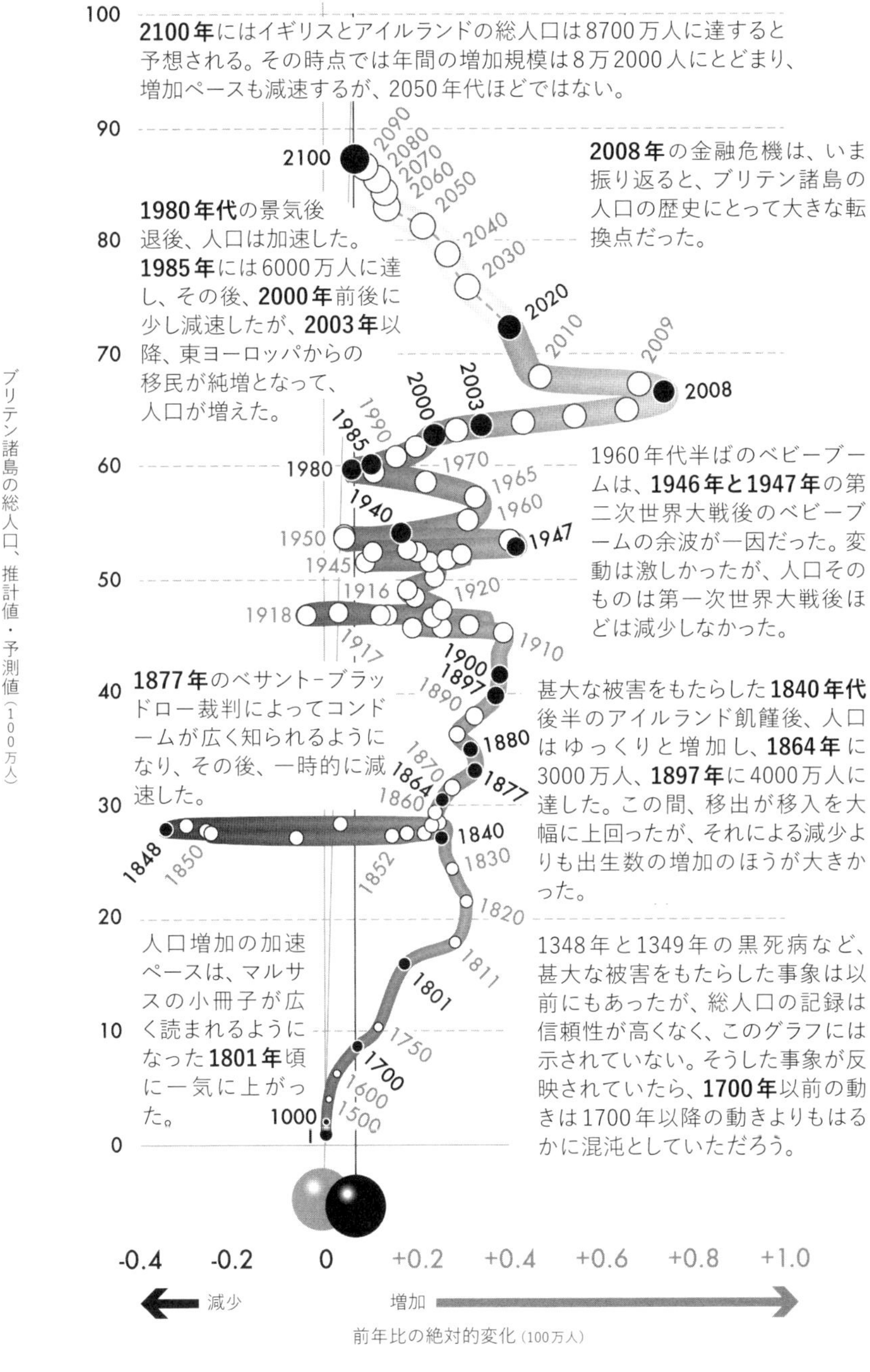

100
90
80
70
60
50
40
30
20
10
0
ブリテン諸島の総人口、推計値・予測値（100万人）
2100年にはイギリスとアイルランドの総人口は8700万人に達すると予想される。その時点では年間の増加規模は8万2000人にとどまり、増加ペースも減速するが、2050年代ほどではない。
2100
2090
2080
2070
2060
2050
2040
2030
2020
2010
2009
2008
2008年の金融危機は、いま振り返ると、ブリテン諸島の人口の歴史にとって大きな転換点だった。
1980年代の景気後退後、人口は加速した。**1985年**には6000万人に達し、その後、**2000年**前後に少し減速したが、**2003年**以降、東ヨーロッパからの移民が純増となって、人口が増えた。
2000
2003
1990
1985
1980
1970
1965
1960
1940
1950
1947
1945
1916
1920
1918
1917
1910
1960年代半ばのベビーブームは、**1946年と1947年**の第二次世界大戦後のベビーブームの余波が一因だった。変動は激しかったが、人口そのものは第一次世界大戦後ほどは減少しなかった。
1900
1897
1890
1880
1870
1864
1877
1860
1840
1848
1850
1852
1830
1820
1811
1801
1750
1700
1600
1500
1000
1
1877年のベサント-ブラッドロー裁判によってコンドームが広く知られるようになり、その後、一時的に減速した。
甚大な被害をもたらした**1840年代**後半のアイルランド飢饉後、人口はゆっくりと増加し、**1864年**に3000万人、**1897年**に4000万人に達した。この間、移出が移入を大幅に上回ったが、それによる減少よりも出生数の増加のほうが大きかった。
人口増加の加速ペースは、マルサスの小冊子が広く読まれるようになった**1801年**頃に一気に上がった。
1348年と1349年の黒死病など、甚大な被害をもたらした事象は以前にもあったが、総人口の記録は信頼性が高くなく、このグラフには示されていない。そうした事象が反映されていたら、**1700年**以前の動きは1700年以降の動きよりもはるかに混沌としていただろう。
-0.4
-0.2
0
+0.2
+0.4
+0.6
+0.8
+1.0
減少
増加
前年比の絶対的変化（100万人）

出所：The Angus Maddison Project および *UN World Population Prospects 2017* のデータ。

いまのうちに高齢の親族を呼び寄せようとしたのである。

移民を管理しようとしたにもかかわらず、移民は結果的に増加することになったが、総人口の増加ペースが下がる基調に変化はなく、1980年代初めに景気後退が起きたときには、人口の増加量が縮小した。その後、それまでの移民政策が転換され、移住が奨励されたことで人口はまた増加し、特に2003年以降は大きく増えた。人口が大きく増加したのはこのときが最後になる。イギリス人はまた移民を迎え入れ、このときは残りの西ヨーロッパの国々よりも早く東ヨーロッパのEU新規加盟国の市民が入国することを認めて、すぐに生活と仕事を始められるようにした［＊125］。アイルランドが好景気にわいていたこともあって、2003年から2008年まで、ブリテン諸島の人口増加の加速ペースは過去最高の水準に達するが、2008年に大規模な金融危機が発生し、突然終わりを迎える。図26に示すように過去の動きが混沌としていることを考えれば、国連の人口統計学者が予測する将来がなぜこれほど安定しているのか、不思議でならない。

インドのスローダウン

現在のインド、パキスタン、バングラデシュが位置するインド亜大陸の人口の軌跡は、小さなブリテン諸島のそれと比べると、際立って滑らかに見える。初期のデータは信頼性が低いのでここに示されておらず、この軌跡は想像の産物であるからでもあり、はるかに大きな地域で起きていることは均されるからでもある。インド亜大陸の人口は、さまざまな推計によると、1万2000年前が10万人、6000年前が100万人、4000年前が6000万人にのぼった。

都市が出現し、灌漑が始まり、都市化が全体で進むと、人口はさらに増加し、2000年前頃に約7500万人で落ち着いた。飢饉や侵略によるわずかな変化はあったものの、1000年前までその水準で推移した。その後は徐々に増えていき、1600年には1億3500万人になった。1600年はイギリス東インド会社がエリザベス1世から特許状を受けた年である。その介入の影響は、最初は小さかったが、その後にすさまじいものとなり、それまでは人口の増加を抑えていた規範が次第に崩れていって、人口は増加の一途をたどった。1820年にはインド亜大陸の人口は2億人強に達していた。その後、図27の時系列線が示すように、加速が一気に進んだ。

総人口に関して入手できる正確なデータが少なすぎるため、図27の時系列線には、1769〜1770年のベンガル大飢饉（1000万人が死亡）、1783〜1784年のチャリサ飢饉（1100万人が死亡）、1791〜1792年の頭蓋骨飢饉（ふたたび何百万人も死亡したため、遺体を火葬も埋葬もできなかった）が反映されていない。1866年のオリッサ飢饉の死者100万人、1869年のラージプーターナー飢饉の死者150万人、1876〜1879年の南インド飢饉の死者600万人〜1000万人、ブンデールカンドで始まった1896年の飢饉の死者100万人、1899年の西・中央インド飢饉の死者100万人、1943〜1944年のベンガル飢饉で餓死した150万人も示されていない。アイルランドの飢饉と同じく、飢饉の救済が十分ではなかったことにも、そもそも飢饉がこれほどまでに多くの犠牲者を生み出すような環境になっていたことにも、イギリスの支配が大きく関係していた。

インドの人口増加の加速ペースは、第一次世界大戦以前のほうが遅く、1881年と1891年の国勢調査の間の増加率は10％強だった。ところが、1921年以降、人口増加率が上がった。その流れは現在まで変わっておらず、この先数十年間は続くだろう。出生率が高い状態で新生児の予防接種が始まり、公衆衛生が導入されたことで、加速が加速を呼ぶことになった。1947年のイギリスによる分離・独立は

図27　インド亜大陸：総人口、1～2100年

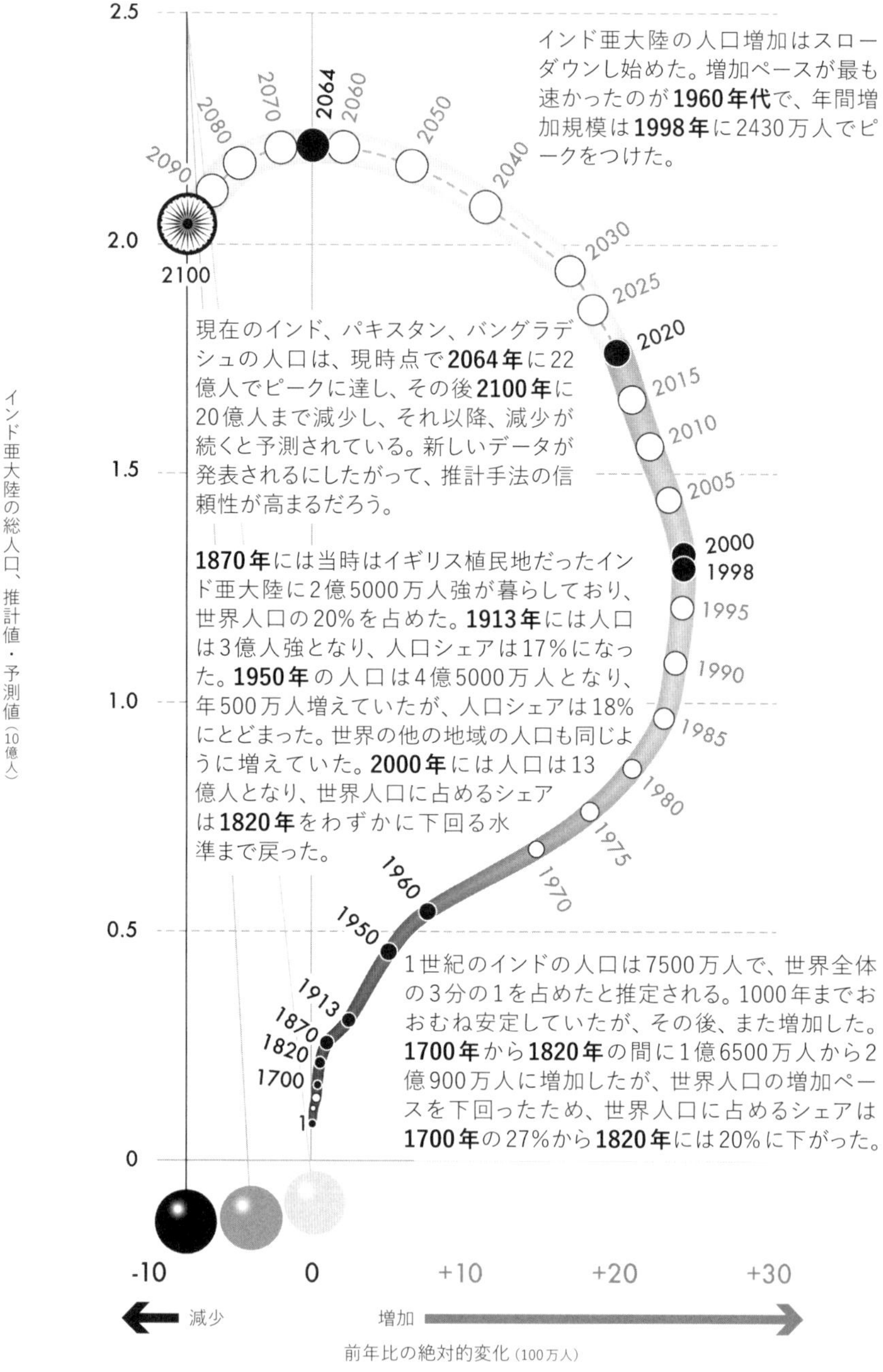

出所：The Angus Maddison Project および *UN World Population Prospects 2017* のデータ。

うまくいかず、暴力の連鎖が続く中で200万人が命を落としたとされる。しかし、戦争と同様に、分離・独立がもたらした混乱もベビーブームへとつながることになる。

インド独立後に幼い子どもの生存率が改善したことで、新生インドの人口は1951年以降、10年ごとに20%以上増加した。この流れは2001～2011年期まで続き、正確なデータがある最後の10年間の人口増加率は20%弱まで下がった。パキスタンの人口も同じくらい増えたが、2001～2011年期に増加率は20・1%に下がり、近年まで減速し続けていると推定されている。何よりも重要なポイントは、バングラデシュのスローダウンが最も速く進んでいることだ。2001～2011年に人口は16・9%しか増えていない。これは主に人々が長生きするようになったためで、出生数が増えたからではない。また、その期間の人口増加のペースも、出生数の減少によって年々下がっている。

インド亜大陸全体の人口増加の加速期は、1995年に終わった（この年にはわずか1年で2400万人増えている）。スローダウンはすでに始まっている。インドでは四半世紀前に始まったが、現時点ではスローなスローダウンになりそうだ。増加量は2020年には2000万人を、2043年には1000万人を割り込んで、2063年にはゼロに達し、インド亜大陸の人口はピークをつける見通しである（国連の2019年推計では2059年）。国連の2017年の予測によれば、2094年に人口は初めて減少に転じ、1年で700万人以上減るが、それでも総人口は20億人を上回る（10億人に達したのは1987年）。しかし、スローダウンのペースがそれよりも速くなると信じるだけの十分な理由がある。近年、出生率は下がっており、国連の予測では、2017年版も2019年版も、「最も確からしい」将来人口が過大に見積もられていたことを示す最も明白な徴候である。だが、他の国の物語も重要だ。他国の近年の動きからは多くのことを学べる。それでは、今度は他の国を見ていくことにしよう。

日本のスローダウン

インドと同じく、日本も、ここで示されている記録には含まれていない飢饉に見舞われている。入手可能なデータの質が低くて、時系列線に反映させることができなかった。1640～1643年の寛永の大飢饉では犠牲者が10万人にのぼった。1732年の享保の大飢饉による死者数は、1万2000人とも100万人とも伝えられる。

1782～1788年の天明の大飢饉では、飢えて衰えた身体に疫病が襲ったこともあり、日本の人口がほぼ100万人減少した。1833～1837年の天保の大飢饉では、人口の3～4%が死亡した地域もあった。しかし、図28の時系列線が示すように、飢饉がなかった年の大多数では、日本の人口は着実に増加した。その後、増加ペースが加速して、1500年から1700年の間に倍増し、少なくとも2700万人に達した。それを境に増加ペースがとてもゆっくりになる。将軍が統治する江戸時代の後期には、外国の影響を受けないようにするために鎖国政策がとられていたため、人口の増加ペースは特に遅かった。

1822年にコレラが流入し、人口は減少したとされている。これを受けて、貿易許可証を持たない外国船、言い換えると、オランダ東インド会社のものではない船は、見つけ次第「砲撃」して追い返すとする異国船打払令が1825年に発せられた。ここで使用されているデータでは1822年に人口が大きく減少しており、時系列線にもそれが見て取れるが、このコレラの流行がここまで甚大だったことを裏付ける証拠を見つけるのは難しい。未来だけでなく、過去についても正確にわかっていることはほとんどないのに、私たちはそのことをつい忘れてしまう。

図28　日本：総人口、1～2100年

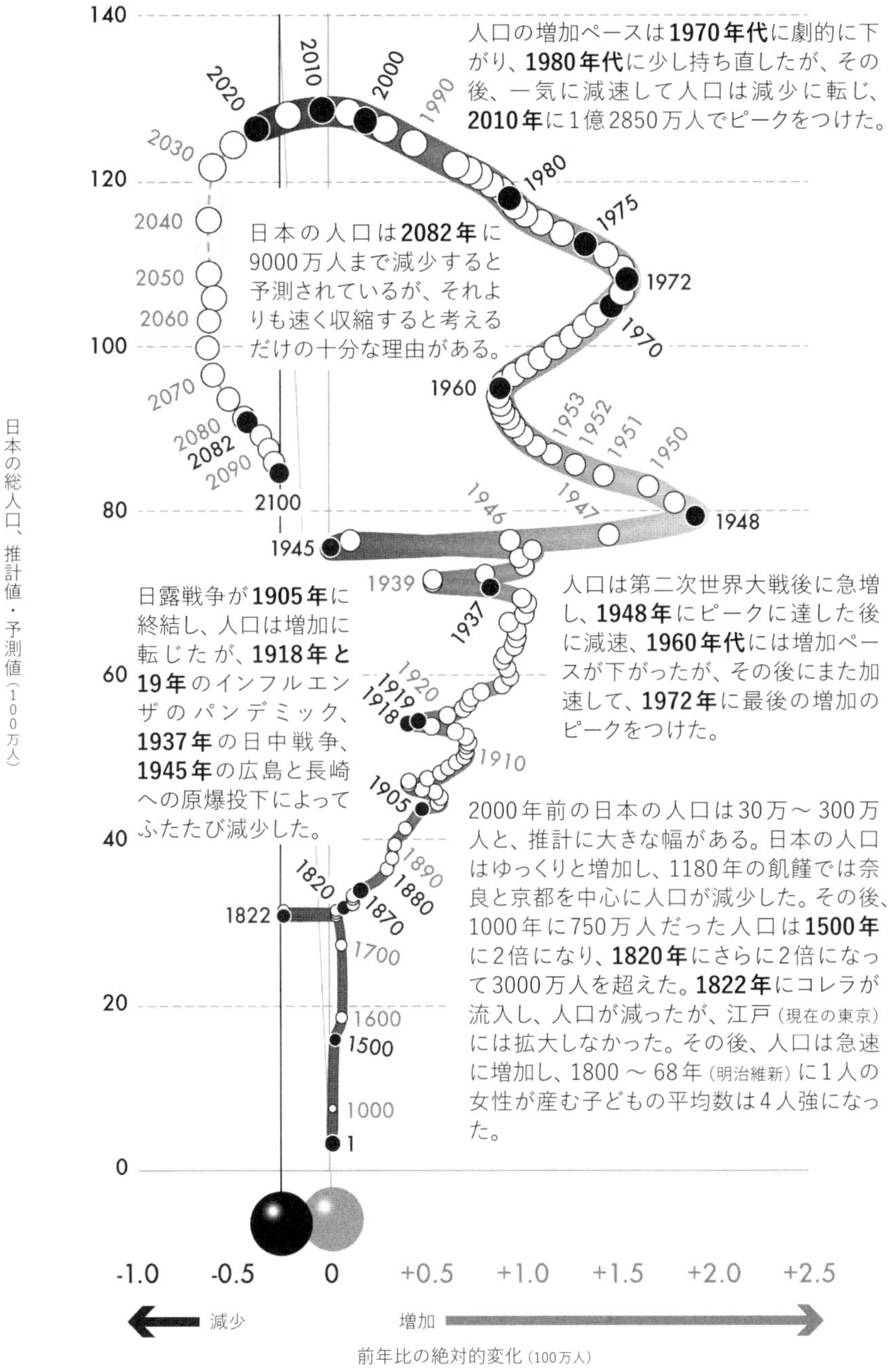
人口の増加ペースは**1970年代**に劇的に下がり、**1980年代**に少し持ち直したが、その後、一気に減速して人口は減少に転じ、**2010年**に1億2850万人でピークをつけた。
日本の人口は**2082年**に9000万人まで減少すると予測されているが、それよりも速く収縮すると考えるだけの十分な理由がある。
日露戦争が**1905年**に終結し、人口は増加に転じたが、**1918年と19年**のインフルエンザのパンデミック、**1937年**の日中戦争、**1945年**の広島と長崎への原爆投下によってふたたび減少した。
人口は第二次世界大戦後に急増し、**1948年**にピークに達した後に減速、**1960年代**には増加ペースが下がったが、その後にまた加速して、**1972年**に最後の増加のピークをつけた。
2000年前の日本の人口は30万～300万人と、推計に大きな幅がある。日本の人口はゆっくりと増加し、1180年の飢饉では奈良と京都を中心に人口が減少した。その後、1000年に750万人だった人口は**1500年**に2倍になり、**1820年**にさらに2倍になって3000万人を超えた。**1822年**にコレラが流入し、人口が減ったが、江戸(現在の東京)には拡大しなかった。その後、人口は急速に増加し、1800～68年(明治維新)に1人の女性が産む子どもの平均数は4人強になった。
日本の総人口、推計値・予測値(100万人)
140
120
100
80
60
40
20
0
2020
2010
2000
1990
2030
1980
2040
1975
2050
1972
2060
1970
2070
1960
1953
1952
1951
1950
2080
2082
2090
2100
1946
1947
1948
1945
1939
1937
1920
1919
1918
1910
1905
1890
1820
1880
1822
1870
1700
1600
1500
1000
1
-1.0
-0.5
0
+0.5
+1.0
+1.5
+2.0
+2.5
減少
増加
前年比の絶対的変化(100万人)

出所：The Angus Maddison Project および *UN World Population Prospects 2017* のデータ。

日本の人口増加がふたたび加速したのは、1868年の明治維新以降のことだ。1891年に濃尾地震が発生して、火災が広がり、多数の死者が出たときには、スローダウンが起きた［＊126］。第一次世界大戦中に日本軍の拠点からインフルエンザの感染が拡大し、それが東京にもおよんだうえ、戦前の徴兵の影響もあって、小さなスローダウンが始まった（出生数の減少による）。第二次世界大戦の開始時にも同じようなスローダウンが見られ、1945年にアメリカが二度にわたって原子爆弾を投下したことで、人口は182年以来となる減少に転じた。その後、ベビーブームが起き、1948年のピーク時には、その年だけで出生数は200万人を数えたが、この時系列線は平滑化されているため、変化は小さくなっている。出生数はそのピークを境に急速に下がり、1960年には増加規模が純数でわずか89万人にまで下がった。その後、合計特殊出生率（1人の女性が一生の間に産む子どもの数の平均）ではなく、出生数（その年に生まれた子どもの数）がふたたび増加し、1966年は例外だったが、第二次世界大戦のベビーブームに生まれた人口の多い世代が子どもを持ち始めたことで、出生数が一時的に増え、1972年には150万人に達した［＊127］。

1972年以降、日本の出生率は低下の一途をたどった。最初は急速に下がり、その後は少し緩やかになったが、2009年と2010年に日本の人口はピークに達した。1人の女性が産む子どもの数の平均は、1975年に2を下回り、1993年に1・5、2003年に1・3を割り込んだ。現在の東京の出生率は1・09で、いまも下がり続けている。2018年12月、『ジャパンタイムズ』紙はこう報じている。「出生率が下がる最中に人口の減少ペースが上がっていることをデータは示しており、2025年度末に合計特殊出生率を1・8に引き上げるとする政府目標を達成するのはますます難しくなっている」［＊128］。特定の年度末までに出生率を引き上げるという目標が設定されていることからも、政策立案者が人を商品とみなしていることがよくわかる。しかし、移民を促進する政策へと舵を切らなければ、日本の人口は危険水域まで下がり、2065年には1億人を割り込んで、2099年には8500万人を下回るおそれがある。

1970年代初め以降に日本の女性が手に入れたものは、いまのインド亜大陸で暮らす女性がほとんどすべて手に入れている。女性の意志で避妊と中絶を選択できるだけでなく、教育を受ける機会が与えられ、男性が女性の尊厳を以前よりも尊重するようになり、生まれた子どもはほぼ間違いなく無事に成人すると思えるようになっている。およそ50年前に日本で見られたことが、いま出生率が高い世界の他の地域では起こりえない、たとえ起きるとしてもすぐにはそうならないと考える理由はない。1970年には、15歳未満の子どもは日本の人口の4分の1を占めていた。いまのインドでは人口の4分の1が子どもである。

ユーラシア全域でのスローダウン

ユーラシア大陸の残りの地域はどうだろう。アジアとヨーロッパの境界線は意味がなくなっている。この二つは別個の大陸ではけっしてないからだ。そこで今度は、ブリテン諸島でも、インド亜大陸でも、中国でも、日本でもないユーラシアの地域、言い換えると、この章でまだ取り上げていない巨大大陸の大部分の地域について考えていこう。図29の時系列線は、もう見慣れているであろう構図を描いている。最初は大きな人口の変化はほとんどないように見える。しかしそれは、人口が変化する速度が遅すぎて、たとえ質の高いデータをプロットしたとしても、両対数スケールを使わないと劇的な変化が見えないからにほかならない。

1820年以降、ユーラシアの残りの地域で人口の増加が加速し始めた。戦争とインフルエンザの流行で加速は止まり、1918年にマイナス成長になった。ところが、1920年には加速が再開しており、

図29　残りのユーラシア大陸：総人口、1～2100年

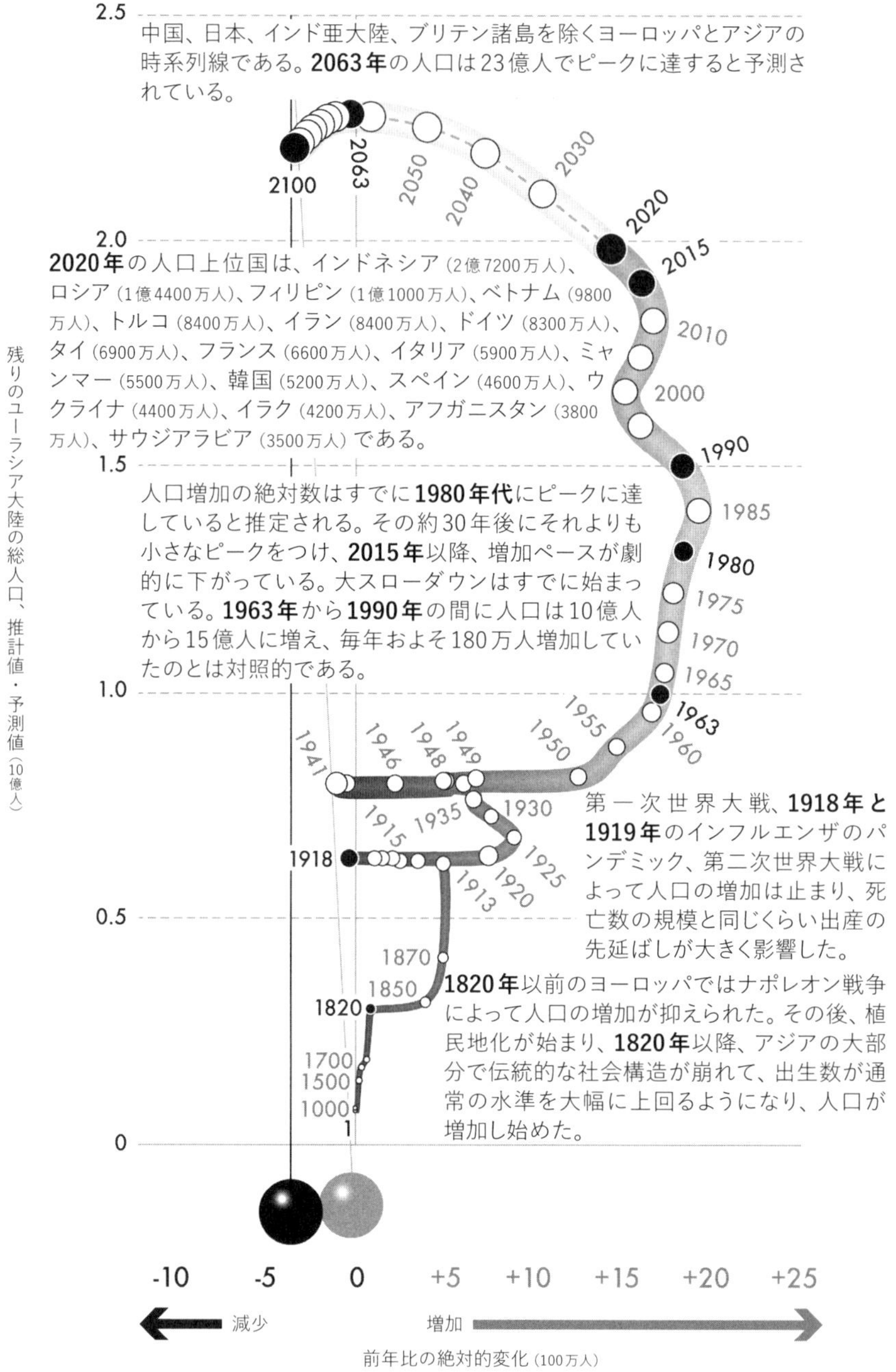
中国、日本、インド亜大陸、ブリテン諸島を除くヨーロッパとアジアの時系列線である。2063年の人口は23億人でピークに達すると予測されている。

2020年の人口上位国は、インドネシア（2億7200万人）、ロシア（1億4400万人）、フィリピン（1億1000万人）、ベトナム（9800万人）、トルコ（8400万人）、イラン（8400万人）、ドイツ（8300万人）、タイ（6900万人）、フランス（6600万人）、イタリア（5900万人）、ミャンマー（5500万人）、韓国（5200万人）、スペイン（4600万人）、ウクライナ（4400万人）、イラク（4200万人）、アフガニスタン（3800万人）、サウジアラビア（3500万人）である。

人口増加の絶対数はすでに1980年代にピークに達していると推定される。その約30年後にそれよりも小さなピークをつけ、2015年以降、増加ペースが劇的に下がっている。大スローダウンはすでに始まっている。1963年から1990年の間に人口は10億人から15億人に増え、毎年およそ180万人増加していたのとは対照的である。

第一次世界大戦、1918年と1919年のインフルエンザのパンデミック、第二次世界大戦によって人口の増加は止まり、死亡数の規模と同じくらい出産の先延ばしが大きく影響した。

1820年以前のヨーロッパではナポレオン戦争によって人口の増加が抑えられた。その後、植民地化が始まり、1820年以降、アジアの大部分で伝統的な社会構造が崩れて、出生数が通常の水準を大幅に上回るようになり、人口が増加し始めた。

残りのユーラシア大陸の総人口、推計値・予測値（10億人）
2.5
2.0
1.5
1.0
0.5
0
2100
2063
2050
2040
2030
2020
2015
2010
2000
1990
1985
1980
1975
1970
1965
1963
1960
1955
1950
1949
1948
1946
1941
1935
1930
1925
1920
1918
1915
1913
1870
1850
1820
1700
1500
1000
1
-10
-5
0
+5
+10
+15
+20
+25
減少
増加
前年比の絶対的変化（100万人）

出所：The Angus Maddison Project および *UN World Population Prospects 2017* のデータ。

第二次世界大戦が始まるとまた加速が止まったが、その後、ベビーブームが起き、死亡率が低下し、人口全体が急増したことで、１９６５年に10億人だった総人口は、２０２５年には20億人になる見通しである。そして２０６０年にはピークに達し、２１００年まで40年にわたって減少を続け、ふたたび20億人に近づいていく。例によって、国連の２０１７年版予測には、いま日本で進んでいる急速なスローダウンは反映されていない。予測も、近年に実際に起きていると考えられるものより滑らかでペースが遅い。過去の例に照らせば、戦争や飢饉、疫病がないのにスローダウンが起きるときには、スローダウンは加速する。

図29の時系列線は、２０００年に凹んでいる。これは１９７５年頃の出生数の落ち込みを反映したもので、それ自体が第二次世界大戦後の最初の大ベビーブームの終焉を反映したものだった。しかし、驚くのは、ユーラシア域内の相対人口分布が過去21世紀の間ずっと安定していることだ。紀元1年の時点で、現代の国境に基づいて計算した人口上位10カ国は、ロシア（７５０万人）、イタリア（７００万人）、トルコ（６１０万人）、フランス（５００万人）、スペイン（４５０万人）、イラン（４００万人）、ドイツ（３００万人）、インドネシア（２８０万人）、フィリピン（２４０万人）、ギリシャ（２００万人）だった。１８２０年にはポーランドと韓国が上位10カ国に加わり、イランとギリシャが脱落していた。２０２０年にはインドネシア（2億７２００万人）が1位になり、イランが上位10カ国に戻るほか、ベトナム、タイ、ミャンマーがスペイン、ポーランド、韓国と入れ替わる。これは変化ではあるが、非常に劇的な変化ではない。

端的に言うと、いまのユーラシアの人々は、２０００年前と同じ場所、同じ川の流域で暮らしているということだ。大きな違いは、人々が住んでいる場所ではなく、２０００年前には1人が暮らしていたところにいまは30人が暮らしていることである。いま予測されている変化は、全体として、過去の変化よりも劇的に小さくなる。２１００年にはこの「残りのユーラシア」地域でいま10人が暮らしているところに11人が暮らすようになるとされる。今後80年間で10％しか増えない。２１００年の人口予想上位10カ国を表

6に示している。

2100年には、インドネシアの人口は2009年にアメリカが達した規模になり、フィリピンは1999年のブラジルと同じ水準になり、イラクの人口はいまのパキスタンより少なくなり、ロシアは自国の1963年の水準に戻る。だとすると、たとえ今後80年間に国連が2017年に予測したとおりに人口が増えるとしても、いったい何が心配されていたのだろう。

（人口の増加が心配されるときに）心配されているのは、増加ではなく、死である。私たちは人口が増えすぎて飢饉になることを心配する。人口が増えすぎて飢饉になったことは過去に一度もなく、飢饉は政治によって引き起こされたというのに、それをまだ学んでいない。また、人口が増加して大量移住が発生することを心配する。大量の移民が求められるようになるので、私たちが心配するべきは移民が少なすぎることであって、多すぎることではないという集団的想像力が働かない。さらに、「人口が増えすぎる」と戦争が起こるとも考えている。しかし、戦争を始

表6　2100年のユーラシア大陸人口予想上位10カ国（インド、パキスタン、バングラデシュ、中国、ブリテン諸島、日本を除く）

人口（100万人）	国
306	インドネシア
173	フィリピン
156	イラク
124	ロシア連邦
107	ベトナム
85	トルコ
74	フランス
72	イラン
71	ドイツ
70	アフガニスタン

出所：UN Department of Economic and Social Affairs, *UN World Population Prospects: The 2017 Revision*, https://www.un.org/development/desa/publications/world-population-prospects-the-2017-revision.html.

めるのはほんの一握りの男たちにすぎない。悲しいことに、大勢の人が戦いに行かなければ戦争は止まらず、たいてい多くの人命が失われる。そして、人類がここまで増えると新しい病気が蔓延するのではないかと心配する。人口がとても少なかった時代こそ、病気は命にかかわるものだったのに、それを完全に忘れてしまっている。

私たちには語り継がれてきた恐怖の記憶がある。1350年頃に黒死病が発生し、ヨーロッパの総人口は3分の1から6割減ったと推定される。この疫病の影響で、世界の総人口は約4億5000万人からわずか1億人にまで減ったと考えられる。地球上の人口がそれまでの水準に戻るのに2世紀かかっており、疫病は繰り返し発生した。

表6の予測は当たらないだろう。第三次世界大戦や別のパンデミックが発生すれば、大幅に外れてもおかしくない。たとえそうした出来事が起きなくても、予測は大きく外れる可能性がある。なかでもイラクとアフガニスタンの人口は予想されているほどには増えず、上位10カ国に戻らないのではないか。人口が予測よりも速く収縮する国や、国境が変わるか、名前だけの存在になる国も出てくるだろう。ドイツとフランスの国境や、他のヨーロッパ大陸諸国の国境は近い将来、いまのイギリスのマーシアとウェセックスの境界のように、ほとんど意味をなさなくなると考えられる。

オセアニアとアメリカ大陸のスローダウン

まだ取り上げていない大きな地域が二つある。オセアニアと、本章の冒頭で扱った合衆国を除くアメリカ大陸だ。

征服前のオセアニアの人口は50万人と推定されており、西暦1年から1770年まで、とてもゆっくり増加し、きわめて安定していた。1770年、ジェームズ・クック艦長率いる探検隊がボタニー湾に上陸した。オーストラリア大陸だけでなく、太平洋上の小さな島々でも、同じような接触が悲劇を招き、人口の約5分の1が死亡する事態となった。1820年までにオセアニアの総人口は53万9000人に縮小し、それ以降も減少し続けた。この物語は何度も繰り返されているように思えるとしたら、それは何度も繰り返されているからだ。

クックは上陸する先々で大きな混乱を引き起こした。クック一行が持ち込んだ病原菌によって住人は弱っていき、その後に征服された。何千もの小さな島々がそれぞれに安定した社会制度を築いていたが、クックをはじめとする入植者たちが強制した社会秩序は、それをことごとく破壊していっただけでなく、オーストラリア、ニューギニア、ニュージーランドなど、少数の大きい島では、人口の大加速が始まった。

1840年には、ヨーロッパ人によるオセアニアへの移住が、自発的か強制かを問わずに加速し始めたため、病気、飢餓、直接的な迫害による死者数を移入者数が追い越した。1852年にはオセアニアの人口は倍増して100万人に達しており、1851年に始まったゴールドラッシュが加速に拍車をかけた。1864年には人口が200万人になった。1877年には300万人になり、ここに列挙できないほど数多くのゴールドラッシュが生まれた。1885年にはオーストラリアを中心に400万人が暮らし、1893年には500万人に達した。こうして、1829年から1885年までのわずか56年間に、人口は10倍になった。人口が加速して制御不能になっている例をまた見たいなら、これがその一つだ。しかも、この期間は総人口がまだ少なすぎたので、図30の時系列線上にはほとんど表れていない。

第一次・第二次世界大戦は、主に地球の反対側で戦われていたが、オセアニアの人口にも大きな影響を与えた。男性は遠く離れた地で戦い、大勢の人が戦死した。その多くは徴兵ではなく志願兵だった。たと

図30　オセアニア：総人口、1～2100年

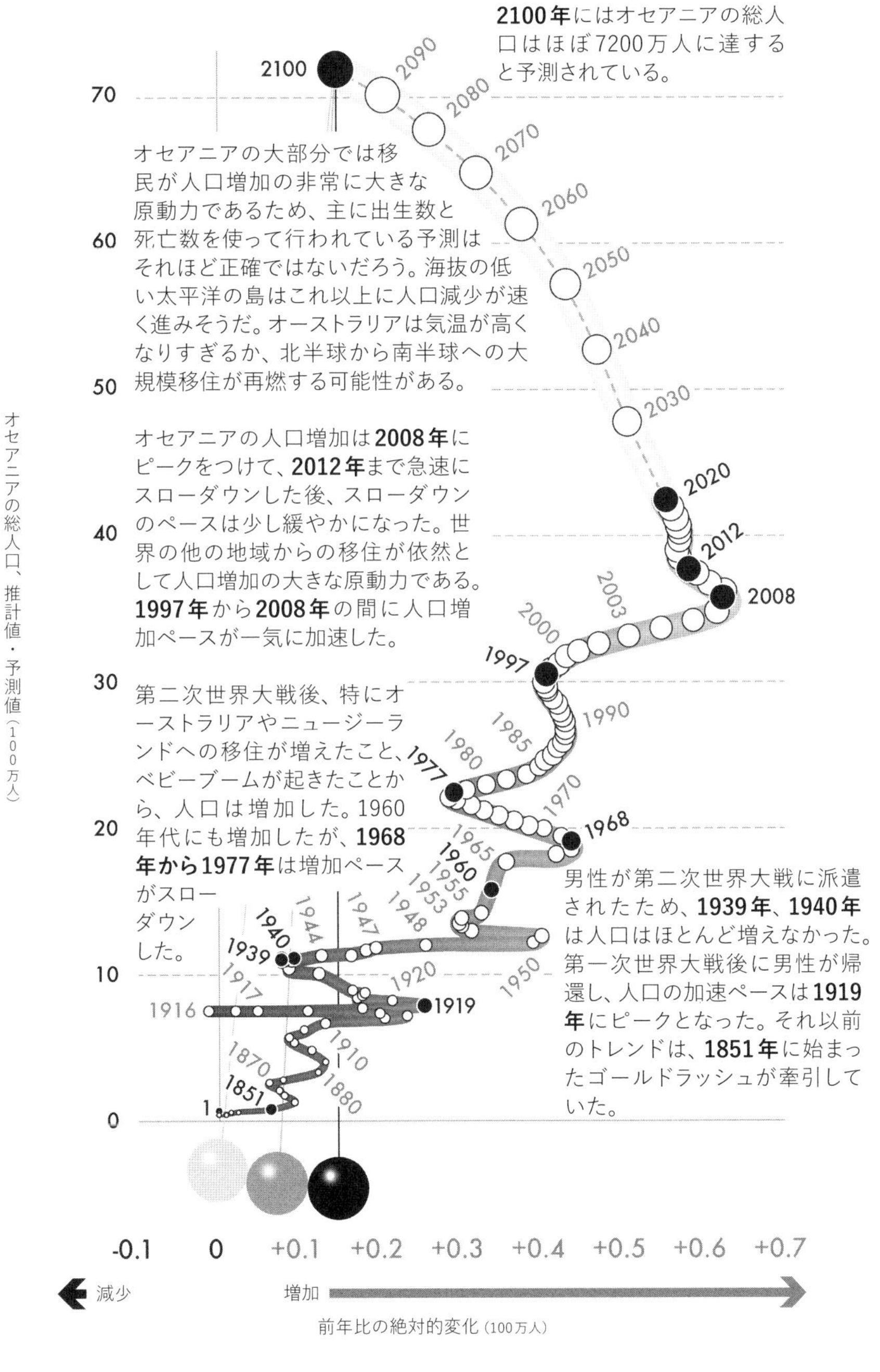
2100年にはオセアニアの総人口はほぼ7200万人に達すると予測されている。
オセアニアの大部分では移民が人口増加の非常に大きな原動力であるため、主に出生数と死亡数を使って行われている予測はそれほど正確ではないだろう。海抜の低い太平洋の島はこれ以上に人口減少が速く進みそうだ。オーストラリアは気温が高くなりすぎるか、北半球から南半球への大規模移住が再燃する可能性がある。
オセアニアの人口増加は2008年にピークをつけて、2012年まで急速にスローダウンした後、スローダウンのペースは少し緩やかになった。世界の他の地域からの移住が依然として人口増加の大きな原動力である。1997年から2008年の間に人口増加ペースが一気に加速した。
第二次世界大戦後、特にオーストラリアやニュージーランドへの移住が増えたこと、ベビーブームが起きたことから、人口は増加した。1960年代にも増加したが、1968年から1977年は増加ペースがスローダウンした。
男性が第二次世界大戦に派遣されたため、1939年、1940年は人口はほとんど増えなかった。第一次世界大戦後に男性が帰還し、人口の加速ペースは1919年にピークとなった。それ以前のトレンドは、1851年に始まったゴールドラッシュが牽引していた。
2100
2090
2080
2070
2060
2050
2040
2030
2020
2012
2008
2003
2000
1997
1990
1985
1980
1977
1970
1968
1965
1960
1955
1953
1950
1948
1947
1944
1940
1939
1920
1919
1917
1916
1910
1880
1870
1851
1
70
60
50
40
30
20
10
0
オセアニアの総人口、推計値・予測値（100万人）
-0.1
0
+0.1
+0.2
+0.3
+0.4
+0.5
+0.6
+0.7
減少
増加
前年比の絶対的変化（100万人）

出所：The Angus Maddison Project および *UN World Population Prospects 2017* のデータ。

えばオーストラリアで徴兵制度ができたのは1942年になってからだ。戦後はベビーブームが起き、移入もさらに増えた。主にイギリスからの移民だが、中国や荒廃したヨーロッパからの移民もあった。ベビーブームが終わった後、1989年に加速はピークに達した。遠く離れたヨーロッパでは、ベルリンの壁が崩れ、鉄のカーテンが消えた。2008年、ケヴィン・ラッド（オーストラリア首相）が、論争を呼んでいたマナス島と太平洋の小さな島国であるナウルに設置した移民収容所を閉鎖し、クリスマス島で難民認定申請処理を行うと発表した［＊129］。しかし、それが2008年に加速が止まった理由ではない。難民の数はあまりにも少なすぎて、何の影響も与えなかった。加速が止まったのは、ベビーブームの余波が消えたからだった。

国連の予測が正しければ、2100年になっても、オセアニアが世界の人口に占める割合はかなり低いままだろう。人口は約7200万人と、2100年に地球上で暮らしている人々の155分の1にすぎない。しかし、将来はそれと大きく違うものになりそうだ。オセアニアの海抜の低い島は2100年までに水没すると考えられているのだが、国連の予測はそれを考慮していない。そうした地域にまだ人が住んでいるものとされている（海の中に住んでいるとでも思われているのだろうか）。さらに、大きな島の無人に近い地域は、ほとんど人が住んでいないままだと考えられている。どうやら国連は、人種差別的なオーストラリアとニュージーランドの移民法を大量に生み出した偏見が、野放し状態で永遠に続くと予想しているらしい。それだけでなく、西パプア州が自由を勝ち取る日は訪れず、安定がもたらされることも、暴力が消えることもけっしてないと予想しているかのようでもある。

そして最後に、アメリカ大陸はどうだろう。（加速が続いている）合衆国を総人口から除くと、まったく違う構図が浮かび上がってくる。もうすっかり見慣れたであろう構図だ。図31に示される時系列線でも、巨

図31　アメリカ大陸（合衆国を除く）：総人口、1～2100年

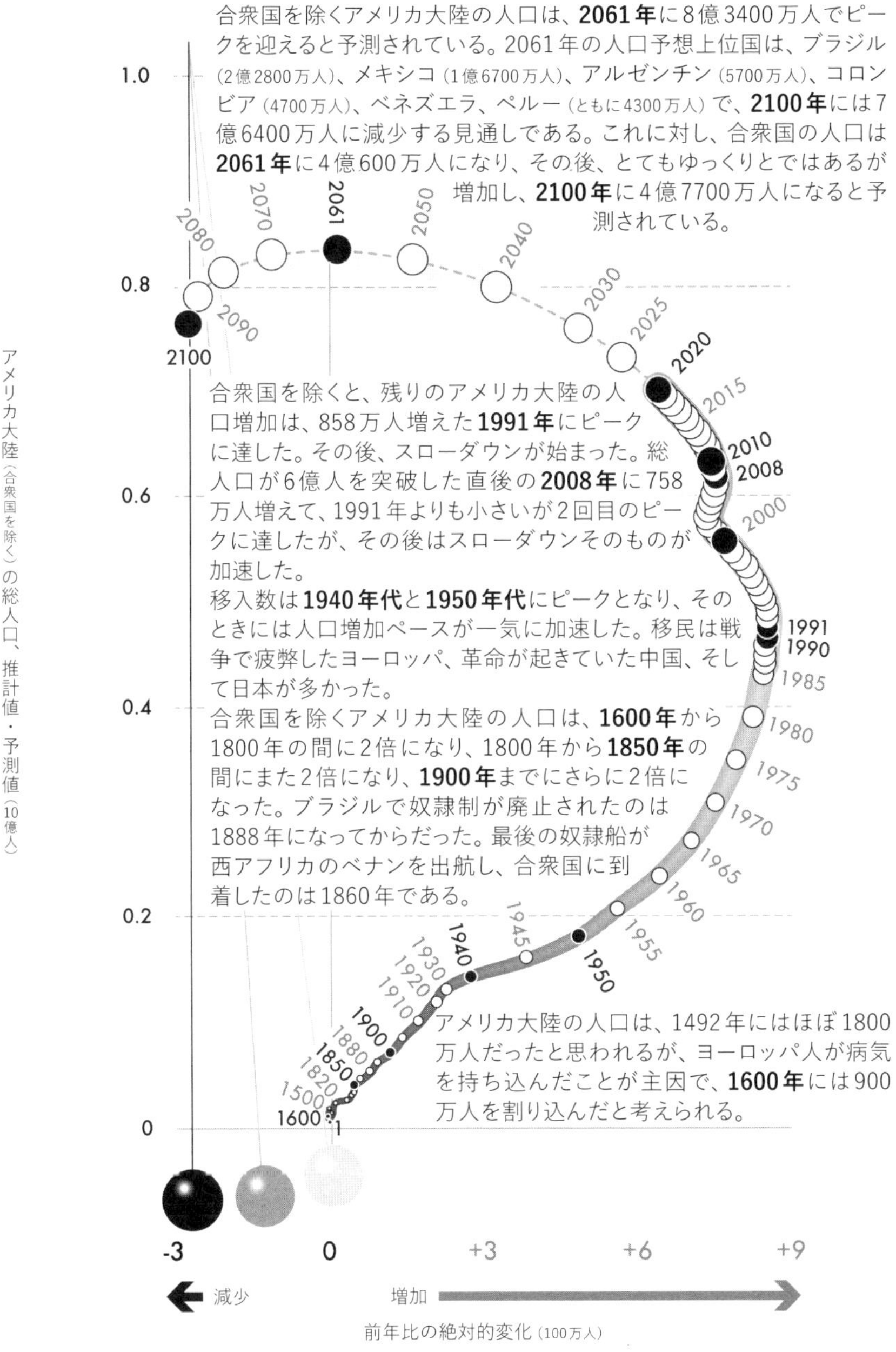
合衆国を除くアメリカ大陸の人口は、**2061年**に8億3400万人でピークを迎えると予測されている。2061年の人口予想上位国は、ブラジル（2億2800万人）、メキシコ（1億6700万人）、アルゼンチン（5700万人）、コロンビア（4700万人）、ベネズエラ、ペルー（ともに4300万人）で、**2100年**には7億6400万人に減少する見通しである。これに対し、合衆国の人口は**2061年**に4億600万人になり、その後、とてもゆっくりとではあるが増加し、**2100年**に4億7700万人になると予測されている。

合衆国を除くと、残りのアメリカ大陸の人口増加は、858万人増えた**1991年**にピークに達した。その後、スローダウンが始まった。総人口が6億人を突破した直後の**2008年**に758万人増えて、1991年よりも小さいが2回目のピークに達したが、その後はスローダウンそのものが加速した。

移入数は**1940年代**と**1950年代**にピークとなり、そのときには人口増加ペースが一気に加速した。移民は戦争で疲弊したヨーロッパ、革命が起きていた中国、そして日本が多かった。

合衆国を除くアメリカ大陸の人口は、**1600年**から1800年の間に2倍になり、1800年から**1850年**の間にまた2倍になり、**1900年**までにさらに2倍になった。ブラジルで奴隷制が廃止されたのは1888年になってからだった。最後の奴隷船が西アフリカのベナンを出航し、合衆国に到着したのは1860年である。

アメリカ大陸の人口は、1492年にはほぼ1800万人だったと思われるが、ヨーロッパ人が病気を持ち込んだことが主因で、**1600年**には900万人を割り込んだと考えられる。

アメリカ大陸（合衆国を除く）の総人口、推計値・予測値（10億人）
1.0
0.8
0.6
0.4
0.2
0
2100
2090
2080
2070
2061
2050
2040
2030
2025
2020
2015
2010
2008
2000
1991
1990
1985
1980
1975
1970
1965
1960
1955
1950
1945
1940
1930
1920
1910
1900
1880
1850
1820
1500
1600
1
-3
0
+3
+6
+9
減少
増加
前年比の絶対的変化（100万人）

注：1年の人口は約600万人、1000年の人口は1200万人、1500年の人口は1800万人だが、1600年に人口が900万人に減少していたため、このグラフでは見えにくくなっている。
出所：The Angus Maddison Project および *UN World Population Prospects 2017* のデータ。

大なクエスチョンマークの形をしたスローダウンがはっきりと見て取れる。

しかし、アメリカ大陸に降りかかった最初期の惨事は、この時系列線からは読み取ることができない。2000年前に570万人だった人口は、1000年に1160万人、1500年には1780万人に増えたが、1600年に半分以上減少し、890万人になった。これほどの規模で変化が起きるには、わずか100年間に10％の人口減少が7回繰り返されなければいけない。それだけの人口減少が、すべてが変わった年の直後に一度に起きた。その年とは、コロンブスが航海に出た1492年である。スペイン人とポルトガル人が支配下におき、アフリカから奴隷を連れてくるようになってようやく、アメリカ大陸の人口はとてもゆっくりとではあったが回復し、1700年には1230万人に増えた。しかし、カリブ諸島の多く、現在のカナダ、現在のベリーズ（旧イギリス領ホンジュラス）を除くと、イギリス人は、このときに限っては物語にはほとんど登場しなかった。なぜなら、合衆国になる13のイギリス植民地を図31から除外しているからだ。

1800年になる頃には、合衆国を除くアメリカ大陸の人口は300年前の先コロンブス期の水準にようやく回復していた。1820年には2290万人に増え、1880年には5200万人に倍増し、1930年には1億2100万人に達した。その後、アメリカとヨーロッパ、さらに日本と中国を経済恐慌が襲ったことで新しい移住の波が押し寄せて、さらに大きな加速が始まった。図31の時系列線は1940年から80年まで凹型の曲線になっているが、これは加速が減速していることを示すほぼ完璧な例であり、人口は1960年に2億4200万人に倍増し、1991年に4億8400万人にさらに倍増した。1991年は加速がピークに達した年でもある。合衆国を除くアメリカ大陸の人口は2060年に8億3400万人でピークになり、その後、他のすべての地域と同じように、減少に転じる見通しである。ただし、予測よりも早い時期に速いペースで減少するかもしれない。予想もしなかった大惨事に見舞われないかぎり、そうなると考えるべきである。人間の愚かさや視野の狭さが何らかの形で引き起こすことになる惨事も、それに含まれる。しかし、私たちは将来、集団としてそれほど愚かな過ちをするだろうか。戦争は悪である。人には権利がある。飢饉は完全に防ぐことができる。病気は予防し、治療しなければならない。そして何より、女性には子どもを産むかどうか、産むとしたらいつ産むかを選択する権利がある。私たちはそういったことを次々に学んでいる。

そして最後に、まだ議論していない地域が四つある。一つ目は空の人口だ。空の人口はいまも増加しており、2018年には20万機、130万人を超えた。二つ目は船の人口だが、これは集計されていない。三つ目は南極大陸の人口で、四つ目は宇宙の人口だ［＊130］。南極大陸では冬は1000人弱が暮らし、夏は4000人弱が暮らす。国際宇宙ステーションの人口は2009年の13人がピークとなった［＊131］。

人口の時限爆弾から逃れるために、地球を脱出しようとする動きはない。その理由は、そうすることが不可能だというだけではない（近くにある惑星でも、到達するまでには途方もない時間がかかる）。人口の時限爆弾などないからでもある。人口の時限爆弾が存在したことは、これまでに一度もない。もう一度繰り返すが、この章で示した予測は、国連が2017年に発表した「最も確からしい」推計値であり、すでに2019年6月に改訂され、ほとんどすべて下方修正されている。国連の人口予測が公式に下方修正されたのはこれが初めてだが、世界人口のスローダウンはそれよりもっと速く進むと考える理由はたくさんある。

第8章

出生数——過去最大のスローダウン

Fertility: The Greatest Slowdown of All Time

時は流れ、コホートの対象者は年をとっていき、科学者たちは次のデータ収集スイープを開始し、コホートに関する発見があふれ出す。

――ヘレン・ピアソン、２０１６年

薬学や疫学の分野では、世代的な変化に関する事実を確立するために、何千人、場合によっては何百万人というコホートが使われるようになっている。イギリス医師コホート研究（１９５０年代に開始）では、タバコが複数の病気の原因になるという予想外の発見につながった。いまはもう、そんな驚くべき重要な発見が次々に生まれてはいない。世界の状況や国際政治はめまぐるしく変化していると感じているかもしれないが、変化のスピードは速くなってはいない。科学論文は洪水状態にあるとはいっても、新しい発見は、もう大量には生まれていない。私たちの理解は深まっている。かなり深まってはいるが、ものすごく深まることはなくなっている。私のように大学で働く者は、大きな発見が次々に生まれていますよと言わなければいけないと、よく感じる。経済格差が大きい国は特にそうで、大学は自分たちは特別な存在なんだと売り込む必要がある。研究者や科学雑誌と同じだ。本を売るためには、この本のメッセージは新しいものだと言えなければいけない。しかし、新しいことが矢継ぎ早に発見される時代は終わっている。

私たちはいまも、非常に興味深い異例の時代を生きている。それは多くの物事がめまぐるしく変化していないからにほかならない。スローダウンは呪いの言葉のように語られることが多いが、かならずしもそうではない。スローダウンが進めば、物事をじっくり考えられるようになる。いま、賃金の伸びがスローダウンしている。イノベーションのスピードもそうだ。消費はもう幾何級数的に拡大していない。何より人がスローダウンしている。特に大きいのは、子どもを持つペースがスローダウンしていることだ。いま私たちが目の当たりにしているものは、私たちが幸せになれる未来を迎えるために必要な種類のスローダウンであることは、ほぼ間違いない。資本主義の終わりが始まっており、少なくとも、最近の物事のあり方が終わろうとしている。それは幸運なことのように見える。永遠に成長し続ける必要がなくなるのだから。しかし、私たちはスローダウンを歓迎するようになるどころか、何のためにスローダウンするのかも、まだわかっていない。

世界全体を見たときに、むき出しの資本主義という大きな渦にどっぷり浸かって暮らしてきたのは、過去5世代だけである（過去35世代の一覧については、後掲の表7を参照）。それは、私益が野放図に強くなった時代であり、世代ごとの考え方や生まれてきた子どもが生き残る可能性、さらには生活水準に、津波のような変化が押し寄せた時代だった。それ以前は、世界中の大半の人が、自分たちの親とほとんど変わらない暮らしをしていた。多くの場合、親と同じかよく似た仕事をして、よく似た生活様式を送り、同じ考え方を持ち、同じようなリスクに直面した。人類の歴史の大半では、村や都市、国全体が突然、まったく違うものになったことはない。利益が減ってその土地を放棄せざるをえなくなることも、一攫千金の新しい手段が降って湧いたように生まれて、村が都市に変わることもなかった。

私たちは変化に慣れすぎて、それが当たり前のことだと思っている。オックスフォードシャーの村は1950年代には電気もガスもなかったし、当時の住人はほとんどが農場で働いていたことを考えてみてほしい。それがいまでは、少し先に高速道路のジャンクションがあってロンドンまですぐに行けるし、大きな一戸建ての値段は、70年前だったらゆうに村を丸ごと買えるほどもする。自動車製造と音楽で世界的に有名だったアメリカの都市も、いまは放棄された土地が広がり、水道水が鉛に汚染されていることで有名である。そして、ほんの1世紀ほど前はそんな国ではなかったという国を思い浮かべてほしい。そのような場所が、世界の大部分を占めている。

社会の津波が収まり、変化のスピードが下がり、暮らしが落ち着き、服装や働き方、暮らし方、学び方が固定されるようになると、私たちの子どもやその子どもの世代は、私たちの親の時代と同じような生活のリズムに戻り始める。老いも若きも、また同じような仕事をして、同じように休暇を過ごし、同じように考えて、同じように将来を思い描くようになるだろう。こんな未来が訪れるのはまだ先のことだが、私たちはそこに向かっているように見える。

成人の中で最も若い層であるY世代の生活は、最近のコホートの時代と比べて、テクノロジーの変化がすでにぐっと減っている。新しいインターネットは生まれていないし、新しい動力源も、新しい移動形態も、ありがたいことに（私たちが知るかぎり）新しい戦争兵器もつくられていない。ところが、技術革新は不可欠だという考えが頭から離れないせいで、テクノロジーがスローダウンしているという単純な事実をほとんど受け入れられない。しかし、過去10年間に発売された新しい製品の大半は、表面的な部分をいじくりまわしているにすぎない。世界中の社会が豊かになっているため、生活の質が少しずつ変化しても、一つひとつの変化の重要性はどんどん小さくなっている。明らかに技術進化の収穫逓減が起きている。この事実はすぐに当たり前のことになって、「もう聞き飽きた」と思うようになるだろう［＊132］。

スローダウンが始まる直前に起きた最も急激な変化は、人類にとって極度の食糧難や深刻な困窮が減少したことである。私たちが絶滅させたか、絶滅の淵に追いやっている地球上にいる他の無数の種に起きていることとは、まったく対照的だ。物質的に豊かになって生活が楽になり、スローダウンが進み、新しいテクノロジーのおもちゃに目を奪われにくくなっているため、自分たちが引き起こしている害に意識が向くようになっている。付随的な損害や外部性だけでなく、心理的、情動的な害もそうだ。私たちは穏やかになり、階級関係も社会関係も緩やかになっている。抑圧は減っている。暴力に訴えることも減っている。社会の階層も少し減るようになっている。そして、私たちが害を与えたり破壊したりしているすべてのことを強く意識するようになっている。

階級も階層も、資源が全員に十分に行き渡るほどにはないから存在する。社会の津波を生み出した経済成長がもたらす大きな利点の一つは、人々の心理社会的態度が柔らかくなることだ［＊133］。最近は、世代が進むごとに一つ前の世代よりも寛容になり、他の人を思いやるようになり、冷酷でなくなるが、それはそうすることができるからだ［＊134］。それでも、幸福感は高くなっていないし、不安も減っていない。生きることへの不安が減ることは、もっと根本的な部分での幸福感を支える要素の一つである。残念ながら、私たちはまだ、その状態にはほど遠い。いまも不安定で不確かなことばかりだからだ。それに私たちはまだ、欲をコントロールするすべを身につけていない。少なくとも、富豪になった人は強欲だからだと考えるようになっている。それだけの能力があったからだとも、そうなる権利があるとも思っていないし、才能や資質があるからだとも思っていない。

私たちはほんの数世代の間に、子孫の大半とまではいかないでも、その多くが幼い頃に死亡してしまう種から、ようやく安定と幸せを求められるようになり、子どもを数人だけ持つか、子どもを持たないと決めることができる種へと変容した。お互いの接し方が変わってきているのは、それが何よりも大きい。図32の時系列線が示すように、世界の合計特殊出生率（1人の女性が一生の間に産む子どもの数の平均）は、ものすごいスピードで減速している。合計特殊出生率はいまは年次で計算されているが、スローダウンが進むと、変化がはるかにとらえにくくなるので、別のやり方で測定する必要が出てくるだろう［＊135］。

合計特殊出生率は、各年齢の出生率がいまの水準で続くと想定して算出される。たとえば、1960年初めには、当時34歳だったエリザベス2世は、次男のアンドルーを妊娠していた。長男のチャールズは12歳で、長女のアンは10歳だった。1964年には三男のエドワードを38歳で出産する。女王の合計特殊出生率は4となり、1960年の世界全体の平均である5より1少ないだけである。イギリス王室は、少なくとも出生率では、他のすべての人と大きく違っているわけではなかった。

図32を見るとわかるように、スローダウンが進んでいる代表的な例である世界の合計特殊出生率は急降下している。1960年代初めにゆっくりと上昇して、1964年に5・07で第二次世界大戦後のピークをつけると（エドワード王子が誕生した年である）、その後に急落し、1976年が4、1992年が3、2010年が2・5となり、現在の世界全体の平均は2・4を割り込もうとしている。出生率は世界各地で大きく違うと考えがちだが、それはスローダウンが少し早く始まった地域もあれば、遅く始まった地域もあるというだけのことにすぎない。いまでは世界全体で明らかにスローダウンが進んでいる。

この後で見ていくとおり、スローダウンの物語は中国からアメリカまで、グアテマラから韓国まで、ブラジルから東ティモールまで、どこでもほとんど同じになっている。場所ごとの違いを強調しすぎるきらいがあるのは、いちばん興味深いのがその違いだからだ。ところが、この章のグラフはどれも似たような下降パターンを描いていて区別がつかないため、キルスティン・マクルーア（グラフの作成者）は、赤ん坊を運んでいる鳥の絵を場所ごとに種類を変えて描いている。世界全体の時系列線はコウノトリ、アメリカは白頭ワシ、中国はタンチョウヅル、ニジェールはダチョウ、東ティモールはキバタン、グアテマラはケツアール、ハイチはヒスパニオラキヌバネドリ、フランスは雄鶏、イギリスはコマドリ、韓国はカササギ、ポルトガルはバルセロスの雄鶏、ブラジルはオオハシである。こう言っておけば、鳥を見落とすことはないだろう。しかし、みんながみんな鳥を好きなわけではない。

エリザベス女王の母であるエリザベス・アンジェラ・マーガレット・ボーズ＝ライアンは馬のほうが好きだった。クイーンマザーは1900年に生まれた。とても長い人生の中で（没年は2002年）、目を見張るような変化に立ち会った。都市の姿は様変わりした。クイーンマザーはロンドンで生まれたが、出生地

図32　世界：合計特殊出生率、1960～2016年

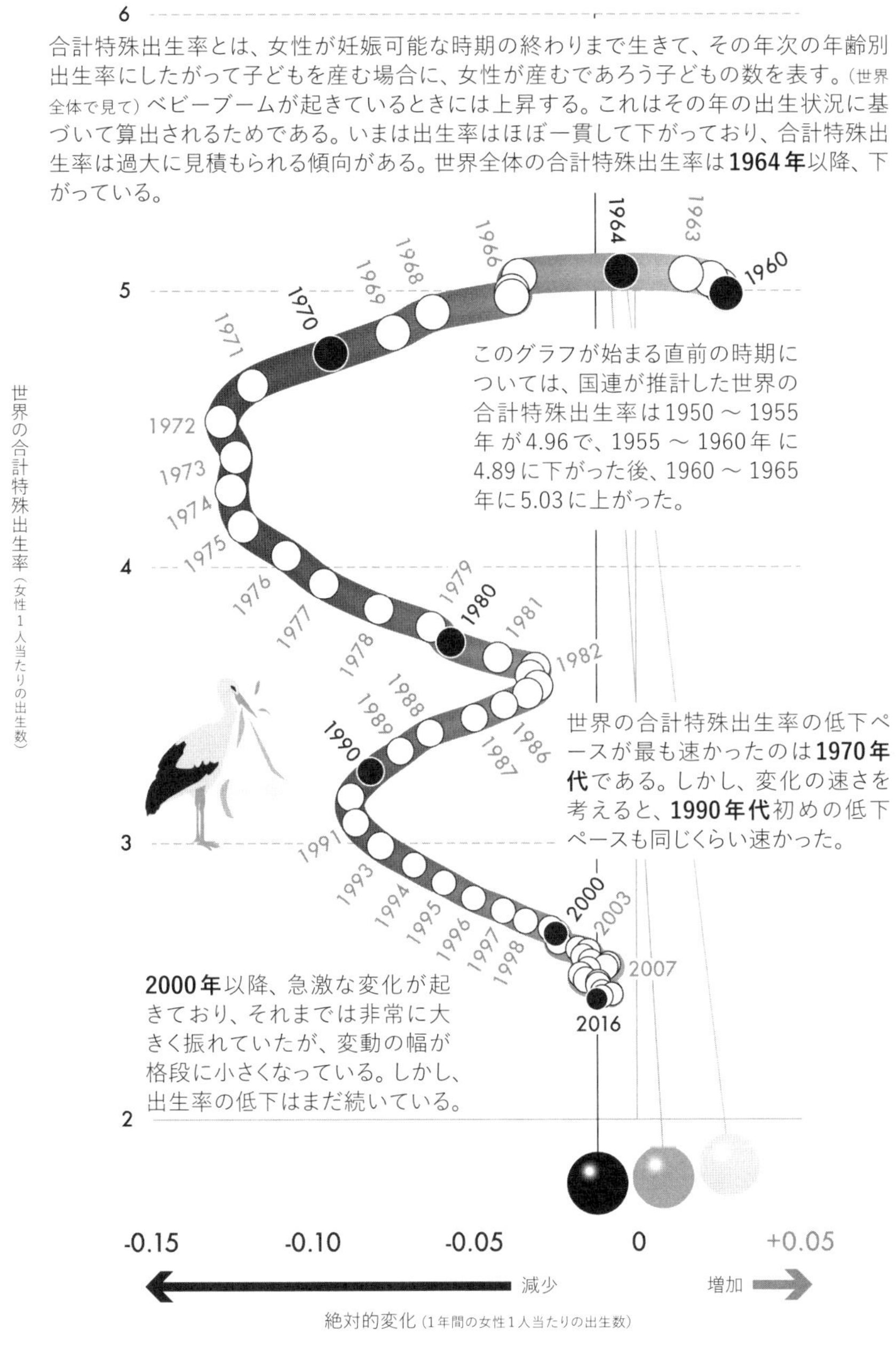

合計特殊出生率とは、女性が妊娠可能な時期の終わりまで生きて、その年次の年齢別出生率にしたがって子どもを産む場合に、女性が産むであろう子どもの数を表す。(世界全体で見て) ベビーブームが起きているときには上昇する。これはその年の出生状況に基づいて算出されるためである。いまは出生率はほぼ一貫して下がっており、合計特殊出生率は過大に見積もられる傾向がある。世界全体の合計特殊出生率は**1964年**以降、下がっている。
このグラフが始まる直前の時期については、国連が推計した世界の合計特殊出生率は1950～1955年が4.96で、1955～1960年に4.89に下がった後、1960～1965年に5.03に上がった。
世界の合計特殊出生率の低下ペースが最も速かったのは**1970年代**である。しかし、変化の速さを考えると、**1990年代**初めの低下ペースも同じくらい速かった。
2000年以降、急激な変化が起きており、それまでは非常に大きく振れていたが、変動の幅が格段に小さくなっている。しかし、出生率の低下はまだ続いている。
6
5
4
3
2
1960
1963
1964
1966
1968
1969
1970
1971
1972
1973
1974
1975
1976
1977
1978
1979
1980
1981
1982
1986
1987
1988
1989
1990
1991
1993
1994
1995
1996
1997
1998
2000
2003
2007
2016
世界の合計特殊出生率（女性1人当たりの出生数）
-0.15
-0.10
-0.05
0
+0.05
減少
増加
絶対的変化（1年間の女性1人当たりの出生数）

出所：World Bank Open Data, 出生率、2017 *UN World Population Prospects*などのデータソースに基づく推計、https://data.worldbank.org/indicator/sp.dyn.tfrt.in.

ははっきりとしていない。病院へ向かう救急馬車の中で生まれたとも言われているからだ。1901年、ロンドンは世界最大の都市だったが、極度の貧困状態にあった。その数年前、富豪のチャールズ・ブースがロンドンの貧困の分布を示した地図をつくり、悲惨な生活環境が広く知られるようになったところだった。ブースはもともと、貧困はそれほど広がっていないことを証明しようとしており、調査結果に衝撃を受けた［＊136］。1901年には、大半のロンドン市民は、少なくとも自分たちの親が置かれていたのと同じくらい劣悪な環境で暮らしていた。その親世代は、大半とまではいかないまでも、多くが近年に地方や海外から移住してきていた。1800年から1900年までのわずか1世紀で、ロンドンの人口は100万人から650万人に増えた。人口が過密になったことで、いまの世界各地にあるほとんどすべてのスラムよりも生活環境が悪くなった。人々は害虫・害獣や汚物の横で暮らしていた。乳児死亡率は新しいピークに近づいており、1905年の長く暑い夏に過去最高を記録した。死亡する新生児があまりにも多かったため、都市が成長するためだけでなく、成人人口を維持するためだけにも、一定の移住者が必要だった。

18世紀後半、哲学者のジャン＝ジャック・ルソーは、人類が存続するには世界中の女性がそれぞれ子どもを4人産まなければいけないと書いた。当時はそれだけ子どもが病気で命を落としていたのである。フランスでさえも状況は同じで、出生率が最初に本格的に下がり始めたのがフランスだった。ルソーがこう説いたのは、物事が変化していることを肌で感じていたからだろう［＊137］。当時の都市は地方よりもずっと危険だった。人口が集中していると病気が簡単に拡大してしまう。自分の子どものうち2人が子どもを持つようにするには、子どもを4人産まなければいけない状況は、20世紀の初めまで続いた。これは公衆衛生が向上するとともに、細菌論が生まれて受け入れられるようになり、乳児死亡率が下がり始めた時期にあたる。いまの中国では、地方に生まれるよりも都市で生まれるほうが安全である。中国の都市部で生まれた赤ん坊は、アメリカの多くの地域の大半とまではいかないが、その多くよりも、生後1年未満に死亡するリスクが低い。

出生率の転換点

公衆衛生と医療が向上したことで、産む子どもの数を減らせるようになった。それでも、もっと子どもを産むように求められる女性もいた。ウィリアム・ベヴァリッジ（後にイギリスの社会保障制度の構築に影響を与えた）は、1930年代に書かれた書籍の中で、中流階級のイギリス人女性は人類のために子どもを4人産む必要があると訴えた（ここで注目されるのは、それがイギリスの中流階級の女性だけであることだ）[＊138]。ベヴァリッジは社会改良家であり、当時の多くの人がそうだったように、若いときは優生思想の持ち主だった。幸運にも、いまは特定のエリートから指導者として遺伝的に特に優れた資質を持つ人間が生まれるわけではないことが理解されている。優生思想は大転換期の中で隆盛し、衰退していった。

1世紀前、世界は急速に変化していた。たくさん子どもを産む必要がなくなると、誰が生まれるに値するかという論争が始まった。1920年代にはニューヨークが世界最大の都市に成長した。当時、普及しつつあったエレベーターを裕福なニューヨーカーたちが受け入れるようになって、ペントハウスという概念が生まれたのは、その〝デカダン〟の1920年代になってからだった[＊139]。現代世界が形づくられたのはつい最近だったのに、私たちはすぐ忘れてしまう。1世紀前まで、黎明期にあった世界経済の中で最も活力のある中心地でさえ、通りは馬と馬のふん尿であふれていたことを忘れている。都市部でも地方でも、大半の人は、仕事に行くにも、買い物に行くにも、何をするにも、たいてい何キロも歩いていた。過去に（特に中流階級の）白人たちがみずからを生物学的に優れているとしていたことは道徳的に見て許しがたいと批判しがちだが、彼らが大きな混乱の渦中を生き抜いてきたことは忘れられている。白人たちが物事を理解できなくなったのも不思議はない。しかし、そんな言い訳はもう通用しない。優生思想は間違っているだけでなく、悪であることを、いまでは誰もが知っている。

図33は、図32の一部を拡大したものである。拡大する必要があるのは、もっと長い期間をとると、直近の変化がわかりにくくなってしまうからだ。より詳細な時系列線を見ると、最初はふたたび加速しているように感じられるが、これは図32のより幅広い文脈に照らしてとらえてほしい。すると、最近の動きは、世界の出生率のトレンドが転換点にさしかかっていることを示すものであることがはっきり見えてくる。1998年から2006年までは、出生率はふたたび上向いていると信じていたかもしれないが、後から振り返ると、わずか8年間の例外的な事象にすぎず、いまでは消失している過去の影響でしかなかった。

世界全体の合計特殊出生率は、1998〜2016年期に低下していたが、2001〜2003年、2004〜2006年と、低下のペースがゆっくりになっているように見えた。しかし2014年以降、下げ止まる気配がなくなり、出生率の低下がふたたび加速した。統計が入手可能になれば、2017〜2020年に低下がどれくらい加速し続けていたかが明らかになり、近い将来、出生率がどれくらい下がり続けるかも見通せるようになるだろう。その結果によって、国連の世界総人口の推計が修正されるかどうかが決まり、推計の根底にあるプロセスに対する国連の人口統計学者の考え方も変わるかもしれない。

図33の時系列線が2に達する、あるいは2に限りなく近づくと、人類の増加は初めて止まる。そしてそれは、死亡が増えたことによるものではなく、出生が減った結果である。2・4から2に下がるのに必要な時間と社会変化の長さは、2・7強から2・4強に下がるのにかかったものとほぼ同じになると考えられ、図33を見ると20年かかっている。すべての子どもが養育期が終わるまで育ち、ひいては成人するわけではないため、人口が安定するのは、2よりも2・1に近いときだろう。しかし、それも関係ないかもし

図33　世界：合計特殊出生率、1998 ～ 2016年

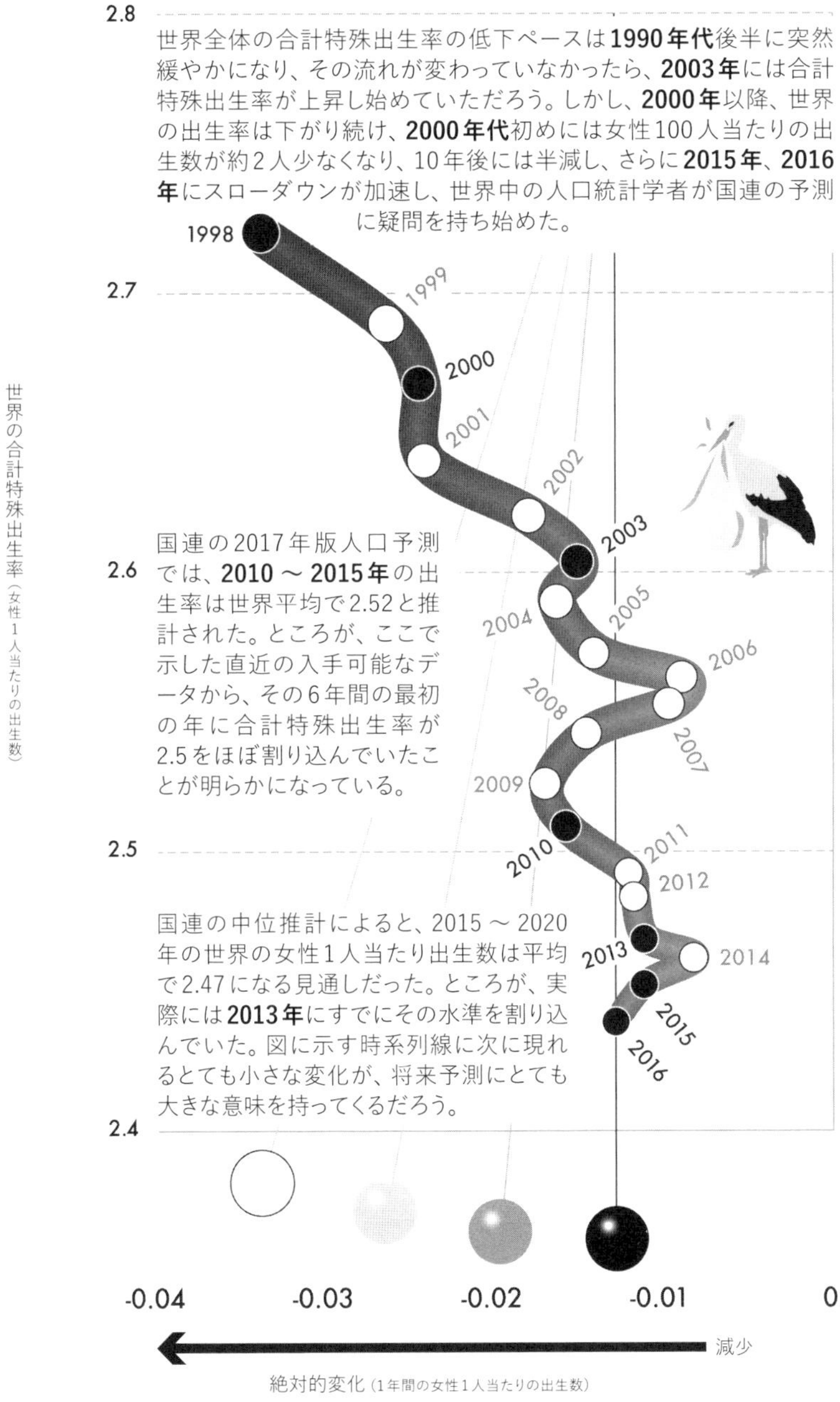

世界全体の合計特殊出生率の低下ペースは**1990年代**後半に突然緩やかになり、その流れが変わっていなかったら、**2003年**には合計特殊出生率が上昇し始めていただろう。しかし、**2000年**以降、世界の出生率は下がり続け、**2000年代**初めには女性100人当たりの出生数が約2人少なくなり、10年後には半減し、さらに**2015年**、**2016年**にスローダウンが加速し、世界中の人口統計学者が国連の予測に疑問を持ち始めた。
国連の2017年版人口予測では、**2010 ～ 2015年**の出生率は世界平均で2.52と推計された。ところが、ここで示した直近の入手可能なデータから、その6年間の最初の年に合計特殊出生率が2.5をほぼ割り込んでいたことが明らかになっている。
国連の中位推計によると、2015 ～ 2020年の世界の女性1人当たり出生数は平均で2.47になる見通しだった。ところが、実際には**2013年**にすでにその水準を割り込んでいた。図に示す時系列線に次に現れるとても小さな変化が、将来予測にとても大きな意味を持ってくるだろう。
世界の合計特殊出生率（女性1人当たりの出生数）
2.8
2.7
2.6
2.5
2.4
1998
1999
2000
2001
2002
2003
2004
2005
2006
2007
2008
2009
2010
2011
2012
2013
2014
2015
2016
-0.04
-0.03
-0.02
-0.01
0
減少
絶対的変化（1年間の女性1人当たりの出生数）

出所：World Bank Open Data, 出生率、2017 *UN World Population Prospects*などのデータソースに基づく推計、https://data.worldbank.org/indicator/sp.dyn.tfrt.in.

れない。本書で取り上げている最近の出来事は、世界中で入手できる最新の報告から得られたものであり、それを見るかぎり、出生率の低下は2では止まらず、さらに下がり続けると思われるからだ。その後どうなるかは、誰にもわからない。出生率がこれほど速く、ここまで大きく下がり、それが世界全体で起きるとは、最近まで誰も考えていなかったことを思い出してほしい。このような予想外の重大な変化が起きているのだから、次はこうなるはずだと決めつけてはいけない。

大半の人は資本主義の歴史を実際よりも長いと考えている。「資本主義」という言葉が初めて使われたのは1850年代で、最初期に大規模な工業化が進んだ一部の都市で見られた過去に例のない出来事や、新しい種類の商取引を言い表していた。イギリス、特にロンドンは、アムステルダム、ヴェネツィア、リスボンと並び、資本主義のゆりかごの一つだった。

ところが、1850年代には、産業や港湾、工場、鉱山で働いていた人はほとんどいなかった。資本主義のゆりかごで暮らしている人でさえそうだった。大半の人の生活は、まだ資本家とはそれほど関係していなかった。そのとき、資本家たちはどんどんお金を（別の言い方をすると、どんどん資本を）稼いでいた。しかし一部の人は、産業や搾取、貿易から新たに生まれた利益から所得を受け取って、自由な時間を増やすことができた。彼らは、規模の大きさを問わず、考える時間を手に入れた最初の集団となった。いまでは何百万人（まだ何十億人とまではいかないが）が手にしている時間である。その中に、ようやく想像できるようになり始めたばかりの物事を最初に考えた人たちがいた。1850年代には、私たちは種であることさえ知らなかったのだ。

最初は植民地化、その後は工業化が進んで、貿易が増加すると、移動量が大幅に増えた。すると、世界各地から動物や植物の標本を集めて、それぞれの結びつきを明らかにできるようになった。たくさんの人がこの学習プロセスにかかわったが、まっさきに思い浮かぶのは、チャールズ・ダーウィンだ。最も劇的なスローダウンは、1960年代以降の出生率の幅広いスローダウンだが、それはダーウィンが『種の起源』を書いていたときから1世紀もたたないうちに起きた。あまりにも多くのことが、あまりにも短期間で起きているので、私たちはまだ、状況を調べている段階にある。古いアイデアは、それが間違ったものであることがはっきりとわかるときでさえ、姿を消すまでには時間がかかる。新しいアイデアはまだ形づくられているところである。スローダウンとは何か、人間はいま何を希求していて、何になろうとしているのかを説明できるアイデアは特にそうだ。

スローダウンは10年単位ではなく世代単位で進む

淘汰は変異と遺伝によって作用する。そして、人間が最初に農業を採用してからまだ240世代しか経過しておらず、農業が広まってからは、せいぜい160世代だろう。

――ジェームズ・C・スコット、2017年[*140]

人類学者で社会科学者のジェームズ・スコットがこう書いていたとき、スコットは人類は家畜化されたと考えていた。動物や穀物を意図的に選択し品種改良したように、私たちは選択的に繁殖されるようになったのではないか。より従順で、より共同的で、より隷従的な人間のほうが定住共同体で生き残る可能性が高かったと、スコットは推測した。しかし、240世代や160世代は少なすぎて、進化への影響はあまりないと釘を刺している。要するに、私たちの大半はいまも遺伝子的には祖先の狩猟採集民と非常によく似ているということだ。数十世代では少なすぎて、持って生まれた性質はほとんど変わっていないのであれば、ダーウィンの『種の起源』が出版されてから生まれた7世代、特に１９０１年以降に生まれた最後の5世代に絞って考えていくことにしよう。最後の5世代のうちの一つ目の世代は１９０１〜１９２８年（両端を含む）に生まれた人たちであり、生涯にわたってさまざまな出来事に翻弄され続けていたに違いない。クイーンマザーは馬だけでなくジンが好きなことでも有名だったので、もしかするとお酒で気を紛らわしていたかもしれない。しかし、クイーンマザーの世代は、どの世代よりも大きな社会の変化を経験している。特に大きかったのは、晩年に起きた変化である。

図34は、１９６０〜２０１６年のアメリカにおける出生率の推移を示している。１９６０年代以前は1人の女性が産む子どもの数は平均で4に近かったが、１９６５年には3を割り込み、１９６９年には2・5に下がり（このときは合計特殊出生率が回復するかのように見えた）、１９７２年には2に、１９８３年には1・79まで下がった。ここで示されている直近の年である２０１６年の数値は、その水準にほぼ達しており、まだ下げ止まっていない。２０１７〜２０２０年期は、毎年最低記録を更新するとまではいかないまでも、少なくとも1年は過去最低を記録するだろう。

いつの世も、上の世代の人間は「最近の若い世代は……」と語りたがるものだ。ダーウィンは世代にこだわった。ダーウィンの論文集には「世代」という言葉が２０００回以上登場する［＊141］。第1章で説明したように、この章で焦点を合わせている5世代の最初の世代が生まれるずっと前に、ダーウィンは次のように書いている。「条件のよい季節がいくつか続いた後で個体数が驚くほど急速に増えた野生の動物の例がたくさん記録されている」。ダーウィンは他の生物について語っていたのだが、人類について語っていたほうがよかったかもしれない。しかも、個体数が増えればその季節は条件がよいのだと傍観者には映るだろうが、当の動物たちには、どうして群れがこんなに大きくなったのか、ほとんどわからない。

図34　アメリカ：合計特殊出生率、1960 ～ 2016年

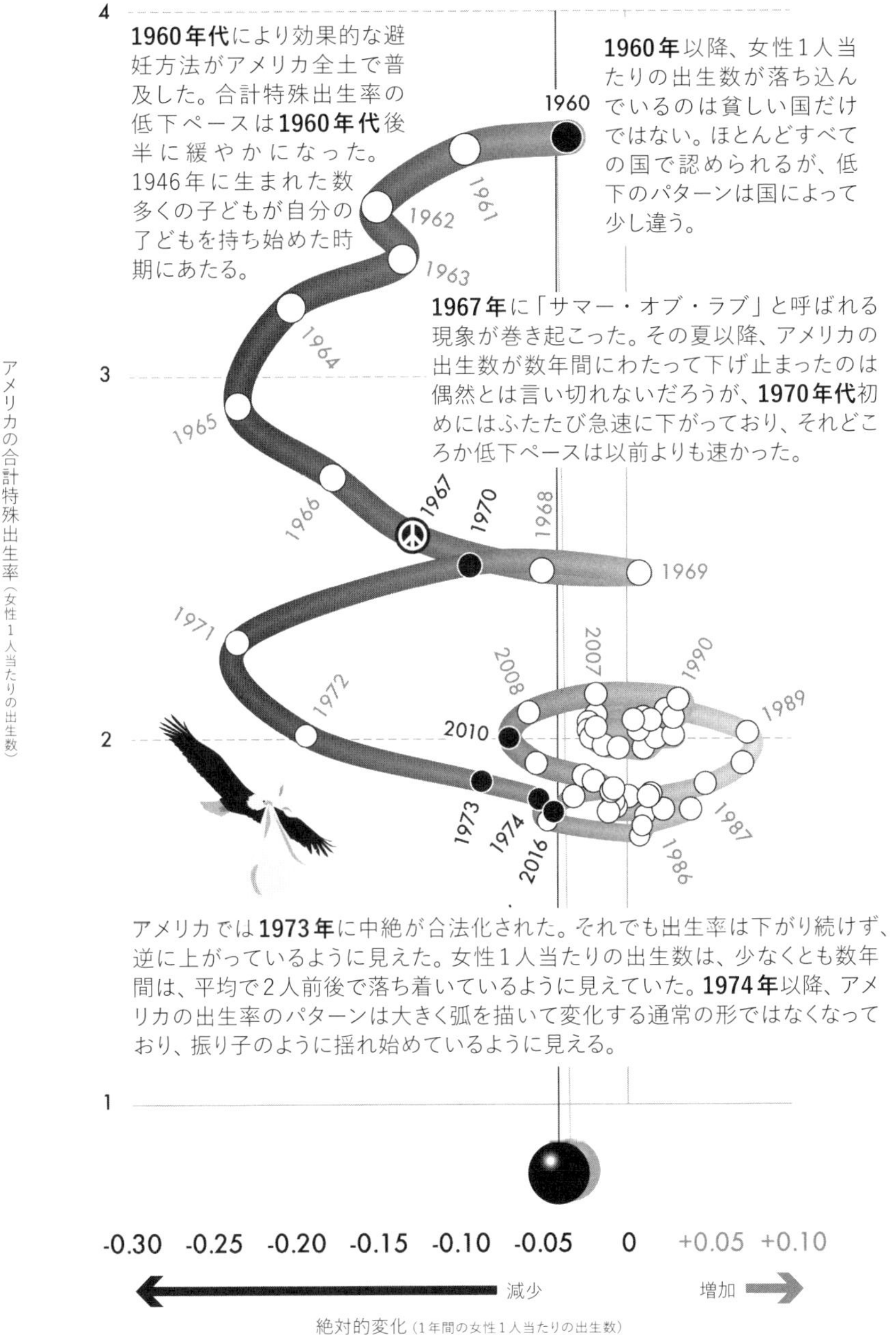

4
3
2
1
1960年代により効果的な避妊方法がアメリカ全土で普及した。合計特殊出生率の低下ペースは1960年代後半に緩やかになった。1946年に生まれた数多くの子どもが自分の子どもを持ち始めた時期にあたる。
1960年以降、女性1人当たりの出生数が落ち込んでいるのは貧しい国だけではない。ほとんどすべての国で認められるが、低下のパターンは国によって少し違う。
1967年に「サマー・オブ・ラブ」と呼ばれる現象が巻き起こった。その夏以降、アメリカの出生数が数年間にわたって下げ止まったのは偶然とは言い切れないだろうが、1970年代初めにはふたたび急速に下がっており、それどころか低下ペースは以前よりも速かった。
1960
1961
1962
1963
1964
1965
1966
1967
1968
1969
1970
1971
1972
1973
1974
1986
1987
1989
1990
2007
2008
2010
2016
アメリカの合計特殊出生率（女性1人当たりの出生数）
アメリカでは1973年に中絶が合法化された。それでも出生率は下がり続けず、逆に上がっているように見えた。女性1人当たりの出生数は、少なくとも数年間は、平均で2人前後で落ち着いているように見えていた。1974年以降、アメリカの出生率のパターンは大きく弧を描いて変化する通常の形ではなくなっており、振り子のように揺れ始めているように見える。
-0.30
-0.25
-0.20
-0.15
-0.10
-0.05
0
+0.05
+0.10
減少
増加
絶対的変化（1年間の女性1人当たりの出生数）

出所：World Bank Open Data, 出生率、2017 *UN World Population Prospects*などのデータソースに基づく推計、https://data.worldbank.org/indicator/sp.dyn.tfrt.in.

人類にとって条件のよい季節が終わっていることは誰の目にも明らかだが、それはとても条件のよい季節が終わったということだ。世界中で人口が急拡大したのは、主に伝統的な産児制限が不可逆的に破壊されることになった出来事があったからだが、その後に死亡率が下がり始めたからでもある。突き詰めれば、自分の子どもがほぼ確実に生き残るようになり、病気になったときや高齢になったときには社会が面倒をみてくれて、子どもを産む数をもっと簡単にコントロールできるようになると、子どもを持つ数は（平均すると）ぐっと減る。

条件のよい季節とは、いま考えると、5世代のうち1901年以降に生まれた一つ目の世代が経験したものである。世界戦争があった悲惨な時代とされることが多いが、その背後で静かに起きていたことを忘れてしまっている。こうした季節が人類という種にとってとても条件がよかったので、世界の人口は倍々に増えた。しかし、人口が増加したことに感嘆する声はなく、自分たちに悪い影響がおよぶとして、当初は苦々しく受け止められた。私たちの知識と経験は大きく変わり、この先どうなるのかわからないという不安が強くなった。私たち全員がそう感じていた。大きな変化が起きたばかりだったうえ、まだ加速化のまっただ中にあったことから、将来は特に不透明になった。

1901年以前は、世界の大多数の人には、この先どうなるのかわからないという不安はなかった。次の世代はその前の世代とほとんど同じ暮らしを送り、馬で畑を耕していた（トラクターが発明されたのは1901年と、つい最近のことだ）［＊142］。世代間の変化は、その先に訪れる変化と比べれば、どれも小さかった。土地は徐々に囲い込まれていった。囲い込みが自分の暮らす土地で起きたときは、追放された家族は、変化は突然起きて、最悪の結果を招いたと感じただろう。しかし世界全体で見たときはもちろん、国レベルで見ても、遠い過去には、変化はとてもゆっくりと進んだ。新しい農業手法は少しずつ取り入れられた。そのため、将来に対する不安は、（少なくとも西欧諸国では）主に自分個人に関するものだった。自分は天国に行くのか、それとも地獄で永遠の業火に焼かれることになるのか。世界全体はもちろん、国全般の将来に関しても、不安に思うことはほとんどなかった。国を分け合うのは王子たちだけだった。世界は大きすぎて、私たちが心配してもどうしようもなかった。それは神の領域だった。

大きな変化が起こる前兆は、世界の人口が2倍になり、その後、それ以上に速いスピードでまた2倍になったときに表れた。時期としては１８２０年から１９２６年にかけてのことだ。人口が2倍になっても、大半の場所の大半の人の生活に大きくは影響しなかった。イギリスやアメリカなど、当時、最も急速に変化していると考えられていた場所の大半の人にとってさえそうだった。ごく最近の先祖の大多数は、農村生活を送っていた。

世界の人口は１０６年間で倍増したが、人口が急増したのは世界でもほんの一握りの場所、ほんの一握りの人たちだけだった。というのも、平均すると、各年の増加率は０・７％に満たなかったからだ。１９２６年までに世界人口が倍増して20億人になったが、人が住んでいる大多数の場所は、それまでと変わらなかった。しかし、その後50年弱で人口がまた2倍になり、１９７４年に40億人になり、さらに半世紀後にまた2倍になって２０２４年前後に80億人になれば、人類のあり方は変わる。

図35は、１９７３年から２０１６年の短い期間で区切ったアメリカの合計特殊出生率の時系列線を示している。時系列線はさまざまなポイントでいったん落ち着いているように見える。その背景を調べて、なぜそうなっているのかを考える価値はある。さまざまな新しい規範が生まれた後に、時系列線は上方向か下方向に大きく振れる。もちろん、この時系列線は年齢ごとの出生率を足し合わせた合計特殊出生率にすぎない。しかしそこには、個人の意思決定、集団的な機会、何億もの人に影響を与えた外的要因、さらには、子どもを何人持つかという、多くの人にとって特に重要な事象を左右したものが反映されている。

図35を見ると、１９７０年代が底になっているが、これはベビーブームの影響によるものではない。合

図35　アメリカ：合計特殊出生率、1973 ～ 2016年

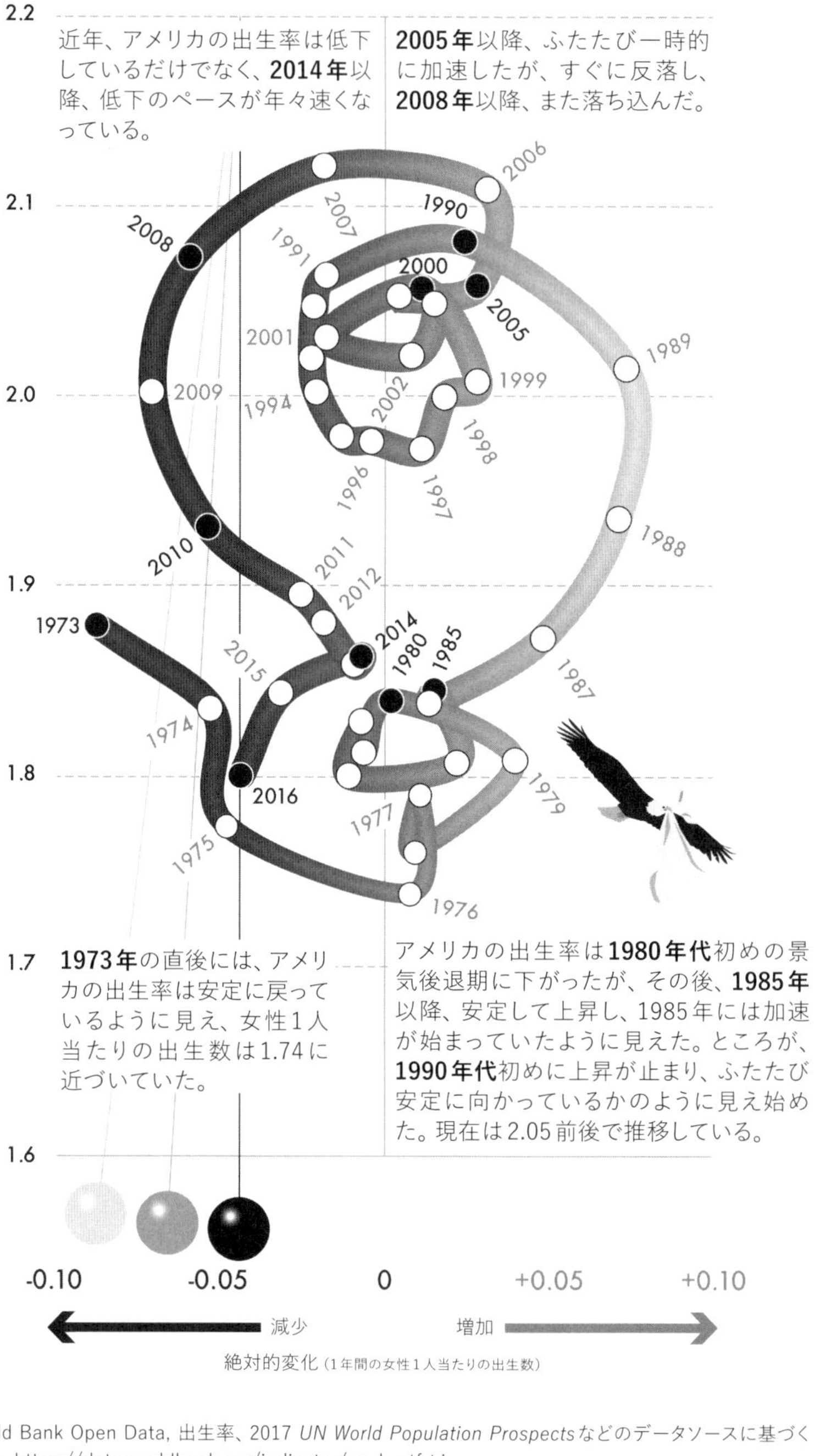
2.2
2.1
2.0
1.9
1.8
1.7
1.6
近年、アメリカの出生率は低下しているだけでなく、**2014年**以降、低下のペースが年々速くなっている。
2005年以降、ふたたび一時的に加速したが、すぐに反落し、**2008年**以降、また落ち込んだ。
1973年の直後には、アメリカの出生率は安定に戻っているように見え、女性1人当たりの出生数は1.74に近づいていた。
アメリカの出生率は**1980年代**初めの景気後退期に下がったが、その後、**1985年**以降、安定して上昇し、1985年には加速が始まっていたように見えた。ところが、**1990年代**初めに上昇が止まり、ふたたび安定に向かっているかのように見え始めた。現在は2.05前後で推移している。
1973
1974
1975
1976
1977
1979
1980
1985
1987
1988
1989
1990
1991
1994
1996
1997
1998
1999
2000
2001
2002
2005
2006
2007
2008
2009
2010
2011
2012
2014
2015
2016
アメリカの合計特殊出生率（女性1人当たりの出生数）
-0.10
-0.05
0
+0.05
+0.10
減少
増加
絶対的変化（1年間の女性1人当たりの出生数）

出所：World Bank Open Data, 出生率、2017 *UN World Population Prospects*などのデータソースに基づく推計、https://data.worldbank.org/indicator/sp.dyn.tfrt.in.

計特殊出生率は、生まれた子どもの総数ではなく、女性が子どもを産む頻度を計算したものだからだ。合計特殊出生率は1977年頃に1・8弱で安定したように見える。1980年以降、1・8強でもう一度安定に向かっている。1980年代になると、ロナルド・レーガンが「アメリカの朝」という伝説的なスローガンを掲げ、アメリカの復活を強調した時代に上昇して、ふたたび2を超えている。この時期には、レーガンをホワイトハウスに送り込んだ人たちの政治的選択によって、貧困率と経済的不安が爆発的に高まり、経済格差が急拡大した。

1990年から2005年まで、図35の時系列線の軌跡は、ふたたび落ち着いていたかのように見えて、合計特殊出生率は2・1に戻りつつあると思われた。これは丸々1世代前、1970年代に入ったばかりの頃に見られた水準である。しかしその後、何かが起きて、急速に下がる。その何かとは、世界の動きだった。アメリカの外で起きていたことが影響したものだった。アメリカへの移民は、子どもを産む数がすでに少なくなっていた場所からきており、アメリカにやってくると、子どもを産む数はさらに少なくなっていた。地球上のどこを見ても、世界的なスローダウンの流れは止められそうにない。2007年以降、アメリカの合計特殊出生率は毎年下がっており、そのペースはどんどん速くなっている。

いま進んでいるスローダウンは、より安定していた世代への回帰

世界人口は1820〜1926年の間にゆっくりと2倍になったが、子どもの健康状態の改善が総人口が増加した大きな理由になったのは、その最後の4分の1の期間にすぎない。それ以前は、貿易の増加と都市化の進展によって社会が混乱したことで子どもを産む数が増えていたものの、かならずしも子どもの

健康は改善しなかった。1901年頃に、状況は一気に変わった。特に大きかったのは細菌論の発見で、ロベルト・コッホはその功績によって1905年にノーベル賞を授与されている。

ノーベル賞が初めて授与されたのはその4年前、1901年のことだ。その背景の一つに、人間に対する見方が変わっていたことがあげられる。大きな功績はほとんどすべてが集団の努力から生まれるものだが、個人が傑出した存在だとして毎年称賛される時代が始まろうとしていたのである（優生思想がまだ支持されていたことを思い出してほしい）。スローダウンが進めば、それもすぐに変わるかもしれない。個人に与えられるよりも、集団に与えられることのほうが多くなるはずだ。

世代の幅は25年前後とされることが多い。しかし、平均すると初経（初めての生理）は13歳頃にきて、閉経（生理の停止）は51歳頃にくる。したがって、現代的な避妊法が広まる前については、25歳と38歳の間をとって32年として推計するほうがよいかもしれない。

表7は、その推計や他のデータをもとに、世界の過去35世代を区分して示したものである。各世代に生まれた君主（あるいは王位継承者）を付記しているのは、イギリスの歴史を知っている人に何らかの文脈を与えるためだ。ただし、推測が含まれるいくつかの古い世代の幅は、君主の生没年とうまく合うように少し調節している。1707年以降は、イングランドだけでなく、イギリスの君主であり、1876年から1948年まではインドの女帝・皇帝を兼ねた。1901年以降の世代は、出生に関する質の高いデータと実際の母親の平均出産年齢（第1子だけでなく、すべての出生順位を含む）に基づいている。こうしたデータを使用すると、1901年を新しい世代の起点として、その後の世代の年代が決まる。

表7の世代リストは恣意的で、イギリスに偏重しているが、世界の他の地域にもそのまま当てはめることができる。図36は、中国の合計特殊出生率の最近の時系列線を示している。V世代（1901～1928年に

表7　35世代（イギリスの君主と生命表に基づく）

君主	生没年	世代	始まり	終わり	長さ（年）
エドマンド1世	921–946	1	900	934	34
エゼルレッド	968–1016	2	935	969	34
エドガー	1003–1066	3	970	1004	34
ウィリアム1世	1028–1087	4	1005	1036	31
ウィリアム2世	1056–1100	5	1037	1067	30
ヘンリー1世	1068–1135	6	1068	1101	33
ヘンリー2世	1133–1189	7	1102	1135	33
リチャード1世	1157–1199	8	1136	1166	30
ジョン	1166–1216	9	1167	1200	33
ヘンリー3世	1207–1272	A	1201	1234	33
エドワード1世	1239–1307	B	1235	1270	35
エドワード2世	1284–1327	C	1271	1305	34
エドワード3世	1312–1377	D	1306	1341	35
ヘンリー4世	1367–1413	E	1342	1376	34
ヘンリー5世	1386–1422	F	1377	1411	34
リチャード3世	1452–1485	G	1412	1446	34
ヘンリー7世	1457–1509	H	1447	1480	33
ヘンリー8世	1491–1547	I	1481	1514	33
エリザベス1世	1533–1603	J	1515	1548	33
ジェームズ6世	1566–1625	K	1549	1582	33
チャールズ1世	1600–1649	L	1583	1616	33
チャールズ2世	1630–1685	M	1617	1650	33
ジョージ1世	1660–1727	N	1651	1682	31
ジョージ2世	1683–1760	O	1683	1718	35
ジョージ3世	1738–1820	P	1719	1754	35
ジョージ4世	1762–1830	Q	1755	1787	32
ヴィクトリア	1819–1901	R	1788	1819	31
エドワード7世	1841–1910	S	1820	1845	25
ジョージ5世	1865–1936	T	1846	1875	29
ジョージ6世	1895–1952	U	1876	1900	24
エリザベス2世	**1926–**	**V**	**1901**	**1928**	**27**
チャールズ	1948–	W	1929	1955	26
ダイアナ	1961–1997	X	1956	1981	25
ウィリアム	1982–	Y	1982	2011	29
ジョージ	2013–	Z	2012	2042	30

出所：イギリス生命表と過去の記録をもとに筆者により計算。

図36　中国：合計特殊出生率、1960～2016年

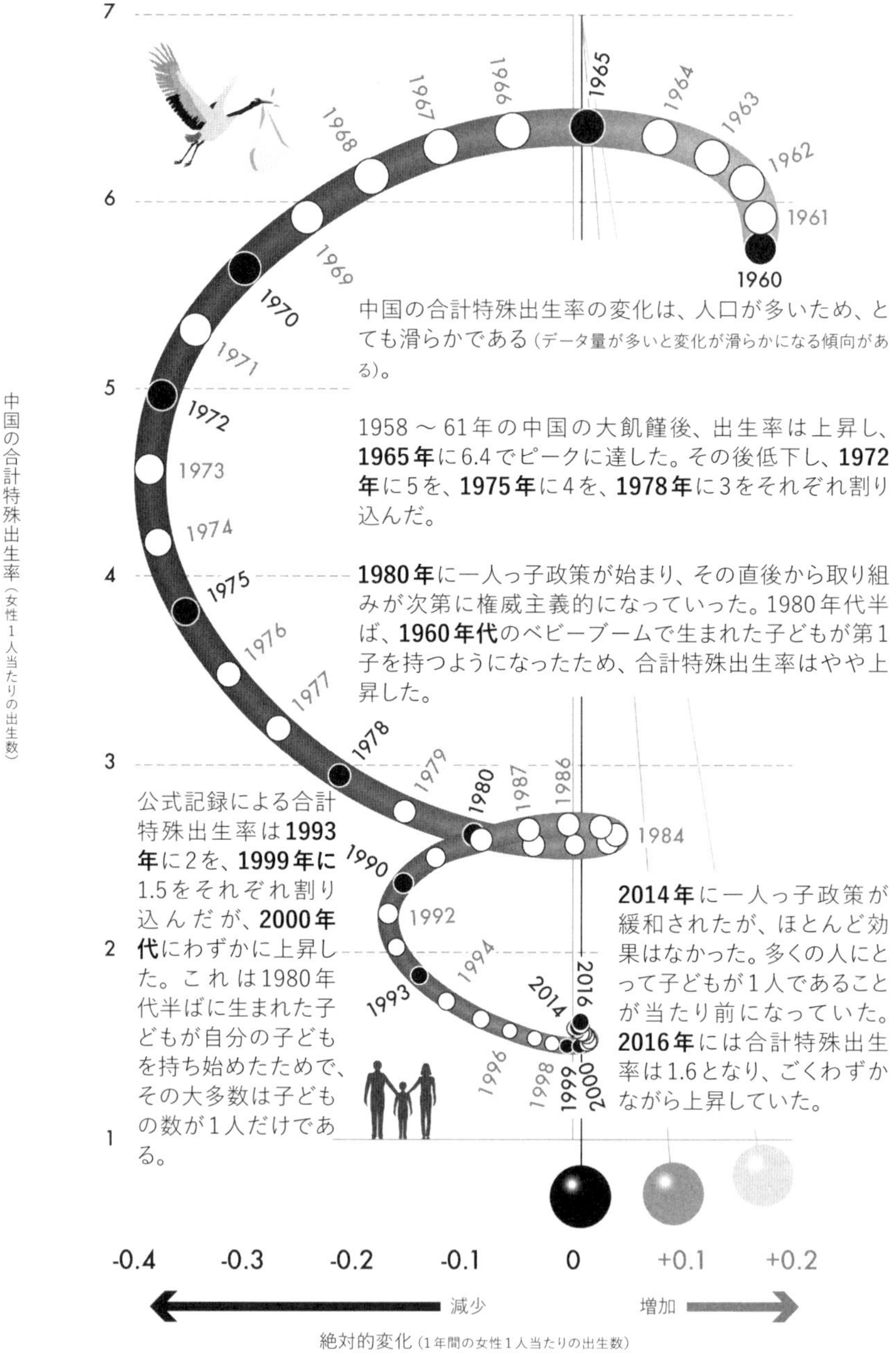

7
6
5
4
3
2
1
中国の合計特殊出生率（女性1人当たりの出生数）
1960
1961
1962
1963
1964
1965
1966
1967
1968
1969
1970
1971
1972
1973
1974
1975
1976
1977
1978
1979
1980
1984
1986
1987
1990
1992
1993
1994
1996
1998
1999
2000
2014
2016
中国の合計特殊出生率の変化は、人口が多いため、とても滑らかである（データ量が多いと変化が滑らかになる傾向がある）。
1958～61年の中国の大飢饉後、出生率は上昇し、**1965年**に6.4でピークに達した。その後低下し、**1972年**に5を、**1975年**に4を、**1978年**に3をそれぞれ割り込んだ。
1980年に一人っ子政策が始まり、その直後から取り組みが次第に権威主義的になっていった。1980年代半ば、**1960年代**のベビーブームで生まれた子どもが第1子を持つようになったため、合計特殊出生率はやや上昇した。
公式記録による合計特殊出生率は**1993年**に2を、**1999年に**1.5をそれぞれ割り込んだが、**2000年代**にわずかに上昇した。これは1980年代半ばに生まれた子どもが自分の子どもを持ち始めたためで、その大多数は子どもの数が1人だけである。
2014年に一人っ子政策が緩和されたが、ほとんど効果はなかった。多くの人にとって子どもが1人であることが当たり前になっていた。**2016年**には合計特殊出生率は1.6となり、ごくわずかながら上昇していた。
-0.4
-0.3
-0.2
-0.1
0
+0.1
+0.2
減少
増加
絶対的変化（1年間の女性1人当たりの出生数）

出所：World Bank Open Data, 出生率、2017 *UN World Population Prospects*などのデータソースに基づく推計、https://data.worldbank.org/indicator/sp.dyn.tfrt.in.

中国で生まれた女性）は、1914年から1979年の間に子どもを持っており、大半が1940年代、50年代に出産している。平均すると6人以上の子どもを持つ母親であり、当時の世界平均より1人多く、イギリスのエリザベス2世が出産した子どもの数より2人多い。V世代の出生率が高かったので、図36の時系列線は高い水準で始まっている。ところが、主に1970年代に出産した中国のW世代（1929〜1955年生まれ）は、母親や祖母と比べて出生率が劇的にスローダウンした最初の世代となった。子どもを産む数が平均で4人になったのだ（それからすぐにわずか3人になった）。その娘であるX世代（1956〜1981年生まれ）は主に1960年代、70年代に生まれた。出産した子どもの数はアメリカのX世代よりずっと少ない。大半が1人だけで、子どもがいない人が、子どもが2人いる人と同じくらい多い。ちなみに、一般的にはX世代は1960年代に始まるとされているが、本書のX世代はそれより少し早く始まり、少し早く終わる。本書の世代は、当時の出生記録に基づく実際の人口世代の幅を反映しているからだ。文化的背景に基づいた世代区分は、一般に実際の世代と比べて狭くなる。

子どもは1人だけにしようと考えているときは、その1人の子どもを早く産むことはあまりないが、子どもが産めるギリギリの年齢まで待つことも少ない。急ぐ必要はないし、出産時期を計画できる。過去には、世代の間隔は32年前後あったが、それは多くの女性が出産できるかぎり子どもを産み続けた（あるいは、確実な避妊法がないために産み続けなければいけなかった）からであり、宗教の教えなどの理由でとても若い女性が子どもを持たなくなったからである。この章で定義される世代は、単にどれだけ多くのことが変化しているのかを明らかにするために使われている。最終的なものと考えてはならないし、イギリスの君主を付記することに特別な意味があるわけでもない。表7にスペースがあったら、各世代に権力の座にあった中国の皇帝も列挙していただろうが、いまは中国に皇帝はいない。その点、イギリスの王室は少なくとも現代まで続いている。

特に有名なのが、最近の5世代である。V世代は1901〜1928年生まれの人で、エリザベス2世も、中国最後の皇帝である溥儀も、この世代になる。溥儀は中華民国が成立した1912年の革命が終結すると退位させられた。エリザベスの長男であるチャールズは、本書ではW世代と呼ばれるベビーブーム世代にあたる1948年に生まれた。1949年の中国共産革命時に中国で生まれたすべての子どもがW世代に含まれる。X世代にはイギリスの君主は生まれなかったので、故ダイアナ・スペンサー（チャールズの1人目の妻）を記載している。「ミレニアルズ」はY世代であり、新しい千年紀の始まりに18歳になったダイアナの長男、ウィリアムは、その世代の最初の層の1人である。Z世代は始まったばかりだ。過去5世代は、最初は直前の世代との共通点がどんどん少なくなっていたが、Z世代は親の世代と同じような暮らしを送るようになりつつある。

ここで、本書で何度も使われているアナロジーにまた戻ろう。いま、あなたはスローダウンしたことのない列車の中で暮らしていたと想像してみてほしい。あなたの親も、その親もそうだった。人類の直近の5世代は、猛スピードで走る列車に乗っており、生まれてからずっと、想像もできないような変化がいつも起きていた。列車はあまりにも長いこと、あまりにも速く走ってきたものだから、安定した生活とはどのようなものだか、乗客たちにはわからない。イングランドのように安定している国でもそうだ。イングランドは1066年以降（名誉革命を除いて）侵略されていないし、ほぼ同じ王族が何世紀にもわたって権力の座についている。そうだとしたら、革命と侵略が繰り返され、これまで拠り所としてきたものが完全に覆される経験をしてきた国となれば、混乱がどれほど大きかったか、考えもつかない。

1901年以前は、世界の大半の人の暮らしは前の年とほとんど変わらなかった。これは前にも述べたことだが、ここでもう一度強調しておきたい。どの世代も前の世代とほとんど同じ暮らしを送っていた。

たとえば、1066年にイングランドで暮らしていた大半の人は、ウィリアム征服王が即位しても影響を受けていなかっただろう。20年後、誰かが領主の土地の国勢調査にやってきて、雄牛の数を数えていることに気づいたかもしれないが、その調査に自分たちは含まれなかった。イングランドとウェールズの「大調査」（その結果を記録したものが「ドゥームズデイブック」である）は、人口の調査ではなかったのだ。その頃の中国は遼王朝・道宗皇帝の時代で、貴族間で争いがあったにもかかわらず、大半の人の生活は、親や子どもの生活とほとんど変わらなかった。同じような安定がすぐそこまできているが、いまは大半の人が国勢調査の対象になっており（人はとても重要だ）、私たちにとって国王や皇帝はもう絶対的な最高権力ではなく、過去の時代や時期を表す記号として役に立つ存在としか見られていない。

いま、列車はスローダウンしている。それに恐怖を感じるのも無理はない。変化し続けることが「常態」なのだから。変化のスピードが歩く速さまで下がったこともなければ、賃金・給与（平均）の上昇が止まったこともないし、人口が停滞したこともない。ここ何十年間も続いていた急速で劇的な変化が、いまはもう見られなくなっている。19世紀、20世紀初めの小説にものの値段が出てくることはめったになく、たいてい主人公がパンに数ペンス払ったというくらいのものだった。いまのフィクションも、ものの値段が出てくることはめったにない。インフレ率はいまでこそ低いが、ごく最近まで歴史的な高水準にあって、小説でものの値段に触れると、たちまち時代遅れになってしまったからだ。何かがすぐに時代遅れになるという考えでさえとても新しく、大きな変化が続くことが当たり前の時代の産物である。住宅も、教え方も、キッチンも、自動車も、ガジェットも、休暇の過ごし方も、あらゆるものが時代遅れになりうるし、そうなっている。

今日では、次の世代はその一つ前の世代とは大きく変わるものと考えられており、それを進歩と呼んでいる。それはそうと、英語で「今日」を意味する「nowadays」という言葉はいつ広く使われるようにな

図37　中国：合計特殊出生率、1999～2016年

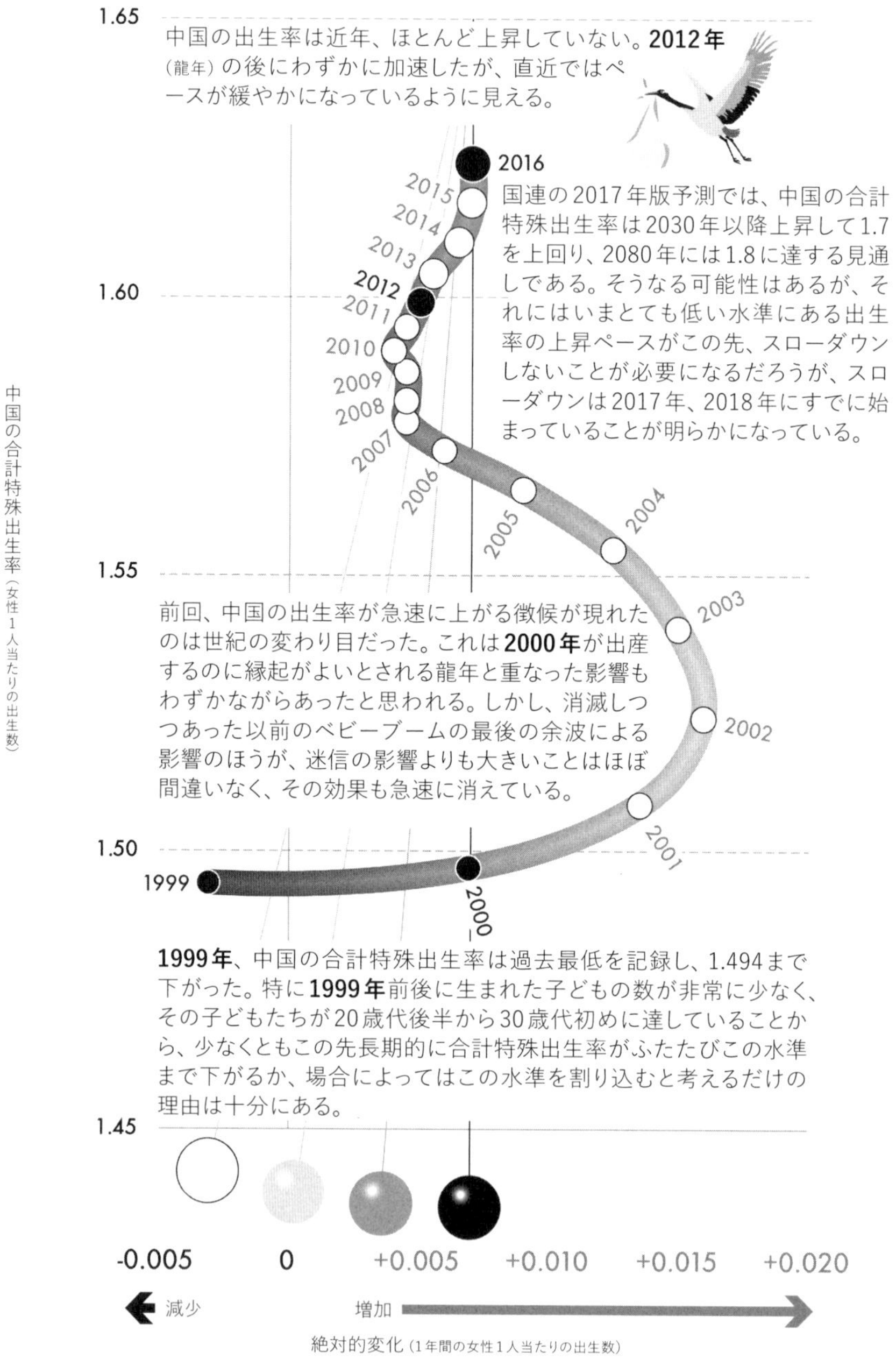
1.65
1.60
1.55
1.50
1.45
中国の出生率は近年、ほとんど上昇していない。**2012年**（龍年）の後にわずかに加速したが、直近ではペースが緩やかになっているように見える。
2016
2015
2014
2013
2012
2011
2010
2009
2008
2007
2006
2005
2004
2003
2002
2001
2000
1999
国連の2017年版予測では、中国の合計特殊出生率は2030年以降上昇して1.7を上回り、2080年には1.8に達する見通しである。そうなる可能性はあるが、それにはいまとても低い水準にある出生率の上昇ペースがこの先、スローダウンしないことが必要になるだろうが、スローダウンは2017年、2018年にすでに始まっていることが明らかになっている。
前回、中国の出生率が急速に上がる徴候が現れたのは世紀の変わり目だった。これは**2000年**が出産するのに縁起がよいとされる龍年と重なった影響もわずかながらあったと思われる。しかし、消滅しつつあった以前のベビーブームの最後の余波による影響のほうが、迷信の影響よりも大きいことはほぼ間違いなく、その効果も急速に消えている。
1999年、中国の合計特殊出生率は過去最低を記録し、1.494まで下がった。特に**1999年**前後に生まれた子どもの数が非常に少なく、その子どもたちが20歳代後半から30歳代初めに達していることから、少なくともこの先長期的に合計特殊出生率がふたたびこの水準まで下がるか、場合によってはこの水準を割り込むと考えるだけの理由は十分にある。
中国の合計特殊出生率（女性1人当たりの出生数）
-0.005
0
+0.005
+0.010
+0.015
+0.020
減少
増加
絶対的変化（1年間の女性1人当たりの出生数）

出所：World Bank Open Data, 出生率、2017 *UN World Population Prospects*などのデータソースに基づく推計、https://data.worldbank.org/indicator/sp.dyn.tfrt.in.

ったのだろう。nowadays は古英語だが、書き言葉としてよく使われるようになったのは1920年代で、使用頻度は1860年以降、14倍に増えていた［＊143］。列車がスローダウンすると、私たちはそのスローダウンを停滞ととらえる。つまり、進歩していない状態だ。しかし、なぜ停滞を悪いことだと考えるのだろう。停滞とは相対的に均衡している時期にすぎず、物事が変化しているとしても、変化のスピードが大きく下がっているということでしかない。人類の歴史の大部分では、停滞している状態が当たり前だった。それがまた当たり前になりつつある。

その状態がどのように見えるのかを確かめるには、グラフを拡大する必要がある。図37は、図36の直近の期間を拡大したものだ。その期間はほとんど変化がないように見えるため、トレンドははっきりしていない。それでも、もちろん変化は続いていたし、（たとえごく小さいとしても）とてもはっきりした形をしている。中国の出生率はふたたびじりじりと上がり始めたが、2002年からスローダウンし、2015年以降、またややスローダウンし始めたところである。中国はいま、安定していると言っていい。

スローダウンはあらゆるところで起きている

最近のどの世代にも人口動態に大きな変化が起きているのは、中国やアメリカやイギリスだけではない。社会の津波が地球全体を呑み込んでいる。最も大きな変化は直近の変化で、孫娘の若い頃が最も劇的だという世代もあれば、スローダウンのスピードが最も速かったのが、自分たちの若い頃だったという世代もある。V世代（1901～1928年生まれ）の赤ん坊は、イギリス女王（およびインド女帝）のヴィクトリアが死去した年に始まり、ウォール街が暴落する前年に終わった期間に生まれた。この世代は最も激しい変化を経験している。二度にわたる世界大戦があり、最速の、それこそ目を見張るばかりの人口増加が起きた。1926年には世界人口が20億人を突破した。

そのわずか数年前の1922年、北西アフリカの中心部で、イギリスの支配下にないアフリカ大陸の残りの大部分をフランス人が侵略してからしばらく後に、古代諸王国（旧カネム＝ボルヌー帝国の一部を含む）が統一されて、フランス植民地になった。その後、植民地支配から独立し、国土を流れるニジェール川の名が国名となった。反乱を封じ込めるための軍事介入が何十年にもわたって繰り返された後、2010年にニジェール第7共和国が成立した。ここでニジェールを取り上げるのは、スローダウンをその目で見ることになる最後の場所かもしれないからだ。ニジェールは合計特殊出生率が世界で最も高い。

1901年には、ニジェールもイングランドも、世界の他のすべての国でも、最も一般的な職業は農業労働者、つまり農民だった。四輪トラクターが発明されたのは1908年で、三輪産業用トラクターも1901年になってようやく登場したが、どちらもニジェールにやってくるのは何十年も後になってからになる。2018年、ニジェール政府はトラクター130台を確保し、中国企業と共同で灌漑農地を増やすと発表した［＊144］。1901年には、後にニジェールになる地で暮らす女性、子ども、男性は、親や祖父母とまったく同じように、手で穀物を収穫していた。多くは遊動民で、狩猟採集民もいた。ニジェールのV世代は、最大の変化を経験することになる。子ども時代にも、戦時下にも、その後に訪れる技術の進歩によっても、暮らしは大きく変わった。1960年にフランスから独立を勝ち取ったのはこの世代であり、その後、軍事政権の樹立と新しい共和国体制の成立が繰り返された。農業と同じように、ニジェールの暮らしは最初はゆっくり変化したが、しかしその後、ニジェールの風景は一変することになる。

V世代の時代は、いまでは判で押したように「エドワード時代のイギリス」「ジャズ時代のアメリカ」と呼ばれることが多い。しかし、一般の市民の大半には無縁の世界だった。1901年から1928年までの各年には、イングランドとウェールズで100万人以上の男たちがほぼ毎日、石炭鉱山の地下で過ごしていた。暮らしがこれほど急速に変化したことも、その後に炭鉱労働者の絶対数が一気に減ったことも、後にも先にもない。多くの人がこの上ないほど劣悪な環境で働いていた。この変化が始まる前から女性と子どもは鉱山で働くことが禁じられていたが、これを進歩と呼ぶのは間違いだろう。動乱と呼ぶほうが合っているのではないか。V世代の最後の層が生まれる頃に、イギリスではゼネラルストライキが行われ、ニジェールは植民地化された。当時、イギリスでは年長の子どもがまだ工場で働いていた。イギリス人女性にとっては家政婦が最も一般的な仕事だった。ニジェールの子供たちは地上で働き続けたが、その後、石炭とウランの鉱山が開発される。

V世代の最初の層が生まれたとき、世界では1000人当たり約1人が戦争で命を落としていた。この世代の成人期には、その子どもたちも含めて、戦死者は1000人当たり2人近くまで上昇した。しかし、V世代の孫にあたるX世代になると、戦死者は1万人当たり1人になり、ひ孫（Y世代）は（いまのところ）わずか10万人当たり2人である。ただし、ニジェールはいまもそれよりはるかに多い。トレンドは急速に下がり続けており、Z世代にはさらに下がることを願うばかりだ［＊145］。こうしたデータが正しければ、過去5世代の間に、合法化された暴力による死者数は世界全体で100分の1に減っていることになる。

それでも暴力がいまも蔓延しているところがある。アメリカ、フランス、イギリスなどの豊かな国は、たいてい「介入」という名目の下で、自国兵士が犠牲にならないように爆弾とドローンを使って、国際戦争を遂行し続けている。ニジェールでは戦争は主に内戦で、1960年代にはクーデター未遂が何度も起きており、1960年代初めに出生率が初めてスローダウンしたが、その後に加速に転じた。1974年の軍事クーデター後に干ばつと飢饉が発生し、すでに揺らいでいた社会の安定が完全に崩れて、合計特殊出生率は7・8を突破した。ニジェールは出生率が世界でいちばん高い国という不名誉な称号を得ている

図38　ニジェール：合計特殊出生率、1960～2016年

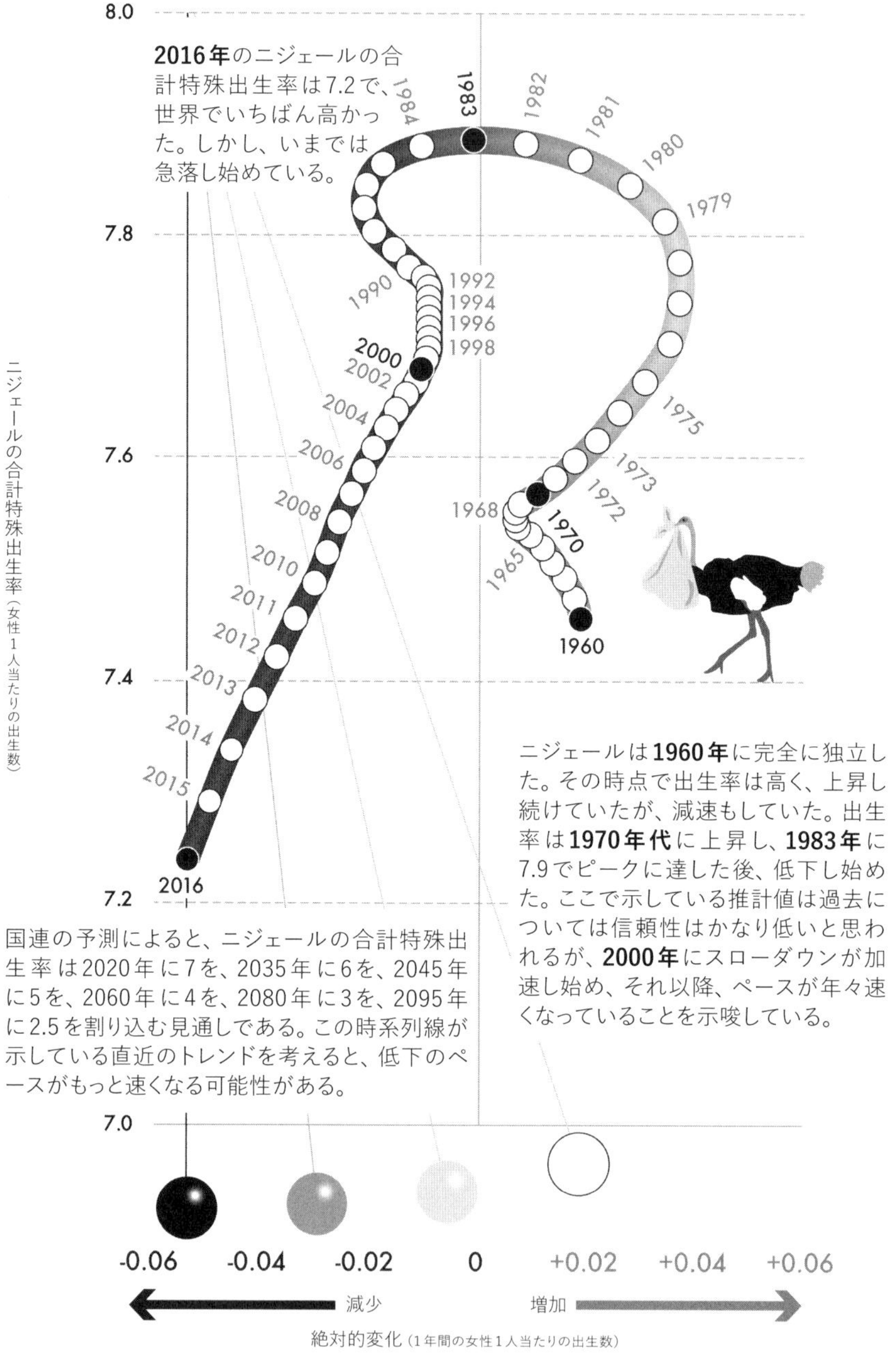
8.0
7.8
7.6
7.4
7.2
7.0
ニジェールの合計特殊出生率（女性1人当たりの出生数）
2016年のニジェールの合計特殊出生率は7.2で、世界でいちばん高かった。しかし、いまでは急落し始めている。
1960
1965
1968
1970
1972
1973
1975
1979
1980
1981
1982
1983
1984
1990
1992
1994
1996
1998
2000
2002
2004
2006
2008
2010
2011
2012
2013
2014
2015
2016
ニジェールは**1960年**に完全に独立した。その時点で出生率は高く、上昇し続けていたが、減速もしていた。出生率は**1970年代**に上昇し、**1983年**に7.9でピークに達した後、低下し始めた。ここで示している推計値は過去についての信頼性はかなり低いと思われるが、**2000年**にスローダウンが加速し始め、それ以降、ペースが年々速くなっていることを示唆している。
国連の予測によると、ニジェールの合計特殊出生率は2020年に7を、2035年に6を、2045年に5を、2060年に4を、2080年に3を、2095年に2.5を割り込む見通しである。この時系列線が示している直近のトレンドを考えると、低下のペースがもっと速くなる可能性がある。
-0.06
-0.04
-0.02
0
+0.02
+0.04
+0.06
減少
増加
絶対的変化（1年間の女性1人当たりの出生数）

出所：World Bank Open Data, 出生率、2017 *UN World Population Prospects*などのデータソースに基づく推計、https://data.worldbank.org/indicator/sp.dyn.tfrt.in.

が、これは過去に社会がほとんど進歩しなかったからである。ウランを含む鉱物資源を獲得しようとする外部からの干渉が、この物語に少なからず影響していた。しかし、図38の時系列線が示すように、いまではニジェールでさえ出生率はスローダウンしており、近年ではその傾向がよりはっきりとしてきている。

過去5世代の人々は、人類の歴史の中でも相対的平和状態が特に長く続いた時代を生きてきた。最も豊かな国では、成人期に戦争を経験したのは過去5世代のうち最初の世代だけだが、自国の政府が国外で戦争を遂行・支援したケースもあった。これとはきわめて対照的に、ニジェールの大半の子どもは、親がそうだったように、自分の家のまわりで戦争が起きていた。1990年代のトゥアレグ族の反乱、その後の2回目の反乱、21世紀に入った直後に始まったマグレブの反乱があり、近年ではボコ・ハラムの反乱が起きている。ニジェールの合計特殊出生率がどんどん減速していくには、一部の産業が繁栄し、さらに130台のトラクターを確保し、中国企業と共同で灌漑を進めるだけでなく、国が平和であることが必要になるだろう。

大規模な人口集団が生まれたW世代

変化のペースが上がっているかどうかを確かめるには、W世代（1929～1955年生まれ）に目を向けなければいけない。1946～1950年の一大ベビーブームがあった世代である。このときには世界中で出生率が上がった。イギリスでは、出生率が下がったのは1955年になってからだった。当時は「緊縮財政下のイギリス」と呼ばれた時代で、出生率の低下は一時的なものだった。他の多くの国では、出生数の減少が遅れてやってきた。東ティモールは出生率が非常に高いことで有名だったが、1960年代、70

年代になっても出生率の低下は止まらず、この時期にはほとんどすべての国・地域でスローダウンが起きていた。しかしその後、戦争が起きて出生率が上昇した。その物語は図39の中で語られている。しかし、スローダウンはいまではあらゆるところで進んでいる。東ティモールでさえ例外ではなく、インドネシアの占領が終了し、紛争に関連して10万人を超える死者が出た後に、スローダウンが始まった。それでも合計特殊出生率はアジアでいちばん高い。

W世代は、ヨーロッパ全体、北アメリカ、日本で、前例のないほど大規模な人口集団が生まれて、生き残って、子どもを産んだ世代であり、生き残っている兄弟姉妹、おい、めいが最も多かった。この世代の最後の年には、イギリスだけでなく、アメリカでも出生数が落ち込んだ[＊146]。世代をきれいに区切ることができるとしたら、この二つの国については、W世代はとてもうまく当てはまる。しかし、うまく当てはまるからこの期間を選んだわけではなく、1901年以降に生まれた人自身が最も多く子どもを持ったときと、その孫が生まれたときで区切られている。それはあなたの世代の親と祖父母の多くが生まれたとき、ということでもある。

ニジェールはイギリスと同じ経度にあるが、緯度は30度以上南にある。東ティモールはアメリカの中心からほぼ最大限に離れていて、文字どおり地球の反対側にあるが、イギリス、アメリカと同様、出生率は下がっていた。しかしその後、戦争によって大きな混乱に陥った。東ティモールのW世代は平和を享受し、繁栄が拡大するはずだったが、しばらくの間、といってもかなり長い期間になったが、親より悪い生活を送ることになった。

豊かな国では、W世代の生活は親の生活と様変わりした。そんな二つの世代が互いにわかり合えたことは、人間の適応力の高さを何よりも証明するものとなる。W世代は、一方の極端にはヒッピーがいて、も

図39　東ティモール：合計特殊出生率、1960 ～ 2016年

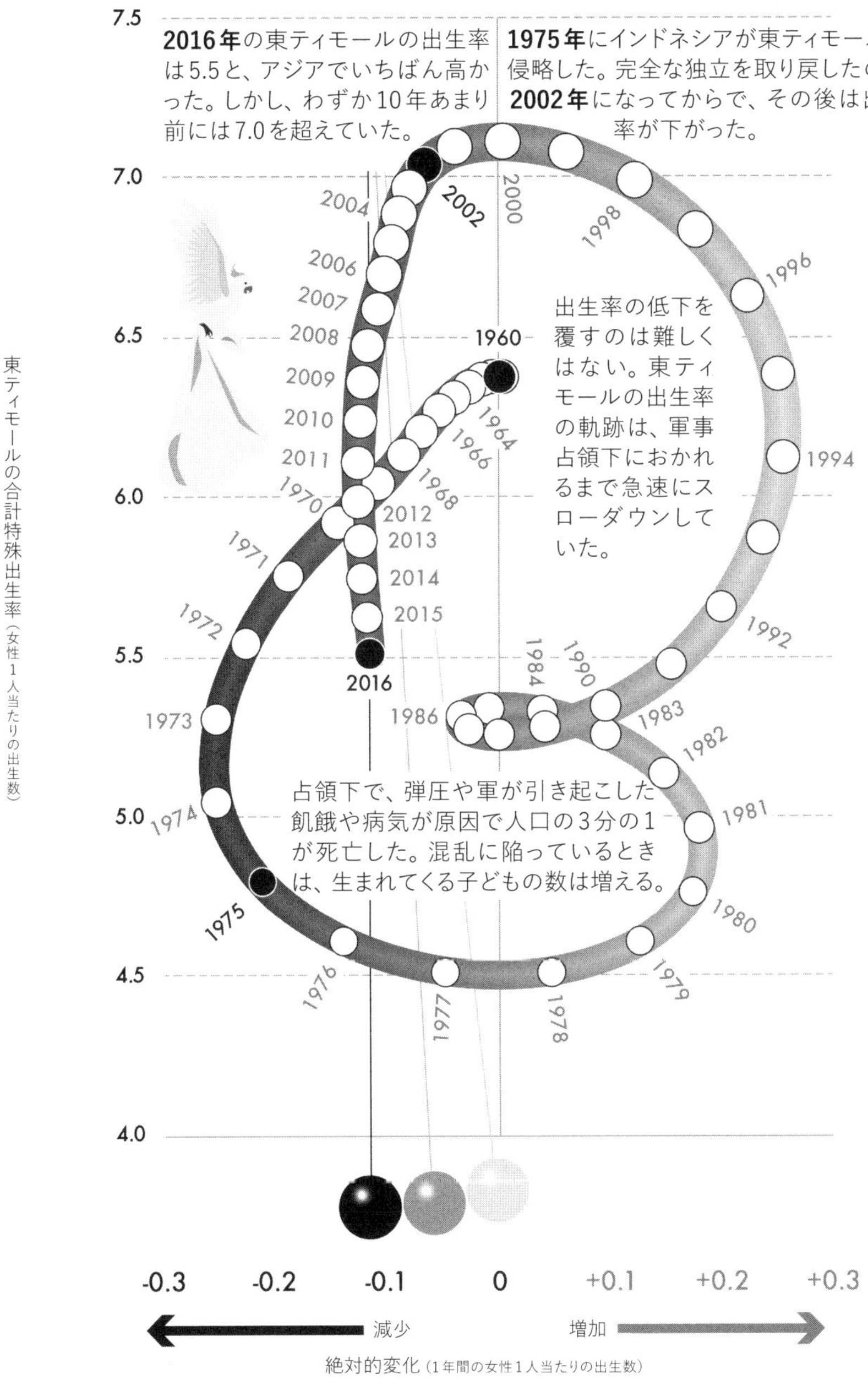

7.5
7.0
6.5
6.0
5.5
5.0
4.5
4.0
東ティモールの合計特殊出生率（女性１人当たりの出生数）
2016年の東ティモールの出生率は5.5と、アジアでいちばん高かった。しかし、わずか10年あまり前には7.0を超えていた。
1975年にインドネシアが東ティモールを侵略した。完全な独立を取り戻したのは**2002年**になってからで、その後は出生率が下がった。
出生率の低下を覆すのは難しくはない。東ティモールの出生率の軌跡は、軍事占領下におかれるまで急速にスローダウンしていた。
占領下で、弾圧や軍が引き起こした飢餓や病気が原因で人口の3分の1が死亡した。混乱に陥っているときは、生まれてくる子どもの数は増える。
1960
1964
1966
1968
1970
1971
1972
1973
1974
1975
1976
1977
1978
1979
1980
1981
1982
1983
1984
1986
1990
1992
1994
1996
1998
2000
2002
2004
2006
2007
2008
2009
2010
2011
2012
2013
2014
2015
2016
-0.3
-0.2
-0.1
0
+0.1
+0.2
+0.3
減少
増加
絶対的変化（1年間の女性１人当たりの出生数）

出所：World Bank Open Data, 出生率、2017 *UN World Population Prospects*などのデータソースに基づく推計、https://data.worldbank.org/indicator/sp.dyn.tfrt.in.

う一方の極端には、世界中の産業労働者の一団がいた。何百万人もの大人が生産ラインにはりついて、自動車から加工食品まで、あらゆるものをつくるようになった最初の世代である。

先端技術の領域では、W世代は核の世代だった。大半は、核爆弾が人間と都市に対して初めて使用され、アメリカがそれを広島と長崎に落とす前に生まれた。しかし、その世代の人々が大人になる頃には、何万個もの核爆弾が製造されていた。軍縮が始まると、核爆弾の保有数は少なくとも6分の1に減った。W世代の最初の層が引退を考えるようになったときには、包括的核実験禁止条約が採択されて、核兵器の開発・実験はほとんどなくなった。いまの流れが続けば、この世代の中で最後に生まれた人たちと最も長く生きた人たちが死亡する頃には、世界から核兵器がほぼなくなっているかもしれない。それはありえないことではない。1980年代以降、核兵器の実験を行っている国の数は急速に減っている［*147］。

人口が安定するには、戦争を起こさないことがきわめて重要になる。戦争後にはベビーブームが起こり、それが長く続く。東ティモールはこのプロセスの最たる例の一つだが、その東ティモールでさえも、平和がようやく訪れた2002年に出生率が急落し始めた。しかし、人々がスローダウンできるようになるために必要なのは、暴力の脅威から解放されることだけではない。経済的に安定し、安価な食料が確実に供給され、住宅が確保でき、教育が拡充され、医療が提供され、子どもたちが生き残る可能性はとても高いと信じられるようにならなければいけない。東ティモールではこのすべてが改善しているが、それはごく最近のことであり、図39の時系列線の動きにも表れている。

東ティモールはいま、他の国ではるか昔に当たり前になった状態に向かっている。W世代の多くの人にとって、最初の層が生まれたときから最後の層が生まれるまでの間に、食品の価格が半分になった。たとえば、ニュージーランドではパンの価格が1929年の直後には8ペンス近くした［*148］。実質ベースでは、1955年の数年前の価格はその半分もしなかった。食品はかなり値下がりしていた。ニュージーランドでパンの価格がこれほど急速に下がったのは、後にも先にもこのときだけである。逆に最近では、国際穀物価格が上昇している。しかし、当時のように価格が大きく振れることは二度とないはずだ。

W世代（1929〜1955年生まれ）が子どもの頃に、世界的に食料が豊富になって、食品の価格が下がった。戦争時には配給制になり、イギリスなどの国では1950年代まで続いたため、食料は不足していたという印象がある。ところが、戦争時の配給でさえ、子どもたちに割り当てられた食料は、配給以前に子どもたちが食べていた平均量より多かった。未来はいまとは違ったものになると人々が確信していたこともあって、子どもたちは新しい未来を生きるのだと考えられていた。

未来を想像する大衆文化の試みであるサイエンスフィクションは、W世代の子ども時代に人気がどんどん高まった。とても大きな変化が起きたことで、突然、不可能なことなんてないのではないかと思えるようになったからだ。H・G・ウェルズは1898年に『宇宙戦争』を書いた。これは無声映画の時代が始まったときで、5世代の最初の世代が生まれる直前のことである。ちなみに、「トーキー」が世界的に大人気になったのは1930年代初めになってからである。『宇宙戦争』を翻案した有名な（そして悪名高い）ラジオドラマが放送されたのは1938年で、1953年にテクニカラー方式を使って映画化された。条件のよい季節の第2世代の最後の層が生まれようとしていたときだ。

伝染病は根絶されつつあった。コンピューターが登場しようとしていた。大学が設立されようとしていた。学校教育を受ける期間が拡大されようとしていた。平均寿命が延びようとしていた。長生きできるようになって、政府がすべての国民に給付するものを含めて、年金を積み立てることが当たり前になった。しかし同時に、〝ヘルタースケルター〟の時代でもあった［＊149］。東ティモールは1975年11月にポルトガルからの独立を宣言したが、1975年12月にインドネシアに侵攻された（オーストラリア、イギリス、アメリカがこれを支援した）。進歩を当たり前のことと考えてはいけない。

X世代にスローダウンが始まった

社会が大きく変化した5世代の3番目の世代は、1956年に生まれた人で始まる。1956年にはスエズ危機が起こり、アメリカへの世界覇権の移行が（少なくともヨーロッパで）決定づけられた。あなたがアメリカ人やカナダ人だったら、スエズ危機について調べる必要があるかもしれない。アメリカやカナダにとっては、それほど重要な出来事ではなかったからだ。本書で定義するX世代は、1956年から1981年までに生まれた人である。他の資料では、たいていもっと短い期間を使っており、始まりの年と終わりの年が少し違う。しかし、本書の世代の定義は実際の世代の間隔に沿って設定されており、表7に示す長期の系列にこれほどうまく当てはまる定義はほかにない。

X世代は、これまでのどの世代とも明らかに違った。この世代からアルファベットによる分類が始まったことも、これで一部説明がつく。「X世代」はカナダ人作家のダグラス・クープランドが1987年頃に名付けたものだ。これはX世代の最後の層が生まれた直後であり、その親は（定義上では）ほとんど全員がその一つ前の、X世代とは大きく違うW世代だった。「進んだ」親を持つ幸運な者もいたが、大半は上の世代を古くさいと思っていた。性が解放されたのは、フィリップ・ラーキンの詩「素晴らしい年」によれば、1963年であり、この世代は全員、そのずっと後に大人になった。その点でも、この世代は違っていたのである。

X世代の親はたいていとても若いW世代で、V世代にあたる祖父母もかなり若かった（それ以降は、第1子を持つ平均年齢が上がっている）。イギリスでは、X世代の祖父母世代は大英帝国の衰退と何とか折り合いをつけようとしており、親世代は（男性については）完全雇用状態にあり、女性に対する態度が急速に改善していた。そして、X世代はブラウン管テレビを見ていた。その子どもたちはフラットスクリーンを見ることになるし、孫たちはグーグルグラスか電子コンタクトレンズを使っているだろうが、その後は、技術がさらに進歩する余地は消え始める。それでも、目の網膜を通さずに画像信号を直接脳に送れるようになれば、目の見えない人にとってはこの上ない朗報だろうし、将来、目の見えない人が減るようになることを願っている。

あらゆることが変化しているように見えるときがあるが、あらゆることが永遠に変化し続けるわけがない。セックス、ドラッグ、ロック、学校、仕事、住宅、健康、信念、意見、経験、移動手段——次の世代の変化が前の世代の変化よりも常に大きいわけではない。いまの音楽は以前ほどよくないと言われる。実際、X世代の若い頃は音楽はものすごいスピードで変化していたが、いまでは完全に止まっているのではないか。X世代の若い頃は、政治運動が特に盛んだった。世界にも目が向くようになり、他国の情勢に対する懸念が高まった。アメリカ人にとってはベトナムがまさにそうだったが、ベトナムよりもずっと近くにあったのがグアテマラである。

グアテマラをこの章の次の時系列線（図40）に示しているのは、いまアメリカ大陸の中で合計特殊出生率がいちばん高い国だからである。グアテマラもまた、外部からの介入を受けた結果としてこうなっている。出生率が高い国を出生率が高いと責めてはいけない。もしもあなたが介入をした側の国の人間ならなおさらだ。とはいえ、どこに焦点をあてても、ほとんど違いはない。この時期の世界各国の物語は、当時考えられていたよりも似通っている。

X世代の最初の層が生まれる直前、アメリカは中央情報局（CIA）を通じてグアテマラのクーデターを扇動した。アメリカは世界の覇権を握っており、地球が核で滅亡するまでソ連と戦うと信じられていた。

図40　グアテマラ：合計特殊出生率、1960～2016年

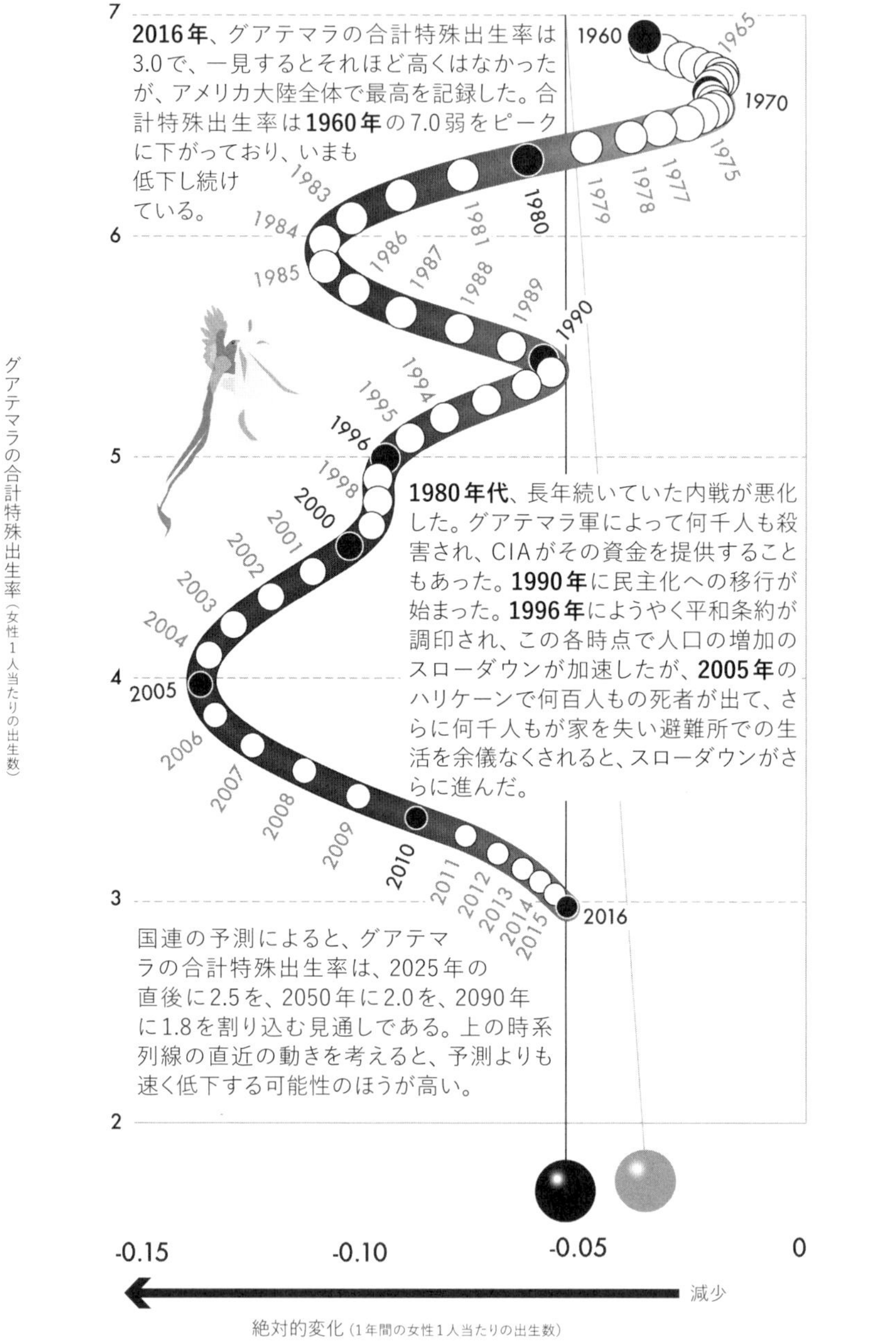

2016年、グアテマラの合計特殊出生率は3.0で、一見するとそれほど高くはなかったが、アメリカ大陸全体で最高を記録した。合計特殊出生率は1960年の7.0弱をピークに下がっており、いまも低下し続けている。
1980年代、長年続いていた内戦が悪化した。グアテマラ軍によって何千人も殺害され、CIAがその資金を提供することもあった。1990年に民主化への移行が始まった。1996年にようやく平和条約が調印され、この各時点で人口の増加のスローダウンが加速したが、2005年のハリケーンで何百人もの死者が出て、さらに何千人もが家を失い避難所での生活を余儀なくされると、スローダウンがさらに進んだ。
国連の予測によると、グアテマラの合計特殊出生率は、2025年の直後に2.5を、2050年に2.0を、2090年に1.8を割り込む見通しである。上の時系列線の直近の動きを考えると、予測よりも速く低下する可能性のほうが高い。
グアテマラの合計特殊出生率（女性1人当たりの出生数）
7
6
5
4
3
2
1960
1965
1970
1975
1977
1978
1979
1980
1981
1983
1984
1985
1986
1987
1988
1989
1990
1994
1995
1996
1998
2000
2001
2002
2003
2004
2005
2006
2007
2008
2009
2010
2011
2012
2013
2014
2015
2016
-0.15
-0.10
-0.05
0
減少
絶対的変化（1年間の女性1人当たりの出生数）

出所：World Bank Open Data, 出生率、2017 *UN World Population Prospects*などのデータソースに基づく推計、https://data.worldbank.org/indicator/sp.dyn.tfrt.in.

皮肉にも、アメリカ人は共産主義の中国の台頭にはわりと無頓着だった。ニクソン大統領が1972年に中国を訪問したときに周恩来が「結論を出すのはまだ早い」と答えたという有名なエピソードをめぐる誤解は、前に触れている。合衆国は戦略的飛び地とみなしていたアメリカ大陸各地をはじめ、世界の残りの地域の大半を干渉するのに忙殺されて、過去に復興した国家とはまったく違う形で中国が台頭し始めたことに気づかなかった。

アメリカが扇動したグアテマラの内戦は1960年に始まり、ほぼ40年間続いた。いま出生率が特に高い国がそうなっているのは、このような出来事があったからである。アメリカがそうしなかったとしても、他の世界の列強国が世界を荒らし回っていただろう。鉱物資源や石油資源を持つ国は特にそうである。グアテマラにはウラン、ニッケル、石油などの鉱物資源がある。しかし、戦争があったにもかかわらず（1960年代から、1970年代、1980年代、1990年代初めまで続いた）、1970年以降、グアテマラの合計特殊出生率はほぼ一貫して下がり、特に1990年代後半に平和が確立され始めた後は急速に下がった。現在の合計特殊出生率は3未満であり、かつてはアメリカ大陸で最も出生率が高かった国が様変わりしている。アメリカ大陸全体の人口は、いつスローダウンしてもおかしくない。

変化が小さくなったY世代

次にX世代の子どもたちに目を向けよう。Y世代は1982年に始まり、（統計がすべて出そろったら）2011年が終わりの年になると見られている。今後数年間に多数の女性が超高齢で出産するようなら、世代の期間は少し長くなるだろう。Y世代の最初の層（イギリスのウィリアム王子がその1人）は、中国の人口が世界で初めて10億人を超えた年に生まれた。この世代は、スローダウンが本格的に始まった最初の世代であり、そのため、本人たちが思っているほど親世代と違っているわけではない。概して親の世代よりも行儀がよい。酒をあまり飲まないし、ドラッグもあまりやらないし、暴動を起こすこともめったにない。国のために戦争に行くかと問われたら、大多数がたいてい「行かない」と答える。親がヒッピーだったという人はほんのわずかしかいない。祖父は徴兵を受け入れて戦争に行った。しかしY世代は違う。それでも一つ前の世代とまったく違うというわけではない。スローダウンがかなり進んでいたため、Y世代は、少なくとも2020年の時点では、振る舞いやあり方が自分の親に少し近くなった最初の世代だった。年をとったら大きく違っているかもしれないが、そのときになってみなければわからない。

いまから30年前の1990年には、ワールドワイドウェブ（WWW）が最初の糸をはり始めていた。そのわずか9年後、ジェームズ・グリックが著書『より速く――ほぼすべてのことが加速する』を出版し、金融から人間関係まで、あらゆるものがスピードアップしていると説いた。お金の流れは速くなり、性的パートナーの数は増え、そのすべてがY世代にいちばん大きく影響すると。Y世代は「ミレニアルズ」と呼ばれるようになった。

グリック以外にも非常に多くの人がこの先はあらゆるものが加速すると予言したが、そうはならなかった。結局、交際人数は減った。新しいテクノロジーにいち早く適応したところは特にそうだった。日本の50歳男性のうち結婚していない人は、1970年には60人に1人だけだった。それが2015年になると、50歳で配偶者がいない人の割合は、男性は4人に1人、女性は7人に1人となった［＊150］。2016年には35歳未満の日本人男性の42％、日本人女性の44％が「性交渉の経験がないと認めた」［＊151］。すでに人口で始まっていたスローダウンが、テクノロジーとライフスタイルでも始まりつつあったことを、グリックが1990年の時点で知っていたわけはないのだが、いまになって思えば、それが始まっていたことは明らかだ。多くの点で、将来について書いているつもりが、実際は過去を振り返っていたことになる。誰もがそうだし、私は間違いなくそうだが、グリックもそうだった［＊152］。

Y世代には、コンピューターも、電話も、自動車も、航空機も、テクノロジー全般も、変化が小さくなった。私はいまこの部分を書きながら、スクリーンが曲がる折りたたみスマートフォンのニュースを見ているのだが、使い勝手はあまりよくないらしい。私たちが新しいと思っているものが以前のものと大きくは違わない。いまはそんなケースがあまりにも多い。かつての新製品ほど新しくなく、機能さえそれほど新しくない。スクリーン上のカタログから注文するのは、紙のカタログを使って注文するのと大差ないし、電話で話している相手の顔が画面で見られるといっても、そもそも最初に電話で話せるようになったことと比べれば大きな飛躍ではない。そして、Y世代は子どもを持つのが遅くなった世代でもある。平均すると、Y世代の第1子は曾祖父母の世代が中間の子どもを持ったのと同じ年齢に生まれている。

もちろん、世界の一部の国では、Y世代の到来が本書で示した年よりも少し遅くなっていると思われる。日本のようにスローダウンが早く進んでいる国もあれば、遅れているように見える国もある。後者の一つの例がハイチだ。ハイチはいま、合計特殊出生率がアメリカ大陸の中で2番目に高い。グラフを見るかぎりでは、1960年から1986年まで、ハイチの出生率は振り子のように振れていた。この期間を見ると、図41の丸はあまりにもきれいに並んでおり、合計特殊出生率を推定するために使った数理モデルの結果であることはほぼ間違いない。

世界には進歩から取り残された場所がまだあると主張したければ、ハイチが1986年以降、突然変化した理由を説明しなければいけない。ハイチは1986年には1人の女性が平均で6人子どもを産むのがふつうであり、その6人のうち何人かがY世代の最後の層だった。ところが、わずか1世代後の2016年には、ハイチのZ世代の最初の層の大多数は、兄弟姉妹が5人ではなく、2人だけになっていた。

図41　ハイチ：合計特殊出生率、1960～2016年

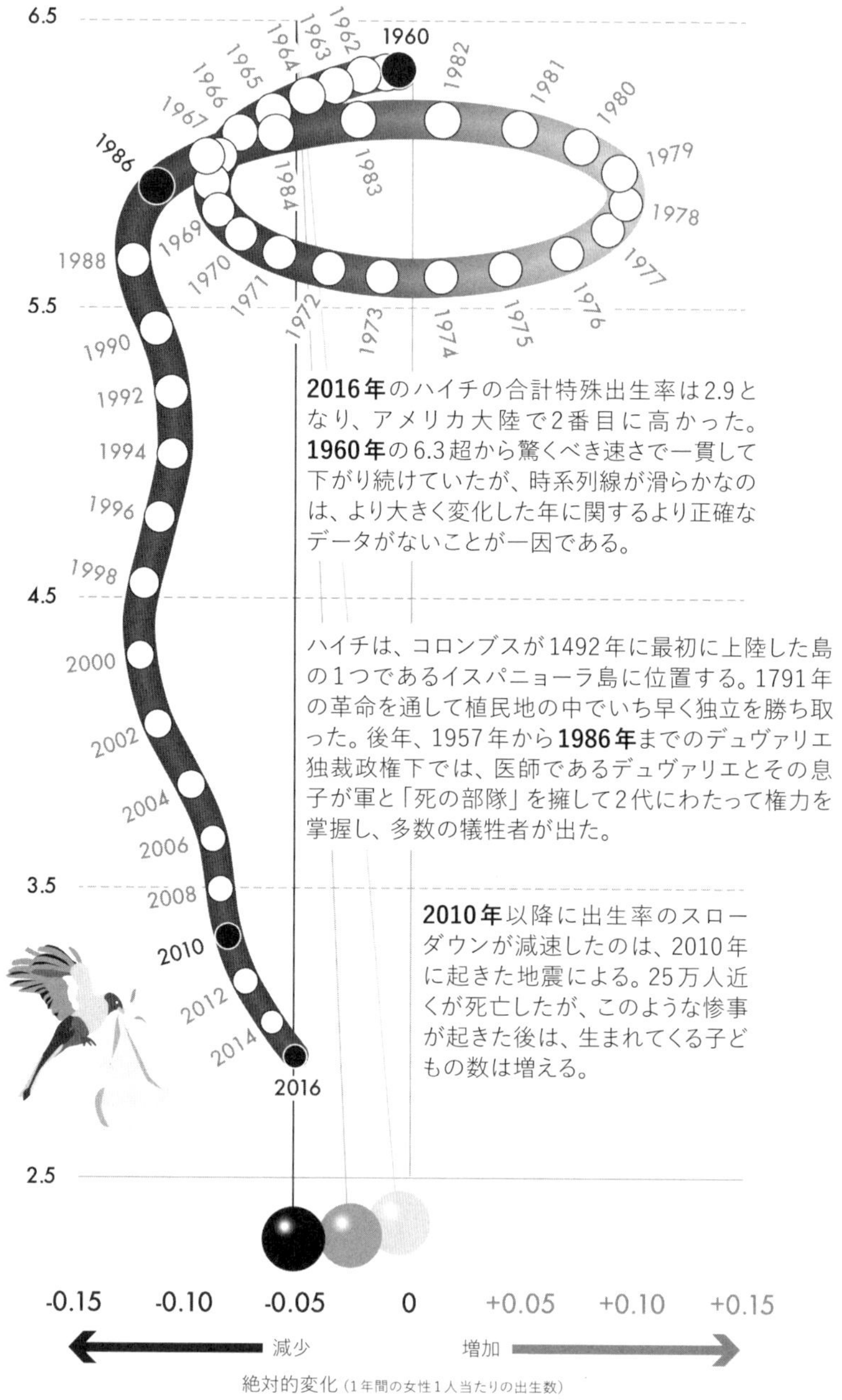
6.5
5.5
4.5
3.5
2.5
1960
1962
1963
1964
1965
1966
1967
1969
1970
1971
1972
1973
1974
1975
1976
1977
1978
1979
1980
1981
1982
1983
1984
1986
1988
1990
1992
1994
1996
1998
2000
2002
2004
2006
2008
2010
2012
2014
2016
ハイチの合計特殊出生率（女性1人当たりの出生数）
2016年のハイチの合計特殊出生率は2.9となり、アメリカ大陸で2番目に高かった。**1960年**の6.3超から驚くべき速さで一貫して下がり続けていたが、時系列線が滑らかなのは、より大きく変化した年に関するより正確なデータがないことが一因である。
ハイチは、コロンブスが1492年に最初に上陸した島の1つであるイスパニョーラ島に位置する。1791年の革命を通して植民地の中でいち早く独立を勝ち取った。後年、1957年から**1986年**までのデュヴァリエ独裁政権下では、医師であるデュヴァリエとその息子が軍と「死の部隊」を擁して2代にわたって権力を掌握し、多数の犠牲者が出た。
2010年以降に出生率のスローダウンが減速したのは、2010年に起きた地震による。25万人近くが死亡したが、このような惨事が起きた後は、生まれてくる子どもの数は増える。
-0.15
-0.10
-0.05
0
+0.05
+0.10
+0.15
減少
増加
絶対的変化（1年間の女性1人当たりの出生数）

出所：World Bank Open Data, 出生率、2017 *UN World Population Prospects*などのデータソースに基づく推計、https://data.worldbank.org/indicator/sp.dyn.tfrt.in.

世界人口が自然に減少することになるZ世代

この短い劇中劇の最後の世代がZ世代である。Z世代の最初の層は2012年に生まれており、最後の層は遅ければ2042年になるだろう。ここから先は、当然ながら、ほぼ完全な推測の域に入るが、他の機関が行った、検討に十分に値する予測に基づいている。未来の国王候補であるジョージ・アレクサンダー・ルイ・オブ・ケンブリッジ王子（2013年生まれ）は、この世代にあたる。ジョージには、いまのハイチで生まれた子どもが持つことになるであろう数と同じ兄弟姉妹がいる。2人だ（ルイとシャーロット）。曾祖母（誰もが少なくとも4人いる）のうちいちばん有名なのはエリザベス女王で、女王はV世代の最後に近い層になる（1926年生まれ）。祖父の1人であるチャールズは1948年生まれで、W世代の真ん中になる。祖母の1人であるダイアナは1961年生まれで、X世代だった。そして、両親は1982年生まれで、Y世代の始まりの年に生まれた。Z世代は家族の規模が最も小さくなると見られる。子どもが1人だけの人が人類史上かつてないほど多くなるだろう。ジョージのように兄弟姉妹が2人以上いる子どもは、あまり見られなくなる。

Z世代は、過去5世代の中で、親とあまり変わらない暮らしを送ることになる最初の世代になる可能性もある。所得は上がらない。富が大きく増えることもない。家の大きさも変わらない。車のスピードが上がることもデザインが洗練されることもない。休暇の過ごし方も変わらない。やることがどんどん増えて、起きている間ずっと活動するような生活を送ることもない。ふつうに考えれば、「加速化」が進むと、より多くのことをより少ない時間ですることになるのだから、時間をうんと有効に使えるようになる［＊153］。

しかし、それはZ世代にはかならずしも当てはまらない。それまでの世代よりもハードで速い働き方、遊び方、暮らし方をする必要はないし、そうすることはできない。

Z世代の生活が最も大きく変わると考えられるのが、ハイチのような場所である。変化する余地がまだとても大きく、基本サービスがまだ広く提供されておらず、識字率、健康、福祉がどれもまだ大きく改善することが期待できる。しかしそれ以外の場所では、大きな変化を渇望する人が多いものの、小さな変化になる可能性のほうがずっと高い。アメリカが「偉大な国にふたたび」なることはなく、それどころか、近年のアメリカはそんなに偉大ではなかったことに、きっともうすぐ気づくだろう。スローダウンが進んで、世界の中心にあった大英帝国は世界を不安定にした場所であり、安定とは対極にあったことにイギリス人が気づくようになるのと同じである［*154］。Z世代は、生きている間に世界人口が自然に減少することになる史上初の世代である。その頃には、国勢調査に使われているとても古いテクノロジーがほんの少し進化して、人口の自然減が始まった月をある程度正確に特定できるまでになっているだろう。

Z世代については、予測に基づいてしか語ることができない。どのようなトレンドが確立されているか。気候変動、戦争、飢饉、疫病、病気といった、未来の苦難を予言するとされる黙示録の四頭の馬がもたらす災いが襲いかかり、この流れが断ち切られるのか。1982年の映画『ブレードランナー』は、社会的に分断されたディストピア的な近未来都市を舞台としており、その光景は東アジアを強く連想させる。それは当時、アメリカ全体で日本経済の台頭が恐れられていたからだ。もしも未来の中国を舞台にしていたら、現在の世界にはるかに近くなっていただろう。2017年に公開された続編は絶賛されたが、比喩は飽きられ始めていた。今度は、わずかながらより政治的に正しい異国として、韓国が使われた。第1作は、1968年のフィリップ・K・ディックのSF小説『アンドロイドは電気羊の夢を見るか?』を原作としている。当時は似たような本がたくさんあった。本書の第12章の冒頭でも、同じ1968年に発表されたディストピア的なSF小説である『ザンジバルに立つ』に触れており、その小説もなぜそのときに書かれたのかについて考えている。

かつては1960年代のフィクションにしか見ることができなかったような格差の拡大が、いまではほとんど避けられないものとされている。私たちはそんな時代を生きている。SFの中の「新しい」アイデアの多くが、加速の時代の終わりに出版された本に焼き直されている。それはまさに二次導関数が変化した瞬間、つまり、変化の速さが加速から減速へと変化した瞬間だった。ここで示されている時系列線で言えば、振り子が反対の方向に振れ始める地点である。

迫りくる危機を描いた物語に私たちが強く引き寄せられるのは、近い将来は近い過去とは大きく違うと、いま好まれている（しかしおそらく間違っている）考え方とぴったり合うからだ。各世代に大きな変化が起きているという学習経験と一致するが、そうした変化はスローダウンしていることを認める必要がある。変化がまだ進んでいるからといって、惨事が迫っているに違いないと恐れることはない。そうなるかもしれないが、かならずそうなるわけではないし、変化は過去のようなペースでは起きていない。安定期に惨事が起きることは少ない。戦死、インフルエンザの流行、大規模な飢餓、大飢饉といった惨事はどれも、資本主義への移行がピークに達した過去5世代の間に規模が最大になった（1958～1961年の中国の大飢饉は、それより前に発生して甚大な被害をもたらしたインドの一連の大飢饉や、1980年代の東アフリカの飢饉よりも深刻だった）。地球の気温上昇だけがいまも加速しており、そのピークは他の変化よりも何十年も遅くなる可能性が高い。

フランスでは、現代の出生率が1963年、イギリスで「性が解放された」年にピークに達した［＊155］。図42に示すように、1人の女性が産む子どもの数は2・9を境に一気に減速し、『ブレードランナー』が初めて上映されたときには1・9を割り込んでいる（当時は人口が安定するには2・1になる必要があった）。フラン

図42　フランス：合計特殊出生率、1960～2016年

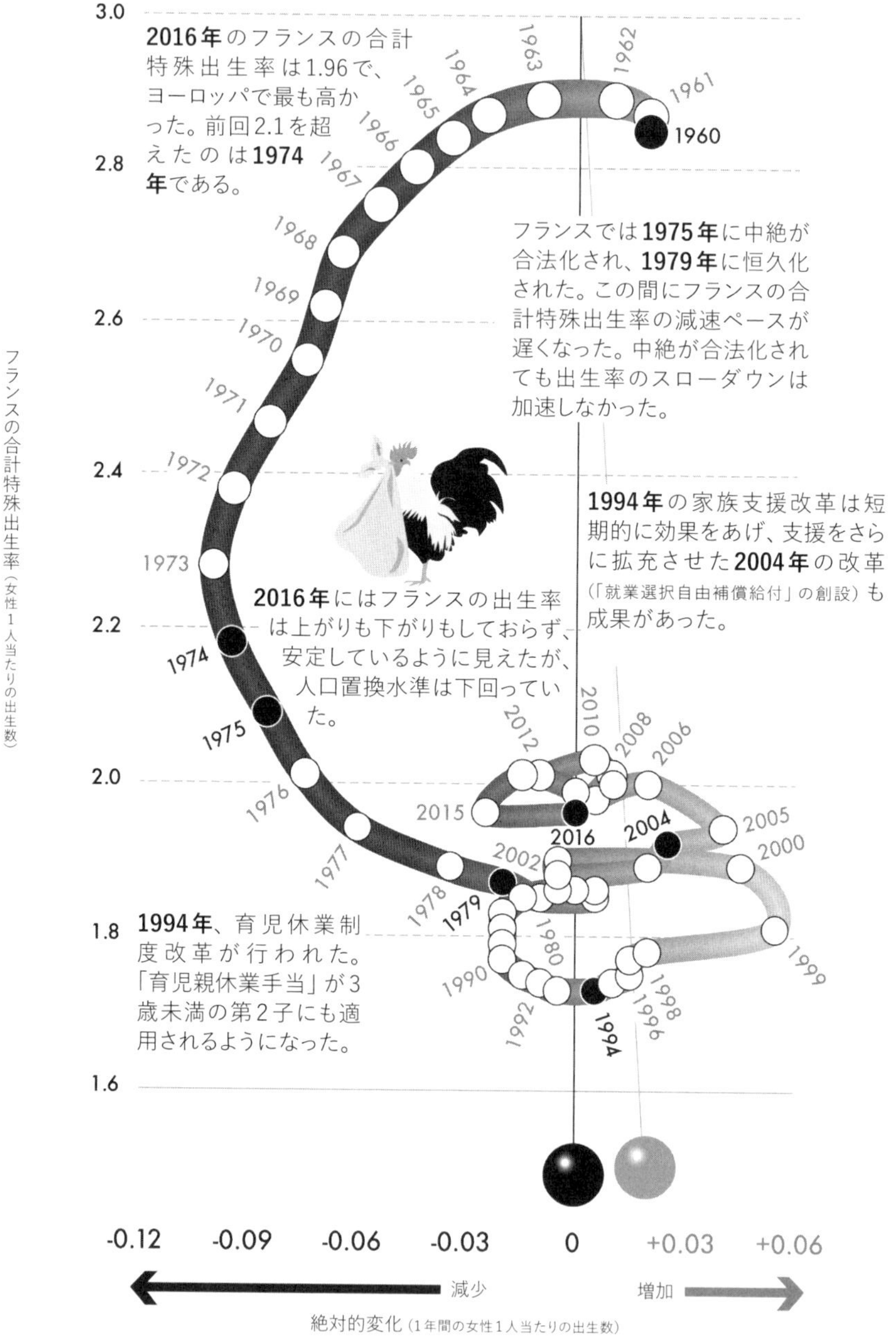

3.0
2.8
2.6
2.4
2.2
2.0
1.8
1.6
フランスの合計特殊出生率（女性1人当たりの出生数）
2016年のフランスの合計特殊出生率は1.96で、ヨーロッパで最も高かった。前回2.1を超えたのは1974年である。
フランスでは1975年に中絶が合法化され、1979年に恒久化された。この間にフランスの合計特殊出生率の減速ペースが遅くなった。中絶が合法化されても出生率のスローダウンは加速しなかった。
1994年の家族支援改革は短期的に効果をあげ、支援をさらに拡充させた2004年の改革（「就業選択自由補償給付」の創設）も成果があった。
2016年にはフランスの出生率は上がりも下がりもしておらず、安定しているように見えたが、人口置換水準は下回っていた。
1994年、育児休業制度改革が行われた。「育児親休業手当」が3歳未満の第2子にも適用されるようになった。
1960
1961
1962
1963
1964
1965
1966
1967
1968
1969
1970
1971
1972
1973
1974
1975
1976
1977
1978
1979
1980
1990
1992
1994
1996
1998
1999
2000
2002
2004
2005
2006
2008
2010
2012
2015
2016
-0.12
-0.09
-0.06
-0.03
0
+0.03
+0.06
減少
増加
絶対的変化（1年間の女性1人当たりの出生数）

出所：World Bank Open Data, 出生率、2017 *UN World Population Prospects*などのデータソースに基づく推計、https://data.worldbank.org/indicator/sp.dyn.tfrt.in.

ス当局は出生率を押し上げようとさまざまな策を講じたが、合計特殊出生率は何年か2を超えただけに終わった。ここ数年間は、1・96で均衡しているものの、他国の大多数の現状を考えると、もうすぐその水準を割り込み、少し下がるのはほぼ確実である。若い成人は自分の子どもが少ないほど抗議運動をしやすくなる。赤ん坊をデモに連れていかなくてすむからだ。現代の集団抗議運動は1968年にフランスで始まった。おむつを替えなければいけない人がデモをするのは容易ではない。いま展開されている気候変動への抗議運動の先駆けは、1968年に起きたあらゆる問題に対する抗議運動、とりわけフランスの抗議運動だった。

過剰な消費が終わるときがきている。富が幸せを生み出すわけではないこと、そして、大半の広告は物欲を刺激するためにつくられていることに気づくべきときがきている。競争を促すのではなく、人々が一つにまとまり、協力し合うようにすることで、大半の人の暮らしがよくなっていくときがきている。無料か、実質的に無料で楽しめることはたくさんあること、ワールドワイドウェブが台頭してそうした楽しみが劇的に増えていることを理解するときがきている。愛情や友情、思いやりは資本主義がおこる前から私たちが持っていたものであり、資本主義が終わっても変わることはない。資本主義は遷移状態であって、定常状態ではない〔訳注：「遷移」とはある状態から別の状態へ移行することであり、遷移状態はその過程の不安定な状態である〕。1968年に抗議運動を行った人たちは、それを見抜いていたのである。

2018年には、人々は劇的なスローダウンが進んでいることに気づかずに、まだ『地球を救え……子どもを産むな』といったタイトルの本を書いていた[＊156]。「影響力のある〝環境〟ライターでコラムニストのジョージ・モンビオが人口問題に否定的な態度をとっているせいで、『人口問題に対する大衆の理解が大きく歪められてしまっている』」という不満の声も聞かれていた[＊157]。しかし、スローダウンはいつも目に見えるわけではない。モンビオは人口がスローダウンしていることに早い段階で気づいた1人である。スローダウンはゆっくり進む。それこそ数世代かけて進むこともある。それなのに、私たちは新しくて、エキサイティングで、これまでとは違うものを求めるし、社会はこれからも急速に進歩し変化し続けると考えている。

人口の増加、急速な技術革新、そして私たちが暮らす場所の急速な地理的再配置が進む条件のよい季節は、どれも終わろうとしている。それでも、人口については恐れることは何もない。確かに気候崩壊はとても恐ろしいことである。この非常事態にはいますぐ対応しなければいけない。それ以外の変化もまだ続くが、変化のペースは緩やかになり、いままさに起きている変化ほど劇的なものにはならないだろう。条件のよい季節は長くは続かず、すべての人が恩恵を受けたわけではなかった。むしろそれとはほど遠かった。しかし、条件のよい季節が訪れていなかったら、私たちの大多数はいま確実に生きていないだろう。

人類の場合、人口が急増したことで、人間のあり方も変化した。私たちは都市に移住した。高い役職につく女性が現れ始めた。身長は大きく伸びた。人種差別は少し減った。清潔になった。教育水準は上がった。しかし同時に、より強欲になったのではないか。この新しい人口規模の中でうまく生き残るには、強欲さを礼賛する根強い考え方が変わらなければいけない。財産や所有物を際限なく増やすことはできない。たとえ総人口がもうすぐ減少したとしても、それは変わらない。他の人よりも価値が高い人間は他の人よりも報いられるべきだとする優生思想の下で、強欲さは擁護された。その優生思想も、いまでは悪魔の思想とみなされている。強欲は善にはなりえない。

乳児死亡率の変化

資本主義への転換につながった変化を生んだのは、1492年に旧世界と新世界がつながるという、地理学上の出来事だった。しかし、世界の大多数の人にとって、その出来事が最も重要な意味を持つようになり、それを肌で感じられるようになったのは、1901年になってからだった。支配者が次々に入れ替わり、戦争が起きたが、世界の大半の地域の大半の人の暮らしはほとんど変わらなかった。他のどの国よりも早く工業化が起こったイギリスでさえ、大多数の人の暮らしに非常に重要な影響を与える大きな変化が起きたのは、世紀が変わってからだった。子どもが生き残るようになったのだ。生まれてきた子どもがまず間違いなく生き残るようになったら、2人以上産もうと思うだろうか。そして、あなたの遺伝子がそんなに特別なものではない、兄弟姉妹やいとことそれほど変わらないと気づいたら、子どもを残さなければいけないというプレッシャーを感じるだろうか。生物学的な親にならなくても、他の人間を大切に育てることはできる。図43は、イギリスの最近の出生率の時系列線を示している。このトレンドのパターンは、いまではすっかり見慣れているに違いない。

1901年が加速の加速が始まる転換点になったことを示すトレンドはたくさんあり、乳児死亡率がその一つだ（1901年は転換期の最初の世代が生まれ始めた年である）。アメリカでは1901年に生まれた乳児10万人当たりの死亡数が、その前の年である1900年より2000人少なかった。乳児死亡率がこれほど下がるのは、後にも先にもこの一度きりだろう［＊158］。イギリスの乳児10万人当たりの死亡数は、1900年は1万3000人だったが、その後、1960年には2000人に、1990年には790人に、200

図43　イギリス：合計特殊出生率、1960～2016年

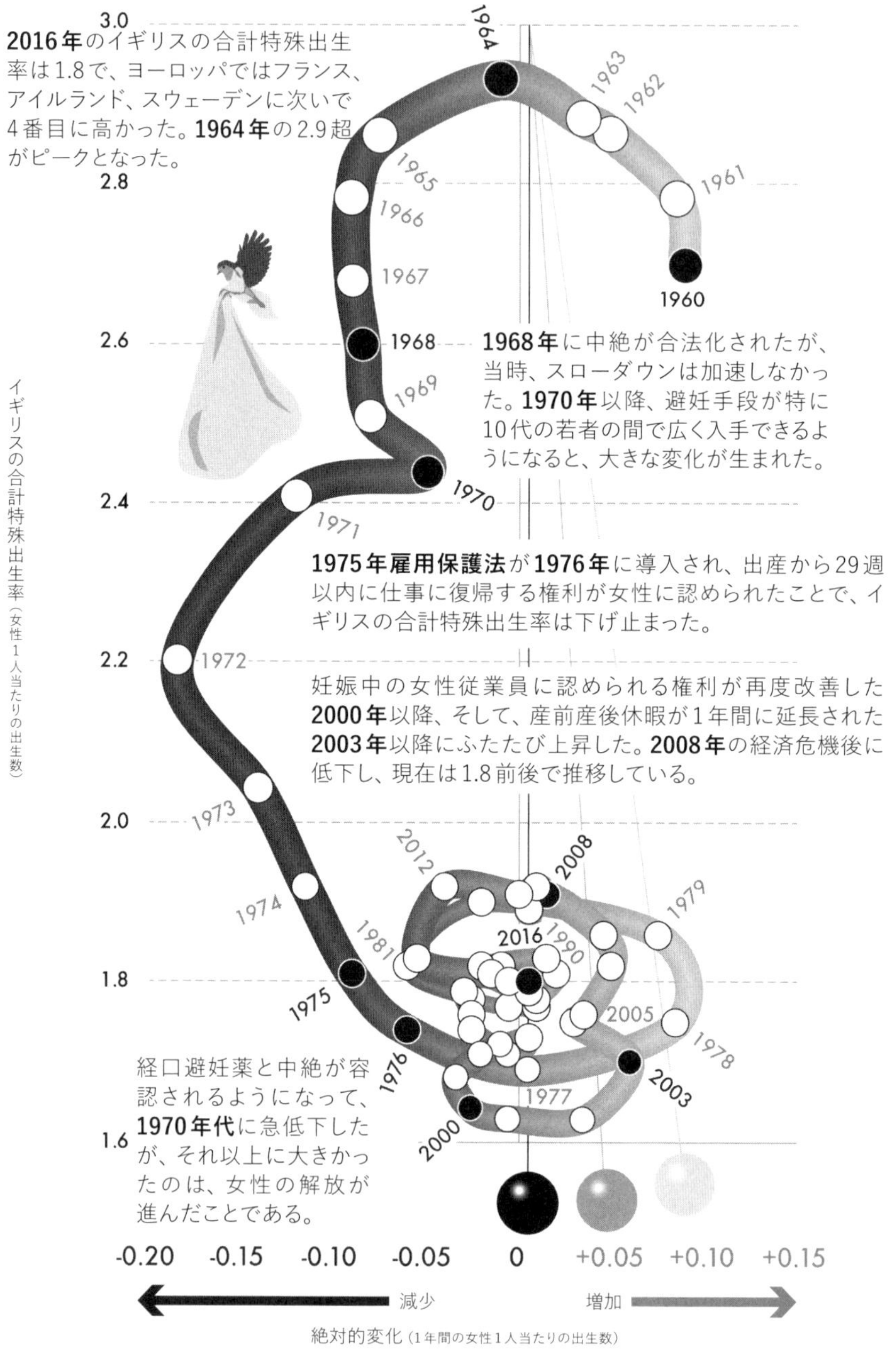
2016年のイギリスの合計特殊出生率は1.8で、ヨーロッパではフランス、アイルランド、スウェーデンに次いで4番目に高かった。1964年の2.9超がピークとなった。

1968年に中絶が合法化されたが、当時、スローダウンは加速しなかった。1970年以降、避妊手段が特に10代の若者の間で広く入手できるようになると、大きな変化が生まれた。

1975年雇用保護法が1976年に導入され、出産から29週以内に仕事に復帰する権利が女性に認められたことで、イギリスの合計特殊出生率は下げ止まった。

妊娠中の女性従業員に認められる権利が再度改善した2000年以降、そして、産前産後休暇が1年間に延長された2003年以降にふたたび上昇した。2008年の経済危機後に低下し、現在は1.8前後で推移している。

経口避妊薬と中絶が容認されるようになって、1970年代に急低下したが、それ以上に大きかったのは、女性の解放が進んだことである。
3.0
2.8
2.6
2.4
2.2
2.0
1.8
1.6
1960
1961
1962
1963
1964
1965
1966
1967
1968
1969
1970
1971
1972
1973
1974
1975
1976
1977
1978
1979
1981
1990
2000
2003
2005
2008
2012
2016
イギリスの合計特殊出生率（女性1人当たりの出生数）
-0.20
-0.15
-0.10
-0.05
0
+0.05
+0.10
+0.15
減少
増加
絶対的変化（1年間の女性1人当たりの出生数）

出所：World Bank Open Data, 出生率、2017 *UN World Population Prospects*などのデータソースに基づく推計、https://data.worldbank.org/indicator/sp.dyn.tfrt.in.

0年には560人に、2010年には430人に、2014年には390人に、2015年には370人にそれぞれ減った後、2016年に380人、2017年に390人へとふたたび増えた［＊159］。しかし、イギリスで医療サービス、特に妊娠・出産に関するサービスの削減が終わり、一時的な貧困率の著しい上昇が止まれば（2017年に選出された現政権が倒れ、2010年以降続いている現体制が終わるとき）、すぐにまた減少に転じるはずだ［＊160］。

はるかに貧しい国の乳児死亡率に関する別のデータセットだと、乳児死亡率の重要な変化はもっと遅く始まっているだろう。イギリスでは、乳児死亡率の改善が少し早く、1870年頃に始まったが、その数十年後には下げ止まった。その後にわずかながら上昇し、減少に転じたのは1905年以降のことだった。1905年に世界各国で乳児死亡率が改善し始めると、それ以降、ほぼ一貫して下がり続けた。世界中で乳幼児死亡率は急低下しており、豊かな国では1901年頃に始まった。原因はいまでは広く知られており、個人と大衆の衛生環境が劇的に改善したことのほか、女性と貧困層に対する態度が変化したことなどがあげられる［＊161］。

1890年には、イングランドとウェールズの20～24歳の女性の半数が結婚していた。1世紀後にはその割合は5分の1を割り込み、最も一般的な結婚年齢は30歳を超えていた。いま起きている大きな変化にはさまざまな側面があり、これがその一つである［＊162］。しかし、新生児が5歳までに死亡するリスクがわずか数年で4人に1人から5人に1人に下がり、その後、彼らの子どもが親になる頃には10人に1人に下がり、孫の時代には50人に1人に下がり、その後はさらに低くなって、いまでは世界の大多数の人にとって深刻な問題ではなくなっていることに比べれば、たいしたことではない。

「すべてが変わった」時点は、いつも恣意的に決まる。イギリスでは、ヴィクトリア女王が死去した1901年1月が「時代の終わり」とされている。本書が1901年を大転換点に選んだのは、一つには、アメリカ全土で乳児死亡率が初めて大きく下がった年だからである。それ以前は、どの世代も乳児が生き残る可能性は低かった（乳児死亡率がさらに悪化していたときもある）。生存の機会がはるかに低かったのが新興工業都市で、地方はいくらかよかった。１９０１年以降、遷移が大きく進み始めた。幼児が大人になるまで育つ割合が大幅に高まったことで、最初に人口の増加が加速し、その後、生まれた子どもが生き残ることに大人が気づくと、増加ペースが減速した。これはやがて終わることになる遷移である。その最たる例が子どもの死亡率だ。５歳未満で死ぬ子どもがほとんどいなくなる地点に達すると、大幅に改善するのは不可能になるからだ。最富裕国では、その状態に近くなっている。ただし、アメリカはまだその地点には達していない。黒人かつ貧困層というケースは特にそうである。

スローダウンはあらゆるところで進んでいる

どうして十年紀ではなく世代を使うのか。その遷移がどのような変化を意味するのかを解釈するときには、昔から世代が使われている。10年は時間の尺度としては短すぎるし、恣意的すぎる。私たちの生活が変化したかどうかを考えるときには、親や祖父母の生活と比較する。１９９０年代の人や１９４０年代の人とは比べない。この章で5世代を考察する理由はとても単純である。１９０１年以降の世代が五つであるからだ。１９０１年以降、大多数の人にとって、人間のありようは様変わりした。前掲の表7に本書が定義する各世代が生まれた（生まれる）期間を示したが、それより前の30世代は、過去5世代よりも安定していて変化が少なかった。

表7の期間は恣意的に見えるだろうが、ある世代の親の大多数は、一つ前の世代の子どもであり、その

子どもはほぼ全員がその次の世代の中で生まれたか、生まれる。各世代の期間を推定するために、女性が子どもを出産する平均年齢を使ったが、その期間はあまり厳密ではない。1981年に生まれた人は、自分はX世代の最後だと嘆く必要はない。振る舞いや暮らしがY世代寄りになることはあっても、上のW世代や下のZ世代と同じような経験をして、同じ態度になることはまずないだろう。これはいまの世界のどこにでも当てはまる。

図44は、1960年以降の韓国の出生率のトレンドを示している。その急落ぶりには目を見張るものがある。私たちがかつて「先進国」などと誤って呼んでいたものの中で出生率の低下ペースがいちばん速い。時代や場所ごとにさまざまな遷移モデルがあるわけではなく、世界全体でモデルは一つだけで、それにおびただしい数のバリエーションがある。韓国における外部からの介入は1960年以前に起きている。1950~1954年の戦争時がそうだ。それ以降、社会は安定し、経済的繁栄が拡大し続けている。

前掲の表7を見ると、自分がどの世代に属しているかわかる。W世代に韓国で生まれた女性（1929~1955年生まれ）は、大人になると5~6人の子どもを持つことが多く、子どもはすべてX世代だった。W世代の最後の層だったら、子どもの数は3~4人だけかもしれない。一つの世代の間でさえ、平均出生数は生まれた年によって大きな差があった。1960年代、70年代の変化のスピードは、それくらい速かった。

韓国のX世代に生まれた子ども（1956~1981年生まれ）は、大人になって子どもを3人以上持つことはまずなく、遅く生まれた人ほど、子どもの数は2人か1人、あるいはゼロというケースが多くなった。韓国のY世代の子ども（1982~2011年生まれ）は、子どもは1人だけという人が最も一般的になるだろう。子どもがいない人のほうが子どもが2人いる人よりも多くなると見られる。2019年には、韓国の農村

図44　韓国：合計特殊出生率、1960～2016年

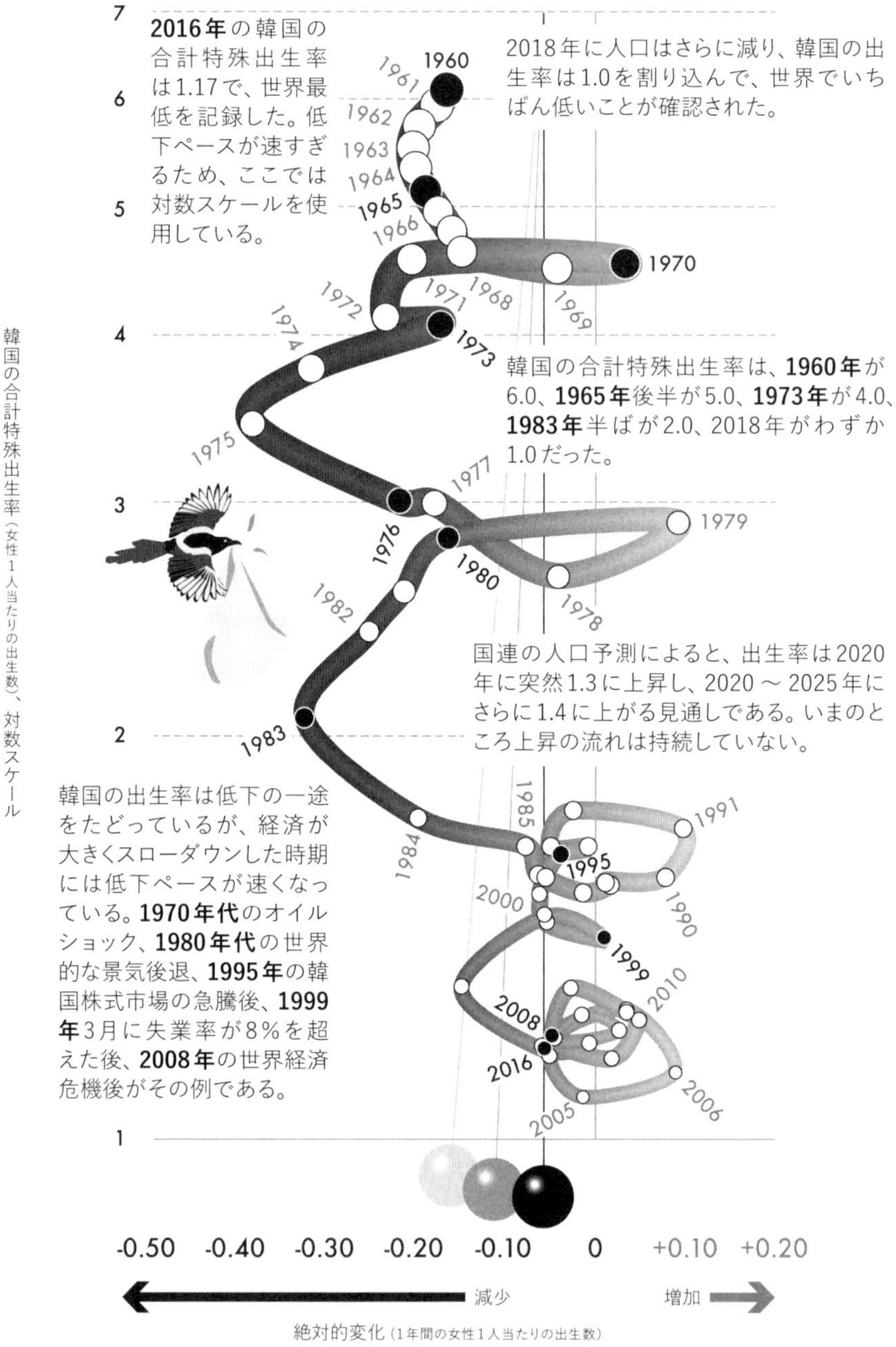

2016年の韓国の合計特殊出生率は1.17で、世界最低を記録した。低下ペースが速すぎるため、ここでは対数スケールを使用している。
2018年に人口はさらに減り、韓国の出生率は1.0を割り込んで、世界でいちばん低いことが確認された。
韓国の合計特殊出生率は、**1960年**が6.0、**1965年**後半が5.0、**1973年**が4.0、**1983年**半ばが2.0、2018年がわずか1.0だった。
国連の人口予測によると、出生率は2020年に突然1.3に上昇し、2020～2025年にさらに1.4に上がる見通しである。いまのところ上昇の流れは持続していない。
韓国の出生率は低下の一途をたどっているが、経済が大きくスローダウンした時期には低下ペースが速くなっている。**1970年代**のオイルショック、**1980年代**の世界的な景気後退、**1995年**の韓国株式市場の急騰後、**1999年**3月に失業率が8%を超えた後、**2008年**の世界経済危機後がその例である。
韓国の合計特殊出生率（女性1人当たりの出生数）、対数スケール
7
6
5
4
3
2
1
1960
1961
1962
1963
1964
1965
1966
1968
1969
1970
1971
1972
1973
1974
1975
1976
1977
1978
1979
1980
1982
1983
1984
1985
1990
1991
1995
1999
2000
2005
2006
2008
2010
2016
-0.50
-0.40
-0.30
-0.20
-0.10
0
+0.10
+0.20
減少
増加
絶対的変化（1年間の女性1人当たりの出生数）

出所：World Bank Open Data, 出生率、2017 *UN World Population Prospects*などのデータソースに基づく推計、https://data.worldbank.org/indicator/sp.dyn.tfrt.in.

部で、70歳前後の読み書きができない祖母世代の人たちが小学校に通っているというニュースが報じられた。新１年生になる子どもがいなくて教室が埋まらなくなっていたのである［＊163］。

自分が属するグループが若ければ若いほど、そして、そのグループの中で生まれた年が遅ければ遅いほど、生きている間に大きな変化が起きるとは考えなくなる。それは比較する年が少なくなるというだけではない。自分の暮らしに大きな変化が起きなかったからでもある。人生で特に大切なことの大部分は、これまでの世代と違って、急速に変化していない。

この章で使用する世代は、長さが少し違っている。過去５世代の最初の３世代の間に遷移が進み、子どもを持つ時期がどんどん早くなったからだ。最初の子どもを持つ年齢は１９７０年代初めが最も早かった。しかしその後、女性が最初の子どもを持つ年齢がどんどん遅くなる傾向が世界中で広まったが、それまでの世代の多くの女性が最後の子どもを持つ年齢ほど遅くはなかった。こうした世代分けをするのは、似た経験を持つ、あるいは持つと予想される集団に便宜的に分けられるからだ。こうすれば、世代ごとの経験がどう違っているかという点に焦点を合わせることができる。近年は、常態であることがあっという間に変化することはなくなっている。いったん出生率が下がり、大多数の女性が産む子どもの数がゼロか１か２へと向かうと、わずかに上向くことはあっても、それ以上変化する余地はほとんどない。しかし、遠い将来のどこかの時点で人口が安定するようになるには、出生率がわずかでも上向くことがいずれ必要になるだろう。

ここでポルトガルの出生率低下をめぐる最近の物語を考えてみたい。図45に示す時系列線は、韓国のケースとそれほど違わない。１９６０年から１９７５年の間に小さな変化が起き、その後、はるかに大きな

図45　ポルトガル：合計特殊出生率、1960～2016年

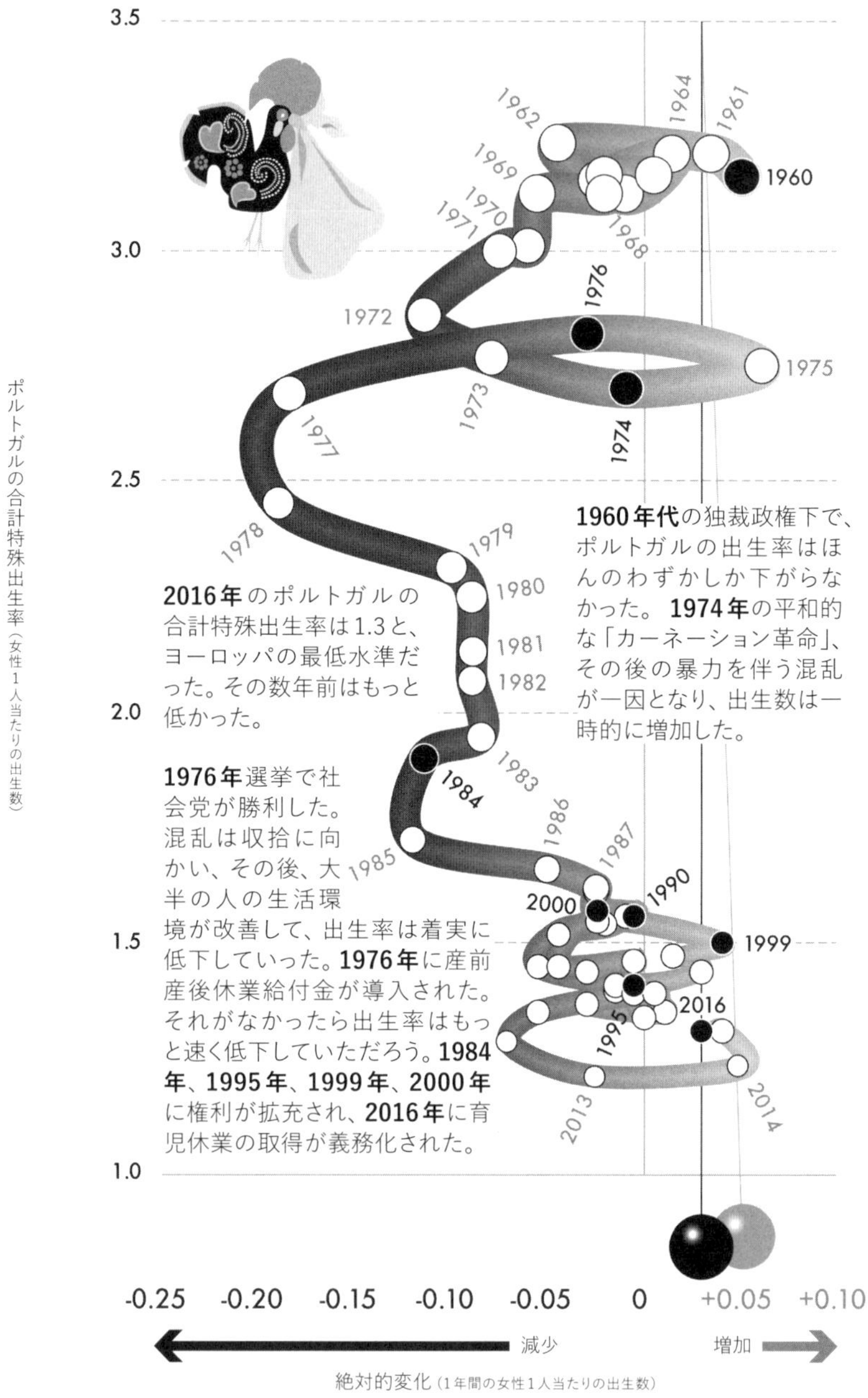
3.5
3.0
2.5
2.0
1.5
1.0
ポルトガルの合計特殊出生率（女性1人当たりの出生数）
1960
1961
1962
1964
1968
1969
1970
1971
1972
1973
1974
1975
1976
1977
1978
1979
1980
1981
1982
1983
1984
1985
1986
1987
1990
1995
1999
2000
2013
2014
2016
1960年代の独裁政権下で、ポルトガルの出生率はほんのわずかしか下がらなかった。1974年の平和的な「カーネーション革命」、その後の暴力を伴う混乱が一因となり、出生数は一時的に増加した。
2016年のポルトガルの合計特殊出生率は1.3と、ヨーロッパの最低水準だった。その数年前はもっと低かった。
1976年選挙で社会党が勝利した。混乱は収拾に向かい、その後、大半の人の生活環境が改善して、出生率は着実に低下していった。1976年に産前産後休業給付金が導入された。それがなかったら出生率はもっと速く低下していただろう。1984年、1995年、1999年、2000年に権利が拡充され、2016年に育児休業の取得が義務化された。
-0.25
-0.20
-0.15
-0.10
-0.05
0
+0.05
+0.10
減少
増加
絶対的変化（1年間の女性1人当たりの出生数）

出所：World Bank Open Data, 出生率、2017 *UN World Population Prospects*などのデータソースに基づく推計、https://data.worldbank.org/indicator/sp.dyn.tfrt.in.

変化が1999年まで続いた後、また小さな変化が2016年まで続いている。1960年、1975年、1999年、2016年の各時点では、1年か数年の間は合計特殊出生率は下がっておらず、その後にふたたび急落している。

中期的には、ポルトガルは人口が減少するか、その減少分が移民の流入で置き換えられるか、どこかの時点で出生率がふたたび少し上昇するかのいずれかになるだろう。いちばん可能性が高いのは、この三つが組み合わさることだ。図45のテキストが示すように、この期間に出生率が上昇したのは、社会が大きく混乱した後かその渦中だけである。

トレンドを考察するときには、世界をいくつかの地域に分けることが一つの方法となる。1960年には、世界人口のうち9%の人がアフリカで暮らし、14%がアメリカ大陸、22%が中国、15%がインド、26%が残りの西ユーラシア（インドと中国の西と北の地域）、14%が東アジア（アジアにインドと中国の東と南の地域を含めると定義した場合）／太平洋地域（同地域の1960年代の人口上位国は日本、インドネシア、バングラデシュ、ベトナム、タイ、フィリピン、韓国）だった。

これに対し、2017年には、この割合はアフリカ17%、アメリカ大陸13%、中国はわずか18%、インド18%、残りの西ユーラシア（インドと中国の西と北の地域）がちょうど19%、東アジア／太平洋地域が15%となった。現在では、六つの地域の割合はほぼ等しくなっている。

表8は、世界全体と、先に述べた人口規模がほぼ等しい六つの地域について、1人の女性が産む子どもの数の平均が、1960年から2017年までの10年間ごとにどう変化したかを示している。ただし、最後の10年間はまだ完全に終わっておらず、最後の世代の最初の層は生まれたばかりである。各10年間に付記されている世代は、その期間に大半の人が生まれた世代である。直近の2010年代については年次ご

表8a　地域別と世界全体の女性1人当たりの平均出生数、1960～2017年、母親の世代を対象期間で分類、十年紀単位

世代	アフリカ	アメリカ大陸	中国	西ユーラシア	インド	東アジア／太平洋	世界
W: 1960年代	6.8	4.5	6.2	3.4	5.8	5.1	5.1
W: 1970年代	6.7	3.6	4.0	3.1	5.2	4.6	4.3
X: 1980年代	6.4	3.0	2.6	3.0	4.5	3.6	3.6
X: 1990年代	5.6	2.6	1.8	2.5	3.7	2.8	3.0
X/Y 2000年代	5.1	2.3	1.5	2.2	3.0	2.3	2.7
Y: 2010年代	4.7	2.0	1.6	2.2	2.4	2.1	2.5
2010年代の年次の内訳							
2010	4.9	2.1	1.6	2.3	2.6	2.2	2.6
2011	4.9	2.1	1.6	2.2	2.5	2.2	2.5
2012	4.8	2.0	1.6	2.3	2.5	2.2	2.5
2013	4.8	2.0	1.6	2.2	2.4	2.1	2.5
2014	4.7	2.0	1.6	2.2	2.4	2.1	2.5
2015	4.7	2.0	1.6	2.2	2.4	2.1	2.5
2016	4.6	2.0	1.6	2.2	2.3	2.1	2.5
2017	4.5	1.9	1.6	2.2	2.3	2.1	2.4

表8b　平均出生数の前の10年間からの変化

世代	アフリカ	アメリカ大陸	中国	西ユーラシア	インド	東アジア／太平洋	世界
1960年代～70年代	-0.04	-0.92	-2.12	-0.25	-0.59	-0.52	-0.78
1970年代～80年代	-0.34	-0.60	-1.43	-0.12	-0.73	-0.97	-0.67
1980年代～90年代	-0.75	-0.43	-0.82	-0.47	-0.81	-0.84	-0.63
1990年代～2000年代	-0.52	-0.33	-0.23	-0.27	-0.70	-0.45	-0.34
2000年代～10年代	-0.38	-0.24	+0.06	-0.01	-0.57	-0.20	-0.15
2010年代の変化の年次の内訳							
2010～11	-0.04	-0.03	+0.00	-0.02	-0.07	-0.02	-0.02
2011～12	-0.04	-0.02	+0.01	+0.01	-0.06	-0.01	-0.01
2012～13	-0.05	-0.02	+0.00	-0.02	-0.05	-0.02	-0.02
2013～14	-0.06	-0.01	+0.01	+0.00	-0.04	-0.02	-0.01
2014～15	-0.06	-0.02	+0.01	-0.01	-0.03	-0.01	-0.01
2015～16	-0.06	-0.02	+0.01	-0.01	-0.03	-0.02	-0.02
2016～17	-0.06	-0.03	+0.01	-0.02	-0.02	-0.02	-0.02

出所：World Bank, "World Development Indicators, Fertility Rate, Total (Births per Woman)," 2019年4月24日閲覧、https://data.worldbank.org/indicator/SP.DYN.TFRT.IN.

とに示しており、絶対的変化を表8bにまとめている。

大陸としての例外はアフリカであり、出生率の低下を見ると、世界の他のどの大陸よりも変化が大きい。例外的な大陸をもう一つあげるとしたら、西ユーラシアだろう。出生率の低下は、1980年代、1990年代のほうが1960年代、1970年代より大きかった。しかし、1960年代初めには1人の女性が産む子どもの数はすでにわずか3人強に減っていた。

これに対し、アメリカ大陸では、出生率の低下ペースが最も速かったのは1960年代から1970年代にかけてで、1人の女性が産む子どもの数はほぼ1人減った。中国では、同じ時期に2人以上減った。インドは1980年代に変化のペースが最も速くなり、東アジア／太平洋地域では1970年代から1980年代にかけて最も速く下がった。世界全体では、出生率の低下ペースは1960年代のほうが1970年代より速く、1970年代のほうが1980年代より速い、という具合だった。最も速く、最も劇的な変化はすでに終わっている。

全地域を対象とする時系列線は凡庸になる。急速で興味深い変化が均されてしまうのだ。物事はさまざまな時代、さまざまな国で起きる。しかし、前の二つの表が示すように、出生率が下がる一般的な傾向は広く見られる。直近の2010年代の年次データも、出生率のスローダウンがまったく止まっていないことを示している。それどころか、アフリカでは2012年以降、アメリカ大陸では2014年以降、スローダウンが加速しており、西ユーラシアと東アジア／太平洋地域のスローダウンは近年がいちばん速かった。インドでは加速していないが、現在の合計特殊出生率は2・3にとどまる。中国は上昇しているものの、1年に0・01だけで、現在は1・6となっている。世界の合計特殊出生率は最近になって2・4に下がっており、低下ペースは全体として加速している。私たちはいままさにスローダウンの時代を生きているのだ。

図46　ブラジル：合計特殊出生率、1960 ～ 2016年

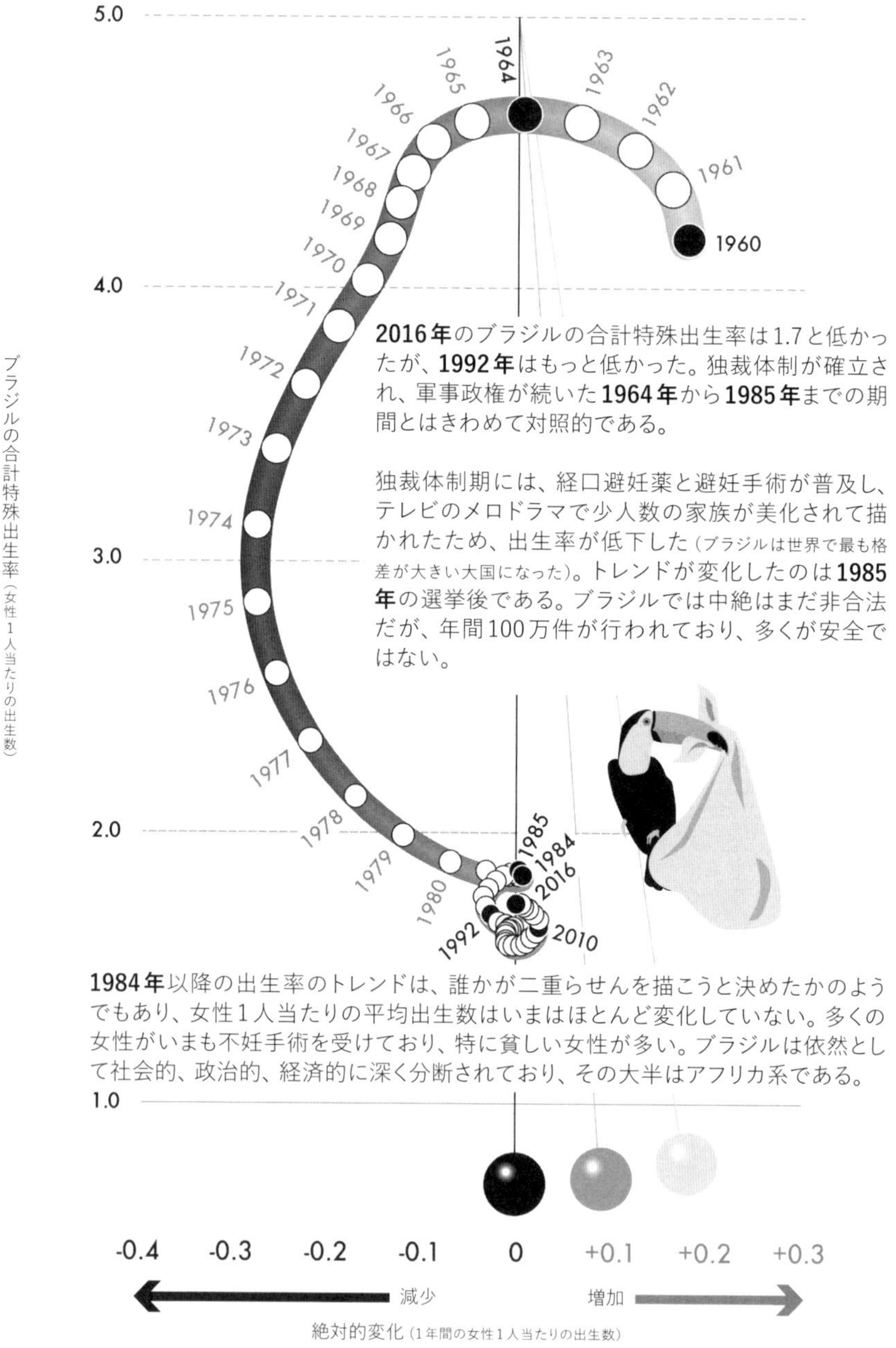
5.0
4.0
3.0
2.0
1.0
ブラジルの合計特殊出生率（女性1人当たりの出生数）
1960
1961
1962
1963
1964
1965
1966
1967
1968
1969
1970
1971
1972
1973
1974
1975
1976
1977
1978
1979
1980
1985
1984
2016
1992
2010
2016年のブラジルの合計特殊出生率は1.7と低かったが、**1992年**はもっと低かった。独裁体制が確立され、軍事政権が続いた**1964年**から**1985年**までの期間とはきわめて対照的である。
独裁体制期には、経口避妊薬と避妊手術が普及し、テレビのメロドラマで少人数の家族が美化されて描かれたため、出生率が低下した（ブラジルは世界で最も格差が大きい大国になった）。トレンドが変化したのは**1985年**の選挙後である。ブラジルでは中絶はまだ非合法だが、年間100万件が行われており、多くが安全ではない。
1984年以降の出生率のトレンドは、誰かが二重らせんを描こうと決めたかのようでもあり、女性1人当たりの平均出生数はいまはほとんど変化していない。多くの女性がいまも不妊手術を受けており、特に貧しい女性が多い。ブラジルは依然として社会的、政治的、経済的に深く分断されており、その大半はアフリカ系である。
-0.4
-0.3
-0.2
-0.1
0
+0.1
+0.2
+0.3
減少
増加
絶対的変化（1年間の女性1人当たりの出生数）

出所：World Bank Open Data, 出生率、2017 *UN World Population Prospects*などのデータソースに基づく推計、https://data.worldbank.org/indicator/sp.dyn.tfrt.in.

最後に取り上げるのは、アメリカ大陸でいちばん人口が多い国、ブラジルである。図46に示す時系列線は、一見すると、まるで誰かが糸の端を玉結びしようとしているかのようだ。世界は変わっている。ブラジルは変わっている。アメリカ大陸は変わっている。私たちがいま向き合っているのは、新しい現実である。

人口増加の終焉

長い目で見ると、最近起きている世界的な出生率の低下は、短期的な希望の兆しであるだけではない。それによって、すべてが一変しているという長期的な認識が共有されるようになるはずである。出生率がまだ世界的に加速していた時期の最後に生まれた子どもは、平均寿命がかつてないほど延びている高齢者の最初の層だった。人間が幸せで健康に生きられる長さには限度があり、寿命をどんどん延ばすことへの執着は、ありがたいことに薄れつつある。かつては豊かな国の一部の人口統計学者が「将来、人間は何歳まで生きるのか」という議論に明け暮れた。いまは大陸地域間の差はなくなりつつある。先にあげた六つの地域が世界人口に占める割合はほぼ等しくなっている。(長い目で見て)最も重要なのは、どれだけ長く生きるかではなく、愛する人たちとどれだけ多くの時間を過ごせるようになるかだ。

私たちがいま生きているのは、医学雑誌『ランセット』で研究者たちが「一大転換期」と呼んだ時代である。2018年後半、直近のデータでは出生率の低下が加速しており、半分近くの国が「ベビーバスト(出生率の激減)」に直面していると報告された。このままでは子どもの数が少なくて人口規模を維持できなくなる。この調査結果は「ものすごい衝撃」だったと研究者たちは述べている。このまま進めば、「祖父母が孫より多い」社会が到来するという、憂うべき結果を招くことになるだろう［＊164］。

スローダウンはあらゆるところで進んでいるが、何がそのカギになるのだろう。何よりもまず、子どもの数が減っている。この現象は世界のほぼすべての地域で起きており、その変化がどれだけ大きいか、この章で明らかにできたのではないかと思う。この問題には前にも触れているが、出生率の低下がどれだけ進んでいるか、この傾向がどれほど広がっているかを説明するには、丸々1章が必要になる。子どもを持つ数の最近の変化にはとりわけ興味を引かれるとなればなおさらだ。近年はスローダウンが加速している。そのため、いまは確信を持って、スローダウンが進んでいると語ることができる。中国やブラジルなど、人口が特に多い国では、1人の女性が一生の間に産む子どもの数は2を大きく下回る水準で落ち着いている。

加速から減速への遷移は1968年頃に起きたが、その1世代後の2000年頃に、ふたたび世界全体で出生数が減速した。この二つは明らかにリンクしているが、2度目の減速は最初の減速の結果として起きただけではない。スローダウンそのものが予想以上の速さでスローダウンしているのだ。そのスピードは想定の上限さえ超えており、いまでは政府が出生率を押し上げる対策を講じる地域がどんどん増えている（そのほとんどすべてが失敗しているが）。

出生率は1970年代にアフリカの大半の国で減速し始めた。世界の他のすべての地域では、もっと早い時点ですでに減速し始めていた。世紀が変わった2000年代には、世界の半分の国で、カップル当たりの子どもの数は2・3人以下に達しており、世界人口の6分の1を占める中国や、36分の1にあたるブラジルはさらに少なかった。その後、2010年前後にふたたび低下した。

最も大きな問題は、世界の出生率はこのまま下がり続けて、カップル当たりの子どもの数がもうすぐ2に達する見通しであることだ。大半の人はすでにそうなっており、世界の主要都市では低下するペースが加速し、さらに下がっている。当面は、1世代、あるいは2世代、もしくは3世代にわたって2を割り込むと考えられる。その先のことは、誰にもわからない。

第9章

経済——生活水準が安定する

Economics: Stabilizing Standards of Living

驚くことに、２００９年以前は、イングランド銀行が2％未満の短期金利で銀行に貸し付けることはなかった。それでもナポレオン戦争、二度の世界大戦、恐慌に十分に対処できる低さだった。しかし、ここ10年にわたって、短期金利はゼロに近い水準にある。イングランド銀行にはよい仲間がいる。アメリカ連邦準備制度理事会はフェデラルファンド金利を2・5％まで引き上げているが、大変な困難を伴った。欧州中央銀行の金利はまだゼロに近い。日本銀行もそうだ。日本の金利は１９９５年以降、ゼロに近い水準にある。

――マーティン・ウルフ、２０１９年5月7日

産業革命の発祥の地であるイギリスは、人口が増加する条件のよい季節に起きた遷移の軸になる。２００５年には、イギリスで暮らす人々の現在と過去の活動から排出されていた1人当たりの炭素の量は、地球上のどの国よりも多かった［＊165］。その記録は他の国に追い抜かれている。イギリスには世界中から利益が還流していた。帝国が形成されなかったら、永遠に拡大し続けるかのように見えた大きな専属市場が生まれることはなかっただろう。イギリスが炭素を燃料にして製造する商品を売るための市場が必要だったのだ。イギリスは資本主義が最初に定着したとされる国である。資本主義はみずから止まることはない。少なくとも大きな混乱がないかぎり止まらない。いまでは資本主義の終焉は想像できなくても、世界の終焉は想像できるという人のほうが多くなっている。

１８６７年、カール・マルクスは「（資本主義の）典型的な拠点は、いままでのところイギリスである」と書いた［＊166］。イギリスは資本主義が最初におこった場所ではない。それはアムステルダムであり、ヴェネツィアであり、リスボンだろう。しかし、資本家の振る舞いが、世界の他の地域で暮らす何百万、最終的には何十億もの人の生活を一変させたのは、イギリスが最初である。

この大転換はすぐにロンドンに安住の地を見いだし、大西洋を渡ったのはずいぶん後になってからのことだった。そこで双子の片割れであるニューヨークが生まれた。ロンドンとニューヨークはそれから、軌を一つにする一対のものとして扱われている。20世紀の世界経済の中心でお互いのまわりを回る連星である［＊167］。ところが、経済の軌道のエネルギーは衰えている。

私たちは転換期を生きている。この先、その流れがどこかで突然止まることはないだろうが、ペースは間違いなく遅くなっている。この事実は最近になってようやく明らかになってきたところだ。世界の中心は太平洋の反対側に移りつつあるとはいえ、北京はもちろん、どこか一つの都市や一組の都市が次の中心になると考えるべきではない。どんな遷移も、いつかは終わる。この先しばらくの間は、金融も、製造も、政治力も、世界中に広く分散すると考えておかなければいけない。

資本主義は遷移状態である。生産の様式ではない。様式とは、ある程度安定していて変化しにくいものである。資本主義の下では安定しているものは何もない（それが資本主義に対する共産主義者の反論である）。人口動態も、経済も、社会も安定しない。資本主義とは、どの世代もよく似た暮らしを送る安定した社会システムが、私たちがまだ到達していない何か他のものへと変化する期間である。そして、その何か他のものもまた、安定へと向かうだろう。変化の速さ、資本主義の不安定さが、それが遷移状態であることをまさに物語っている。数えきれないほどの変化が起きていることを考えると、資本主義が一定のやり方で経済を運営する安定した方法ではないことは、誰の目にも明らかだ。

資本主義は、新しい商品をどんどん生み出し続けると同時に、人間の心理を巧みに操って新しい市場をつくりだし、新しい需要やニーズを掘り起こすことで成り立っている。20世紀には、広告の爆発的な増加を通じて、それが最も効率的に行われてきた。資本主義が生き残るには、需要を拡大し続け、絶えず変化する必要がある。進歩のために進歩しなければいけない。次の最高の財・サービスを売買し続けるには、新しいものを生み出し続け、それを欲しいという人に売る新しい市場を創造し続けるしかない。まさにその理由から、資本主義は持続可能ではない。だとしたら、どうしてそうなってしまうのだろう。

最近の先祖たちのことを思い浮かべてほしい。どのような消費パターンを示していたか。どのような宗教的信条を持っていたか。どのような服を着て、その素材はどこからきていたのか。どのような手段を使い、どれくらいの頻度で移動したのか。どのような娯楽があったか。そして、どんなものを食べていたか。一歩下がって、その変化の速さを見つめ直すと、資本主義を安定した時代ととらえるのはどれだけ間違っているかがわかる。

なぜ資本主義は変化であり、混乱状態であって、一つの時代ではないのか。その理由は、資本主義の下での生活が最近までどれだけ速く変化し続けたかを見るとわかる。イングランドとウェールズであれば、10年ごとに行われている国勢調査の過去のデータを使って、炭鉱労働者の数を調べるといい。それによると、前の章で取り上げた直近の5世代の最初の世代である1921年には、炭鉱労働者として地下で働いていた男性は124万人いた。2番目の世代の終わり頃（1951年）には半分以下の59万人になり、3番目の世代（1971年）にはさらに半減して23万人になり、次の世代にはその半分以下になった。最後の5番目の世代には、無視できるほど少ない数になるのはほぼ間違いない［*168］。

2019年5月、イギリスで暮らす人たちは石炭を使って発電せずに114時間生活し、遊び、仕事をした。初の石炭火力発電所であるエディソン・エレクトリック・ライト・ステーションがロンドンで稼働を開始した1882年以降で最長の記録である。2019年5月7日の時点で、石炭火力発電の停止時間は累計で1000時間に達していた［*169］。アイルランドも同じ時期に石炭火力発電の停止時間が600時間となった。これは2019年5月10日頃のことで、アイルランド全土を網羅する電力網が構築されて以来、最長となる［*170］。すでに石炭火力発電を廃止しているか、もともと石炭火力発電を行っていない国は、他にたくさんある。

ここ何十年かの特徴は、生産システムが安定していることではなく、人間のあり方があらゆる面で根本から変化したことである。いま生きている人が思い出せるかぎりでも、産業用電力の主要な供給源は何度も大きく変化している。大半の人がしている仕事もそうだし、家を暖かくしたり会話をしたりするといった単純なことでさえそうだ。これほど急速な変化が進んでいるというのは歴史においても例外的な状況であり、人類の歴史の中でごくまれにしか発生しない変容である。

石炭火力を一切使用しない「コールフリー」期間の長さを新聞や雑誌が称賛していることからも、より安定した状況への変化が歓迎されるようになっていることがわかる。他の電力源へのシフトが進むのは心強いが、こうした変化を可能にしたのが異常な高気温だというのは、何とも複雑である。

経済成長のピーク

国内総生産（GDP）はつかみどころのない概念である。測定されるようになったのは第二次世界大戦後のことであり、GDPの定義は絶えず見直されている。とはいえ、最近では国際的に合意されたルールの適用が進み、比較可能性と一貫性が時間とともにますます高まっている。GDPの最もシンプルな定義は、「特定の場所で一定の期間に生産された最終財と提供されたサービスの付加価値の合計額」である。第7章で使用した世界人口の歴史統計をまとめたアンガス・マディソンは、GDP推計系列を作成し、それをもとに世界各地域のGDPを過去に遡って推計したことで最も知られている。2010年に亡くなった後も、マディソンの業績を引き継いだ元同僚らによって改訂されており、本書ではそれを使用している

［＊171］。

図47の時系列線は、世界の1人当たりGDP成長の絶対値を、測定あるいは推計された最も古い年である紀元1年から、原稿の執筆時点で入手できる直近の年次まで示している。グラフにあるように、2006年が最も成長が速かった年のように見える。その次のピークは2010年、その次が2017年で、ピークの水準はどんどん下がっている。ところが、相対ベースで見ると、最も成長が速かった年は1964年だった。世界の1人当たりGDPは4・15％増加している。時系列線では、世界全体で1人当たり平均230ドルの増加となり、それほど大きくは見えない。しかし、図の原点から1964年のポイントまで線を斜めに引くと（個々のポイントは前のポイントからの相対的な位置を表している）、この線の右側には他に一つも点がないことがわかる。

1972年には世界の1人当たりGDPは262ドル増加したが、増加率はわずか3・75％だった。2006年には470ドルと大幅に増えたが、増加率は3・38％にとどまる。1964年以降、世界のGDPの増加率がこの年を上回ったことは一度もない。2008年には減少し、それに続く10年間で増加率が2％を超えたのは3回だけだ。2006〜2018年のトレンドは、世界的なスローダウンを示している。第11章の図60は対数スケールを使用しており、この傾向がさらに明確になるが、この章の図47を見ても、それがわかる。いまではトレンドがはっきりしているため、対数スケールを使う必要さえなくなっている。

このまま資源をどんどん使い続けることはできない。エネルギー生産に使う化石燃料は特にそうだ。たった1世代前には、私たちはこの事実を知らなかった。この先、炭鉱労働者の数が大きく減ることはないだろう。なぜなら、いま炭鉱で働いている人はとても少ないからだ。いまは巨大な機械で石炭を掘る。現時点で生産量が最も多いのが中国で、インド、アメリカがこれに続く。「生産性」が4番目に高い国はオーストラリアである。オーストラリアで生産された石炭の23％は日本に、18％は中国に輸出され、そのす

図47　世界の1人当たりGDP、1～2018年

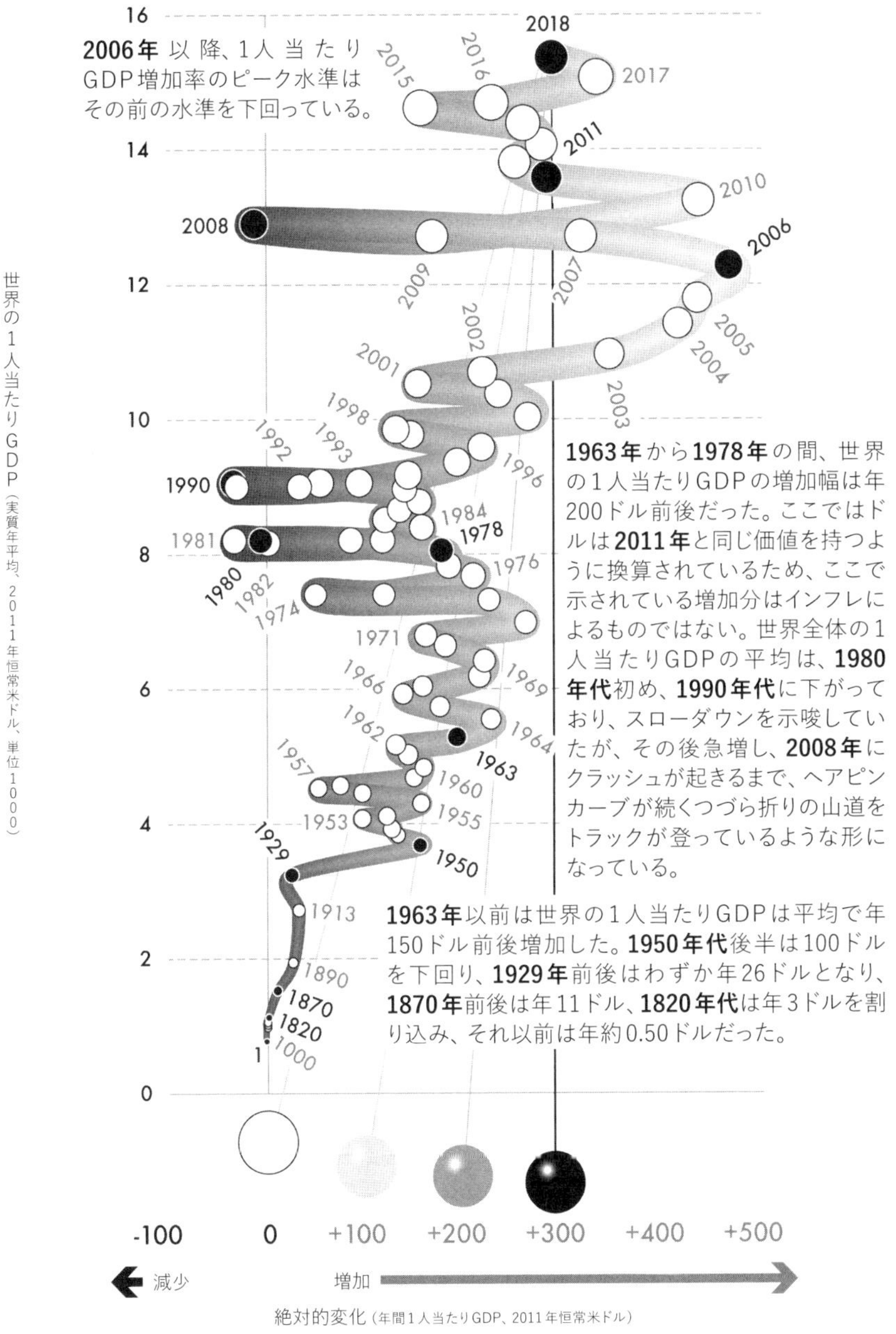

2006年以降、1人当たりGDP増加率のピーク水準はその前の水準を下回っている。
1963年から1978年の間、世界の1人当たりGDPの増加幅は年200ドル前後だった。ここではドルは2011年と同じ価値を持つように換算されているため、ここで示されている増加分はインフレによるものではない。世界全体の1人当たりGDPの平均は、1980年代初め、1990年代に下がっており、スローダウンを示唆していたが、その後急増し、2008年にクラッシュが起きるまで、ヘアピンカーブが続くつづら折りの山道をトラックが登っているような形になっている。
1963年以前は世界の1人当たりGDPは平均で年150ドル前後増加した。1950年代後半は100ドルを下回り、1929年前後はわずか年26ドルとなり、1870年前後は年11ドル、1820年代は年3ドルを割り込み、それ以前は年約0.50ドルだった。
世界の1人当たりGDP（実質年平均、2011年恒常米ドル、単位1000）
16
14
12
10
8
6
4
2
0
2018
2017
2016
2015
2011
2010
2008
2006
2009
2007
2005
2004
2003
2002
2001
1998
1996
1993
1992
1990
1984
1981
1978
1976
1980
1982
1974
1971
1969
1966
1964
1963
1962
1960
1957
1955
1953
1950
1929
1913
1890
1870
1820
1
1000
-100
0
+100
+200
+300
+400
+500
減少
増加
絶対的変化（年間1人当たりGDP、2011年恒常米ドル）

データの出所：Maddison Project Database 2018, the University of Groningenにより提供、World BankおよびIMFのデータを使用して更新、https://www.rug.nl/ggdc/historicaldevelopment/maddison/releases/maddison-project-database-2018.

べてが発電所で使われる。

　現時点で中国は世界の年間石炭抽出量の45％を占めるが、（アメリカと違って）中国人と中国政府は、他の動力源にシフトする時間は限られていることをよくわかっている。抽出量を減らす方法が学ばれ始めているため、世界の鉱山産業の雇用総数ももうすぐさらに減るだろう。人口はまだ増えているにもかかわらず、世界の石炭抽出量は減っている［＊172］。鉱山での仕事は連帯感が生まれるとはいえ、そのほとんどは過酷な仕事だった。それがなくなることは私たち全員にとってよいことだが、それですべてうまくいくというわけではない。世界中の大多数の人の暮らしは、いまも不安定で先が見通せない。労働組合がつくられる前の鉱山産業と同じである。非常に豊かな国でさえそうだし、むしろ特にそうだと言える。


　多くのことが改善しているが、私たちのまわりには、いまも貧困、強欲、無知が存在する。そしてそのすべてが遷移状態の特徴である。大量貧困、強欲、無知は、過去の安定期の大半では、どこにでもあるものではなかった。人々はその日その日の糧を得ていた。慣習、ルール、宗教が欲に歯止めをかけており、強欲さは抑えられていた。大多数の人は（いまの大半の人がそうであるように）仕事や生活のために「知る必要がある」ことを知っていたので、無知の程度は低かった。

　私たちはたいてい、過去の人たちは誤った方向に導かれて、いまは嘲笑されているような神や迷信を信じていたと考える。過去5世代には、さまざまな宗教、ビジネス、科学的な信念が受け入れられてきた。科学的な信念はどんどん進化し、急速に変異していった。未来の人たちは、この混沌を振り返り、加速と遷移の時代が続くわけがないとどうしてわからなかったのかと、不思議に思うだろう。気候の非常事態が差し迫っていることに、どうしてもっと早く気づかなかったのか。いちばん無知なのは、私たちである。

　遠い過去、つまり、遷移が始まる前、資本主義がおこる前には、不確かなことはいまより少なかったとも言える。大半の人は知る必要があることを知っていた。職業はたいてい親と同じだったため、生活の中でおのずと訓練されていた。どう振る舞うべきかについては、聖職者から教えられた。太りすぎず、やせすぎない十分な量の食事ができた。大半の社会はもっとゆったりとしていたように見える。個人は多くがもっと自立していた。特に狩猟採集社会の人々には、余暇の時間がたっぷりあった。強欲な者は、長い目で見れば、聖職者が断罪して報いを受けた。強欲を罰する新しい宗教が生まれることさえあった。新しい宗教が生まれた時代や場所では、強欲ぶりが目に余るまでになっていたために信者が増えていき、世界的な宗教になることも多かった［＊173］。

私たちは成長に慣れすぎているので、いま世界で起きているように成長のスピードが少しでも落ちると、すぐさま新聞の見出しに警告の文字が踊る。2019年4月、『フィナンシャル・タイムズ』紙は、世界経済が同時スローダウンに入りつつあると報じた。「過去6カ月間の経済指標は概ね失望を呼ぶ内容であり、アメリカ、中国、ヨーロッパは同じような状況にある」［＊174］。もちろん、スローダウンが失望を呼ぶものであるかどうかは、あなたがどう考えているかで決まる。景気後退が起こる例外的な年を除けば、経済成長は年々加速する可能性があるし、そうなるべきだと考えているなら、いま起きている同時スローダウンは、列車が急ブレーキをかけてキーッという音がしたときと同じくらい恐ろしい。

資本主義は大きな衝突音とともに終わるのではなく、ひっそりと静かに終わるだろう。商人が移ってきて定住し始めると、商人たちは資本を投資するとともに、軍隊を率いるようになって、封建制はほぼすべての国で終焉した。そうだとすると、徴税によって集めたお金を使って投資し、法の支配の下で豊かな者の振る舞いを正す政府によって、資本主義もすでに世界の一部の地域から排除されている可能性がある。最初は、この変化はこれまで経験したものとそれほど違うようには思わないだろう。そうした変化が起きているところには、保護が手厚い福祉国家があって起業家精神が弱いところもあるなど、それなりの言い分もあるだろうが、人々が協力し合うところは発明が生まれやすい。そういうところは女性の権利を尊重する伝統が強い傾向がある。しかしそれは、ようやく手に入れた伝統である。特定の文化ではこうした流れが多少強くなっていると主張する人もいるかもしれないが、その後で、こうした変化が起きている地域は全体として広がっていることにも気づくはずである。

手がかりが見つかるとしたら、出生率のスローダウンが最も進んでいるところか、1人当たりの炭素排出量が最も速く減っているところだろう。教育の機会が本当の意味で最も大きく拡大しているところもそうだ。ただし、偽りの大学の学位を売って大もうけしているようなところは違う。お金で買った大学の学位は、形だけで中身がないことのほうが多い。免罪符を買って罪を許されるのに似ている。利益至上主義の大学に通ったところで、本当の意味で学ぶことにはならない。罪を犯した人が免罪符を買っても、罪が取り消されたわけではないのと同じことだ。お金が直接かかわると、教育は歪んでしまう。若者とその親をだまして何か役に立つことを学んでいると信じ込ませた後は、とても高い評点をつけて、よくやっていると思い込ませる。

中国経済の減速

2018年8月、運用残高が10億ドルを超えるアメリカの資産運用会社の共同設立者であるジェレミー・グランサムは、「気候変動に対処する――人類の存亡をかけた競争」と題した報告書を発表し、将来に対する自分の考えを示した。グランサムは地球温暖化に関する研究に資金を提供しているだけあって、卓越した知識の持ち主であり、その見解は一考に値する。ところが、グランサムはこんな主張をする傾向がある。「私たちの大きな欠点は、過去数十万年の間、人類という種が長い時間をかけてゆっくり燃え続ける問題に対応するようには進化してきていないことだ。人類は今日を生き延びて十分な食料を確保し、うまくいけば明日も生き延びていくように進化してきた」[*175]。

人類が進化して成し遂げてきたことについては、グランサムの主張は何から何まで間違っている。過去6万年の間、私たちは数え切れないほど多くの持続可能な社会を築いてきた。オーストラリアのある社会は、5万年もの間、とても安定していたと考えられている[*176]。人類はゆっくり燃え続ける問題に対応するすべを、とうの昔に学んでいる。私たちは集団として、知らず知らずのうちにみずからを危険にさらしてきた。そして一握りの人の飽くなき強欲さが火に油を注いだ。それなのに、過去の持続可能性を認めようともせず、いま私たちが苦境に陥っていることを、進化の過程で人間に埋め込まれたという個々人の欠点のせいにするようになったのは、最近になってから、つまり、燃焼速度が速い時代になってからである。資産を売り買いして大もうけしているように見える人が、自分はこれだけの富を築いたのだから、当然、統治者としても優れているか、そうでなければ政策を指示する能力が高いのだと勘違いしてしまうような時代を、私たちは生きている。国王の権力が神から授けられていた時代には、同じように自分の能力を過大に評価する男たちがいた。

グランサムは「人類の存亡をかけた競争再考」で、人間の可謬性と、一握りの人の驚くべき功績を対比させて、こんな大きなことも言っている。「テクノロジーは絶対に過小評価してはならないが、私たち人間が大きく間違う可能性も絶対に過小評価してはならない」。さらにこう続ける。「この先豊作になる年は、場所によって変わるが、30年から70年しかないという計算結果が出ている」。しかし、巨大な利権を持つ石油王が誰よりも権勢をふるっている一部の国に特有のよくある問題ははっきり認識している。「世界を欺く商人たち」やグランサムが特に嫌っているある人物に言及しながら、こう切り出す。「そうした商人の1人であるＭＩＴ教授のリチャード・リンゼンは、テレビのインタビューでずっとタバコをふかしていることで有名だが、タバコは擁護するし、気候変動問題の大半は否定するし、まったくどうしようもない……。こんなことは中国やインド、ドイツ、アルゼンチンでは起こらない。アメリカ、イギリス、オーストラリアといった、英語圏の油まみれの国にしか見られないことだ。こうした国では化石燃料利権の力が政策と世論の両方を動かしている」［＊177］。図48に示すように、アメリカのＧＤＰの現在のトレンドはスローダウンが進んでいることを示す形状になっており、これをグランサムが見たら勇気づけられるかもしれない。

図48をよく見て、相対的増加が最も大きかったのはどの年か、考えてみてほしい。絶対的変化が最も大きかったのは１９９８年と１９９９年である。この図は絶対的変化を計算しているため、その期間がいちばん右にくる。しかし、相対的増加を考えるなら、答えは１９６５年になる。この年、アメリカのＧＤＰは5・15％増加した。２番目に高いピークは20年弱後の１９８４年（4・59％）だ。アメリカでＧＤＰが２％以上増加した最後の年は２００５年で、増加率は２・19％にとどまった。かつてないほど「高度なテクノロジー」を使用できるにもかかわらず、人類は消費と生産を減らすことを学びつつある。テクノロジーの重要性は絶対に過大評価してはならないが、問題や混乱の解決に乗り出して、安定した暮らしを取り戻す人間の能力を過小評価するべきでもない。人類が種として存在していたほぼすべての期間を通じて、人間の大多数は安定した共同体で生活しており、人類はそうやって生き延びてきた。いまは一過性の例外的な状況である。

世界第2位の経済国はどうだろうと思うかもしれない。そう、中国である。中国は世界で最も人口が多い国であり、過去70年間、市場を神として崇めることなく、大きな痛みを伴いながらも、最も劇的な発展

図48　アメリカの1人当たりGDP、1500～2019年

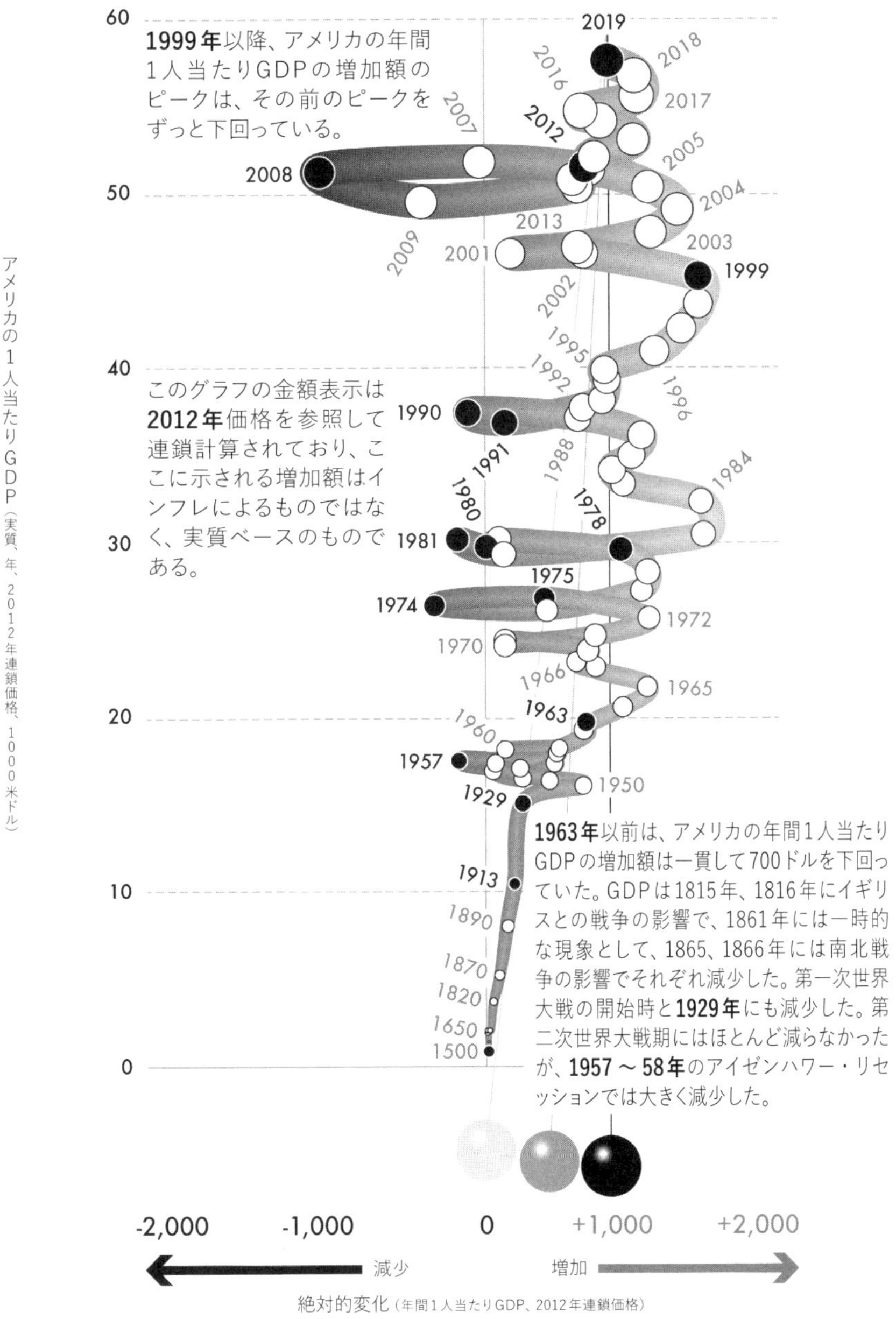

1999年以降、アメリカの年間1人当たりGDPの増加額のピークは、その前のピークをずっと下回っている。
このグラフの金額表示は**2012年**価格を参照して連鎖計算されており、ここに示される増加額はインフレによるものではなく、実質ベースのものである。
1963年以前は、アメリカの年間1人当たりGDPの増加額は一貫して700ドルを下回っていた。GDPは1815年、1816年にイギリスとの戦争の影響で、1861年には一時的な現象として、1865、1866年には南北戦争の影響でそれぞれ減少した。第一次世界大戦の開始時と**1929年**にも減少した。第二次世界大戦期にはほとんど減らなかったが、**1957～58年**のアイゼンハワー・リセッションでは大きく減少した。
アメリカの1人当たりGDP（実質、年、2012年連鎖価格、1000米ドル）
60
50
40
30
20
10
0
2019
2018
2016
2017
2007
2012
2005
2008
2004
2013
2003
2009
2001
1999
2002
1995
1992
1996
1990
1991
1988
1984
1980
1978
1981
1975
1974
1972
1970
1966
1965
1963
1960
1957
1950
1929
1913
1890
1870
1820
1650
1500
-2,000
-1,000
0
+1,000
+2,000
減少
増加
絶対的変化（年間1人当たりGDP、2012年連鎖価格）

データの出所：Maddison Project Database 2018, U.S. Bureau of Economic Analysis Gross Domestic Product estimates for 1950–2019を使用して更新、FRED, Federal Reserve Bank of St. Louisより引用、2019年5月15日閲覧、https://fred.stlouisfed.org/series/A939RX0Q048SBEA.

をとげてきた（図24を参照）。中国はいまではさまざまな領域で成功する力を持っているが、豊かな国の多くの人はそれをまだ信じられないでいる。中国のＧＤＰ統計については、アメリカで長く疑問を持たれていた。そうした声もいまでは消えている［＊178］。それどころか、アメリカを代表する会社がいまでは業績不振の言い訳に中国を使っている。その会社の最高経営責任者（ＣＥＯ）であるティム・クックの説明を以下に長く引用しているので、じっくり読んでみてほしい。ここで語られている商品は、多くの消費者にとってはこれまでで最も性能の高い商品なのだが、それでもまだ足りないため、最新のバージョンが出るたびに買い換えなければいけない。

主要な新興市場でいくつかの問題に直面すると予想していたが、経済の減速、特に中華圏での減速がこれほど大きくなるとは考えていなかった。実際、私たちの売上高予想に対する未達額のほとんどが中華圏でのｉＰｈｏｎｅ、Ｍａｃ、ｉＰａｄの販売不振によるものであり、中華圏での減少幅は、世界全体の売上高の前年同期比での減少幅の１００％を超えている。

中国経済は２０１８年下期に減速し始めた。中国政府が発表した7～9月期のＧＤＰ成長は、過去25年間で2番目に低いものとなった。貿易をめぐるアメリカとの緊張の高まりが中国の経済環境に与える影響はさらに大きくなっていると考えられる。情勢の不確実性が高まり、それが金融市場の重しとなったことから、影響は消費者にも広がったと見られ、中国では直営店やチャネルパートナー店への来店客数が四半期が進むにつれて減少した。また、市場データは中華圏のスマートフォン市場の収縮が特に急激であることを示している［＊179］。

スローダウンは最初は衝撃である。スローダウンを目の当たりにすると、私たちは動揺する。いったい何が起きているのだろう。どうして貿易戦争がまた始まっているのか。いったい何でもめているのか。そして、政治家とビジネスリーダーが「国民」と「消費者」に対して、次の世代の暮らしは前の世代よりよくなると約束できなくなったらどうなるのか。手のひらを返して別の国の人たちのせいにするのか。そんなことをしたら、共同戦線を維持できなくなってしまうのではないか。一部のビジネスリーダーは、自国の政治家を（先のケースではドナルド・トランプを）批判し、自国政府のアプローチが逆風になっている理由を説明しようとするだろう。ただし、ティム・クックのメッセージにそれを見て取るには、行間を読む必要がある。

それは、2019年売上高が世界で11位、アメリカで4位であるアップルのCEOが、アメリカと中国との関係を強く懸念しなければならなくなっている、ということだ。アップルの過去のCEOが気にしていたのは、中国で製造することがベストな選択であるかどうか、それにはどんなリスクがあるか、ということだった。それがいまでは、中国市場にアップルの製品を売り続けることができるかどうか、中国企業がどんな競合製品をつくる可能性があるか、そして何より中国のGDP成長率が減速するかどうかを心配するようになっている。

図49の時系列線が示すように、1人当たりGDPの増加幅はごく最近の2010年、2017年に、ほぼ同じ規模で2回のピークを乗り越えている（どちらも絶対ベース）。相対増加率は、最近では3回ピークがあった。1984年の13・4％、1992年の13・0％、2006年の14・8％である。2010年以降はずっと10％を下回っており、それもたいてい大きく割り込んでいる。中国では近年に出生率の低下が加速しているが、これはごく最近の景気の減速と関連している。中国の人口がもうすぐ減少することは間違いないが、中国の1人当たりGDPがどこに向かっているかは定かではない。この先、何回か上に振れた後、また減少に転じて、ゼロ成長を示す左側の縦軸にますます近づき始めるかもしれない。いまの時点で確か

図49　中国の1人当たりGDP、1978～2019年

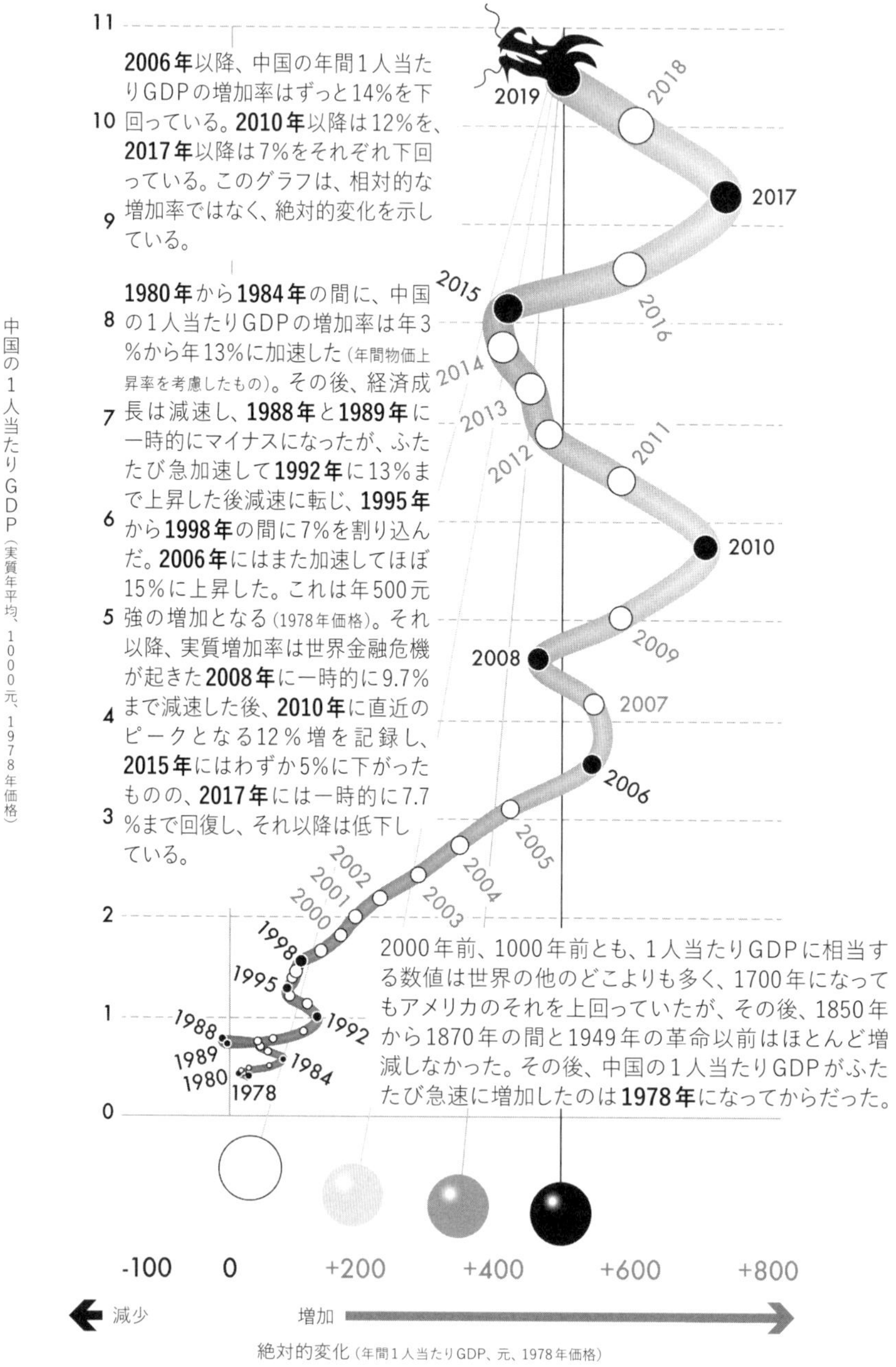
2006年以降、中国の年間1人当たりGDPの増加率はずっと14%を下回っている。2010年以降は12%を、2017年以降は7%をそれぞれ下回っている。このグラフは、相対的な増加率ではなく、絶対的変化を示している。
1980年から1984年の間に、中国の1人当たりGDPの増加率は年3%から年13%に加速した（年間物価上昇率を考慮したもの）。その後、経済成長は減速し、1988年と1989年に一時的にマイナスになったが、ふたたび急加速して1992年に13%まで上昇した後減速に転じ、1995年から1998年の間に7%を割り込んだ。2006年にはまた加速してほぼ15%に上昇した。これは年500元強の増加となる（1978年価格）。それ以降、実質増加率は世界金融危機が起きた2008年に一時的に9.7%まで減速した後、2010年に直近のピークとなる12%増を記録し、2015年にはわずか5%に下がったものの、2017年には一時的に7.7%まで回復し、それ以降は低下している。
2000年前、1000年前とも、1人当たりGDPに相当する数値は世界の他のどこよりも多く、1700年になってもアメリカのそれを上回っていたが、その後、1850年から1870年の間と1949年の革命以前はほとんど増減しなかった。その後、中国の1人当たりGDPがふたたび急速に増加したのは1978年になってからだった。
中国の1人当たりGDP（実質年平均、1000元、1978年価格）
11
10
9
8
7
6
5
4
3
2
1
0
2019
2018
2017
2016
2015
2014
2013
2012
2011
2010
2009
2008
2007
2006
2005
2004
2003
2002
2001
2000
1998
1995
1992
1988
1989
1984
1980
1978
-100
0
+200
+400
+600
+800
減少
増加
絶対的変化（年間1人当たりGDP、元、1978年価格）

データの出所：National Bureau of Statistics of China, China Statistical Yearbook 2018, インフレ調整後、http://www.stats.gov.cn/tjsj/ndsj/2018/indexeh.htm.

に言えるのは、中国の人口、特に中国の1人当たりGDPの創出にもうすぐ寄与するようになる若い世代の人口がすでに減っているということだ。この流れはずっと前に始まっている。

生活水準

GDPは幸福度を測定しないし、飲料水がどれだけきれいかも反映されない。安心感や生活の質はもちろん、大多数の人の典型的な所得範囲さえ測らない。あなたが武器をたくさん製造して売ると、国のGDPはそのぶんだけ増える。優れた医療を提供すると、GDPはそのぶんだけ減るだろう。医療を提供する代わりに武器をつくって売れば、大きな利益を挙げることができたはずだからだ。医療の提供を生産的な活動であるとしてGDPに含めるように改定することもできる。かつてはイギリスのゴードン・ブラウン首相がそうしようとしたことがある。しかし、何がいちばん重要であるか本当に知りたいなら、生産性という抽象的な尺度ではなく、生活水準の中央値を基準に考えるほうがいい。

生活水準はGDPがスローダウンするずっと前に悪化し始め、それが最初に認められた場所の一つがイギリスだった。つまり、イギリスの大半の人にとって、1974〜1976年の暮らしのほうがいまよりもよかったということだ。2004年、ティム・ジャクソンは新経済学財団に「進歩を追求する――経済成長の測定を超えて」と題した報告書を提出した。それによると、生活の質をよりよく測定できるようになって、過去50年間(1954年以降)にイギリスの社会進歩が経済成長と次第に切り離されていたこと、そして(1974年以降の)30年間に完全に停滞していたことが明らかになった。1974年には、男性は完全雇用状態にあって経済格差は非常に小さかった。また、大多数の人が若くして家族を持つことができて、個人の大家にとんでもなく高い家賃を払うことなく住む家を確保できたし、休暇で旅行することもできた。いまでは、イギリスの半数近くの子どもが年に一度も旅行に行っていないのに、上位5分の1の富裕層の子どもは平均すると年に数回海外旅行をしている。

ジャクソンは経済学者の先行研究を踏まえていたが、一連の研究はすでにGDPという粗い指標から離れていた。そこでジャクソンは、国内進歩指標（a measure of domestic progress ＝MDP）の創設を提唱した。MDPはGDPのように計算されるが、重要な調整がいくつも加えられている。生産の社会的コストと汚染の環境コストを軽減するために費やさなければいけないお金は、ジャクソンの指標では生産的な支出に含まれなくなる。防御的支出として知られる武器産業は除外される一方、中長期的な環境破壊のコスト、自然資本の減価償却分は計上される。将来に備えた投資の価値がもっと高く評価されるように調整が加えられ、貿易収支の黒字は経済や社会の進歩に貢献するものとして算入される。家庭での料理、掃除といった家事の価値は含まれ、また、「所得が1ポンド追加的に増加する効果は豊かな人より貧しい人のほうが大きいという事実を反映して、所得分配の変化が調整される」［＊180］。

ジャクソンの推計によると、イギリスのMDPは1976年にピークに達し、1980年代の景気後退期に底をつけた。それ以来、1976年のピークにまだ一度も戻っていない。2004年、環境活動家のジョージ・モンビオットはMDPの創設案を受けて、次のような考察を投稿した。「私たちの生活の質は1976年にピークに達した。……私たちは人類の歴史の中でいちばん幸せで、いちばん健康で、いちばん平和な時代を生きている。そして、それは長くは続かないだろう」［＊181］。いまのところ、モンビオットの悲観的な予想が正しいかどうかは、完全には証明されていない。2004年に世界が享受していた平和は続いているが、帝国主義者の戦争によって頻繁に中断されており、世界の豊かな国が10億ドルの戦闘機をイラク、シリア、イエメンの上空に飛ばし、自国の防衛産業の最も高額な商品をデモンストレーションしている［＊182］。

健康状態は世界的に向上しており、ジョージ・モンビオットの警告は悲観的にすぎるかもしれず、もうすぐ取り消されるだろう。それでも、幸福度は上がっていない。ウェルビーイング全般もそうだ。環境は確実に悪化し続けている。しかしティム・ジャクソンは、最初の報告書を提出してから10年あまりが過ぎ、同じような報告書が次々に発表された後、２０１７年6月のイギリス総選挙が行われる直前に、こうコメントしている。「イギリスの政治に何かおかしなことが起きている。ブレグジットがもたらす泥沼の分断や、恐ろしいまでに高まっている外国人嫌悪のことを言っているのではない。過去半世紀の経済モデルは失敗だったという点で、党派を超えて広く意見が一致している。２０１７年選挙の多色刷りのマニフェストの（ほとんど）すべてが、『機能する経済』――すべての人にとって機能する経済の構築をスタートさせると訴えていることを言っているのだ」［＊183］。２００4年には少数意見だったものが、２０１7年には主流になっていたのである。

アメリカの賃金水準

２０１9年4月、アンドリュー・オズワルドとその研究チームが、豊かな国の中年層はなぜこれほど幸福感が低いのか、その背景を解き明かすことを試みた論文のプレプリントを回覧した。それによると、豊かな国では、オズワルドらの言う「中年期」（50歳前後）は、その上の年代やその下の年代と比べて、自殺率が突出して高くなっているという。睡眠不足に悩む人も他の年代よりかなり多い。50歳は、豊かな国の人がアルコール依存症になる可能性が最も高く、自殺を考える時間が最も多く、自分には生きる価値がないと感じ始める人が最も多く、「集中できない、物忘れがひどい、仕事の重圧に押しつぶされそうだ、頭痛がひどくて何もできない」といった悩みを抱えることが最も多い年齢になっている［＊184］。とても深刻なものから、たいしたことないじゃないかと言われそうなものまで（よく眠れなくてとても悩んだ経験がなければの話だが）、悩みのデパートさながらである［＊185］。

オズワルドらの研究チームは、このトレンドが生まれていた背景は解明できなかったが、次のように指摘する。「現代生活が持つ特別な側面の副産物である可能性は残っている。あるいは……深い部分で作用しているか、現段階では明らかになっていない種類のコホート効果や期間効果によるものかもしれない」。そうしたコホート効果・期間効果の一つとして考えられるのが、１９７０年代というちばんよい時期に子ども時代を過ごしたことである。１９７０年代は希望が満ちあふれていたが、その後は深い失望の時代を生き抜かなければならなかった。アメリカとイギリスは特にそうだ。しかし、オズワルドらはこうも指摘する。「中年期のパターンは、小さな子どもがいるというだけで引き起こされているわけではないし、一つか二つの特別な国だけで見られるものでもない」。それでも、データの大半がどこからきているかを考えれば、一つの特別な国に目を向けて、その国で人々がどう評価されているかを示す指標を調べて、最近のパターンを見ていく価値がある。その国とは、アメリカである。

賃金は、現代世界であなたの価値を社会がどう評価しているかを表している。賃金の中央値は、それより稼ぎが多い人の数と、それより稼ぎが少ない人の数が等しい賃金水準である。図50は、いまではアメリカで数が減っている特権集団、すなわち正社員の週当たり所得の中央値の時系列線を示している。正社員が特権集団とされることはめったにないが、正社員はパートタイム労働者より報酬がはるかに多く、不安定な面が少ない傾向がある。少なくとも、一部の人が、人々に必要なものを配分して社会の役に立つこと

図50　アメリカの正社員の週当たり実質所得の中央値、1979 ～ 2019年

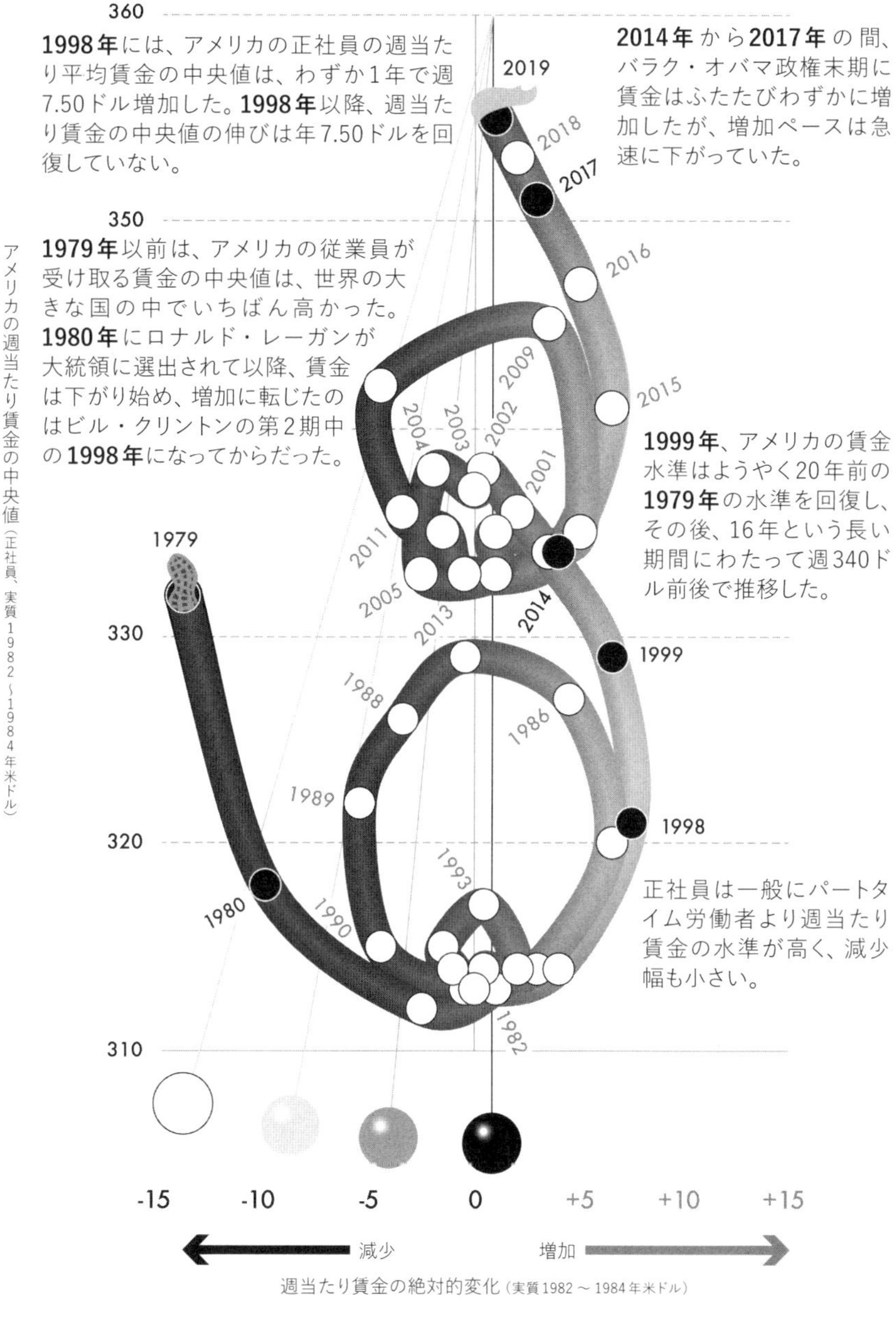
360
350
330
320
310
アメリカの週当たり賃金の中央値（正社員、実質1982～1984年米ドル）
1998年には、アメリカの正社員の週当たり平均賃金の中央値は、わずか1年で週7.50ドル増加した。**1998年**以降、週当たり賃金の中央値の伸びは年7.50ドルを回復していない。
2014年から**2017年**の間、バラク・オバマ政権末期に賃金はふたたびわずかに増加したが、増加ペースは急速に下がっていた。
1979年以前は、アメリカの従業員が受け取る賃金の中央値は、世界の大きな国の中でいちばん高かった。**1980年**にロナルド・レーガンが大統領に選出されて以降、賃金は下がり始め、増加に転じたのはビル・クリントンの第2期中の**1998年**になってからだった。
1999年、アメリカの賃金水準はようやく20年前の**1979年**の水準を回復し、その後、16年という長い期間にわたって週340ドル前後で推移した。
正社員は一般にパートタイム労働者より週当たり賃金の水準が高く、減少幅も小さい。
2019
2018
2017
2016
2015
2009
2002
2003
2004
2001
2011
2005
2014
2013
1999
1988
1986
1989
1998
1993
1990
1980
1979
1982
-15
-10
-5
0
+5
+10
+15
減少
増加
週当たり賃金の絶対的変化（実質1982 ～ 1984年米ドル）

データの出所：U.S. Bureau of Labor Statistics, “Employed Full Time: Median Usual Weekly Real Earnings; Wage and Salary Workers; 16 Years and Over” [in 1982–84 CPI-adjusted dollars], FRED, Federal Reserve Bank of St. Louisより引用、2019年5月19日閲覧、https://fred.stlouisfed.org/series/LEU0252881600A.

をするように促すのではなく、雇用する人に最大の利益をもたらすことを第一に考えさせるようにして、他の人よりはるかに高い報酬を受け取り続けるかぎり、どの社会でも、有給の仕事を得るだけで自動的に恵まれない人々の上に立つことになる。

１９７０年代初めは、アメリカの労働者にとって最高の時代だった。格差は（これまでで）最も小さく、週当たり実質賃金は最も高かった。ところが、図50を見れば明らかなように、恒常ドル（基準年のドルと同じ購買力を持ち続けるドル）で測ると、アメリカの賃金の中央値は１９７０年代末に急落している。平均的なアメリカの労働者が置かれている状況は悪化の一途をたどった。正社員の実質所得の中央値は、１９７９年には4％強、１９８０年には３％強下がっている。ロナルド・レーガンは再選時に「アメリカの朝」という伝説的なスローガンを掲げ、アメリカの復活を強調したが、大多数の人にとっては、冷たく、暗い朝となった。

アメリカの正社員の週当たり賃金の中央値は、１９８１年に３１０ドル強まで下がった。その後の回復は弱かった。１９８０年代後半になっても実質ベースで週３３０ドルに届かず、１日当たり約３ドル上昇するにとどまった。正社員の半数、アメリカ人の過半数は、１日当たりの手取り額が47ドルに満たなかった。その後、１９８０年代の終わりまでに、そのわずかな上昇分の大半が失われた。１９９０年代初めの回復はそれ以上に弱かった。１９９０年代後半になってようやくふたたび1日当たり3ドル上昇した。20年にわたってテクノロジーが進歩した結果、大量の失業、頻繁なレイオフ、雇用の不安化、組合の崩壊、コミュニティの崩壊、家族の崩壊、人と人のつながりの崩壊を招いた。アメリカの平均寿命は頭打ちになった。

いま、アメリカの賃金の中央値はごくわずかながらふたたび上向いている。１９９９年から２０１９年にかけて、生活水準は1日当たり3ドル上昇したが、そうなるまでに20年かかっており、１年当たりでは

15セントの上昇にとどまる。3（1983年）ドルで何が買えるというのか。直近のアメリカの正社員は、このデジャブの世界に入り込んだ第2世代になっている。しかし、すべてが同じままではない。その間に格差は大きく広がっている。中央値未満で暮らすアメリカの半数の正社員の生活はますます厳しくなった。増加しているパートタイム労働者とゼロ時間契約労働者のほとんどすべてもそうである。中央値のはるか上にいるごく少数の人は、報酬／料金／報償／給料が（お金持ちの場合は賃金と呼ばれることはまずない）、逆に大幅に増えている。所得が大きく増えた人の数はとても少ないため、こうした層の消費がアメリカの国民所得に占める割合が非常に大きくなっていることを除けば、影響は小さいだろう［＊186］。

人々がスローダウンを恐れるのは、いまの状況があるべきものだと考えているからだ。アメリカでは、経済が成長しなければ大多数の人が苦しむと教えられており、広くそう信じられている。安定は貧困に等しいのだと。しかし、絶対にそうなるとは言い切れない。過去にはアメリカ全体の富ははるかに少なかったが、いまよりもはるかによい暮らしを送っていた人が多かったというだけではない。いまなら、急激に進むスローダウンに人々がうまく適応しているところを見ることもできる。大半のアメリカ人にとって日本を比較対象として使うのは難しすぎると考えているのなら、ヨーロッパに目を向けて、いまそこで何が起きているのか見てみるといい。

アメリカ以外の国では、自動化、需要の縮小、資源共有への新しい取り組みへの対処のしかたは、たいてい国によってそれぞれ違う。フィンランドでは、「労働市場における三者協調」の原則を取り入れ、中年の中間層の労働者が取り残されることなく、労働の果実をきちんと得られるようにしている［＊187］。三者協調はデンマークでも浸透しているが、対応が遅すぎると批判されることもある［＊188］。ドイツとスウェーデンでは、「労使の社会的パートナーは……2016年には少なくとも八つのデジタル化・労働市場問題に関する大きな三者委員会に加わっていた」。三者委員会とは何か知らないという人は、イギリスかアメリカに住んでいるのだろう。労働契約は、雇用者組織、労働組合、政府の三者からなる委員会の合意により取り決められることが原則とされているのだ。

豊かな国以外では、いまのアメリカよりも状況がはるかに悪い国もある。2019年2月、マレーシアの『ニュー・ストレーツ・タイムズ』紙は、一つ以上の職についているにもかかわらず、何億もの人が非常に貧しいままだと報じた。「昨年に世界中で雇用されていた33億人の過半数には『物質的満足、経済的安全、機会均等、人間開発の余地』がなく、……雇用されていながら、極度あるいは中程度の貧困の中で暮らしている人が7億人もいる」[*189]。同紙によれば、世界の全労働者の61%にあたる約20億人が非公式雇用で、社会的保護・契約による保護をほとんど、あるいは全く受けられなかった。こうした人々が暮らし、働く国は、アメリカの慣行を取り入れていることが非常に多く、新たな安定状態へ向かう遷移が進むのは、アメリカとともに最後のほうになるだろう。しかし、そのために必要な転換はアメリカよりも先に起こるかもしれない。アメリカはいま、国民の生活水準の改善が、豊かな国の中で最も進んでいない。これに対し、世界の他の地域では、大加速化がかなり前に始まっていて、安定への遷移が大きく進んでいるところもある。アムステルダムを例に考えてみよう。

住宅価格

あまりにも多くのことがスローダウンしているため、どれをリストアップするか、判断に迷う。いま、豊かな国の多数の人にとって、最大の支出項目となっているのが住居費だ。貧しい国では食費である。その中間の国では少し前、そして豊かな国ではしばらくの間、最大の支出項目は自動車だった。これはそれほど昔の話ではない。私たちはたいてい、一部の例外を除いて、住宅は価値が上昇し続ける資産だと考える。しかし、世界中どこでも、世代を問わず、全員がそうであるわけではない。それはごく最近の世代の少数の人だけが経験したことにすぎない。

図51は、世界で最も有名な住宅価格指数の時系列線を示している。アムステルダムの高級な通りにある住宅の平均実質価格の記録で、１６２８年に始まり、１９７３年まで続いている。現在まで更新されていたとしても、ここに示されているものとそれほど違うようには見えないだろう。実質ベースでは、賃金・給料と比較すると、住宅価格は長期的におおむね安定している。最低水準でもピーク時の価格の４・８分の1ほどだ。ヘーレングラハトカナルの住宅の場合は、最高値は１７２４年、最低値は１８１４年に記録した。２５０年あまりの間、アムステルダムの住宅価格はピークを下回っているが、その期間の大半を通じて、安定した水準の周囲で推移しているようだ。しかし、それを確かめるには、数十年だけ遡るのではなく、何世代も遡って見ていかなければならない。

イギリスには全英住宅金融組合が１９５２年から収集しているデータがあるおかげで、X世代の最初の層が生まれた年には、イギリスの平均的な住宅が２０００ポンド弱で販売・売却されていたことが比較的すぐにわかる（インフレ未調整の価格）［＊190］。それが１９５６年である。Y世代（ミレニアルズ）の最初の層が生まれた年である１９８２年になると、その価格は２万４０００ポンドに上昇し、Z世代の最初の年（２０１2年）には16万４０００ポンドに達した。

絶対的な数値はとても大きく見えるが、相対的な上昇の速さはこの期間に遅くなっていた。ほぼ半減している。Z世代の最初の層の親が目にした住宅価格は、生まれ始めたばかりのY世代の親が直面した価格のわずか6倍だった。その前の世代は12倍だったのだ。こうした時代を生きた人たちは、住宅価格の上昇

図51　ヘーレングラハトカナル・オランダ住宅価格指数、1628 〜 1973年

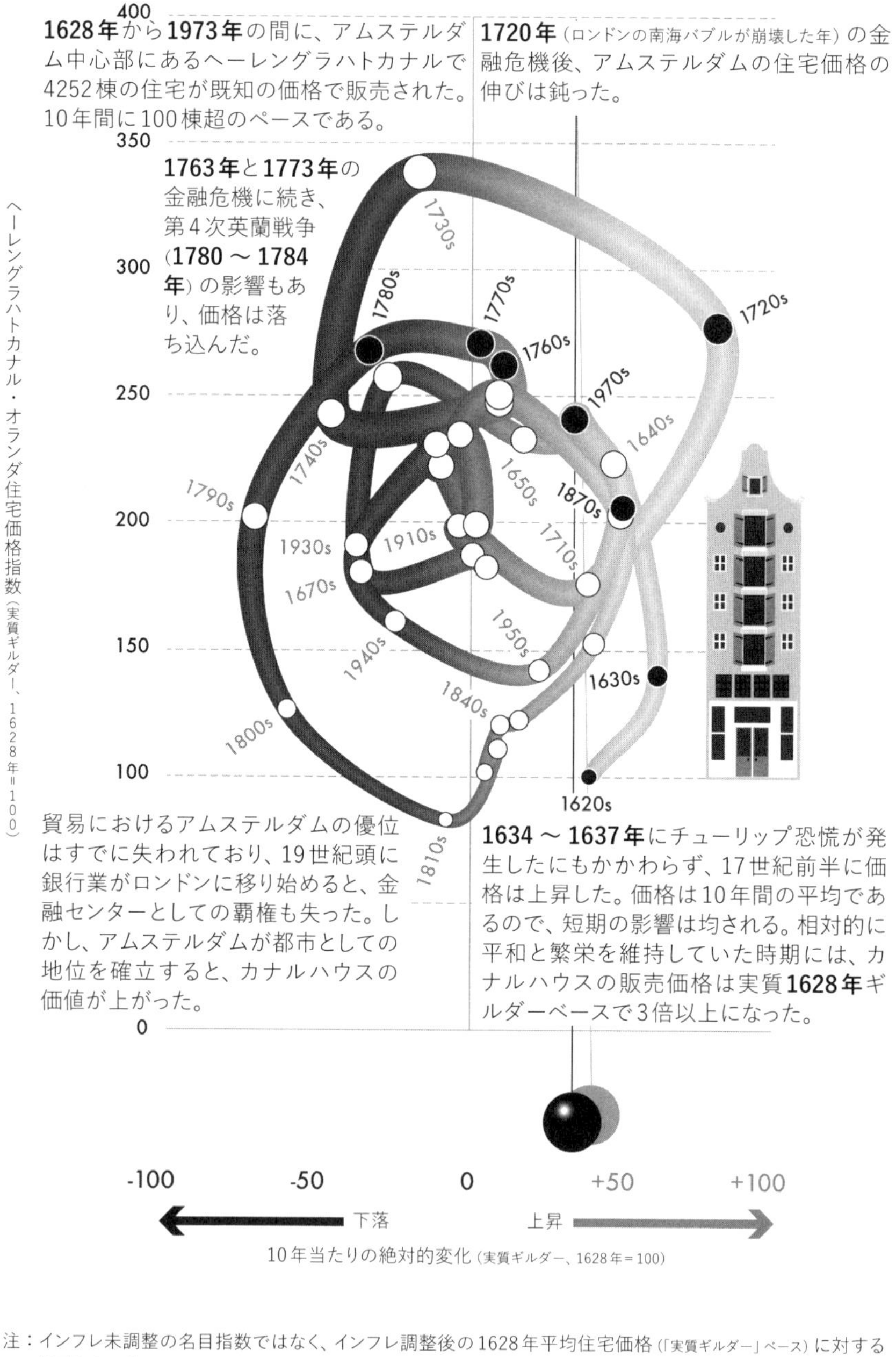
1628年から1973年の間に、アムステルダム中心部にあるヘーレングラハトカナルで4252棟の住宅が既知の価格で販売された。10年間に100棟超のペースである。
1720年（ロンドンの南海バブルが崩壊した年）の金融危機後、アムステルダムの住宅価格の伸びは鈍った。
1763年と1773年の金融危機に続き、第4次英蘭戦争（1780 〜 1784年）の影響もあり、価格は落ち込んだ。
貿易におけるアムステルダムの優位はすでに失われており、19世紀頭に銀行業がロンドンに移り始めると、金融センターとしての覇権も失った。しかし、アムステルダムが都市としての地位を確立すると、カナルハウスの価値が上がった。
1634 〜 1637年にチューリップ恐慌が発生したにもかかわらず、17世紀前半に価格は上昇した。価格は10年間の平均であるので、短期の影響は均される。相対的に平和と繁栄を維持していた時期には、カナルハウスの販売価格は実質1628年ギルダーベースで3倍以上になった。
ヘーレングラハトカナル・オランダ住宅価格指数（実質ギルダー、1628年＝100）
400
350
300
250
200
150
100
0
1620s
1630s
1640s
1650s
1670s
1710s
1720s
1730s
1740s
1760s
1770s
1780s
1790s
1800s
1810s
1840s
1870s
1910s
1930s
1940s
1950s
1970s
-100
-50
0
+50
+100
下落
上昇
10年当たりの絶対的変化（実質ギルダー、1628年＝100）

注：インフレ未調整の名目指数ではなく、インフレ調整後の1628年平均住宅価格（「実質ギルダー」ベース）に対する比率として表示。

出所：Piet Eichholtz, “A Long Run House Price Index: The Herengracht Index, 1628–1973,” *Real Estate Economics* 25, no. 2 [1997]: 175–92, https://papers.ssrn.com/sol3/papers.cfm?abstract_id=598.

が遅くなっているとは感じていなかった。それは所得がそれほど速く増えていなかったことが大きい。それでも、住宅価格の上昇は実際にはスローダウンしていた。その引き金となった重要な短期の要因は、二度にわたる住宅市場の崩壊である。一つは1989年、もう一つは2008年だ。イギリスの時系列線もここに入れるスペースがあったら、どちらのクラッシュも、左のマイナスの領域に入り込むループになる（本書のウェブサイトの図51に関連するスプレッドシートにこの時系列線を載せている。これ以外にも多数の時系列線を掲載しており、サイトからプリントアウトできる。www.dannydorling.org を参照）。

私たちは住宅価格の直近の変化に目を奪われがちだ。住宅ローンを組んでいる年齢層の人や、複数の住宅を所有している富裕層は少なくともそうである。イギリスの新築住宅価格は2016年第3四半期に21万9881ポンドでピークをつけた後（この価格は全英住宅金融組合の統計担当者が算出したもので、驚くほど精度が高く、小数点第1位で四捨五入されている）、2017年頭には21万6824ポンドまで下がっている。イギリス全土の住宅の季節調整後平均価格は、2018年7月に21万7010ポンドでピークをつけ、2019年4月には21万4920ポンドに下がっていた。しかし、一歩下がって、こうした数値の見せかけの精度は無視し、長期の視点で考えてみよう。

イギリスの長期の動きに照らすと、近年の構図はがらっと変わる。1989年の住宅価格の暴落がはるかに大きく見えるようになり、2008年の暴落と同じ規模になるのだ。この時系列線が図に入っていたら、どちらのループも似た大きさになるだろうが、本書をここまで読まれて、こうしたグラフをたくさん見てきているので、頭の中で時系列線を描けるようになっているはずである。すると、価格のピークが時間とともに下がっていることが一目瞭然になる。インフレは1970年代だけの特徴ではない。その後もずっとインフレは続いているものの、一般インフレ率もスローダウンしているため、住宅価格のピークはだんだん低くなっている。
2014年、『フィナンシャル・タイムズ』紙に寄稿しているジャーナリストが、これがイギリスの人々にとって何を意味するのか、貨幣錯覚とは一般にどういうことであるのか説明しようとした。説明は、当然ながら複雑だった。「このデータが始まる1975年から、たとえば1983年の間に、住宅価格は全体として上昇しなかった。ただし、1978〜1980年に名目ベースでは50%上昇した。住宅所有者はますますお金持ちになったと感じただろうが、交換できる財・サービスの量は以前と変わらなかった。インフレが高進しているときに所得に対してそう感じることは、貨幣錯覚と呼ばれる。賃金が上昇すると(少なくとも最初は)うれしく感じるが、実際には、インフレによってその賃金の購買力は損なわれてしまっている。しかし、住宅を所有している人は、所得が急増して、住宅ローンの返済額が占める割合が急低下するという意味では、裕福になった」[*191]
イギリスの住宅価格は、1972年に11%、1979年に8%、1988年に6%、2014年に3%、2018年7月に2・5%それぞれ上昇した。しかし、2019年4月の上昇率のピークは、わずか年0・9%だった。住宅価格上昇率のピークはその前のピークより低くなり、変化率も時間とともに下がっている。それまでのトレンドが持続して、住宅価格の長期にわたる不規則なスローダウンがどこかの時点で止まり、わずかではあっても一時的に上昇に転じたとしたら、イギリスの平均住宅価格は1戸当たり100万ポンド近くになっていただろう(少なくとも100万ポンドを大きく超えることはない)。イギリス経済がもっと速くスローダウンすれば、それよりずっと低い価格でピークを迎えた可能性もある。住宅価格が永遠に上昇し続けることはない。そんなものは一つもない。
絶対値を使ったグラフでは、価格は急騰しており、やがて訪れるクラッシュの規模はどんどん大きくなっている。これに対し、相対的な変化を示し、対数スケールを使うグラフだと、価格の動きははるかに安定していて、過去の下げ幅は、少なくとも実際に起きた直近2回の下落幅と同じ規模になる。1972〜1974年の価格上昇の減速ペースは、1979〜1981年のときよりも速かった。1980年代初めのスローダウンは、1988〜1990年の下落時と同じくらいだった。その後、2007〜2009年のイギリスの住宅価格の下落は、直近の下落（2016年以降）より大きかったが、相対的な変化を対数スケールで測定すると、下落率は以前よりも小さかった。これと同じパターンはアメリカでも見られる。

いま、何が起きているのだろう。それは誰にもわからない。しかし、起こりそうにないことはだいたいわかる。たとえば、1970年代初めに起きたような住宅価格上昇の急な加速は、いまではまず起こりそうにない。そのときはあらゆる価格が急騰していた。住宅だけでなく、賃金も上昇していた。これに対し、近い将来、住宅価格が下落するとしても、長期のトレンドの全体的な方向性や、1990年代と2000年代の両方で下落したことを考えると、それほど大きくはならないだろう。長期のトレンドは安定に向かっており、四半期の変化は問題にならないレベルに戻っている。

ここ何十年か、住宅価格は急騰している。そうだとしたら、上昇ペースが遅くなっているとどうして言えるのか。この点については、少なくとも二つの見方がある。一つには、2017年、2018年、2019年には、どのような方法でグラフ化しても、イギリスの住宅市場は明らかにスローダウンした。それ以上に重要なのは、長期の動きと比べると、どの上昇率もとても緩やかだったことだ。1970年代以降のほぼすべての10年間で、イギリスとアメリカの住宅価格の上昇率は、それ以前の10年間よりも小さくなっている。住宅の値上がり益は、投資と同じで、減っている。住宅はもうすぐ富裕層が老後のために投資する物件ではなくなり、住むためのものだと考えられ始めるようになるかもしれない。

安全資産としての金

住宅価格のテーマに戻る前に、ちょっと違うものを考えてみたい。金《ゴールド》である。図52に示す金価格の時系列線はインフレを調整しておらず、価格は上昇の一途をたどっているように見える。しかし、どの上昇期も、価格が急落して突然止まり、その後、数年間は価格が安定し、ある一定の値のまわりを推移し、その後、ふたたび上昇に転じる。いま、金の国際価格は1オンス当たり1250ドル前後を中心に動いている。

金の価格が興味深いのは、金は安全資産とされているからである。その意味では不動産に少し似ている。時代の先行きが不透明なときは、金がいっせいに買われる。金の価値は失われないとされているためだ（しかも、税当局に見つからないように隠そうと思えばそうできる）。ところが、ジュエリーに使うか、いくつかの電子部品として使う場合を除けば、金に価値があるのは、主に、他の人が他の資産に投機するときのヘッジとして金を選好し続けると信じられているからだ。スローダウンが進んでいるという現実が広く受け入れられるようになれば、こう問い直すことが必要になるだろう。金には資産としてかつてのような固有の価値はないのに、どうしてこれほど多くの富を金の形で保有しているのか――。

１９５６年から１９８２年の間に、金の価格は10・7倍になった。同じ期間にイギリスの住宅価格は名目ベースで12倍になっており、これよりは少し低い。１９８２年から２０１２年の間では、金の価格は4・4倍になり、イギリスの住宅価格の６・８倍をだいぶ下回った。もう一つ別のデータソースを見ると、イングランド銀行の住宅価格総合指数では、V世代が生まれた時期（１９０１年～１９２８年）に住宅価格は67%上昇した。１９２９～１９５５年（W世代が生まれた時期）は１６９%上がって、２倍以上になった。しかし

図52　金の価格、米ドル、1950 ～ 2019年

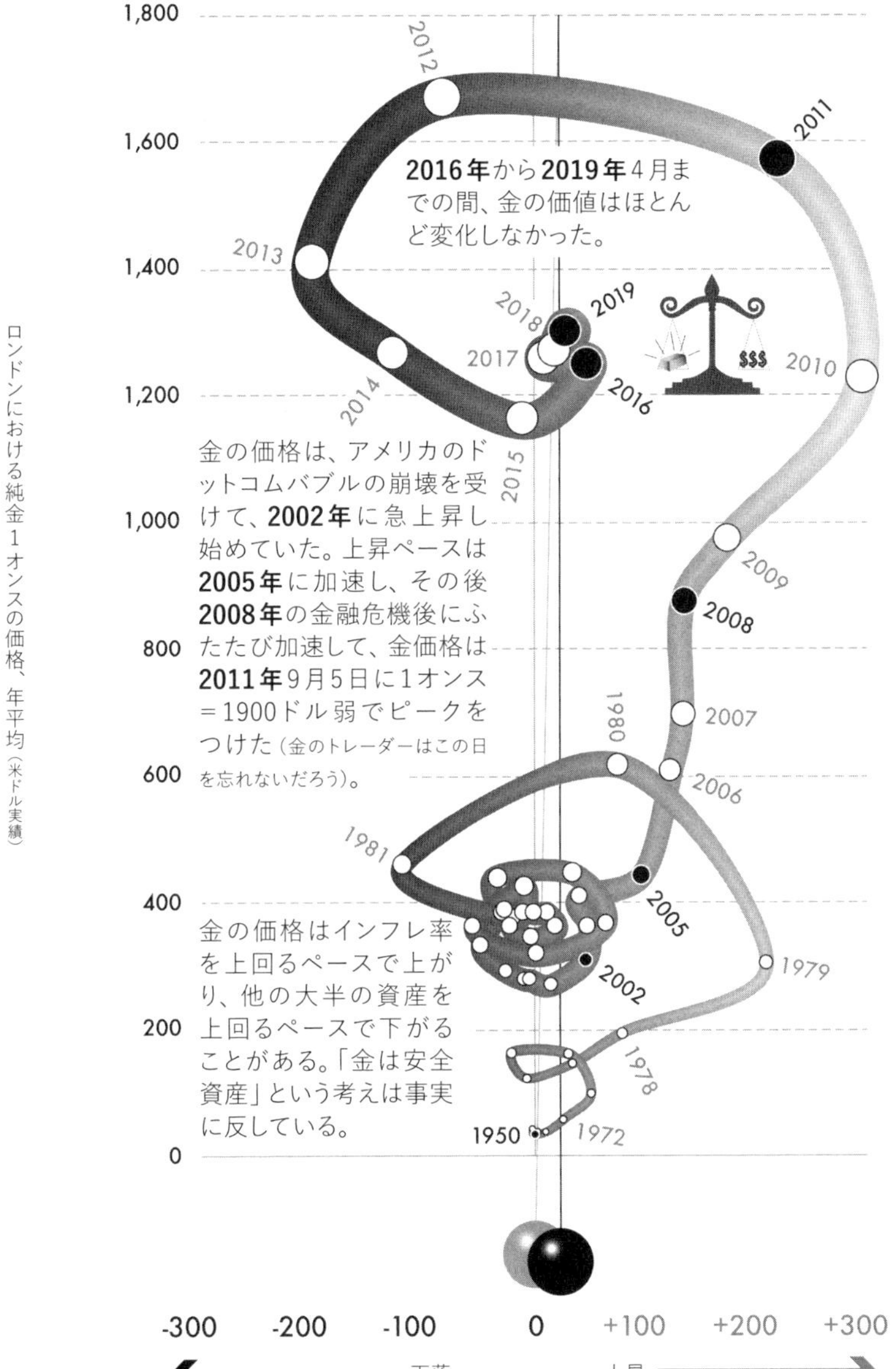

1,800
1,600
1,400
1,200
1,000
800
600
400
200
0
ロンドンにおける純金1オンスの価格、年平均（米ドル実績）
2012
2011
2016年から2019年4月までの間、金の価値はほとんど変化しなかった。
2013
2018
2019
2017
2016
$$$
2010
2014
2015
金の価格は、アメリカのドットコムバブルの崩壊を受けて、2002年に急上昇し始めていた。上昇ペースは2005年に加速し、その後2008年の金融危機後にふたたび加速して、金価格は2011年9月5日に1オンス＝1900ドル弱でピークをつけた（金のトレーダーはこの日を忘れないだろう）。
2009
2008
2007
1980
2006
1981
2005
1979
金の価格はインフレ率を上回るペースで上がり、他の大半の資産を上回るペースで下がることがある。「金は安全資産」という考えは事実に反している。
2002
1978
1950
1972
-300
-200
-100
0
+100
+200
+300
下落
上昇
1年当たりの絶対年変化（米ドル実績）

データの出所：*Financial Times* [April 1968–March 1974]; Samuel Montagu & Co. Ltd. [April 1974–December 1980]; *Financial Times* [January 1981–December 1998]; the London Bullion Market Association [January 1999–現在]. “Historical Gold Prices—1833 to Present,” 2019年9月9日閲覧、https://nma.org/wp-content/uploads/2016/09/historic_gold_prices_1833_pres.pdfを参照。

その後、X世代（１９５６～１９８１年）の最初の年と最後の年の間に１１５２％上がり、およそ12倍になった。それ以降、実質ベースでは安定しているか、上昇してもペースはかなり遅く、ときおり下落している。過去のような価格の急騰はふたたび起こりうるのだろうか。住宅価格の上昇と一般インフレ率がX世代が生まれた時期にピークに達したため、もしもそんなことが起きたら、それこそ驚くはずだ。

１９５６年から１９８１年の間に、イギリスの住宅価格も、金の国際価格も、どうしてこれほど急騰しなければいけなかったのだろう。第一に、需要と供給とは何の関係もない。この期間の住宅の供給は、住宅の需要を上回るペースで増加した。１９８１年の国勢調査の時点では、住居環境が下位10％の人でさえ、平均すると、居住する人数分の部屋がある家に住めていた。このような数多くの尺度で見て住居環境が最も改善したのが、１９５１年の調査と81年の調査の間である。これは戦後の住宅ブームが起きた時期にあたる［＊192］。同様に、世界中で金がどんどん採掘されていた。金の採掘量は、２０１０年には年間２００0メトリックトンをゆうに超えていたが、２０１８年になると３０００メトリックトンをゆうに超えるようになった［＊193］。

金の価格も、住宅の価格も、需給によって決まったり変わったりするわけではないと、消費者はうすうす感づいている。１９８８年、経済学者のカール・ケースとロバート・J・シラーは、アメリカの四つの都市で最近住宅を購入した人を対象に、２０３０通の質問票を送り、居住地域の住宅価格が最近変動している理由は何だと思うか尋ねた。「回答した８８６人の中に、需給の将来のトレンドに関する数値的な根拠を示したり、将来の需給に関する専門家の予測に触れたりした人は1人もいなかった」［＊194］。そのとき、2人はこう結論づけた。「ファンダメンタルズに関する客観的なエビデンスに対する関心がなぜだか低い」。需給は価格を決める大きな要因ではないと買い手はわかっていることに2人が気づいていたら、もっと深く踏み込めていただろうが、X世代の子ども時代を通じてアメリカの住宅供給も非常に急速に増えていたのだから、それは無理というものだ。

ロバート・J・シラーは、同僚のカール・ケースとともに質問票を送ってから25年後に、ノーベル記念経済学賞を受賞した。それでは、需要と供給が住宅価格を決定するのではないとしたら、何が決定するのだろう。消費者が重要だと考えていたのは、投機的な要素である。ところが、住宅経済学者たちは答えを持ち合わせていない。過去に信用割当が生じたため価格は下がると想定していたが、いま振り返ると、価格は実際には上昇している。経済モデルが機能しているように見せるためには、「熱狂」という要素を組み込み、こう主張しなければいけない。「活動が活発化しているとき、つまり〝熱狂〟が起きているときには、需要が急増して価格が押し上げられ、その後、1971〜1973年、1978〜1979年、1986〜1989年のように、住宅価格が高騰する」[*195]。言い換えると、価格が上昇するときはいつも、何か奇妙で予測不能なことが起きたのだというわけである。買い手と売り手は突然、価格は急騰すると推測し始め、しばらくの間、価格は急騰した。しかし経済モデルは、そうした熱狂によって価格が上昇することも、熱狂がいつ収まり始めるかも予測できなかった。

いま考えると、過去の価格上昇はどうして起きたのだろう。その原因がどのようなものだろうと、価格が上昇し始める前、つまり1970年、1977年、1982年、1986年、1996年、2010年以前に起きていなければいけない。いずれの年も上昇幅は小さかったが、すぐに急騰し始めた。1977年、後にイングランド銀行総裁になる若者が、賃貸価格は従来どおり規制されており、家具つきの民間の物件でさえそうであると指摘した[*196]。そうだとしたら、その時期に人々はなぜ、より高い金額を払って住宅を買おうとしたのだろう。

1988年に調査票に回答した消費者は正しかった。カギを握る答えは、投機である。1970年のイギリス総選挙は、右派の保守党が勝利した。保守党が擁護する傾向があるのは、住宅所有者、高齢の住宅購入者、地主である。住宅価格が上昇すると最初に恩恵を受けそうな集団だ。1977年には、労働党（1974年選挙で勝利した左派政党）率いる政府が総選挙の実施を決めると思われたが、1979年まで先送りされた。同じように、1982年と1986年は保守党が選挙で勝利する前の年であり、1996年は「新しい労働党」（古い労働党のワンネーションの保守主義バージョン）が初めて選挙で勝利する前の年だった。その後、保守党と自由民主党が連立政権を発足させることになった2010年の選挙後に、価格は少し回復した。

アメリカの住宅価格のトレンドを調べている経済学者はたいてい、1970年代の急騰の原因は実質金利の低下であり、1980年代の急騰の原因は税制改正だとするが、どちらも政府の政策転換がもたらしたものであり、民主党と共和党の政治家と政治家が任命した高官が行った選択の結果である。しかも、実質金利低下犯人説でも、税制改正犯人説でも、アメリカの地方の住宅価格がなぜ急騰しているのか、説明がつかない。これは投機以外のなにものでもない。「所有者が住んでいる住宅の投資家は、住宅の売却益を見積もるときには、合理的期待を形成せず、過去の実績に基づいて推定する」［＊197］。

図51に示すアムステルダム中心部の345年間の記録は、住宅価格の系列としては最も長いものである。経済学者がこれを見れば、価格の上昇か下落が起きた後に「均衡への調整」が起こる場合には、調整に何十年もかかるときがあり、また、均衡点は前回のものとは大きく異なるケースもあることに気づく。すると、こう問わずにはいられなくなる。均衡というものがあるとしたら、それはいったい何を意味するのか［＊198］。

株式投機

主流派の経済学者は近年、強い圧力にさらされている。住宅価格という基本となる要素の動きを予測することはおろか、事後モデルをつくることさえできていない。それは不可能かもしれないが、経済学者というのはかたくなな集団でもある。たとえばマシュー・ドレナンはこう指摘する。「主流派の経済学者は、消費理論に固執してきたが、消費理論は所得の分配に何の役割も与えておらず、したがって大不況を理解するには適していない」[＊199]

景気後退はこれまでに何回も起きている。直近の景気後退は2008年に始まったもので、その影響はいまも続き、経済成長が長期にわたって低迷している原因とされる。本書ではさまざまな場面でドットコムバブルに触れてきた。ここで、そのようなバブルがどうやって成長するか見ていこう。いま、あなたは1996年のクリスマスの前の週にニューヨークのオフィスにいる。あなたは顧客のお金を投資している。桁違いの大金持ちである顧客は、なにしろお金に厳しい。来年もずっとこの仕事をキープしたいし、できることならボーナスも手にしたい。あなたの仕事は資産を何に投資するか顧客にアドバイスをすることであり、その対価として数%をもらう。最上位機種でベージュで曲面型でカラーでマルチシンクでVGA（ビデオグラフィックスアレイ）のブラウン管モニターには、多数のIT企業が含まれているナスダック総合株価指数の軌跡を示す図53の時系列線が映し出されている[＊200]。さあ、あなたならどうするだろう。

年齢を重ねたいまなら、投機を理解するのはどんどん難しくなっていることがわかる。国境を越えて動き、住宅などのさまざまな投資対象を行き来する投機マネーが増えているからだ。投機マネーは利益を追

図53　ナスダック総合株価指数、1971年2月〜1996年12月、1971年価格に対する比率

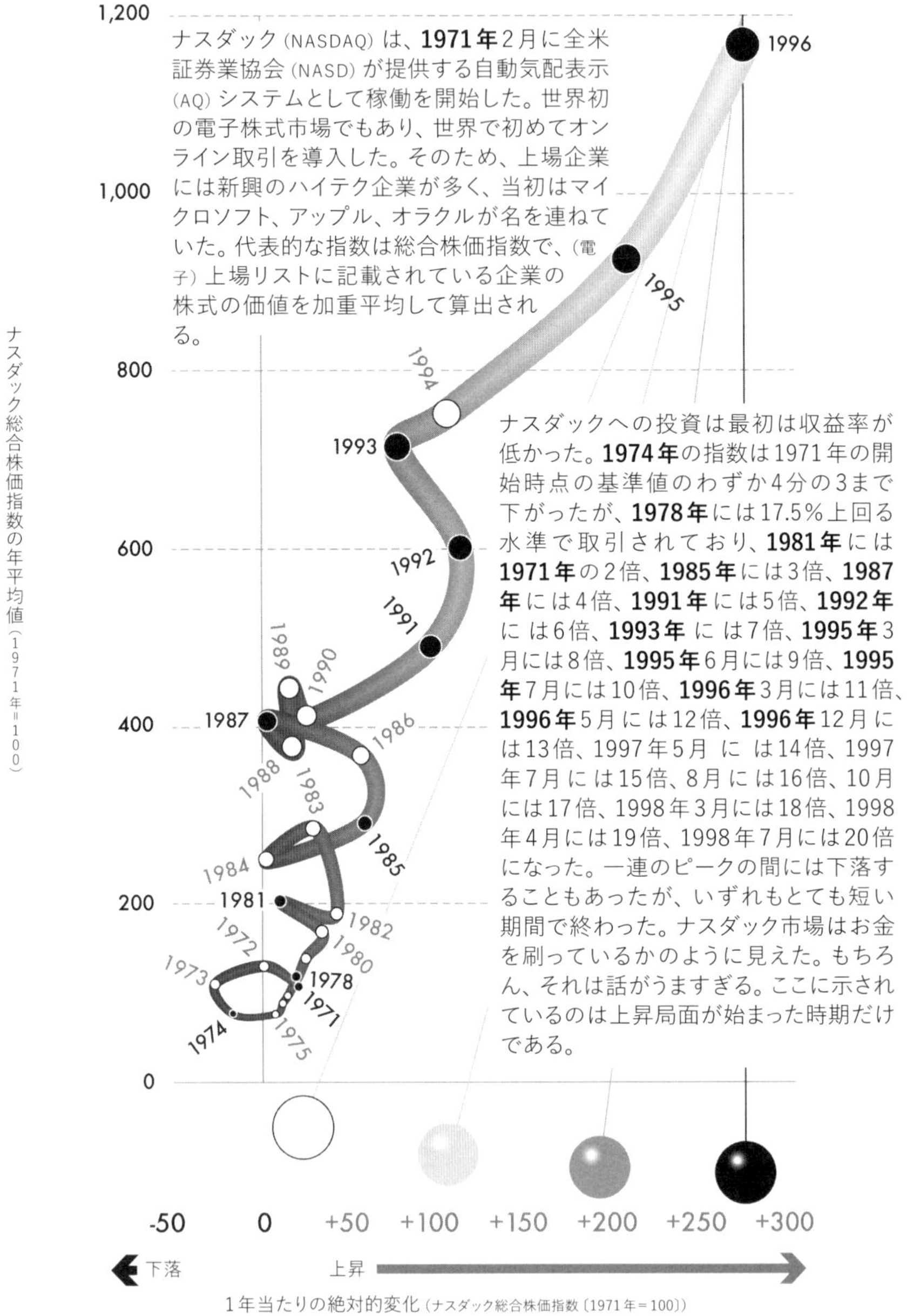
ナスダック（NASDAQ）は、**1971年**2月に全米証券業協会（NASD）が提供する自動気配表示（AQ）システムとして稼働を開始した。世界初の電子株式市場でもあり、世界で初めてオンライン取引を導入した。そのため、上場企業には新興のハイテク企業が多く、当初はマイクロソフト、アップル、オラクルが名を連ねていた。代表的な指数は総合株価指数で、（電子）上場リストに記載されている企業の株式の価値を加重平均して算出される。
ナスダックへの投資は最初は収益率が低かった。**1974年**の指数は1971年の開始時点の基準値のわずか4分の3まで下がったが、**1978年**には17.5%上回る水準で取引されており、**1981年**には**1971年**の2倍、**1985年**には3倍、**1987年**には4倍、**1991年**には5倍、**1992年**には6倍、**1993年**には7倍、**1995年**3月には8倍、**1995年**6月には9倍、**1995年**7月には10倍、**1996年**3月には11倍、**1996年**5月には12倍、**1996年**12月には13倍、1997年5月には14倍、1997年7月には15倍、8月には16倍、10月には17倍、1998年3月には18倍、1998年4月には19倍、1998年7月には20倍になった。一連のピークの間には下落することもあったが、いずれもとても短い期間で終わった。ナスダック市場はお金を刷っているかのように見えた。もちろん、それは話がうますぎる。ここに示されているのは上昇局面が始まった時期だけである。
ナスダック総合株価指数の年平均値（1971年=100）
1,200
1,000
800
600
400
200
0
1996
1995
1994
1993
1992
1991
1990
1989
1987
1986
1988
1983
1985
1984
1981
1982
1972
1980
1973
1978
1971
1974
1975
-50
0
+50
+100
+150
+200
+250
+300
下落
上昇
1年当たりの絶対的変化（ナスダック総合株価指数〔1971年=100〕）

データの出所：NASDAQ OMX Group, “NASDAQ Composite Index [NASDAQCOM],” FRED, Federal Reserve Bank of St. Louisより引用、2019年5月12日閲覧、https://fred.stlouisfed.org/series/NASDAQCOM.

い求める。それも最大限の利益だ。誰よりもお金を持っている人は、他の誰よりも多くの利益を求める。年2%や年4%といった収益率は受け入れられない。自分の富が少なくとも年10%、それも実質ベースで増えることを望む。そして「ベストアドバイス」を買う余裕があり、それがあなただとされている。スローダウンの時代になって、いままで以上に大きな利益をいままで以上に必死に追い求めても徒労に終わることが次第に明らかになり、2018年には、一部の経済学者が、賢明な条件に基づく資本規制を導入し、国境をまたぐ資金の流出入を制限することを求めていた[*201]。利益という神を崇拝している者たちにとって、資本規制など異端である。しかし、それを知ったところで、1996年のあなたには何の役にも立たないだろう。

そう、あなたはいま、ほぼ四半世紀前のアメリカで、オフィスのデスクにいる。その場面を想像するには、さきほど学んだばかりのことを忘れなければいけない。あなたがいま働いているのは、投機の抑制が初めて真剣に求められる前であり、中国経済がアメリカのライバルになるかもしれないと考えられるようになるずっと前のことである。

2018年のかなり前から、国がもっと投機を規制するように繰り返し求められていた。中国は特にそうで、2017年と2018年に多数の主要都市で住宅価格が暴落すると予測されていた[*202]。2017年、地方の住宅バブルが破裂するのを防ぐために政府の介入が求められている都市のリストが発表された。そこには北京、瀋陽、成都、武漢、西安、深圳、重慶があげられていた[*203]。中国政府は介入に踏み切り、「住宅は住むためのものであって、投機の対象ではない」と説いたが、世界中の投資家は2019年になっても中国政府に対して住宅バブルが大きくなりすぎないようにすることを求めていた[*204]。これはいまでは物語の小さな一部分にすぎないのだが、ここでもう一度、時間を遡ろう。

1996年12月、設備の整ったニューヨークのオフィスにいるあなたは、そんなことは何も知らない。

クリスマスのプレゼントを買って、ボスのご機嫌をとって、家族でクリスマス休暇を過ごすことを楽しみにしている。あなたはまだ若い。未来が映し出される水晶玉など持っていない。国連がこう説明しなければいけない日がくるなど、想像すらしていない。「2017年の世界全体の賃金の伸び率は、2016年を下回っただけでなく、2008年以降で最低の水準まで下がり、2008年の世界金融危機前の水準を大きく下回り続けている。世界の賃金の実質ベースの伸び率（物価上昇率調整後の伸び率）は2016年の2・4%から2017年にはわずか1・8%に下がっている。中国は人口が多く、賃金が急速に伸びているため、世界平均に大きな影響を与えており、その中国を除くと、実質ベースの世界の賃金の伸び率は2016年の1・8%から2017年には1・1%に下がった」[＊205]

あなたは生まれてからこのかた、成長しか知らない。その成長も加速しているのが当たり前だ。ときおり市場は下落して、怪しげな短期の投資家は淘汰される。あなたは1960年代の初め、第二次ベビーブームの最中に生まれた。1990年に出生数が小さなピークをつけることを知らない。統計が分析されるどころか、まだ発表されてもいないからだ。いまは1996年で、コンピューターは奇跡のようなことをやってのけると信じているし、あなたの顧客が最新のテクノロジーに投資すれば、巨額の利益を挙げられると思っている。そして、それこそが唯一の正しい方法だと自分に言い聞かせる。彼らの投資がイノベーションと進歩を推し進めるのだから。さらに、自分が高給を得ているのは、長い時間働いていること、そして、卓越した才能だと自負しているものに対する適正な市場報酬だと思っている。翌年の1997年には液晶ディスプレイが次にくると聞いているし、次の大きなものは続々とやってくると信じている。

また、株価は短期的にいわゆる「ランダムウォーク」することも知っている。インサイダー情報を持たない人は、この先何が起こるのか知ることができない（インサイダー情報を使うのは違法である）。しかし、あなたは10億ドルを超える顧客のお金を預かっている。そして、とてもシンプルな戦略をとっている。「市場中立型の大きな株式ポートフォリオをつくり、適切なレバレッジをかける。そして、朝に一定のルールに基づいてポートフォリオを拡大し、午後に縮小する。それを毎日繰り返す」［＊206］。あなたの指標は主にナスダックに基づいているが、自分の才能を示すべく、組み入れる銘柄を微調整する。けれど手は加えすぎない。なぜなら、心の奥底では、自分の才能をそれほど信じていないからだ。ただし、自分の親よりはるかに多く稼いでいることを正当化する必要があるときは別である。そして、株価はおおむね上昇しているので、好成績をあげる。

実際、1日の平均上昇率がわずか0・04％だとしても（ご存じのとおり、大半の上場銘柄の典型的な朝のスプレッドの範囲内である）、それが25年にわたって積み重なると、投資の評価額は1996年から2019年の間に11倍に増える。これは市場が非常に好調なときの標準的なパフォーマンスを上回る成果だ［＊207］。あなたの顧客は最終的にはこの大半を受け取ることになる。ただし、投資額が十分に大きくて、取引手数料を差し引いてもあなた自身のぶんの特別超過収益が残ればの話である。この特別超過収益は、日々の投資額がわずかに少ない他のすべてのトレーダーの利益よりほんの少し多いだけだ。

今日は運が向いているような気がして、ナスダックへの投資額をこれまでより少し増やす。ランチタイムにはクリスマスドリンクを楽しむ。そして、今日は運が向いていたことが明らかになる。1996年のクリスマスは、ナスダックのハイテク株を買う絶好のタイミングだった。図54の時系列線が示すように、そこから株価は一気に上昇した。史上最速での株価の上昇が、その後の36カ月にわたって続いたのだ。1996年のクリスマスイブ、あなたは1単位当たり1287・63ドル前後で数十億ドル投資していた。

わずか3年後、1999年12月末には、顧客の資産は1単位当たり4069・31ドルになった。あなたの取り分は3年で3倍以上に増えていた。あなたはものすごいお金持ちになった。その一方で、他の人たち、あなたにとっては見知らぬ人たちは、ものすごく貧しくなっていた。自分の売買活動の直接的な結果

図54　ナスダック総合株価指数、1971年2月〜2019年5月、1971年価格に対する比率

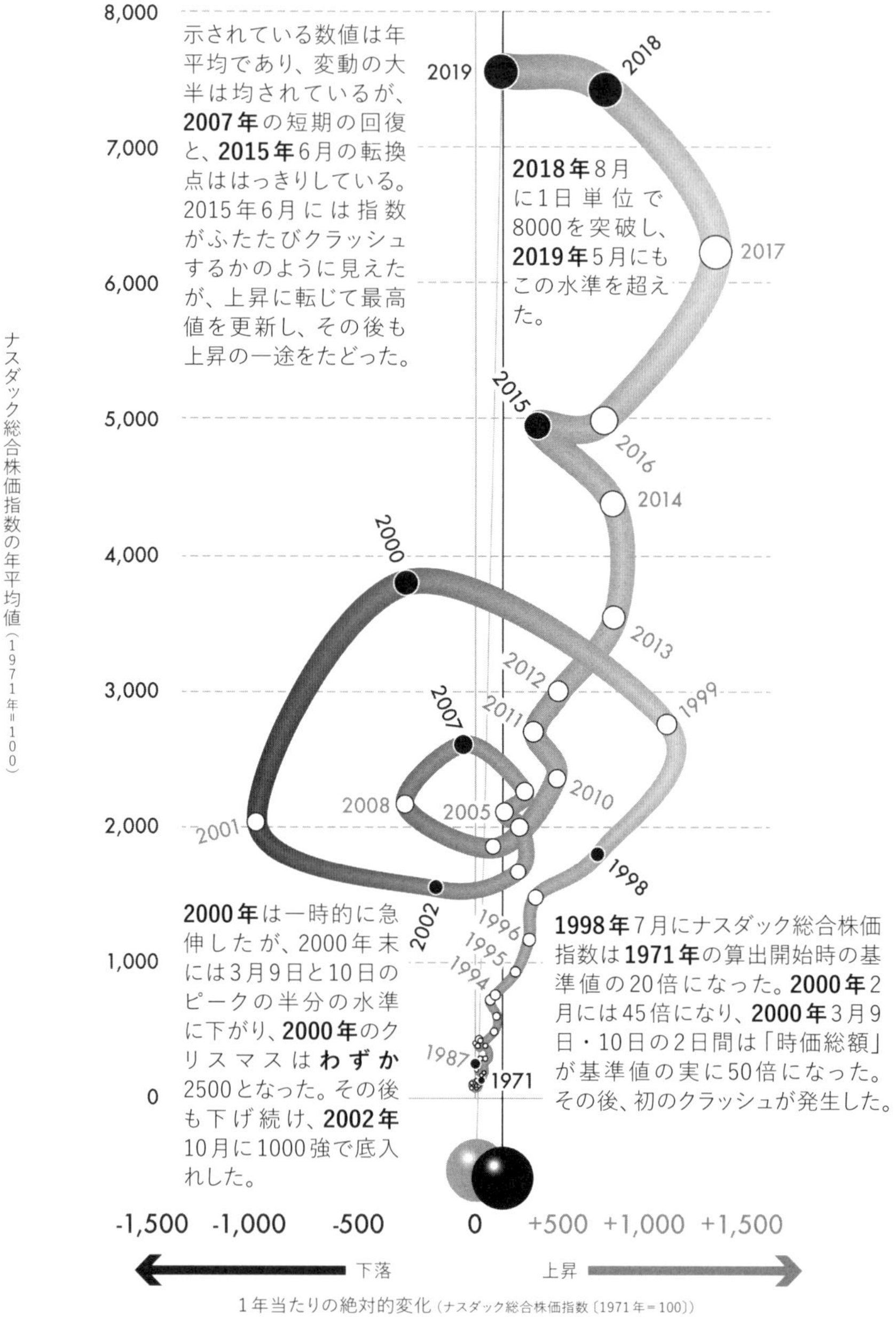
8,000
7,000
6,000
5,000
4,000
3,000
2,000
1,000
0
ナスダック総合株価指数の年平均値（1971年=100）
示されている数値は年平均であり、変動の大半は均されているが、**2007年**の短期の回復と、**2015年**6月の転換点ははっきりしている。2015年6月には指数がふたたびクラッシュするかのように見えたが、上昇に転じて最高値を更新し、その後も上昇の一途をたどった。
2018年8月に1日単位で8000を突破し、**2019年**5月にもこの水準を超えた。
2019
2018
2017
2015
2016
2014
2000
2013
2012
2011
1999
2007
2010
2008
2005
2001
1998
2002
1996
1995
1994
1987
1971
2000年は一時的に急伸したが、2000年末には3月9日と10日のピークの半分の水準に下がり、**2000年**のクリスマスは**わずか**2500となった。その後も下げ続け、**2002年**10月に1000強で底入れした。
1998年7月にナスダック総合株価指数は**1971年**の算出開始時の基準値の20倍になった。**2000年**2月には45倍になり、**2000年**3月9日・10日の2日間は「時価総額」が基準値の実に50倍になった。その後、初のクラッシュが発生した。
-1,500
-1,000
-500
0
+500
+1,000
+1,500
下落
上昇
1年当たりの絶対的変化（ナスダック総合株価指数〔1971年＝100〕）

データの出所：NASDAQ OMX Group, “NASDAQ Composite Index [NASDAQCOM],” FRED, Federal Reserve Bank of St. Louisより引用、2019年5月12日閲覧、https://fred.stlouisfed.org/series/NASDAQCOM.

として彼らが貧しくなったとは思ってもみなかった。もちろん、あなたが利益を出した裏では、他の人が損失を出しており、あなたがしていたことは新しい価値を何も生み出していない。しかし、市場は効率的である。そして「トリクルダウン効果」で貧しい人も豊かになれる。あなたはそう信じていた［＊208］。

その後、言うまでもなく、惨事が襲いかかることになる。しかし、あなたはずっと前から投資を分散している。成果報酬で不動産をいくつか購入した。1997年に少し買い、1998年と1999年に投資を増やした。賃貸所得はかなりあったが、値上がり益はもっとあった。2000年と2001年のドットコムバブルを生き延びたものの、給料とボーナスがかつてのように急増することは二度とないだろう。あなたは2003〜2007年のミニブームも慎重に切り抜け、勤務先の投資会社のパートナーになった。

毎日（現地時間で）、朝のトレーディングで世界中から大量に買い付けて、市場が閉まる直前に売るあなたのやり方は、うまくいっているように見えた。ところが、2008年の暴落を生き延びると、歯車が狂い始める。若手のトレーダーたちのほうがプレッシャーには強かった。2008年の直後でさえ、市場はまたぐんぐん上昇し始めた。2015年には暴落が起きたが、それもすぐに消えた。2019年夏もそうだった。しかし、信じられないほどのお金持ちのところにはまだうなるほどお金があり、助言を求めて、いまもあなたのところにやってきていた。その中には大人になって莫大な遺産を相続したかつての顧客の子どももいた。あなたは彼らをさらにお金持ちにしたばかりか、自分も富豪の仲間入りをしつつあった。そしてある日、歯車が止まった。

2020年代のある日、市場の信認が崩れ始める。崩れたのは短期の信認ではなく、長期の信認である。これまでとはまったく違う何かが起きている。大きさも形もわからない何かが。こんなことはこれまでなかった。今回は本当に違う。顧客の要求は次第に厳しくなり、リスクを減らすように求められる。超一流の人材を確保しようとしても、思いどおりにいかなくなり始める。自尊心の高い若者の中に、いまも利益という神を崇拝するか、その妹であるトリクルダウンという女神を信奉している者などほとんどいない。あなたが賃貸している個人所有の不動産がある州は、家賃規制が導入されるおそれがあり、トランプ大統領は2019年に税制を改正していて、税率の高いニューヨークの州税を連邦税から控除できなくなっている。あなたはフロリダに引っ越そうかと考えている。しかし、人生は短すぎるし、皮膚がんになるリスクは高すぎる。

あなたは時系列線を見る。ほんの四半世紀ほど前、1996年のクリスマスイブに見て、大きな成功と興奮の日々を連れてきた、あの時系列線だ。そして突然、こうした株式にはほとんど何の価値もないことに気づく。あるのは知的財産だけで、何十年もまったく新しいことに投資していない企業がそこにならんでいる。いっとき神のごとく崇められたハイテク企業をめぐる熱狂は、すべて幻想だった。世間知らずで無知な若者と狡猾で強欲な年寄りにつけ込んで大きくなっていた企業であり、法人税をあまり支払わずにすんでいたから生き残ることができていた企業であり、あなたが生まれたときには存在すらしていなかった企業である。

スローダウンが始まると、自分のような世界の一握りの富豪にとって安全なものは何一つとしてないことに、あなたは突然気づく。自分が属する小さな集団にとって、安定しているものなど何一つとしてないのだと。スローダウンが進む中で政治も変化したら、どうなってしまうのだろう。あなたは早期リタイアして、資産をすべて処分し、フロリダに移り住む。そして新聞のオンライン記事に怪しげなコメントをつける。老齢にさしかかる頃、正しいとずっと信じてきたことがどれだけ間違っていたのか、気づき始める。

第10章

スローダウンの時代の地政学

Geopolitics: In an Age of Slowdown

ぼくたちが空間の感覚を失ってしまったことは知っているだろう。「空間は消滅した」って言われているけど、空間が消えたのではなく、空間の感覚が消えてしまったんだ。

——E・M・フォースター、1909年

人は年をとってようやく、自分の考えの多くが間違っていることに気づく。年を重ねてはじめて、自分ときちんと向き合えるようになるからだ。しかし、大半の人とまではいかないが、多くの人はそうしない。ほとんど同じ物語をずっと信じ続ける。私はそんな多数派の1人だ。自分の意見を根本から変える人などほとんどいない。そうした人たちが考えるようになることが若者に広まっていくのだとしたら、若者は自分の世界観をまさに形成しているときであるので、政治に長期間にわたってとても大きな影響がおよびかねない。

思想はある場所から別の場所へと、地理的に広がっていくことが多い。ところが、1837年に電報が、E・M・フォースターの時代に電話が、そして1974年にインターネットが登場すると、空間は急速に収縮していき、空間は消滅したかもしれないと考える人も現れた［＊209］。それどころか、私たちをつなげる機械が広まる速さ以上のスピードで、思想が空間を飛び越え始めた。にもかかわらず、社会風土が違う場所では政治も大きく違っていることは、私たちは揺るぎない思考の持ち主になれるのだという大きな希望になるはずだ。もう一つの世界をつくりだすことは可能である。その別の世界が、地球上のどこかにすでに存在するのだから。それは特定の場所にある。それがスローダウン「先進」国だ。そしてそれは、特定の意識の中にある。

特定の場所にいる人々は、自分たちは集団で行動できること、そして、哲学者で小説家のアイン・ランドの著作で喧伝された利己主義の時代は終わっていることに気づくようになっている。ランドの思想は、加速化がピークに達した時期に花開いた。ランド（1905～1982年）は恐るべき小説家であり、ランドが「客観主義」と名付けたムーブメントの主導者であり、利己主義というカルトの大司祭だった。共通善のために働くのは無意味だと、ランドは考えた。ランドのような利己的な個人はどの時代にもいるものだし、スローダウンの時代の地政学を機能させるには、ランドの信奉者を説き伏せなければいけないだろう。ランドは大勢の極右の政治家とリバタリアンのビジネスエリートのヒロインだった。しかし、いまこの本を読んでいる人の中には、ランドの名前を聞いたことがない人もいるだろう。それは希望の光であり、私たちの中にある利己主義に私たちが集団として打ち勝った証しとなる［＊210］。

現代の利己主義の台頭が初めて観察されたのは、17世紀のアムステルダムの波止場である。当時、周辺の住宅価格は最高値を更新しようとしており（図51を参照）、「私以外のすべての人が貿易を営んでいて、みな自分の利益だけを考えているため、ここなら生涯誰にもまったく気づかれることなく暮らせるだろう」と、ルネ・デカルトは1631年に綴っている［＊211］。ジャン・ルイ・ゲ・ドゥ・バルザックに宛てたその手紙からは、むしろとてもうれしそうな感じが伝わってくる。誰にも気づかれないことはデカルトにとっては都合がよかったが、ほとんどの時代、ほとんどの人にとっては、そうではない。大半の人は存在を少し認識される必要がある。政治の観点から言えば、あなたは大切ではないと伝えるには、相手の存在を無視するといい。相手にほとんど、あるいはまったくお金を支払わないときに、それが最も効果的に伝わる（奴隷制がその例だ）。

スローダウンの地政学は、これまで無視されてきた人たち、つまり貧しい人たちの地政学である。大加速期が終われば、一握りの人が大勢の人を踏みにじることははるかに難しくなる。18世紀、他のどこよりも大きく加速しているように見えたのがパリであり、利己主義の中心はアムステルダムからパリに移ったかのようだった。1721年のパリでは、フランス人はいつも急いでいた。「重要な仕事がある（と言われていた）からだ」［＊212］。休めるのは死んだときだけだった。そして、１７９１年にハイチで奴隷が蜂起して始まり、１７９３年にパリで終わった革命で、大勢の人が命を落とした。

多くの人がフランスを逃れ、イギリス海峡を渡った。そうしてロンドンに世界最大の波止場がつくられることになる。１８３０年代には、見る者が衝撃と畏怖を抱くほど繁栄していた。次にその地位を引き継いだのがニューヨークで、１９０４年にタイムズスクエアが命名された（時代《タイム》ではなく新聞の名前からとられている）。いま、人口と富裕層が最も急速に増えているのは北京だが、利己主義の形はこれまでの都市とまったく同じというわけではない。しかし、西側の多くの学者たちはこの注目すべき変化にまだ完全には気づいていない［＊213］。

２０１７年夏の時点で、世界金融センターのトップ5は、上から順にロンドン、ニューヨーク、シンガポール、香港、東京だった［＊214］。後ろの三つはいまでは中国を中心とする、つまり北京を中心とする金融クラスターを形成している。このランキングが精緻なものか粗いものかは大した問題ではない。大切なのはイメージだ。順位がどうつけられているかなど、ほとんど誰もチェックしない。ほぼ全員が示されている順位をそのまま受け入れる。

それから2年足らず後の２０１９年、同じ組織が発表したランキングは少し違っていた。ニューヨーク、ロンドン、香港、シンガポール、上海だったのだ［＊215］。これは安定した世界の秩序ではなく、スローダウンが進んで、ある特定の形に落ち着きつつある段階のものだ。ロンドンは下がっている。わずか2年で1位から2位に下がったというのは、過去最速の下落ペースである。中国は上がっており（ただしペースは鈍ってもいる）、ニューヨークは踏みとどまっていて、東京は上海に取って代わられている。全体として、力は分散しており、ふたたび集中化する動きは見られない。

民主主義と進歩

地政学では、空間と同じくらい時間が重要になる。私たちはいま、遠い過去について、これまで以上に多くのことを学んでいる。人類はどのようになれるのだろう。ごく最近、アメリカに拠点を置く考古学者のチームがケニヤのトゥルカナ湖の近くで墓を発見し、いまから5000年前には、大規模な集団が大きな階層がない社会を築き、仕事を分担し合っていたと結論づけた。この社会は何世紀にもわたって世代を重ねながら続いてきたとされる［＊216］。

4000年前、後にインダス文明として知られるようになるところに、大きな社会階層のない都市が次々に建設された。その一つがハラッパーだ。よく計画された広い公道があり、公共や私有の井戸、側溝、浴場がつくられ、共用の貯水槽もあった。1920年代まで、この歴史はまったく知られていなかった［＊217］。私は学校で、こうしたものを最初につくったのはローマ人だと教わったが、ヨーロッパの中で早い段階にそうしただけで、その2000年前に世界の他のところですでに成し遂げられていたことを再現したにすぎなかった。

議会制民主主義の起源は、最近では、現在のシリア、イラク、イランにまたがるインダス文明と同時期におこった社会にまで遡るとされている。インドでは、ヴェーダ時代の初期に「議会が統治する共和制が一般的になった」とされ、この時期に議会制民主主義が生まれたと考えられている［＊218］。そうした思想は若者に広まった。若者は最も移動が多く、若者たちがビブロス、シドンをはじめとするフェニキア人の都市に持ち込み、その後、アテネへと少しずつ伝わった。私たちはアテネなどのヨーロッパに最も近い文明の歴史だけを記憶し、再構築しがちである。

ウィキペディアには前にこんな記述があった。「国王が人民の投票によって選ばれた民主主義国家のうち、知られているものの中で最古の王国（ガナラージャ）は、紀元前599年、古代インドのヴァッジ国にあったヴァイシャーリーに遡ることができる。ヴァイシャーリーは、ジャイナ教の救済者であるティールタンカラの24人目にして最後の1人であるヴァルダマーナが生まれた地である」。しかし、その説明はいまは編集されて、より長く、より複雑な記述に置き換わっている。おそらく、学者などの専門家がハンドルネームを使ってウィキペディアの編集に参加しており、それ以外の多くのことがスローダウンしているので、過去についての議論が大きく盛り上がっているのだろう。過去の記述を書き換えることで、未来の形を変えようと熱心に取り組んでいるのではないか［＊219］。

すべての人は平等であるという考え方は、どこか一つの場所で「始まった」わけではない。最初から当たり前のことだったのだ。オーストラリアの初期の民主主義体制は、中断されることなく続いた最長の例だろう。アボリジニの天地創造の神話にまで遡り、世代を超えて受け継がれてきたものだ。しかしイギリスでさえ、トゥルカナ湖の社会主義者が現在のケニアにあたるところで繁栄していた時代から2000年後の、デヴォンにある古代の石の住居のパターンを見るかぎり、社会階層はほとんどなく、また、3000年前には、互いに戦うように命じるエリートがいなかったため、戦争が起こることはまれだったようだ［＊220］。

中国北部の平原では、100世代以上にわたって、ほとんど同じ暮らしをしてきたと考えられる。安定して、持続可能で、人口密度が高い。そうした社会はエリートがコントロールされて初めて成り立つ。エリートが制御不能になると戦争へと向かう［＊221］。エリートの腰巾着みたいな人や、「何が私たちのために最善か」知っている一握りの人が支配できるようにさえすれば万事うまくいくと吹聴する人は、少数ながらかならずいる。２０１８年、スティーヴン・ピンカーは『21世紀の啓蒙――理性、科学、ヒューマニズム、進歩』を書き、人類はいま、かつてなく大きな成功を収めていると説いた。ビル・ゲイツは「生涯の愛読書に新たに加わった一冊」といち早く称賛した［＊222］。

ピンカーの物語が間違っていることはすぐにわかる。いまでは、ピンカー以外の多くの人が、私たちは過剰に消費していることを知っている。トリクルダウン経済が機能しているふりをする（それどころか本当にそう信じる）といったピンカーの思想から恩恵を受けるのは富裕層だけだとわかっているのだ。ピンカーは旧態依然とした経済指標であるＧＤＰをとりわけ気に入っているが、ジェレミー・レントがピンカー批判の中で明らかにしたように、世界の真の進歩率（genuine progress rate＝ＧＰＲ）を示すさまざまな指標は、１９７６年頃にピークに達し、「それ以降、着実に下がっている」。レントはこう説明する。「希望に満ちた未来を実現するために、さまざまな分野の進歩的な思想家たちが何十年もかけて複雑で洗練されたモデルを一つひとつ築き上げてきたが、ピンカーは、資本主義者を善、共産主義者を悪とするマニ教的な黒・白の世界観を描くことで、それを視界から消し去ってしまっている。こうした新しいモデルには、伝統的な右派対左派というピンカー流の誤った二分法は出てこない。その代わりに、破壊を招くグローバル経済システムを、より公正で、より持続可能で、より大きな人類の繁栄をもたらすシステムに置き換える可能性を探っていく。ひとことで言うなら、進歩し続けるための21世紀型モデルである」［＊223］。

平均身長の伸び

もちろん、乳児死亡率から識字率まで、数多くのことがよくなっていることを示すエビデンスはあるが、物事がよくなっているのは、たいていは最初に悪化したからであったか、必要不可欠ではなかったから（読むものがほとんどないときには文字を読めることは必要不可欠なことではない）というだけのことだ。よい例が人間の身長である。人間の身長がいちばん高かったのは、狩猟採集を（正直に言えば、主に採集を）行っていたときで、その後、耕作をしなければいけなくなると身長は低くなった。耕作をしたのは採集できるものがほとんどなかったからである。やがて農場（ポルトガル語で「ファゼンダ」）で働くようになると、人間の身長はさらに低くなった。ポルトガル人は「フェイトリア」（交易拠点）もいち早くつくった。フェイトリアは後に（オランダ人とイギリス人が16世紀に建設すると）「ファクトリー」と呼ばれるようになる［＊224］。これはその後、イギリスで違う種類のファクトリー（工場）に発展し、工場生活を送るようになった結果、人類の身長は史上最も低くなった［＊225］。

1870年代から1970年代にかけてアメリカと西ヨーロッパで工場の環境が改善すると、人間の平均身長は、先祖たちの水準に戻り始めた。この間に身長は平均で11センチ伸び、10年間で1センチ以上高くなった。北ヨーロッパと中央ヨーロッパの国々では、1911年から1955年の間に身長が最も伸びた。これは保健衛生が前進した効果が戦争と不況によるダメージを上回った結果だが、それ以上に重要なのは、人々がより多くの権利を獲得し、民主主義を建設していたことである。

この変化を発見した研究者らは、他の多数の要因もそれと同じくらい重要だったと結論づけている。たとえば、「家族の規模が小さくなったことが、育児慣行の改善を可能にした主要な要因だった。したがって、19世紀後半から出生率が劇的に低下した出生率の遷移が重要だったと考えられる。調査対象となった国では、下降トレンドは1900年代から1930年代の間が特に強かった」［＊226］。それは調査対象国で女性が投票する権利を勝ち取った時期である。いま世界中で出生率が急速に下がっており、将来は地球上で暮らす人間の身長が全体として高くなることが十分に考えられるが、その伸びもスローダウンするだ

図55　世界全体の成人の平均身長、1896～1996年生まれ

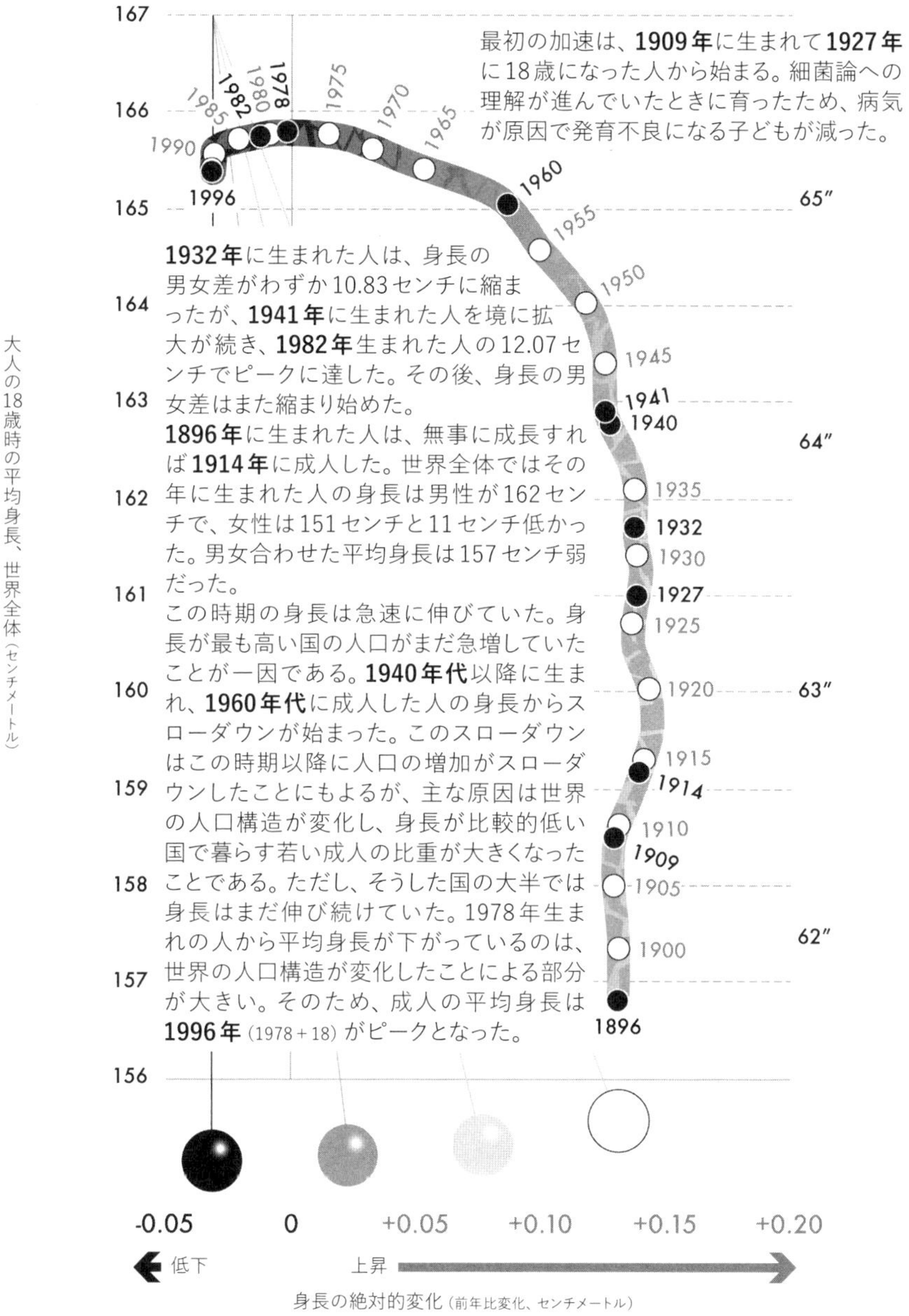
最初の加速は、**1909年**に生まれて**1927年**に18歳になった人から始まる。細菌論への理解が進んでいたときに育ったため、病気が原因で発育不良になる子どもが減った。
1932年に生まれた人は、身長の男女差がわずか10.83センチに縮まったが、**1941年**に生まれた人を境に拡大が続き、**1982年**生まれた人の12.07センチでピークに達した。その後、身長の男女差はまた縮まり始めた。
1896年に生まれた人は、無事に成長すれば**1914年**に成人した。世界全体ではその年に生まれた人の身長は男性が162センチで、女性は151センチと11センチ低かった。男女合わせた平均身長は157センチ弱だった。
この時期の身長は急速に伸びていた。身長が最も高い国の人口がまだ急増していたことが一因である。**1940年代**以降に生まれ、**1960年代**に成人した人の身長からスローダウンが始まった。このスローダウンはこの時期以降に人口の増加がスローダウンしたことにもよるが、主な原因は世界の人口構造が変化し、身長が比較的低い国で暮らす若い成人の比重が大きくなったことである。ただし、そうした国の大半では身長はまだ伸び続けていた。1978年生まれの人から平均身長が下がっているのは、世界の人口構造が変化したことによる部分が大きい。そのため、成人の平均身長は**1996年**（1978＋18）がピークとなった。
大人の18歳時の平均身長、世界全体（センチメートル）
167
166
165
164
163
162
161
160
159
158
157
156
65″
64″
63″
62″
1996
1990
1985
1982
1980
1978
1975
1970
1965
1960
1955
1950
1945
1941
1940
1935
1932
1930
1927
1925
1920
1915
1914
1910
1909
1905
1900
1896
-0.05
0
+0.05
+0.10
+0.15
+0.20
低下
上昇
身長の絶対的変化（前年比変化、センチメートル）

注：この時系列線は、生まれた年と18歳時の平均身長を示している。左の目盛りはセンチメートル、右の目盛りはインチ。

データの出所：Majid Ezzati et al., "A Century of Trends in Adult Human Height," *NCD-RisC*, 26 July 2016, http://www.ncdrisc.org/data-downloads-height.html.

ろう。なぜなら、スローダウンがすでに始まっているからであり、人間の身長には生物学的な限界があるからである。

いまは豊かになっている国の場合、身長の伸びが最大になったのは、どこもごく最近のことだ。最近の身長の伸びが遅いのは、デンマーク、フィンランド、オランダ、ノルウェー、スウェーデンといった北ヨーロッパで、1955年から1980年の間に10年当たりわずか0・99センチしか伸びなかった。これはすでに最大の伸びが記録されていたからだ［＊227］。世界の身長グラフ（図55）が示すように、人口の構造がかなり急速に変化しているため、大人の平均身長はいまは低下している。つまり、世界で身長が比較的高い国は、生まれてくる子どもの数がより長い期間にわたって少なくなっており、平均身長が比較的低い国は、子どもの数が増えている。赤ちゃんの身長は平均すると親の世代よりも高くなってきているが、世界の大人の平均身長は、人口の構造が変化して下がっている。人口の構造が安定すれば、世界の平均身長はまた加速すると考えるべきだが、一時的なものにとどまるだろう。私たちが巨人になることはない。

知能指数

種としての人間にとって、あらゆることが変化しているが、それを物語るのは、平均身長の伸びが突然スピードアップして、その後スローダウンしたことだけではない。いま進んでいる大きな変化が終わりに向かっていることを示す徴候は、いくらでもある。日用品の変化がどんどん少なくなっていることがそうだ。台所のシンクも、洗濯機も、シャワーも、バスタブも、過去5世代に劇的に変化したが、いまでは見た目はほとんど変わらなくなっている。新しいものは少し省エネになっているだろうが、蛇口から水が出るようになり、その後にお湯も出るようになったときや、手回し式の脱水機が全自動洗濯脱水機に置き換わったときや、風呂のなかった住宅にブリキのバスタブがやってきて、さらに電動シャワーがついたときと同じくらい重大な変化はもう生まれていない。１９０１年頃に最も急速な加速期が始まるまでは、何世代にもわたって井戸から水をくんでいた。それと同じように、身の回りを清潔に保つという、人が日常生活において繰り返す基本的な活動は、ふたたび固定化しだしている。

いまは、水が出てこない新種のシャワーや、まったく新しいタイプの便器を発明すると言っている人はいない（ただし、トイレで大をするときにはしゃがむほうが健康にいいとして、このスタイルに回帰するべきだと言う人は少数だがいる）。実際、テクノロジーの進歩はとても遅くなっているため、ただの家電製品の小さな改良が大きな前進だと称賛されることもある。２００７年にジェームズ・ダイソンが紙パックのいらない真空掃除機を発明したとしてナイトの称号を授けられたときがそうだ。１９０１年の時点では、アメリカとイギリスで何人かがダイソンの真空掃除機と少しだけ違う掃除機を発明したが、ナイトの称号を授けられるなどして称えられた人は１人もいなかった。当時はそうした進歩は非常に速かったので、それに気づく前に別の発明が生まれていたためだ［＊228］。いまはイノベーションの例を見つけるのがとても難しい。これは革新的な発想が減ったからではなく、簡単に実現できるものがすべて実現されているからである。そして、そのほとんどが過去5世代に実現されている。

その成果で私たちは工場での労働から解放され、住居や衣服、身体をはるかに簡単にきれいにできるようになった。次世代以降の身長はふたたび伸びるかもしれない。ただし、世界平均だけでなく、各国の身長もやがてスローダウンする。

近年はテクノロジーがほとんど進歩していない。私の主張を疑うのであれば、世界中の汚水処理施設で排泄物をきれいな水に変えているプロセスを考えてみてほしい。このプロセスが発明されたのは１９１３

年になってからだ。翌年の1914年に、ウィリアム・ロケットとエドワード・アーデーンが「活性汚泥」法の詳細を工業化学会誌に発表した。この技術はV世代の子ども時代にマンチェスターのデイヴィーヒュームで初めて実用化された［＊229］。大衆の衛生状態がよくなったのはつい最近のことで、過去5世代の最初の世代が生きている間に始まったばかりである。真の進歩は、新しい発明を通じて起こるのではなく、いまでは古い発明になっているものの恩恵がもっと多くの人、もっと多くの国に広がることで起きるようになるだろう。

各世代の身長が一つ前の世代より大幅に高くなる現象は1900年の直前に世界規模で始まったが、世界全体で考えると、1960年代の直後に生まれた人で突然終わったように見えた。世界でも特に豊かな国の中には、進歩が広がり始めたときに、身長が10年間で約2センチ伸びていたところもある［＊230］。私たちの肉体の急速な変化は、身長以外にも見て取れた。身長が急に伸び始めてからほどなく、人間はより賢くなったようにも見え始めたのだ。

身長と同じように、知性を示す指標も高くなっているが、身長と違って、まだ頭打ちになっていない。加速の時代に知能指数（IQ）の値は10年当たり約3ポイント上がっている［＊231］。ただし、IQは単に知能検査をうまくこなす能力であり、IQが上昇したからといって、情動的・知的な能力が高くなっていることを意味するわけではない。筆算する能力、分析的思考、空間認識、短期記憶といったものをうまく処理できるようになっていることを表しているにすぎず、曾祖父母たちがとてもうまくできていた実用的な仕事や作業の多くをうまくできなくなっている可能性は非常に高い。

こうした上昇は、最初は均等に広がらない。平均身長と平均IQは最初に豊かな国、それも豊かな国の中でも豊かな社会集団の間で上昇し、上昇するペースも速い。その後に社会階層の下の層へと浸透し、空間を越えて広がるカスケード効果が生まれているように見える。ヘロインの使用（最初は上流階級が「嗜んで」いた）から、住宅の大きさや住みやすさまで、あらゆることが同じパターンをたどっている。最初に恩恵を受けるのは富裕層である。タバコを吸う、過食する、薬物を過剰に消費するといった有害な習慣を絶つのも、ガラス窓、水道、トイレ、空調や暖房が向上した家など、役に立つものを最初に手に入れるのも、たいていそうだ。大学が聖職者になるために学ぶだけの場所ではなくなると、大学に行く機会を最初に手にしたのも富裕層だった（図56）。

高等教育は世界的に拡大しており、その財源は、それに先行して無償の中等教育を拡大したときとても近い形になっていることが多い。しかし、アメリカなど、景気のスローダウンが深刻である一部の国では、近年、大学の卒業生が増加するとともに債務が急増している。アリアネ・ド・ギャルドン率いるチームが最近の研究で指摘したように、「すべての連邦ローンからの年間借り入れ総額は、1995年から2010年の間に3倍に増え、その後、連邦政府が補助するローンの資格要件が変更されたため、2010年に減速し始めた……。2014〜2015年の時点で、学士号を授与する大学に通う平均的な学部生は、在学中に毎年約7500ドル借りていた」［＊232］。アメリカでは、大学生の総数と平均債務残高が増加した（第3章の図6を参照）。ところが、ローンの件数が増加し、大学の学生数も増えるにつれて、最富裕国の一部で、次の世代がどうなるのか、病的なまでに心配する傾向が広がっている。というのも、教育は軍拡競争とみなされているからだ。「今後10年以内に、体外受精を行うカップルは、〝いちばん賢い〟胚を選択できるようになるかもしれないと、アメリカの有力な科学者が予言している」［＊233］

胚の「IQを正確に予測する」というアイデアが、それも「今後10年以内に」実現するなんて、馬鹿げている。親の遺伝子を調べるより、親の所得を確認するほうが、胎児の将来のIQをはるかにうまく予測できるに違いない。かりに二つの胚のそれぞれのゲノムを入手できて、どちらのほうがIQが高いかを知

図56　世界全体の高等教育機関入学者、1970～2014年

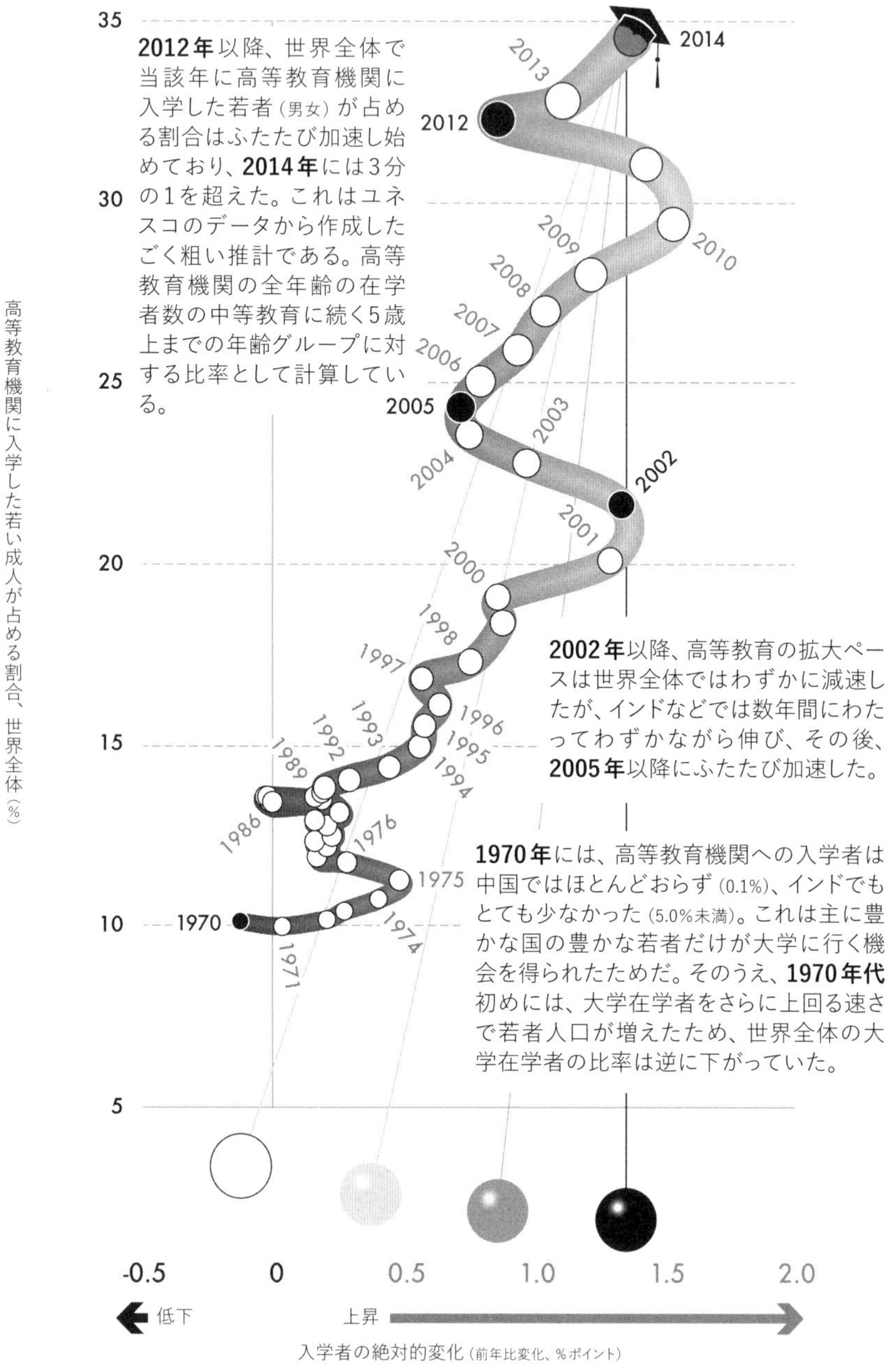

2012年以降、世界全体で当該年に高等教育機関に入学した若者（男女）が占める割合はふたたび加速し始めており、2014年には3分の1を超えた。これはユネスコのデータから作成したごく粗い推計である。高等教育機関の全年齢の在学者数の中等教育に続く5歳上までの年齢グループに対する比率として計算している。
2002年以降、高等教育の拡大ペースは世界全体ではわずかに減速したが、インドなどでは数年間にわたってわずかながら伸び、その後、2005年以降にふたたび加速した。
1970年には、高等教育機関への入学者は中国ではほとんどおらず（0.1%）、インドでもとても少なかった（5.0%未満）。これは主に豊かな国の豊かな若者だけが大学に行く機会を得られたためだ。そのうえ、1970年代初めには、大学在学者をさらに上回る速さで若者人口が増えたため、世界全体の大学在学者の比率は逆に下がっていた。
高等教育機関に入学した若い成人が占める割合、世界全体（%）
35
30
25
20
15
10
5
2014
2013
2012
2010
2009
2008
2007
2006
2005
2004
2003
2002
2001
2000
1998
1997
1996
1995
1994
1993
1992
1989
1986
1976
1975
1974
1971
1970
-0.5
0
0.5
1.0
1.5
2.0
低下
上昇
入学者の絶対的変化（前年比変化、%ポイント）

データの出所：World Bank, UNESCO Institute for Statistics, "World Bank EdStats," 2019年6月15日閲覧、https://data.worldbank.org/data-catalog/ed-stats.

識に基づいて推測できたとしても、成否は五分五分なのではないか。さらに、IQの高い胚を選別しているつもりでも、他の何らかの特性を選別してしまっているかもしれないという問題もある。人間の遺伝子は十分には解明されておらず、選ぼうとしている形質以外にどのような形質を同時に選択しているのかはわからない。

人間の身長はどれくらい高くなっているのか、どこまで高くなれるのかという問題に戻ると、身長は遺伝に強く支配されるが、平均身長の時間変化は、遺伝子が変化した結果ではなく、文化的・社会的要因によって引き起こされている。平均IQの時間変化にも同じことが言える。そのため、入学時の学力（ひいては親の社会経済的地位や教育水準）は、遺伝子データ（多遺伝子スコアとして要約されたもの）と同じくらい、個人の将来の学業成績を予測するよい指標になるという研究結果が出たことにも、驚きはない［＊234］。たとえば、それと同じデータを見ると、ある子どもの学校での成績が他の子と比べてよいかどうかを左右する要因としては、子どもが学校生活を楽しんでいるかどうかも、少なくとも同じくらい重要であることも明らかになる［＊235］。大半の人にとって、この研究結果は当たり前のことかもしれないが、学業成績は主に遺伝子によって決まると信じている人にとってはそうではない。くしくも、そうした人たちはたいてい、自分は特権によって「成功」したのではない、優秀な遺伝子を持っていたから成功したのだとも信じている。

スピード、性の政治学、時代精神

10年あまり前には、『ハイスピード社会――社会の加速、権力、現代性』といったタイトルの本を読むのはめずらしいことではなかった。その本の冒頭（2ページ）では、社会が加速していることを示す一つ目のエビデンスとして、映画やテレビの現象が取り上げられた。「映画、広告はもちろん、ドキュメンタリーでさえ、ショットの長さが少なくとも50分の1になっている」という[*236]。より最近の分析によれば、映画の平均ショット時間は、1930年の12秒から2010年には約2・5秒に減少したが、古い映画は1ショットにより多くの登場人物を詰め込む傾向があり、映画製作者は観客がその場面を記憶するのにより多くの時間をとらなければいけなかった。そのため、登場人物が1人増えるごとに、ショット時間は1・5秒長くなった[*237]。『ハイスピード社会』を7ページまで読み進むと、話は大きく時間を遡り、「重要な加速期は1880年から1920年の間に起きたということで、大半の著述家の見方は一致している」と説明される。実際、それが最も重要な期間だったのは確かだろうが、社会はスピードアップしていると訴えるために書かれたその本が、かえって私たちがスローダウンに直面していることを確認するのに役立つ結果になっている[*238]。

私たちが物事をするために使う時間は短くなっており、その変化の大半は、手順の変化によるものだと言える。スポーツの世界で記録が塗り替えられたのは、スポンサーを獲得してトレーニングする時間を確保できる人が増えた結果であり、新しいトレーニング方法やスポーツ機器が開発されたからであり、パフォーマンスを高める薬が使われて、過去のオリンピックで特定の国の選手が驚異的な新記録を打ち立てたからである。最後の要因は、ドーピング検査が広く行われる時代になって、確実にスローダウンしている。

人間は常に速く思考することを求められてきた。危険な自然界で暮らしていた古代社会はもっとそうだっただろう。最近でも、危険な産業活動の現場では速く思考することが不可欠だった。ところが、私たちの思考がどんどん速くなっていることに、進化上の理由(あるいはエビデンス)はない。

なるほど、私は的外れなことを言っていると思われるかもしれない。いまの私たちの生活にはかつてないほど多くのものが詰め込まれていることを忘れていると。そんな生活を送るには、生活のペースを速める以外にない。いまは馬車の時代よりずっと速く移動できると言う人もいるだろう。しかし、AとBの間を移動するために費やす時間はたぶん以前と変わっていない。ただAとBの距離が増しているというだけのことだ。移動が増えているといっても、限られた意味の中だけである。そう、増えているのは移動距離であって、人生の中で移動時間が占める割合は増えていない。このように、私たちはいま、より遠くに、より速く移動しているのは確かだが、移動の速さも距離も永久に増し続けるわけではない。

少数のことが根本から変化するときには、段階的には進まず、ある世代にいきなり起きることが多い。たとえば性の政治学を考えてみたい。もしも社会が本当にスピードアップしているなら、セックスのパートナーも、結婚も、不倫も、もっともっと増えているだろう［＊239］。第二次世界大戦以降のイングランドとウェールズを見ていこう。１９４７年には、約40万組のカップルが結婚した。その後、戦争の影響で結婚を延期せざるをえなかったカップルが結婚した反動で、婚姻件数は少し減り、約15年にわたって、年間の婚姻件数は35万件前後で推移した。そして１９６４年には、１９４７年に結婚したカップルの子どもの最初の層（１９４７年に妊娠して１９４８年に生まれた人たち）が16歳になって結婚できるようになった。これに加えて、１９４５年、１９４６年、１９４７年に大量に生まれた子どもが１９６４年に19歳、18歳、17歳になっていたため、若い花嫁と花婿の供給が増え始める。

１９６０年代半ばの活気あふれる時代には、婚姻件数が加速した。最初は結婚できる年齢の人口が増えた結果だったが、その増加はすぐにスローダウンした。１９６０年代の終わりになって中絶が合法化されるとともに、経口避妊薬が広く使われるようになると、婚姻件数の増加ペースは急に減速し始めた。減少幅が最も大きかったのが１９７２〜１９７３年で、10代の若者たちがセックス・ピストルズを聴いていた１９７６年になると（「アナーキー・イン・ザ・ＵＫ」の頃だ）、婚姻件数は年間35万件に戻ったが、結婚の予備軍

図57　イングランドとウェールズにおける異性間の婚姻件数、1947～2016年

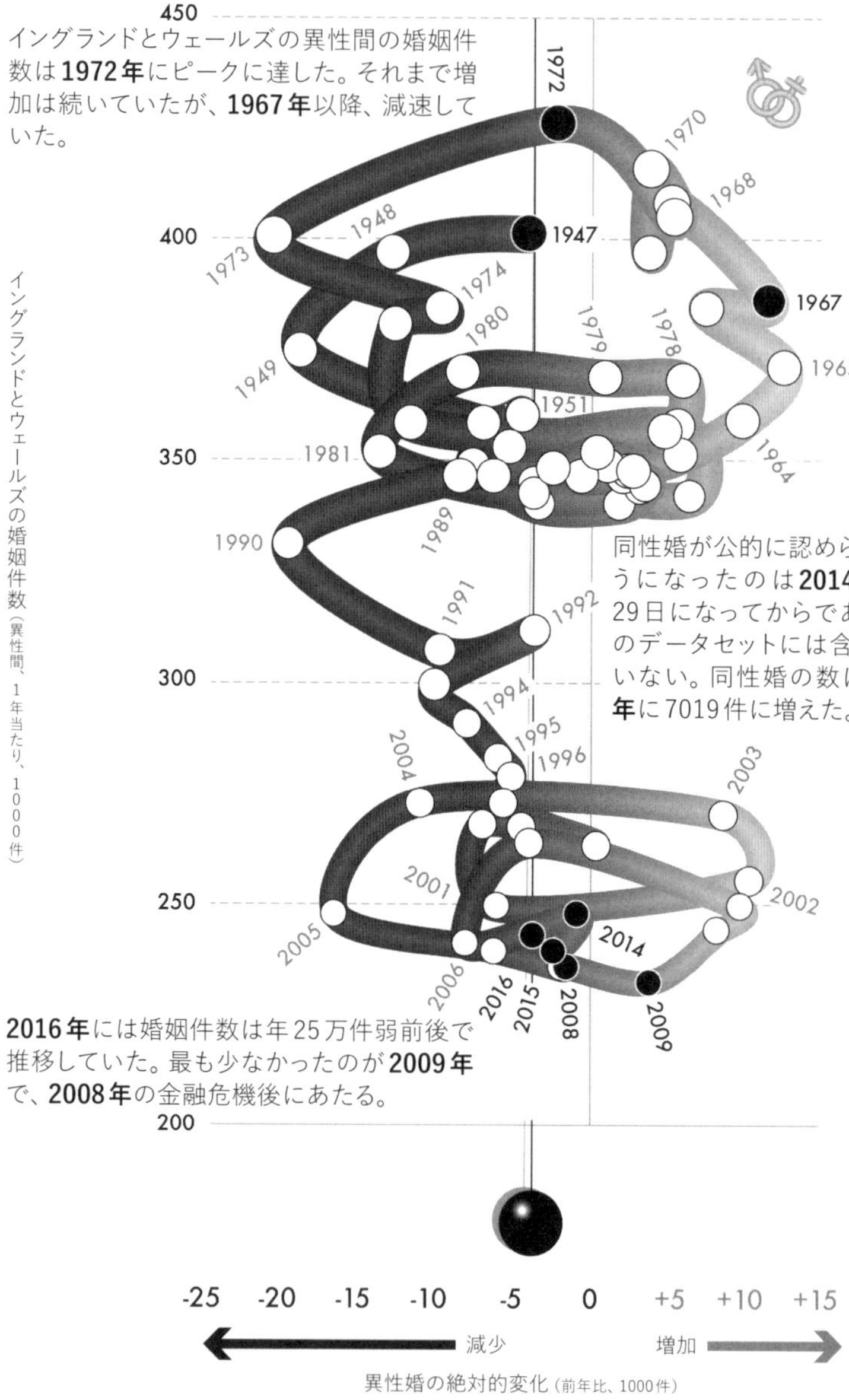
イングランドとウェールズの異性間の婚姻件数は**1972年**にピークに達した。それまで増加は続いていたが、**1967年**以降、減速していた。
同性婚が公的に認められるようになったのは**2014年**3月29日になってからであり、このデータセットには含まれていない。同性婚の数は**2016年**に7019件に増えた。
2016年には婚姻件数は年25万件弱前後で推移していた。最も少なかったのが**2009年**で、**2008年**の金融危機後にあたる。
450
400
350
300
250
200
1972
1947
1967
1970
1968
1965
1964
1973
1948
1974
1949
1980
1979
1978
1951
1981
1990
1989
1991
1992
1994
1995
1996
2004
2003
2001
2002
2005
2014
2006
2016
2015
2008
2009
イングランドとウェールズの婚姻件数（異性間、1年当たり、1000件）
-25
-20
-15
-10
-5
0
+5
+10
+15
減少
増加
異性婚の絶対的変化（前年比、1000件）

データの出所：U.K. Office for National Statistics, "Marriages in England and Wales: 2016," 28 March 2019および過去の発表分、https://www.ons.gov.uk/peoplepopulationandcommunity/birthsdeathsandmarriages/marriagecohabitationandcivilpartnerships/bulletins/marriagesinenglandandwalesprovisional/2016.

となる若いカップルと新たに離婚した人たちの人口はぐっと増えていた。ピストルズの『ゴッド・セイヴ・ザ・クイーン』（王政を「ファシスト体制」と呼んだ）が発売された1977年には、婚姻件数はふたたび減少した。人口比では結婚する人の数はどんどん減っていたが、年間の婚姻件数はほぼ同じだった。そしてその後、1990年に何か他のことが起きた。図57の時系列線が示すように、とても重大なことが。年間婚姻総数は1994年にわずか30万件に減ったが、2001年には25万件にまで落ち込んだ。いったい何が変わったのだろう。

本当のところはけっしてわからないだろう。1970年代初めに結婚を延ばした人たちは、子どもを産む数が減った。したがって、約20年後に結婚する人の数が減った。1990年代頭には小さな景気後退があった。しかし、何よりも大きいのは、結婚が突然、して当たり前のものから、するかどうかを選ぶものになったことだ。ゲイの人はゲイではないふりをしなくてすむようになった。少なくとも、以前のように頻繁に、長い間、大勢の人に対してそうしなくてもよくなった。同時に、結婚せずに子どもを育てるカップルが受け入れられるようになった。平均初婚年齢は、女性は1971年のおよそ23歳から2015年には31歳に上昇し、男性は25歳から33歳に上昇した（全婚姻の平均は女性が36歳、男性が38歳）。重要なポイントは、1990年に何かが変化し、他の何かがスピードアップしたことだ。他の何かとは、結婚の減少である。そのスピードアップも、いまは落ち着きつつある。

未来の都市の姿

ある都市が他の都市よりも文化的に少し進んでいるということはよくある。イギリスで結婚が最初に減少したのはロンドンだった。結婚はロンドン全体で減少しており、それが最初にはっきりと確認されたのは、1991年の国勢調査が発表された後だった。アメリカでは、ニューヨーク市を舞台としたテレビドラマ『セックス・アンド・ザ・シティ』が1998年に放送を開始した。ある都市がトレンドの一歩先を行くこともある。それも大きな都市全体がだ。『セックス・アンド・ザ・シティ』より、パリの上流社会を舞台とした小説『危険な関係』（1782年）のほうがずっときわどいだろう。ワイマール共和国時代の1930年代のベルリンには退廃的なキャバレーがあり、「ジャズエイジ」のニューヨークはもっと享楽的だった。しかしどれも少数派だけのものだった［＊240］。ロンドンでは、1985年の映画『マイ・ビューティフル・ランドレット』が1991年には時代遅れになっていた。トレンドは最初ははっきりしない。そうしたところの人たちがしていることはふつうではない。それが突然、他のすべてのところの人たちが、ニューノーマルになったばかりのことをするようになる。

予言するのが難しくはないトレンドもある。もうすぐ世界の女性の数は40億人になり、教育水準は平均すると大半の男性よりも高くなる。すでに世界の大卒者の過半数は女性である。もうすぐ地球上にいる女性の数が人類の歴史上初めて男性の数を上回るだろう。本当にもうすぐなので、すでにそうなっているかもしれない。男性のほうが多く生まれているが、女性のほうが長生きする。日本では6年以上長い［＊241］。出産時に死亡する女性が減ると、地球の男女のバランスが変化し、女性が多数派になるだろう。そのときは目の前に迫っている。娘のほうが息子よりも価値があるとして（出生率が低い世界で特にそう考えられている）、胎児が女の子でなければ中絶することがなくなれば、この変化を封じることができるだろう。政治を変革し、暴力は絶対に間違っているという認識を広める次なるガンジーは、きっと男ではない。グレタという名の16歳の少女かもしれないし、いま世界中で抗議の声をあげている何十万人もの若者の中の1人かもしれない。

それは誰にもわからない。突きつけられた銃口に花をさしても効果は限られていると言う人もいるが、どうしてそう言えるのか［*242］。政治のスピードそのものがスローダウンしているのだろうか。

130年以上の間、新しい重要な「イズム」が発見も発明もされていないように見えるのはなぜなのか。社会主義（ソーシャリズム）とアナーキズム（無政府主義）はどちらも少なくともそれくらい古い。「フェミニズム」という言葉が最初に使われたのは1880年代だ。1880年代には新しい言葉がたくさん生まれた。「失業（unemployment）」は1888年にはかなり新しい言葉だったが、1887年11月13日に起きた最初の「血の日曜日」事件では、トラファルガー広場に集まったのは失業者たちだった。

1880年代以降、重要な新しい「イズム」が生まれた例はほとんど思い浮かばない。だとしたら、人々は一握りの思想のまわりをぐるぐる回っているのではないか。いくつかの思想がゆっくりと変異して混ざり合い、うまくいきそうなイズムへと姿形を変えているだけかもしれない。新しい思想は生まれていない。たとえば、社会主義は軟化しているか、少なくとも明確ではなくなっている。資本主義もかつてほど凶暴ではなくなっている。帝国主義、植民地主義という言葉はいまも使われているが、それが指すものは本来の意味よりはるかに弱くなっている。ファシズムもそうだ。悪であることに変わりはないが、いまのところさしたる脅威にはなっていない。新しいイズムはどうだろう。サッチャリズムは？　トランピズムは？　周イズムは？

私たちが後退していないか、学者は目を凝らしている。2019年、アナ・ルーマンとスタファン・リンドバーグは「専制化」の歴史に目を向け、ふたたび専制支配に向かい、多くが絶対権力に近い力を持つ1人の人物に支配されている国がどれだけあるか調べた。1900〜2017年の時系列を作成したところ、109の国で217件の専制化の例が見つかった。この期間に影響を受けていなかったのは約69カ国と少数派にすぎず、２０１７年の時点で33カ国がまだ専制主義国に分類できるとされた。その一方で、専制化が憂慮すべきほど進んでいることを示すエビデンスは見つからなかった。逆に、専制化が進むペースはゆっくり下がっており、変化のペースも遅くなっていた。２人はこう結論づけている。「専制化の第３の波がまさに押し寄せようとしている。主に影響を受けるのが、法的外観の下で徐々に後退している民主主義である。これは懸念されることではあるが、この論文で示されている歴史的観点に立つなら、パニックになる必要はない。いま進んでいる後退は比較的穏やかで、民主国家が世界に占める割合は、過去最高に近い水準を維持している。１９９２年に『歴史の終わり』を宣言するのが時期尚早だったように、いま『民主主義の終わり』を主張するのは時期尚早である」［＊243］

ある意味で、いまのヨーロッパの政治は滑稽である。カール・マルクスは歴史は繰り返すと語り、こう付け加えた。「一度目は悲劇として、二度目は喜劇として」。一度目はナポレオン1世を、二度目は甥のルイ・ナポレオン（ナポレオン３世）を指している。ヨーロッパの人々はその言葉が正しかったことを証明しようとしているかのようだ。２０１９年５月、国内から全イスラム教徒を追放するよう要求していたデンマークの極右政党ストラム・クアスは、選挙の長い歴史の中でも例がないほど滑稽な候補者を立てた。１人は「放尿《ピス》アーティスト」だった［＊244］。ストラム・クアスは１・８％しか票を集められず、デンマーク議会で議席を獲得できなかった。南アフリカの政治科学者、シテンビレ・エムベテの言葉を借りるなら、ポピュリズムは一種の劇場である［＊245］。

ポピュリズムが台頭している国の例として頻繁に名前があげられるのは、南アフリカ、ブラジル、トルコ、ロシアだけではない。ドナルド・トランプの登場で、アメリカがたいてい最初に名前があがる（もちろん、トランプはそう呼ばれることを好んでいる）。しかし、ルーマンとリンドバーグが指摘するように、ポピュリズムは全体として退潮している。人々が一つの集団としてどう考えているかを調べようとすると、個人主義、利己主義、偏見、ポピュリズムが他よりも先に退潮している都市がたいてい見つかる。いまはロンドンとニューヨークがそうだ。

図58は、1932年から2016年までのニューヨーク州の大統領選挙の投票結果を示したもので、各選挙で民主党が共和党に対してどれくらい優勢だったかを表している。1932年には、大統領選挙に投票した全アメリカ人のうち、約57・4%が民主党候補のフランクリン・D・ルーズヴェルトに票を投じたが、ニューヨーク州では54・1%にとどまった。ニューヨーク州の有権者の過半数はニューヨーク市にいる。しかし、変化は進んでいた。1936年には、ニューヨーカーが民主党候補に投票した割合は、アメリカ全体の割合に近かった。ニューヨーカーは徐々に民主党を自分たちの党と見るようになっていったが、ニューヨークで初めて民主党の優位が確立されたのは、1960年にジョン・F・ケネディが選出されたときだった。

民主党は南部の州の政党として始まり、結成当初は連邦政府の創設に反対し、奴隷制を支持していた。しかし、フランクリン・D・ルーズヴェルトの下で党のスタンスは進歩主義にシフトしていき、労働組合と公民権を支持し、人種差別に反対する立場をとるようになった。ニューヨーカーが全体的な傾向として民主党に共感を寄せ始め、民主党を支持しない人たちが保守派を名乗るようになったのはこのときである。保守派は彼らのいう「古き良きやり方」を守りたいと願っていた。当時のニューヨークは、何もかもが新しかった。

大恐慌以降で、ニューヨークが共和党大統領を支持したのは6回だけである。1948年、1952年、1956年、1972年、1980年、1984年がそうだ。民主党への支持はらせんを描きながら上昇しており、下がってもまたそれ以上に上がっていっている。リチャード・ニクソンが大統領に就任したと

図58　大統領選挙におけるニューヨーク州での民主党の優位性、1932～2016年

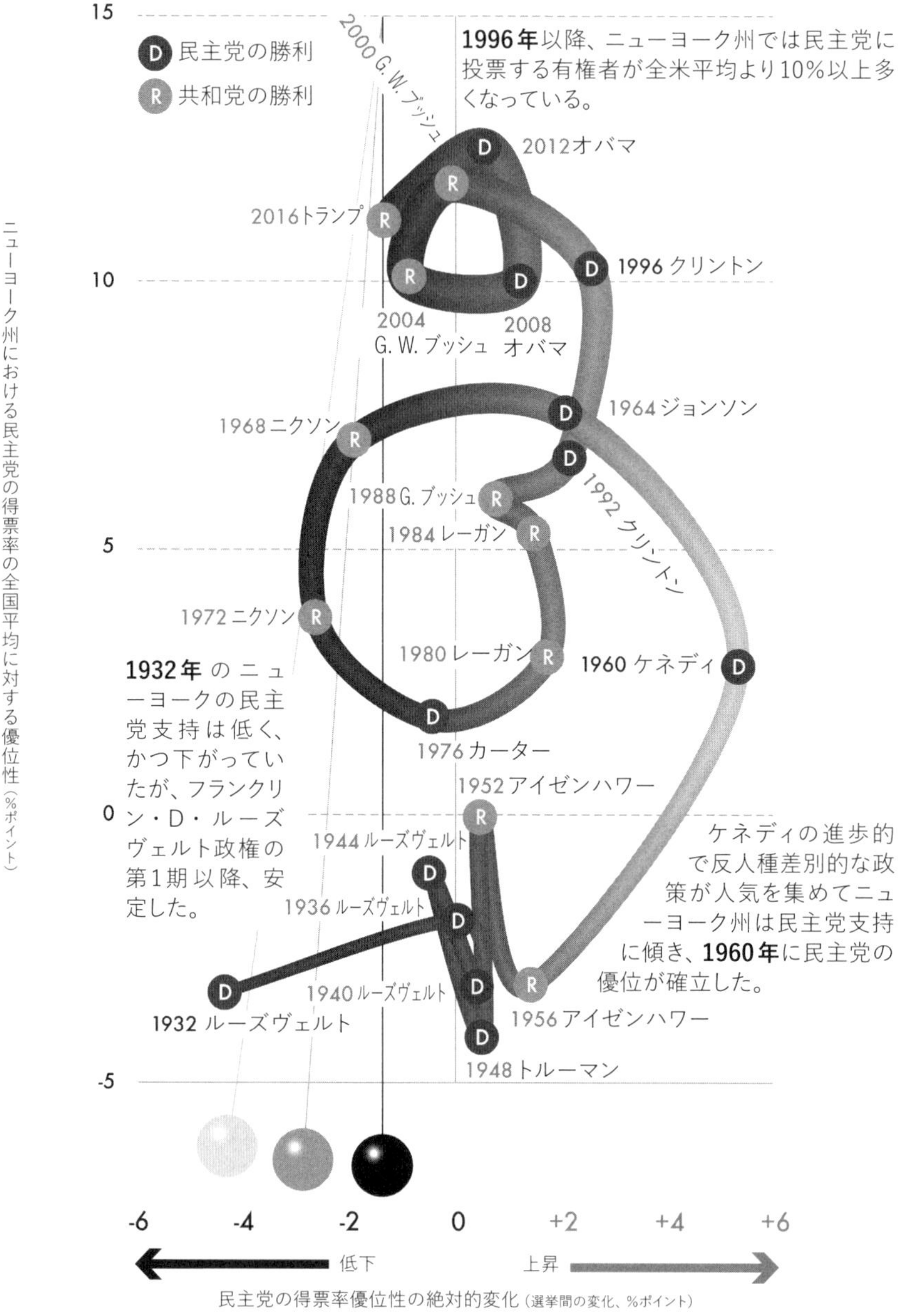
15
10
5
0
-5
D 民主党の勝利
R 共和党の勝利
1996年以降、ニューヨーク州では民主党に投票する有権者が全米平均より10%以上多くなっている。
2000 G.W.ブッシュ
2012オバマ
2016トランプ
1996 クリントン
2004 G.W.ブッシュ
2008 オバマ
1964ジョンソン
1968ニクソン
1988G.ブッシュ
1992 クリントン
1984レーガン
1972ニクソン
1980レーガン
1960 ケネディ
1932年のニューヨークの民主党支持は低く、かつ下がっていたが、フランクリン・D・ルーズヴェルト政権の第1期以降、安定した。
1976カーター
1952アイゼンハワー
1944ルーズヴェルト
ケネディの進歩的で反人種差別的な政策が人気を集めてニューヨーク州は民主党支持に傾き、1960年に民主党の優位が確立した。
1936ルーズヴェルト
1940ルーズヴェルト
1932 ルーズヴェルト
1956アイゼンハワー
1948トルーマン
ニューヨーク州における民主党の得票率の全国平均に対する優位性（%ポイント）
-6
-4
-2
0
+2
+4
+6
低下
上昇
民主党の得票率優位性の絶対的変化（選挙間の変化、%ポイント）

データの出所：Dean Lacy and Zachary D. Markovich, "Why Don't States Switch Sides Anymore? The Rise and Fall of American Electoral Volatility" [working paper, 2016], https://cpb-us-e1.wpmucdn.com/sites.dartmouth.edu/dist/9/280/files/2016/10/Volatility.Simple.v8.pdf; および私信。

図59　総選挙におけるロンドンでの保守党の優位性、1835～2017年

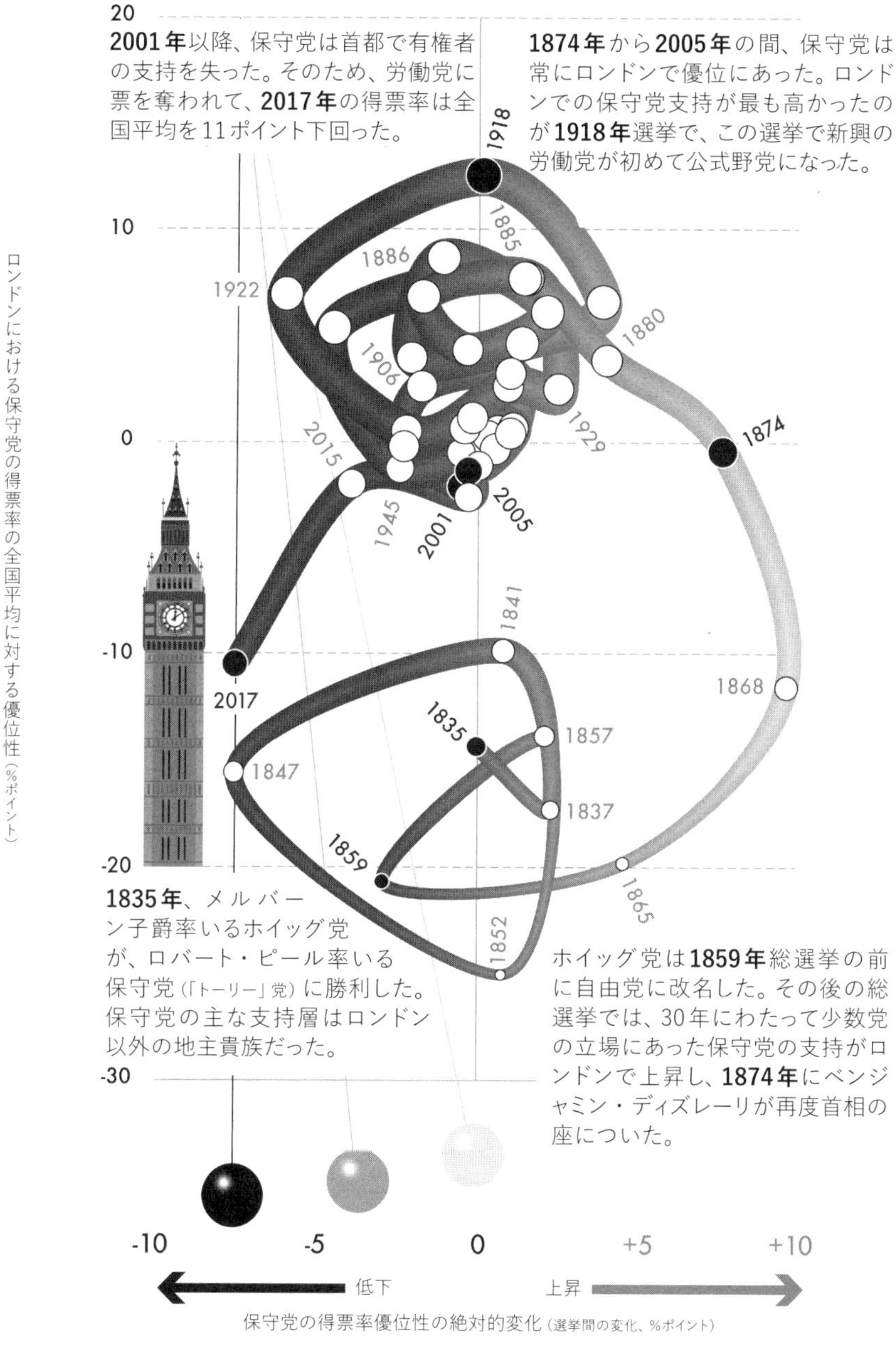

20
10
0
-10
-20
-30
ロンドンにおける保守党の得票率の全国平均に対する優位性（%ポイント）
2001年以降、保守党は首都で有権者の支持を失った。そのため、労働党に票を奪われて、**2017年**の得票率は全国平均を11ポイント下回った。
1874年から**2005年**の間、保守党は常にロンドンで優位にあった。ロンドンでの保守党支持が最も高かったのが**1918年**選挙で、この選挙で新興の労働党が初めて公式野党になった。
1918
1885
1886
1922
1880
1906
1874
1929
2015
1945
2001
2005
1841
1868
2017
1835
1857
1847
1837
1859
1865
1852
1835年、メルバーン子爵率いるホイッグ党が、ロバート・ピール率いる保守党（「トーリー」党）に勝利した。保守党の主な支持層はロンドン以外の地主貴族だった。
ホイッグ党は**1859年**総選挙の前に自由党に改名した。その後の総選挙では、30年にわたって少数党の立場にあった保守党の支持がロンドンで上昇し、**1874年**にベンジャミン・ディズレーリが再度首相の座についた。
-10
-5
0
+5
+10
低下
上昇
保守党の得票率優位性の絶対的変化（選挙間の変化、%ポイント）

データの出所：数多くの記録をもとに筆者が作成したデータセット。直近のデータは選挙委員会のもの。https://beta.ukdataservice.ac.uk/datacatalogue/studies/study?id=3061を参照。

きには少し下がったが、ジミー・カーターが1976年に大統領になるとふたたび上がった。ロナルド・レーガンが政権についた8年間は、ニューヨーカー全体が民主党は自分たちのための党だという確信をますます深めた8年間だった。ジョージ・W・ブッシュ政権下では支持は少し下がったが、バラク・オバマの再選時に過去最高を更新し、アメリカ全体で投票することを選択した（あるいは投票することができた）有権者のうち民主党に投票した人は50・9％だったが、ニューヨーカーでは63・4％に達した。

ニューヨークで民主党が長期でも直近でも優勢である状況は、ロンドンで反保守勢力が台頭したときの状況とよく似ている（図59）。将来、アメリカはもはやかつてのように偉大ではない、アメリカの覇権は終わりつつあると国民が気づき始めたら、ニューヨーカーがどんな反応をするかは興味深い。なにしろイギリス人はいまだに自分たちの国が権勢をふるっていた時代を懐かしがっているのだから。2018年、ポール・ボーモンはこう考察した。「イギリス人がかつて自分たちが『世界を支配していた』ことを学ぶと、妥協点を探る欧州連合（EU）のやり方に納得がいかなくなる。協力は服従とも映る。したがってブレグジットとは、かつての栄光へのノスタルジーが投影された未来に向かって出航することで、イギリスの凋落を阻もうとする過激な企てだと理解できる」［＊246］。イギリス人は学校で、自分たちはかつて世界を支配したのだと教えられる。年齢が高ければ高いほど、それは偉大なことだったと教えられているに違いない。2016年の国民投票でEUからの離脱に票を投じたのは、主に高齢層、特にイングランドの中流階級の高齢層だったが、それを説明する説得力のある理由の一つは、子ども時代に学校で教わった内容だった［＊247］。

政治の変化

自国に対する評価と実際の生活水準との関係は、国によって違いがあり、時間とともに変化する。アメリカは世界最強の国に位置づけられることが多いが、経済のイノベーション、学力などの尺度で見ると、もう世界の最強国ではなく、さらに広い尺度（特に集団的な健康水準に関連する尺度）で測ったランキングでは、順位が急速に下がっている。これに対し、ロシアは「自己評価が高くて現在の地位に満足していない大国」とされている。他国で重んじられていないとエリートたちが感じている国ということだ［＊248］。イギリスの指導者層も、自分たちはもっと尊敬されてしかるべきだと考えている。しかしイギリスは、ロシアと違って石油の残存埋蔵量がとても少なく、取引の材料がほとんどない。

エリ・ザレツキーは2019年にこう説明している。「ブレグジットを推進してきたイングランドでは、神の寵愛を受けし者、ひいては神に選ばれし者という心理と折り合いをつけている。『神が新しい偉大な時代を始めよと命じている』……。敗者となった英雄を称える美学の根底には、ナルシシズムへの回帰がある」［＊249］。しかし、イングランドの中心はロンドンであり、ロンドンの政治はどんどん変化している。ニューヨーク市の政治がアメリカの他の地域のはるか先を行くようになっているのとよく似ている。ニューヨークのビル・デブラシオ市長は、警察官にボディカメラを装着させるようにし、大麻の使用に関する訴追を減らすように指示し、富裕層への増税を計画し、不平等を批判している。

政治の変化を年単位、10年単位、100年単位で追っていくと、スローダウンが見え始める。スローダウンは新たなユートピアではないし、安定とは変化がないということではない。いつの時代も変化は起きるが、それがいつも爆発的な変化である必要はないし、そんな変化はそうそう起こるものではない。貧困を例にあげよう。中世時代の過酷な貧困と、当時の教育の欠如について考えてみてほしい。安定がもたらされると、相対的貧困感は下がり、不確かなことが減る。社会が安定していると、自分たちが置かれている状況にうまく対処する方法を見つけ出すことができる。そうして社会はより安全になる。しかし、アメリカとイギリスの2019年の状況は安定とはほど遠かった。イギリスは特にそうだった。

ロンドン市民は、イギリス全体に何が起きているのか、よくわかっている。イギリスの最貧地区の過半数はロンドンにあり、子どもの貧困率上位12の地方自治体・区域の半数近くを占める［＊250］。イギリスの子どもたちは、通う学校や住む地域によって区分されるようになっている。宗教や民族ではなく、富裕層、貧困層、そして収縮しつつある中間層に分かれているということだ。北アイルランドで生徒ほぼ全員がカトリックか、ほぼ全員がプロテスタントである学校の数は、1997年には827校だったが、2012年には493校に減少した［＊251］。しかしこうした分断は、長期にわたるものではあっても小さい。にもかかわらず、イギリスの社会的・経済的な分断は大きくなっている。

こと政治となると、長期のトレンドより短期的な出来事に気をとられがちだ。2019年5月初め、『オブザーバー』紙は独自に行った世論調査のデータをこう分析した。「先月発足したばかりのブレグジット党が大きく躍進する見通しであり、イギリスは交渉なしにEUから即刻離脱しなければいけないという持論が支持されたとファラージ（ブレグジット党党首）が主張することを下院議会は警戒している」［＊252］。2018年にキャサリン・ブライクロックが立ち上げた民間商社として出発したブレグジット党は、2019年5月の欧州議会選挙でイギリス第1党になった。しかし、離脱支持陣営（保守党、イギリス独立党〔UKIP〕、北アイルランドの統一主義政党で、いずれもヨーロッパ保守の主流派右派）全体で考えると、欧州議会で合わせて11議席を失い、イギリスに割り当てられた73議席の占有率は15％も下がった［＊253］。ブレグジット党の29人の新欧州議会議員は宙に浮いた存在となり、欧州議会で連携する相手を見つけられなかった。最初は悲劇だったが、いまは喜劇である。

最新の政治の動きに関する論評はすぐに古くなる。あなたがここを読んでいる頃には、ジェレミー・コービンは確実にイギリス労働党の党首ではなくなっているだろう。そして、あなたがイギリス以外の国に住んでいるなら、その名前を聞いたこともないだろう。もしそうなら、バーニー・サンダースがアメリカ民主党の大統領候補になったと想像してみてほしい。次の言葉は2017年のイギリスで、コービンを支持した進歩主義の守り手たちが言ったことである。コービンが選挙で予想外の成功を収めたことで、保守党は安定多数を失った。「現実を直視しよう。われわれはみんな陶酔してハイになっていたが、『オヴァートンの窓』が動いて、幻覚でしかなかった新しい可能性が現実のものとして受け入れられるようになっている。新しい政治の力を求める熱狂を使って、ラディカルな変化を実現するために必要な社会の力を呼び起こすことは、きっとできる。そうしなければ、この国は行き詰まる。アシッド・コービニズムがより強いドラッグへの入り口にならなければ、すべて立ち消えになる」[＊254]。この論評は、変化とはどういうものかを表している。投票行動や世論は、長い時間をかけて少しずつ進化していく。世論調査を時系列線を使って分析すると、有権者を短い期間で操作するのは可能であることが明らかになる。突然、大勢の人が極右を支持するようになったりするが、それ以上たきつけられないところまでくると、支持はすぐに消える。

イギリス労働党の最近の急進化、特にリーダーであるジェレミー・コービンのメッセージに、ロンドンはどう反応したのだろう。少なくとも多数のロンドン市民はどうだったのか。イギリス人はラッキーだ。短くても1835年まで遡って、投票行動のトレンド、この場合は総選挙のトレンドを検討することができる。1835年のロンドンは反保守だった。ホイッグ党（後の自由党）の得票率がイギリス全体の得票率を上回っていた。パーマストン卿率いる自由党が１８６５年総選挙で勝利した後、ロンドンは地主層を基盤とするトーリー党支持に振れ始めた。パーマストンは主戦派の筆頭だった。図59に示すように、ロンドンはその後、トーリー支持が比較的多くなっており、ジェレミー・コービンが労働党党首になった２０１５年までは少なくともそうだった。当時、ロンドン市民がふたたび急進的になっていたことは明らかだ。急進化が始まったのはそれより少し前、当時の労働党党首の望みもむなしく、ケン・リヴィングストンが初の急進派のロンドン市長になった２０００年のことだった。

種の変化

人新世は世界の終わりではない。始まりにすぎない。私たちがいま生み出している地球よりはるかによい地球をつくることはできる。そうであるなら、望まない未来の話はもうやめて、私たちが望むよりよい未来について語り始めよう。それは、明確な価値観の下で、私たちがこれからも共に暮らす唯一の地球を公平に共有する未来である。私たちがつくる地球は、私たち自身のありようを映し出すものとなる。

——アール・エリス、２０１８年［＊255］

スローダウンが始まって、すべてのことが遅くなっているわけではない。資本主義への転換が終わりに近づいていることを示すエビデンスが積み上がっている。政治のトレンドはそれを裏付けているように見えるが、どの視点に立つかによって、見え方は変わる。日々の小さな出来事にとらわれず、一歩下がって、物事をもっと広くとらえる必要がある。種としての人類は、根本から変化している。暮らし方が変わり、コミュニケーションのとり方が変わり、信じるものが変わり、人とのつながり方が変わり、知っていることが変わった。身体も変わっている。若い成人をその曾祖父母の時代にタイムスリップさせたら、きっと祖先たちの背を越しているだろう。どこで生まれたかはほとんど関係ない。しかし、この先も変化が訪れることはわかっているし、どんな状態に落ち着くことになるのかはまだわかっていないにもかかわらず、人間の生活の基本となる多くの側面で、最速での変化が終わっていると言うことができる。たとえば、世界の乳児死亡率が最近のような速いペースで下がることは二度とないだろう。なぜなら、乳児死亡率がマイナスになることはありえないからだ。

また、教育が普及するにしたがって、世代を重ねるごとに人々の知的能力も親より高くなっている。同じように、世代が進むごとにモノが大きく増えて、移動する距離もはるかに長くなっているが、最近では差が広がっていることが多い。しかし、それもすべて終わろうとしている。背が高くなるにも、個人が学べることにも、一つしかない地球を、いまではとても小さくなった地球を移動して回るにも限りがあるし、不平等の拡大を容認できるのも数十年が限度だからだ。いまでは所得格差が拡大している国より縮小している国のほうが多い。私たちはより公正で、より安定した未来に向かっているのだ［＊256］。

過去5世代に遷移が起こり、私たちは未知の領域へと進んでいるが、そのペースと性質は国によって違う。スローダウンは西側諸国の経済が退行していることを示すものだとか、中国が台頭した結果だと誤解されている。むしろ中国は出生率がどの国よりも大きくスローダウンしているし、近年では経済成長率も急に減速している。最近の経済の変化とは、西側諸国の経済が後退していることでも、中国の経済規模がアメリカを抜いて世界一になることでもない。世界中で資本主義への転換が終わろうとしていることだ。それは新しい安定の始まりである。ディストピアでもユートピアでもない。この5世代の前に見られた安定とはまったく違うというだけのことである。そしてそれは資本主義とは根本的に違うものになるだろう。

資本主義とは変化のプロセスであって、安定ではない。
資本主義が成り立つには、変化が起きて、市場が拡大し続け、消費が増える必要がある。成長か破綻かだ。多くの点で、私たちはいま、ゼロ成長に向かっており、世界の金利はとても低い水準に戻っている。私たちは安定に慣れていないので、若者に債務を背負わせたり、若い国に独裁者を送り込んだりして、何としてでもそれを避けようとする。イギリスの新しい政治はそれに気づきつつある。アメリカの古い政治はまだ追いついていない。

こうしたことが明らかになったのは最近であり、先行きはほとんど見通せず、いまも霧が立ちこめている。まだ何もわかっていないため、間違うことも多いだろうが、条件のよい季節はもうほとんど終わっているのだと認識しておくべきだ。私たちは依然として遷移期にあるが、ペースは遅くなっている。いまの変化のスピードが続いて、ここ何十年かで経験してきたことが突然覆されることがなければ、少なくともあと1世代は混乱が続くものの、その混乱も小さくなっていく。次の世代に向けてすでに進んでいる変化とは、変化が遅くなることである。

世界人口は、1901年の20億人から21世紀半ばには100億人へと、5倍に増加するとされている。これは国連の2017年の中央予測によるものだ。2019年6月17日朝、私はこう書いた。「次の国連の世界統計が今日、この後に発表されるのを待っている。どんな結果になっても、近年のスローダウンがどれくらいのペースで進んでいるかが確認されるだけだろう」［*257］。実際にそうだった。スローダウンが進んでいるペースが確認されただけだった。このような大きな変化が前回起きたのは、新石器時代に数々の革命が進んでいたときである（ペースははるかに遅いが）。一連の革命は、何百とまではいかないが、何十もの世代にわたって続いた。いま私たちが直面しているこの革命はわずか5世代あまりのものであり、それがいま、急停止しようとしている。

絶えず変化し続ける不安定な時代には、当たり前のことは何もない。これまで当たり前だったことは、当たり前ではないのである。過去5世代の人々、主にここ2〜3世代の人々は、変則的な状況の中を生きてきた。それを理解するには、さまざまな場所で進む変化のスピードを比較することが一つの方法になる。他の国よりも先にスピードアップしている国もあるが、いまではすべての国でほぼ同時に、それも急速にスローダウンが始まり、落ち着いた状態になりつつある。

ある世代の経験から次の世代の経験への遷移は、場所ごとにそれぞれ違う。すべての場所が同じ形で終わるわけではなく、同じ軌跡をたどるわけでもない。それを理解することが、遷移を正しくとらえる、少なくとも遷移をとらえるカギになる。そうすれば、まだ形になっていないものも見えてくる。さまざまな場所のさまざまなトレンドを集約すると、安定に向かっていることが見えてくる。家族の規模は、ほとんどすべての国で子どもが1人か2人が標準になりつつあるし、子どもの生存率は、ほとんどすべての国で子どもが非常に高い確率で生き残るのは当たり前であるという状態に収斂してきている。

変化が進んでいるとは思えないなら、本書の冒頭で言葉を引用したチャールズ・ダーウィンが信じていたことを考えてみてほしい。ダーウィンは『人間の由来』の中で、G・W・F・ヘーゲルが提示していた人種の馬鹿げた階層化に基づいて、文明度がより高いとされるコーカサス人種が「野蛮な」人種を絶滅させるだろうと説いた［＊258］。私たちの偏見の程度はスローダウンしている。豊かな世界で経済的にも社会的にも最も進歩していない二つの国の中で最も進歩している都市であるロンドンとニューヨークでは、これまでの固定観念から離れて急進的な考え方へと振れるペースがいままた少し上がっている。

最後に、15歳の少女が2018年10月31日にロンドンのパーラメントスクエアで語った言葉を紹介しよう。少女はこう問いかけた。どうして「誰も平等や気候正義について何も語らないのだろう。……豊かな国は6年から12年以内にゼロエミッションを達成する必要がある。そうすれば、貧しい国の人々が、私たちがすでにつくっているインフラをつくり、生活水準を高められるようになる。道路、病院、電気、学校、きれいな飲み水など、すでにあらゆるものを持っている私たちが、気候危機やパリ協定で合意された約束を気にもかけないというなら、インドやナイジェリアのような国が気候危機を気にかけるわけがない」［*259］。少女の洞察をダーウィンの〝野蛮〟観と比べてみてほしい。少女が知りたかったのは、人々が経済の不平等と気候の変動を結びつけて考えない理由である。いまでは人々はそうしている。スローダウンはすでに始まっている。私たちに選択の余地はない。

第11章

大加速化が終わった後の暮らし

Life: After the Great Acceleration

政府は私たちのことを何もわかっていないって、心の底からそう感じる。

——キャロル、リバプール、2017年

失認とは、目や耳は悪くなく、記憶も失われていないのに、自分が見ているものや聞いているもの、触ったりしているものが何かわからなくなる状態である。その変種である社会的情動失認は、顔の表情、ボディーランゲージ、声のイントネーションを解釈できないことをいう。失認は医学的に定義された疾患であり、主に神経系疾患や脳の損傷によって起こる。

政府にいる大勢の人たちはなぜ、政治版失認と見まがうような行動をするのだろう。まるで人々を代表するために選ばれた人たちの間で、物事がうまくいっていないサインを見つける能力が徐々に失われているかのようだ。彼らには全体が見えない。全体とは「私たち」のことであり、（エピグラフに引用した）キャロルが語っている他のすべての人の集団のことである。それが特に当てはまるのが、スローダウンの影響、とりわけ経済への影響だ。政府の人たちは解決策として経済を成長させると約束するが、これまでのような古い形の成長は終わっている。都市の中には他よりも早くスローダウンしているところもある。キャロルが暮らすイギリスのリバプールがその一つである。

1980年代のイギリスでは、英国放送協会（BBC）が「ブレッド」というシチュエーションコメディを放送していた。舞台はリバプール。英語の「bread」には二つの意味がある。一つは「パン」、もう一つは「お金」を表すスラングだ（「breadwinner」は「稼ぎ手」のことである）。何十年もの間、経済史学者はパンと小麦の価格変動を食品全体の価格の代理変数として使い、賃金と比較してきた。フランス革命のきっかけの一つは、パンの値上がりだった。1980年代のイギリスではパンが値上がりしたが、いまもまた値上がりしている。実質賃金が下がっているということは、パン（そして他の生活必需品）の相対価格が上がっているということだ。

主の祈りが唱えられるようになったのは、ローマ占領下のユダヤである。主の祈りは個人のためだけの祈りではなく、人々が属する集団のための祈りでもあり、「われらが今日を生きていくために必要な食べ物をすべての人に与えてくださいと祈り求めるものである。「われらの日用の糧を今日も与えたまえ」と。欠乏の徴候があるとき、つまり、すべての人に与えられるものがまったく増えないか、少しだけしか増えないときには、何が十分にあるのか、どうすればよりうまく分け合えるかをふたたび問い始める。すべての人がより多くのものを持つべきだ、トリクルダウンは最下層にも波及するといつも考えるわけではない。しかし、政府が現実から目を背け、スローダウンと向き合おうとしなければ、すべて絵空事になってしまう。


私の結論に疑問を持つ人もきっといるだろう。他の人より多くの富を持つ人はそれが少し少なくなり、いまはるかに多くの富を持っている人はそれがぐんと少なくなる新しい時代に入っているのだろうか。あるいは、この本で示されるスローダウンの大半は短期の景気循環にすぎないのか。産業や人口統計、社会指標はどれも急速に増加・上昇した後にスローダウンするという同じパターンを示す傾向があり、この本で考察していることは、それらが変化したというだけのことなのか。そうではないのだとしたら、大加速化が終わった後の暮らしはどうなるのか。

本書の時系列線を見て、これはスローダウンの徴候を表すものではなく、ある社会的規範、あるいはあるテクノロジーが次のものに取って代わられているだけなのではないかと言っていた人もいる。私はそうは思わないが、そうした人たちが何を言いたいのかはわかる。いま起きていることは量的変化によるライフサイクルの変化だが、新しいものが古いものに取って代わるという質的変化がそれを引き起こしている、ということだ。その例としてあげられるのが、運河、鉄道、高速道路、空港、宇宙船基地である。どれも全盛期があり、どれも次のものに取って代わられた。しかし現実には、どれもその前の変化ほど大きな変化ではなかった。宇宙船基地を建設する計画を立てているかもしれないが（イギリス政府は２０１８年に２００万ポンドの予算をつけた）、次の大躍進にはならないことは、みんな内心ではわかっている［＊260］。アメリカのスペースシャトル計画はそれ以上に大きな躍進になるはずだったが、宇宙船は地球周回低軌道よりも先の軌道には行けなかった。宇宙探査の可能性があると考えていたなら、もっと多くの公的資金が投入されていただろう。スローダウンが進んでいることを、私たちは無意識のうちに感じ取っている。

スローダウンが現実であることを物語る例をもう一つあげよう。１８８０年代のロウ管録音機は、SPレコード（78回転のシェラック盤）に取って代わられ、それもビニール盤に取って代わられ、その後テープに、次にコンパクトディスクに取って代わられると、すぐに音声ファイルに取って代わられ、今度はクラウド音声サービス（人里離れたところ、それもなるべく寒いところに置かれたサーバーファーム）に取って代わられた。スローダウンの時代に入っていることを疑う人は、こうした展開の時系列線を引けば、どれも急上昇して、スローダウンして、その後に新しいテクノロジーが現れて時代遅れになると、急低下するだろうと言う。そう言われたら、私は、新しいものにはどれも一つ前のものほどの驚きはないと言い返す。そして、たぶんわかってはもらえないが、次の数世代はいま豊かな国の人たちとほとんど同じ形で音楽を聴くことになると告げる。そこで、スローダウンのインパクトについて考えていくこの章では、このような袋小路を打破すべく、これから訪れる変化は小さくなるという結論を裏付ける、長期の集計指標をいくつか見ていくことにしよう。世界全体のGDP、世界の総人口、世界の航空旅客輸送、そして、世界の人口がピークになる最後の時期に生まれたか、もうすぐ生まれる予定の子どもの総数である［＊261］。

古いものから新しいものへの質的な変化のプロセスそのものが遅くなっているなら、1人当たりの総エネルギー使用量の増加、総人口の増加、1人当たりのGDPもスローダウンしているはずである。アメリカの人類学者、レズリー・ホワイトは、エネルギーの使用が文化進化の大きな原動力だとした。人力から始まり、役畜の使用、地元の風力・水力、化石燃料と進み、そして最後が原子力である［＊262］。ホワイトは1975年に亡くなったため、再生可能エネルギーの台頭を目にする機会がなかったが、もしそうでなかったら、間違いなく再生可能エネルギーを付け加えていただろう。ホワイトによれば、大半のエネルギーを権力と栄光を最も手に入れた人間の需要に振り向けたのは、こうした社会（ホワイトの言う文化）である。

1973年、社会疫学者のリチャード・ウィルキンソンは、著書『経済発展の生態学――貧困と進歩』の中で、こう考察した。「文化のシステムが安定するために不可欠な前提条件とは……社会に確固とした生活様式が定着していて、どのような予想外のことがあっても、イノベーションを生み出さずに対処できることであり……環境とバランスのとれた関係が確立されていることである」［＊263］。その短く簡潔な本の144ページに示されているとおり、蒸気機関の効率性は初期のニューコメン機関（厳密には1718年製）と1750年代後半の蒸気機関の間にほぼ40％向上した。その後、同じ石炭量から抽出できるエネルギー量がどんどん増えたため、効率性は1760年代までにほぼ2倍になり、1780年代後半までにまたほぼ2倍になった。その後も、1830年代までにさらに2倍になり、蒸気タービンの発明によって1910年までにまた2倍になった。ただし、テクノロジーが飛躍する間隔は、1750年以降、10年から20年、40年、80年へと長くなっている。しかし、1910年から2070年の間にまた2倍になると考えてはいけない。その兆しがまだどこにも表れていないからだ。タービンを使った発電効率の上昇もスローダウンしている。次の数世代には、いまあるテクノロジーがより長く使われることになりそうだ。1700年代後半に蒸気機関が発明されたときや1900年代後半にシリコンチップが登場したときのように、テクノロジーのイノベーションが加速することはないだろう。

蒸気機関は最初はニッチだった。1世紀ほど前に馬や牛が引く犂から トラクターに移行してから、人間のエネルギー使用量は急増しているが、世界の1人当たりエネルギー使用量が増加するペースは下がっている。エネルギー使用量そのものはいまも増えているが、18世紀と19世紀、さらに20世紀のほぼすべての期間を通じて加速していたときのような速さとはほど遠い。1人当たりの総エネルギー使用量が増加するペースはこれまでにないほど遅くなっている。いまでは、(ソーラーパネルが改善されるなどして)エネルギー変換の効率性が高くなればなるほど、効率がさらに上がっても効果は下がっていく収穫逓減がより強く働くようになる。幸いなことに、人口増加が大きくスローダウンしているため、これは乗り越えられそうにない問題ではなくなっている。

私たちがいつ安定に達していたのかは、これから明らかになるだろう。それは世界の人口が増えなくなるときだけではない(いま生まれている大半の子どもが生きている間にそうなる見通しである)。それに加えて、人口が安定して現代化が進んで、1人当たりのエネルギー使用量が減り、総エネルギー消費が減少するときでもある。そのときにはウェルビーイングに関するさまざまな指標がどうなるかは察しがつく。経済的なウェルビーイングはもちろん、幸福度統計、生活満足度、健康寿命そのものといった、さまざまな真の進歩指数もそうだ。現時点では、こうした指標のすべてが、一部の場所で頭打ちになっているか、上昇ペースが以前よりもかなり遅くなっている。

この先、変化が起きてもウェルビーイングが高まることはほとんどなくなるため、変化のペースは遅くなるだろう。ここでもう一度、録音の例を考えてみたい。初期のテクノロジーの発展はどれも大きな進歩だった。78回転盤(1分間に約78回転するのでこう呼ばれる)は、1898年には、それを最初に聞くことができるだけのお金を持っている一握りの人にとっては驚くべき新技術だった。しかし、その後に登場した45回転盤や33回転盤、カセットテープやコンパクトディスク、さまざまな形式の音声ファイルと比べれば、原始的だった。音質の大きな向上と人間にとっての利益との関係で、収穫逓減が起きている（MP3をCDと比べると、音質はまったく向上していない）。私たちは定常経済に向かっているようだ。生態学者のいう定常状態の気候的極相群落と同じである（成熟した雨林を思い浮かべてほしい）。

結局のところ、人類に起きることはどれも持続可能でなければいけない。だとすれば、人口規模にとっての持続可能性とは何か、どのような暮らしが持続可能なのかが、次のカギになる。

世界経済のスローダウン

新世紀の始まりの人間の状態を理解しようとするなら、変化の速さに関する社会的経験を分析することから始めなければならない。

——ウィリアム・ショイエルマン、2004年［＊264］

経済については、いまではほとんどすべての場所がスローダウンしている。人口が多いところは特にそうだ。3世紀前、トマス・ニューコメンの蒸気機関が加速の前兆の一つになった。2世紀前には、独立したばかりのアメリカが君主を置かずに静かに拡大し、イノベーションを起こしており、それ自体がイノベーションだった。1世紀前には、豊かな世界が戦争状態になり、イノベーションが次々に生まれた。いま最も経済的に成功して、野心に満ち満ちており、どこよりもめざましく発展しているが、そうなることを誰も予想していなかったのが中国である。しかし、過去の産業や政治のイノベーションの中心地はどれももっと長い間成長したが、中国はすでにスローダウンしている［＊265］。

中国のスローダウンは、資本主義の最盛期のイギリスやアメリカよりもはるかに速く進んでいる。なぜなら、資本主義はプロセスであり、遷移であって、革命によって倒されるべき到達点ではなかったからだ（それはいまも変わらない）。経済が最も急速に進歩していた時期は例外的なものであり、私たちは停滞に戻ろうとしている。人類はほとんどすべての期間にわたって停滞（均衡）している状態の下で暮らしてきたのだが、それももう思い出せなくなってしまっている。停滞はよいことでもある。混乱とは真逆の状態だ。停滞とは何も起こらないということではなく、急速な変化が非常に少ないというだけである。そしてそれは、哲学者がよく難解な言葉で書き表しているものへの遷移である。「資源を集産化し、不平等を効果的に解消し、差異を認識するとともに、平等な主観的権利を実現し、究極的には、別個の国家形態の存在を消滅させる主観的根拠を導き、体系化し、形にする平等主義の象徴」［＊266］。哲学者たちがこうした文章をいま書くのは、これが可能になる徴候が見えているからだ。ただの理論上の夢ではない。

新しい展開やこれまで以上に大きな変化を必死に追い求めることに、私たちは慣れきってしまっている。世界の1人当たりGDPを例にあげよう。1950年代の何年かに100ドル増えて150ドルになり、インフレが高進した1972年には260ドルになり、2006年には470ドルになり、いまは世界平均で1万5000ドル強の水準にある。ところが、絶対的増加量が2008年の世界金融危機を境に急激にスローダウンしているだけでなく、増加する速さはそれよりもっと早い時点でスローダウンしていた。絶対ベースでは（第9章の図47を参照）、スローダウンは2006年に始まった。相対ベースでは（この章の図60を参照）、1人当たりGDPの増加ペースは1964年以降、下がっている。それどころか、GDPが初めて公式に定義されたすぐ後の1950年の時点で下がっていたとも考えられる。

図60のトレンドは1950年から2018年の間に左に向かっている。この状態を1890年から1929年までの急な減速と比べて、着実な変化に見えるかどうか、考えてみてほしい。もちろん、結果が明らかになるまでは何事も「時期尚早」ではある。それはいつかわかることだ。私たちは経済のジェットコースターに乗っていて、そのジェットコースターはつい最近、これまでいちばん大きい山と谷——好景気と不景気を通り抜けたばかりだと言っていい。次はいつかとおびえながら暮らしているが、それも終わっているだろう。これから訪れる変化は、これまでよりも小さなものだけになりそうだ。私たちが乗っているジェットコースターもゴールに近づいている。それは歴史の終わりではなく、ジェットコースターの終わりにすぎない。

いまの世界経済の起源は、1492年に起きたことにあると考えることができる。それ以降、世界経済に引き入れられる人がどんどん増えているが、グローバル化とは本当は何であるのか、まだ誰もわかっていない。何かあるたびに、世界経済を管理しようと試みられた。第二次世界大戦後は特にそうだった。ある意味で、経済と資源は、初めて耕作する土壌に起きることに似ている。土はたちまちやせて、作物は枯れる。そうして収穫逓減に陥る。資本主義は最終状態ではなく、そうした学習のプロセスであるように見える。だとしたら次はどうなるのか。それはわからない。わかるわけがない。しかし、それは持続可能なものでなければいけない。これは切なる願いではなく、単なる観察だ。私たちはいま、持続可能なものへと向かってスローダウンしており、それを理解するためには1冊の本としては十分すぎるくらい思考を飛躍させなければならない。私たちのひ孫は私たちと同じように一生ジーンズをはいているだろうという小さなものから、豊かな経済国が最初にスローダウンしているので、より平等な未来へと向かっているといった深いものまで、発想を大きく飛ばすのである。

図60　世界の1人当たりGDP、対数スケール、1～2018年

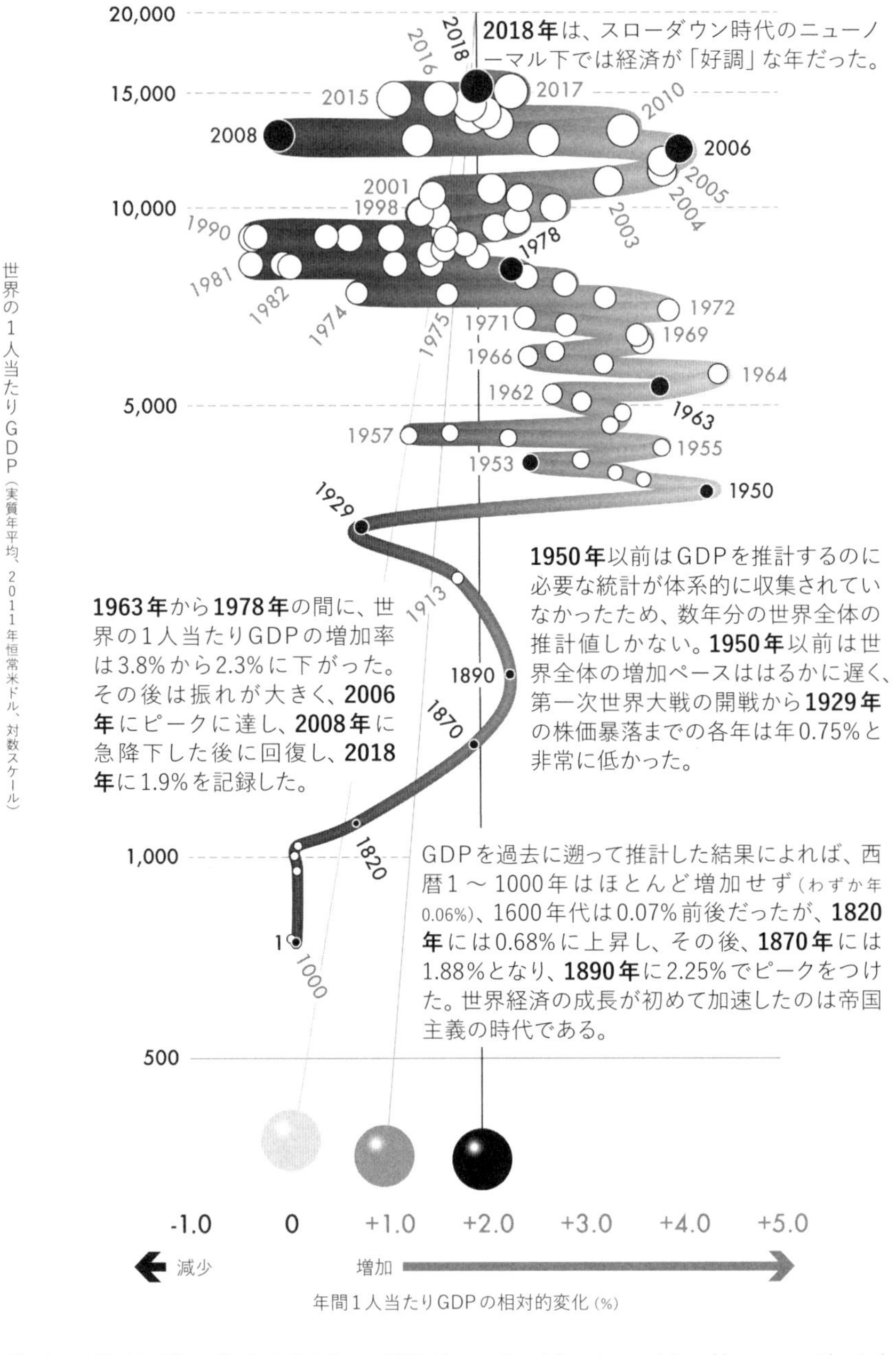
2018年は、スローダウン時代のニューノーマル下では経済が「好調」な年だった。
1963年から1978年の間に、世界の1人当たりGDPの増加率は3.8%から2.3%に下がった。その後は振れが大きく、2006年にピークに達し、2008年に急降下した後に回復し、2018年に1.9%を記録した。
1950年以前はGDPを推計するのに必要な統計が体系的に収集されていなかったため、数年分の世界全体の推計値しかない。1950年以前は世界全体の増加ペースははるかに遅く、第一次世界大戦の開戦から1929年の株価暴落までの各年は年0.75%と非常に低かった。
GDPを過去に遡って推計した結果によれば、西暦1～1000年はほとんど増加せず（わずか年0.06%）、1600年代は0.07%前後だったが、1820年には0.68%に上昇し、その後、1870年には1.88%となり、1890年に2.25%でピークをつけた。世界経済の成長が初めて加速したのは帝国主義の時代である。
世界の1人当たりGDP（実質年平均、2011年恒常米ドル、対数スケール）
20,000
15,000
10,000
5,000
1,000
500
2018
2016
2015
2017
2010
2008
2006
2005
2004
2003
2001
1998
1990
1981
1982
1974
1975
1978
1972
1971
1969
1966
1964
1962
1963
1957
1955
1953
1950
1929
1913
1890
1870
1820
1
1000
-1.0
0
+1.0
+2.0
+3.0
+4.0
+5.0
減少
増加
年間1人当たりGDPの相対的変化（%）

データの出所：Maddison Project Database 2018, University of Groningen, https://www.rug.nl/ggdc/historicaldevelopment/maddison/releases/maddison-project-database-2018, World BankおよびIMFのデータを使用して更新。

まだ変化する必要があるものはたくさん残っているが、ジェットコースターに乗っているのを当たり前のこととただ受け入れるのではなく、経済をより安定したものにすれば、必要な変化のいくつかをより速やかに、かつ、より慎重に達成できるようになる。2017年には世界で約14億人の労働者が不安定な雇用形態にあり、雇用契約を結んでいなかったと推定され、国際労働機関（ILO）は2019年までにさらに3500万人増えると予測している。ILOの推計では、最貧国では労働者4人のうち3人がいまも不安定な雇用形態にあり、豊かな国では「極度の貧困下で暮らす労働者の数は、今後数年間は1億1400万人を上回る水準から下がらず、2018年には全雇用者の40%が影響を受けると予想される」［＊267］。2019年、ILOは創設100周年記念総会で、「妥当な生活賃金、労働時間の上限規制、安全で衛生的な職場環境といった労働者の基本的な権利を守る普遍的労働権利保障」の確立を訴えた［＊268］。そうした変化を起こすことは、言うまでもなく可能である。

　2018年と2019年の間に、ILOの年次報告書は絶望から楽観に変わり、焦点は世界の最悪な労働の実態を示すことから、改善に向けた実践的な目標を設定することに移った。そしてその後、2019年7月にまた悪いニュースに戻る。「所得下位20%、約6億5000万人の労働者が世界労働所得に占める割合は1%に満たない」（ただし、小さな文字で「世界全体の労働所得の格差は2004年以降、縮小している」と書かれている）［＊269］。ILOの報告書のキーメッセージが毎年、極端から極端に振れるのは、世界中の新聞やテレビに調査結果を何とかして報告してもらおうと考えてのことだろう。年次報告書そのものの詳細は、むしろかなり退屈である。物事はゆっくりとよくなっているが、いつも直線的であるとは限らない。これはとても長いプロセスであり、これからもそうだろうが、全体の弧の形は平等が拡大する方向へと向かっている。

　1883年、カール・マルクスの『資本論』第3版の序文で、労働を提供する人を「労働を与える人」と呼ぶのはわけがわからないと切り捨てられた［＊270］。いまでも、たまたま裕福で投資ができるお金を持っているだけの人を「富の創造者」と呼ぶことがどんなに馬鹿げているか、説明しなければならない。巨額の利益を生み出している投資はどれも、もとをたどれば大勢の人の債務や貧困の上に成り立っており、人口と市場が急速に拡大していたときに手にしていた収穫と比べると、投資家にとっての利益は次第に逓減している。成長が遅くなると、再分配は単なる願望ではなく、必要不可欠なものになる。ブルッキングス研究所は、２０２０年のアメリカの重大ニュースを予測したレポートの中で、民主党の大統領指名候補が、アメリカの上位１％の富裕層が持つ富に１％の富裕税をかけ、10年間で２兆５０００億ドルの富裕税収入を財源として、アメリカのすべての家族に年間１４００ドルの税控除を与えると主張するというシナリオを提示した［＊271］。将来に技術革新が起きても、貧困層の暮らしが楽になることはないからだ。

いまそれができるのは、再分配と社会のイノベーションだけである。１家族当たり年間１４００ドルの税控除があると、病気になった人が医療を受ける機会が増えて、それぞれの生活はずっとよくなるだろう。深刻な病気になれば、医療費は年１４００ドルをはるかに超えてしまうだろうが、そうならなかったらとてもラッキーだ。スローダウンが進むと、多くを変えることができるし、変わらなければいけない。

テクノロジーの幻想

いまでは、私たちの暮らしを大きく変えるような技術のイノベーションはすでに起きていると、嘆くようになっている。ロバート・ゴードンは２０１２年にこう明言した。「最初にイギリス、次にアメリカが経済のフロンティアを切り開き、１７５０年以降、１人当たりＧＤＰが増加するペースは徐々に加速し始めたが、20世紀半ばにピークに達し、それ以降、スローダウンしている。そしてこの先さらにスローダウンする見通しである」[＊272]。ゴードンは気づかなかったか、言及しなかったが、アメリカとイギリス以外でも、イノベーションのスピードは上がっていない。あらゆるところでイノベーションは遅くなっている。ゴードンはさらに、これまでに起きた改善の多くは二度と起こりえないと説いた。わずか1世紀のうちに、最速の移動手段は馬からジェット機へと進んだ。そんな飛躍はもうできない。いまから1世紀後に瞬間移動（テレポーテーション）はしていないだろう。いまあるものに順応し、それをいまよりうまく使うようにするときがきている。

ゴードンは1870年代に多くの建物の室温が大きく変わったことを例にあげ、それ以前には、冬は凍えるほど寒くて、夏は息が詰まるくらい暑かったと説明した。いまはいたるところに空調があって、室温は1年中22度で安定している。それは生産性の向上にもつながる。しかしその変化はすでに起きている。偉業は成し遂げられたのだ。もう一度することはできない。また、アメリカはほぼ全土が農村部である国から、ほぼ全土が都市部である国へとシフトしたとゴードンは指摘したが、それも二度と起こりえない。都会の生活様式の次にシフトできるスタイルはない。それ以外にも、これ以上大きくシフトできない例がいくつも示されている。そして、アメリカで暮らす人たちにとって、「将来の所得の伸びを抑える質的要因のうち、最も重要になると見られるのが、格差の拡大である」という。

いま、日本やスカンジナビア諸国など、世界で最も平等な国の多くは、これまでに見られた中で最も平等な都市社会である。こうした社会の人々はアメリカやイギリスよりも革新的だが、そこでさえもイノベーションのスピードは落ちている[＊273]。いま以上に平等になれそうにない社会は地球上には存在しないが、いま最も平等な社会で、過去1世紀の間にすでに経験したような平等の大きな前進が見られることはないだろう。なぜなら、過去1世紀にそうしたところで最も大きな経済格差が解消されたからだ。

ゴードンは、アメリカ人に向けたメッセージの最後に、非熟練移民の受け入れを増やすべきだと説いている。ところが、経済学者のダレル・ブリッカーとジョン・イビットソンが最近示した考察によれば、「そう遠くない将来に、移民はほとんどこなくなるかもしれない」[＊274]。生産性の伸びは遅くなっているだけでなく、さらに遅くなるのは確実だということを、経済学者はなかなか受け入れようとしない。最近では、経済学者のある研究グループが次のように説明している。「スローダウンは現実に起きており、……重要な要因はたくさんあるが、投資のスローダウン、フロンティア企業と遅行企業の差の拡大、貿易のスローダウン、テクノロジーの変化によってほとんど説明がつく。テクノロジーの変化が加速しているのに生産性の伸びはスローダウンしているという明らかなパラドックスは、測定ミス、テクノロジーの実行ラグ、創造的破壊のプロセスによって説明できるだろう」[＊275]。どうして物事がゆっくり進むようになっているのか、その本当の理由はわからないとは言わない。彼らは従来型の経済学者であり、加速はあってしかるべきもので、加速はよいことだといまも考えているため、スローダウンは最近の「創造的破壊」の結果であり、また新たな資本主義の夜明けがきて、加速に戻る前の休止期間だとして片付けようとする。

創造的破壊とは、ある経済学者がごく最近に編み出した考え方だが、その考え方そのものも消えようとしている。破壊に創造的なものは何もなく、スローダウンが幻であることに望みを託しても何も安定しない。なぜなら、スローダウンが現実に起きていることを示す徴候はいくらでもあるからだ。2000年頃からアメリカでは発明の新しいクラスが問題にならないほど増えていない。アメリカではたいていの新しいアイデアに特許が与えられる傾向があり、アメリカの人口はいまも増えており、大学や研究開発機関の増加ペースもさらに速まっているにもかかわらずだ。かなりの勢いで増加していた特許でさえ、横ばいになっているようだ。イノベーションが安定して増え続けるには、これまで以上に投資を増やして、大きな結果を生み出すことが求められるようになっている[＊276]。

いま進んでいるスローダウンの大半は、いまも創造的破壊とされたり、時代遅れになったものが新しいものに永続的に取って代わられる「市場清算」のプロセスとされたりする。まるで資本主義の遷移が、逃れることのできない歴史の終わりのプロセスであるかのようだ。金融アナリストは、学校で学んだ1980年代と1990年代の経済理論に基づいて尊大な主張をするばかりで、新しい現実に向き合おうとしない。偉大なる予言者として一目置かれるべく、同じマントラを繰り返す。いま進んでいるスローダウンを説明しようとする説は無数に考えられるが、その中からあるアナリストの例を一つだけあげよう。これはオーストラリアのショッピングセンターの衰退に関する説明である。「したがって、市場が清算されるように価格が調整されるため、ショッピングセンターの価値は下がり続けると予想される」[＊277]。平たく言うと、市場が「清算」されれば、価格はまたぐんぐん上昇し、新しいショッピングセンターが出現して、新しくて、さらに高価な財が売られるようになる、ということである。そうなるとは限らないし、そうする必要もない。私たちは大半の人が持っているもので満足するようになり、消費を増やし続けなければいけないとは考えなくなるだろう。

イギリスでは、「イギリスの富裕層の富が5年間で2740億ポンド増加」といったタイトルのレポートが頻繁に発表されている。この例では、2018年にイギリス上位1000世帯の富裕層が保有する富が7240億ポンドとなり、2013年の4500億ポンドから増えたことが報告されている[＊278]。その1年後、イギリスの上位1000世帯の富裕層の富に関する最新の調査によって、最上位コホートから脱落した世帯を除外し、新しい世帯と入れ替えた同じグループで、富が増加するスピードが遅くなったことが明らかになった。

2019年になって、上位1000世帯の富裕層の富が480億ポンドしか増えなかったことがわかると、次のレポートのタイトルはこうなった。「フェラーリとフードバンクの国――イギリスの富裕層の富が5年間で2530億ポンド増加」［＊279］。これを読み解くと、こういうことになる。「長者番付者の富の伸びは、820億ポンド増加した2017年にピークに達した後、2018年に660億ポンドに減少し、2019年にはわずか480億ポンドに落ち込んだ」。イギリスの富が増加する速さと格差は、向きを変えてまた増すかもしれないが、いまのところ、富が増加するペースは最富裕層でさえスローダウンしている。そのため、直近のイギリス上位1000世帯の富裕層を見ると、集団としての（上位1000世帯から脱落している人がいるため、ここは非常に重要なポイントになる）富の総額は実際に減っている。

世界経済のスローダウンがとても大きいため、富裕層の富が増え続けることはない。1950年には、世界の1人当たり平均GDPは、現在の貨幣価値で約156ドル、率にして約4・3％増加した。2015年の増加額は158ドル、増加率は1・6％近くと、ほぼ3倍遅くなった［＊280］。そしてこうしたスナップショットは、ほかでもない経済学者たちの高い視点からとられているのだ。しかし、経済がついにスローダウンしているかもしれない、社会が一つにまとまり始めてさえいるかもしれないことを示す徴候がどんどん増えているからといって、危機を引き起こすことなくスローダウンできるように、私たちが持続可能な暮らしをするすべをすばやく身につけつつあるというわけではない。少なくとも、この世界は私が死んだ後も持続可能なのかという心配は膨らむ一方だ。心の奥底ではスローダウンしなければいけないとわかっている人はますます増えている。

急速な絶滅

この馬鹿どもが！　なんてことをしてくれたんだ！　ちくしょう！　みんな地獄へ落ちてしまえ！

――映画『猿の惑星』のラスト、1968年［＊281］

本書の第1章で、未来を想像してみてほしいと呼びかけた。2222年にあなたの曾々々々孫（あなたに子どもがいて、その子どもが子どもを持って、その子どもが……と想定した場合）はどんなことを心配しているだろう。2222年には、人口は3〜4世代増えていないし、経済の格差は数世代にわたって低くなっているし、地球の温暖化は止まっている。そのときには、何十年も上昇していた海面も安定するようになり、さらに動力源はとても安全になっていて問題にされることはめったになくなっているといい。その未来では、これも前に述べたように、AIのパターン認識能力はずいぶん前からとても役に立つものになっているが、知性はそれほど高くない。人々の栄養状態はよくなっているだろうし、肥満は減っている。だとすると、あなたの曾々々々孫は何が心配になるのだろう。

スローダウンが進み続ければ、あなたはそうした子孫を100人持つだろう。人口が安定したら、（平均で）128人になる計算だ。子どもがいない人なら、あなたの兄弟やいとこやはとこの子どもを思い浮かべてほしい。そうしてもほとんど違いはない。あなたが受け継いできた遺伝子が他のどこかに伝わるかぎり、あなたの遺伝子は、薄まりながらも生き残る。たとえ子どもがいない人でも、私たちには子孫がいて、その子孫たちが何を心配していようと、それは文字どおり大きな心配事である。この世から心配事はなくならない。心配事はどんなときもかならずある。第1章で述べたように、心配事をつくって思い悩むのが人間だからだ。そうだとすると、他の種が激減して、その影響が現実のものとなり、それが未来の最大の心配事になることはあるのだろうか。

2019年、国連は「野生生物の『過去に例を見ない』危険な減少、種の絶滅率が『加速』」と題する報告書を発表した［＊282］。実際には、図61をざっと見るとわかるように、絶滅率は1980年代以降、加速していない。図61は、生きている地球指数（LPI）の要素として作成された三つのシナリオのうち、最悪のケースを示している。LPIの作成者は2018年にこう報告した。「LPIは地球全体で……1970年から2014年の間に60％減少したことを示している。……つまり、動物の個体群の規模が平均すると1970年の規模の半分をゆうに超えるレベルで減少したことになる」［＊283］。LPIの減少ペースはもう加速していないとはいっても、急速な絶滅は続いており、まだ計量化されていないが深刻な脅威となり、甚大な損失が発生するおそれがあることに変わりはない。現在のペースが少しでも加速すれば、数十年以内に地球上のほぼすべての生物が絶滅することになり、人類の絶滅につながるのはほぼ確実である。さらに、評価される種が増えるたびに、報告の内容は悪化している。「国際自然保護連合（IUCN）のレッドリストは、新種として報告された種やあまり知られていない群の種が調査対象に加えられて更新されるごとに長くなっている」［＊284］。

私たちはかつては希望に満ちあふれていたが、いまでは大多数の人が恐れで頭がいっぱいになっている。少なくとも、自分たちが何をしていたかほとんどわかっていなかったことは確かだ。私たちは常軌を逸していたわけではない。無知な類人猿だったにすぎない。いずれにしても、人間を含む関連種があることがわかったのは、つい最近のことだ。私たちの曾々祖父母が子どもか若い成人だったときである。曾々祖父母は、学校に行き始めた最初のほうの世代だった。曾祖父母は絶滅について学び始めた。（若い読者にとっての）祖父母は、地球がマントルの上に浮かぶ岩のプレートでできていると教わった最初の世代である。両親は世界が温暖化しているという話を聞いた最初のほうの世代だ。そして私たちは、地球の歴史上最大、最速の大量絶滅の一つを引き起こしていることを初めて知った世代である。控えめに言っても衝撃的だ。そしてそのすべてがわずか5世代に起きている。

図61　生きている地球指数：下限信頼区間による種の消失、1970 ～ 2013年

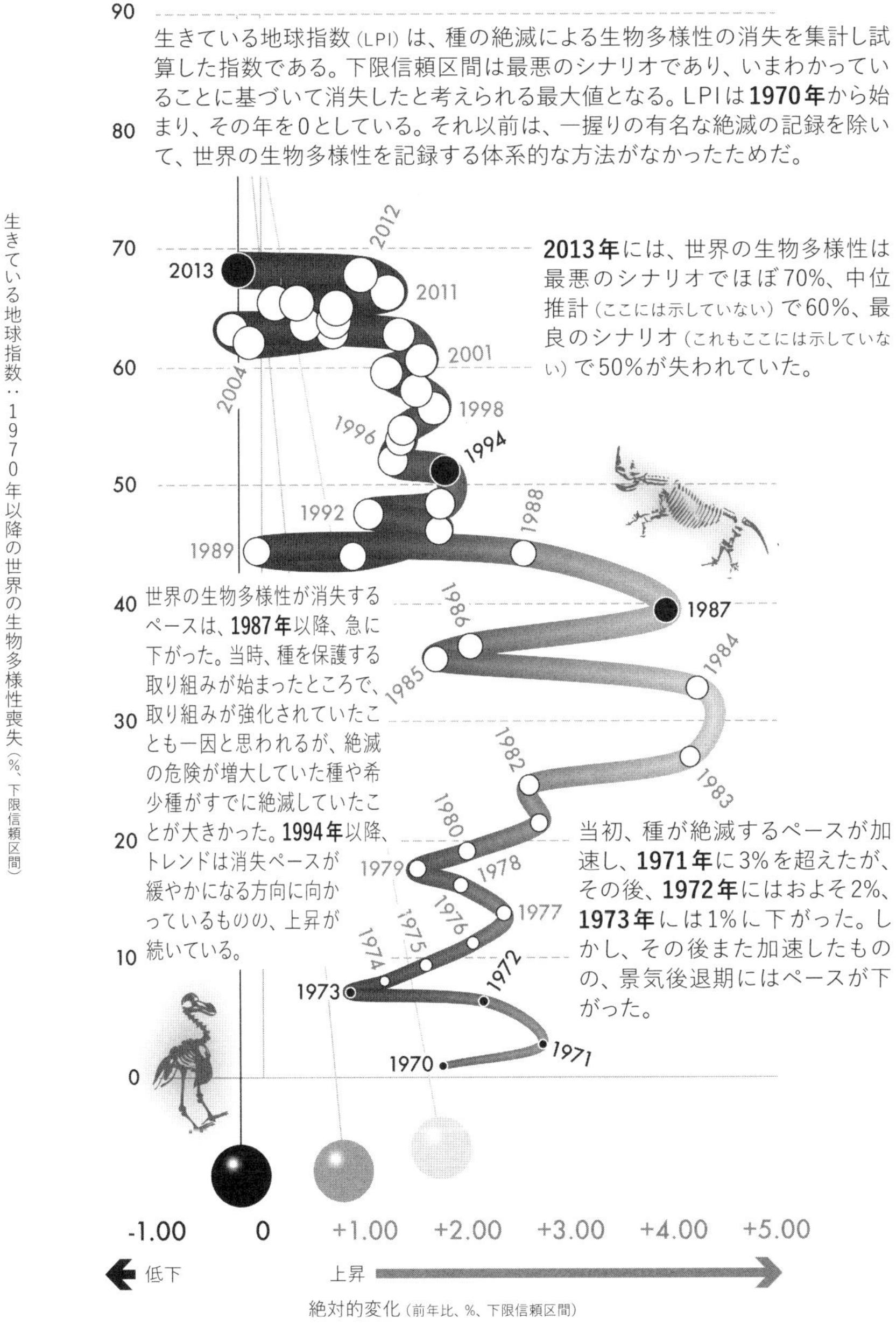
生きている地球指数（LPI）は、種の絶滅による生物多様性の消失を集計し試算した指数である。下限信頼区間は最悪のシナリオであり、いまわかっていることに基づいて消失したと考えられる最大値となる。LPIは**1970年**から始まり、その年を0としている。それ以前は、一握りの有名な絶滅の記録を除いて、世界の生物多様性を記録する体系的な方法がなかったためだ。
2013年には、世界の生物多様性は最悪のシナリオでほぼ70%、中位推計（ここには示していない）で60%、最良のシナリオ（これもここには示していない）で50%が失われていた。
世界の生物多様性が消失するペースは、**1987年**以降、急に下がった。当時、種を保護する取り組みが始まったところで、取り組みが強化されていたことも一因と思われるが、絶滅の危険が増大していた種や希少種がすでに絶滅していたことが大きかった。**1994年**以降、トレンドは消失ペースが緩やかになる方向に向かっているものの、上昇が続いている。
当初、種が絶滅するペースが加速し、**1971年**に3%を超えたが、その後、**1972年**にはおよそ2%、**1973年**には1%に下がった。しかし、その後また加速したものの、景気後退期にはペースが下がった。
生きている地球指数：1970年以降の世界の生物多様性喪失（%、下限信頼区間）
90
80
70
60
50
40
30
20
10
0
1970
1971
1972
1973
1974
1975
1976
1977
1978
1979
1980
1982
1983
1984
1985
1986
1987
1988
1989
1992
1994
1996
1998
2001
2004
2011
2012
2013
-1.00
0
+1.00
+2.00
+3.00
+4.00
+5.00
低下
上昇
絶対的変化（前年比、%、下限信頼区間）

データの出所：Living Planet Index 2018，最悪のシナリオ；および私信、Richard Grenyer [Oxford University], Monika Bohm, and Louise McRae [Institute of Zoology, London].

図61が示すように、三つのシナリオの最悪のケースでは、1970年に存在していた世界の生物多様性の過半数が1994年には失われていた。哺乳類などの大きな動物にいたっては、私の人生の前半に、地球上の希少種の大半を絶滅させている。そうするつもりはなかった。これほど多くの種がすでに絶滅の淵にあるなんて、まったく知らなかった。そこに追い込んだのは私たちであり、牛、穀物、豚、羊、山羊、鶏、土地の開墾、小麦、米、海の酸性化を始め、生息環境を破壊し、川を有毒なものにし、海を汚染し、気候そのものを変える結果を引き起こした他のすべてのことである。自分たちが何をしたのか、誰もわかっていなかったのだ。

大加速時代が始まったとき、私たちはとても楽観的だった。1914年、ブラッドフォード町議会議員のフレッド・ライルズが、東ブラッドフォード社会主義者日曜学校のための旗をつくった。この旗ほど希望と純真な心に満ちあふれ、見る人を幸せにするものはないだろう［＊285］。中央にある2本の果樹は、知識と真実を表している。その後ろに広がる小麦畑は、（日々のパンが）豊富にある世界の象徴だ。木の下の草むらでは、ヒナゲシが咲いている。（旗に関する説明によれば）日曜学校に通う子どもたちは地球のありのままの美しさについて学んでいたからだ（そのわずか数年後、ヒナゲシの花が突然、フランダースの野や第一次世界大戦のすべての戦場の地を覆い尽くすようになり、やがて戦没者追悼の象徴になる）。背景の昇る太陽は、新しい夜明けを表す。木の根元には「平和」「幸福」「豊かさ」という言葉が躍る［＊286］。

いま知っていることを踏まえてなお、私たちはもう一度、楽観的にならなければいけない。ブラッドフォードの社会主義者日曜学校に通っていた子どもたちはまだ、二度にわたる世界大戦があることも、1929年に株式市場が暴落することも、大恐慌がやってくることも知らなかった。その中を生き抜いた人は、中年期に新しい時代の夜明けに立ち会うことにもなる。福祉国家が成立し、無料の医療サービスが提供され、完全雇用が実現し、平等がどんどん前進し、生活水準は急速に高まると約束されていた。だからこの旗がいまも残っているのである。彼らは逆境に打ち勝ったのだ。私たちはもう一度逆境に打ち勝つために計画を練る必要がある。

その旗がつくられてからちょうど1世紀後、オックスフォード大学の人類の未来研究所のある研究員が、五つの大きな問題がいまも人類の生存を危うくする最大の脅威となっているとする論文を発表した。その脅威とは、核戦争、生物工学によるパンデミック、超知性、ナノテクノロジー、未知の未知である。1世紀前にはどれも脅威ではなかった。核戦争の脅威は大きかったが、弱まっていた。1984年以降、スローダウンだけでなく、大規模な核兵器廃絶が地球規模で進んでいた。生物工学による人為的なパンデミックを起こすか防ぐかは、すべて私たちにかかっている。超知性については、論文を執筆した研究者自身が心配する必要はかならずしもないと認めている。「超知性が他とは異なる点は、急速かつ強力な知性爆発が起こりうるかどうかわからないことである」[*287]。ナノテクノロジーが脅威になるかどうかも、私たちにかかっている。そして、いつの時代にも未知の未知は存在する。興味深いことに、この研究者は気候変動や種の絶滅には言及していない。

5年後、その同じ研究者が、「人工知能について詳しく研究した」結果、「生物工学と同様に、現時点でのリスクはかなり小さいが、ＡＩが改良されてより賢くなると、リスクは大きくなるかもしれない」と告げた[*288]。つまり、その5年間に大きな動きは何もなく、新しい心配事は生まれていなかったということだ。このときは気候変動に言及したが、種の絶滅は今回も取り上げられなかった。それは奇妙なことだった。この論文が発表される5週間前に、わずか80キロしか離れていないロンドンで、環境保護団体のエクスティンクション・リベリオンが２０１９年の復活祭に抗議デモを行い、１０００人以上の若者が逮捕されていたのだ。人類の未来研究所がいつまで存続するかはわからないが、そこですら種の絶滅が人類にとって大きな脅威になりうると考えていないのだから、私たちが暮らすところについて、そしてどう暮らすべきかについて、これからたくさんのことを学ぶ必要がある。それもいますぐに。幸いにも、いまは大勢の人がさまざまな取り組みを進めており、一握りの象牙の塔にこもっている一握りの偉大な思想家に頼らなくてもいい。それでは、もう一度図61を見て、次に図62を見て、また不安を見つけてほしい（ほとんどの人間はあれこれ心配することが得意なので、何を見ても何かしらに不安を見つけるものだ）。

地球上で生命が誕生して以降、特に大きな大量絶滅が5回起きている。約4億5000万年前には、地球の寒冷化が原因で、地球上のすべての種のおよそ7分の6が絶滅した。次に、3億8000万～3億6000万年前にすべての生物種の4分の3が姿を消した。二酸化炭素の減少や気候の寒冷化など、複数の要因によるものと考えられる。約2億5000万年前には非常に急速な気候変動がふたたび起こり、5度温暖化したため、すべての生物種の25分の1しか生き残らなかった。およそ2億年前にも気候が変動して、すべての生物種の5分の1しか生き残らず、その後、5回目の大量絶滅がおよそ6500万年前に起きた。直径約10～15キロメートルの小惑星が地球に衝突して、すべての生物種の4分の3が絶滅した。そしていま、6回目の、史上最も急速な大量絶滅が数十年前に始まったところである。

人類が地球の生物多様性に与えてきた悪影響は、巨大な小惑星のそれを上回る［＊289］。しかし同時に、生き残っている種については、これまで地球上の島の間を移動していた種よりも多くの種を地球上のいたるところに運んでおり、それ以外にも、新しい生物種の出現を加速させることをしているかもしれない。それがどんな影響をもたらすかは、ほとんどわからない。

このあたりで一呼吸おき、スローダウンする気配がまったくないある現象について考えてみたい。航空機で世界中を飛び回っている年間の旅客数である。恐竜の近縁種が最大で幅が16メートルある翼を広げて

図62　世界全体の航空旅客数、1970 ～ 2017 年

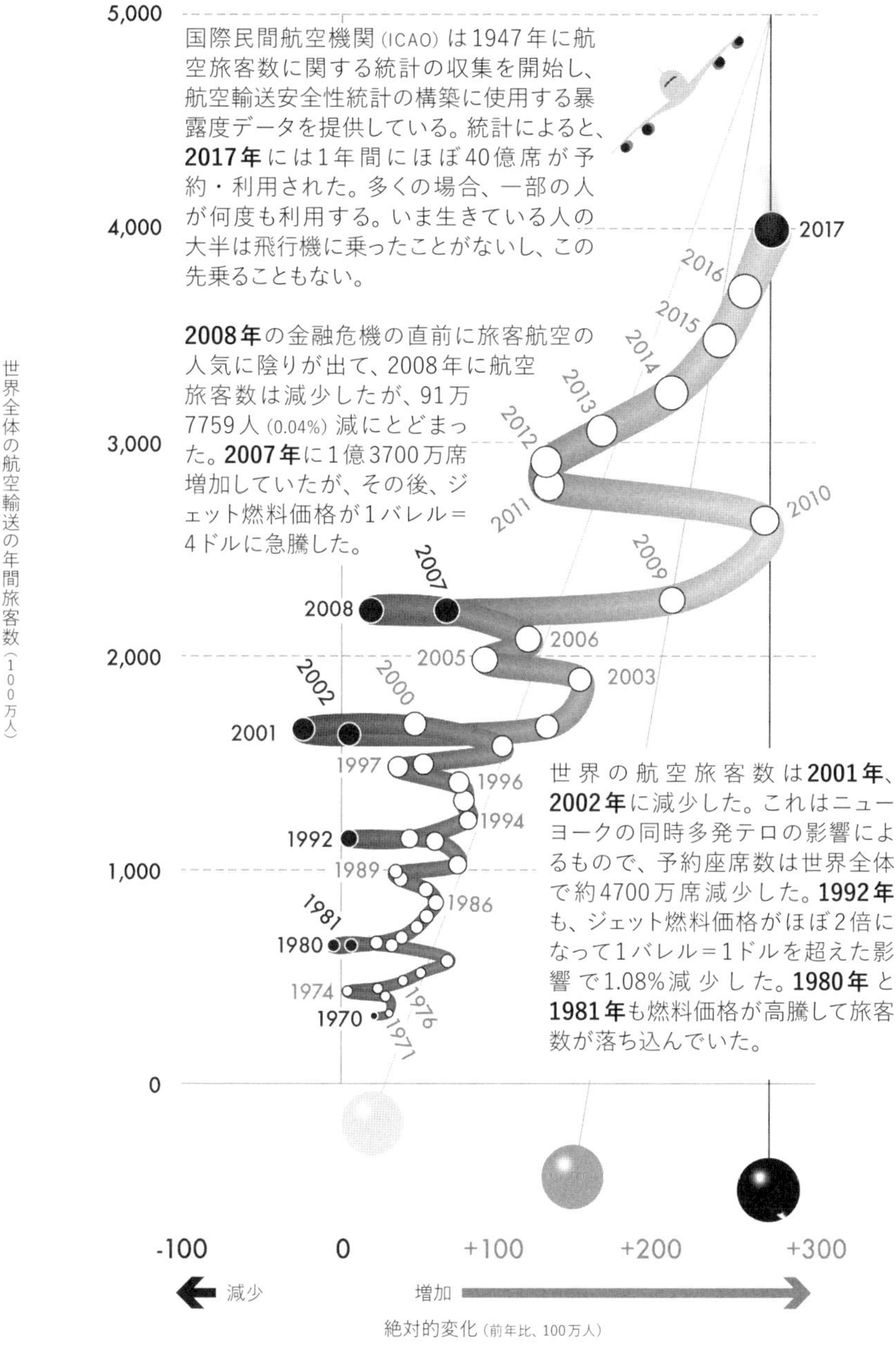
5,000
4,000
3,000
2,000
1,000
0
国際民間航空機関（ICAO）は1947年に航空旅客数に関する統計の収集を開始し、航空輸送安全性統計の構築に使用する暴露度データを提供している。統計によると、**2017年**には1年間にほぼ40億席が予約・利用された。多くの場合、一部の人が何度も利用する。いま生きている人の大半は飛行機に乗ったことがないし、この先乗ることもない。
2008年の金融危機の直前に旅客航空の人気に陰りが出て、2008年に航空旅客数は減少したが、91万7759人（0.04%）減にとどまった。**2007年**に1億3700万席増加していたが、その後、ジェット燃料価格が1バレル＝4ドルに急騰した。
世界の航空旅客数は**2001年**、**2002年**に減少した。これはニューヨークの同時多発テロの影響によるもので、予約座席数は世界全体で約4700万席減少した。**1992年**も、ジェット燃料価格がほぼ2倍になって1バレル＝1ドルを超えた影響で1.08%減少した。**1980年**と**1981年**も燃料価格が高騰して旅客数が落ち込んでいた。
2017
2016
2015
2014
2013
2012
2011
2010
2009
2008
2007
2006
2005
2003
2002
2000
2001
1997
1996
1994
1992
1989
1986
1981
1980
1974
1976
1970
1971
世界全体の航空輸送の年間旅客数（100万人）
-100
0
+100
+200
+300
減少
増加
絶対的変化（前年比、100万人）

データの出所：International Civil Aviation Organization, Civil Aviation Statistics of the World, および ICAO職員の推計、the World Bankがまとめたもの、2019年9月8日閲覧、https://data.worldbank.org/indicator/IS.AIR.PSGR.

空を飛んでいたのは、6500万年前のことである。知られている最大の翼竜であるケツァルコアトルスは、恐竜の大半とともに絶滅したと考えられている。知られている最大の猛禽類であるハーストイーグルは、翼を広げた長さが約3メートルとそれほど大きくなく、アホウドリとあまり変わらない。飛べない大型の鳥類で体重が500ポンド（約227キログラム）を超えていたと考えられるモアを捕食しており、モアがニュージーランドで乱獲によって絶滅した後、約600年前に最後のハーストイーグルが息絶えた。

1903年、ノースカロライナ州キティホークで、翼長12メートルの初の動力航空機が空に向けて飛び立った。いまでは空はモンスター機であふれている。いままでに空を飛んだ最大の物体であり、それに私たちが乗っている。現在、航空機は毎年、40億人の旅客を運んでいる。空を旅したいという私たちの熱意がスローダウンする兆しは、いまのところ見えない。航空機の利用に新しい炭素税がかけられて、強制的にそうさせられないかぎり、スローダウンすることはないだろう。航空機の利用に対する炭素税はすでにスウェーデンで導入されているほか、フランスでも提案されている。本書が印刷される頃には、もっと多くの国で導入されているのではないか。

世界への裏切り

気の滅入るニュースはここまでにして、6回目の大量絶滅に話を戻そう。まずはよいニュースから伝えたい。絶滅とは（少なくとも有性種では）最後の繁殖ペアが消滅することだと考えるなら、絶滅に達するのは、けっして不可能ではないが、きわめて難しい。次は悪いニュースである。これは広い意味での環境保護にとって重要な意味を持つ種類の絶滅ではない。いちばん重要なのは、機能の絶滅である。ある生物種の生息数が少なくなって、生態系の中で本来の重要な役割を果たす機能を失うことだ［＊290］。しかし、人間にとって有用な価値を持つ解剖学的、生化学的、遺伝的な多様性が本当の意味で失われるのは、最後に残った少数の人間が死んだときだけであることを考えれば、いくらか慰めにはなる。また、種が一つ消えると意味が喪失してしまい、物語の中でしか記憶されなくなるという、目に見えにくい損失も生まれる。しかし、地球の大部分には救うことができるものがまだたくさんある。ただし、そうしようとする気持ちが十分にあればの話だが［＊291］。

2019年5月8日、ロンドン・キャスビジネススクールのアマンダ・グドールとワーウィック大学の経済学者、アンドリュー・オズワルドは、『フィナンシャル・タイムズ』紙に次のような投書を寄せた。「環境が悪化したのは、経済とビジネスの影響によるところが圧倒的に大きい」［＊292］。『フィナンシャル・タイムズ』紙が大学のビジネススクールでの研究向けに推奨した上位50誌の学術誌を調べたところ、直近に発表された4万7000件の論文のうち、生物多様性と生物種の絶滅に関する論文は11件しかなかったという。経済界は関心を持っていなかった。2人はさらに続ける。「ビジネスと経済の研究者は、保身とインセンティブが原因で、FTジャーナルリストに載ることに汲々とし、過去の研究を模倣するばかりで、目下の問題に取り組もうとしなくなっている。だが、自然科学者はやるべきことをやってきた。今度は社会科学者がそうしなければいけない」。『フィナンシャル・タイムズ』紙が推奨した学術誌は「世界を裏切っている」と2人は断じる。

地位に汲々とすると、不安にかられ、まったく見当違いのことをするようになる。そのうえ、地位が高ければ高いほど、他の人がそれを認識すべきだという気持ちが強くなるものだ。地位を得ることが人生のほとんどすべてになっている学者もいる。私も、自分の学術研究がいくらか役に立つと思われているかどうかということを、まだ完全には無視できないでいる（年をとると気にならなくなってくるが）。幸いなことに、私よりも熱心に仕事に取り組んでいる研究者たちが、めったに読まれない学術誌にほとんど役に立たない論文を書くのをやめて、もっと役に立つことをやり始めなければいけないと説いている［＊293］。もちろん、いま行われている学術研究の大半は役に立つが、まるっきり間違っていたり、ほぼ完全に的外れだったりするものもある。それ以上に重要なのは、いま科学者たちが生み出している素晴らしい研究の大部分は、人類が存続するカギでもあるかもしれないということだ。問題は、私たちが自分の家族、部族、都市、国よりもはるかに大きい集団のことを考えられるようになるかどうか、そして価値のあるものとそうでないものを見きわめられるようになるかどうかである。

10年前に行われた複雑なモデリングによれば、急激だがほぼ即座に影響を与えるものではない気候変動（小惑星や人間によって引き起こされるのではなく、もっとゆっくりとしたプロセスで進むもの）は、先にシステムが著しくスローダウンする期間があることが多い［＊294］。いまは気温の上昇を引き起こす前にどのような軌跡をたどっていたかを明らかにする知識がある。というのも、「そうした臨界点をそこに到達する前に予測するのは至難の業だが、科学のさまざまな領域で研究が進み、幅広いクラスのシステムについて、臨界閾値に近づきつつある予兆をとらえる早期警告シグナルが存在することがわかってきた」からだ［＊295］。私たちが大量に汚染を引き起こさなかったらどうなっていた可能性が高いか、いまならわかる。その未来では自然は均衡が保たれていないかもしれない。しかし、汚染がなければそうなっていたであろう未来の形がわかれば、私たちが何を目指していくべきかが見えてくる。

ボルチモア郡にあるメリーランド大学の地理学・環境システム学教授、アール・エリスは、人文景観の生態学を研究している。リーダーや専門家に複雑な問題を解決してもらうことはできないと、エリスは説く。「私にとってうまくいっているものが、あなたにとってはうまくいかない可能性は高い。そのため、環境にとっても社会にとってもよりよい結果を生み出せる社会的戦略を考えず、環境の限界だけに目を向けていては、問題を解決に導ける唯一の力、つまり、未来をよりよいものにしたいという、人間に自然に備わっている強い願望は活かせない。……それを本気で活用しようとするのであれば、大切ではあるが時代遅れの考え方を捨てる必要がある。それは、自然は安定的に適応し均衡を保つ、人間には無限の創造力がある、専門家が定義しただけの環境の限界を超えなければ人類は存続できる、という考え方だ」[＊296]。そうだとすると、スローダウンして未来を変えたいという強い願望をどうすれば達成できるのだろう。どうすれば十分な対応がとれるようになるのだろう。

過去5世代に乱気流のような変化が起きている。その一つは、私たちの暮らし方が環境に影響を与えており、その結果として今度は私たちの暮らしに乱気流のような変化が起きると気づいたことだ。そうした影響の最たるものが、さらに加速する気候変動である。変化は激しいかもしれないが（私たちはできるものは何でも「劇的」な変化と表現するのに慣れっこになっているということもある）、この先訪れる気候変動のかなりの部分は（乱気流を含めて）予測しやすいことに変わりはない。将来の生物種絶滅のスピードが予測しやすいのと同じである。私たちには未来を変える力があり、それができるのは私たちだけだ。どのような未来になるかは、私たちが何を選択するかで決まる。スローダウンしている世界では、選択肢は増える。

これまでに起きている気候変動のほぼすべては意図されたものではない。機械化農業、工業化、国際線、無分別な資源の抽出をやみくもに拡大した結果である。過剰農耕のことなど何も知らずに肥沃な地域を過剰に農耕してしまうのと同じことを、地球に対してしているのである。たとえ意図しないものであったとしても、そうした結果を引き受けて生きていくすべを身につけて、これまでのやり方を変えなければいけない。

人類が人口の多い種として生き残るのであれば、気候変動を引き起こしている人為的な要因が急激にスローダウンしなければいけない。少なくとも、過去数十年間に大半の核兵器が廃絶されたのと同じくらいの速さでスローダウンする必要がある。いまの状況は、砂漠の端で帯水層から灌漑用水をくみ上げられなくなって、これまでのように大量の作物に水をやり続けることができなくなっているようなものである。古代の化石燃料の採掘ペースは世界全体できわめて高い水準にある。そのため、地球環境への影響を考えずに、あるいは地球環境に影響を与えるおそれがあることをまるっきり知らないまま、大量の化石燃料を短期間で採掘して、甚大なダメージを引き起こすようなことは、この先二度とないだろう。帯水層まで井戸を掘ったとき、水に塩の味がするようになるまではすべてうまくいっているように見えたのとまったく同じである。

本書で描くスローダウンはすべて、正しい情報を得たうえで積極的に選択した結果と、避けることのできない結果が組み合わさったものである。どのスローダウンにも人間の主体性がかかわっているが、人間の無知もかかわっている。人間が何をするかに関係なく、人間が引き起こした気候変動は、やがてある時点でスローダウンすることになる。それは、文明が崩壊して人口が激減するときか、汚染の水準が下がって文明の崩壊も人口の激減も回避されるときかのどちらかだろう。私たち自身を救うには、経済のスローダウンを慎重に加速させるとともに、再分配を拡大（加速）させるしかないだろう。そうしなければ、炭素排出量は、国連気候変動枠組条約第24回締約国会議（UNFCCC、通称COP24）で発表された２％のペースで増加し続けることになる。ちょうど50年前、１９６８年に世界人口が２％のペースで増加し続けることが持続不可能だったように、この水準も持続不可能である［＊297］。

未来に希望はある。過去に核兵器廃絶を訴えた人たちは、未来に希望を持っていた。そうでなかったら、行動を起こしていなかっただろう。気候変動に影響を与える動きについては、人口の増加だけでなく、財の消費量でもスローダウンがすでに進んでおり、グリーンな未来にしたいという強い願望は大きく加速している。（豊かな）人々はこの先、所有物が減るだろう（できるようなら想像してみてほしい）。この行動は足りていないと、多くの人は言うはずだ。しかし、私たちはまだ適応し、学習しているところである。スローダウンはそんなにすぐには起きない。それでも、このもう一段のスローダウンは絶対に必要であり、それに先行する二酸化炭素排出量の増加のスローダウンとともに、わずか数十年で進むだろう。地質学の観点からは、過去20年に起きたことは一連の巨大な火山爆発と大差はないし、危険性も変わらない（火山爆発は過去5回の大量絶滅のいくつかに関係していると思われる）。しかし、火山の爆発と違って、私たちは将来の排出量を選択することができる。悩む必要のない、簡単な選択だ。

私たちの理解の変化

２０１９年6月17日月曜日、国連は最新の「世界人口推計」を発表した［＊298］。見出しにはこうある。「世界人口は２０５０年に97億人に達するが、増加率は減速」。前日までは国連の予測は98億人近くだった。２１００年の予測は１１２億人となっていたが、それも突然、１０９億人に引き下げられた。人口増加のスピードは考えられていた以上の速さで遅くなっている。

国連の報告書ではまず、この先も人口が大幅に増加すると見られる地域が示された。人口増加の大部分は人々が長生きするようになったことによるもので、出生数が増えたからではないのだが、その事実には触れられていない。報告書には次のように記されている。「インドは２０５０年までの人口増加が世界最大になると予想され、２０２７年前後に中国を上回り、世界で最も人口が多い国になる見通しである。インドは他の８カ国とともに、２０５０年までの人口増加の半分以上を占めると予測される。人口が大幅に増えると予想されるのは、インド、ナイジェリア、パキスタンで、それにコンゴ民主共和国、エチオピア、タンザニア、インドネシア、エジプト、アメリカが続く」

そう、アメリカは深刻な人口増加問題を抱えている国のリストに入っているのだ。しかし、国連の報告書はこう続く。「人口規模が減少に転じる国が増えている。2010年以降、27の国と地域で人口が1％以上減少しており、その原因に依然として低い出生率があげられる。2019年から2050年の間に、55の国と地域で人口が1％以上減ると予想されており、その半分近くが10％以上減少すると見られる」。国連の新しい2100年予測が110億人を下回ったことは書かれていない。国連は1歳未満の乳児の人口予測について過去の推計の改定値と新しい予測値に関する新しいデータを本報告書の付録として発表しており、それを図63に示している。

こうしたグラフの読み方は前に説明しているが、そこを読んでいないという人がいるかもしれないので、ここで図63を例に使って、もう一度見ていこう。1950年に世界で生まれた子どもの数は8000万人弱だった。これは時系列線の「1950」の文字の左にある黒い丸印の位置でわかる。縦軸で見ると、その黒い丸印は、80（単位100万人）と振られているグレーの横破線のすぐ下にある。横軸で見ると、4という数字の真上にあり、1年間に生まれた子どもの数が前の年から400万人増えていたことを伝えている。増加量は1951年に少し減り、1956年という早い時点でマイナスになっていた（時系列線は縦軸の左側に移動）。時系列線が示すように、1958年に生まれた子どもの数は1955年より少なかった。すべての丸印に年を表示すると数字だらけになってしまうのでそうしていないが、戻ったり進んだりすれば、どれが何年だかわかる。時系列線の下にある振り子は、全体のトレンドが加速から安定の方向へと振れていることを示している。黒い縁取りの白丸（「1950」のラベルの下）から2100年のポイントの真下にある黒い丸の振り子の重りへとスローダウンしている。

図63　世界全体の乳児人口、1950 ～ 2100年

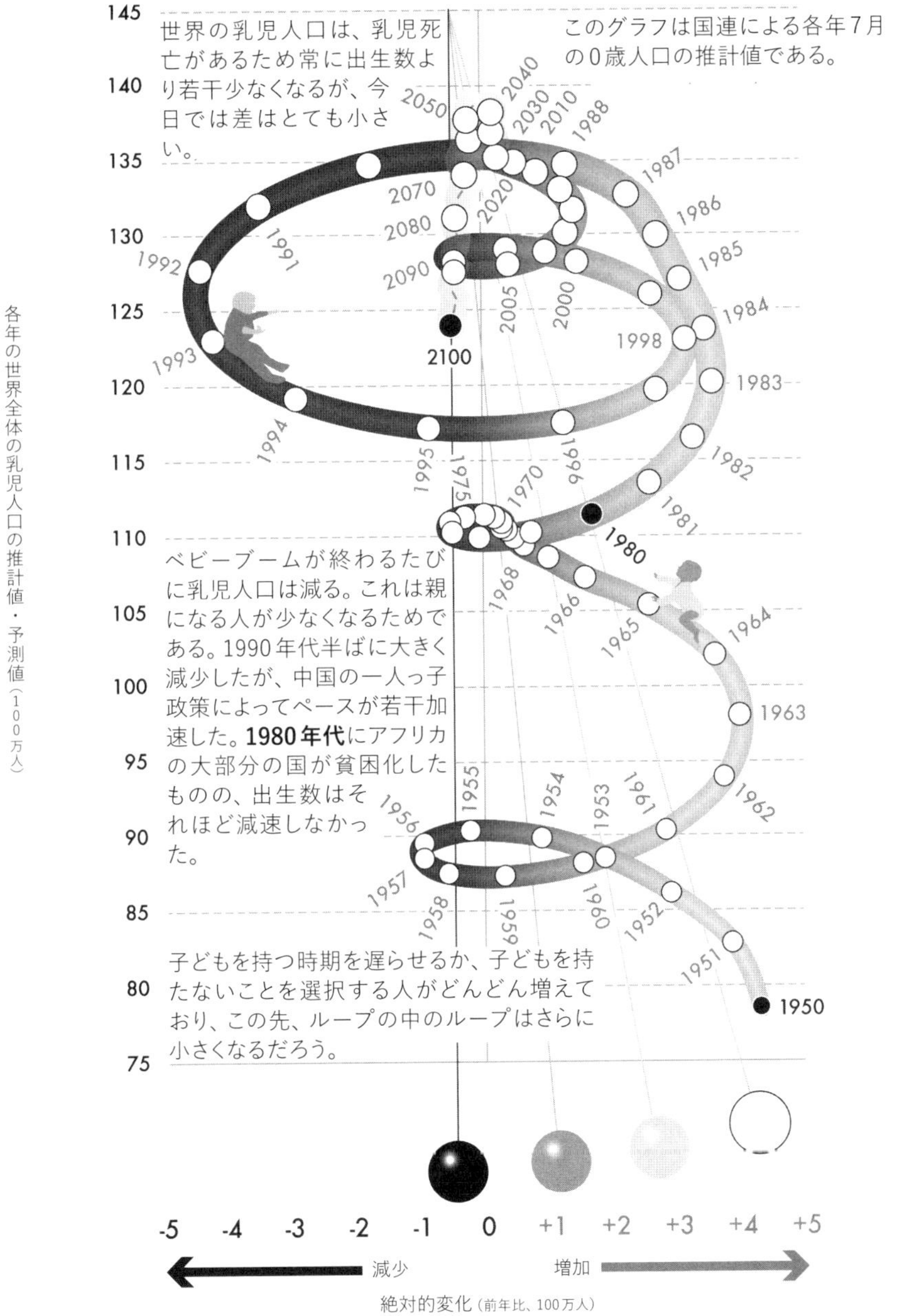
145
140
135
130
125
120
115
110
105
100
95
90
85
80
75
各年の世界全体の乳児人口の推計値・予測値（100万人）
世界の乳児人口は、乳児死亡があるため常に出生数より若干少なくなるが、今日では差はとても小さい。
このグラフは国連による各年7月の0歳人口の推計値である。
ベビーブームが終わるたびに乳児人口は減る。これは親になる人が少なくなるためである。1990年代半ばに大きく減少したが、中国の一人っ子政策によってペースが若干加速した。**1980年代**にアフリカの大部分の国が貧困化したものの、出生数はそれほど減速しなかった。
子どもを持つ時期を遅らせるか、子どもを持たないことを選択する人がどんどん増えており、この先、ループの中のループはさらに小さくなるだろう。
2040
2050
2030
2010
1988
2070
2020
1987
2080
1986
1991
1992
2090
1985
2005
2000
2100
1984
1998
1993
1983
1994
1995
1996
1982
1975
1970
1981
1980
1968
1966
1964
1965
1963
1955
1954
1953
1961
1956
1962
1957
1958
1959
1960
1952
1951
1950
-5
-4
-3
-2
-1
0
+1
+2
+3
+4
+5
減少
増加
絶対的変化（前年比、100万人）

注：この図は1歳未満の子どもの数を示しており、乳児死亡があるため出生数より若干少なくなる。

出所：United Nations, *World Population Prospects 2019*, 2019年6月20日閲覧、https://population.un.org/wpp/Download/Standard/Interpolated/.

一歩下がって、図63全体を見てみよう。いくつかループが続いた後に大きなループがあり、1989年に生まれた子どもの数はほぼ1億3500万人まで増えている（その前後は時系列線が混み合っているので、1989年の表示はない）。このループは1998年頃に終わり、その後突然、別の軌跡が現れる。これは中国と関係があるが、中国がすべての原因ではない（第7章、第8章を参照）。原稿を執筆している時点で、トレンドは数カ月前より少し速く縦軸のほうに進んでいる。つまり、生まれた子どもの数はふたたび減少する方向に向かっているが、この先に上向く徴候は見えない。国連が2021年、さらに2023年に推計値を改訂すると、時系列線のループがさらに低くなることが容易に想像できるが、その後はもっと左に移動して、ごく近い将来に大きなスローダウンが描かれるだろう。しかし、こうしたデータを提供している国連の人口統計学者はいまの時点ではそうは考えていない。逆に、物事は突然安定し、ほとんどすべての国・地域のすべての人が平均すると子どもを2人持つ方向に振れると想定している。子どもの数がすでに2人を大きく下回っているところでさえ、例外ではない。世界中でコンドームを無料で配っている人たちがいて、彼らがスローダウンは本当に始まっていると考えたら、そうするのをやめるかもしれない、とでもいうことなのだろうか。将来の出生率は国連の予測を上回るペースで低下するのではないか。そう言っているのは私1人ではない。

2019年6月17日の「世界人口推計」レポートで、国連の人口統計学者は2025年7月の1歳未満の子どもの人口は1億3600万となる可能性が最も高いとした。その後、2030年には1億3700万人、2040年には1億3800万人、2050年も1億3800万人となり、2060年には1億3700万人、2070年には1億3500万人になる。しかし、未来はそんなに安定していないだろう。さまざまな理由から、出生数ははるかに少なくなる可能性が高く、少なくとも国連の予測も下がり始めている。

ここでもう一度、最近までこれほど多くのことがこれほど速く変化したこと、そしてまだ多くのことが変化する可能性があることを思い出してほしい。1844年、チャールズ・グッドイヤー（タイヤメーカーのグッドイヤー社の会社名は彼にちなんでいる）は加硫法の特許を取得した。1855年に初のゴム製コンドームが生産された。このニュースが広まるには少し時間がかかったが、この発明もあって1870〜1930年にヨーロッパの出生率は大きく下がることになる。出生数が減り始めると、人口減少を反転させて、軍に兵力を供給するために、妊娠を奨励するさまざまな施策が打ち出された。結局、すべて失敗したが、これはよいニュースであり、そうした取り組みは社会的・政治的な利益も生み出した。

女性の自由の拡大

ごく近い将来、スローダウンに対応する意味でも、子どもの数を増やすために、母親と父親への支援が増えることが期待される。経済協力開発機構（OECD）は母親への直接支援に関するデータを最大限に収集してくれている。支援の多くは出産を奨励するために特にヨーロッパで導入されたもので、どれも出生数が減り始めたときに始まったのは偶然ではない［*299］。1877年、産前産後休業に関する初の連邦法がスイスで成立した。産休中は無給だが、母親の雇用は8週間保護された。1878年、ドイツで妊婦は産前3週間に就業させることはできないと定められた。1885年、オーストリアが妊婦の就業を制限した。それでも出生率の低下に歯止めはかからず、1957年にオーストリアで雇用が保護される有給の産休が導入されても効果はなかった。

1889年、ベルギーとオランダが女性に対する4週間の無給の産休を法制化した。その後、ベルギーでは1954年から、オランダでは1966年から有給になった。チェコ共和国（当時はまだチェコスロバキアの一部）ではすでに1948年に有給になっていたが、1956年から有給期間が18週間に延びた。しかし、アイスランドはさらに早く、1938年から金銭的支援を行っていた。デンマークでは1892年に無給の休業が義務づけられた。スペインでは1900年に、スウェーデンでは1902年に導入された。1902年にはイタリアで女性が産後4週間に就業することが禁止されていた（全期間無給）。

フランスでは1909年に4週間の無給の休業が制定された。ギリシャでは1910年に妊婦が就業することが禁止された。フィンランドでは1917年に無給の休業が初めて導入され、この年にはメキシコが1カ月間の有給の休業を定めた。ポーランドは1924年から給与が全額支給される12週間の産休が開始された。1930年にはトルコが6週間の無給の休業を制度化した。日本は1947年に産休を導入した（敗戦後、中絶率がほとんど信じられないくらい高い時期だった）。イギリスでは1948年に13週間の休業が認められるようになったが、何十年間も女性労働者は休業中の雇用が保護されなかった。韓国は1953年に、ルクセンブルクは1962年に、ポルトガルは1963年に産休が導入された。カナダは1971年に導入された。オーストラリアはとても遅く、1973年になってようやく産前産後休業法が成立し、12週間の有給休業、最大40週間の無給休業が取得できるようになった。最も遅いのがアメリカで、妊娠・出産にかかわる権利に関する重要な政策が取り入れられたのは1978年になってからだったが、笑ってしまうくらいお粗末で、病気や障害に関してすでに存在する権利に少し色をつけただけだった。現時点で、先進民主主義国の中で働く女性と男性に雇用が保護される有給の包括的な育児休業を提供していないのは、アメリカだけである。アメリカの対応がとても遅かったのは、人口が収縮するのではないかという懸念が生まれ始めたのが他の国よりかなり遅かったからだと思われる。

ヨーロッパの多くの国では、結婚している人、子どもがいる人、家族に対する支援（一般には金銭的支援）

があった。ところが、家族計画クリニックが同じ時期に開設されたことが影響し、出生数は純減となった。そうならなかった国では、たいてい最近やってきた移民が子どもを持ったために出生数が増えたが、移民の子どもの数はほぼ例外なく出身国にいる人よりも少なかった。世界で移民が増えれば増えるほど、将来の出生率が低下するスピードは速くなるだろう。そうだとすると、子どもの数を増やすという本来の目的が達成されなかったのだとしたら、何が達成されたのだろう。それは女性の自由の拡大である。選択する自由ができたのだ。大減速を牽引したのは男性ではなく女性であり、この先、大減速の最大の原動力になるだろう。環境主義の政治家に女性がとても多いのも、気候変動への対策を求める学校ストライキを始めたスウェーデンの生徒が少女だったのも、偶然ではない。政治の要職につく女性が増えていることから、ごく近い将来、女性の政治参加がさらに進むはずである。この流れがスローダウンすることは、当面ないだろう。

２０１９年12月、豊かな世界の中で特に格差の大きい国は、極右の男性たちの支配下にあった。アメリカのドナルド・トランプ、ロシアのウラジーミル・プーチン、トルコのレジェップ・タイイップ・エルドアン、チリのセバスティアン・ピニェラ、イギリスのボリス・ジョンソンだ。これに対し、平等化が進んでいた国では、権力を手にする女性が増えていた。２０１９年12月に生まれたフィンランドの新政権がその最たる例である。社会民主党のサンナ・マリンが新しい首相に任命され、リ・アンダーソン（左翼同盟）、カトゥリ・クルムニ（中央党）、マリア・オヒサロ（緑の党）、アンナ＝マヤ・ヘンリクソン（スウェーデン人民党）と連立政権を組んだが、新首相も連立政党の党首も、全員女性だった［＊300］。

これほど多くのことがこれほど短い期間に変化していることを考えれば、楽観的になるのも簡単だ。つい最近まで、女性は基礎教育を受けることすらできなかった。数人の男性の物理学者と数学者が本書で使用した位相空間図を考案したのは、スローダウンの中で人類に関係する側面、つまり、人口減少を止めるために1870年代に産前産後休業制度が初めて導入される直前のことだった。それは人間の暮らしのほとんどすべてのことが文字どおり加速していたときである。

出生率の変化を測定して社会変化の速さを考察した21世紀のある研究によれば、「社会変化のペースは20世紀中に加速したと言われることが多い」〔＊301〕。別の研究はこう始まる。「人生をある程度コントロールして計画を立てやすくする安定が崩れて、社会が加速しているという感覚が生まれているように見える場合には、安定が失われた原因を問う前に、それがどのようなものであり、どこでどのようにして生まれるのかを明らかにすることが適切であり、最も重要なことではないかと思われる」〔＊302〕。しかし、私たちは加速していない。そう感じているとしたら、その感覚を変えるときがきている。

誰の目にも明らかなはずなのに、どうして私たちにはまだ見えないのだろう。出生率が早くに低下し始めた国、つまり、1900年直前の西ヨーロッパの国は、低下のペースが最も緩やかだった。それに対し、ごく最近、1972年以降に低下し始めた国は、低下のペースが最も速い。その大半はアフリカの国である。このように、1972年にオーケストラが全員そろい、あらゆるところで出生率がかつてないほどの速さで安定に向かっていることから、「クレッシェンド効果」が生まれている。

1972年以前は、クレッシェンド効果が生まれようとしていることなど、知るよしもなかっただろう。1968年、『社会的変化の指標――概念と測定』というタイトルの本が出版された〔＊303〕。この本はほぼ全編がアメリカの話である。何よりも興味深いのは、この本に登場する変化の指標がいま使われている指標とほとんど同じであることだが、いまの変化の速さは概して当時よりはるかに遅い。それほど大きく変化していないこともある。本の著者はこう説く。「これから直面することになる非常に重要な問題の一つは、アメリカの下層社会で政治的表現を求める声が高まると同時に、支配層に対する信頼が失われていくことである」。スローダウンが進むと、ほとんどすべてのことで変化が緩やかになる。1968年は1

918年よりも2018年と似ている部分のほうがずっと多かった。2018年は1968年より2068年と似ている部分のほうがずっと多くなるだろう。これはスローダウンがもたらすさまざまな影響の一つである。

『タイム』誌のジャーナリスト、ジェイミー・ドゥシャームは、「2018年に生まれた子どもの数が1986年以降で最低になったのは、悪いことではないだろう」と題した最近の記事で、出生数が減った理由の一つは、10代の母親の出産が減ったことだと指摘している。ドゥシャームは記事の最後に、ペンシルベニア大学の社会学教授、ハンス＝ペーター・コーラーの言葉を引用して、トランプ大統領をあからさまに批判し、オバマ大統領への感謝を示した。「大半の10代の妊娠は『早すぎる』か『望まない』ものであり、それが減るというのはもちろんよいことだ」とコーラーは言う。コーラーによれば、10代の母親の出生率が下がっているのは、効果が長く持続する避妊手段の使用が広まっていることを反映したものと考えられ、医療保険制度改革法の下で使用しやすくなったからだと思われる［＊304］。この法律ができたことで、2016年のアメリカの無保険者数は2014年の半分になっていた。

スローダウンが進むと、もっと多くのことが理解できるようになる。それは進歩である。その進歩の一つとして、悪い人たち（たいていは裕福な男ども）が悪い意思決定をすることを懸念し、失望するようになっている。私たちはつい最近まで、言われたとおりにすることに慣れきっていた。しかしいまはもう、そうではない。

第12章

人——
認知とナマズ

People: Cognition and Catfish

景気後退の影がふたたび市場に忍び寄っているが、数多くの投資家やアナリストは、もっと深く、もっと構造的なシフトのほうを懸念している。世界経済は「ジャパニフィケーション（日本化）」と呼ばれる現象に陥るのではないかというのだ。

――ロビン・ウィグルスワース、2019年8月27日

1968年に出版されたSF小説『ザンジバルに立つ』は、人口が過剰になり、優生学に基づいて子どもを持っていい人を決めるようになった世界を描く。イギリス人の著者、ジョン・ブラナー（1934〜1995年）は、「人工知能、人種差別、ドラッグ、環境、宇宙旅行、ハイテク戦争」などをテーマに、多くが暗澹たる未来を舞台とする作品を残している［＊305］。地球の人口は2010年に70億人に達するとブラナーは予言した。予言はほぼ的中する。人口が70億人の大台に達したのは2011年晩春のことである。ブラナーはすでによく知られており、有名な反核ソング「水爆の雷鳴」の作詞も手がけていた。この曲は、イギリスの反核運動団体である核軍縮キャンペーン（CND）が初めてロンドンからイギリスのオルダーマストンにある主要原子兵器研究所まで平和行進したときに使われた。1968年には、ブラナーのような人たちは、人間はみなじきに死ぬだろうと考えていた。ブラナーとCNDは10年の間、ほぼ完全に無視されていた。それでもブラナーは希望を捨てなかった。

1901年から1968年にかけて、人類の歴史で最も急激な変化が起きた。1人の人間が生きている間に、馬力の時代が終わり、水素爆弾が発明されたのだ。1901年以前は、生活水準が改善したとしても、それが大部分の人に行き渡るまでには、とても長い時間がかかった。豊かな国でも、世界全体でもそうだった。ところが、1901年以降、変化は次々と表れた。イギリスでは1901年は国勢調査の年で、その年から始まる10年間に、ブリテン諸島の人口は過去最速のペースで増加することになる［＊306］。世界

全体でも、1901年は人口の年間増加率が初めて1％を超えた年となった。

1901年以降、戦時下とパンデミックが発生した短い期間を除いて、世界人口の増加率は毎年1％を超えている。しかし、国連が2019年6月に発表した最新の推計によると、2023年までにその水準を割り込むことはほぼ確実になっている。その後、年間増加率は急速に下がり、2027年前後に0・9％を割り込むが、そこからはそれほど急速には下がらない。しかし、国連の人口統計学者は増加率が0・9％を割り込む時期を前倒ししているものの、その先を見ていくと、国連の推計はさらに保守的になる。

いまの国連の予測では、世界人口の年間増加率が0・5％を下回るのは2051年になってからであり、0％を下回るのは（つまり、世界人口がピークをつけるのは）2100年になってすぐ後である。近年、国連の報告書では人口増加率の推計が何度も引き下げられており、世界人口のピークは21世紀末よりもっと早くやってくると考えるべきだろう。2015年に年間人口増加率が1・15％まで下がったことがわかったのも、つい最近のことだ［＊307］。

教育格差

スローダウンが始まっていることをまだ疑っているのなら、他の多くの物事がゆっくり進むようになっていることを思い出してほしい。スローダウンしているのは人口だけではない。教育格差も小さくなりつつある。ジョン・ブラナーのように両大戦間に生まれたイギリス人男性は、名門校（学費が高い私立校）に行けば経済的な成功が約束されていた。ブラナーと同時代の女性は大多数が大学に通わずに自宅で教育を受けており、将来の結婚相手に影響する以外は、教育が将来を左右することはほとんどなかった［＊308］。1

870年以前は、イギリスの子どものほぼ半分が正規の教育をまったく受けていなかったが、それからすぐ、5歳から12歳までのほとんどすべての子どもが無償の公教育を受けられるようになった。1920年のイギリスでは、ほとんど誰も大学に行かなかった。その年に大学に通っていたのは、男性は3000人強、女性は1000人だけだ。1920年はオックスフォード大学で女子学生の卒業が初めて許された年である。それがいまでは、イギリスの21〜64歳の労働力の42%が大学卒であり、また、イギリスの大学の学費は豊かな世界で最も高く、2019年の学費はほぼすべての大学で年間9250ポンド（1万3050ドル）であるにもかかわらず、その中の最も若い年齢集団の過半数が大学卒である［*309］。

過去5世代にあらゆることが急速に変化したが、いまはもう、そうではない。スローダウンはまだ進む余地がある。変化が緩やかになる未来では、大学を卒業しているかどうかは、男性にとっても女性にとっても、ほとんど関係がなくなる日がくるだろう。50年前と比べれば、すでにはるかに小さな問題になっている。男性であるか女性であるかも、それほど大きな問題ではなくなる。みんなもっと平等になる。そんな未来では、信じられないほど考え方が偏っていた時代のありえない事実を学校で教わることになるだろう。そのときには、イギリスの私立校とは何であったかを教わり、当時（つまりいま）はイギリスの上級判事の65%が私立校出身だったが、イギリスの大学のトップ（なぜだか「大学副総長」と呼ばれる）はそれが6人に1人だけだったことを教わらなければいけなくなる。こんな未来は何世紀も先のことだと思うかもしれないが、過去のエリートの縁故主義を表すこの二つの指標は、いまではどちらも下がっているのだ。わずか5年間でイギリスの上級判事については71%から、大学トップについては5人に1人から低下している［*310］。イギリス人のスノビズムも、スローダウンしている生活の側面の一つだ。アメリカの傲慢さも減っているといいのだが（うまく測定するのが難しい）。不平等な経済は持続不可能であり、やがて終わる。しかし、考えられる終わり方の中には、他よりはるかによい形もある。

私たちは減速していても加速のことを心配している。2018年になってもまだ、ある慈善団体はこう訴えていた。「アフリカは人口の時限爆弾の上に座っている。健康と教育に巨額の投資をしなければ、増え続ける子どもや若者たちが重くのしかかり、深刻な人間開発の危機が発生しかねない」[＊311]。人口時限爆弾という部分は間違っていた。それは本書で繰り返し説いてきたとおりである。しかし、それ以外の多くの指摘は正しい。この組織が訴えたのは、悲惨な現実だ。アフリカ大陸では3分の1弱の子どもが栄養不良で十分に成長できていない。さらに、「アフリカでは大勢の子どもが学校に通っているかもしれないが、満足に学習できていない。5人に2人が読み書きや簡単な計算ができないまま小学校を卒業する」。だが、そうした状況も急速に変化している。イギリスのエリートが、（たいていは丸暗記で）他のイギリス人より少し早く読み書きや簡単な計算ができるからといって思い上がらないようにと教育されるようになる一方で、アフリカ大陸全土で、適切な中等教育を含めて、子どもたちが最も基礎的な教育を受ける機会がどんどん広がっている。

2018年にアフリカは人口の時限爆弾を抱えていると警告した慈善団体は、アフリカの子どもたちはいまでは健康状態がよくなり、平均するとより長く生きられるようになり、就学率も上がっているとも指摘している（ただし、子どもたちが通う学校のほぼすべてで資源が不足している状況は変わっていない）。アフリカの子どものほぼ全員が、それまでは考えられなかったようなよりよい生活を望めるようになっている。さらに、アフリカ各国の政府は徐々に子どもにやさしくなってきており、子どものためのサービスにこれまでより多くの資金を投じている。そこからさらに踏み込んで、アフリカ社会は、ジョン・ブラナーの世代が恐れたこと、そしてルワンダが経験したこと――大量虐殺戦争を避けられると説くこともできたかもしれない。加えて、将来、女性が大学で学んだことがその後の雇用にほとんど影響を与えないといった愚かしいことが起きなくなる。女性の人生にとって誰と結婚するかが何よりも重要だった時代ともお別れだ。そんな行きすぎたスノビズムと不平等もスローダウンしている。そう、スローダウンはあらゆるところで進んでいる。

世界の中心が変わる

人生はそれ自体が変化である――私たちはいつも、何かを手放して、他の何かを手に入れている。

――スティーブン・グロス、2013年［＊312］

私たち自身に関して集めているデータが話せたなら、きっとこう言うだろう。「われわれが持っている情報も選択肢もすべて渡した。もしも君たち人間がスローダウンしなかったら、君たちは終わる」。スローダウンとは何かが失われることだと感じるのも、無理はないだろう。しかし、私たちが失っているのは、世界は不確かだという感覚である。世界中の多くの人にとって、人生はリスクと危険と不確実性に満ちたエクストリームスポーツのようなものだった。この先、そうした「興奮」を押しつけられなくなったら、大半の人は喜ぶだろう。

いまは何をする必要があって、そのためにどの資源を使えばいいか、おおかたわかっている。魔法のようなテクノロジーという船が水平線の向こうから突然現れて、私たちを救ってくれることはない。経済の大きな車輪は回り続ける。そして、主軸は回転しているが、ギアの速度は下がっており、もうすぐ減速して止まり、場合によっては逆回転するだろう。災害資本主義者（創造的破壊というカルトを信奉するようになった人たち）は、持続的成長という選択肢がないことを嫌う。いまから人口がピークに達する日（それを境に総人口がゆっくり減少し始める日）までに何が起きるかはよくわからないが、起こりえないことはわかってきている。

資本主義への転換が始まったとき、この世界は宇宙の中心にあるのだと信じられていた。転換が加速するにつれて、神はいないかもしれないと考えられるようになった。どの世代も、新しいことを大量に学ばなければいけなかった。そうだとすると、本当に久しぶりに二つの世代がほとんどのことでおおむね同じ考えを持つようになると（おそらくX世代とY世代、そして間違いなくY世代とZ世代）、何が起こるのだろう。まだ完全にはそうなっていない。前に述べたように、遷移が始まったときには世界経済の中心は一つだけではなかったし、遷移が終わるときに世界経済の中心が一つだけになることはおそらくない。将来、どの国が覇権を握ることになるか、心配する必要はない。北京がロンドンとニューヨークに取って代わるのかどうか、思い悩まなくていい。そうした疑問は過去の疑問だ。転換の時代の頂点ではとても重要だった疑問である。

いまでも、ごく小さな変化が大きな変化と呼ばれている。たとえば、かつてアメリカとヨーロッパの都市が急成長していた時代があった。いまは、たとえ成長するとしても、緩やかでしかない。それなのに、どこか郊外に新しいアパートが建設されるだけで、まるで大きな変化であるかのように言い表されることが多い。イギリス人は、コヴェントリーやスウィンドン、サンダーランドのような町の人口に匹敵する数の移民が毎年イギリスの人口に加わっているかのように語る。アメリカでは、移民の数が多いという不安をあおるときには、カリフォルニア州のサンタアナやメリーランド州のボルチモアが特に引き合いに出される［＊313］。恐怖をもって支配しようとする一部のマキャベリ型の政治家は別として、ほとんどの人はその影響がどれだけ小さいかわかっていない。30万人か40万人増えたところで、イギリス全土の人口は0・4〜0・6％しか増えない。

いま、ショックは変化ではない。ショックは変化が止まることである。クレーンは解体され、いまはもっぱらはるか昔につくられたものを修繕・更新している。世界の人口はもう、急速に拡大していない。覇権が一つの新しい中心に移ることもない。しかし、スローダウンに適応するにつれて、変化のペースが緩やかになっていると感じなくなるだろう。すべては相対的である。時が過ぎる感覚でさえそうだ。若いときは、夏休みは永遠に続くように感じる。それが年をとると、昔のゆったりした時間はどこにいったのか、どうして誕生日がすぐにきてしまうのかととまどう。なるほど、スローダウンが起きていることにすぐに気づけないわけだ。そして、変化を理解するのが難しいのと同じように、ほとんど変化しない状態とはどのようなものかを理解するのも難しいだろう。それが常態になり、私たちが語る物語が、私たちが経験する時代に合うようになってはじめて、理解できるようになる。

人間が偉大な予言者になることを期待してはいけない。社会学者のスティーヴン・シャピンがユヴァル・ノア・ハラリの著書『ホモ・デウス――テクノロジーとサピエンスの未来』の書評で述べたように、DNAが発見される前は、ポリメラーゼ連鎖反応が発見され、バイオテクノロジー産業で使用されるようになるとは誰も、それこそ最も想像力に長けたSF作家でも、想像もしていなかった［＊314］。同じように、パーソナルコンピューターが使われ始めた時期でさえ、ワールドワイドウェブ（WWB）がこれほど多方向性を持つようになるとは誰も予想していなかった。未来が正確に予言されたことはない。そんなことができるわけがない。もっともらしい推測をするのがせいぜいであり、ときおりその中の一つか二つがかする程度だ。真の予言はあまりに現実離れしていて、楽観的にすぎるように映るものだ。ディストピアが好まれるのは、楽観的だと考えが甘いと見られがちだからである。

もちろん、私たちの世界はまだまだ大きく間違っていることだらけだ。経営の専門家であるウメール・ハクは、私たちが直面している問題をランク付けして、こう訴えた。行きすぎた資本主義、覇権（富裕国による支配）、家父長制（男性が支配する富豪一族による支配）が「人間の進歩を袋小路に追いやっている。格差、停滞、ファシズム、気候変動に覆われた世界はディストピアさながらである。アメリカがそのよい例だ……。この世紀を進歩させるには、一連の古いやり方、古いイデオロギー、古くさくて、陳腐で、遅れた意識を捨てなければいけない」[＊315]。ハクは、資本主義にはいわゆる「創造的破壊」を生み出す力がある、一握りの国が覇権を握る、家父長制は自然の摂理であるという考え方に固執することによって、略奪的搾取による崩壊へと向かうとし、その過程を詳しく説明している。それは生態系の崩壊であり、あるときは経済全体の崩壊であり、またあるときは民主主義の後退であり、場合によっては（核兵器などの人間が生み出した悪魔による）社会そのものの破壊である。

水素爆弾は、西側諸国が共産主義を恐れ、世界の格差を持続させようとして生まれたものであり、アメリカが軍事的優位にあった1950年代を象徴する偉業だった。当時の世界は、母親は母親業とアップルパイを焼くことに専念しており、父親は威厳をもった存在だった。水素爆弾が守るはずだった確実性も、世界的な格差も、すべて消失しつつあるか、最低でも小さくなっている。

格差、スローダウン、退屈

格差には、他のものより速く小さくなっているものもあれば、とても大きなままのものもあり、そう多くはないが、拡大し続けているものもある。しかし、子どもの死亡率のような特に重要な格差を見るかぎり、人生における機会は、国同士や国の中での絶対格差はほとんどすべてが縮小しているものの、それと比べると相対格差はなくなりにくく、縮小するペースが緩やかなことが多い[＊316]。

イギリスやアメリカのように、それぞれの歴史の中でもきわめて例外的な状況にあって、深刻な機能不全に陥っているごく少数の国では、原稿を執筆している時点で乳児死亡率が一時的に上昇している（あなたがここを読んでいるときには止まっているといいのだが）[＊317]。そのような格差の拡大を避けようという意志があれば、いまは簡単にそうできる。男性と女性の平均寿命には大きな差があるが、その大半もそうである。

平均寿命の男女差のうち、固有の生物学的なものは1年だけであり、差の20%ほどにすぎない［＊318］。ジェンダーによる部分のほうがはるかに大きい。ジェンダーとは男性と女性に期待されている役割であり、スローダウンが進む中で、そうした役割はいま、急速に変化している。そこで次に、地球上のすべての男性と女性を合わせた人類全体の平均寿命に目を向け、その延びがどれだけスローダウンしているかを見ていこう。

図64は、世界全体の男女合わせた平均寿命を示している。この平均寿命は、2019年までに記録された実際の死亡数と、2019年より後の予想死亡数をもとに計算されている。世界全体の平均寿命はどんどん延びているが、その軌跡は曲がりくねっている。それにはさまざまな理由が考えられ、図64の時系列線の周囲にあるテキストで説明している。そこで示されている見解の多くは情報に基づいた推測にすぎないことも多く、この先調査が進めば、それがどこまで正しいか明らかになるだろう。しかし、2020年までのパターンとそれより後の予測を考え合わせると、2020年以降のトレンドは少しばかり楽観的にすぎるように見える。なぜ2019年の直後に傾きが大きく変化しているのだろう。図のデータは直近の国連の推計であり、世界人口の現在の推計の一部として発表されている。

図64では、男性と女性を合わせた平均寿命を計算しているが、それにはどんな意味があるのだろう。出産時に死亡する女性は年々減っており、戦争で死亡する男性も、少なくとも大半の年で減っているため、平均寿命の性差をもたらす明らかな原因の一部は、重要性が小さくなっている。男性と女性は私たちが思っている以上に似てきている可能性があり、スローダウンが進めば、この側面もはっきり見えるようになるだろう。

男性と女性はだんだん似通ってきていて、男性と女性がそれぞれどれだけ長く生きるかに影響を与えて

図64　男女を合わせた世界全体の平均寿命、1950 ～ 2099年

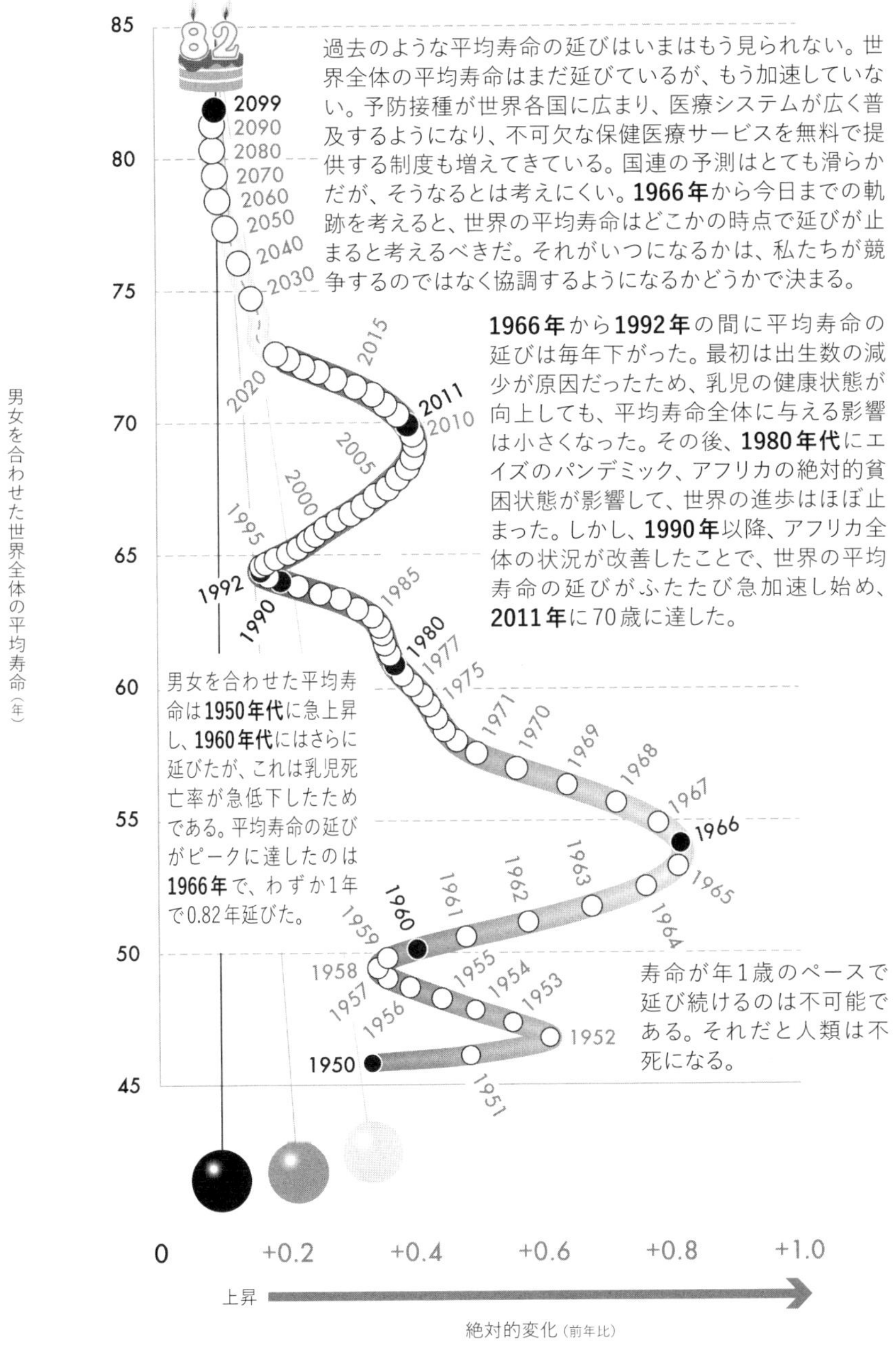
82
85
80
75
70
65
60
55
50
45
2099
2090
2080
2070
2060
2050
2040
2030
2020
2015
2011
2010
2005
2000
1995
1992
1990
1985
1980
1977
1975
1971
1970
1969
1968
1967
1966
1965
1964
1963
1962
1961
1960
1959
1958
1957
1956
1955
1954
1953
1952
1951
1950
過去のような平均寿命の延びはいまはもう見られない。世界全体の平均寿命はまだ延びているが、もう加速していない。予防接種が世界各国に広まり、医療システムが広く普及するようになり、不可欠な保健医療サービスを無料で提供する制度も増えてきている。国連の予測はとても滑らかだが、そうなるとは考えにくい。**1966年**から今日までの軌跡を考えると、世界の平均寿命はどこかの時点で延びが止まると考えるべきだ。それがいつになるかは、私たちが競争するのではなく協調するようになるかどうかで決まる。
1966年から**1992年**の間に平均寿命の延びは毎年下がった。最初は出生数の減少が原因だったため、乳児の健康状態が向上しても、平均寿命全体に与える影響は小さくなった。その後、**1980年代**にエイズのパンデミック、アフリカの絶対的貧困状態が影響して、世界の進歩はほぼ止まった。しかし、**1990年**以降、アフリカ全体の状況が改善したことで、世界の平均寿命の延びがふたたび急加速し始め、**2011年**に70歳に達した。
男女を合わせた平均寿命は**1950年代**に急上昇し、**1960年代**にはさらに延びたが、これは乳児死亡率が急低下したためである。平均寿命の延びがピークに達したのは**1966年**で、わずか1年で0.82年延びた。
寿命が年1歳のペースで延び続けるのは不可能である。それだと人類は不死になる。
男女を合わせた世界全体の平均寿命（年）
0
+0.2
+0.4
+0.6
+0.8
+1.0
上昇
絶対的変化（前年比）

データの出所：United Nations, *World Population Prospects 2019*, 2019年6月20日閲覧、https://population.un.org/wpp/Download/Standard/Interpolated/.

いる可能性があるのだが、それを信じないというなら、修道士と修道女を考えてみてほしい。マーク・ルイが修道院の人口に関する研究を行っており、同性のみが集められた信仰に基づくコミュニティで暮らし、環境と行動が互いによく似ている男性と女性の集団の平均寿命の差と、社会全体の男性と女性の平均寿命の差を比較している［＊319］。その調査結果に基づいて、平均寿命の性差のおよそ80％が本当にジェンダー差であり、男性のほうが寿命が短いのは、大多数の社会で求められる男らしさと密接な関係があるようだと、ルイは推測する。社会全体の人口と比べると、修道士と修道女は平均寿命が長く、性差がとても小さい。病気になる頻度の差も、修道士と修道女のほうが小さい。いま社会科学では、マスキュリニティ（男らしさ）や、生物学的に決定される部分がとても大きいと考えられている社会構造に強い関心が集まっていることを考えると、ルイの研究があまり知られておらず、議論されていないのは驚きである。

スローダウンが進むと、過去に確立された数多くの制約に疑問を持つ時間がようやく持てるようになる。そうした制約の一つが退屈だ。たとえば、変化のペースが緩やかになる世界がいまよりも退屈にならなければいけない理由はまったくない。人間は退屈を嫌う。動物園にいる動物は退屈になるが、それと同じように私たち人間が退屈になったのは、少なくとも新石器革命に遡るのではないか。

この時期に人類は村の中で暮らすようになり、退屈な作業が広まった。退屈に対抗するために、さまざまな方法が考え出されてきた。すぐに思い浮かぶ例をあげると、人は何世紀もの間、田畑でも、ピラミッドの建設現場でも、作業をしながら歌をうたってきた［＊320］。この章の冒頭で、反核ソングの「水爆の雷鳴」に触れた［＊321］。この歌は、アメリカ人に「炭鉱夫のライフガード」として知られていた曲に歌詞をつけたものであり、反物質主義を唱えるウェールズの聖歌で、いまもウェールズのラグビーの試合で歌われている「カロン・ラン」が元になっていた。「カロン・ラン」はこんな歌詞で始まる。「贅沢な生活などいらない。黄金も真珠もいらない」

スポーツも娯楽も、基本的に退屈をしのぐためのものだ。産業革命が始まって、退屈は劇的に増加した。労働者はうんざりする繰り返し作業をしなければならず、しかも、生産ラインをより速く動かすために、各工程が時間とともにより単純に（したがってより退屈に）なっていった。工場はとにかくうるさく、作業をしながら歌うことは選択肢にならなかった。

時がたつにつれて、工場はかなり静かになった。20世紀前半の工業国では、大半の作業をするときの音が小さくなり、１９４０年6月23日、英国放送協会（ＢＢＣ）はラジオ番組「労働時間の音楽」の放送を開始した。1日2回、30分間にわたって「特に工場労働者に向けた」音楽が流され、この番組は27年間続くことになる。労働時間が最も速く減少し、余暇時間が多くの男性の生活の中心になったのもこの時期であり、程度こそ小さいが女性の生活においてもそうだった。余暇時間に退屈しないようにするため、娯楽を増やす必要があった。

20世紀には娯楽に三つの大きな変化があった。一つ目は、ライブである必要がなくなったことだ。映画がその好例である。大勢の人たちがこれまで地元ではとうてい体験できなかったような大きな興奮を味わえるようになった。二つ目は、娯楽が直接自宅に届くようになったことである。無線ラジオは、人々の生活様式を変える劇的なブレイクスルーであり、テレビはある箱を別の箱に交換しただけの比較的小さな改善である。三つ目は、娯楽を持ち運べるようになったことだ。ポータブルラジカセプレーヤーはブレイクスルーだった（１９７９年のウォークマンがそうだ）。スマートフォンはアップグレードにすぎない。各世代の人たちが大きくなるにつれて、難題に取り組む本当に重要な技術的変化はどんどん少なくなっていった。

過去5世代には、老人たちは時代が大きく変化していくことを嘆いていた。いま、加速の時代が過ぎ去ろうとしているのは、とてもうれしいことだ。もしもスローダウンが進まなかったら、世界の総人口は膨れ上がり、社会の分断はさらに深まり、１人当たり消費はますます増えて、破滅へと向かうことになる。

物質的な経済成長が止まり、いまある資本主義は、何か他のものに、もっと安定している何かに、姿を変えつつある。

変化のペースが速いといっても、もうそれほど速くはない。未知の未来へと急き立てられることはなくなってきている。私たちはジェットコースターのような過去に立ちこめていた濃い霧をようやく抜け出したところであり、雲も切れ始めた。その先には、ダーウィンのいう条件のよい季節ではないものの、よい季節が待っている。

変化が緩やかになる

アメリカの3大都市について考えてみよう。人口800万人のニューヨーク、400万人のロサンゼルス、そして、とてもゆっくりとではあるが人口が300万人に近づきつつあるシカゴである。しかし、世界の都市ランキングでは取るに足らない存在だ。ずいぶん前に急速な拡大が止まっている。ヨーロッパおよびヨーロッパ周辺の3大都市はどうだろう。イスタンブールではほぼ1300万人が暮らし、モスクワでは1300万人強、ロンドンではおよそ900万人が生活しており、大ロンドンを形成するイングランド南東部にはさらに何百万もの人が暮らす。こうした都市の共通点は何だろう。ロンドンとロンドン圏は、ヨーロッパでいちばん裕福で、いちばん大きい都市だが、ロンドンは遺跡でもある。世界の歴史上最大の帝国の中心だった都市だからだ。モスクワが大きな都市であるのは、かつてソビエト連邦の首都だったからであり、イスタンブールがいまとても規模が大きいのも、かつてオスマン帝国の中枢都市であり、その前は神聖ローマ帝国、ビザンツ帝国の中枢都市だったからである。

それに比べれば最近のことだとしても、アメリカの3大都市も、それぞれが最盛期だった遠い昔の時代の遺跡である。4番目に大きい都市で、200万人強が暮らすヒューストン（テキサス州）は、石油が王だった時代の遺跡である。ヨーロッパで4番目に大きい都市はマドリードで、300万人の人口を抱える。パリの人口は200万人強だが、とても広く定義すると1000万人を超える人が暮らす都市的地域の中にある。しかし、ここで重要なのは、ロサンゼルスやニューヨーク、シカゴ、ヒューストン、もっと適切な例をあげるならムンバイやサンパウロ、上海は言うまでもなく、ロンドン、イスタンブール、モスクワがかつて大転換期のピークに成長したような速度で成長している都市は、いまの世界には一つもないことだ。

世界の大都市はいまではほとんどすべてがアジアにあり、人口はいまも何百万人も増えているのは事実だが、増加のペース（前年と比べた増加率）はかなり前から緩やかになっている。都市化は急速に進んでいるが、十年紀が過ぎるごとにペースはさらに緩やかになっており、遠い過去の時代の化石のような遺跡が、世界の大都市の人口ランキングに堂々と名を連ねている。

ふつうの物語は、世界中の都市がこれほど急速に成長しているのは素晴らしいことだと称えて始まる。しかし、ジョン・ブラナーが『ザンジバルに立つ』を執筆していたときに都市が毎年成長していた速さで急成長している都市はもうない。イスタンブールは1950年には人口が100万人に満たなかった［＊322］。人口が過去70年間に経験した速さで増加している大都市は、地球上にはもうない。移民の規模はとても十分とは言えないし、十分な空間もない。いまはあらゆるところがスローダウンしなければいけない。これまでのような増加ペースは持続不可能になったからだ。

スローダウンは報道する価値のあるニュースとは見られていない。スローダウンの話をほとんど耳にしないのはそういう理由からである。何も測定していないのにもったいぶって話す大勢の学者たちは、私たちはまだ、社会が急速に変容する時代を生きていると考えているようだ。しかし、いろいろなことが落ち着きつつあり、変化のスピードはいままでよりぐっと緩やかになっているように見える。階級、戦争、貧困、雇用不安は依然として存在しているが、社会変化は目を見張るほど急速だと言い続けるのは、多くの点で無邪気すぎる。スローダウンが進んでいるのは、これまでの加速の反動という面もあるが、それだけにとどまらない。

女性の解放が進み、人口が落ち着き、はるかに多くのことを学んでいることで、私たちは安定へと向かっているが、この物語を受け入れないように条件づけられてもいる。スローダウンが起きたとしても、それは一時的なものだとされる。そして、物事が止まるときは大きな衝突音がするものであり、ひっそりと静かにスピードを落としていくことなどないとも考えられている。私たちは新しい何かがいつもある状態に慣れきってしまっているので、新しいものが生まれる頻度がどんどん下がっていることに気づいていない。

起きていないことを起きていないと主張するのは難しいものだが、いくつか例をあげよう。出生率が突然回復している国は世界のどこにもないし、そうした報告もここ50年間ない。ベビーブームが起きるたびにその影響は小さくなっている。人口増加のピークは1968～1971年頃に過ぎた。過去5年間に世界人口の減速がかつてないペースで進んでいるが、危機は起きていない。さらに、1942年の原子力技術の実証（物理法則はかなり前に証明されていた）を除けば、1930年代後半以降、コンピューターや飛行、ナイロン衣料に匹敵する新しい大発明は生まれていない。

1世紀前には大発明はたくさんあったが、いまはほとんどない。アメリカでは、マーク・ザッカーバーグが2009年に発明し、2013年に廃止した仮想通貨「フェイスブッククレジット」が生まれ、イーロン・マスクのスペースX社が、2023年に「ビッグファルコンロケット」で月を周回して戻ってくる民間人の宇宙旅行を開始すると約束するなど、イノベーションを提示されている。それに対する多くの人の反応は「なぜ?」「本当に?」というものだ。イギリスでは、サー・ジェームズ・ダイソンのハンドドライヤー、サー・リチャード・ブランソンの振り子式列車を褒め称えなければいけないような圧力がある。振り子式列車はブランソンとブランソンのヴァージン社が発明したものではないにもかかわらずだ。企業がいま発明しているのはブランドであって、まったく新しい機械ではない。

この先しばらく、経済の新しい大きな進歩は生まれそうにない。中国は後退するアメリカに追いつこうとしているが、そのペースはとても遅く、両国の1人当たりGDPが肩を並べるのは何十年も先のことだろう。これに対し、アメリカの1人当たりGDPがイギリスを追い越すのははるかに速かった（くしくも1901年のことだった）。中国の次の新しい超大国にあえて言及する人さえいない。「平均的なこと」がいまよりずっと増える未来の世界では、インドがいずれ平均的な国になる。新しい政治の動きでは、最も新しいものが環境主義であり、環境政党が初めてタスマニア、ニュージーランド、スイスで結成されたのは1972年のことだった。

私たちが立ち会っているのは「歴史の終わり」ではない。歴史の新しい時代がいままさに始まろうとしている。しかし、私たちはまだそれを受け入れられないでいる。私たちの祖父母は、社会、政治、経済に津波のような変化が押し寄せた時代を生き抜いたからだ。この先、変化のペースは遅くなると考えるべきだが、きっとそれを「大きな変化」と言い表すだろう。いまはあらゆることが安定に向かっており、スピードは上がっていない。何よりも重要なのは、人類が大きく変化する兆しがないことだ。つい数十年前まで身長は突然、ぐんと伸びたし、平均寿命の延びは加速していた。近年、多くのことがめざましく改善しているインドでさえ、平均寿命は1992年以降、延びが緩やかになっている。ほとんどすべての国で、そこで暮らす人々の体格、寿命、生活環境、教育、考え方がどんどん似通ってきている。

21世紀に入ったときに、まだ加速の時代が続いていると主張しようとした人は、いまはこう言う。「社会の加速やそれに関連する概念を経験的に測定する試みは、どのようなものであっても、目立った成果をあげていない」[＊323]。つまり、何かが変化している、それもかつてなく速いペースで変化しているが、それが何であるかよくわからないので、測定できない、ということだ。冗談めかして「世界を止めてくれ、私は降りたいんだ」と言うときには、世界はまだものすごく速く動いているという前提に立っている。世界が変化するペースがスローダウンし始めていることを受け入れたら、そのときはどうなるのか。世界から降りられるようになったら、何が起きるのか。どうやって安定へと向かうのか。

スローダウンの先頭に立つ日本

日本は世界の大国の中で最初にスローダウンした国だった。2018年12月、当時の安倍晋三首相が、特定の業種で外国人労働者の受け入れを最大34万5150人に増やすとする、新しい5カ年目標を発表した[＊324]。従来は大学教授、企業経営者・管理者、弁護士、公認会計士など、高度専門職だけを受け入れていたが、建設、農業、介護、造船、宿泊、飲食料品製造、漁業、ビルクリーニング、素形材産業、産業機械製造、電気・電子情報関連産業、自動車整備業、航空業でも、働き手を増やす必要があると判断された。

1978年、スローダウンのごく初期の兆しが見え始めてからわずか10年後、当時は地域学の若手研究者だった川嶋辰彦が、ROXY指標を提案した[＊325]。ROXYとは、加重平均(X)と単純平均(Y)の比率（Ratio of X and Y）であり、都市システムの集積（集中）と脱集積（分散）の度合いを測定するために用いられる。たとえば、ニューヨークでは、グランドセントラル駅を早朝に通過する列車が増え、通過する時刻もどんどん早くなったときにはニューヨーク市の郊外が拡大したが、マンハッタン地区で超高層ビルが増えると、同地区の人口が最も増えていたことが、ROXY指標を使うと明らかになる。ROXY指標の原論文をオンラインで見つけるのは簡単ではないが、その後に発表された多数の文献の中で指標の測定方法が詳細に説明されており、開発から40年をゆうに過ぎたいまも、ROXY指標を使って非常に多くのことが明らかにされている［＊326］。

技術的な話をすると、ROXY指標は、各地域の人口増加率をすべて中心地からの距離で重み付けした場合の都市の人口増加率の平均値である。ROXY値が正で高いときは、人口の増加が中心部近くに集中していることを意味し、負で低いときは、中心部の成長を上回るペースで都市が外側に広がっていることを意味する。ゼロに近い場合は、大きな変化がないということになる。

図65は、あるROXY指標の時系列線の軌跡である。一見するとこれまでの時系列線とは違うように感じるかもしれないが、完全なスローダウンのあり方を非常に明確に示している。これを見れば、スローダウンが続くと他の国にどのようなことが待ち受けているかがわかる。これは川嶋が作成した原図ではない。別の学者である牛島千尋が後に作成したものであり、それを本書の他のすべての時系列線のスタイルに合わせて作成し直している。これは、いま世界で最も安定しているメガシティ、東京のROXY値の時系列線である。ROXY値はかならず収束するとは限らない。たとえば、20年前に検証したフィンランドは、人口がヘルシンキの中心部に向かって空間的に集中する傾向が続いており、その数十年前の東京と同じように、郊外化と集中の間をらせん状に回り続けていた［＊327］。しかし、ROXY指標が発明された日本では、いまでは人口は収束に向かい、落ち着きつつあるように見える。

図65　東京の空間的集積・脱集積、1920 ～ 2010年

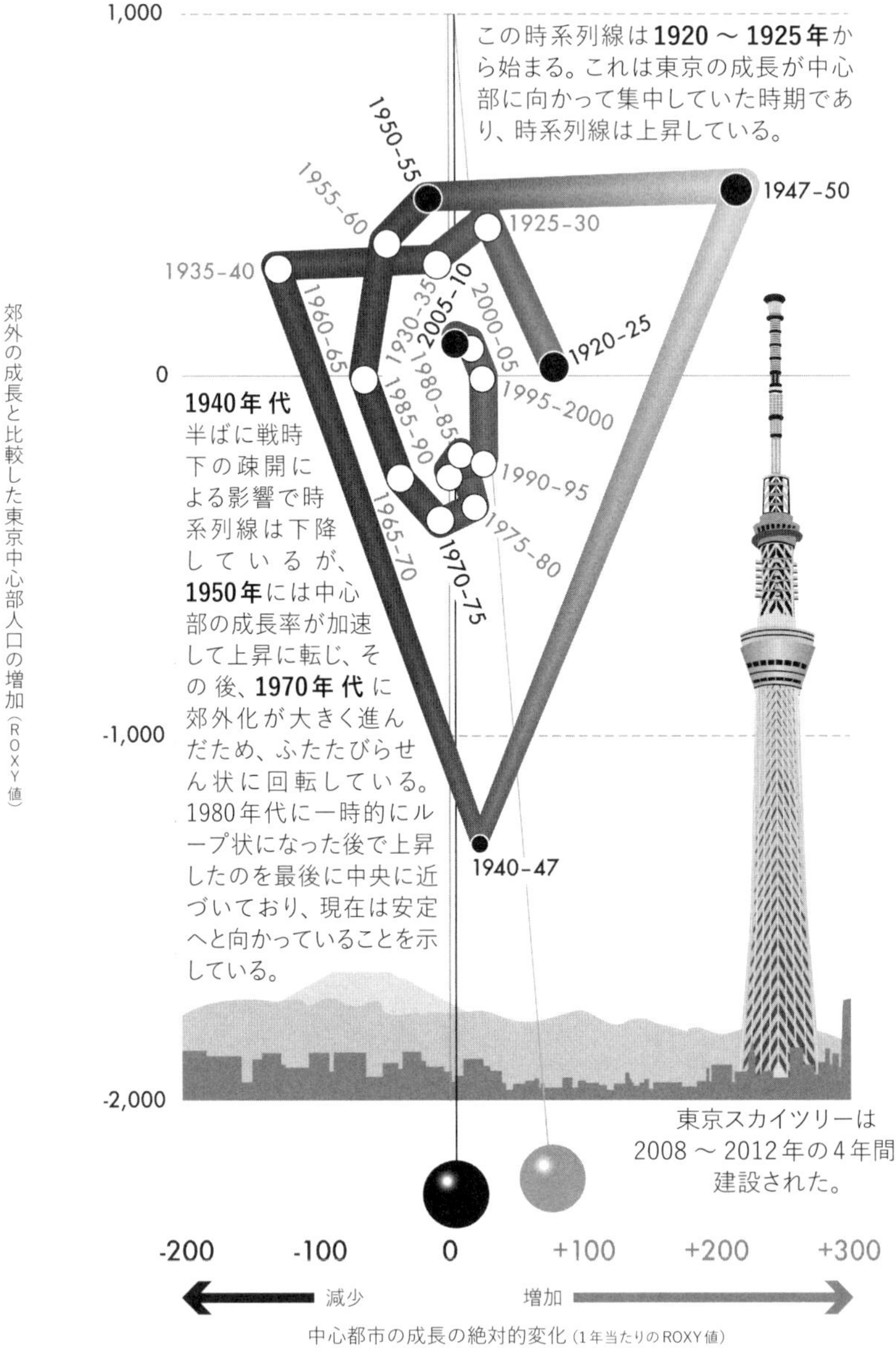
1,000
0
-1,000
-2,000
この時系列線は**1920 ～ 1925年**から始まる。これは東京の成長が中心部に向かって集中していた時期であり、時系列線は上昇している。
1950–55
1955–60
1947–50
1925–30
1935–40
1960–65
1930–35
2005–10
2000–05
1920–25
1980–85
1985–90
1995–2000
1990–95
1965–70
1970–75
1975–80
1940–47
1940年代半ばに戦時下の疎開による影響で時系列線は下降しているが、**1950年**には中心部の成長率が加速して上昇に転じ、その後、**1970年代**に郊外化が大きく進んだため、ふたたびらせん状に回転している。1980年代に一時的にループ状になった後で上昇したのを最後に中央に近づいており、現在は安定へと向かっていることを示している。
東京スカイツリーは2008 ～ 2012年の4年間で建設された。
郊外の成長と比較した東京中心部人口の増加（ROXY値）
-200
-100
0
+100
+200
+300
減少
増加
中心都市の成長の絶対的変化（1年当たりのROXY値）

出所：Ushijima Chihiro, “The Urban Life Cycle in the Tokyo 60km Area and the Expansion and Contraction of City” [牛島千尋「東京60圏の都市サイクルと都市の拡大・縮小」『駒澤大学文学部研究紀要』第70号]、*Bulletin of Faculty of Literature, Komazawa University* 70 (2012–13) : 117–35, Figure 2, http://repo.komazawa-u.ac.jp/opac/repository/all/32520/jbg070-03-ushijimachihiro.pdfより改変。

図65に示している牛島の時系列線は、1920～1925年から始まっている。これは東京が急速に成長していた時期だ。この時系列線を見ると、全体としては急速に増加しているわけではないが（1920年の370万人から1940年には740万人に増加）、東京が最初はかなり均一に成長したことがわかる。この図の場合、縦軸はほとんどゼロのところにある。1920年代後半には、東京の成長の大半は中心部に向かって集中したため、時系列線は上昇するが、集中の度合いは下がり始めてもいた。1930年代も、人口は主に中心部で増加した。高層ビルが次々につくられていたが、その後、戦争が始まって人口は1945年には350万人まで減少し、やがて郊外化が始まった。

1940年代になると、人口の最大増加エリアが中心部から縁辺部へと大きくシフトした。これは図65の1940～1947年までの動きにはっきり見て取れる。そのトレンドも結果として反転し、1947～1950年には、東京の中心部の人口が郊外を上回るペースで増加していた。相対増加率はこのときがいちばん高くなっている。1950～1955年には、中心部の人口はまだ、郊外とほとんど同じ速さで増加していたが、1955～1960年になると東京の集中化がスローダウンし、1960～1965年には郊外よりも人口が増えている中心地域はなくなった。忘れないでいてほしいのは、この間に東京の人口はずっと増え続けていたことだ。中心部の人口は1956年には800万人、1963年には1000万人、2001年には1200万人、2008年には1300万人、2015年には1350万人に達した。人口は増加していたが、増加のスピードは緩やかになると同時に、安定に向かっていた。

図65が示すように、1965～1970年に郊外の人口が急速に増え、1970～1975年にはさらに増加したが、トレンドは常に変化するものだ。実際、このときも変化が止まることはなかった。図65を見ると、1975年から1990年の間に、とても小さくて見えにくいが、らせんの中心にもう一つらせんができている。1990年以降、ふたたび中心部の人口が増加し、2000年には中心部の人口増加が

郊外を上回った。ところが、時系列線はまたらせん状に回転していることがすでにはっきりしており、ある状態へと向かっていることが読み取れる。時系列線は二つの軸の中央に近づいている。そう、スローダウンへと、安定へと向かっているのである。東京全体の成長期は終わろうとしており、東京の人口が最も増加している地域は中心部か、郊外か、準郊外かは、もうすぐ問題にならなくなるだろう。

東京は、より広く言えば日本は、多くの点で、スローダウンの先頭に立っていると言える。日本はこれまで急速に変化してきたし、これからも急速に変化し続けるだろうが、もう増加する必要がないもの——人口、建物の数、消費全般の変化が終わりを迎えていることを示す例となる。文化や知性はこれからも変化し続けるだろう。この先何十年かは、これまで以上に速く変化していくはずだ。

最後に、川嶋教授の娘と孫の物語を紹介して、本書の結びとしたい。教授は社会科学の研究で変化を測定・グラフ化する手法を提案し、その手法は本書を通じて使用されている。川嶋教授はしかし、それとはまったく違う理由で、ほとんどの日本人に知られている。1990年、教授の娘である紀子は、婚約後も大学院での勉強を続けたいと思っていると、記者会見で語った。紀子は現代的な若い女性で、結婚することは勉強をやめることを意味しなかった。たとえ結婚する相手が日本の皇族だったとしてもである。「宮さまはナマズの研究を続けておいでです」。紀子は婚約者の文仁親王についてそう語った。「私も人間行動と認知について学び続けられたらと考えております」［＊328］

その16年後、2006年に紀子妃は悠仁親王を出産した。皇室にとって41年ぶりの皇位継承権のある男児の誕生だった。そして、紀子妃と文仁親王はこれまでとは少し違うことを始めた。「お茶の水女子大学附属小学校に通う悠仁親王は、戦後、学習院大学初等科に入学しなかった初めての皇族である。学習院大学は19世紀、公家のための学問所として設立された」［＊329］。このように、経済と人口の最大のスローダウンに直面している国でさえ、社会と文化が大きく変わる可能性は、高くなっているとはいかないまでも、まだある。スローダウンはじっくり考える時間を、そして本当に重要なことが変わる時間を与えてくれる。スローダウンが与えるものは、時間そのものである。

紀子妃が婚約したとき、日本の社会で何十年も（ある意味では何世紀も）変わっていなかったものが明らかに変容していた。経済と人口は急速に減速していたにもかかわらず、社会の進歩は加速していた。紀子妃はつつましい学者の家庭で育った。一般の家庭から皇室に嫁いだ人は、それまで1人もいなかった。『ジャパンタイムズ』紙はこう伝える。「皇室の作法はときに洗練された喜劇にもなる。宮内庁の重田保夫侍従次長が川嶋家の狭いアパートに、鯛などの結納の品の目録を携えて訪れた日がそうだ。部屋が狭すぎて、紀子さんと侍従次長はお互いに一礼するのもやっとだった」［＊330］。紀子妃の息子は天皇と呼ばれるようになるだろうが、天皇が統治する時代は終わっている。

いま私たちは、人々を分断するものよりも一つにするもののほうが多いこと、そして、協調は競争よりもよい結果を生み出すことを学びつつある。武器を生み出すことは、ただ間違っているだけではない。将来には無意味なことだとされるようになるだろう。経済的な必要性に迫られて、意味がないとわかっている仕事、ひいては有害だとわかっている仕事をすることは、あってはならない。ナマズが好きなら、ナマズを研究すればいい。私たちが必要としていないものを売り込もうとする人は、もういらない。

いつも気が張り詰めていて、癒やしを求めなければいけないような日々が終わるときがきっとやってくる。感覚としては、私たちの暮らしは、つい最近の20世紀の先人たちの生活より、狩猟採集民の祖先たちの生活に近くなる可能性さえある。この先に何が起こるかは誰にもわからないが、よりよい未来をつくるには、まずそれを思い描かなければいけない。スローダウンが進むということは、凶暴な資本主義が終わることを意味する。市場も需要も際限なく拡大し続けるという期待の上に成り立っていただけでなく、いびつな富の集中を生み出して、民主主義を踏みにじっている。そんなものが永遠に続くわけがない。

スローダウンが始まると、大きな経済格差は持続しなくなるだろう。物事が変化しなくなれば、収縮し高齢化する人口から利益を挙げるのははるかに難しくなる。人々はいまよりも賢くなって、「新しさ」だけではだませなくなるし、黄金も真珠もいらなくなる。大半の広告の狙いは、私たちが必要としていないものを欲しがるように説き伏せることだ。これは買わなければと思わせるか、最低でも、どうしても欲しい、何としても手に入れたいという気にさせる。しかし、いまでは心理学や社会科学を勉強している人や、数的スキルが高い人も増えているので、大多数の人をだますのは至難の業になるだろう。

変化が緩やかになる未来では、巧妙なごまかしや人間の心理を利用した手口はもう通用しなくなる。なぜなら、それはもはや新しいものではないからだ。技術のイノベーションがスローダウンして、新しいものが少なくなっている場合は特にそうである。古いやり方の中でも最悪のものはもう姿を消している。ナマズに魅了された少年と、ナマズよりも人間と認知に関心がある少女が、生まれた家に関係なく、一緒になることができるのは、2人がスローダウンの時代に生まれたからにほかならない。

スローダウンが進むと、制度（大学、学校、病院）や私たちが暮らす家（台所や浴室）はこれまでのようには変化しなくなるが、私たちの態度はそれよりも急速に変化するだろう。スローダウンの時代には、お互いがお互いをもっと気づかうようになり、将来の見返りを求めなくなっていく。私たちの祖父母は次々に生まれる新しいものに対処することに追われて、疑問を持つ余裕などなかった。スローダウンの時代になると、あらゆることを疑い、考える時間が増える。

スローダウンが進めば、モノを長く使うようになって、ゴミが減る。それは、いま大きな社会問題、環境問題とされていることの多くが、将来は問題ではなくなるということだ。もちろん、新しい問題は現れる。その大半は、いまの時点では想像すらできない。そしてもちろん、変わらないことがある。私たちはこれまでずっと、大加速が始まるずっと前も、大加速の最中も、大加速後も、友と一緒に過ごし、楽しいことをして、家族との時間を大切にしてきた。私たちはこれからもそうしていく。そんな未来に、あなたはどんなことをしているだろうか。

私は、どこかの海辺で砂の城をつくっているだろう。

エピローグ

パンデミック

Pandemic

本書は２０１４年に執筆しようと思い立ち、第１版全12章の最終原稿を２０１９年１月から６月にかけて書き上げた。英語版第１版は２０２０年３月に発行された。この短いエピローグはペーパーバック版に向けて書かれたものであり、第１版出版後の２０２０年３月から９月の間に起きたことを取り上げる。

終わりの始まり

２０２０年、人類世界は、前例のない形でスローダウンした。10億人がいつもしていることの大半を止めたのだ。さらに何十億もの人がそれによって大きな影響を受けた。新型コロナウイルス感染症（ＣＯＶＩＤ‐19）による死者は、６月後半に世界全体で50万人を数え、８月後半には75万人に増加した。それは２０２０年上半期の世界全体の死亡数の２％に満たなかったが、第二次世界大戦以降最大の社会的・経済的変化となるであろうものが始まっていた。当初は大半の人がうまく適応できずに苦しんだ。スローダウンは容易ではない。

パンデミックは、予測可能な規則性で発生するが、新しい病気の性質が予測できないのと同じで、パンデミックが始まるタイミングは予測できない。パンデミックが到来したときの私たちの反応も、そのときどきで大きく変わる。その病気になりやすいのが主に貧しい人やゲイの男性だと考えられているときや、それがよくあるような病気のようで、どのようなものだかわかっていると考えられているときには、私たちはどちらかというと楽観的になる。その病気が新しいものであるとき、人から人にどのように感染するかはっきりわからないとき、どんなリスクがあるのかほとんどわからないときには、不安のほうが強くなる。そういう意味では、新型コロナは、コレラが初めてヨーロッパに到達したときと似ている。市民たちはコレラを強く恐れ、裕福な人の多くが都市部から郊外へと避難した。

このエピローグでは、数シーズンにわたる新型コロナウイルスのパンデミックと向き合う。その理由はいくつかある。第一に、この先ずっと、今回のパンデミックはいまの時代を特徴づける出来事の一つになるだろう。私たちが生きた時代は、他とは違う特別な時代になった。第二に、パンデミックは加速とスローダウンを示すとても明確な例になり、死亡数の増加はやがて（かならず）減少に転じることを物語っている。第三に、新型コロナウイルスは膨大な量のスローダウンを引き起こしているが、本書で説明しているように、その大半はここまで劇的ではないものの、すでに起きていた。第四に、パンデミックがどのような軌跡をたどったかは、パンデミックの日々の状況、感染率や死亡率に与える最終的な影響を考えるうえで非常に重要になる。時間変化をプロットする本書の手法は、そうした軌跡を明らかにするのに最適である。

この後、２０２０年上半期に新型コロナのパンデミックによって特に深刻な打撃を受けた大きな富裕国７カ国を詳しく見ていく。１日の死者数を国と国とで直接比較することはできない。報告が不正確なだけでなく、算出する方法も違っているからだ。病院での死亡数だけを計上する国もあれば、老人ホーム、介護施設、自宅での死亡数も含めていると思われる国もある。直近の抗原検査で陽性と診断されていた場合だけ新型コロナ感染死として数えられることもあれば、直接の死因でない場合でも感染が疑われれば新型コロナ感染死として扱われることもあるようだ。しかし、そうした違いがあるとしても、ここで描かれるグラフの形状が大きく変わることはないだろう。今後数年間に、ほとんどすべての国で最終的な死者数が修正されると見られるが、本書で使用する１日の死者数は修正されず、全体、月間、年間の死者数だけになりそうだ。

この章の時系列線で示される１日の死者数は、各州や各国の当局が毎日報告していた数字に基づいている。いま振り返ると、過大に報告されていたときもあったが、ピーク時には病院外の死者が計上されないときもあったため、過小に報告されることのほうが多かった。たとえば、イギリスでは、英国統計局（ONS）が後に発表した統計によって、4月4日から4月20日まで、死亡診断書に新型コロナウイルス感染死と記載された人が毎日1000人以上いたことがわかっており、4月8日のピーク時には1347人の感染死が記録されている。ただし、ウイルス検査で陽性が確認されていたとは限らない。感染が疑われていただけのケースも考えられる。さらに、新型コロナウイルスが主な死因ではなかったかもしれない。このエピローグの時系列線を合理的に比較できるようにするために、当初報告された1日のデータを主に使っている。そのときは発表された数字に誰もが震え上がったが、過去に遡って修正された数字はほとんどがそれ以上に恐ろしいもので、最初の数字はたいていそれより少なかった。

2020年のパンデミックを標準的なグラフで示すと、小さなトレンドが見えにくい。死者数の累計が時間とともに増えていき、その後高止まるのを示すだけのグラフには、見るべきものはない。1日の死者数の変化を示すグラフだともっと多くのことが明らかになるが、ほとんどの場合、いつ新型コロナがピークに達したか、拡大のスピードと比べて沈静化するスピードがどんなに遅いかしかわからない。本書で示されるグラフでは、あらゆる変化を細部まで確認できるようになるうえ、7日間平均を使うので、週末の報告の遅れによる影響を受けない（使用された実際のデータと出所は、http://www.dannydorling.org/books/SLOWDOWN/ に示している）。本書で示された他の時系列線との一貫性を保つために、変化の規模は示されている日付の前日と翌日の平均となっている。このように平滑化することで、一時的な例外が取り除かれて、実際のトレンドがはるかに明確になる。

パンデミック期でも、一般的な場合でも、最も重要なのは、変化のスピードと変化そのものの方向性である。執筆時点（2020年9月初め）では、まだ大きな第2波はやってきていないが、エピローグで取り上げる国ではこの秋と冬に発生する可能性がある。しかし、大半は第1波ほど大きくないだろう。つまり、現在のグラフの範囲の中にもう一つループができることになる。発生から1年間は完全に制御不能であるかのように感じられただろうが、じきにこのウイルスと共生するすべを学んでいくはずだ。

中国

新型コロナウイルスのパンデミックは中国で始まったが、死者数で見ると影響は最も小さかった。これは世界中のすべての大国と比較した場合の話である。中国のデータは疑問視されているが、死者数が100倍多かったとしても、2020年の人口当たりの死者数はアメリカより少なくなる。しかし、図66で説明するように、新型コロナウイルスの死者数は、中国で最初に発表された時点で1日当たり10人前後過小に報告されていたと思われる。

たったいまこの本を手に取って、このエピローグから読み始めたという読者のために伝えておくと、図66で用いられているデータをグラフ化する手法については、第1章と巻末の付録で詳しく説明している。両方の軸に時間は示されておらず、時系列線に沿って日付が表示されている。新型コロナウイルス感染症による1日の死者が最も多かったのは、2020年2月16日である(7日間平均ベース)。いちばん右にある日付(2月10日)は、1日の死者が最も急増していたときであり、死者数は前の日から18人増えた。いちばん左にある日付(2月17日)は、死者数の減少ペースが最も速かったときで、その日の死者数は前日から20人少ない124人となった。その後1カ月足らずで死者数はわずか10人になり、さらに1カ月足らずで死者数は完全にゼロになった。

図66　中国：新型コロナウイルスによる死者数、2020年1月23日～2020年4月13日（各日の報告数）

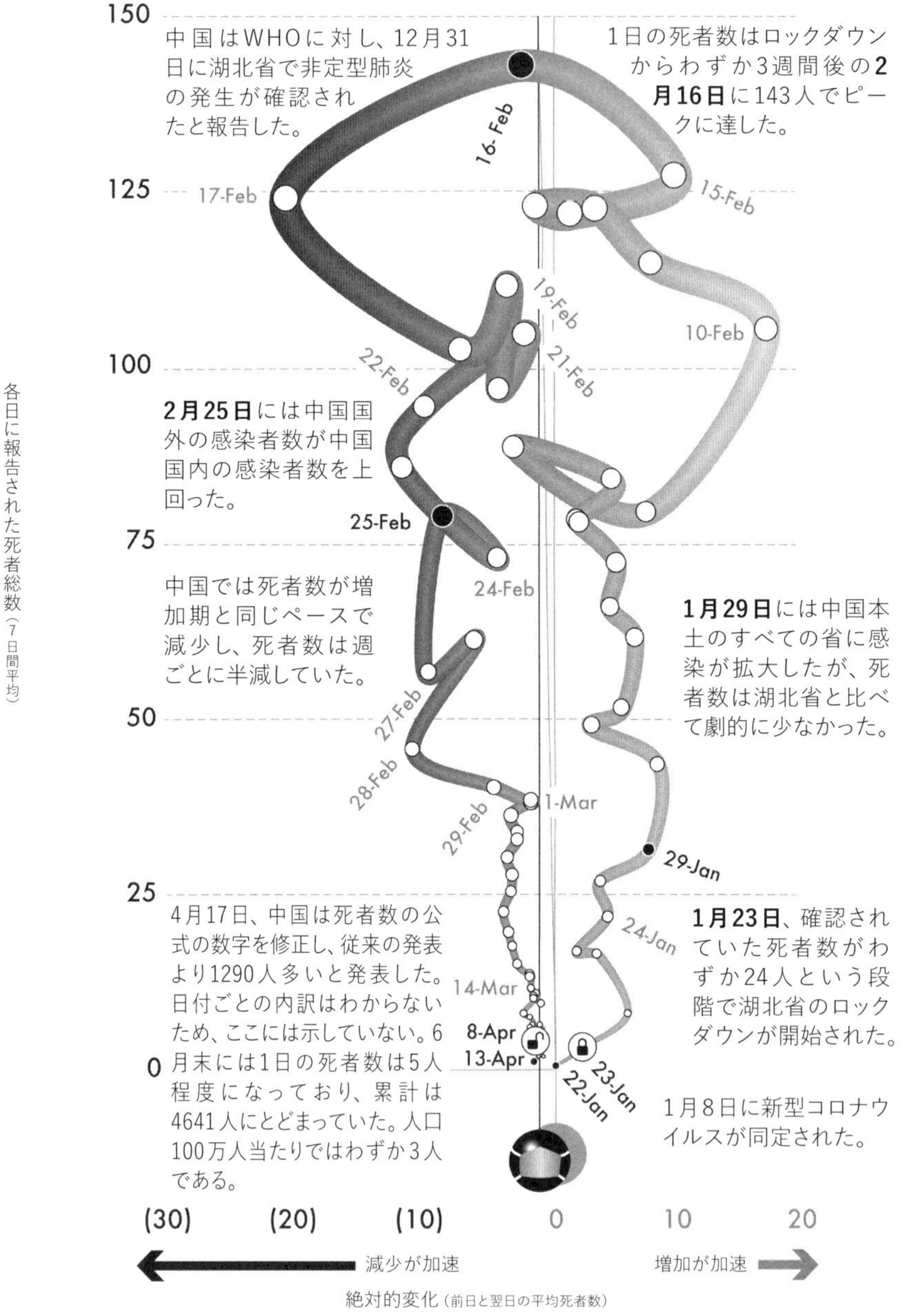
150
125
100
75
50
25
0
各日に報告された死者総数（7日間平均）
中国はWHOに対し、12月31日に湖北省で非定型肺炎の発生が確認されたと報告した。
1日の死者数はロックダウンからわずか3週間後の**2月16日**に143人でピークに達した。
16-Feb
17-Feb
15-Feb
19-Feb
10-Feb
22-Feb
21-Feb
2月25日には中国国外の感染者数が中国国内の感染者数を上回った。
25-Feb
24-Feb
中国では死者数が増加期と同じペースで減少し、死者数は週ごとに半減していた。
1月29日には中国本土のすべての省に感染が拡大したが、死者数は湖北省と比べて劇的に少なかった。
27-Feb
28-Feb
1-Mar
29-Feb
29-Jan
4月17日、中国は死者数の公式の数字を修正し、従来の発表より1290人多いと発表した。日付ごとの内訳はわからないため、ここには示していない。6月末には1日の死者数は5人程度になっており、累計は4641人にとどまっていた。人口100万人当たりではわずか3人である。
24-Jan
1月23日、確認されていた死者数がわずか24人という段階で湖北省のロックダウンが開始された。
14-Mar
8-Apr
13-Apr
23-Jan
22-Jan
1月8日に新型コロナウイルスが同定された。
(30)
(20)
(10)
0
10
20
減少が加速
増加が加速
絶対的変化（前日と翌日の平均死者数）

データの出所：The Johns Hopkins University, Center for Systems Science and Engineeringが提供する系列、2020年7月閲覧。

2020年のパンデミックの経過については、この先何年もかけて議論されていくだろう。各国で新型コロナウイルスに感染したことが直接の原因で死亡した人が実際にはどれだけいたか、感染死のうち感染が主な原因ではないケースがどれだけあったか、医療崩壊、通院控え、ロックダウンによる社会的・経済的影響、ロックダウンの遅れによる感染拡大など、二次的な影響が原因で死亡した人がどれだけいたか、などである。図66が示すように、感染を急速に封じ込められていた可能性がある。中国は、人の移動と活動を厳密にコントロールし、早くからソーシャルディスタンスを徹底させ、外出禁止時間を定め、大量に検査し、隔離者を監視することで、それを達成した。しかし、感染の抑制に最も成功した中国でさえ、パンデミックが国民に与えた影響は甚大だった。急成長してきた中国経済は2017年以降、急に減速しており（第9章の図49を参照）、経済のスローダウンがすでに進行していたところにパンデミックが直撃した。パンデミックが中国に与えた最大の影響は、感染そのものではなく、中国の主要な貿易相手国になっていた他の豊かな国がスローダウンしたために、中国経済が一気にスローダウンしたことだろう。最近の中国経済の成功を牽引してきた中国製品に対する需要が、地球規模で激減したのである。

イタリア

中国国内では、中国の各都市を頻繁に行き来するビジネス関係者が最も効果的にウイルスを拡散していた［＊331］。中国国外では、最初は富裕層の観光客が主な感染経路となった。図67で説明しているように、現時点では、ローマを訪れていた2人の中国人観光客がイタリアにウイルスを最初に持ち込んだと考えられているが、中国から帰国したイタリア人観光客やビジネス関係者、学生などであってもおかしくなく、

図67　イタリア：新型コロナウイルスによる死者数、2020年2月21日～2020年6月30日（各日の報告数）

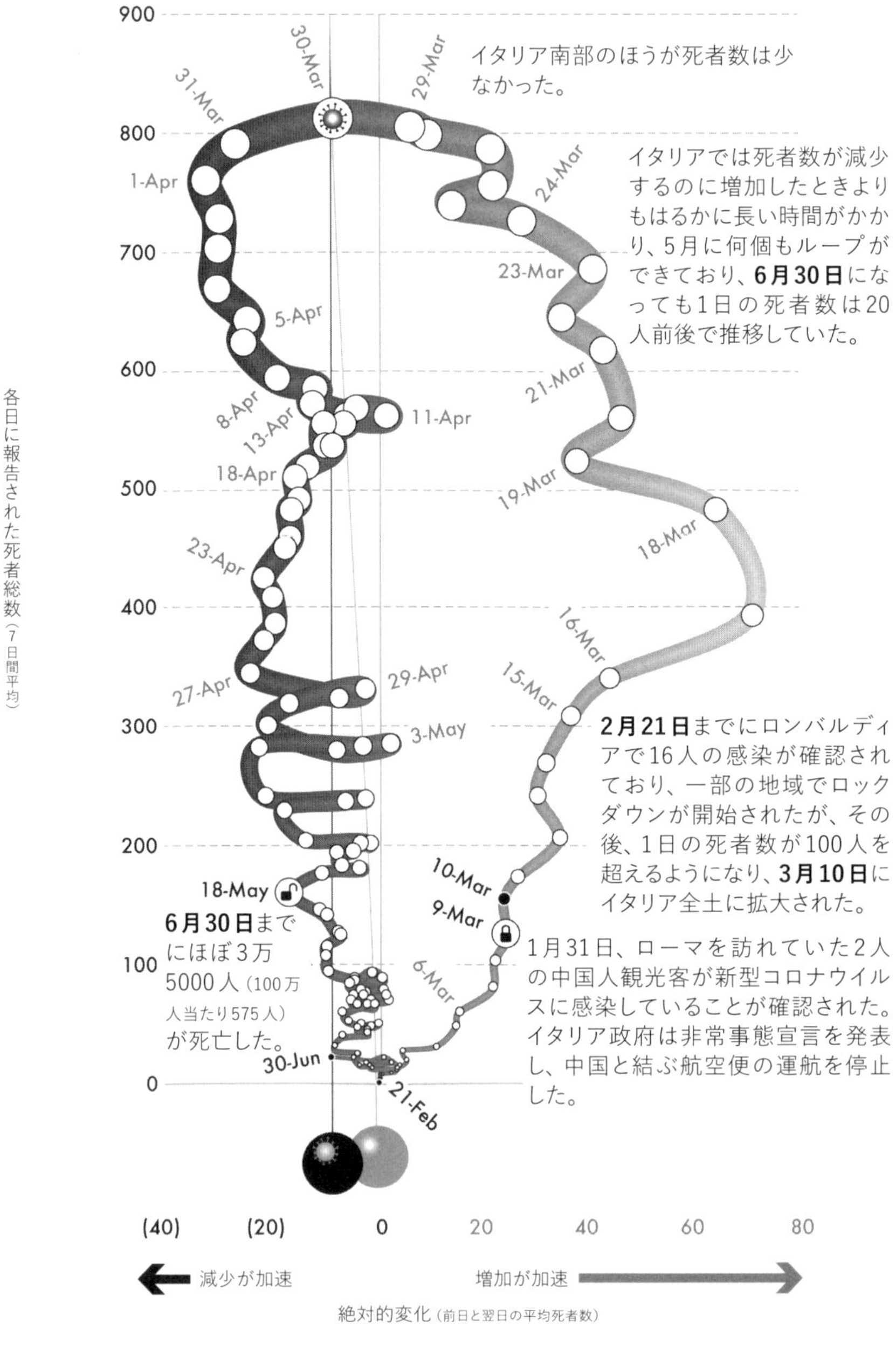
900
800
700
600
500
400
300
200
100
0
各日に報告された死者総数（7日間平均）
30-Mar
29-Mar
31-Mar
1-Apr
24-Mar
23-Mar
5-Apr
21-Mar
8-Apr
13-Apr
11-Apr
18-Apr
19-Mar
18-Mar
23-Apr
16-Mar
15-Mar
27-Apr
29-Apr
3-May
10-Mar
9-Mar
18-May
6-Mar
30-Jun
21-Feb
イタリア南部のほうが死者数は少なかった。
イタリアでは死者数が減少するのに増加したときよりもはるかに長い時間がかかり、5月に何個もループができており、**6月30日**になっても1日の死者数は20人前後で推移していた。
2月21日までにロンバルディアで16人の感染が確認されており、一部の地域でロックダウンが開始されたが、その後、1日の死者数が100人を超えるようになり、**3月10日**にイタリア全土に拡大された。
6月30日までにほぼ3万5000人（100万人当たり575人）が死亡した。
1月31日、ローマを訪れていた2人の中国人観光客が新型コロナウイルスに感染していることが確認された。イタリア政府は非常事態宣言を発表し、中国と結ぶ航空便の運航を停止した。
(40)
(20)
0
20
40
60
80
減少が加速
増加が加速
絶対的変化（前日と翌日の平均死者数）

データの出所：The Johns Hopkins University, Center for Systems Science and Engineeringが提供する系列、2020年7月閲覧。

海外に頻繁に渡航していた人々である可能性が最も高い。

1月、2月は海外渡航の年間のピーク期ではない。それでも、イタリアにウイルスを定着・拡散させるだけでなく、イタリアから、特にイタリアのスキーリゾートから他のヨーロッパの国々に広めるのに十分な数の人がイタリア北部を出入りしていた。パンデミックの初期には、ウイルスのゲノムの変異を追跡すれば、地球全体のウイルスの動きを正確にとらえることができると喧伝されたが、各地でどのようにしてウイルスが最初に持ち込まれたのかは、完全にはわからないだろう。ある意味では、それは重要ではない。その後、各地に2回、3回、さらには何百回（あるいはそれ以上）も持ち込まれるのがふつうだからだ。ウイルスを持ち込んだとされる旅行者がイタリアを訪れなかったとしても、ウイルスは入り込んでいただろう。しかし、どこで最初に発生して最悪の事態になるかは、運の要素も含まれており、偶然にも左右された。

イタリアは運が悪かった。ヨーロッパは2002～2003年に発生したSARS（重症急性呼吸器症候群）の集団感染を経験しておらず、少数の感染者と1名の死者が報告されたにとどまった。これに対し、中国ではSARSの感染者が5000人を超え、死者も350人近くに達し、香港でさらに300人の死者が出ていた。イタリア当局が中国や香港、韓国（2015年に同じウイルスによるMERS（中東呼吸器症候群）が発生した）の当局のように迅速で徹底した対応をとらなかったのは、そのためだろう。2020年3月10日には、イタリアの新型コロナウイルスによる1日の死者数が、人口がはるかに多い中国で報告されていた1日当たりで最多の死者数を上回っていた。

イタリアでは、死者の報告数が、7日間で平滑化されているにもかかわらず、3月5日から10日の間に3倍になり、それからわずか1週間でふたたび3倍になり、さらに10日間でまた2倍になり、3月31日に814人でピークに達した。そのときにはイタリア北部で感染が拡大していたため、死者数が減少するのに、増加したときよりもはるかに長い時間がかかった。イタリアでは、中国と違って、スローダウンそのものは緩やかだった。特に緩やかだったときが2回あり（4月11日と5月3日）、1日の死者数がふたたび増加に転じるかのように見え始めた。幸いなことに、2020年夏半ばには、イタリアの新型コロナウイルスによる死者数は5人未満になっていたが、秋の初めには20人前後まで増加した。

フランス

図68で説明しているように、フランスではパンデミックが2019年11月半ばという早い時点で始まっていたと思われる。ところが、確認報告された累計死者数は当初、イタリアほど急増しなかった。フランスの報告死者数は、イタリアに約1週間遅行していたが、同じパターンをたどった。死者が増加し始めると、累計死者数の伸びは一気に加速し、1日の死者数は3月31日に646人に達して、前の日を111人上回った。フランスの新型コロナウイルスによる1日の死者は、4月初めに976人でピークに達した後、4月半ばまで一進一退を繰り返しながら、徐々に減少していった。

4月後半には、フランスのパンデミックによる死者数の減少ペースがどんどん落ちているように見えた。5月初めには数日間にわたって増加したものの、5月半ばにはふたたび減少したが、それから6月初めにかけてまた停滞し、1日の死者数は6月末まで20人を割り込むことはなかった。その頃には全体の死亡率はイタリアと同じ水準になり、人口100万人当たり450人前後が新型コロナウイルスにより死亡していた。フランスの感染者数は2020年夏も高い水準で推移したが、初期に比べて高齢者をかなり効果的に隔離できていたため、死者数は減っていた。ところが、イタリアとまったく同じように、秋の初めにな

図68　フランス：新型コロナウイルスによる死者数、2020年3月2日～2020年6月30日（各日の報告数）

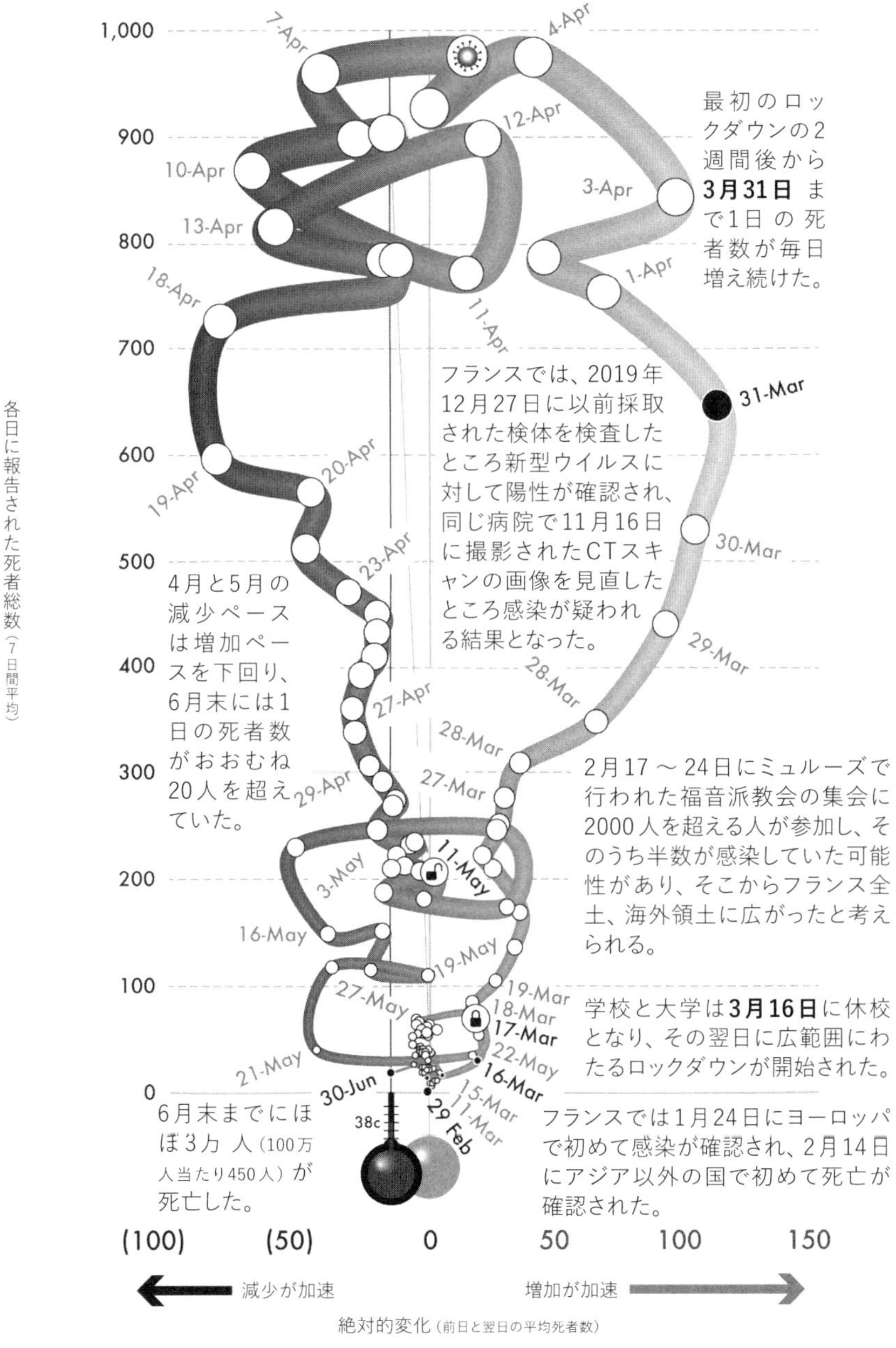
1,000
900
800
700
600
500
400
300
200
100
0
各日に報告された死者総数（7日間平均）
7-Apr
4-Apr
12-Apr
10-Apr
3-Apr
13-Apr
1-Apr
18-Apr
11-Apr
31-Mar
20-Apr
19-Apr
30-Mar
23-Apr
29-Mar
28-Mar
27-Apr
28-Mar
27-Mar
29-Apr
11-May
3-May
16-May
19-May
19-Mar
27-May
18-Mar
17-Mar
22-May
21-May
16-Mar
30-Jun
15-Mar
29 Feb
11-Mar
38c
最初のロックダウンの2週間後から**3月31日**まで1日の死者数が毎日増え続けた。

フランスでは、2019年12月27日に以前採取された検体を検査したところ新型ウイルスに対して陽性が確認され、同じ病院で11月16日に撮影されたCTスキャンの画像を見直したところ感染が疑われる結果となった。

4月と5月の減少ペースは増加ペースを下回り、6月末には1日の死者数がおおむね20人を超えていた。

2月17～24日にミュルーズで行われた福音派教会の集会に2000人を超える人が参加し、そのうち半数が感染していた可能性があり、そこからフランス全土、海外領土に広がったと考えられる。

学校と大学は**3月16日**に休校となり、その翌日に広範囲にわたるロックダウンが開始された。

6月末までにほぼ3万人（100万人当たり450人）が死亡した。

フランスでは1月24日にヨーロッパで初めて感染が確認され、2月14日にアジア以外の国で初めて死亡が確認された。
(100)
(50)
0
50
100
150
減少が加速
増加が加速
絶対的変化（前日と翌日の平均死者数）

データの出所：The Johns Hopkins University, Center for Systems Science and Engineeringが提供する系列、2020年7月閲覧。

ると、夏休みが終わって子どもたちが学校に戻り、(主に)若い大学生がキャンパスに戻ると、感染者が急増し、9月後半には1日の死者数が40人台半ばまで増えた。

スペイン

図69は、スペインにおける2020年のパンデミックの軌跡を表している。このパターンも、もうすっかり見慣れたのではないか。新型コロナウイルスによる死者数の増加ペースは、減少ペースをはるかに上回っていた。3月の最初の3週間、死者数は幾何級数的に増加していた。スペインで完全ロックダウンが実施されたのは遅かったが、それまでに十分な対策がとられていたため、1日の死者数は3月末にピークに達した。しかし、人口100万人当たりの死者数は、最終的にはフランスやイタリアを上回った。そしてその後、幸いなことに、ヨーロッパ大陸の他の国と同じように、2020年夏半ばには、1日の死者数は1桁に下がった。ところが秋になると、人々が屋内で集まるようになったため、感染者数がまた増加した。死者数も増えて、イタリアやフランスを上回ったが、秋後半の増加傾向が落ち着きつつあるとの報告もあった。図69の時系列線の最後の部分はまだ描かれていないが、それがいつ収束するかは、そのときにならないとわからない。9月の執筆時点では、4月末の水準には完全には戻っていない。

4月末の時点で、スペインの新型コロナウイルスによる死者数は300人にのぼり、5月末も30人を超えていた。1日の死者数の減少をプロットした図69の時系列線は、飛行機が墜落しているかのように、回転しながら下に移動している。ここではスペイン政府が発表する数字を1週間で平滑化しているが、それでも減少が止まるように見えて、時系列線が縦軸と交差して右側に移った瞬間が4回あった。これは1日

図69　スペイン：新型コロナウイルスによる死者数、2020年3月3日～2020年6月30日（各日の報告数）

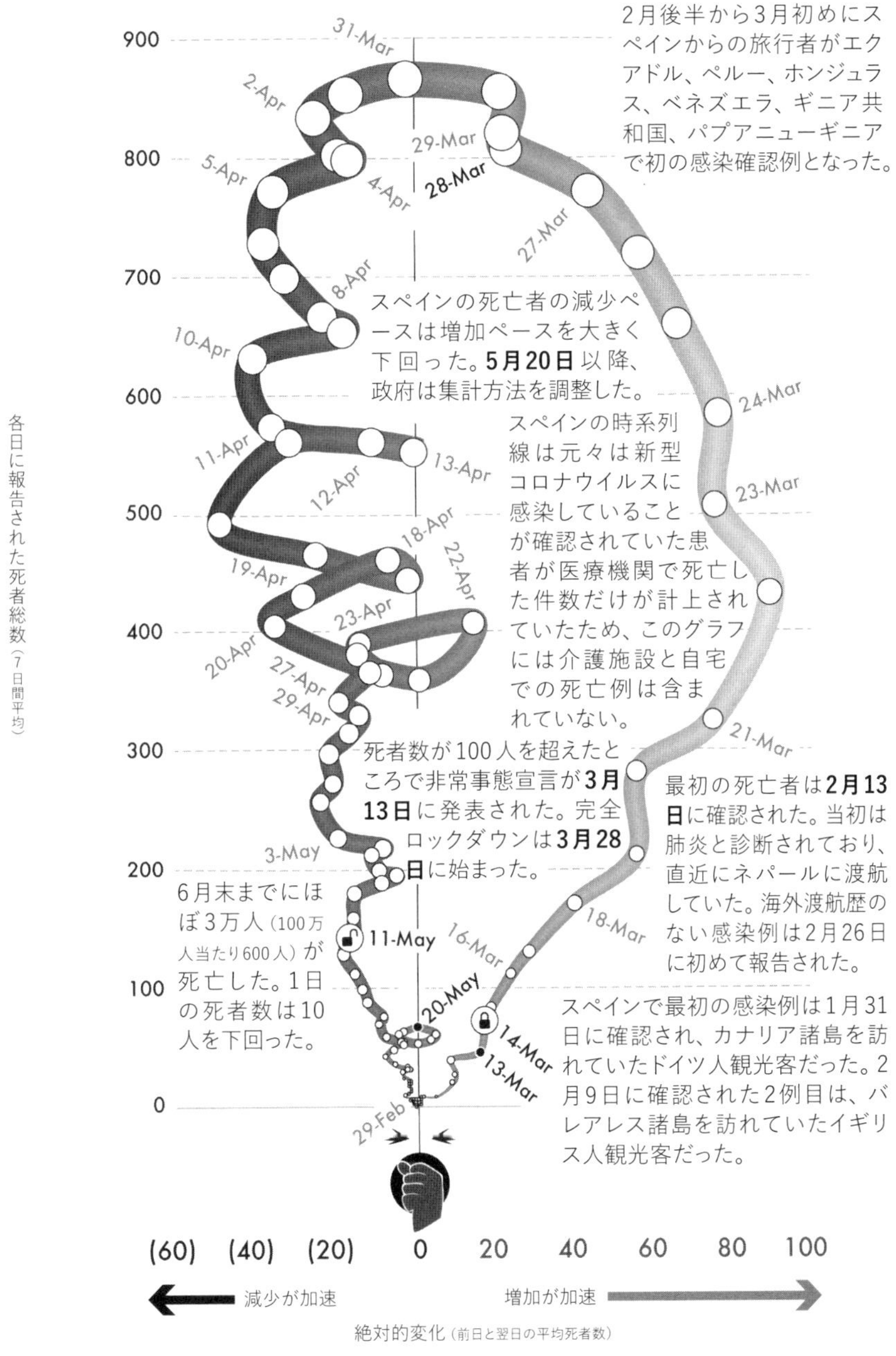
2月後半から3月初めにスペインからの旅行者がエクアドル、ペルー、ホンジュラス、ベネズエラ、ギニア共和国、パプアニューギニアで初の感染確認例となった。
スペインの死亡者の減少ペースは増加ペースを大きく下回った。**5月20日**以降、政府は集計方法を調整した。
スペインの時系列線は元々は新型コロナウイルスに感染していることが確認されていた患者が医療機関で死亡した件数だけが計上されていたため、このグラフには介護施設と自宅での死亡例は含まれていない。
死者数が100人を超えたところで非常事態宣言が**3月13日**に発表された。完全ロックダウンは**3月28日**に始まった。
最初の死亡者は**2月13日**に確認された。当初は肺炎と診断されており、直近にネパールに渡航していた。海外渡航歴のない感染例は2月26日に初めて報告された。
6月末までにほぼ3万人（100万人当たり600人）が死亡した。1日の死者数は10人を下回った。
スペインで最初の感染例は1月31日に確認され、カナリア諸島を訪れていたドイツ人観光客だった。2月9日に確認された2例目は、バレアレス諸島を訪れていたイギリス人観光客だった。
31-Mar
2-Apr
29-Mar
28-Mar
5-Apr
4-Apr
27-Mar
8-Apr
10-Apr
24-Mar
11-Apr
13-Apr
12-Apr
23-Mar
18-Apr
22-Apr
19-Apr
23-Apr
20-Apr
27-Apr
29-Apr
21-Mar
3-May
18-Mar
11-May
16-Mar
20-May
14-Mar
13-Mar
29-Feb
900
800
700
600
500
400
300
200
100
0
各日に報告された死者総数（7日間平均）
(60)
(40)
(20)
0
20
40
60
80
100
減少が加速
増加が加速
絶対的変化（前日と翌日の平均死者数）

データの出所：The Johns Hopkins University, Center for Systems Science and Engineeringが提供する系列、2020年7月閲覧、www.worldometers.infoのデータを使って拡張。

の死者数がわずかの間ながらふたたび増加していたことを示している。そのうち3回は4月、残り1回は5月だった。スペイン当局は2020年5月1日に死者数を修正し、統計から漏れていた人数を遡って追加しており、このグラフは修正後のデータを使用している。

ドイツ

ヨーロッパの大国の中で、2020年上半期を通じて死亡率が最も低かったのがドイツである。当初、ドイツの死者数はヨーロッパの他の多くの国と同様に増加し、最初の感染例も1月に確認されていた。しかし、3月22日にドイツ全土でロックダウンに入ると、100人前後を記録していた死者数の増加ペースがヨーロッパの他の大国を下回った。

ドイツはヨーロッパの他の国に先駆けて地域を限定して住民の行動を制限しており、ソーシャルディスタンスが他国よりきちんと守られていただろう。ドイツの世帯は規模が小さく、複数世代の同居はそれほど一般的ではないため、感染を抑制しやすかったのかもしれない。また、人口は首都に一極集中しておらず、ドイツ全体でヨーロッパの他の国と比べて人口密度が若干低い。

図70の時系列線を見ると、4月5日から4月26日の間に曲線がもつれ合っており、その3週間に感染の拡大を抑えようと、保健当局が格闘していたことがうかがえる。このときの1日の全国の死者数は、ヨーロッパの他の四つの大国より何百人も少なかった。同じように、5月3日前後にも、規模はだいぶ小さいものの、もつれ合った状態になっている。さらに5月18日前後もそうなっており、その直後にドイツの1日の死者数が40人を割り込んだ。

図70　ドイツ：新型コロナウイルスによる死者数、2020年3月10日～2020年6月30日（各日の報告数）

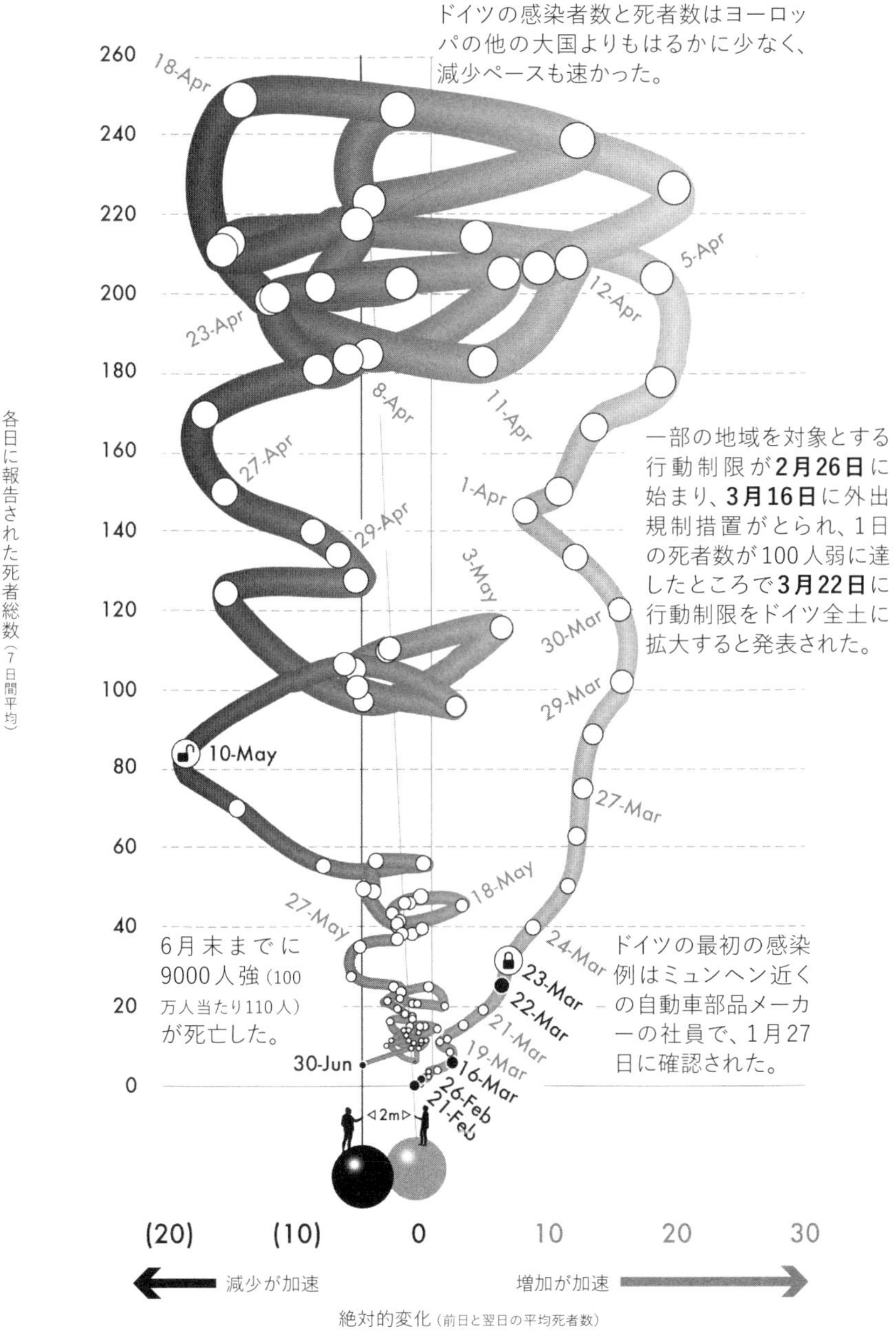
ドイツの感染者数と死者数はヨーロッパの他の大国よりもはるかに少なく、減少ペースも速かった。
一部の地域を対象とする行動制限が**2月26日**に始まり、**3月16日**に外出規制措置がとられ、1日の死者数が100人弱に達したところで**3月22日**に行動制限をドイツ全土に拡大すると発表された。
ドイツの最初の感染例はミュンヘン近くの自動車部品メーカーの社員で、1月27日に確認された。
6月末までに9000人強（100万人当たり110人）が死亡した。
各日に報告された死者総数（7日間平均）
260
240
220
200
180
160
140
120
100
80
60
40
20
0
18-Apr
5-Apr
12-Apr
23-Apr
8-Apr
11-Apr
27-Apr
1-Apr
29-Apr
3-May
30-Mar
29-Mar
10-May
27-Mar
18-May
27-May
24-Mar
23-Mar
22-Mar
21-Mar
19-Mar
30-Jun
16-Mar
26-Feb
21-Feb
2m
(20)
(10)
0
10
20
30
減少が加速
増加が加速
絶対的変化（前日と翌日の平均死者数）

データの出所：The Johns Hopkins University, Center for Systems Science and Engineeringが提供する系列、2020年7月閲覧。

ドイツの死者数は、ヨーロッパの他のどの大国よりも大幅に少なかったが、しかしそれでも、回転しながら下に移動する同じパターンを描いている。ヨーロッパでは、感染の第1波が収まっても気を緩められなかっただろう。死者数が一時的に増加しても増加幅はだんだん小さくなっていくとはいえ、通常の死者数を上回っていた。秋の初めには、1日の死者が10人あまりになった。死者数が低い水準であれば、新型コロナウイルス感染症はエンデミック（予測できる程度の緩やかな流行）の状態に達したことになる。

イギリス

図71に示すように、イギリスの2020年のパンデミックの時系列線は、少し違った形をしている。3月29日から4月5日の間に1日の死者数は毎日60人前後増えており、死者数は他の国と比べてかなり直線的に増加した。その後、死者数は大きく振れて、時系列線はもつれ合った状態になった。ドイツの時系列線で見られたものと似ているが、1日の死者数はドイツよりもはるかに多かった。その後、4月23日と5月11日の間に、死者数は毎日20人前後減ったものの、減少のペースは増加ペースの3倍遅かった。増加ペースはドイツを大きく上回っただけでなく、イタリア、スペイン、フランスも上回った。この時系列線で1日の死者数が1000人に達していないのは、単に図に示されている死者数が7日間平均であるからだ。平滑化されていないデータを使っていたら、グラフはかなりわかりにくいものになっていただろうが、イギリスの実際の死者数と報告数が1000人を超える日が何日もあったはずである。2020年夏半ばには、イギリスでは今回のパンデミックを原因とする超過死亡がヨーロッパで最も長い期間にわたって発生していたことが明らかになっていた［＊332］。しかし、他のヨーロッパの国々と同様に、報告される新規感

図71　イギリス：新型コロナウイルスによる死者数、2020年3月7日～2020年6月29日（各日の報告数）

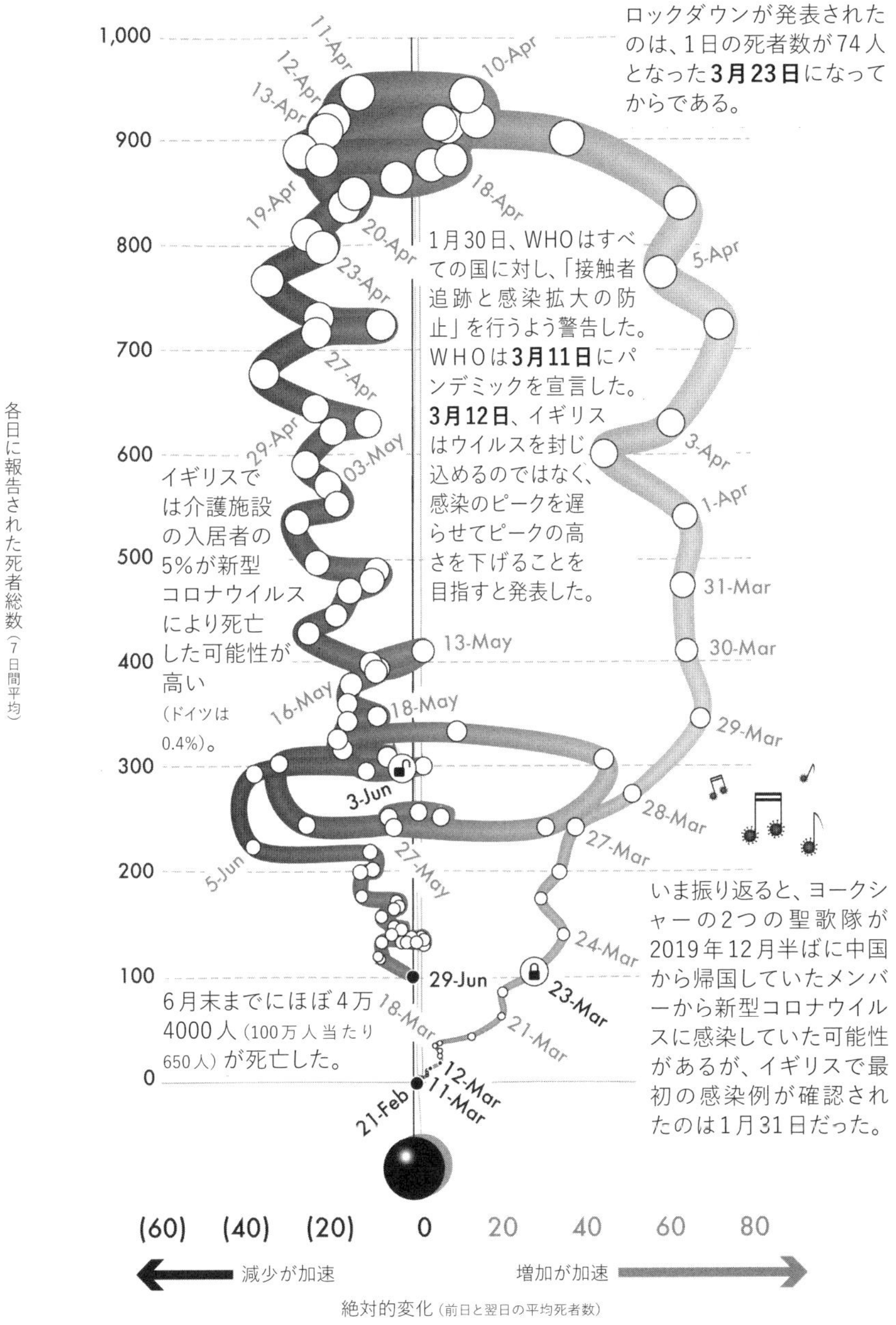
ロックダウンが発表されたのは、1日の死者数が74人となった**3月23日**になってからである。
1月30日、WHOはすべての国に対し、「接触者追跡と感染拡大の防止」を行うよう警告した。WHOは**3月11日**にパンデミックを宣言した。**3月12日**、イギリスはウイルスを封じ込めるのではなく、感染のピークを遅らせてピークの高さを下げることを目指すと発表した。
イギリスでは介護施設の入居者の5%が新型コロナウイルスにより死亡した可能性が高い（ドイツは0.4%）。
6月末までにほぼ4万4000人（100万人当たり650人）が死亡した。
いま振り返ると、ヨークシャーの2つの聖歌隊が2019年12月半ばに中国から帰国していたメンバーから新型コロナウイルスに感染していた可能性があるが、イギリスで最初の感染例が確認されたのは1月31日だった。
1,000
900
800
700
600
500
400
300
200
100
0
各日に報告された死者総数（7日間平均）
11-Apr
12-Apr
13-Apr
10-Apr
18-Apr
19-Apr
20-Apr
23-Apr
5-Apr
27-Apr
29-Apr
03-May
3-Apr
1-Apr
31-Mar
13-May
30-Mar
16-May
18-May
29-Mar
3-Jun
28-Mar
27-Mar
5-Jun
27-May
24-Mar
29-Jun
23-Mar
18-Mar
21-Mar
12-Mar
11-Mar
21-Feb
(60)
(40)
(20)
0
20
40
60
80
減少が加速
増加が加速
絶対的変化（前日と翌日の平均死者数）

データの出所：The Johns Hopkins University, Center for Systems Science and Engineeringが提供する系列、2020年7月閲覧。

染者数は依然として高い水準にあったが、新型コロナウイルス感染症による1日の死者数は、２０２０年夏の終わりまでおおむね20人を下回った。

イギリスの時系列線は5月22日以降にループがあり、死者が数日間、大幅に増えたかのように見えたが、その後にデータが発表されて、実際にはそれまでの増加幅よりもはるかに少ないことが明らかになり、実際の死者数が正しく把握されるようになってきたことが示された。もちろん、死亡者が1人いれば、その背後にはもっと多くの重症者が存在する。なかには後遺症で障害が残る人もいるが、その割合がインフルエンザに感染して長期の後遺症が残った人と同じ程度になるかどうかは、いまの時点ではまだわからない。6月末には、イギリスのパンデミック関連の１００万人当たりの死者数はヨーロッパで最も多い６５０人に達していた。その後、イギリスも秋の初めに学校と大学が再開したことで感染者が大きく増えたが、それに比べると死亡者はそれほど増えなかった。ところが、そこから遠く離れたところで、イギリス以上に深刻な状況に陥った超富裕国がある。

アメリカ

アメリカのおかげで、イギリスは最悪のパンデミックを記録することにはならないだろう。２０２０年夏、アメリカの１００万人当たりの死者数はまだ世界最多にはなっていなかったが、そのときにはヨーロッパ全体で感染が収まりつつあったのに対し、アメリカのパンデミックは収まる気配がなかった。図72に示すように、アメリカの死者数は最初に幾何級数的に増加し、2月21日から3月24日の間の時系列線は、強く右斜めに大きく傾いたまっすぐな対角線を描いている（こうしたグラフでは、完全な指数関数的増加はこのようにな

図72　アメリカ：新型コロナウイルスによる死者数、2020年2月21日〜2020年6月27日（各日の報告数）

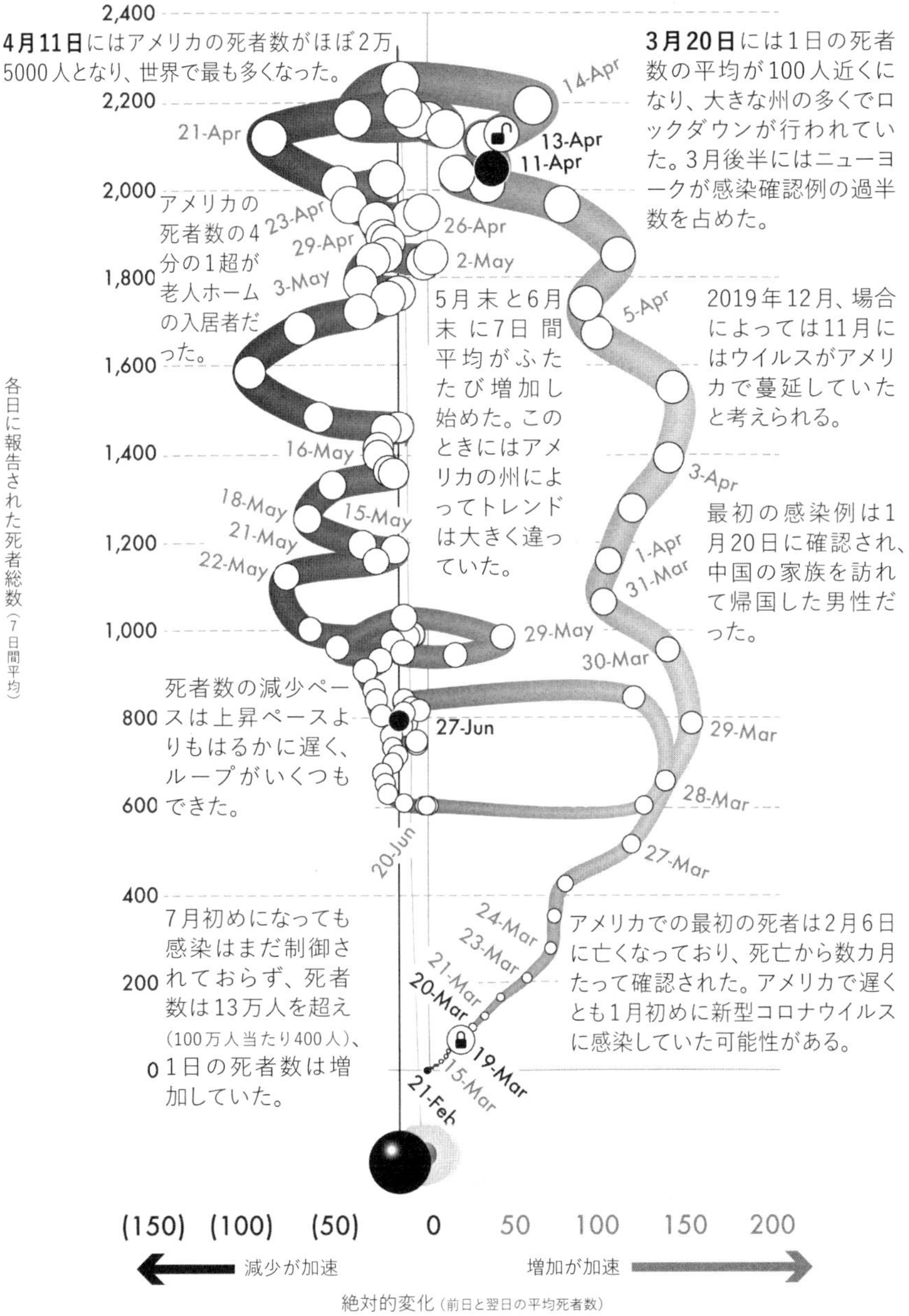
4月11日にはアメリカの死者数がほぼ2万5000人となり、世界で最も多くなった。
3月20日には1日の死者数の平均が100人近くになり、大きな州の多くでロックダウンが行われていた。3月後半にはニューヨークが感染確認例の過半数を占めた。
アメリカの死者数の4分の1超が老人ホームの入居者だった。
5月末と6月末に7日間平均がふたたび増加し始めた。このときにはアメリカの州によってトレンドは大きく違っていた。
2019年12月、場合によっては11月にはウイルスがアメリカで蔓延していたと考えられる。
最初の感染例は1月20日に確認され、中国の家族を訪れて帰国した男性だった。
死者数の減少ペースは上昇ペースよりもはるかに遅く、ループがいくつもできた。
7月初めになっても感染はまだ制御されておらず、死者数は13万人を超え（100万人当たり400人）、1日の死者数は増加していた。
アメリカでの最初の死者は2月6日に亡くなっており、死亡から数カ月たって確認された。アメリカで遅くとも1月初めに新型コロナウイルスに感染していた可能性がある。
2,400
2,200
2,000
1,800
1,600
1,400
1,200
1,000
800
600
400
200
0
14-Apr
21-Apr
13-Apr
11-Apr
23-Apr
26-Apr
29-Apr
2-May
3-May
5-Apr
16-May
3-Apr
18-May
15-May
21-May
1-Apr
22-May
31-Mar
29-May
30-Mar
27-Jun
29-Mar
28-Mar
20-Jun
27-Mar
24-Mar
23-Mar
21-Mar
20-Mar
19-Mar
15-Mar
21-Feb
各日に報告された死者総数（7日間平均）
(150)　(100)　(50)　0　50　100　150　200
減少が加速
増加が加速
絶対的変化（前日と翌日の平均死者数）

データの出所：The Johns Hopkins University, Center for Systems Science and Engineeringが提供する系列、2020年7月閲覧。

る）。アメリカでは多数の州がそれぞれロックダウンを行ったものの、感染をコントロールする大きな効果は挙がっていないように見えたが、4月半ば以降、厳しい状況がわずかながら改善する兆しが見え始めた。しかし、ロックダウンやソーシャルディスタンスのルールの多くは徹底されず、早々と解除された。

アメリカの死者数が世界の豊かな国の中で最悪のものとなったのは、一部の州では感染が落ち着き始めたにもかかわらず、それ以外の数多くの州では制御不能な状態が続いていたからだ。4月半ばの2週間には1日の死者数が2000人を超えた。アメリカは一つの国というより、州の集まりと考えるべきだとも言えるが、中国には、平均するとそれぞれがアメリカの平均的な州の9倍の人口を持つ23の省がある。イギリスと同様に、アメリカの統計は特に信頼性が高いということはないだろうが、アメリカには数週間後により正確なデータを発表するONSのような機関がないため、アメリカの実際の死者数はまだ確認できていない。

2020年5月後半、アメリカの新型コロナウイルスによる死者がふたたび増加し、1日1000人を超えた。その後、6月20日には600人まで減少したものの、また増加に転じ、6月末には800人を上回った。7月半ばには1日1000人近くまでさらに増加し、8月と9月の大部分を通じて、1日1000人を超える水準が続いた。図72に示す時系列線は2020年6月後半で終わっているが、これは7月と8月に1日の死者数1000人前後のところで「結び目」ができて、その前の動きが見えなくなってしまうためだ。しかし、アメリカの第1波の物語は、原稿を執筆している時点で終わっていなかったことは明らかだ。

中国とアメリカの違い、そしてヨーロッパ域内の違いは、驚くほど大きい。これは同じ感染症だ。だが、なかには他の国よりも早く警告を受け取っていた国もある。十分に準備できていた国は一つもないが、いま考えれば、他の国よりも準備ができていた国もある。

大陸レベルで見ると、ヨーロッパでは2020年半ばには新型コロナウイルス感染症はエンデミックになっていた［＊333］。ニュージーランドが2020年夏に達成したように、国が感染者を完全にゼロにすることに成功したとしても、また外部からウイルスが持ち込まれるだろう。しかし、対処方法は国によって大きく違ったが、どの国もスローダウンすることになった。そして、感染そのものが落ち着いて、コロナと共生する道を歩むようになった後も、このパンデミックの影響はしばらくは続くだろう。すべての国がそうした世界に備えなければいけなくなる。その重要性が広く認識され、何が起きているのかを人々がきちんと理解するようになるまでには時間がかかりそうだ。意見は大きく割れるだろうが、イギリスのある政治的中道派の評論家が、自国のパンデミックがピークに達する前の週に書いた雑誌記事の中で断じたように、「リベラル資本主義は破綻している」［＊334］。

始まりの終わり

ヨーロッパのパンデミックは2020年夏半ばに沈静化し始めたが、ロックダウンによる数多くの制限はまだ続いていた。その時点でイギリスの2500人の成人を対象に生活に関するアンケート調査が行われた。17の項目のうち当てはまるものにチェックを入れてもらったところ、70歳未満の人のほぼ半数（47%）が、新型コロナウイルスのパンデミック以降、生活によい変化があったと答えたが、70歳以上ではそう答えたのは4分の1（24%）にとどまった［＊335］。

少なくとも一つの項目でよい変化があったとした人も、理由はさまざまだった。半数（ぴったり50%）が

「生活のペースが緩やかになった」にチェックを入れた。ほぼ同数（47％）が「移動の時間が減った」にチェックを入れたが、いちばん多かったのは（56％が選択）、「一緒に暮らしている人とよい時間を過ごすことが増えた」だった。私たちは社会的な動物であり、人との結びつきを深めるにはスローダウンする必要があった。

他にもたくさんの理由が選択されているが、やりたくないことをやらなくてすむようになったというだけではない。これまでは時間がなくてしていなかったことができるようになったという回答が多く見られた。約42％が「家族や友人と連絡をとることが増えた」と答え、39％が「家を修繕した」ため暮らしやすくなったとし、37％が「リラックスする時間が増えた」としたが、ほぼ同数（33％）が「運動する時間が増えた」ともしている。「楽しいことをして過ごす時間が増えた」「自分にとって大切なことに費やす時間が増えた」がそれに続いた（ともに29％）。27％は「新しいことを学ぶ」ために時間を使ったと答えた。そして、大勢の人が人前ではロックダウンに不満を言っているかもしれないが、生活によい変化があったとした人のうち、4分の1（24％）が「在宅で仕事をする時間が増えた」にチェックを入れ、5分の1以上（22％）が「（生活必需品などを）地元で買うようになった」と答えた。

70歳以上の人はどうだっただろう。よい変化があったと感じている人は4分の1にとどまった。たいていは70歳以上の人のほうが制限が大きく、1人で暮らす人の割合も多いはずである。そして、仕事を退いているので、すでに暮らしはスローダウンしており、多忙な若い人がしたくてもできなかったことを自由にできた。全体として、2020年6月の時点で、70歳以上の成人の47％が、前の週にウェルビーイングが大きく悪化していたと答え、新型コロナウイルスがイギリスでの生活に与えている影響について、64％がとても不安である、または少し不安であると答えた。もちろん、70歳以上の人が新型コロナウイルスに感染して死亡するリスクは、子どもや若い成人に比べれば1000倍をゆうに超えるほど高かった。

あなたはいま、自分が住んでいるところでパンデミックが沈静化して数カ月後か1年ほど後に、ここを読んでいるかもしれない。それでも、最悪期の数週間、あるいは秋のぶり返しが始まったときやその最中にどう感じていたか、なかなか思い出せないはずだ。だからこうした調査をいま見ると役に立つのである。この調査は、大半のロックダウン措置がまだ続いていて、死者数がまだ多かった時期に行われた。8月半ばの時点で、イギリスの大人のうち16人に1人が感染を強く恐れて前の週に一歩も家から出ていなかった。しかし、6月26日に報告されたONSの調査では、前の週に外出していなかった人は12人に1人だったことを考えれば、状況は大きく改善していた。パンデミックが始まった当初は大勢の人がひどく落ち込んでいたにもかかわらず、生活にこんなよい変化があったと回答している人も多くいる。おそらくパンデミックに対する態度全般が変化していたのだろう。

そのONSの調査で、統計表にまとめられてしまっているのだが、「新型コロナウイルスの感染が拡大する前は、イギリス人はどれくらい親切、あるいは不親切だったと思いますか」と質問している。これに「とても親切」と答えた人はわずか4・7%で、40%が「少し親切」、29・9%が「親切でも不親切でもない」、17・2%が「少し不親切」、3・1%が「とても不親切」と答えた。残りは「わからない」か未回答だった。次に「新型コロナウイルスの感染拡大から回復した後は、イギリス人はどれくらい親切、あるいは不親切になると思いますか」と質問すると、「とても親切」と答えた人は10・7%と2倍以上になり、さらに51・6%が「少し親切」と答え、「親切でも不親切でもない」と答えた人はわずか18・9%で、「少し不親切」は9・2%と半分になったが、「とても不親切」と答えた人は3・1%と変わらなかった[＊336]。

親切さに関するこうした予測が当たったかどうかを確認する方法はないが、変化が起きているという感覚が強くあったことは間違いない。学術界でも、時代は変容していると説く論文が増え始めた。非常に多くの人が雇用や所得を心配しているものの、利益を上げなければ生き残れない時代から、生き残るためにはこれ以上利益を上げてはならない、少なくとも消費と汚染を増やすことになる種類の利益を上げてはならない時代へと変化しているというのである。

本書で示すスローダウンは、新型コロナウイルス感染症によって引き起こされるようなものではないのだが、この先ずっと、大勢の人がそうだったと言うだろう。１９１８年のインフルエンザのパンデミックでは世界人口の３分の1が感染したと思われ、世界で１７００万〜５０００万人が死亡したと推定される(低いほうの数字がより正確である可能性がはるかに高い)。死亡率を見ると、最も高いのが1歳未満の乳児で、最も低いのが5〜14歳の集団だった。25〜34歳の集団でもピークがあり、さらに65歳以上の人は死亡率が大幅に上昇するが、85歳以上を除けば、大人が死亡するリスクは乳児ほど高くはなかった。このパンデミックではは労働力が激減した。その影響で景気が悪化し、世界ＧＤＰは14％減少したと思われる。ところが、それも1年足らずで反転する。２０２０年のパンデミックでは、２０２０年9月末時点で世界全体の死者数は１００万人となり、1世紀前と比べるとかなり少ない。現在の世界人口は当時よりもはるかに多く、高齢化がはるかに進んでいることを考えると、特にそうだと言える。イギリスでは、新型コロナウイルス感染症による死者の89％が65歳超、10％が55〜65歳で、45歳未満はわずか1％だった。

このように、人口統計学の観点に立つと、１９１８年のパンデミックでは経済が深刻な打撃を受けることになった理由が劇的に多かったが、影響は一時的なものにとどまった。いまは状況が違う。私たちはすでにスローダウン期に入っていた。それは、パンデミックが発生したのが２０２０年か２０３０年か２０４０年かに関係なく、いずれにしても起きていたスローダウンである。

スローダウンは始まったばかりである

2020年になると、地球の人口は、これまでの予想とは違い、100億人や110億人に増加することはないだろうとの報告が目に見えて増え始めた。ある人口統計学者のグループが人口推計を見直した結果を医学雑誌の『ランセット』で発表しており、それによると、世界人口は2064年に97億人でピークに達し、2100年には88億人に減少する見通しである［*337］。

このスローダウンのかなりの部分は、今回のパンデミックが始まる前から明らかだったが、2020年より前にスローダウンしていたことを受け入れる人はほとんどいなかった。本書は、スローダウンはすでに始まっていること、いまも進んでいること、そしてこれから何年も続いていくことをエビデンスで語っている。ある意味では、今回のパンデミックによってわずか数週間、数カ月でスローダウンが加速したため、いろいろなことが明確になっている。変化を1年単位、10年単位で見ていくのはそれよりずっと難しい。しかし、本書の大部分がそうであるように、そうした超長期の変化を見なければ、スローダウンがどうして始まったのか、その背景を本当の意味で理解することはできない。

人間の短い一生から見れば、このスローダウンはようやく始まったところである。私たちのすぐ前の世代は、強烈な加速と絶え間ない変化を経験しているだけでなく、それが当たり前になってさえいる。人口構造も、経済も、社会も、ものすごい勢いで加速していたため、1918年と1919年に、甚大なパンデミックが世界を呑み込んでも、GDPはすぐに回復した。1889年のロシアのエンデミックが起きても、変化の速さはほとんど変わらなかった。1951年のインフルエンザのパンデミックもそうだし、致死率がわずかに低かった1957年や1968年のパンデミックもそうだった［＊338］。しかし、1968年以降、世界はゆっくりとスローダウンし始めた。そのため、次のパンデミックがわずか半世紀後に急速に拡大したときには、大半の人の生活におよぶ影響はまったく違ったものになった。したがって、新型コロナウイルスが社会に与える影響は、過去2世紀に発生したどの感染症よりもはるかに大きくなるだろう。

付録

時系列線の読み方と描き方

How to Read and Draw a Timeline

この付録では、図73を使って、本書の時系列線の読み方を説明していく。図の例では、2000年前後と2005年前後の二つの小さなスローダウンと、2010年以降の大きなスローダウンがあり、こうすることでスローダウンはどのように見えるのかを示している。

図73に示される時系列線では、絶対的変化は、変化量を単純に合計したものを意味する。したがって、絶対的変化がプラス0・2というのは、毎日飲むコーヒーの量が前の年と比べて1年間に平均するとコーヒーカップ5分の1杯分増えるということである。これは相対的変化とは大きく違う。相対的変化は、最初にコーヒーを何杯飲んでいるかによって変わる。あなたがコーヒーを1日2杯飲んでいるとすると、絶対的変化が0・2だと、相対的には10％増加することになる。本書では時系列線の大多数で絶対的変化を示しているが、それは絶対的変化が最も重要だからである。

図73のもう一つの見方として、グラフの線は、海上を航行する船がたどった経路をプロットしたものと考えることもできる。時系列線上の丸印は、その時点で船がいた場所を示している。丸印の位置が北(上)にあればあるほど、測定量、生産量、あるいは消費量は多くなる。このケースでは、1日に飲むコーヒーの量である。丸印が南(下)にあればあるほど、杯数は少なくなる。丸印が東(右)にあればあるほど、測定された量がその時点で増えており、西(左)にあればあるほど、測定された量が減っているか、増え方が緩やかになっている。図73に示した例では、1日に飲むコーヒーの量がどんどん増えていくことが当たり前になっていて、丸印は、途切れたり続いたりしながら、北へ北へと向かっていた。しかし、2010年以降、まったく新しい何かが始まり、スローダウンが始まった。そして2012年以降、消費量がどんどん減っていき、船は南に向かうが、そのスローダウン自体は2020年に終わっているように見えた。スピードが時間とともに上がっていく状態に慣れていると、スローダウンしている状態はちょっと怖く感じるかもしれない。

図73　個人のコーヒー消費量、1995～2020年

1. スローダウン

丸同士の間隔は、増加量と増加の度合いのいずれか一方、あるいは両方の変化のスピードを表している。たとえば、下の図の**A**と**B**との間隔で表される、**2011年**と**2012年**の間に、私が1年間に飲んだコーヒーの量はほとんど変化していないが、私のコーヒー消費量は3年間という比較的速いペースでマイナス成長に転じ、絶対的変化の速さが停滞している、つまりスローダウンしていることを示している。**2015年**までスローダウンは速さを下げながら続いている。**A**と**B**と同じ間隔である**B**から**C**に移動するまでには3年かかっており、絶対的変化の速さは遅くなっている。

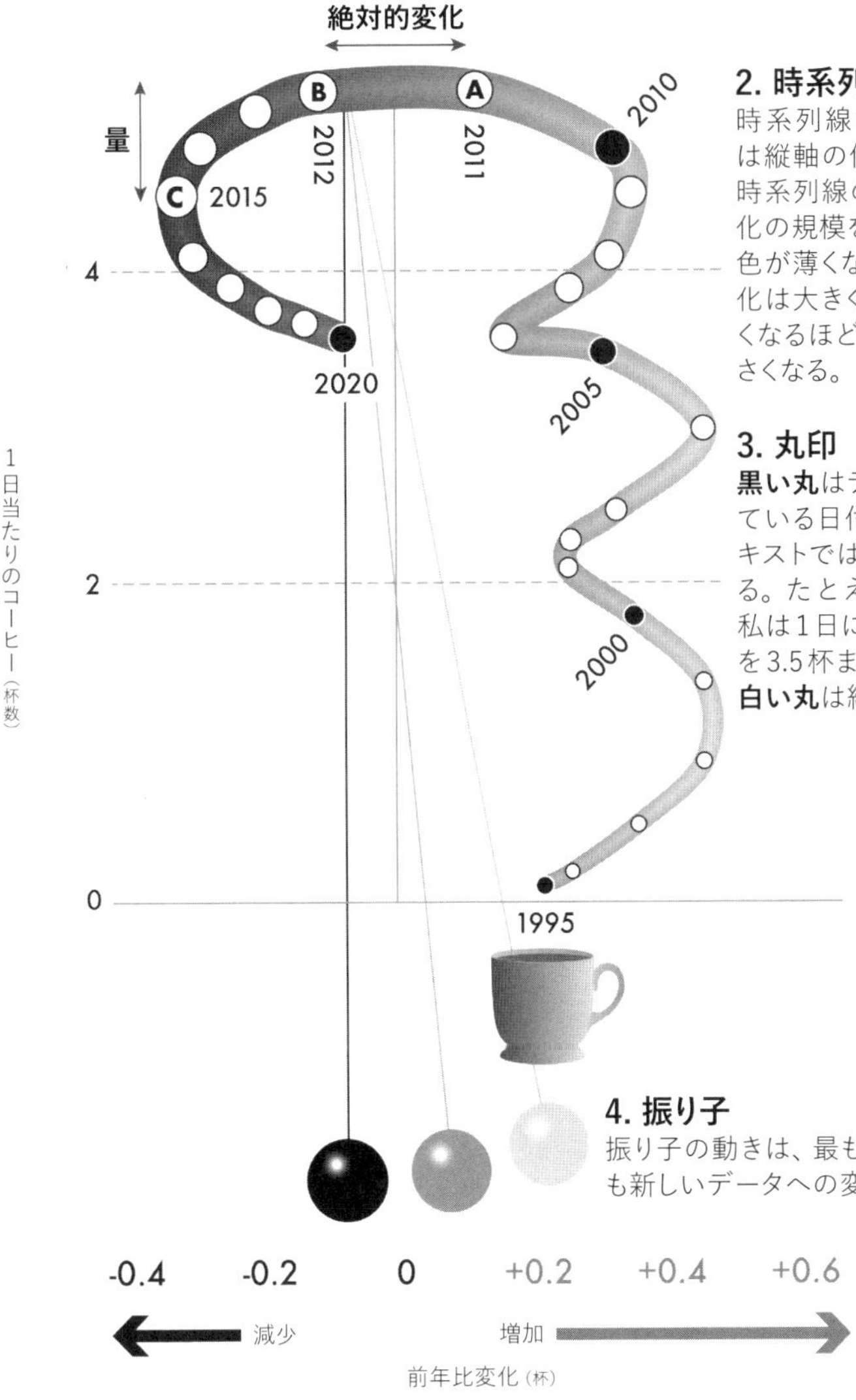

2. 時系列線

時系列線の**幅**と**丸の大きさ**は縦軸の値と比例している。時系列線の**階調**は絶対的変化の規模を表している。線の色が薄くなるほど、絶対的変化は大きくなり、線の色が濃くなるほど、絶対的変化は小さくなる。

3. 丸印

黒い丸はテキストで言及されている日付を示しており、テキストでは太字で強調している。たとえば、**2005年**には私は1日に飲むコーヒーの量を3.5杯までにすると決めた。**白い丸**は細分を表す。

4. 振り子

振り子の動きは、最も古いデータから最も新しいデータへの変化を表している。

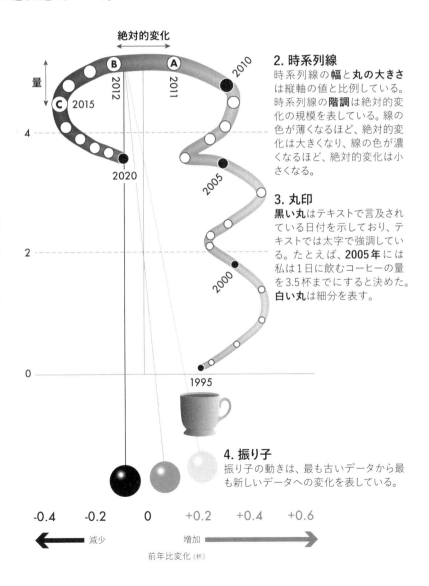

本書のすべての時系列線では、横軸上の位置は、対象となる時点の直前の時点から直後の時点の間の変化の度合いとして算出され、「1カ月ごと」「1年ごと」といった一定の尺度で表される。そのため、時系列線上の極端値が、原データの実際の極端値の一つ前か一つ後に現れるときがある。しかし、本文や各図の中のコメントには原データを使用している。

時系列線の始点と終点については、それより前の時点とそれより後の時点のデータが入手できないため、ほとんどの場合、変化の度合いは始点はそこから、終点はそこまでのものとして算出される。本書に関するウェブサイトに、使用したデータと計算方法をすべて示しており、ごくまれに外挿を使用しているときは、スプレッドシート上にハイライト表示している。ウェブサイトには、本書に載せられなかった時系列線も数多く掲載している。すべてwww.dannydorling.orgで見ることができるが、21世紀初めのどのウェブサイトもそうであるように、少なくともそのサイトが消滅する日まで、という条件がつく。本書を紙の本で持っているのであれば、こうしたアイデアの最も堅牢なコピーを持っていることになる。

こうした時系列線を描きたいと思うのであれば、私が7年近く前にこのような時系列線を作成し始めたときに気づいた点がいくつかあるので、知っておくといいかもしれない。

- 現実のデータを使うときはかならず、対象となる時点より前にある時点（1年前や1カ月前など）から、同じ時間間隔後の時点（1年後や1カ月後など）までの変化の度合いを計算する。このようにすると、時系列線が驚くほど滑らかになる。本書では、大半の時系列線にある丸の大きさは、対象となる時点の量におおよそ比例しており、したがってそれぞれの図の縦軸の高さに比例する。
- 非常に質の高いデータを使うようにする。この手法はごく小さな変化を明らかにすることにとても長けているが、データのエラーも強調されて、目立ちすぎてしまう。いま見ている画像がごちゃごちゃしてわかりづらいというときは、データポイントをより長い期間で平滑化してみる。これは移動平均を使うのと同じようなことである。月ごとの変化ではなく年ごとの変化を見る。単独の世論調査同士などではなく大統領選挙同士の変化を見る。あるいは世論調査の1カ月間の平均と次の1カ月間の平均を比較する。スローダウンはたいてい緩やかで、一定のペースで進まないのがふつうであり、期間の設定が短すぎるとわからなくなってしまう。スローダウンが気づかれないことがあまりにも多いのはそのためだ。正しい帯域幅を見ないと、統計のノイズが大量に発生しがちであり、そうなると変化をほとんどとらえられなくなってしまう。

・時系列線上の各点は重なることが多いので、すべてに日付を入れようとしない。ちなみに、世界で最も広く使われているスプレッドシートパッケージは、接続線付き散布図上の点にラベル付けするのが苦手だ。こうした時系列線をエクセルで作成しようとしているのであれば、フリーアドインの「XY Chart Labeler」をダウンロードするといい。

・グラフの各点はベジェ曲線で結ぶ。スプレッドシートパッケージには、散布図の表示オプションとして、たいていベジェ曲線が用意されている。文字どおりの加速は直線になるため、本書の図1の例はベジェ曲線にはなっていないが、それ以外のすべてのグラフはベジェ曲線である。ベジェ曲線とは何か、いつ提唱されたのかについてはもう少し説明したいので、この後で触れる。私たちがいま知っていることの大部分がごく最近わかったことであるのは、ごく最近までものすごいスピードで加速していたからだ。

図2、図3、図5、図74の時系列線が滑らかなのは、その背後にある形状を決定する式がとても単純であるためだ。しかし、本書の時系列線の大半は滑らかなように見える。これは、似たような魔法の数式が

隠れていて、それが基礎的データに反映されているからではなく、主に平滑化された曲線を使って丸を結んでいるからである。それがベジェ曲線だ。統計用語を使って説明すると、この手法を使って時系列線を描くと、「ノイズが除去」されて、変化の全体像がはっきりとする。別の言い方をすると、短命に終わる一過性の変化ではなく、根底にある構造的な変化の全体像が見えてくるということだ。

私たちがいまできることの大部分は、ごく最近になってできるようになったことであるのに、私たちはそれをすぐ忘れてしまう。本書の時系列線を描くのに使用されたベジェ曲線は、フランスの自動車メーカー、ルノーの技術者だったピエール・ベジェにちなんでこのように呼ばれている。1968年にベジェがこの手法を発表したことで、ルノーはボンネットやフェンダーが平たくもなく角ばってもいない自動車をデザインできるようになった［＊339］。ベジェのイノベーションが生まれる以前は、そんな美しい曲線を持った自動車はつくれなかった。

自動車のデザインが丸みを帯びるようになったのは1950年代で、1960年代には曲線の美しさに磨きがかかり、車の購入意欲がさらに高まったとされている［＊340］。1959年、ベジェのほぼ10年前に、シトロエンで働いていた別のフランス人の自動車技術者、ポール・ド・カステリョが、ベジェの必要としていたアルゴリズムを開発していた。こうした曲線にド・カステリョや、そのわずか半世紀前にベジェとド・カステリョの2人が必要としていた数式を記述したセルゲイ・ナタノビッチ・バーンスタインの名前がつけられてもおかしくなかった。数学とデザインにおけるこのイノベーションはすべて、驚くほど短い期間に起きている。

私が学生だったときには、雲形定規と呼ばれる物理的なテンプレートを使って、同じような曲線を手で描いていたが、雲形定規はいまではあまり使われていない。私の世代だと、自分が若い頃には変化が加速するのが当たり前だったと考えてもしかたがない。しかし、ベジェ曲線はずっと前から存在していて、発

図74　永久振り子の動きを3つの方法で記述

系

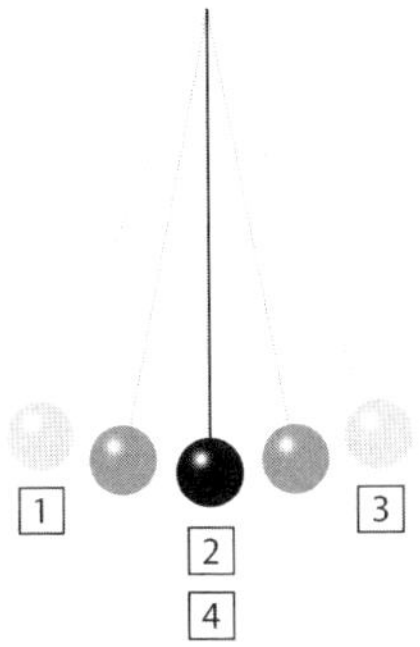

凡例：
1 最も低い位置、ゼロ速度
2 最大速度
3 最も高い位置、ゼロ速度
4 負の最大速度

時系列

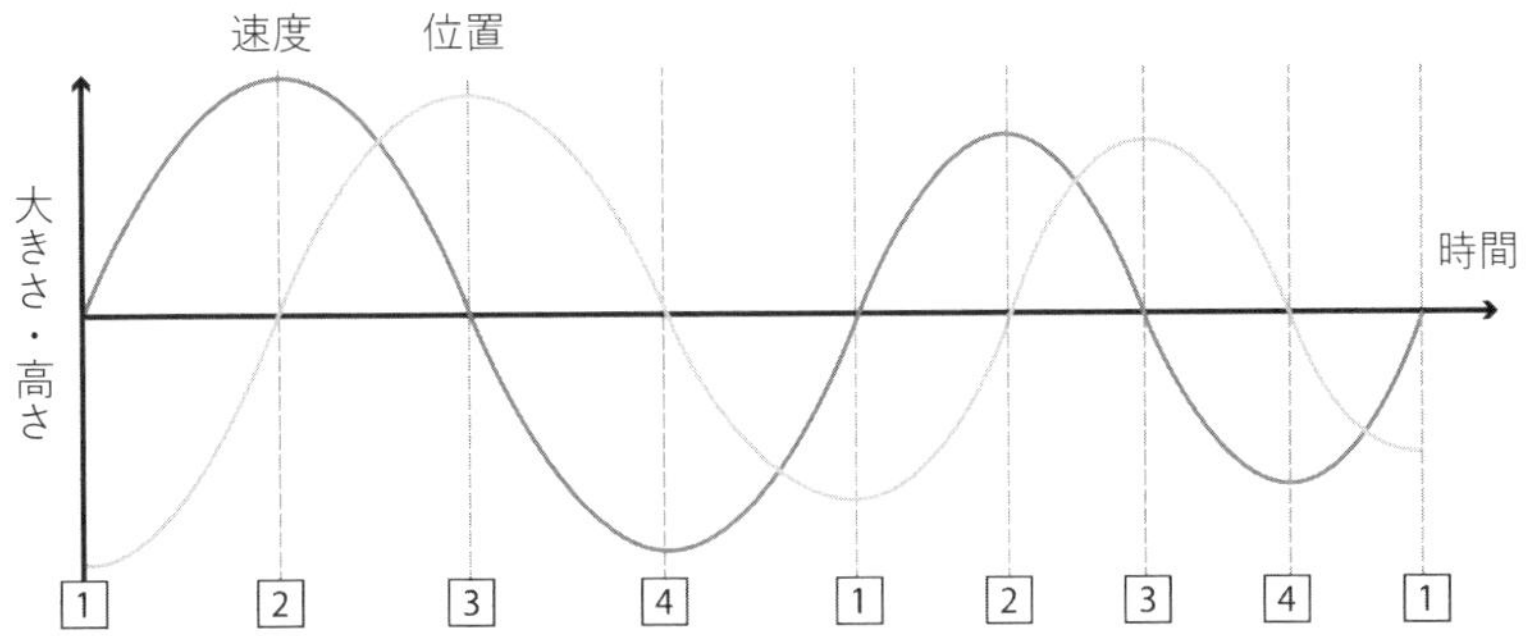

位相ポートレート

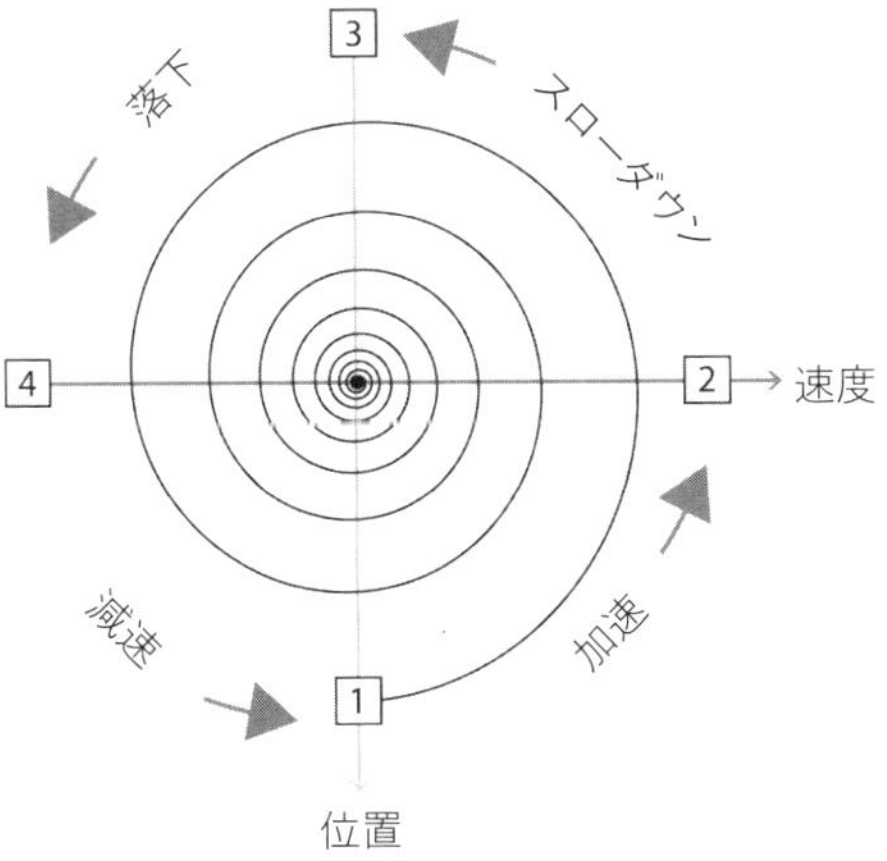

注：振れ幅がだんだん小さくなる減衰振り子を示すために本書図5よりキルスティン・マクルーアが改変。

見されるのを待っていた。そして、ベジェ曲線が発見され広く使われるようになると、モノをつくる方法にも、何が起きているのか理解し、長期のトレンドを記述する方法にも、変化が起きている。

この先、最後の発見と同じくらい重要な新しい発見が無限に生まれることはないだろう。最近の変化の大半は漸進的なもので、それよりもずっと大きい過去の飛躍的な変化に小さな改良が加わっただけである。私の前の世代は、14歳で学校を卒業したため、学校で曲線を描く子どもはほとんどいなかった。そのわずか数世代前には、大多数の人にとって、学校そのものがなかった。

最後に、完全を期すために説明しておくと、図74は、永久に動き続ける振り子ではなく、現実の振り子を使うと、本書の図5がどのようになるかを示している。現実の振り子は、言うまでもなく、スローダウンする。完璧なスローダウンは、美しいらせん、そう、驚異のらせんを描き出す。

謝辞

私の父、デヴィッド・ドーリングに感謝する。父はいま、自分の森林庭園で日がな落ち葉を掃き、鳥にえさをやりながら、とても幸せな時間を過ごしている。父には本書の草稿の第1版、第2版、第3版を修正・訂正してもらった。そして母のブロンウェン・ドーリングにも感謝したい。母はいつも、私が思い描くことは何でもやれる、私がすることなら何でも大丈夫だと言ってくれた。アリソン・ドーリングは私の限界については私以上に現実的だが、このプロジェクトはやるだけの価値があると、ずっと熱く語ってくれた。ロビー、イジー、ソル・ドーリングは、いちばん上がまだ10代だったときから、いちばん下が10代になり、いちばん上が大人になって就職するときまで、こだわりが強い私に我慢してくれた。

オーストラリアにいるアンソニー・カイラ-カーネルには特別の感謝を捧げたい。国営医療サービス（NHS）汚染血液製剤スキャンダルの被害に苦しみ、血友病の重い症状を抱えながら、1万6000キロメートルも離れたところから、最終草稿の全文を読んで、私が堂々巡りしていたところに詳細まで見事なコメントをつけて、変わらぬ明晰さを発揮してくれた。カレン・シューク、クレール・ハンにも、心からお礼を言いたい。私が他の大勢の人の考えや補足・修正を組み込んだ後に、2人が各章の草稿をすべて読んで、私にはとうていできないような高い水準で、文章に磨きをかけてくれた。その後、図や表がたくさんある複雑な本の制作を、スーザン・レイティが円滑に引き継いで、ロビン・デュブランを私に紹介してくれた。デュブランは私がこれまで（電子的に）出会った中で、いちばん思慮深くて礼儀正しいコピーエディターである。本書のような書籍は、個人の作品として売られているが、実際には数多くの人がチームを組んで生み出した作品である。

キルスティン・マクルーアにも、特別の感謝を伝えたい。本書の時系列線をここで目にしている図に変換する様式を設計し、私の生のエクセルシートをもとにすべての時系列線を再作成してくれた。他にも本当に多くの人に助けられ、コメントをもらった。チウジエ・シとトモキ・ナカヤには、それぞれ中国と日本の統計に関して助けてもらった。チウジエは、さまざまなデータセットを使用して、膨大な数の時系列線も作成してくれた。すべて本書のウェブサイトに掲載している(どれも無償で公開している)。そして、ロレンツァ・アントヌッチ、ベン・エヤー、アニコ・ホルヴァート、カール・リー、ジョン・マッコーエン、ハディージャ・ロウフ、サイモン・ライド、クレイグ・トワイフォード、タラ・ファン・ダイクたちに感謝する(全員のリストをつくっておくべきだった)。私は大量の思考、意見、断片的なエビデンスをゆっくり読み解いて、本書を形にしていった。その作業にうんざりすることもあったが、私が調べたほとんどすべてのテーマがスローダウンのエビデンスを示していることがわかり、どんどん没頭していった。その過程でさまざまな章の早期の草稿にコメントをくれたのが彼らである。

ケンブリッジ大学の理学部生には2019年2月に一連のアイデアを最初に聞いてもらった。ロンドン・スクール・オブ・エコノミクスの大学院生には2019年3月に時系列線の最初の草稿にコメントをもらった。オックスフォード大学マーティン・スクールで2019年5月に初めてこのトピックについて公開講義を行った。ロンドン地区大学で経済社会研究会議から博士課程助成金を受けている学生には2019年6月に意見を聞いた。本当に感謝しかない。

そして最後に、エール大学出版のエディターであるジョー・カラミアには、何をおいても感謝を伝えなければいけない。彼がいなかったら、本の執筆はうんと遅くなっていただろう。たぶんまったく進まなかったのではないか。カラミアは辛抱強く、穏やかで、とても思いやりがある。新しい未来にもきっとうまく適応するだろう。

注

［第1章］

エピグラフ：Song Jung-a, "South Korea's Birth Rate Falls to New Developed World Low," *Financial Times*, 28 August 2019, https://www.ft.com/content/16505438-c96c-11e9-a1f4-3669401ba76f.

＊1 Charles Darwin, "The Struggle for Existence," part 3 of the introduction to *Origin of Species: by Means of Natural Selection, or the Preservation of Favoured Races in the Struggle for Life* (London: John Murray, 1859)（邦訳ダーウィン著、渡辺政隆訳『種の起源（上）』光文社、２００９年、第３章「生存闘争」）. 引用文は初版のもので、その後の版とは少し違うかもしれない。さまざまなオンライン版が存在する。https://www.gutenberg.org/files/1228/1228-h/1228-h.htm.

＊2 Paul Ehrlich and Anne Ehrlich, *The Population Bomb: Population Control or Race to Oblivion* (New York: Ballantine Books, 1968)（邦訳エーリック著、宮川毅訳『人口爆弾』河出書房新社、１９７４年）, 160, http://projectavalon.net/The_Population_Bomb_Paul_Ehrlich.pdf.

＊3 Joel E. Cohen, "How Many People Can Earth Hold?" *Discover*, 1 November 1992, http://discovermagazine.com/1992/nov/howmanypeoplecan152/.

＊4 第12章の図64を参照。第1章の主張の大半は、本書の後の章で提示するエビデンスによって裏付けられているが、推測や筆者の直感にすぎないものもいくつかある。

＊5 イギリス国内で直近の最高齢者だったグレイス・ジョーンズは、２０１９年６月14日に１１２歳で死去した。ヨーロッパの最高齢者だったジュゼッパ・ロブッチは、２０１９年６月18日に１１６歳で死去した。ジャンヌ・ルイーズ・カルマンは、人類史上最も長生きをした人物とされているが、本人の主張どおりの年齢だったかは疑問視されている。

＊６　Tristin Hopper, "History's Oldest Woman a Fraud? Russian Researchers Claim 122-Year-Old Jeanne Calment Was Actually a 99-Year-Old Imposter," *National Post*, 31 December 2018, https://nationalpost.com/news/world/historys-oldest-woman-a-fraud-theory-says-122-year-old-jeanne-calment-was-actually-a-99-year-old-imposter を参照。時系列線を描くときに本書で用いている手法は、スローダウンが最初に始まった日本で提案された。本書の第12章で取り上げているほか、巻末の短い付録で時系列線の描き方をより詳しく説明している。本書の時系列線のほか、多数の時系列線を含むスプレッドシートも www.dannydorling.org で入手でき、描き方も説明されている。

＊７　Michael Friendly, Pedro Valero-Mora, and Joaquín Ibáñez Ulargui, "The First (Known) Statistical Graph: Michael Florent van Langren and the 'Secret' of Longitude," *American Statistician* 64, no. 2 (2010): 174–84, http://datavis.ca/papers/langren-TAS09154.pdf.

＊８　１９６８年に人口が急増しなかった例外は非常に少ない。パレスチナの人口は六日間戦争後に２・１％減少した。独裁政権下にあったポルトガル（年０・７％減）、フォークランド諸島（年０・５％減）も人口が減少した。フィンランドは年０・１％とわずかに増加し、イギリスは０・５％増、フランスは０・７％増、アメリカは０・９％増、日本は１・３％増、カナダは１・７％増、世界全体（特にインド）は２・１％増、エチオピアは２・５％増、中国は２・８％増、フィリピンは３％増、イラクは３・５％増だった。

＊９　Bob Dylan, "Idiot Wind," 1974（ボブ・ディラン『愚かな風』）, https://www.bobdylan.com/songs/idiot-wind/.

＊10　Danny Dorling, *Population 10 Billion* (London: Constable, 2013), 338 を参照。『１３１３：巨大殺人バチ！（*1313: Giant Killer Bees!*）』を見たら、世界の終わりも近いと思ってしまうだろう。これは史上最悪の映画の一つだ。しかし、不安に満ちた現代のパロディーとしても楽しめるかもしれない。

＊11　私は以前、イギリス当局が発表した死亡数と病院統計を使って、木から落ちて死ぬ確率を同僚と計算した。子どもが木から落ちると軽いけがをすることが多い。死ぬことはほとんどない。あなたが子どものことを心配する場合、とても小さいときには異物を喉に詰まらせるのではないかと心配し、とても浅い海でさえ溺れないかと心配し、車にひかれないかと心配する。この三つを他のどのことよりも心配する。いちばん大切なのは、あなたが不安に思っている他のすべてのことを心配するのをやめることだ。あなたが夜も眠れないほど心配していることが現実に起こる可能性は

きわめて低い。

＊12　「どの都市にも、そして必要があればどの家にも、大きなエネルギーが備蓄され、このエネルギーを人間は需要に応じて熱や光や運動に変える。これはユートピアなのだろうか。ユートピアが含まれない世界地図は、一瞥する価値さえない。なぜなら、人類が常に上陸しようとしている一つの国が抜けているからである。そして、人類がそこに上陸すると、あたりを見渡し、さらによい国を発見し、船出する。進歩とは、ユートピアの実現である」。Oscar Wilde, *The Soul of Man* (London: Arthur Humphries, 1900)（邦訳ワイルド著、西村孝次訳「社会主義下の人間の魂」『オスカー・ワイルド全集４』青土社、１９８９年）, 40, https://www.gutenberg.org/files/1017/1017-h/1017-h.htm.

＊13　P. D. James, *The Chiidren of Men* (London: Faber, 1992)（邦訳ジェイムズ著、青木久惠訳『トゥモロー・ワールド』〔『人類の子供たち』から改題〕早川書房、２００６年）.

［第２章］

エピグラフ：China Internet Information Center, “News Analysis: Experts Predict Slowdown in Greek Economy,” *Xinhuanet*, 25 January 2019, http://www.xinhuanet.com/english/2019-01/25/c_137772060.htm.

＊14　Roxanne Darrow, “Culinary Backstreets on the Road—The Mastic Trail in Chios,” *Culinary Backstreets*, 23 September 2014, https://culinarybackstreets.com/cities-category/athens/2014/cb-road-17/ に引用。

＊15　Nikos Merouses, *Chios: Physiko periballon & katoikese apo te neolithike epoche mechri to telos tes archaiothtas* [Chios: Natural Environment & Habitation from the Neolithic Age to the End of Antiquity], Chios: Papyros, 2002), chapter 5, section 3. 人口の数字はマリア・パパイオアヌーの書評に示されている。Bryn Mawr Classical Review (2006), http://bmcr.brynmawr.edu/2006/2006-06-38.html.

＊16　Roula Ballas and Vassilis Ballas, “How Masticulture Was Created,” *Masticulture*, ２０１９年２月11日閲覧、http://www.masticulture.com/about_masticulture/en/history-of-chios-masticulture.php.

＊17　図３の時系列線で示される人口トレンドを記述する方程式は、人口を y、年を t、オイラーの定数（およそ２・７１８２

1818）をtとすると、$y_t = 99 + e^{(1.5 \times -t/400)} \times 10\sin(t/10)$となる。

＊18 2019年のユーロスタットの発表によると、2017年のEUの第1子出生時の母親の平均年齢は29・1歳であり、最低がブルガリアの26・1歳、最高がイタリアの31・1歳だった。この平均は着実に上昇し、原稿執筆時点では31・4歳に近づいている（約10π、注17の数式に10があるのはそのためである）。*Eurostat: Statistics Explained: Fertility Statistics,* online guide to European data, https://ec.europa.eu/eurostat/statistics-explained/index.php/Fertility_statistics を参照。イギリスでは、イングランドとウェールズのデータが2019年1月10日に発表され、それによると、第1子出生時の母親の平均年齢は、2017年が28・8歳であり、2016年以降、上昇していないが、第1子出生時の父親の平均年齢は2016年の33・3歳から33・4歳に上昇した。Kanak Ghosh, *Birth Characteristics in England and Wales: 2017* (London: Office for National Statistics, 10 January 2019), https://www.ons.gov.uk/peoplepopulationandcommunity/birthsdeathsandmarriages/livebirths/bulletins/birthcharacteristicsinenglandandwales/2017. 東京では、2017年の第1子出生時の母親の平均年齢は32・3歳だった（全国平均は30・7歳）。https://stats-japan.com/t/kiji/14299. アメリカでは、2017年のサンフランシスコの第1子出生時の母親の平均年齢が31・9歳で最も高かった。アメリカ全体の平均は26歳で、ブルガリアの母親よりも低かった。Michelle Robertson, "San Francisco Women Have Children Later Than Anywhere Else in the U.S. Here's Why," *SFGate,* 7 August 2018, https://www.sfgate.com/mommyfiles/article/women-sf-children-mother-motherhood-later-age-13136540.php. 2016年のアメリカの第1子出生時の母親の年齢がバイモーダルな分布になったのは、社会が大きく分断されるようになっていたためで、20歳と28歳に二つのピークがあった。1世代前の1980年にはピークは19歳の一つだけだった。Quoctrung Bui and Claire Cain Miller, "The Age That Women Have Babies: How a Gap Divides America," *New York Times,* 4 August 2018. すべて2019年7月13日閲覧。

＊19 実際にイギリスのデヴィッド・キャメロン前首相が、そんな愚かな約束をして、当時のテレサ・メイ内務大臣がそれを達成しようとしたが、失敗に終わっている。アメリカのドナルド・トランプ大統領は、アメリカとメキシコの国境に壁を建設すると約束し、彼を支持したアメリカ人よりイギリス人のほうがまだましに見えるようになった。スローダウンが進むと、人間はこんなに愚かなのかと思い知らされる。

＊20 図の中心が９９００万人に設定されているのは、前掲注17の数式にこの数値を入力しているからである。その数式中の定数１・５と４００が安定に近づく速さを決定する。これが対数螺旋であり、１６３８年にルネ・デカルトが発見し、１６９２年にヤコブ・ベルヌーイが「驚異」と呼んだ。

＊21 G. J. Chin, “Flying along a Logarithmic Spiral,” *Science*, 8 December 2000, http://science.sciencemag.org/content/290/5498/1857.3. “Spiral Mathematics,” *Encyclopaedia Britannica*, https://www.britannica.com/science/spiral-mathematics も参照。

＊22 “Not All Japanese Towns and Villages Are Atrophying: More Young Japanese Are Seeking a Rural Idyll,” *Economist*, 22 March 2018, https://www.economist.com/asia/2018/03/22/not-all-japanese-towns-and-villages-are-atrophying.

＊23 S. Palmer, “Women Novelists Warned Early on That Village Life Wasn't All It's Cracked Up to Be,” *Conversation*, 23 June 2018, https://theconversation.com/women-novelists-warned-early-on-that-village-life-wasnt-all-its-cracked-up-to-be-99884.

＊24 クリスティアーン・ホイヘンスの時間に対する関心は、はるかに幅広い領域にわたっていた。１６６９年、ホイヘンスは現在知られている中で2番目に古い統計グラフである年齢別の平均余命の分布図を作成した。(Michael Friendly, Pedro Valero-Mora, and Joaquín Ibáñez Ulargui, “The First (Known) Statistical Graph: Michael Florent van Langren and the ‘Secret’ of Longitude,” *American Statistician* 64, no. 2 [2010]: 174–84, http://datavis.ca/papers/langren-TAS09154.pdf). ホイヘンスの１６６９年のグラフは以下で見ることができる。Carl Boyer, “Note on an Early Graph of Statistical Data (Huygens 1669),” *Isis: A Journal of the History of Science Society* 37, nos. 3–4 (July 1947), https://www.journals.uchicago.edu/doi/10.1086/348018.

＊25 Stacy Taylor, “History of the Pendulum,” *Sciencing*, 24 April 2017, ２０１９年2月11日閲覧、https://sciencing.com/history-pendulum-4965313.html.

＊26 Sascha Reinhardt, Guido Saathoff, Henrik Buhr, Lars A. Carlson, Andreas Wolf, Dirk Schwalm, Sergei Karpuk, Christian Novotny, Gerhard Huber, Marcus Zimmermann, Ronald Holzwarth, Thomas Udem, Theodor W. Hänsch, and Gerald Gwinne, “Test of Relativistic Time Dilation with Fast Optical Atomic Clocks at Different Velocities,”

Nature Physics, 11 November 2007, 861–64, https://www.nature.com/articles/nphys778.

＊27　これは１９６０年代に新しい幻覚剤の助けを借りてするほうが簡単だったかもしれないが、サミュエル・コールリッジは１７９７年の時点ですでにアヘンを使って『クーブラ・カーン』（副題は『あるいは夢でみた幻想』）という詩を書いている。詩全体が「人間には計り知れない空間」にあり、作者が瞑想状態にあったと考えるとはるかに納得がいく。

＊28　“The Phase Space and Density Function,” *Wikipedia*, ２０１９年2月11日閲覧、https://en.wikipedia.org/wiki/Boltzmann_equation#The_phase_space_and_density_function.

＊29　ジョサイア・ギブズは、コネチカット州ニューヘイブンで生まれ、エール大学に通った。本書の相図は、熱力学で使用されたのが最初である。初めてスローダウンの研究に本格的に使用され、社会科学の手法として取り入れられたのが１９７０年代の東京であり、この点については本書の第12章で述べている。

＊30　Haynes Miller, “Linear Phase Portraits: Matrix Entry, *MIT Mathlets*, ２０１９年2月11日閲覧、http://mathlets.org/mathlets/linear-phase-portraits-matrix-entry/.

＊31　Krishnatej Vedala, “Empowering Caregivers with Technology,” *TEDxFIU*（Florida International University）talk, 8 December 2014, https://www.youtube.com/watch?v=RVZ5L0LrlOo.

［第３章］

エピグラフ：Annie Nova, “Student Debt Continues to Grow, but There’s Been a Slowdown,” *CNBC*, 20 September 2018, https://www.cnbc.com/2018/09/20/student-debt-continues-to-grow-but-more-slowly-than-in-the-past.html.

＊32　私は *The Equality Effect* を２０１７年に、*Peak Inequality* を２０１８年に出版した。この2冊の本には、経済格差の拡大は緩やかになっているだけではないことを示すデータを載せた。地球上の大半の場所で、格差が拡大するトレンドが最近になって反転していたのだ。格差が全体的に縮小していることを示すのは流行りの研究テーマではないが、この傾向は２００８年以降、続いている。原稿執筆時点では、超富裕層の富だけはいまも増え続けているが、それも止まるときがくるだろう。それももうすぐそうなるのではないか。地球規模の格差が本当にピークにあるのなら、世

界中の巨万の富を一握りの一族が独占することはなくなるだろう。

＊33 Statista, *Number of Higher Education Degrees Earned in the United States from 1950 to 2028*, オンライン上のオープンアクセスリソース、２０１９年２月11日閲覧、https://www.statista.com/statistics/185153/degrees-in-higher-education-earned-in-the-united-states/.

＊34 Federal Student Aid（アメリカ教育省連邦学資援助局）, *Federal Student Loan Portfolio*, ２０１９年２月11日閲覧、https://studentaid.ed.gov/sa/about/data-center/student/portfolio.

＊35 Melanie Lockert, "What Happens to Student Loans When You Die?" *Student Loan Hero Blog*, 18 December 2017, https://studentloanhero.com/featured/what-happens-to-student-loans-when-you-die/.

＊36 Danny Dorling and Michael Davies, *Jubilee 2022: Writing off the Student Debt* (London: Progressive Economy Forum, 30 October 2018), https://www.progressiveeconomyforum.com/jubilee-2022-writing-off-the-student-debt/; Michael Davies and Danny Dorling, *Jubilee 2022: Defending Free Tuition* (London: Progressive Economy Forum, 9 July 2019), https://progressiveeconomyforum.com/publications/jubilee-2022-defending-free-tuition/.

＊37 Jun Hongo, "Number of Cars per Household Stagnates in Japan," *Wall Street Journal*, 18 August 2014, https://blogs.wsj.com/japanrealtime/2014/08/18/number-of-cars-per-household-stagnates-in-japan/.

＊38 Gil Scott-Heron, "Whitey on the Moon," *The Revolution Will Not Be Televised* (New York: Flying Dutchman Records, 1974).

＊39 Jeff Gitlen, "History of the Auto Lending Industry," *Lendedu*, ２０１９年２月11日閲覧、https://lendedu.com/blog/history-of-auto-lending-industry. *Lendedu*（レンドエデュ）は広告に誘導することを目的としたウェブサイトである。

＊40 Statista, *Light Vehicle Retail Sales in the United States from 1978 to 2018*, オンライン上のオープンアクセスリソース、２０１９年２月11日閲覧、https://www.statista.com/statistics/199983/us-vehicle-sales-since-1951/.

＊41 Aarón González Sherzod Nabiyev, "Oil Price Fluctuations and Its Effect on GDP Growth: A Case Study of USA and Sweden"（学士論文, Jönköping International Business School, Jönköping University, January 2009）, https://pdfs.semanticscholar.org/e2dc/68b6cb8346e1bda8491b6dd490594d0e6e94.pdf.

＊42 Tracy Jan, "Redlining Was Banned 50 Years Ago. It's Still Hurting Minorities Today," *Washington Post*, 28 March 2018, https://www.washingtonpost.com/news/wonk/wp/2018/03/28/redlining-was-banned-50-years-ago-its-still-hurting-minorities-today.

＊43　Federal Reserve Bank of St. Louis, *Mortgage Debt Outstanding, All Holders* (MDOAH), ２０１９年２月11日閲覧、https://fred.stlouisfed.org/series/MDOAH.

＊44　Danny Dorling, *All That Is Solid*, 2nd ed. (London: Penguin Books, 2015), 236–49.

＊45　Daniel Thornton, "The U.S. Deficit/Debt Problem: A Longer-Run Perspective," *Federal Reserve Bank of St. Louis Review* 94, no. 6 (November/December 2012): 441–55, https://files.stlouisfed.org/files/htdocs/publications/review/12/11/Thornton.pdf.

＊46　International Monetary Fund, *Interest Rates, Discount Rate for United States*, the Federal Reserve Bank of St. Louis により提供、２０１７年６月１日最終更新、https://fred.stlouisfed.org/series/INTDSRUSM193N.

＊47　お金を貸して（その結果として）巨万の富を蓄えることが教令で禁じられていることはよく知られている。一握りの人間が富を蓄積するのはよいことであり、本人が努力したからであって、その結果として多数の人が多額の債務を背負うことになったのは、その人が無能だからであり、自制心がない人が多いからだと見なすには、それを忘れなければいけなかった。オランダ人が莫大な富を得られたのは、プロテスタント教会が高利貸しを禁じる教会法を緩和したことが一因である。その後、イギリス人が１６８８年以降に追随し、今度はアメリカのプロテスタントのエリート層がイギリス人から学んだ。聖書では一定の周期で迎えるヨベルの年には債務を帳消しにするように定められているが、この定めはほとんど忘れられている。アブラハムの三大宗教の中でいちばん新しいイスラム教は、お金を貸して利息をとり富を蓄えることに関しては最も厳格な傾向がある。

＊48　Tim Di Muzio and Richard H. Robbins, *Debt as Power* (Manchester: Manchester University Press, 2016), 20.

［第４章］

エピグラフ：Justin Trudeau, "Justin Trudeau's Davos Address in Full," *World Economic Forum*, 23 January 2018, https://

www.weforum.org/agenda/2018/01/pm-keynote-remarks-for-world-economic-forum-2018/.

*49 Elizabeth Palermo, "Who Invented the Printing Press?" *Live Science Blog*, 25 February 2014, https://www.livescience.com/43639-who-invented-the-printing-press.html.

*50 Mathew Wall, "Big Data: Are You Ready for Blast-off ?" *BBC Business News*, 4 March 2014, https://www.bbc.co.uk/news/business-26383058.

*51 Bernard Marr, "How Much Data Do We Create Every Day? The Mind-Blowing Stats Everyone Should Read," *Forbes*, 21 May 2018, https://www.forbes.com/sites/bernardmarr/2018/05/21/how-much-data-do-we-create-every-day-the-mind-blowing-stats-everyone-should-read/#1ad9abea60ba.

*52 "History of Wikipedia," *Wikipedia*, 24 April 2019, https://en.wikipedia.org/wiki/History_of_Wikipedia.

*53 Tim Simonite, "The Decline of Wikipedia," *MIT Technology Review*, 22 October 2013, https://www.technologyreview.com/s/520446/the-decline-of-wikipedia/.

*54 Max Roser, "Books," *Our World in Data*, 2017, https://ourworldindata.org/books#consumption-of-books.

*55 UNESCO, *Recommendation concerning the International Standardization of Statistics relating to Book Production and Periodicals*（Paris: UNESCO, 1964）, 145.

*56 Eltjo Buringh and Jan Luiten Van Zanden, "Charting the 'Rise of the West': Manuscripts and Printed Books in Europe; A Long-Term Perspective from the Sixth through Eighteenth Centuries," *Journal of Economic History* 69, no. 2（2009）: 409–45（前掲注54のRoserが使用した統計データの出所）.

*57 "List of Book-Burning Incidents（Catholic and Martin Luther）: The World," Wikipedia, ２０１９年４月24日閲覧、https://en.wikipedia.org/wiki/List_of_book-burning_incidents#Catholic_theological_works_（by_Martin_Luther）.

*58 Science Museum, "Thalidomide," *Exploring the History of Medicine*, ２０１９年９月２日閲覧、http://broughttolife.sciencemuseum.org.uk/broughttolife/themes/controversies/thalidomide.

*59 Alexander J. Field, *A Great Leap Forward: 1930s Depression and U.S. Economic Growth*（New Haven: Yale University Press, 2012）. Alexander J. Field, "The Most Technologically Progressive Decade of the Century," *American Economic Review*

93, no. 4 (2003) : 1399–1413, https://www.aeaweb.org/articles?id=10.1257/000282803769206377 も参照。

＊60 Charles Darwin, "Laws of Variation," in *The Origin of Species by Means of Natural Selection*, 6th ed. (London: John Murray, 1888) (『種の起源』第5章「変異の法則」), https://www.gutenberg.org/files/2009/2009-h/2009-h.htm.

＊61 Tim Blanning, *The Pursuit of Glory: Europe, 1648–1815* (London: Penguin, 2007).

＊62 Robert Colwell, director of the Microsystems Technology Office at the Defense Advanced Research Projects Agency. Bob Colwell, "End of Moore's Law: It's Not Just about Physics," *Scientific American*, August 2018, https://www.scientificamerican.com/article/end-of-moores-law-its-not-just-about-physics/ に引用。

＊63 Evangelia Christodoulou, Jie Ma, Gary S. Collins, Ewout W. Steyerberg, Jan Y. Verbakel, and Ben Van Calster, "A Systematic Review Shows No Performance Benefit of Machine Learning over Logistic Regression for Clinical Prediction Models," *Journal of Clinical Epidemiology* 110 (2019) : 12–22, https://www.jclinepi.com/article/S0895-4356(18)31081-3/fulltext.

＊64 Christopher L. Magee and Tessaleno C. Devezas, "Specifying Technology and Rebound in the IPAT Identity," *Procedia Manufacturing* 21 (2018) : 476–85, https://www.sciencedirect.com/science/article/pii/S2351978918301860.

＊65 当然ながら、ムーアの法則については詳しすぎるくらい詳しい説明を本当に容易に入手できる。*Wikipedia*, ２０１９年９月２日閲覧、https://en.wikipedia.org/wiki/Moore%27s_law を参照。

＊66 Wgsimon, "Microprocessor Transistor Counts 1971–2011 & Moore's Law," *Wikimedia Commons*, 13 May 2011, https://commons.wikimedia.org/wiki/File:Transistor_Count_and_Moore%27s_Law_-_2011.svg.

＊67 ＩｏＴ（モノのインターネット）という言葉そのものが、使用でも有用性でも急速にスローダウンしている。この本を読む時期によっては、どうでもいい言葉になっているかもしれない。21世紀が始まったときに新しくて素晴らしいものだと大々的に喧伝されたものの多くは、いま考えれば、単なる大風呂敷だった。

[第5章]

エピグラフ：Jacob Jarvis, "Greta Thunberg Speech: Activist Tells Extinction Rebellion London Protesters 'We Will Make People in Power Act on Climate Change,'" *London Evening Standard*, 21 April 2019, https://www.standard.co.uk/news/london/greta-thunberg-tells-extinction-rebellion-protesters-we-will-make-people-in-power-act-on-climate-a4122926.html.

*68 Jonathan Watts, "A Teen Started a Global Climate Protest. What Are You Doing?" *Wired*, 12 March 2018, https://www.wired.com/story/a-teen-started-a-global-climate-protest-what-are-you-doing/.

*69 Doyle Rice and Doug Stanglin, "The Kid Is All Right: Friday's Worldwide Climate Protest Sparked by Nobel-Nominated Teen," *USA Today*, 15 March 2019, https://eu.usatoday.com/story/news/nation/2019/03/14/climate-change-swedish-teen-greta-thunberg-leads-worldwide-protest/3164579002/.

*70 Tessa Stuart, "Greta Thunberg Ups Climate Pressure Ahead of UN Summit: 'This Has to Be a Tipping Point,'" *Rolling Stone*, 29 August 2019, https://www.rollingstone.com/politics/politics-news/climate-crisis-activist-greta-thunberg-united-nations-summit-877973/. 記事中でマリッツィア2世号は「太陽光と風力で発電するモナコ公国船籍の60フィート型単胴船」と説明されている。

*71 Thomas Boden, Gregg Marland, and Robert Andres, *Global, Regional, and National Fossil-Fuel CO2 Emissions* (Oak Ridge, TN: National Laboratory, U.S. Department of Energy, 2017), doi 10.3334/CDIAC/00001_V2017, 2017, http://cdiac.ess-dive.lbl.gov/trends/emis/overview_2014.html.

*72 "Cragside," *Wikipedia*, 2019年9月18日閲覧、https://en.wikipedia.org/wiki/Cragside#Technology を参照。

*73 この説明とこの章で使用している図は、以下の最新の推計による。Integrated Carbon Observation System (ICOS): "Global Carbon Budget 2018," 2019年9月17日閲覧、https://www.icos-cp.eu/GCP/2018.

*74 "Monument to the First Lord Armstrong in Rothbury Graveyard," *Historic England*, 2019年9月4日閲覧、https://historicengland.org.uk/listing/the-list/list-entry/1371120 を参照。

＊75 William H. McNeil, *The Pursuit of Power* (Chicago: University of Chicago Press, 1982)（邦訳マクニール著、高橋均訳『戦争の世界史――技術と軍隊と社会』中央公論新社、２０１４年）, 26–27.

＊76 同右、32.

＊77 U.S. Bureau of Transportation Statistics, "World Motor Vehicle Production, Selected Countries," 出所はWard'sAuto.com, *Motor Vehicle Facts & Figures*, ２０１９年1月20日閲覧、https://www.bts.gov/content/world-motor-vehicle-production-selected-countries.

＊78 アンガス・マディソン（１９２６－２０１０年）は高名な経済史学者だった。フローニンゲン成長発展センターのウェブサイト（２０１９年1月20日閲覧）に、マディソンの長期系列を更新し続けているマディソン・プロジェクト・データベースを含め、マディソンの研究の大部分が掲載されている。https://www.rug.nl/ggdc/historicaldevelopment/maddison/original-maddison を参照。

＊79 National Bureau of Economic Research, *US Business Cycle Expansions and Contractions, 1854 to 2009 List*, ２０１９年1月20日閲覧、https://www.nber.org/cycles.html.

＊80 Boden, Marland, and Andres, *Global, Regional, and National Fossil-Fuel CO_2 Emissions*.

＊81 イギリスのゲーム番組「ジェネレーションゲーム」（１９６９年にオランダで別の番組名で放送が開始された）の賞品の定番だった。イギリスでは自動コーヒーメーカーではなく自動ティーメーカーが目玉商品だった。"The Generation Game," *Wikipedia*, ２０１９年９月３日閲覧、https://en.wikipedia.org/wiki/The_Generation_Game を参照。

＊82 Corinne Le Quéré et al., "Global Carbon Budget 2018," *Earth System Science Data* 10（2018）: 2141–94, https://www.earth-syst-sci-data.net/10/2141/2018/.

＊83 Global Carbon Project, *Global Fossil CO_2 Emissions, 1960–Projected 2018*, ２０１９年９月４日閲覧、https://www.icos-cp.eu/sites/default/files/inline-images/s09_FossilFuel_and_Cement_emissions_1959.png.

＊84 ICOS, "Global Carbon Budget 2018."

＊85 Intergovernmental Panel on Climate Change（IPCC）, "Global Warming of 1.5°C: An IPCC Special Report on the Impacts of Global Warming of 1.5°C above Preindustrial Levels and Related Global Greenhouse Gas Emission

Pathways, in the Context of Strengthening the Global Response to the Threat of Climate Change, Sustainable Development, and Efforts to Eradicate Poverty," 8 October 2018, https://report.ipcc.ch/sr15/pdf/sr15_spm_final.pdf.

［第6章］

エピグラフ：Fiona Harvey, "Sharp Rise in Arctic Temperatures Now Inevitable— UN," *Guardian*, 13 March 2019, https://www.theguardian.com/environment/2019/mar/13/arctic-temperature-rises-must-be-urgently-tackled-warns-un. United Nations Environment Programme, "Temperature Rise Is Now 'Locked-In' for the Coming Decades in the Arctic," http://www.grida.no/publications/431（２０１９年10月12日閲覧）で言及された。

＊86　Maria Waldinger, "Drought and the French Revolution: The Effects of Adverse Weather Conditions on Peasant Revolts in 1789"（LSE working paper, 2014）, https://personal.lse.ac.uk/fleischh/Drought%20and%20the%20French%20Revolution.pdf.

＊87　Tekie Tesfamichael, Bonnie Jacobs, Neil Tabor, Lauren Michel, Ellen Currano, Mulugeta Feseha, Richard Barclay, John Kappelman, and Mark Schmitz, "Settling the Issue of 'Decoupling' between Atmospheric Carbon Dioxide and Global Temperature: Reconstructions across the Warming Paleogene-Neogene Divide," *Geology* 45, no. 11（2017）: 999–1002, https://doi.org/10.1130/G39048.1.

＊88　IPCC, "Summary for Policymakers," in *Climate Change 2007: The Physical Science Basis. Contribution of Working Group I to the Fourth Assessment Report of the Intergovernmental Panel on Climate Change*, ed. S. Solomon, D. Qin, M. Manning, Z. Chen, M. Marquis, K. B. Averyt, M. Tignor, and H. L. Miller（Cambridge: Cambridge University Press, 2007）, https://www.ipcc.ch/site/assets/uploads/2018/02/ar4-wg1-spm-1.pdf.

＊89　"Thermometer," Science Museum, 2017, ２０１９年９月18日閲覧、http://www.sciencemuseum.org.uk/broughttolife/techniques/thermometer.

＊90　ＮＡＳＡの説明によれば、「ＬＯＷＥＳＳ（局所的に重み付けされた散布図平滑化）、つまり、ｋ-最近傍モデルを用いたノン

パラメトリック回帰分析が使用されている。関数を評価するために10年のウィンドウを使用して、約5年間の平滑化を効果的に実行している」。*NASA Goddard Institute*, ２０１９年９月３日閲覧、https://data.giss.nasa.gov/gistemp/graphs/.

＊91 私の同僚のマイルス・アランと彼のオックスフォード大学環境変動研究所の同僚が作成したデータ系列（http://globalwarmingindex.org/、２０１９年９月17日閲覧）のほうが火山噴火などの１回限りの事象の影響を受けにくいかもしれない。ケヴィン・コウタンとロバート・ウェイが作成した別の系列をこの章の後のほうで比較として使っている。

＊92 図17の時系列線は２０１１年に上昇し始めており、それが最後の加速となる。その２０１１年から始まる第５世代から遡ると、これが第１世代になる。

＊93 他の著述家はX世代は１９６４年に始まったとしている。ダグラス・クープランドがそう名付けた１９６２年に始まったとする人もいる。大人になってからずっとスローダウンが続いている初めての世代である。

＊94 Wolfgang Helmut Berger, “On the Discovery of the Ice Age: Science and Myth,” in *Myth and Geology*, ed. Luigi Piccardi and W. Bruce Masse (London: Geological Society, Special Publications, 2007), 273, 271–78, http://sp.lyellcollection.org/content/specpubgsl/273/1/271.full.pdf.

＊95 Jason Hickel, *The Divide: A New History of Global Inequality* (London: William Heinemann, 2017), 275, 285.

＊96 Walmart, “Walmart on Track to Reduce 1 Billion Metric Tons of Emissions from Global Supply Chains by 2030,” 8 May 2019, https://corporate.walmart.com/newsroom/2019/05/08/walmart-on-track-to-reduce-1-billion-metric-tons-of-emissions-from-global-supply-chains-by-2030.

＊97 Mary Schlangenstein, “Airline Shares Reach Record as Buffett’s Berkshire Extends Bet,” *Bloomberg News*, 15 February 2017, https://www.bloomberg.com/news/articles/2017-02-15/airlines-rise-to-a-record-as-buffett-s-berkshire-deepens-bet.

＊98 図17で使用された原油価格の出所は、*Crude Oil Prices—70 Year Historical Chart*, ２０１９年３月10日閲覧、https://www.macrotrends.net/1369/crude-oil-price-history-chart である。

＊99 Kevin Cowtan and Robert Way, “Coverage Bias in the HadCRUT4 Temperature Record,” *Quarterly Journal of the*

Royal Meteorological Society, 12 November 2013, http://www-users.york.ac.uk/~kdc3/papers/coverage2013/.

＊100 前掲注99でコウタンとウェイが示している出所から引用。http://www-users.york.ac.uk/~kdc3/papers/coverage2013/background.html（２０１９年９月17日閲覧）にもある。

＊101 Tanya Steele, chief executive, World Wildlife Fund. Damian Carrington, "Humanity Has Wiped out 60% of Animal Populations since 1970, Report Finds," *Guardian*, 30 October 2018, https://www.theguardian.com/environment/2018/oct/30/humanity-wiped-out-animals-since-1970-major-report-finds に引用。

［第７章］

エピグラフ：Darrell Bricker and John Ibbitson, "What Goes Up: Are Predictions of a Population Crisis Wrong?" *Guardian*, 27 January 2019, https://www.theguardian.com/world/2019/jan/27/what-goes-up-population-crisis-wrong-fertility-rates-decline.

＊102 David Goodheart, "Review: *Empty Planet: The Shock of Global Population Decline* by Darrell Bricker and John Ibbitson—What a Shrinking World May Mean for Us," *Times* (London), 3 February 2019, https://www.thetimes.co.uk/magazine/culture/review-empty-planet-the-shock-of-global-population-decline-by-darrell-bricker-and-john-ibbitson-people-will-disappear-5lr726vn0.

＊103 Jørgen Randers, "An Update of the 2052 Global Forecast Using New Data from 2011 to 2016," *Glimpse Authors' Gathering*, Cambridge, 12 October 2016, http://www.2052.info/wp-content/uploads/2016/11/2052-Jorgen-Randers.pdf.

＊104 現在の国際応用システム分析研究所（ＩＩＡＳＡ）の中期予測では、世界人口は「２０７０〜２０８０年」にピークに達するとされている。ジョン・マッコーエンの指摘に感謝する。DataExplorer の「よくある質問」ページに発表後の調整に関する項目があり、いまの予測のピークは２０７０年になってすぐになっている。Wolfgang Lutz, Anne Goujon, K. C. Samir, Marcin Stonawski, and Nikolaos Stilianakis, *Demographic and Human Capital Scenarios for the*

21st Century: 2018 Assessment for 201 Countries (Laxenburg, Austria: IIASA, 2018), 117, https://ec.europa.eu/jrc/en/publication/demographic-and-human-capital-scenarios-21st-century-2018-assessment-201-countries.

＊105 John McKeown, "Part 1 of a Review of Darrell Bricker and John Ibbitson, *Empty Planet: The Shock of Global Population Decline*," *The Overpopulation Project*, 11 April 2019, https://overpopulation-project.com/review-of-empty-planet-the-shock-of-global-population-decline-by-darrell-bricker-and-john-ibbitson-part-1/.

＊106 Danny Dorling, "We're All . . . Just Little Bits of History Repeating (Part 1 and Part 2)," *Significance*, 13 and 14 June 2011, http://www.dannydorling.org/?page_id=2255.

＊107 Cheyenne Macdonald, "Will the World Run out of People? Book Claims Global Population Will Start to Decline in 30 Years Despite UN Predictions—and Says Once It Does 'It Will Never End,'" *Daily Mail*, 4 February 2019, https://wwwdailymail.co.uk/sciencetech/article-6666745/Will-world-RUN-people-Book-claims-global-population-start-decline-30-years.html.

＊108 "Stephen Hawking's Final Warning to Humanity," *New Zealand Herald*, 28 March 2018, https://www.nzherald.co.nz/world/news/article.cfm?c_id=2&objectid=12013139.

＊109 ゴードン・ブラウン（元イギリス首相）。Danny Dorling and Sally Tomlinson, *Rule Britannia: From Brexit to the End of Empire* (London: Biteback, 2019), 78に引用。

＊110 "List of Countries by GDP (PPP)," *Wikipedia*, ２０１９年４月24日閲覧、https://en.wikipedia.org/wiki/List_of_countries_by_GDP_(PPP).

＊111 Simon Worrall, "When, How Did the First Americans Arrive? It's Complicated," *National Geographic*, 9 June 2018, https://news.nationalgeographic.com/2018/06/when-and-how-did-the-first-americans-arrive—its-complicated-/.

＊112 The World Inequality Database, *Income Inequality, USA, 1913–2014*, ２０１９年３月28日閲覧、https://wid.world/country/usa/.

＊113 Worldmapper, *Migration to USA 1990–2017*, https://worldmapper.org/maps/migration-to-usa-1990-2017/.

＊114 Dara Lind, "The Disastrous, Forgotten 1996 Law That Created Today's Immigration Problem, *Vox*, 28 April 2016, https://www.vox.com/2016/4/28/11515132/iirira-clinton-immigration.

＊115 前漢のはるか昔の夏王朝の大禹が、平帝の約２０００年前に最初の国勢調査を実施していた可能性があり、１３５５万３９３２という数字が報告されていて、これが戸数であれば人口は３９２２万人になる。しかし、これはすべて後世の漢の学者たちがつくりあげて、歴史を創作したものと思われる。John Durand, "The Population Statistics of China, A.D. 2–1953," *Population Studies* 13, no. 3 (March 1960) : 209–256, https://www.jstor.org/stable/2172247.

＊116 Judith Banister, "A Brief History of China's Population," in *The Population of Modern China*, ed. D. L. Poston and D. Yaukey, The Plenum Series on Demographic Methods and Population Analysis (Boston: Springer, 1992), https://link.springer.com/chapter/10.1007/978-1-4899-1231-2_3.

＊117 Cao Shuji, *Zhongguo Renkou Shi* [A History of China's Population] (Shanghai: Fudan Daxue Chubanshe, 2001), 455, 509.

＊118 AFP (Agence France-Presse), "China's Population Growth Slows," *Guardian*, 21 January 2019, https://guardian.ng/news/chinas-population-growth-slows/.

＊119 Bob Yirka, "Slowdown in African Fertility Rate Linked to Disruption of Girls' Education," *Phys Org*, 5 February 2019, https://phys.org/news/2019-02-slowdown-african-fertility-linked-disruption.html.

＊120 Danny Dorling, *Population 10 Billion* (London: Constable, 2013), 52.

＊121 グラッドストンが１８４０年４月８日水曜日に議会で行った演説。 *The Mirror of Parliament for the Third Session of the Fourteenth Parliament of Great Britain and Ireland in the Third and Fourth Years of the Reign of Queen Victoria*, 3:2461.

＊122 ただし、アフリカにおける太陽光発電灌漑システムの将来性はとても大きい。現時点で、ｇＨａ（グローバルヘクタール、標準化した生物生産力の単位で、１ｇＨａは世界平均の生物生産力を持つ土地１ヘクタールを意味する）ベースで見ると、グローバル・フットプリント・ネットワークによれば、いまの生活を維持するのに必要な面積は、中国が13億６０００万ｇＨａ、アフリカ諸国全体では14億８０００万ｇＨａである（ジョン・マッコーエン、私信）。

＊123 Mark Rice-Oxley and Jennifer Rankin, "Europe's South and East Worry More about Emigration Than Immigration—Poll," *Guardian*, 1 April 2019, https://www.theguardian.com/world/2019/apr/01/europe-south-and-east-worry-moreabout-emigration-than-immigration-poll.

＊124 E. Buchanan, "'Only Connect'? Forsterian Ideology in an Age of Hyperconnectivity," *Humanist Life*, 9 April 2014, http://humanistlife.org.uk/2014/04/09/only-connect-forsteran-ideology-in-an-age-of-hyperconnectivity/.

＊125 ２００４年５月１日にＥＵに新規加盟した最初の８カ国は、チェコ共和国、エストニア、ハンガリー、ラトビア、リトアニア、ポーランド、スロバキア、スロベニアである。

＊126 ただし、公式統計ではその年の人口は減少せず逆に、０・64％増えており、実際にはスローダウンは起きていない可能性がある。総務省統計局、２０１９年４月４日閲覧、http://www.stat.go.jp/data/nenkan/65nenkan/02.html.

＊127 Kanae Kaku, "Increased Induced Abortion Rate in 1966, an Aspect of a Japanese Folk Superstition," *Annals of Human Biology* 2, no. 2 (1975) : 111–15, https://www.ncbi.nlm.nih.gov/pubmed/1052742.

＊128 Kyodo News Agency, "Number of Babies Born in Japan in 2018 Lowest since Records Began; Population Decline the Highest, *Japan Times*, 21 December 2018, https://www.japantimes.co.jp/news/2018/12/21/national/number-babies-born-japan-2018-lowest-since-records-began-population-decline-highest.

＊129 "Timeline: Australia's Immigration Policy," *SBS News*, 3 September 2013, https://www.sbs.com.au/news/timeline-australia-s-immigration-policy.

＊130 空の人口については、Dan Satherley, "Record Number of Planes in the Air at Once," *Newshub*, 2 July 2018, https://www.newshub.co.nz/home/travel/2018/07/record-number-of-planes-in-the-air-at-once.html を参照。

＊131 Clara Moskowitz, "Space Station Population Hits Record High," *Space.com*, 17 July 2009, https://www.space.com/7003-space-station-population-hits-record-high.html.

［第８章］

エピグラフ：Helen Pearson, *The Life Project: The Extraordinary Story of Our Ordinary Lives* (London: Allen Lane, 2016)（邦訳ピアソン著、大田直子訳『ライフ・プロジェクト――7万人の一生からわかったこと』みすず書房、２０１７年）, 343.

＊132 Lee Bell, "What Is Moore's Law? *Wired* Explains the Theory That Defined the Tech Industry, *Wired*, 26 July 2016, http://www.wired.co.uk/article/moores-law-wont-last-forever.

＊133 Richard Wilkinson,（私信）, June 2016, May 2019.

＊134 アメリカとイギリスの二つの例については、Danny Dorling, "It Is Necessarily So," *Significance* 10, no. 2（2013）: 37–39, http://www.dannydorling.org/?page_id=3787 および Danny Dorling, "When Racism Stopped Being Normal, but No One Noticed: Generational Value Change," in *Sex, Lies, and the Ballot Box*, ed. Philip Cowley and Robert Ford（London: Biteback, 2014）, 39–42 を参照。

＊135 Danny Dorling and Stuart Gietel-Basten, *Why Demography Matters*（Cambridge: Polity, 2017）, 33.

＊136 Charles Booth, *Life and Labour of the People in London*, vol. 2, *Streets and Population Classified*（London: Macmillan, 1892）, 全文の入手先は https://archive.org/details/b28125125_0002/page/n7.

＊137 Gabriel Moran, *Uniquely Human: The Basis of Human Rights*（Bloomington, IN: Xlibris, 2013）, 136.

＊138 William Beveridge et al., *Changes in Family Life*（London: George Allen and Unwin, 1932）.

＊139 Stephen Lynch, "How Elevators Transformed NYC's Social Landscape," *New York Post*, 8 February 2014, http://nypost.com/2014/02/08/how-elevators-transformed-nycs-social-landscape/.

＊140 James C. Scott, *Against the Grain: A Deep History of the Earliest States*（New Haven: Yale University Press, 2017）, 86.

＊141 John van Wyhe, *Darwin Online*, ２０１９年７月14日閲覧、http://darwin-online.org.uk/.

＊142（トラクションエンジンではなく）「トラクター」という言葉が最初に使用されたのは１８９６年である。多数のプロトタイプが製作され、１９０１年に発明されたイヴェル農業用モーターが最初に商業的に成功したトラクターとなった。"Tractor," *Wikipedia*, ２０１９年９月３日閲覧、https://en.wikipedia.org/wiki/Tractor を参照。

＊143 Google Books Ngram Viewer, *Nowadays 1800–2000*, ２０１９年７月14日閲覧、https://books.google.com/ngrams/graph?content=nowadays&year_start=1800&year_end=2000&corpus=15&smoothing=3&share=&direct_url=t1%3B%2Cnowadays%3B%2Cc0.

＊144 Innocent Senyo, "Niger Government Secures 130 Tractors to Boost Food Production," *World Stage*, 16 May 2018, https://www.worldstagegroup.com/niger-govt-secures-130-tractors-to-boost-food-production/.

＊145 Max Roser, "War and Peace." *OurWorldInData.org*, 2016, https://ourworldindata.org/war-and-peace/.

＊146 アメリカの出生数は１９５５年に未登録児調整後で１０００人当たり25人、総数にして４０４万７０００人を記録した。１９５５年までは出生数はほとんど減少しなかった。Robert Grove and Alice Hetzel, *Vital Statistics Rates in the United States, 1940–1960* (Washington, DC: U.S. Department of Health Education and Welfare, 1968) table 19 (p. 138), table 80 (p. 876), http://www.cdc.gov/nchs/data/vsus/vsrates1940_60.pdf.

＊147 Max Roser and Mohamed Nagdy, "Nuclear Weapons," *Our World in Data*, ２０１９年９月４日閲覧、https://ourworldindata.org/nuclear-weapons/#note-3. Figure 5-22 は Steven Pinker, *The Better Angels of Our Nature: Why Violence Has Declined* (London: Penguin, 2011) に基づいている。

＊148 Statistics New Zealand, "Sure to Rise: Tracking Bread Prices in the CPI," *Stats NZ On-line*, 2011, http://www.stats.govt.nz/browse_for_stats/economic_indicators/prices_indexes/tracking-bread-prices-in-the-cpi.aspx.

＊149 「ヘルタースケルター」という言葉は、遊園地などにある乗り物の名前に由来する。世界初のヘルタースケルターは、この時期よりも少し早く、１９０５年にハルの見本市に設置されたもののようだが、それが本当かどうかはこの物語にはほとんど関係ない。それよりも興味深いのは、その後は見本市に一度も設置されていないことである。'Helter-skelter," *Wikipedia*, ２０１９年９月３日閲覧、https://en.wikipedia.org/wiki/Helterskelter (ride) を参照。

＊150 Kyodo News Agency, "1 in 4 Men, 1 in 7 Women in Japan Still Unmarried at Age 50: Report," *Japan Times* 5 April 2017, http://www.japantimes.co.jp/news/2017/04/05/national/1-4-japanese-men-still-unmarried-age-50-report/.

＊151 Mizuho Aoki, "In Sexless Japan, Almost Half of Single Young Men and Women Are Virgins: Survey," *Japan Times*, 16 September 2016, http://www.japantimes.co.jp/news/2016/09/16/national/social-issues/sexless-japan-almost-half-young-men-women-virgins-survey/.

＊152 グリックの本は８歳で亡くなった息子に捧げられた。David Diamond, "James Gleick's Survival Lessons," *Wired*, 1 August 1999, https://www.wired.com/1999/08/gleick/.

＊153 Nicholas Gane, "Speed Up or Slow Down? Social Theory in the Information Age," *Information, Communication &*

Society 9, no. 1 (2006) : 35n1.

＊154 Danny Dorling and Sally Tomlinson, *Rule Britannia: From Brexit to the End of Empire* (London: Biteback, 2019).

＊155 スコットランドは少し早く、ウェールズは少し遅く、アイルランドはかなり遅かったと思われる。祖父母に聞くことができそうで、祖父母がイギリス人で、あなたが若ければ、それがいつだったか祖父母に聞いてみるといいかもしれない。

＊156 Jonathan Austen, *Save the Earth . . . Don't Give Birth: The Story behind the Simplest, but Trickiest, Way to Help Save Our Endangered Planet* (Amazon Digital Services, 2018).

＊157 引用元は、私が受け取った「PCF Bulletin 13」というタイトルの文書で、世界の終わりが間近に迫っているという内容だったが、次の会合は２０１９年１月14日に開かれるとも書かれていた。

＊158 Claude Fischer, "Made in America: Notes on American Life from American History," *Lost Children Blog*, 1 November 2011, https://madeinamericathebook.wordpress.com/2011/11/01/lost-children/.

＊159 オンライン資料は、*A Vision of Britain through Time*（*1801 to Now*)，２０１９年９月４日閲覧、http://www.visionofbritain.org.uk/unit/10001043/rate/INF_MORT および Office for National Statistics, *Trends in Births and Deaths over the Last Century*, ２０１９年９月４日閲覧、https://www.ons.gov.uk/peoplepopulationandcommunity/birthsdeathsandmarriages/livebirths/articles/trendsinbirthsanddeathsoverthelastcentury/2015-07-15 で読むことができる。

＊160 Danny Dorling, *Peak Inequality: Britain's Ticking Timebomb* (Bristol: Policy, 2018).

＊161 Danny Dorling, "Infant Mortality and Social Progress in Britain, 1905–2005," *in Infant Mortality: A Continuing Social Problem; A Volume to Mark the Centenary of the 1906 Publication of "Infant Mortality: A Social Problem" by George Newman*, ed. Eilidh Garrett, Chris Galley, Nicola Shelton, and Robert Woods (Aldershot, UK: Ashgate, 2006), 223–28, http://www.dannydorling.org/?page_id=2442.

＊162 Office for National Statistics, *Age and Previous Marital Status at Marriage*, Historic Series, 11 June 2014, https://www.ons.gov.uk/peoplepopulationandcommunity/birthsdeathsandmarriages/marriagecohabitationandcivilpartnerships/

datasets/ageandpreviousmaritalstatusatmarriage.

＊163 Choe Sang-Hun, "Running out of Children, a South Korea School Enrolls Illiterate Grandmothers," *New York Times*, 27 April 2019, https://www.nytimes.com/2019/04/27/world/asia/south-korea-school-grandmothers.html.

＊164 James Gallagher, "'Remarkable' Decline in Fertility Rates," *BBC Health*, 9 November 2018, https://www.bbc.co.uk/news/health-46118103.

［第9章］

エピグラフ：Martin Wolf, "How Our Low Inflation World Was Made," *Financial Times*, 7 May 2019, https://www.ft.com/content/1b1e0070-709b-11e9-bf5c-6eeb837566c5.

＊165 H. D. Matthews, T. L. Graham, S. Keverian, C. Lamontagne, D. Seto, and T. J. Smith, "National Contributions to Observed Global Warming," *Environmental Research Letters* 9, no. 1 (2014): 1–9, http://iopscience.iop.org/article/10.1088/1748-9326/9/1/014010/pdf.

＊166 カール・マルクス、『資本論』ドイツ語版第1版の序文、最も多く使われているパブリックドメイン版6頁、1867年。https://www.marxists.org/archive/marx/works/download/pdf/Capital-Volume-I.pdf.

＊167 Jared Lang, *EarthWise: A New Landscape of Globalization*, a project with Danny Dorling and Peter Taylor, 2019年9月18日閲覧、https://www.lboro.ac.uk/gawc/visual/lang_atlas3.html を参照。

＊168 B. R. Mitchel, *British Historical Statistics* (Cambridge: Cambridge University Press, 1994).

＊169 Tim Brown, "Britain Goes 114 Continuous Hours without Using Coal to Generate Electricity," *Manufacturer*, 7 May 2019, https://www.themanufacturer.com/articles/britain-goes-114-continuous-hours-without-using-coal-to-generate-electricity/.

＊170 Kevin O'Sullivan, "Ireland Goes 25 Days without Using Coal to Generate Electricity," *Irish Times*, 10 May 2019, https://www.irishtimes.com/news/environment/ireland-goes-25-days-without-using-coal-to-generate-electricity-1.3888166.

＊171 *Maddison Project Database*, Jutta Bolt, Robert Inklaar, Herman de Jong, and Jan Luiten van Zanden により更新、2018, https://www.rug.nl/ggdc/historicaldevelopment/maddison/releases/maddison-project-database-2018 measure:rgdpnapc—Real GDP per capita in 2011U.S.$（経済成長の国際比較に適している）。２０１７年のデータは世界銀行の１人当たりＧＤＰ推計にしたがって２０１６年からの変化をもとに付加したもの、２０１１年恒常国際ドル、ＰＰＰ換算。２０１８年のデータは１人当たり名目ＧＤＰの２０１８～２０１９年の変化に関するＩＭＦのデータマッパー推計をもとに付加したもの。https://www.imf.org/external/datamapper/NGDPDPC@WEO/USA/DEU/WEOWORLD.

＊172 Joe Romm, "We Might Have Finally Seen Peak Coal," *Think Progress Blog*, 4 January 2016, https://thinkprogress.org/we-might-have-finally-seen-peak-coal-5a3e7b15cdfc.

＊173 Danny Dorling, *The Equality Effect: Improving Life for Everyone*（London: New Internationalist, 2017）.

＊174 Chris Giles, "Global Economy Enters 'Synchronised Slowdown,'" *Financial Times*, 7 April 2019, https://www.ft.com/content/d9bba980-5794-11e9-a3db-1fe89bedc16e?shareType=nongift.

＊175 Jeremy Grantham, "The Race of Our Lives Revisited"（GMO White Paper, London: GMO Investment Management）, ２０１９年９月３日閲覧、https://falconsrockimpact.com/wp-content/uploads/2018/11/the-race-of-our-lives-revisited-2018.pdf.

＊176 Anna-Sapfo Malaspinas, Michael Westaway, Craig Muller, et al., "A Genomic History of Aboriginal Australia," *Nature*, 21 September 2016, https://www.nature.com/articles/nature18299.

＊177 Grantham, "The Race of Our Lives Revisited," 4.

＊178 Tom Orlik, "China's Latest Official GDP Report Is Accurate. No, Really," *Bloomberg Businessweek*, 25 January 2019, https://www.bloomberg.com/news/articles/2019-01-25/china-s-latest-official-gdp-report-is-accurate-no-really.

＊179 Tim Cook, "Letter from Tim Cook to Apple Investors," *Apple Press Release*, 2 January 2019, https://www.apple.com/newsroom/2019/01/letter-from-tim-cook-to-apple-investors/.

＊180 Tim Jackson, *Chasing Progress: Beyond Measuring Economic Growth*（London: New Economics Foundation, 2004）, https://

neweconomics.org/2004/03/chasing-progress.

＊181 George Monbiot, "Goodbye, Kind World," 10 August 2004, https://www.monbiot.com/2004/08/10/goodbye-kind-world/.

＊182 アメリカにいる男たちが操作するドローンが、地球の反対側にいる人々を攻撃する。こうした兵器は戦争で使われるだけでなく、アメリカと公式に戦争状態にない国にも投入される。ジョージ・W・ブッシュは在任中にパキスタン、ソマリア、イエメンへのドローン攻撃を57回命じた。後任のオバマは563回命じている。イエメンでは55人の民間人が巻き添えになって死亡した。死亡者には21人の子ども（10人は5歳未満）と12人の女性が含まれ、女性のうち5人は妊婦だった。Jessica Purkiss and Jack Serle, "Obama's Covert Drone War in Numbers: Ten Times More Strikes Than Bush," *Bureau of Investigative Journalism*, 17 January 2017, https://www.thebureauinvestigates.com/stories/2017-01-17/obamas-covert-drone-war-in-numbers-ten-times-more-strikes-than-bush.

＊183 Tim Jackson, "When All Parties Want 'an Economy That Works,' You Know Neoliberalism Is Kaput," *Guardian*, 31 May 2017, https://www.theguardian.com/commentisfree/2017/may/31/economy-neoliberalism-free-market-economics.

＊184 Osea Giuntella, Sally McManus, Redzo Mujcic, Andrew Oswald, Nattavudh Powdthavee, and Ahmed Tohamy, "Why Is There So Much Midlife Distress in Affluent Nations?" preprint（私信）.

＊185 役に立つかどうかはわからないが、私のアドバイスはこうだ。「親になる」。体力を使い果たしたらよく眠れるはずである――ただし、子どもが起こしにこなければ、という条件がつくが。それでもだめなら、精魂尽き果てるまで本を書くことだ。

＊186 Danny Dorling, *Inequality and the 1%*, 3rd ed.（London: Verso, 2019）.

＊187 Jenni Karjalainen, "Teaching Old Dogs New Tricks," in *Work in the Digital Age: Challenges of the Fourth Industrial Revolution*, ed. Max Neufeind, Jacqueline O'Reilly, and Florian Ranft（New York: Rowman and Littlefield, 2018）, 286-94, https://policynetwork.org/wp-content/uploads/2018/06/Work-in-the-Digital-Age.pdf.

＊188 Anna Ilsøe, "Progressing the Voluntarist Approach," in Neufeind, O'Reilly, and Ranft, *Work in the Digital Age*, 286.

＊189 "Global Unemployment Down, but Too Many Working Poor: UN," *New Straits Times*, 13 February 2019, https://www.nst.com.my/world/2019/02/459969/global-unemployment-down-too-many-working-poor-un. 『ニューストレーツタイムズ』紙はマレーシアで発行されている最も古い英字政治・ビジネス紙である。

＊190 *Nationwide House Price Index*, ２０１９年５月６日閲覧、https://www.nationwide.co.uk/-/media/MainSite/documents/about/house-price-index/downloads/uk-house-price-since-1952.xls.

＊191 Dan McCrum, "Affordability Backwards," *Financial Times*, 19 February 2004, https://ftalphaville.ft.com/2014/02/19/176182/affordability-backwards/.

＊192 Becky Tunstall, "Relative Housing Space Inequality in England and Wales, and Its Recent Rapid Resurgence," *International Journal of Housing Policy* 15, no. 2 (2015): 105–26, http://www.tandfonline.com/doi/full/10.1080/14616718.2014.984826.

＊193 "Gold Supply and Demand Statistics," *World Gold Council*, ２０１９年５月６日閲覧、https://www.gold.org/goldhub/data/gold-supply-and-demand-statistics.

＊194 Robert Shiller, "Speculative Prices and Popular Models," *Journal of Economic Perspectives* 4, no. 2 (1990): 59, http://www.jstor.org/stable/1942890. 注：ケースとシラーは何十年も共同で研究を行ったが、この論文はシラーが単独で執筆した。

＊195 John Muellbauer and Anthony Murphy, "Booms and Busts in the UK Housing Market," *Economic Journal* 107, no. 445 (1997): 1701–27, http://onlinelibrary.wiley.com/doi/10.1111/j.1468-0297.1997.tb00076.x/full.

＊196 Mervyn King, "An Econometric Model of Tenure Choice and Demand for Housing as a Joint Decision," *Journal of Public Economics* 14, no. 2 (1980): 137–59, https://doi.org/10.1016/0047-2727(80)90038-9.

＊197 James Poterba, David Weil, and Robert Shiller, "House Price Dynamics: The Role of Tax Policy and Demography," *Brookings Papers on Economic Activity*, no. 2 (1991): 183, http://www.jstor.org/stable/2534591.

＊198 Bruce Ambrose, Piet Eichholtz, and Thies Lindenthal, "House Prices and Fundamentals: 355 Years of Evidence," *Journal of Money*, Credit and Banking 45, nos. 2–3 (2013): 477–91, http://onlinelibrary.wiley.com/doi/10.1111/

jmcb.12011/full.

*199 Matthew Drennan, "Income Inequality: Not Your Usual Suspect in Understanding the Financial Crash and Great Recession," *Theoretical Inquiries in Law* 18, no. 1（2017）: 97, https://www.degruyter.com/view/j/til.2017.18.issue-1/til-2017-0006/til-2017-0006.xml.

*200 １９９７年、ビューソニック、ＩＢＭ、アップルはいずれもカラー液晶ディスプレイ（ＬＣＤ）を導入した。テクノロジーのスローダウンが進んでいるため、私たちがいま使っているＬＣＤはそのときからほとんど変わっていない。Benj Edwards, "The Evolution of Computer Displays," Vintage Computing and Gaming, 17 September 2019 http://www.vintagecomputing.com/index.php/archives/2580/vcg-anthology-the-evolution-of-computer-displays.

*201 William Miles, "Home Prices and Global Imbalances: Which Drives Which?" *International Review for Social Sciences* 72, no. 1（2018）: 55–75, https://onlinelibrary.wiley.com/doi/full/10.1111/kykl.12191.

*202 Zhang Qun, Didier Sornette, and Hao Zhang, "Anticipating Critical Transitions Chinese Housing Markets," *Swiss Finance Institute Research Paper*, nos. 17–18（May 2017）, https://ssrn.com/abstract=2969801 または http://dx.doi.org/10.2139/ssrn.2969801.

*203 Dayong Zhang, Ziyin Liu, Gang-Shi Fan, and Nicholas Horsewood, "Price Bubbles and Policy Interventions in the Chinese Housing Market," *Journal of Housing and the Built Environment* 32（2017）:133–55, doi:10.1007/s10901-016-9505-6.

*204 Francisco Becerril, "The Sign of China's 'Rebound' May Be a Housing Bubble," *Financial Times*, 25 April 2019, https://www.ft.com/content/71d237aa-6520-11e9-9adc-98bf1d35a056.

*205 International Labour Organisation, *Global Wage Report 2018/19: What Lies behind Gender Pay Gaps*（Geneva: International Labour Office, 2018）, https://www.ilo.org/wcmsp5/groups/public/---dgreports/---dcomm/---publ/documents/publication/wcms_650553.pdf.

*206 Bruce Knuteson, "How to Increase Global Wealth Inequality for Fun and Profit," *Social Science Research Network*, 12 November 2018, https://papers.ssrn.com/sol3/papers.cfm?abstract_id=3282845 または https://dx.doi.org/10.2139/

ssrn.3282845.

＊207 同右、n. 15. ブルースの助言を保証することはできないので、ご承知おきいただきたい（まあ、何十億ドルも投資できる人はまずいないだろうが）。https://www.bruceknuteson.com/.

＊208 「トリクルダウン」は資本主義教の神々の中では位の低い女性神だった。人気が最も高かった１９８０年代初めでさえ、本当に存在するのか疑っていた人も多い。「利益」は資本主義の最高位の男性神だった。Michael Wright and Carolin Herron, “Trickle-Down Theory Revisited and Explained,” *New York Times*, 8 May 1983, https://www.nytimes.com/1983/05/08/weekinreview/the-nation-trickle-down-theory-revisited-and-explained.html を参照。

［第10章］

エピグラフ：E. M. Forster, “The Machine Stops,” *Oxford and Cambridge Review*, November 1909, http://archive.ncsa.illinois.edu/prajlich/forster.html（邦訳フォースター著、小池滋訳「機械が止まる」『E・M・フォースター著作集5』みすず書房、１９９６年）.

＊209 年代は恣意的なものである。１８３７年は、電信の共同発明者が複数の特許を申請した年であり、実用的なシステムが初めて使用された年だが、電信の形態はもっと早く開発されていた。１９７４年は「インターネット」という言葉がネットワークプロトコルの文書の中で初めて使われた年である。Vinton Cerf, Yogen Dalal, and Carl Sunshine, *Specification of Internet Transmission Control Program*, December 1974, Network Working Group, Request for Comments 65（RFC65）, https://tools.ietf.org/html/rfc675.

＊210 こうした政治家、ビジネスエリートの中でよく名前があがるのが、ロン・ポール、ポール・ライアン、ピーター・ティールだ。しかし、ウィキペディア創始者のジミー・ウェールズでさえ、ランドに興味を持っている人のリストに入っている。ウィキペディアに載っているすべての情報が信頼できるわけではない！ “List of People Influenced by Ayn Rand,” *Wikipedia*, ２０１９年７月２日閲覧、https://en.wikipedia.org/wiki/List_of_people_influenced_by_Ayn_Rand.

＊211 René Descartes, “Letter to Balzac,” 5 May 1631, in *Selected Correspondence*, 22, http://www.earlymoderntexts.com/assets/pdfs/descartes1619_1.pdf.

*212 W. Scheuerman, W., *Liberal Democracy and the Social Acceleration of Time* (Baltimore: Johns Hopkins University Press, 2004), 5.

*213 Qiujie Shi and Danny Dorling, "Growing Socio-Spatial Inequality in Neo-liberal Times: Comparing Beijing and London," *Applied Geography*, forthcoming.

*214 R. Smith, "London Holds off New York to Keep Its Title as the World's Number One Financial Centre Despite Brexit Uncertainty," *City AM*, 27 March 2017, http://www.cityam.com/261819/london-holds-off-new-york-keep-its-top-spot-worlds-number.

*215 同じ組織が作成したランキング：Z/Yen Group, *The Global Financial Centres Index 25*, March 2019, https://www.zyen.com/publications/public-reports/the-global-financial-centres-index-25/.

*216 Jason Burke, "Kenya Burial Site Shows Community Spirit of Herders 5,000 Years Ago," *Guardian*, 20 August 2018, https://www.theguardian.com/science/2018/aug/20/kenya-burial-site-shows-community-spirit-of-herders-5000-years-ago.

*217 Omar Khan et al., "A Brief Introduction to the Ancient Indus Civilization," *Harappa Blog*, 2017, https://www.harappa.com/har/indus-saraswati.html.

*218 John Keane, *The Life & Death of Democracy* (London: Simon and Schuster, 2009), 1933. キーンの説明によれば、こうした共和制は「人々は天使でも神でも女神でもないが、少なくとも、一部の人が自分のことをそう思い込むようになるのを止めるだけの分別を持ち合わせていた。民主主義とは、貧しい人の、貧しい人による、貧しい人のための政治をすることだった」との認識に立っていた。

*219 "History of Democracy," *Wikipedia*, ２０１９年6月17日閲覧、https://en.wikipedia.org/wiki/History_of_democracy.

*220 Jeremy Cushing, "Peace and Equality in the Bronze Age: The Evidence from Dartmoor Suggests That War and Rich Elites Were Unknown More Than 3,000 Years Ago," *Guardian*, 24 August 2018, https://www.theguardian.com/science/2018/aug/24/peace-and-equality-in-the-bronze-age.

*221 F. H. King, *Farmers of Forty Centuries: Organic Farming in China, Korea, and Japan* (1911; repr., Mineola, NY: Dover, 2004).

*222 Bill Gates, "My New Favorite Book of All Time," *Gates Notes Blog*, 26 January 2018, https://www.gatesnotes.com/

Books/Enlightenment-Now.
＊223 Jeremy Lent, "Steven Pinker's Ideas about Progress Are Fatally Flawed. These Eight Graphs Show Why," Patterns of *Meaning*, 17 May 2018, https://patternsofmeaning.com/2018/05/17/steven-pinkers-ideas-about-progress-are-fatally-flawed-these-eight-graphs-show-why/.
＊224 "Meaning of *feitorias* (Portuguese)," *Wiktionary*, ２０１９年７月３日閲覧、https://en.wiktionary.org/wiki/feitoria#Portuguese.
＊225 Danny Dorling, *Injustice: Why Social Inequality Still Persists*, rev. ed. (Bristol: Policy, 2015), 18.
＊226 Timothy Hatton and Bernice E. Bray, "Long Run Trends in the Heights of European Men, 19th–20th Centuries," *Economics and Humcn Biology* 8 (2010) : 405–13.
＊227 Timothy Hatton, "How Have Europeans Grown So Tall?" *Oxford Economic Papers* 66 (2014) : 353 (table 2).
＊228 Mary Bells, "The History of Vacuum Cleaners," *The Inventors* (part of the *New York Times*), 2006, http://theinventors.org/library/inventors/blvacuum.htm:「イギリス人技術者のヒューバート・セシル・ブースは、１９０１年８月30日に真空掃除機のイギリスでの特許を取得した。石油を動力源とする大型の装置を馬で引き、ビルの外に置いて窓から長いホースを差し込んで掃除するというものだった。ヒューバート・ブースが１９０１年にレストランでデモをしたとき、２人のアメリカ人が真空掃除機の別種を発売した。コリンヌ・デュフォーは濡れたスポンジにほこりを吸い込む装置を発明した。デヴィッド・E・ケニーは、地下室に設置して、家の各部屋を結ぶパイプにつなげる機械を設計した。各家庭を訪問する掃除機サービス業者がいた」。
＊229 "Activated Sludge—100 Years and Counting," *International Water Association Conference*, June 2014, Essen, Germany, http://www.iwa100as.org/history.php.
＊230 Max Roser, "Human Height," *OurWorldInData.org*, 2016, https://ourworldindata.org/human-height/.
＊231 Lisa Trahan, Karla Stuebing, Merril Hiscock, and Jack Fletcher, "The Flynn Effect: A Meta-analysis," *Psychological Bulletin* 140, no. 5 (2014) : 1332–60, https://www.ncbi.nlm.nih.gov/pmc/articles/PMC4152423/.
＊232 Ariane de Gayardon, Claire Callender, KC Deane, and Stephen DesJardins, "Graduate Indebtedness: Its Perceived

Effects on Behaviour and Life Choices—A Literature Review" (working paper no. 38, Centre for Global Higher Education, June 2018), https://www.researchcghe.org/publications/working-paper/graduate-indebtedness-its-perceived-effects-on-behaviour-and-life-choices-a-literature-review/.

＊233 Hannah Devlin, "IVF Couples Could Be Able to Choose the 'Smartest' Embryo: US Scientist Says It Will Be Possible to Rank Embryos by 'Potential IQ' within 10 years," *Guardian*, 24 May 2019, https://www.theguardian.com/society/2019/may/24/ivf-couples-could-be-able-to-choose-the-smartest-embryo.

＊234 Tim Morris, Neil Davies, and George Davey Smith, "Can Education be Personalized Using Pupils' Genetic Data?" Preprint, 2019, https://doi.org/10.1101/645218.「サンプルとなった子どもの多遺伝子スコアの学業成績に対する予測精度は、親の社会経済的地位や教育水準による予測の精度とほとんど同じだった。多遺伝子スコアの分布と学業成績の分布は重なりが大きく、個人レベルでの予測精度は低くなった。さらに、入学時の学力で条件づけると、多遺伝子スコアは入学後の学業成績に対して予測的ではなかった。われわれの調査結果は、多遺伝子スコアは集団レベルの差異を特定するうえでは有益だが、現時点では個人の学業成績を予測する効果は限られていることを示唆している」。

＊235 Tim T. Morris, Danny Dorling, Neil M. Davies, and George Davey Smith, "School Enjoyment at Age 6 Predicts Later Educational Achievement as Strongly as Socioeconomic Background and Gender," at https://osf.io/preprints/sccarxiv/e6c37/.

＊236 Hartmut Rosa and William Scheuerman, eds., *High-Speed Society: Social Acceleration, Power, and Modernity* (Philadelphia: Pennsylvania State University Press, 2008), http://www.psupress.org/books/titles/978-0-271-03416-4.html. 著者らはこの主張の根拠として、ショット時間がどれだけ短くて、時間とともにどれだけ短くなっているかを論じた記事（Peter Wollen, "Speed and the Cinema," *New Left Review* 16 [July/August 2002], https://newleftreview.org/II/16/peter-wollen-speed-and-the-cinema）を参照したが、その記事の調査では、ショット時間は50分の1どころか、半分にさえなっていない。

＊237 Greg Miller, "A Century of Cinema Reveals How Movies Have Evolved," *Wired*, 9 August 2014, https://www.wired.com/2014/09/cinema-is-evolving/.

＊238 非常に多くのことがいまも猛烈な勢いで加速しているとするローザとショイルマンの説を裏付けるための二つ目の主

張は、ノルウェー議会での演説のスピードが１９４５年以降50％上がっているというものだった。それは事実かもしれないが、簡潔なスピーチが評価され、長ったらしいスピーチが敬遠されるようになっていたというだけのことだろう。しかし、加速に関する本のエビデンスとして、映画のショット時間が短くなるペースが加速しているという大きく誇張された主張の次に、ノルウェーの政治家の演説術というそれ以上に曖昧な話をあげなければならないということこそが、逆に、本が出版された２００８年とその直前の数年間（本が執筆されていた時期）の時点で、社会が加速していることを示すエビデンスを見つけるのがすでに難しくなりつつあったことを物語る具体例になっている。

＊239　性的関係については世界中でさまざまな調査が行われており、多くはエイズの拡大をモニターする目的で始められた。性的関係は一般に時間とともに増加せず、減少することが多く、極端なところでは、日本の若者の間で他人とほとんど交流しない引きこもり現象が増加している。いまは結婚する人自体が減っており、アメリカなどでは離婚を繰り返す人の数はしばらく前にピークを迎えた（3回目か4回目か5回目の結婚をしていた人）。婚姻率の引き上げには実際問題として常に限界があった。いまはセックスのパートナーの数が以前より減っているうえ、結婚する人も減っていることを考えると、現在性的関係を持っている人たちがどちらもこれまで以上にセックスに積極的になり、世界全体の引きこもりの増加率をしのぐペースで性的関係をスピードアップさせないかぎり、セックスの回数を増やすことはできない。

＊240　この時代のキャバレーを理解するには、Christopher Isherwood, *Goodbye to Berlin* (London: Hogarth, 1939)（邦訳イシャウッド著、中野好夫訳『ベルリンよ、さらば——救いなき人々』角川文庫、１９６０年）を参照。

＊241　Office for National Statistics, *Changing Trends in Mortality: An International Comparison, 2000 to 2016*, figures 1 and 2, 7 August 2018, https://www.ons.gov.uk/peoplepopulationandcommunity/birthsdeathsandmarriages/lifeexpectancies/articles/changingtrendsinmortalityaninternationalcomparison/2000to2016.

＊242　最もよく知られているのが、ジョージ・エドガーリー・ハリス３世が１９６７年にペンタゴンの外で自分に向けられた銃口に花をさしている写真である。“Be the Flower in the Gun: The Story behind the Historic Photograph ‘Flower Power’ in 1967,” *Vintage Everyday*, 11 September 2017, https://www.vintag.es/2017/09/be-flower-in-gun-story-behind-historic.html を参照。

＊243　Anna Lührmann and Staffan I. Lindberg, “A Third Wave of Autocratization Is Here: What Is New about It?”

Democratization, 1 March 2019, doi:10.1080/13510347.2019.1582029.

＊244 党首は「文字どおりのピスアーティスト（困り者）たちと手を組んだ」。「同党のある候補者はプロボノアーティストで、公衆の面前で放尿してアート作品をつくる。裁判所はそれを芸術と認めず、公衆の面前で放尿したとして有罪判決を受けている」。Daniel Boffey, "Danish Far-Right Party Calling for Muslim Deportation to Stand in Election," *Guardian*, 5 May 2019, https://www.theguardian.com/world/2019/may/05/danish-far-right-party-stram-kurs-calling-for-muslim-deportation-to-stand-in-election.

＊245 Sithembile Mbete, "The Economic Freedom Fighters—South Africa's Turn towards Populism?" *Journal of African Elections* 14, no. 1 (2015): 35–39, https://repository.up.ac.za/handle/2263/51821.

＊246 Paul Beaumont, "Brexit, Retrotopia and the Perils of Post-colonial Delusions," *Global Affairs*, 26 June 2018, 379–90, doi:10.1080/23340460.2018.1478674, https://www.tandfonline.com/doi/abs/10.1080/23340460.2018.1478674.

＊247 Danny Dorling and Sally Tomlinson, *Rule Britannia: From Brexit to the End of Empire* (London, Biteback, 2019).

＊248 Pål Røren and Paul Beaumont, "Grading Greatness: Evaluating the Status Performance of the BRICS," *Third World Quarterly* 40, no. 3 (2018): 429–50, https://www.researchgate.net/publication/329373842_Grading_greatness_evaluating_the_status_performance_of_the_BRICS/link/5c42f22d92851c22a3800547/download.

＊249 Eli Zaretsky, "The Mass Psychology of Brexit," *London Review of Books Blog*, 26 March 2019, https://www.lrb.co.uk/blog/2019/march/the-mass-psychology-of-brexit.

＊250 2019年のイングランドの報告によると、子どもの貧困率が高かった地区は以下のとおりである。タワーハムレッツ・ロンドン自治区（56・7%）、ニューアム・ロンドン自治区（51・8%）、ハックニー・ロンドン自治区（48・1%）、イズリントン・ロンドン自治区（47・5%）、ブラックバーンウィズダーウェン（46・9%）、ウェストミンスター（46・2%）、ルートン（45・7%）、マンチェスター（45・4%）、ペンドル（44・7%）、ピーターバラ（43・8%）、カムデン・ロンドン自治区（43・5%）、サンドウェル（43・2%）。"Child Poverty Is Becoming the New Normal in Parts of Britain," *End Child Poverty*, 15 May 2019, https://www.endchildpoverty.org.uk/chid-poverty-is-becoming-the-new-normal-in-parts-of-britain/ を参照。

＊251 Kathryn Torney, “The Religious Divide in Northern Ireland’s Schools,” *Guardian Datablog*, 24 November 2012, https://www.theguardian.com/news/datablog/2012/nov/24/religious-divide-northern-ireland-schools.

＊252 Toby Helm and Michael Savage, “Poll Surge for Farage Sparks Panic among Tories and Labour,” *Observer*, 11 May 2019, https://www.theguardian.com/politics/2019/may/11/poll-surge-for-farage-panic-conservatives-and-labour?CMP=Share_iOSApp_Other.

＊253 ２０１９年新欧州議会全体では、保守主流会派（欧州人民党〔ＥＰＰ〕）が１７９議席、社会主義会派（欧州社会党〔ＰＥＳ〕）が１５２議席、リベラル会派（欧州自由民主同盟〔ＡＬＤＥ〕）が１１０議席、環境政党系会派（欧州緑の党〔ＥＧＰ〕・欧州自由連盟〔ＥＦＡ〕）が76議席を獲得した。極右政党系の会派は形成されなかった。イギリス独立党２名、民主統一党１名の欧州議会議員が小規模の「無所属」グループに加わった。無所属グループは主に極右政党で構成され、ギリシャのファシスト政党である黄金の夜明け、ハンガリーのファシスト政党であるヨッビクが所属する。保守派欧州議会議員はわずか４人に減り、欧州保守改革グループに加わった。同グループで特に大きい政党はポーランドの極右政党である法と正義である。

＊254 Keir Milburn, “Acid Corbynism Is a Gateway Drug,” *Red Pepper*, 10 November 2017, http://www.redpepper.org.uk/acid-corbynism-is-a-gateway-drug/.

＊255 Erle C. Ellis, “Science Alone Won’t Save the Earth. People Have to Do That: We Need to Start Talking about What Kind of Planet We Want to Live On,” *New York Times*, 11 August 2018, https://www.nytimes.com/2018/08/11/opinion/sunday/science-people-environment-earth.html.

＊256 Danny Dorling, *The Equality Effect: Improving life for Everyone* (Oxford: New Internationalist, 2016).

＊257 実際、スローダウンが加速していることが確認されたが、それはここでは重要ではない。そうなることは予測できた。

＊258 １５０年足らず前には、チャールズ・ダーウィンは黒人やオーストラリア先住民を「下等」と形容し、不快なことにゴリラに近いと公言できた。また、人類は進化し、「コーカサス人種」よりもさらに文明化が進んでいる人種が生まれるとも考えていた。コーカサス人種が未開であったことも、進化のスピードはそれほど速くないことも、ほとんどわかっていなかった。ダーウィン翁には限界があり、多くの点で、善とも全知ともほど遠かった。60代初め、生涯を

かけて考えてきたことについて、こう記した。「将来のどこかの時点、世紀単位で測るほどには遠くない時点で、文明化した人種はおそらく地球のいたるところで野蛮な人種を絶滅させて、置き換わるだろう。同時に、シャーフハウゼン教授が指摘しているように、類人猿も絶滅させられるに違いない。そうなると、現在の黒人やオーストラリア先住民とゴリラとのギャップに代わって、できればいまのコーカサス人種よりもさらに文明化が進んでいてほしい人種と、ヒヒのような下等なサル類との間にギャップができることになるので、その差は大きくなるだろう」。Charles Darwin, *The Descent of Man, and Selection in Relation to Sex* (London: John Murray, 1871)（邦訳ダーウィン著、長谷川眞理子訳『人間の由来』講談社、２０１６年）, 2:201, http://darwin-online.org.uk/content/frameset?pageseq=1&itemID=F937.1&viewtype=text.

*259 Greta Thunberg, *No One Is Too Small to Make a Difference* (London: Penguin, 2019).

［第11章］

エピグラフ：Mark O'Brien and Paul Kyprianou, *Just Managing: What It Means for the Families of Austerity Britain* (Cambridge: Open Book, 2017)，187 に引用。

*260 Greg Clark, "One Giant Leap: Vertical Launch Spaceport to Bring UK into New Space Age," press release, Department for Transport, U.K. Space Agency, Civil Aviation Authority, Department for Business, Energy & Industrial Strategy, Office of the Secretary of State for Wales, 15 July 2018, https://www.gov.uk/government/news/one-giant-leap-vertical-launch-spaceport-to-bring-uk-into-new-space-age.

*261 航空旅客輸送が将来に大規模な宇宙旅客輸送に取って代わられる可能性はまずないが、「中国行きの遅いボート」ならぬ「中国行きの遅いフロート」にゆっくり取って代わられるかもしれない。これはヘリウムガスを充填し、太陽光で発電する飛行船を使った汚染を生まない未来の大量旅客輸送で、風に乗ってアメリカとヨーロッパから東に進んだ後、太平洋を横断するかインド、アフリカに下がって、南アメリカに渡り、その後におそらくオーストラリアに向かうが、何しろ時間がかかる。

＊262 Leslie White, *The Science of Culture: A Study of Man and Civilization*, part 3, *Energy and Civilization* (New York: Grove, 1949).

＊263 Richard Wilkinson, *Poverty and Progress: An Ecological Model of Economic Development* (London: Methuen, 1983)（邦訳ウィルキンソン著、斎藤修、安元稔、西川俊作訳『経済発展の生態学——貧困と進歩にかんする新解釈』リブロポート、１９８５年）, 18.

＊264 William Scheuerman, *Liberal Democracy and the Social Acceleration of Time* (Baltimore: Johns Hopkins University Press, 2004), xiii.

＊265 "China's Slowing Pains: After Three Decades of Strong Growth, the World's Second-Largest Economy Has Been Slowing Down," *Financial Times* article series, ２０１８年と２０１９年に書かれた連載記事 , https://www.ft.com/content/9903d7e2-5c43-11e9-939a-341f5ada9d40.

＊266 Alain Badiou, *The True Life*, trans. Susan Spitzer (Cambridge: Polity, 2017), 41.

＊267 Stefan Kühn et al., *World Employment and Social Outlook* (Geneva: ILO, 2018), https://www.ilo.org/global/about-the-ilo/newsroom/news/WCMS_615590/lang—en/index.htm.

＊268 Cyril Ramaphosa and Stefan Löfven, *Global Commission on the Future of Work* (Geneva: ILO, 2019), https://www.ilo.org/global/about-the-ilo/newsroom/news/WCMS_663006/lang—en/index.htm.

＊269 Steven Kapsos (head of the ILO's Data Production and Analysis Unit), *Just 10 Per Cent of Workers Receive Nearly Half of Global Pay* (Geneva: ILO, 2019), https://www.ilo.org/global/about-the-ilo/newsroom/news/WCMS_712234/lang—en/index.htm.

＊270 F・エンゲルス、『資本論』（１８６７年）ドイツ語版第３版の序文、最も多く使われているパブリックドメイン版17頁。https://www.marxists.org/archive/marx/works/download/pdf/Capital-Volume-I.pdf.

＊271 Isabel Sawhill and Christopher Pulliam, *Six Facts about Wealth in the United States*, Middle Class Memo Series, Brooking Institute, 25 June 2019, https://www.brookings.edu/blog/up-front/2019/06/25/six-facts-about-wealth-in-the-united-states/.

＊272 Robert Gordon, "Is US Economic Growth Over? Faltering Innovation Confronts the Six Headwinds," *Centre for Economic Research Policy Insight*, no. 6 (September 2012), https://cepr.org/sites/default/files/policy_insights/

PolicyInsight63.pdf.

*273 Danny Dorling, *Do We Need Economic Inequality?* (Cambridge: Polity, 2018), 130 (figure 8.1), http://www.dannydorling.org/books/economicinequality/figures-and-tables/figure-8-1.html.

*274 Darrell Bricker and John Ibbitson, *Empty Planet: The Shock of Global Population Decline* (London: Robinson, 2019；邦訳ブリッカー、イビットソン著、倉田幸信訳『２０５０年　世界人口大減少』文藝春秋、２０２０年), 156.

*275 Ian Goldin, Pantelis Koutroumpis, François Lafond, Nils Rochowicz, and Julian Winkler, "Why Is Productivity Slowing Down?" (working paper, Oxford Martin, 17 September 2018), https://www.oxfordmartin.ox.ac.uk/downloads/academic/201809_ProductivityParadox.pdf.

*276 François Lafond and Daniel Kim, "Long-Run Dynamics of the U.S. Patent Classification System," *Journal of Evolutionary Economics* 29, no. 2 (April 2019): 631–44 (figure 1参照), https://link.springer.com/article/10.1007%2Fs00191-018-0603-3.

*277 Carolyn Cummins, "'Levels Not Seen since the GFC': NAB Calls the Retail Recession," *Sydney Morning Herald*, 14 June 2019, https://www.smh.com.au/business/companies/levels-not-seen-since-the-gfc-nab-calls-the-retail-recession-20190613-p51xbr.html.

*278 "UK Rich Increase Their Wealth by £274 billion over Five Years," *The Equality Trust*, 13 May 2018, https://www.equalitytrust.org.uk/wealth-tracker-18.

*279 "A Nation of Ferraris and Foodbanks—UK Rich Increase Wealth by £253 Billion over Five Years," *The Equality Trust*, 12 May 2019, https://www.equalitytrust.org.uk/nation-ferraris-and-foodbanks-uk-rich-increase-wealth-%C2%A3253-billion-over-five-years-0.

*280 Danny Dorling, *Peak Inequality: Britain's Ticking Timebomb* (Bristol: Policy, 2018).

*281 宇宙飛行士のテイラー大佐を演じたチャールストン・ヘストン（１９２３－２００８年）のセリフ。「希望とは役に立つ感情かもしれない。『ニューヨーク・マガジン』誌が迫りくる気候変動のデッドラインをはっきり示した記事を発表し、海が死ぬ、二酸化炭素の増加によって認知機能が低下する、人体が耐えられないほど気温が上昇してすべての大陸が

ほとんど居住不能になるといった恐ろしい可能性を警告した後、記事に対する批判が殺到し、気候変動をことさらに騒ぎ立てれば、人々はもう手遅れだと思い込むようになり、努力を放棄することにつながるため、無責任だと非難された」。Andrew Whalen, “‘Planet of the Apes’ Ending Is the Antidote to Aggressively Hopeful Blockbusters,” *Newsweek*, 3 April 2018, https://www.newsweek.com/planet-apes-1968-ending-explained-50th-anniversary-870672.

＊282 United Nations, press release of 6 May 2019, “UN Report: Nature’s Dangerous Decline ‘Unprecedented’; Species Extinction Rates ‘Accelerating,’” *Sustainable Development Goals*, ２０１９年６月23日閲覧、https://www.un.org/sustainabledevelopment/blog/2019/05/nature-decline-unprecedented-report/.

＊283 World Wildlife Fund, *2018 Living Planet Report*, ２０１９年６月23日閲覧、http://livingplanetindex.org/projects?main_page_project=LivingPlanetReport&home_flag=1. 生きている地球指数の生息環境別レポートのデータベースについては、http://livingplanetindex.org/projects?main_page_project=AboutTheIndex&home_flag=1（２０１９年９月４日閲覧）を参照。

＊284 International Union for Conservation of Nature (IUCN), “Table 9: Possibly Extinct Species,” *Red List Summary Statistics*, ２０１９年６月23日閲覧、https://www.iucnredlist.org/resources/summary-statistics.

＊285 フレッド・ライルズは独立労働党の古参党員だった。独立労働党はブラッドフォードで結成され、後にイギリス労働党に合流した。Martin Crick, “The Bradford Branch of the Social-Democratic Federation,” *Bradford Antiquary, the Journal of the Bradford Historical and Antiquarian Society*, 3rd ser., 5 (1991): 24–40, http://www.bradfordhistorical.org.uk/oddities.html.

＊286 １９８０年代に旗を消失の危機から救ったジーナ・ブリッジランドとボブ・ジョーンズの説明。“Banner of the East Bradford Socialist Sunday School,” *Working Class Movement Library*, ２０１９年６月23日閲覧、https://www.wcml.org.uk/our-collections/creativity-and-culture/leisure/socialist-sunday-schools/banner-of-the-bradford-socialist-sunday-school/.

＊287 Anders Sandberg, “The Five Biggest Threats to Human Existence,” *The Conversation*, 29 May 2014, https://theconversation.com/the-five-biggest-threats-to-human-existence-27053.

＊288 Anders Sandberg, "Will Climate Change Cause Humans to Go Extinct?" *The Conversation*, 29 May 2019, https://theconversation.com/will-climate-change-cause-humans-to-go-extinct-117691.

＊289 David Wallace Wells, *The Uninhabitable Earth: A Story of the Future* (London: Allen Lane, 2019), 4.

＊290 Torbjörn Säterberg, Stefan Sellman, and Bo Ebenman, "High Frequency of Functional Extinctions in Ecological Networks," *Nature*, 7 July 2013, 468–70, https://www.nature.com/articles/nature12277.

＊291 何を保存するべきかはわからない。あなたは保存するべきだと考えていても、すでに風景、ファウナ（動物相）、フロラ（植物相）がほぼ完全に変わってしまっていることもある。「What Is Missing」（地球の生態系の歴史を紹介するプロジェクト）のウェブサイトにオックスフォードシャーを投稿した人がいて、私が6歳から18歳まで住んでいた場所の端にある自然保護区が取り上げられている。自然保護区自体は保存されており脅威にはさらされていない。周辺の木は人工的に植えられたもので、その昔、国王が狩りを楽しむために植林された。いまでは在来の野生生物のほぼすべてが絶滅しているが、菌類は残っている。投稿にはこう記されている。「個人の記憶――オックスフォードシャー、イギリス：２０１７年夏にイギリスを訪れたとき、私の好きな作家であるクライブ・ステープルス・ルイスの故郷に行く機会があった。ルイスが住んでいた場所には森が広がり、生家は緑に囲まれている。私が聞いたところでは、ある組織がこの土地を買い取って、大型の集合住宅を建てようと計画しているらしい。この土地には歴史的な価値があるのはもちろんだが、その話を聞いたとき、野生生物のことも心配になった。林床はぬかるんでいるし、池は手入れされておらず、菌類がはびこっていて、美しくないという人は多い。しかし、私はそう思わない。どんな自然も美しいものだからだ」。どんな自然も美しいのだろうが、その中には他よりもはるかに価値のあるものもある。https://whatismissing.net/memory/forgotten-beauty（２０１９年９月４日閲覧）を参照。

＊292 Amanda Goodall and Andrew Oswald, "Researchers Obsessed with FT Journals List Are Failing to Tackle Today's Problems," *Financial Times*, 8 May 2019, https://www.ft.com/content/b820d6f2-7016-11e9-bf5c-6eeb837566c5.

＊293 Paul Chatterton, "The Climate Emergency and the New Civic Role for the University: As We Face a Climate Emergency, Universities Must Undergo Radical Change to Lead the Way in Tackling the Crisis," *Times Higher Education*, 21 June 2019, https://www.timeshighereducation.com/blog/climate-emergency-and-new-civic-roleuniversity.

*294 Vasilis Dakos, Marten Scheffer, Egbert van Nes, Victor Brovkin, Vladimir Petoukhov, and Hermann Held, "Slowing Down as an Early Warning Signal for Abrupt Climate Change," *Proceedings of the National Academy of Sciences* 105, no. 38 (23 September 2008): 14308–12, doi: 10.1073/pnas.0802430105.

*295 Vasilis Dakos, Egbert van Nes, Raul Donangelo, Hugo Fort, and Marten Scheffer, "Spatial Correlation as Leading Indicator of Catastrophic Shifts," *Theoretical Ecology* 3, no. 3 (August 2010): 163–74, doi:10.1007/s12080-009-0060-6; Marten Scheffer, Jordi Bascompte, William Brock, Victor Brovkin, Stephen Carpenter, Vasilis Dakos, Hermann Held, Egbert van Nes, Max Rietkerk, and George Sugihara, "Early-Warning Signals for Critical Transitions," *Nature*, 3 September 2009, 53–39, https://www.nature.com/articles/nature08227.

*296 Erle Ellis, "Science Alone Won't Save the Earth. People Have to Do That: We Need to Start Talking about What Kind of Planet We Want to Live On," *New York Times*, 11 August 2018, https://www.nytimes.com/2018/08/11/opinion/sunday/science-people-environment-earth.html.

*297 Global Carbon Project, "Global CO_2 Emissions Rise Again in 2018 According to Latest Data," press release, *COP24: 24th Conference of the Parties to the United Nations Framework Convention on Climate Change* (UNFCCC), 5 December 2018, http://www.globalcarbonproject.org/carbonbudget/18/files/Norway_CICERO_GCPBudget2018.pdf.

*298 United Nations press release, "9.7 Billion on Earth by 2050, but Growth Rate Slowing, Says New UN Population Report," *UN News*, 17 June 2019, https://news.un.org/en/story/2019/06/1040621.

*299 OCED Social Policy Division, Directorate of Employment, Labour and Social Affairs, PF 2.5 Annex: "Detail of Change in Parental Leave by Country," *OECD Family Database*, 26 October 2017, https://www.oecd.org/els/family/PF2_5_Trends_in_leave_entitlements_around_childbirth_annex.pdf.

*300 Danny Dorling and Annika Kolionen, Finntopia: *What We Can Learn from the World's Happiest Country* (New York: Agenda, 2020) を参照。

*301 Tony Lawson, "A Speeding Up of the Rate of Social Change? Power, Technology, Resistance, Globalisation and the

Good Society," *in Late Modernity: Trajectories towards Morphogenic Society*, ed. Margaret Archer (Cham, Switzerland: Springer, 2014), doi:10.1007/978-3-319-03266-5_2; http://www.springer.com/cda/content/document/cda_downloaddocument/9783319032658-c2.pdf?SGWID= 0-0-45-1490820-p176345324.

＊302 Thomas Rudel and Linda Hooper, "Is the Pace of Social Change Accelerating? Latecomers, Common Languages, and Rapid Historical Declines in Fertility," *International Journal of Comparative Sociology*, 1 August 2005, http://citeseerx.ist.psu.edu/viewdoc/download?doi=10.1.1.1013.4276&rep=rep1&type=pdf. 本書の第2章も参照。

＊303 William J. Goode, "The Theory and Measurement of Family Change," in *Indicators of Social Change: Concepts and Measurements*, ed. Eleanor Bernert Sheldon and Wilbert Moore (Hartford, CT: Russell Sage Foundation, 1968), 337.

＊304 Jamie Ducharme, "It May Not Be a Bad Thing Fewer U.S. Babies Were Born in 2018 Than in Any Year since 1986," *Time*, 15 May 2019, http://time.com/5588610/us-birth-rates-record-low/.

［第12章］

エピグラフ：Robin Wigglesworth, "Japanification: Investors Fear Malaise Is Spreading Globally, *Financial Times*, 27 August 2019, https://www.ft.com/content/314c626a-c77b-11e9-a1f4-3669401ba76f.

＊305 Hephzibah Anderson, "The 1968 Sci-Fi That Spookily Predicted Today," *BBC Culture*, 10 May 2019, http://www.bbc.com/culture/story/20190509-the-1968-sci-fi-that-spookily-predicted-today.

＊306 James Fulcher and John Scott, *Sociology* (Oxford: Oxford University Press, 2011), 273.

＊307 アンガス・マディソンと国連からのデータをもとに筆者が計算したもの。１９０１年の世界人口の年増加率は１・０２９%だった。１９７１年に２・１２８%でピークに達した。増加率の低下ペースは上昇ペースより速いだろう。

＊308 Helen Pearson, *The Life Project: The Extraordinary Story of Our Ordinary Lives* (London: Allen Lane, 2016)（ピアソン『ライフ・プロジェクト』), 348.

＊309 Richard Clegg, *Graduates in the UK Labour Market: 2017* (London: Office for National Statistics, 2017), https://www.ons.gov.uk/

employmentandlabourmarket/peopleinwork/employmentandemployeetypes/articles/graduatesintheuklabourmarket/2017.

*310 Sutton Trust, *Elitism Britain, 2019: The Educational Backgrounds of Britain's Leading People* (London: Social Mobility Commission and the Sutton Trust, 2019), 6. https://www.suttontrust.com/wp-content/uploads/2019/06/Elitist-Britain-2019.pdf.

*311 African Child Policy Forum, "The African Report on Child Wellbeing, 2018: A Ticking Demographic Time Bomb," Addis Ababa, Ethiopia, press release, 2 November 2018, https://africanchildforum.us1.list-manage.com/track/click?u=30fc8ce3edcac87cef131fc69&id=e9f04d0f36&e=8f9ea6f9c6.

*312 Emma Hagestadt, Stephen Grosz著 *The Examined Life* の書評に引用。*Independent*, 3 January 2013, http://www.independent.co.uk/arts-entertainment/books/reviews/the-examined-life-by-stephen-grosz-book-review-9035081.html.

*313 E. Cort Kirkwood, "Immigrant Invasion," *New American*, 9 July 2019, https://www.thenewamerican.com/print-magazine/item/32664-immigrant-invasion.

*314 Steven Shapin, "The Superhuman Upgrade" (a review of *Homo Deus: A Brief History of Tomorrow*, by Yuval Noah Harari), *London Review of Books*, 13 July 2017, 29–31.

*315 Umair Haque, "The Three Causes of the World's Four Big Problems: Deep Transformation, or What London's Climate Change Protests Teach Us about the Future," *Eudaimonia and Co. Blog*, 22 April 2019, https://eand.co/the-three-causes-of-the-worlds-four-big-problems-e9fe49d89e3d.

*316 Cesar Victora and Ties Boerma, "Inequalities in Child Mortality: Real Data or Modelled Estimates?" *Lancet*, May 2018, https://doi.org/10.1016/S2214-109X (18) 30109-8.

*317 Lucinda Hiam and Martin McKee, "The Real Scandal behind Britain's Falling Life Expectancy," *Guardian*, 24 June 2019, https://www.theguardian.com/commentisfree/2019/jun/24/britain-life-expectancy-health-gap-rich-poor-tory-leadership.

*318 Marc Luy, "Causes of Male Excess Mortality: Insights from Cloistered Populations," *Population and Development Review*, 20 April 2004, 647–76, https://onlinelibrary.wiley.com/doi/abs/10.1111/j.1728-4457.2003.00647.x.

*319 同右、ジョン・ミントンとの私信（この文献を見つけて知らせてくれたことに感謝する）。

*320 Gordon Marc le Roux, "'Whistle While You Work': A Historical Account of Some Associations Among Music, Work, and Health," *American Journal of Public Health* 95, no. 7 (July 2005): 1106–9, doi:10.2105/AJPH.2004.042564; https://www.ncbi.nlm.nih.gov/pmc/articles/PMC1449326/.

*321 歌詞の全文と歌については、*Union Songs: The H-Bomb's Thunder*, ２０１９年９月４日閲覧、https://unionsong.com/u576.html を参照。

*322 データソースは複数使うほうがいい。これは *The World Population Review* からのデータである（２０１９年９月４日閲覧）。http://worldpopulationreview.com/world-cities/istanbul-population/.

*323 Tony Lawson, "A Speeding Up of the Rate of Social Change? Power, Technology, Resistance, Globalisation and the Good Society," in *Late Modernity: Trajectories towards Morphogenic Society*, ed. Margaret Archer (Cham, Switzerland: Springer, 2014), 21–47.

*324 Kimura Masato, "Warning for Japan as a 'Migrant Power': Great Britain Changes Its Immigration Policy by Leaving the EU," *Yahoo Japan*, 23 December 2018, https://news.yahoo.co.jp/byline/kimuramasato/20181223-00108781/ [木村正人「『移民大国』に向かう日本への警鐘　英国はＥＵ離脱で移民政策を大転換」].

*325 Kawashima Tatsuhiko, "Recent Urban Evolution Processes in Japan: Analysis of Functional Urban Regions" (paper presented at the Twenty-Fifth North American Meetings of the Regional Science Association, Chicago, 1978).

*326 Kawashima Tatsuhiko and Hiraoka Norijuki, "Spatial Cycles for Population Changes in Japan: Larger Metropolitan Areas and Smaller-and-Non-metropolitan Area," *Gakushuin Economics Papers* 37, no. 3 (2001): 227–44, https://www.gakushuin.ac.jp/univ/eco/gakkai/pdf_files/keizai_ronsyuu/contents/3703=04/3703=04-18kawashima,hiraoka.pdf; Kawashima Tatsuhiko, Fukatsu Atsumi, and Hiraoka Noriyuki, "Reurbanization of Population in the Tokyo Metropolitan Area: ROXY-index / Spatial-cycle Analysis for the Period 1947–2005," *Gakushuin Economics Papers* 44, no. 1 (2007) : 19–46, https://ci.nii.ac.jp/naid/110007524073/en/?range=0&sortorder=0&start=0&count=0.

*327 Martti Hirvinen, Norijuli Hiraoka, and Tatsuhiko Kawashima, "Long-Term Urban Development of the Finnish Population: Application of the ROXY-index Analytical Method," *Gakushuin Economic Papers* 36, no. 2 (August 1999) : 243–63, http://www.gakushuin.ac.jp/univ/eco/gakkai/pdf_files/keizai_ronsyuu/contents/3602/3602-21hirvonen,hiraoka.pdf.

*328 David Sanger, "Tokyo Journal; She's Shy and Not So Shy, Japan's Princess Bride," *New York Times*, 26 June 1990, https://www.nytimes.com/1990/06/26/world/tokyo-journal-she-s-shy-and-not-so-shy-japan-s-princess-bride.html.

*329 "Prince Hisahito Tells Junior High School Entrance Ceremony of New Students' Hopes to Broaden Perspectives," *Japan Times*, 8 April 2019, https://www.japantimes.co.jp/news/2019/04/08/national/prince-hisahito-tells-junior-high-school-entrance-ceremony-new-students-hopes-broaden-perspectives/#.XMLczutKjUI.

*330 Sanger, "Tokyo Journal."

［エピローグ］

*331 Qiujie Shi, Danny Dorling, Guangzhong Cao, and Tau Liu, "Changes in Population Movement make COVID-19 Spread Differently from SARS," *Social Science and Medicine* 255 (15 May 2020), http://www.dannydorling.org/?page_id=7798.

*332 ONS, "Comparisons of All-Cause Mortality Between European Countries and Regions: January to June 2020" (30 July 2020), https://www.ons.gov.uk/peoplepopulationandcommunity/birthsdeathsandmarriages/deaths/articles/comparisonsofallcausemortalitybetweeneuropeancountriesandregions/januarytojune2020.

*333 Raj Bhopal, "COVID-19 Zugzwang: Potential Public Health Moves Towards Population (Herd) Immunity," *Public Health in Practice* 1 (2020), https://www.ncbi.nlm.nih.gov/pmc/articles/PMC7361085/pdf/main.pdf.

*334 John Gray, "Why This Crisis is a Turning Point in History," *New Statesman* (1 April 2020), https://www.newstatesman.

com/international/2020/04/why-crisis-turning-point-history.

*335 ONS, "Coronavirus and the Social Impacts on Great Britain" (26 June 2020), https://www.ons.gov.uk/peoplepopulationandcommunity/healthandsocialcare/healthandwellbeing/bulletins/coronavirusandthesocialimpactsongreatbritain/26june2020.

*336 同右。出所：Opinions and Lifestyle Survey (COVID-19 module), 18 to 21 June.

*337 James Gallagher, "Fertility Rate: 'Jaw-dropping' Global Crash in Children Being Born," *BBC News*, 15 July 2020, https://www.bbc.co.uk/news/health-53409521

*338 Cécile Viboud, Theresa Tam, Douglas Fleming, Mark Miller, and Lone Simonsen, "1951 Influenza Epidemic, England and Wales, Canada, and the United States," *Emerging Infectious Disease* 12, no. 4 (2006), 661–8, https://www.ncbi.nlm.nih.gov/pmc/articles/PMC3294686/.

[付録]

*339 Pierre Bézier, "How Renault Uses Numerical Control for Car Body Design and Tooling," *SAE Technical Paper* 680010 (1968), https://www.sae.org/publications/technical-papers/content/680010/.

*340 Danny Dorling, *Injustice: Why Social Inequality Still Persists* (Bristol: Policy, 2015), 145.

【著者】
ダニー・ドーリング（Danny Dorling）
オックスフォード大学ハルフォード・マッキンダー地理学教授。著書に*Inequality and the 1%*、*The Equality Effect*がある。デジタル世界地図サイト「ワールドマッパー」（worldmapper.org）共同開設者。

【訳者】
遠藤真美（えんどう　まさみ）
翻訳者。主な訳書にエリック・A・ポズナー／E・グレン・ワイル『ラディカル・マーケット』（東洋経済新報社）、リチャード・ボールドウィン『世界経済　大いなる収斂』（日本経済新聞出版社）、リチャード・セイラー『行動経済学の逆襲』（早川書房）、フェリックス・マーティン『21世紀の貨幣論』（東洋経済新報社）などがある。

【解説者】
山口　周（やまぐち　しゅう）
独立研究者、著作家、パブリックスピーカー。ライプニッツ代表。
1970年東京都生まれ。慶應義塾大学文学部哲学科、同大学院文学研究科美学美術史専攻修士課程修了。電通、ボストン コンサルティング グループ、コーン・フェリー等で企業戦略策定、文化政策立案、組織開発などに従事。中川政七商店社外取締役。株式会社モバイルファクトリー社外取締役。『世界のエリートはなぜ「美意識」を鍛えるのか?』（光文社新書）でビジネス書大賞2018準大賞、HRアワード2018最優秀賞（書籍部門）を受賞。

Slowdown　減速する素晴らしき世界

2022年 7 月28日　第 1 刷発行
2023年 3 月16日　第 3 刷発行

著　者——ダニー・ドーリング
訳　者——遠藤真美
解説者——山口　周
発行者——田北浩章
発行所——東洋経済新報社
〒103-8345　東京都中央区日本橋本石町 1-2-1
電話＝東洋経済コールセンター　03(6386)1040
https://toyokeizai.net/

装　丁……………橋爪朋世
本文レイアウト……村上顕一
印　刷……………図書印刷
編集協力…………塚田理江子
編集担当…………齋藤宏軌
Printed in Japan　　ISBN 978-4-492-39666-7